GUILLELMI DE OCKHAM

OPERA POLITICA

VOLUMEN I

GUILLELMI DE OCKHAM

OPERA POLITICA

EDITIONI CURANDAE CONSULUNT

C. R. CHENEY   R. KLIBANSKY

† E. F. JACOB   M. D. KNOWLES

GUILLELMI DE OCKHAM

OPERA POLITICA

ACCURAVIT

H. S. OFFLER

VOLUMEN I

EDITIO ALTERA

RECENSUIT

H. S. OFFLER

MANCUNII

E TYPIS UNIVERSITATIS

MCMLXXIV

First published 1940
Second edition, completely revised and reset,
© 1974 Manchester University Press

Published by the University of Manchester at
THE UNIVERSITY PRESS
Oxford Road, Manchester M13 9PL

ISBN 0 7190 0548 5

USA

Harper & Row Publishers Inc.
Barnes & Nobles Import Division

CONTENTS

PREFACE

The first edition of volume I of Ockham's *Opera Politica* was published late in 1940 amid the turmoil and distractions of a world war. When it went out of print some years ago what first came to mind was the possibility of a photographic reprint accompanied by a list of *corrigenda*. On reflection, that course did not commend itself. Useful as the first edition has proved to a generation of scholars, its obvious imperfections, I thought, ought not to be perpetuated. Moreover, the first six chapters of *Opus Nonaginta Dierum*, which concluded the volume, needed to be rehandled according to the principles adopted for the edition of the rest of that work which appeared in 1963 as volume II of *Opera Politica*. For other pieces additional manuscript evidence had become available: of considerable interest for the text of *An princeps* and of major importance for that of the *Octo Quaestiones*.

So I determined on and offer here new versions of the contents of volume I, intended to supersede the edition of 1940. The opportunity has been taken to present text, apparatus and notes in the more economical and, it is hoped, more convenient fashion adopted for volume II of *Opera Politica*: that is, the line numbering is no longer page by page but continuous throughout each chapter. This makes it possible to refer, for example, to *Octo Quaestiones*, *quaestio* iv, chapter 9, line 75, simply as *OQ* iv.9.75; to *An princeps*, chapter 6, line 121, as *AP* 6.121; to line 45 of the fifth chapter of *Opus Nonaginta Dierum* as *OND* 5.45, and so on (since the *Consultatio de causa matrimoniali* has no chapter divisions, reference can be simply to the line: e.g. *Consult.* 223). I have now been more lavish than we were in the first edition with references in the notes to parallel passages and citations in Ockham's other polemical writings; even so, only the more striking instances have been noted and it must be emphasised that no attempt has been made to supply a complete concordance at this stage. The basis on which the text of each work has been established is discussed in the appropriate introduction. The introductions themselves represented a problem. Since those for the first edition were written, the study of Ockham has progressed in some directions far and fast. It has seemed better to write them completely anew, rather than to attempt to bring the old ones up to date by amendment and bibliographical annotation. But it will be seen that I have often drawn freely on what J. G. Sikes and his collaborators said more than thirty years ago.

Many have helped me in the making of this new edition. It would not have been possible without the willingness of librarians in many parts of Europe to answer questions about and provide reproductions of manuscripts in their care. They, and those who have helped in other ways, especially by sending me offprints of their papers or by giving me expert advice on specific points, will not, I hope, feel dissatisfied with a general expression of my thanks. If I single out for individual mention the librarian of the Biblioteca comunale at Trento, it is because there at last was run to earth a manuscript of the *Octo Quaestiones* which had eluded me for almost half a lifetime. Professor C. R. Cheney gave valuable help about problems of publication. As so often in the past, the Committee of Manchester University Press and its Secretary have shown themselves sympathetic and accommodating to the awkward demands of this edition. Generous subventions towards the cost of printing the present volume have been made by the British Academy (both from its own funds, and as trustee of the legacy left by J. G. Sikes for the editing of Ockham) and by the Tout and Little Memorial Funds.

But of course my greatest debts are to those who have laboured in these fields before me. As I have struggled with this or that problem in the text of the *Octo Quaestiones* I have often drawn help and encouragement from the two earlier editors: the anonymous scholar (just possibly he was Brother Augustine of Regensburg, bachelor of theology in the University of Paris) who saw Trechsel's edition of 1496 through the press, and Jeffrey Garrett Sikes, who accomplished the first extensive collation of the manuscripts. The present book has no value if it does not improve substantially on their results. But it would be base if its editor did not feel and express gratitude to them and also to Richard Scholz, their peer in services rendered to the text of Ockham's polemical writings.

The years taken to produce this second edition of volume I of *Opera Politica* have retarded the appearance of volume IV, though most of the work for that volume has long been done. Volume IV will not, alas, embark on the *Dialogus*, as Sikes hoped in 1940, but will complete the edition of Ockham's shorter polemical works, together with the *dubia et spuria*. Only then will it be practicable to attempt the final towering massif, though something has already been done in reconnoitring the route.

June 1973   H. S. O.

EDITIONS AND ABBREVIATIONS

AFH   *Archivum Franciscanum historicum*

AP   Ockham, *An princeps*

Baluze–Mansi, *Misc.* III   *Stephani Baluzii . . . Miscellanea novo ordine digesta . . . opera et studio J. D. Mansi*, III, Lucca, 1762

BF v   *Bullarium Franciscanum*, v, ed. C. Eubel, Rome, 1898

BN   Bibliothèque nationale, Paris

Brev.   Ockham, *Breviloquium de principatu tyrannico*, ed. R. Scholz, MGH *Schriften des Reichsinstituts für ältere deutsche Geschichtskunde*, 8, Stuttgart, 1944–52

CB   Ockham, *Tractatus contra Benedictum*, in *Guillelmi de Ockham Opera Politica*, III, ed. H. S. Offler, Manchester, 1956

CI   Ockham, *Tractatus contra Ioannem*, in *Opera Politica*, III

Comp. err.   Ockham, *Compendium errorum Iohannis XXII papae*, in M. Goldast, *Monarchia Sancti Romani Imperii*, II, Frankfort, 1614

Consult.   Ockham, *Consultatio de causa matrimoniali*

Decretal. ps.-Isid.   *Decretales Pseudo-Isidorianae et Capitula Angilramni*, ed. P. Hinschius, Leipzig, 1863

Dial.   Ockham, *Dialogus*, in Goldast, *Monarchia*, II; continuation of IIusIIIae *Dial.* iii, 23 in Scholz, *Streitschriften*, II, pp. 392–5

Epist.   Ockham, *Epistola ad Fratres Minores*, in *Opera Politica*, III

Epp. Rom. Pont. gen.   *Epistolae Romanorum Pontificum genuinae*, ed. A. Thiel, Braunsberg, 1868

Franc. de Esc.   Franciscus de Esculo, Improbatio . . . contra libellum domini Johannis qui incipit ' Quia vir reprobus', Florence, Biblioteca Laurenziana, S. Crucis, Plut. XXXI sin. cod. 3, ff. 23–85ᵛ

IPP   Ockham, *De imperatorum et pontificum potestate*, in Scholz, *Streitschriften*, II, pp. 453–80, and ed. C. K. Brampton, Oxford, 1927; *cf.* W. Mulder, *AFH*, XVI (1923), XVII (1924)

MGH   Monumenta Germaniae Historica

Michael, *App.* I   Michael of Cesena, *Appellatio avenionensis*, dated 13 April 1328, in Baluze–Mansi, *Misc.* III

App. II   *Appellatio in forma maiori*, dated Pisa, 18 September 1328, in Baluze–Mansi, *Misc.* III

App. III   *Appellatio in forma minori*, dated Pisa, 18 September 1328, in *BF* v (printed as continuous footnote to the text)

App. IV   Appellatio contra libellum ' Quia vir reprobus', dated Munich, 26 March 1330, Paris, BN cod. lat. 5154, ff. 179–253ᵛ

OQ   Ockham, *Octo Quaestiones*

OND   Ockham, *Opus Nonaginta Dierum*, cc. 7–124, in *Opera Politica*, II, ed. J. G. Sikes and H. S. Offler, 1963

Petrus Lombardus, *Sentent.*   *Petri Lombardi Libri IV Sententiarum studio et cura PP. Collegii S. Bonaventurae in lucem editi.* Ad Claras Aquas, 1916

PG   Migne, *Patrologia*, series Graeca

PL   Migne, *Patrologia*, series Latina

Scholz, *Streitschriften*   R. Scholz, *Unbekannte kirchenpolitische Streitschriften aus der Zeit Ludwigs des Bayern (1327–54)*, two vols., Rome, 1911, 1914 (Bibliothek des kgl. preuss. hist. Instituts in Rom, 9–10)

Susemihl   *Aristotelis Politicorum libri octo cum vetusta translatione Guilelmi de Moerbeka recensuit F. Susemihl*, Leipzig, 1872

Vulg.   *Biblia sacra vulgatae editionis Sixti V pont. max. iussu recognita et Clementis VIII auctoritate edita*, ed. Regensburg, 1929

Column numbers following citations from the *Corpus Iuris Canonici* refer to the edition of E. Friedberg, Leipzig, 1879–81. Glosses to the canon law have been verified from *Corpus juris canonici . . . Gregorii Papae XIII jussu editum*, three vols., Lyons, 1671.

OCTO QUAESTIONES DE POTESTATE PAPAE

INTRODUCTION

There is no evidence that Ockham himself gave this work a title; that adopted here is the one established by usage. Though it describes the contents of the book with something less than precision, it is at least consonant with the efforts of later rubricators of the mss. The *Octo Quaestiones* take high rank among Ockham's more mature polemical writings; they have been so widely used and commented upon that general discourse about them here would be otiose. The work takes the form of a discussion of eight questions concerning relations between the spiritual and secular powers. These questions, Ockham claims, had been brought to his notice by ' vir quidam venerabilis ', who, without giving reasons for his request, had begged Ockham to solve them (i.1.1–2; viii.9.45–9). It has recently been argued at length that this claim is substantially true, and not a mere literary device on Ockham's part: that the eight questions had indeed an existence independent of Ockham and prior to his treatment of them; that the ' vir venerabilis ', though he cannot be identified precisely, is most probably to be sought somewhere in the entourage of that great Luxemburger prince Baldwin, archbishop of Trier; and that Ockham was probably at work on the *Octo Quaestiones* between the summer of 1340 and the late summer of 1341.[1] There is no need to repeat the detailed arguments on which these positions were founded; I assume them to be as near the truth as we are likely to get about these difficult problems for the time being.

Though *OQ* survive in more manuscripts than any other of Ockham's polemical writings except parts of the *Dialogus*, the textual tradition is not particularly good. As J. G. Sikes pointed out in the introduction to his edition in 1940,[2] it was during the period of the Great Schism and the subsequent councils, c. 1380–1440, that *OQ* first achieved some popularity; at that time the work was copied quite frequently. On the other hand, no manuscript of *OQ* has been discovered which can be dated earlier than a generation after Ockham's death. Sikes described the following eleven

---

[1] H. S. Offler, ' The origin of Ockham's *Octo Quaestiones* ', *English Historical Review*, LXXXII (1967), pp. 323–32. While I argue there for the likelihood that *OQ* had been completed before the news of Benedict XII's death (25 April 1342) was known in Germany, those looking for a more definite *terminus ante* must be content with August 1342; *cf.* Jürgen Miethke, *Ockhams Weg zur Sozialphilosophie*, Berlin, 1969, p. 115 and n. 432. H. Junghans, *Ockham im Lichte der neueren Forschung*, Arbeiten z. Gesch. und Theologie d. Luthertums, XXI, Berlin, 1968, p. 100, adds nothing to the earlier discussions of the date of *OQ*.

[2] *Guillelmi de Ockham Opera Politica*, I, Manchester, 1940, p. 3.

manuscripts; in some instances I have amended or abbreviated his descriptions:

L VATICAN, cod. Pal. lat. 378,[1] parchment, *saec.* XIV–XV, 285×214, ff. 288, single column, in a hand more probably German of the late fourteenth century than English of the early fifteenth.

Contents: (*a*) ff. 1–127ʳ Richard Fitzralph, archbishop of Armagh, *De pauperie Salvatoris.* (*b*) ff. 127ᵛ–129ᵛ Magister Astancius, O.F.M., *Nota pro sermonibus* 1⁰ de immaculata conceptione. (*c*) ff. 130ʳ–143ʳ Fitzralph of Armagh, sermon preached at St Paul's Cross, London, 12 March 1357, on *Nemo vos seducat inanibus verbis* (Eph. 5, 6); *cf.* A. Gwynn, *Proc. Royal Irish Academy*, XLIV, Sect. C, No. 1 (1937), p. 55, No. 68. (*d*) ff. 144ʳ–147ʳ Anonymous, *De casibus episcopalibus, de indulgenciis, de apostatis, de usuris.* (*e*) ff. 148ᵛ–153ᵛ Sermon. *Inc.*: Ecce nunc tempus acceptabile, etc., II ad Cor. vi [2], et in epistola hodierna. Consideranti michi presens tempus quadragesime et inquirenti; does not appear among Fitzralph's sermons listed by Gwynn, pp. 48–57. (*f*) ff. 154ʳ–160ᵛ Fitzralph's reply to the objections raised against his teaching by the friars. *Inc.*: Quia in propositione nuper facta; Gwynn, p. 57, No. 92. (*g*) ff. 162ᵛ–190ʳ. The *Centiloquium* sometimes erroneously attributed to Ockham.[2] (*h*) ff. 191ᵛ–205ʳ Fitzralph, *Defensorium curatorum*, 8 November 1357; Gwynn, p. 57, No. 91. (*i*) ff. 260ʳ–264ᵛ Ockham, *Octo Quaestiones.* (*j*) ff. 265ʳ–287ʳ *Libellus editus ad defensionem fidei catholicae contra haereses.*[3] (*k*) ff. 287ᵛ–288ʳ Boniface VIII, *Unam sanctam.*

V VATICAN, cod. vat. lat. 4099, parchment, *saec.* XV, 230×152, ff. 99+1, single column, Italian hand. On the verso of the guard page in an early modern hand: Istum librum fecit Magister Guillelmus Okam anglicus. Professus ordinem minorum, theologus magnus. Sed in materia libri huius et alterius quem fecit puta dialogi vehementer in fide suspectus. Nomen autem libri huius est liber de octo questionibus Ockam. On the relation of this ms. to W, see below.

Contents: (*a*) ff. 1–89ᵛ Ockham, *Octo Quaestiones.* (*b*) ff. 89ᵛ–97ᵛ Marsilius of Padua, *De translatione imperii*, beginning with the summary of the chapter contents. *Expl.*: liquido patet rationabiliter intendenti. (*c*) ff. 98–9 *vacant.*

R VATICAN, cod. Reginens. lat. 1059, parchment, *saec.* XV, 308×226, ff. 167+1, double column. On f. 167ᵛ: Huius codicis verus est possessor magister Antonius Symony Regalis Collegii Navarre professor.

Contents: (*a*) ff. 1ʳ–135ʳ Dionigi da Borgo San Sepolchro, *Commentary on Valerius Maximus.* (*b*) ff. 136ʳ–165ʳ Ockham, *Octo Quaestiones.* (*c*) ff. 165ʳb–167ᵛa Anonymous, *Disputatio inter clericum et militem.*

S VATICAN, cod. Reginens. lat. 1123, parchment, *saec.* XV, 397×290, ff. 144, double column.

Contents: (*a*) ff. 1ʳ–28ʳ John (Quidort) of Paris, O.P., *De potestate regia et papali*;

---

[1] *Cf.* H. Stevenson Jun. and I. B. De Rossi, *Codices Palatini Latini Bibliothecae Vaticanae*, I, Rome, 1886, pp. 106–7. I am grateful to Dr A. I. Doyle for his expert opinion about the script of L, which modifies that expressed by Sikes, p. 5. The marginalia on f. 253ʳ (see apparatus to *OQ* viii.3.24 below) support the view that L's early home was Germany.

[2] Ed. P. Boehner, *Franciscan Studies*, I and II (1941–42); *cf. id.*, 'On a recent study of Ockham', *Franciscan Studies*, x (1950), pp. 191–6, reprinted in his *Collected Articles on Ockham*, ed. E. M. Buytaert, St Bonaventure, N.Y., 1958, pp. 33–42.

[3] *Cf.* R. Scholz, *Unbekannte kirchenpolitische Streitschriften aus der Zeit Ludwigs des Bayern*, I, Rome, 1911, pp. 248–9; II, 1914, pp. 552–62. The same treatise appears in clm. 17833, ff. 182ʳa–205ʳb.

not used by J. Leclercq for his edn., Paris, 1942. (b) f. 28ʳb The fictitious ' bull ' *Deum time* imputed to Boniface VIII. (c) f. 28ʳb Philip the Fair's reply to *Deum time*. (d) ff. 28ʳb–37ᵛb *Quaestio in utramque partem*, sometimes attributed to Aegidius Romanus; not used by G. Vinay for his edn., *Bull. dell'Istituto Storico Italiano*, LIII (1939). (e) ff. 37ᵛb–46ᵛa Anonymous, *Rex pacificus Salomon*. (f) ff. 47ʳa–97ᵛb Ockham, *Octo Quaestiones*. (g) ff. 98ʳa–114ᵛb Pierre Bertrand, bishop of Autun, *Libellus super iurisdictione ecclesiastica et temporali* (i.e. the acts of the assembly of Vincennes, 1329).[1]

T　VATICAN, cod. Reginens. lat. 297,[2] parchment, *saec.* XV, 337×241, ff. 177, double column.　Probably written at the abbey of St Denis near Paris; it bears that abbey's class mark on the bottom margin of f. 1ʳ and the words: Hic Liber est B. Dionysii in francia.

Contents: (a) ff. 1ʳ–83ᵛa Richard Fitzralph, archbishop of Armagh, *De pauperie Salvatoris*. (b) ff. 84–87ᵛ Fitzralph, sermon in the bishop of London's hall, 18 December 1356; Gwynn, p. 54, No. 65. (c) ff. 87ᵛ–95 Fitzralph, sermon at St Paul's Cross, London, 12 March 1357; Gwynn, p. 55, No. 68. (d) ff. 95–100 Fitzralph, sermon at [St Paul's] Cross, 22 January 1357; Gwynn, p. 54, No. 66. (e) ff. 100–103ᵛb Fitzralph, sermon at St Paul's Cross, 26 February 1357; Gwynn, p. 55, No. 67. (f) ff. 104–114ʳb Fitzralph, *Defensio curatorum*. (g) ff. 114ᵛa–115 Fitzralph's solemn suit moved against the proctors of the London mendicants, 14 November 1357. (h) ff. 115ᵛ–120ᵛ Fitzralph, *Libellus apologeticus*; as L (f). (i) ff. 121–123ᵛa Miscellany concerning the rights of the secular clergy. (j) ff. 124–128ᵛa Another piece on the same theme. (k) ff. 128ᵛb–176ᵛa Ockham, *Octo Quaestiones*. (l) f. 177 *vacat*.

O　VATICAN, cod. Ottoboni lat. 1222, parchment, *saec.* XV, 227×155, ff. 72+2, double column, in an Italian Renaissance hand.　The first folio is richly illuminated in Italian fashion, and has the arms of Georgius Costa[3] worked into the ornamentation of the lower margin.　On the verso of the guard page: Ex codicibus Ioannis Angeli Ducis ab Altaemps, together with the old press marks: x.1.6 (erased) and Q.VI.27.

Contents: (a) ff. 1ʳ–71ʳ Ockham *Octo Quaestiones*. (b) ff. 71ᵛ–72ʳ *vacant*. (c) f. 72ᵛ Table of contents.

A　AVIGNON, Bibliothèque municipale, cod. 1087,[4] paper, *saec.* XIV–XV, 298×215, ff. 241, in different hands, (d) being in a late fourteenth- or early fifteenth-century German hand.　Originally from the Celestine convent at Avignon and bearing the press mark 2.A.45.

Contents: (a) ff. 1ʳ–16ʳ *Repertorium distinctionum super Sextum*, attributed to Henri Bohic. (b) ff. 16ᵛ–49ᵛ *Rubricelle distinctionum super libro Decretalium ab eodem Boich*. (c) ff. 50ʳ–133ᵛ Anonymous, *Tractatus de interesse*. *Inc.*: Hanc singularem constitutionem repetendam duxi. *Expl.*: illa doctrina bar. est potius verbalis. (d) ff. 134ʳ–205ᵛ Ockham, *Octo Quaestiones*, incomplete, breaking off at viii.6.67. In a much later hand across the top margin of f. 134ʳ: Iohannes Parisiensis

---

[1] For mss. and edns. see Olivier Martin, *L'Assemblée de Vincennes de 1329*, Paris, 1909, pp. 52–64.
[2] Described by A. Wilmart, *Codices Reginenses Latini*, II, Vatican, 1945, pp. 132–5.
[3] First created cardinal with the title of St Marcellinus and St Peter in 1476; died 1508; *cf*. A. Chacon, *Vitae et Res Gestae Pontificum Romanorum et S.R.E. Cardinalium*, III, Rome, 1677, p. 55.
[4] *Cf*. L.-H. Labande, *Cat. gén. des manuscrits des bibliothèques publiques*, XXVII, i, Paris, 1894, pp. 502–4.

(Quidort), Tractatus de potestate ecclesiastica et sacerdotali. (e) ff. 207ʳ–219ʳ *Tractatus de Antichristo.* *Inc.:* Antichristum enim fore ante finem mundi. *Expl.:* non remaneant a presenti anno qui est ab incarnatione domini m.ccc. vel cc. lxix anni ut patet consideranti. (f) ff. 220ʳ–242ᵛ Treatise against the teachings of Joachim and Peter Olivi. *Inc.:* Deus apparebat et loquebatur Moysi. *Expl.:* clare dicant ut patet ex predictis et hec sufficiant de ista questione ad presens. (g) ff. 242ᵛ–275ᵛ Treatise addressed to Pope John XXII on the report of the inquisitors appointed to enquire into the opinions of Olivi. *Inc.:* Cum potestas apostolica a Christo Petro et eius successoribus data. *Expl.:* mane, meridiem et vesperam ac etiam noctem. Et hec de isto articulo sufficiant quoad presens.

P Paris, Bibliothèque nationale, cod. lat. 14603, parchment, *saec.* XIV, irregular size (mean 340×250), ff. 220+1. From the convent of St Victor, Paris, the arms of which appear on the binding and on the lower margin of f. 1ʳ. Note on f. 216ʳa: Hunc librum acquisivit monasterio sancti Victoris prope Parisius frater Iohannes Lamasse dum esset prior eiusdem ecclesie, amen. Deo gracias. Lamasse was prior from 1414 to 1448.[1]

Contents: (a) ff. 1ʳ–34ᵛ *Tabula* of the works of Anselm. (b) ff. 34ᵛ–50ᵛ *Tabula* of Boethius, *De consolatione philosophiae*, made by frater Iohannes de Fait, monk of St Amand's and later abbot of St Bavo's at Ghent. (c) ff. 50ᵛ–65ʳ *Tabula* on Vegetius, *De re militari*, also ascribed to Iohannes de Fait. (d) f. 65ʳ⁻ᵛ List of chapters in Vegetius, *De re militari*. (e) ff. 65ᵛ–66ᵛ Table of contents. (f) ff. 67ʳ–85ᵛ *Tabula* on St Augustine's *Confessions*. (g) ff. 85ᵛ–145ʳ Alphabetical *tabula* on all the theological writings of Aquinas. (h) f. 145 *vacat.* (i) ff. 147ʳ–218ʳ, in a different hand, Ockham, *Octo Quaestiones.* (j) ff. 218ᵛ–220ᵛ *vacant.*

M Paris, Bibliothèque Mazarine, cod. 3522,[2] parchment, *saec.* XIV *exeunte*, 350×265, ff. 310, ff. 1–96 single column, ff. 97–310 double. Originally from St Victor's, Paris, with the press marks M.M.10 and 538. The entry on f. 298: Okkam ordinis fratrum minorum scriptus a fratre R. Stopford, refers to the scribe of (d), (e) and (f); (a) and (b) are by a different hand, and (c) by yet a third hand.[3]

Contents: (a) ff. 1–103 *Somnium viridarii.* (b) ff. 104ʳ–148ʳ Ockham, *Octo Quaestiones.* (c) ff. 149–198bis Ockham, *Dialogus* IIusIIIae, i–iii, 16. *Expl.:* antedicte sedis scilicet romane antistitem. (d) ff. 200–246ʳb Ockham, *Dialogus* IusIIIae, i–iv, 26. *Expl.:* supremi autem et primi primates seu patriarche. Hic deficit aliqualis copia huius partis. (e) ff. 246ʳb–297ʳb Ockham, *Dialogus* IIusIIIae, i–iii, 23. *Expl.:* licet sponte fuit passibilis et mortalis. (f) ff. 298ʳ–310ʳa Ockham, *Compendium errorum.* (g) f. 310ʳa–b Que secuntur hic habentur: table of contents of the volume.

F Frankfurt-am-Main, Stadtbibliothek, cod. lat. quart. 4, paper, *saec.* XIV *exeunte*, 319×215, ff. 453, double column. All in the same German hand. The paper shows a crowned tower as watermark: it has not been identified. Contents: (a) f. 1 Index of contents by a later hand. (b) ff. 1ᵛ–8ᵛ Index to the codex. (c) ff. 9ʳ–12ᵛa *vacant.* (d) ff. 12ᵛb–238ʳa Ockham, *Dialogus* I. (e) ff. 238ʳa–258ᵛa Ockham, *Dialogus* II. (f) ff. 258ᵛb–272ᵛa Ockham, *Compendium errorum.* (g) ff. 272ᵛb–336ᵛb Ockham, *Dialogus* IusIIIae, i–iv, 26; *Expl.:* as

---

[1] *Cf.* F. Bonnard, *Histoire de l'abbaye royale et de l'ordre des chanoines réguliers de Saint-Victor de Paris*, I, Paris, 1904, pp. 404–5.
[2] *Cf.* A. Molinier, *Cat. de la Bibliothèque Mazarine*, III, Paris, 1890, p. 120.
[3] *Cf.* L. Baudry, *Guillaume d'Occam*, Paris, 1950, p. 257.

M (*d*). (*h*) ff. 337ra–396vb Ockham, *Dialogus* IIusIIIae, i–iii, 23. *Expl.* as
M (*e*). (*i*) ff. 397ra–450vb Ockham, *Octo Quaestiones*. (*j*) ff. 451^r–453^v *vacant*.

B ULM, Stadtbibliothek, cod. 6706–6708. 3.IX.D.4,[1] mixed parchment and paper,
saec. XV *med.*, 290×215, ff. 261, single column. Formerly belonging to the
library of the patrician family of Neithart in Ulm. Original binding.
   Contents: (*a*) ff. 1–143^v Marsilius of Padua, *Defensor pacis*. (*b*) ff. 144–204^v
Ockham, *Octo Quaestiones*. (*c*) ff. 204^v–250^v, in another hand and with different
ink, Ockham, *Breviloquium de principatu tyrannico* (incomplete). (*d*) ff. 251–261
vacant.

To these manuscripts used by Sikes can now be added:

W Formerly VIENNA, Haus-, Hof- und Staatsarchiv, cod. 768, now TRENTO,
Biblioteca comunale, parchment, *saec.* XIV *exeunte*, 240×156, ff. 1+118, single
column, in what I take to be a German hand. On the verso of the flyleaf a
later medieval annotator explains in an entry several lines long why he thought
(*a*) was called *Defensor pacis.*[2]
   Contents: (*a*) ff. 1–107^r Ockham, *Octo Quaestiones*. (*b*) ff. 107^r–115^v Marsilius
of Padua, *De translatione imperii*; as in V (*b*). At the foot of f. 115^v a later medieval
hand has written: Explicit defensor pacis magistri Marsilii de Padua.[3] (*c*)
ff. 116^r–117^r Maxims from civil and canon law. (*d*) ff. 117^v–118^v *vacant*.

K KOBLENZ, Staatsarchiv, Abt. 701, Nr. 230, paper, *saec.* XV, 305×220,
ff. 233. A miscellany lvoume put together by Master Heinrich Kalteisen O.P.
After activity as an academic and inquisitor in the Rhineland and participating at
the Council of Basle he was appointed titular archbishop of Drontheim and
Caesaria by Pope Nicholas V in 1452. After his death in 1465 the ms. passed
to the Dominicans at Koblenz and thence to the library of the Augusta Gymnas-
ium there. Some of the contents are in Henry's own hand and some were written
in 1437 (f. 224^v: dum iam sit annus domini 1437). This ms. has recently been
described fully,[4] so it is necessary to note only item (*i*): ff. 127–86 (single column)
Ockham, *Octo Quaestiones*, qq. ii–viii.

On the evidence available to him Sikes rightly concluded that the
manuscripts of *OQ* fell into two main groups. One (let us call it *a*)
consisted of L and V; the other (*b*) comprised all the rest; *a* represented
the better tradition. But he was confronted by the difficulty that V's
value as a witness for *a* has been much impaired; it has been systematically
worked over by another hand, V², to bring it into line with the *b* group,
so that many of V's original readings have been lost. The recovery of
W now greatly strengthens the evidence for the *a* group, since W appears

---

[1] Described by R. Scholz in *Neues Archiv der Gesellschaft für ältere deutsche Geschichte*,
XLVII (1928), pp. 559–66, and in the introductions to his edns. of Marsilius, *Defensor pacis*
(MGH *Fontes iuris Germanici antiqui*, Hanover, 1932), pp. xxxix–xl, and of Ockham,
Breviloquium de principatu tyrannico (MGH *Schriften des Reichsinstituts für ältere deutsche
Geschichtskunde*, 8, Stuttgart, 1944–52), pp. 29–30.
[2] Printed by C. Pincin, *Marsilio*, Turin, 1967, p. 293.
[3] This and the inscription on the flyleaf led to the mistaken description of the ms. by
C. von Böhm, *Die Handschriften des kaiserlichen und königlichen Haus-, Hof- und Staats-Archiv*,
Wiesbaden, 1873–74, pp. 239–40; *cf.* J. Sullivan, ' The manuscripts and date of Marsiglio
of Padua's *Defensor pacis* ', *English Historical Review*, xx (1905), p. 296, n. 9.
[4] Herbert Grundmann and Hermann Heimpel, *Die Schriften des Alexander von Roes*
(MGH *Staatsschriften des späteren Mittelalters*, 1, Stuttgart, 1958), pp. 70–1.

to have been the ancestor (and perhaps the direct ancestor) of V in its first form.[1] Thus V passes into a subordinate position in the *a* group formed by LWV, while V[2], which relies on an ancestor of O (as Sikes pointed out),[2] represents a pretty inferior version of the *b* tradition, though I have taken it to be right—perhaps by conjecture—against both *a* and *b* at iv.4.112, v.6.24 and vii.4.51.

The two major families of manuscripts come from different exemplars. In contrast to *a*, all *b* mss. show a major transposition at the beginning of *quaestio* ii, where ii.1.10–2.83 has been moved to follow ii.5.44; all *b* mss. show a considerable omission at iii.12.61–70. On the other hand a passage of about 150 words at viii.7.306–18, forming part of an attack on the orthodoxy of Pope John XXII and the good faith of those who uphold even the most extreme claims of papal power, though it stands in all the *b* mss., is absent from *a*. No grave interruption of the sense of *a* is caused by the omission; possibly the passage is a later addition which found its way into *b* after the text of *a* had become established. But the thought and language of the passage are sufficiently Ockhamist; even in *b* it has been truncated (*cf.* viii.7.318); so the safer hypothesis is that it formed part of Ockham's original intentions, and was later excised from *a* and abbreviated in *b*. With this exception the readings of the *a* group are a good deal fuller and more satisfactory than those of *b*; omissions by homoioteleuton are far less common. The generally superior quality of *a* comes out clearly, for instance, when the accuracy of its citations from Einhard at iv.6.32–45 is compared with the confusions here exhibited by the *b* group, or again, throughout iv.9. But it cannot be claimed that *a* is impeccable or that it is invariably to be preferred to *b* (*cf.*, for example, viii.3.17 or viii.4.241–3); at i.6.44–5 *a* has an omission which is erroneously restored by WV at i.6.92 and not at all by L.

Of the *b* mss. the two which stand nearest to *a* are K and then A; unfortunately only questions ii–viii of K's version have been discovered, while A is cut short at viii.6.67. I have not thought it useful to preserve in print every individual aberration of the mss. in the three inferior sub-groups of *b* which Sikes distinguished (β= MFS; γ = BR; δ = PTO).[3] Perhaps, as he suggested, γ represents a German tradition, though it is doubtful whether national divisions offer much help in classifying the mss. of *OQ*. B does not on the whole present a good text and is a self-confessed conflate: f. 157[r] (i.17.2–3), 'et potestate in alio libro potestative et iudicialiter'; f. 157[v] (i.17.29), 'secundum quod in alio libro quod unus

[1] This is suggested by the almost identical contents of the manuscripts; comparison of the texts which they offer is well-nigh conclusive. For example, *cf.* iii.6.1, where W begins with the conflated reading from iii.8.1–5 which is shown by all the *b* mss. This W cancels in favour of the correct *a* reading, as it appears in L. V copies the correct reading and neglects the conflation. Later, V[2] has mutilated this reading and added the common *b* version at the foot of the folio. When W has been corrected, in a dozen instances V follows the corrector W[2] against W (at i.6.33; i.17.18, 124, 149; ii.7.44; iii.1.111; iii.4.108; iii.5.27; iv.4.64; v.9.33; v.10.1; vii.2.45). Only twice (i.1.19; vii.3.6–7) does V follow W against W[2].

[2] Page 13. O itself can hardly have been the source of V[2], which can be seen continuing at work in two long passages which O omits (iv.6.67–146; viii.4.162–250).

[3] Pp. 10–11.

infidelibus infidelis resecatus vel privatus de corpore ecclesie papatu privatur '. But it shows some interesting characteristics and sporadically it offers better readings than most of the inferior *b* mss. At i.11.56 I take it to be correct against *a* too, and again at viii.3.138, together with the *editio princeps*, it is preferable to all the other witnesses. Certainly the editor of the *editio princeps* (for John Trechsel, Lyons, 1496) relied on a ms. which, though it was not B, was closer to B than to any other ms. yet identified. He did not find it a reliable basis for his edition, but he deserves credit for the care with which he checked—and at times silently amended—Ockham's scriptural and legal quotations. His claim that the edition had been printed ' quanta maxima pro exemplariorum penuria atque mendositate fieri potuit diligentia ' was not unjustified. Possibly his reading at 1.18.33 is a conjecture; even so, both Sikes and I have been glad to accept it.

By 1376 a manuscript belonging to the *b* tradition of *OQ* had become available in France to the unknown compiler of the Latin version of the *Somnium viridarii*. In chapters 147–68, 170–77, 179–80 and 182–5 of the first part of his work and in chapters 305–13 of the second he incorporated much of *OQ* qq. i–vii.[1] Though he freely rehandles and abbreviates his unacknowledged source, it is clear from the printed texts [2] that he used a good representative of the *b* family; on occasion I have cited a reading from him in the apparatus under the siglum *Sv*.

The common ancestor of both groups (let us say *X*) to which a comparison of *a* and *b* leads us back was no immaculate and definitive ' author's version ' of the *Octo Quaestiones* as Ockham originally penned or dictated them; indeed, it would be hazardous to postulate the existence of such a fair copy. All the known mss. have in common some erroneous transpositions which must already have existed in *X*. At the end of ii.9 all mss. show a passage which properly belongs at ii.10.59–71 and which was perhaps intended to supersede the former conclusion of the chapter at ii.10.55–8. At iii.1.109 all mss. have misplaced a paragraph. It is likely that at iii.6.1 there was in both *a* and *b* a mistaken conflation of the beginning of this chapter with that of iii.8: L has put this right, but originally W showed the error, which it then cancelled, substituting the same reading as L. Both groups must have derived these confusions from *X*, which was probably also the stage at which the corruption at viii.7.318 occurred. *X*'s relation to the ' author's version ' of *OQ* remains obscure to me, though I share Sikes's view that *X* was not itself that version. It may be that some of *X*'s errors are the result of unclear corrections and transposition marks in the author's manuscript of *OQ*.

Thus even our best witnesses for the text of *OQ* stand at some distance from Ockham; a stemma in conventional form would hardly be useful, for it would need to show far too many hypothetical links. The intrinsic merits of the *a* group demand that this edition should rely mainly on its

---

[1] *Cf*.M. Lièvre, ' Les sources du *Somnium viridarii* ', *Romania*, LXXXI (1960), pp. 483–91, withreferences to the earlier literature.

[2] E.g. Goldast, *Monarchia*, I, Hanau, 1611, pp. 115–40, 200–3.

representatives; it cannot do so exclusively. L has been followed for word order and chapter divisions. I have collated completely all the *a* mss., LWV; for the *b* group I have mostly used KBMFV[2] while relying on Sikes's collation for the later mss. of the group.

At viii.9.1–3 Ockham states that he has not come across any author who has devoted a specialised work to defending the view that the elected king of the Romans remains powerless to administer realm or empire until he has been confirmed or approved by the pope. The claim seems true, in the sense that Ockham did not, as far as I can see, use the writings of any of the contemporary or near-contemporary proponents of the high papalist approach to this question or to any of the other ones which he discussed.[1] For that point of view he depended on two much earlier pro-papal sources: *Determinatio compendiosa de iurisdictione imperii*, composed (perhaps soon after 1272) by the Dominican Ptolemy (Bartholomew) of Lucca[2] and the even earlier (1245–46) curial pamphlet *Eger cui lenia* which he attributed in good faith to Pope Innocent IV.[3] The important part played in the genesis of *OQ* by the appearance of Lupold of Bebenburg's *Tractatus de iuribus regni et imperii Romani* is well know and need not be laboured;[4] qq. iv and viii of *OQ* are largely concerned with a searching though courteous criticism of one of Lupold's leading positions, and he is also drawn upon elsewhere (*OQ* ii.11.10–20; ii.15.16–21; v.6.35). That Ockham used the earliest version of the *Tractatus*, completed on 3 February 1340, appears from *OQ* viii.3.131, for here, when quoting Lupold at length, he omits some sixteen lines which appear in the edition by Schardius (Basle, 1566), but which are lacking from such versions of the original form of the *Tractatus* as clm. 7726 and cod. lat. Lipsiensis 363 and appear as additions in Trier, Stadtbibliothek, cod. lat. 844.[5] While literal quotation from Lupold is frequent and extensive, I have not discerned any from *Defensor pacis*. But there can be little doubt that Ockham is referring to the views of Marsilius at i.7.19–29, iii.1.93–120, iii.2.5–13, iii.3.5–28 and viii.6.147.

Since Ockham conducts his argument with Lupold partly on historical

---

[1] My earlier suspicions that he may have known Durand de St Pourçain's *De origine potestatum et iurisdictionum quibus populus regitur* or the *Libellus* compiled by Pierre Bertrand from the *acta* of the assembly at Vincennes in 1329 remain unconfirmed and I would now dismiss them as improbable.

[2] Ed. Mario Krammer (MGH *Fontes iuris Germanici antiqui*, Hanover, 1909).

[3] The edn. by E. Winkelmann, *Acta imperii inedita s. XIII et XIV*, II, Innsbruck, 1885, No. 1035, pp. 696–701, has now been superseded by that of P. Herde, ' Ein Pamphlet der päpstlichen Kurie gegen Kaiser Friedrich II von 1245–46 ("Eger cui lenia ")', *Deutsches Archiv für Erforschung des Mittelalters*, XXIII (1967), pp. 468–538 (edn., pp. 511–38). Though doubts about the attribution of this piece to Innocent IV personally, expressed by M. Pacaut, ' L'autorité pontificale selon Innocent IV ', *Le Moyen Age*, LXVI (1960), pp. 92–5 and J. A. Cantini, *Dict. de droit canonique*, VII (1962), pp. 1031–2, were not found altogether convincing by B. Tierney, ' The continuity of papal political theory in the thirteenth century ', *Medieval Studies*, XXVII (1965), p. 232, n. 15, they have now been strongly reinforced by Herde. Ockham used a version of the shortest recension of the treatise (X₁ in Herde), such as is found in Albert Behaim's letter book and Magdalen College, Oxford ms. 6, ff. 227ʳ–229ᵛ (*cf. OQ* i.10.39–43; ii.1.37–43).

[4] Offler, *art. cit.*, pp. 323, 330–2.

[5] *Cf.* Hermann Meyer, *Lupold von Bebenburg*, Freiburg-im-Breisgau, 1909, pp. 10–12.

grounds, *OQ* offer some insight into his historical reading. He knew Otto of Freising's chronicle, together with ' many other chronicles and certain deeds of the emperors until after the last Frederick ' (iv.6.166; *cf.* viii.4.320). What he meant by that phrase seems to have been a copy of the universal history of Frutolf-Ekkehard with the continuation of Burchard of Ursberg.[1] With the aid of this work and perhaps of Otto, Ockham conducted a piece of historical research into the way in which the Roman emperors, both before and after Charlemagne, had created their own successors; the results appear at iv.6.167–210.[2] They are not wholly accurate or convincing, but are notable evidence for Ockham's appreciation of what the polemicist can gain by an appeal to the past. It would be interesting to know whence he derived his literal quotations from the *Annales regni Francorum* (iv.6.74–8, as from ' quaedam chronica ') and from Einhard's *Vita Karoli* (iv.6.32–45: ' ut in quadam chronica '). Neither Frutolf nor Otto of Freising could have supplied them, and I do not think that he can have borrowed them from Lupold. Possibly he found them together in a single manuscript.[3]

On the other hand, Lupold was clearly the source of Ockham's knowledge of the account by Hostiensis of the German princes' *Weisthum* at Brunswick in 1252 (iv.2.2). Bearing in mind the extent to which *OQ* investigate the constitutional problems of the empire, it is surprising to find that Ockham makes no overt reference to the great constitutional proclamations of 1338, for both the electors' *Weisthum* at Rhens on 16 July and the imperial law *Licet iuris* of 6 August were readily available to the Michaelists and were incorporated into their tendentious collection of *documents pour servir*, the so-called chronicle of ' Nicholas the Minorite '. It is possible, but by no means certain, that Ockham had them specifically in mind at viii.4.1–4 and iv.10.14–25; in general, of course, the doctrine of *Licet iuris* colours much of his approach to qq. iv and viii. As far as I can see, despite what is still sometimes implied to the contrary,[4] *OQ* do not borrow directly from the imperial ' mandate ' *Fidem catholicam* of 6 August 1338, in the drafting of which there is undoubted Michaelist influence. Of the abundant pamphlet literature about the constitutional question, it is likely that Ockham owed something to the memorandum *Subscripta*, which was composed in the second half of 1338 or in the early months of 1339 and clarified with precise economy the implications of *Licet iuris*.[5] The authorship of *Subscripta* remains uncertain. Possibly,

---

[1] *Cf.* W. Wattenbach and R. Holtzmann, *Deutschlands Geschichtsquellen im Mittelalter. Deutsche Kaiserzeit*, i, iii, Tübingen, 1948, p. 491.

[2] Ockham's source, if his statement that it extended *usque post Fridericum ultimum* be taken literally, must have contained a continuation of Burchard, who ends in 1230. Ockham's account of the earlier emperors gives a little information which does no appear in the printed versions of Frutolf-Ekkehard and Otto: *cf.* iv.6.209.

[3] *Cf.* W. Wattenbach and W. Levison, *Deutschlands Geschichtsquellen im Mittelalter. Vorzeit und Karolinger*, Weimar, 1953, p. 254.

[4] *Cf.* H. J. Becker, ' Das Mandat *Fidem catholicam* Ludwigs des Bayern von 1338 ', *Deutsches Archiv für Erforschung des Mittelalters*, xxvi (1970), p. 491; text of *Fidem catholicam, ibid.*, pp. 496–512.

[5] Printed in Heinrich von Herford, *Liber de rebus memorabilioribus*, ed. A. Potthast, p. 260; E. E. Stengel, *Nova Alamanniae*, pt. i, Berlin, 1921, No. 584, pp. 401–3. The

though by no means certainly, it was written by one of the Michaelists.[1] But it is very improbable that Ockham had anything to do with its composition :[2] he would hardly have supported the doctrine that the spiritual and temporal ' essencialiter nil habent communes ' (*Subscripta*, art. 4) or the view expressed in art. 6 that the *translatio imperii* was a mere act of force on the part of Charlemagne. Nevertheless, though *Subscripta* was less important to Ockham than has sometimes been supposed,[3] traces of its influence on *OQ* are not insignificant: at ii.12.15–24, for instance, for the argument that the emperor's oath to the pope was one of faithful defence, not of homage or fealty; for the equation *rex* = *imperator* at iv.8.19–22; and for the idea at iv.10.14–25 that coronation of a ruler was of nominal rather than real significance.[4]

In *OQ* Ockham used a good deal of material which he had handled before. He had already cited at greater length in *Contra Benedictum* vi.7 the passage from John XXII's first process against Lewis the Bavarian which he quotes in *OQ* viii.2.49–59. The catena from St Bernard at *OQ* viii.6.92–139 is exactly the same as that which had served in *An princeps* 3.53–105; that this represents an abbreviation of what was available to Ockham is shown by the appearance of the same passages at greater length in *Breviloquium* ii.12. In enumerating at *OQ* viii.7.61–295 the ' errors ' in John XXII's constitutions about evangelical poverty, Ockham was traversing ground which he had repeatedly trodden before. But here he seems to be following, often quite literally, what he had written in *Contra Benedictum*, i, cc. 2–17. Although parallels with all his other polemical works are numerous (it is hard to believe that at *OQ* i.2.8–20, 27–40 he was not rewriting *An princeps* 1.18–55), the work which stands closest to *OQ* in time and sentiment is certainly the *Breviloquium*. It may be, as Scholz suggested, that the prologue to *Breviloquium* contains a reference to *OQ*, but I do not share his certainty that, while *Breviloquium* may have used *OQ*, the process never occurred in reverse.[5] The question which of the two was written first is perhaps unanswerable.[6] It may be rather unreal, for, as Scholz saw, Ockham can have been busy on both at the same time. What cannot be doubted is the intimate relation between them: *cf. OQ* i.9.25–43, which I suspect to have been for the most part copied literally from *Breviloquium* ii.15.

Here and there in *OQ* are casual pointers to other authors to whom Ockham may have owed something. Just possibly his rather surprising

---

document printed by M. Goldast, *Constitutiones imp.*, Offenbach, 1610, III, p. 411, would seem to be a later confection from Heinrich von Herford and thus to lack any of the independent authority attributed to it by F. Bock, *Reichsidee und Nationalstaat*, Munich, 1943, p. 451. But the date which it suggests for *Subscripta* (Lent 1339) seems more likely than Heinrich von Herford's muddled attempt to relate it to the Frankfurt *Reichstag* in August 1338.

[1] *Cf.* E. E. Stengel, *Avignon und Rhens*, Weimar, 1930, p. 159, n. 1.

[2] Despite what Scholz says, *Unbekannte kirchenpolitische Streitschriften*, I, p. 166.

[3] E.g. by L. Baudry, *Guillaume d'Occam*, pp. 254–6.

[4] Lupold of Bebenburg, too, would seem to have known *Subscripta*; *cf. OQ* ii.11.10–20.

[5] R. Scholz, *Breviloquium de principatu tyrannico*, p. 35, n. 1.

[6] *Cf.* Miethke, *Ockhams Weg*, p. 116. On the whole Miethke inclines to the view that *OQ* was the earlier.

reference at viii.2.48–9 to his protector, the emperor, as ' dominum Ludovicum de Bavaria, quem aliqui Bavarum, aliqui imperatorem appellant ' reveals an acquaintance with Albertino Mussato's *Ludovicus Bavarus* or Conrad of Megenberg's *Planctus*.[1] But as one notes the extent to which, in *OQ* as elsewhere, Ockham has found his main arsenal of authorities in the Bible and the canon law (the *Decretum* is his major source for patristic references) together with the ordinary glosses, the relevance becomes apparent of the complaint which he puts into the mouth of the Master in the prologue to the second treatise of the third part of the *Dialogus*. The Master says that he well understands what materials are really necessary for a satisfactory discussion of the rights of the Roman empire, but ' solummodo bibliam et decretum cum quinque [2] libris decretalium spem habeo obtinendi '.

What the Master did not think called for mention—it was too obvious— was the fact that he, as a schoolman, was bound to be imbued with Aristotelian learning. Ockham's debt to Aristotle is patent in *OQ*. Maxims from the *Politics* and *Ethics* figure quite prominently in the first and second questions; Aristotelian principles are central to the third. This is one of Ockham's most remarkable virtuoso pieces, as he winds his path between the extreme and not so extreme papalist views on the one hand, and on the other the radicalism of Marsilius and the clear-cut distinctions of the conventional dualists. The concept which he uses to undermine the position that absolute, monolithic governmental power is the only possible inference from the *argumentum unitatis* is the Aristotelian doctrine of the common good: government is for the benefit of the governed rather than for that of the governor (iii.4.7–14; *cf.* i.6.110–27, where it is already applied to the papacy, and ii.4.24–36, where the reference is to the lay ruler). Both the argument for the superiority of the *principatus regalis*, the rule of one man, and the discussion of what is incompatible with the best form of government (iii.5.4–58; iii.6.5–6, 13, 22–7) are buttressed by recourse to Aristotle. To that source also, as so often in his other works, Ockham appeals for the principle of *epieikeia* by which the laws may be interpreted (i.17.64–6). Grabmann's view that Ockham in his political writing stands revealed as a strong Aristotelian finds ample justification from the *Octo Quaestiones*.[3]

As in the *Dialogus* so in the *Octo Quaestiones* Ockham did not openly declare his own views. He canvassed a number of opinions about each

---

[1] *Cf.* Offler, *art. cit.*, p. 324. Albertino, in J. F. Böhmer, *Fontes rerum Germanicarum*, I, Stuttgart, 1843, p. 189: ' Ob quas rerum varietates ii mortalium, qui Ioannem papam uti sacrosancte ecclesie ordinarium caput observatumque venerebantur, Ludovicum hunc cesarei imperatoriique nominis dignum negabant, Bavarum vocitabant; reliqui, quorum longe minor numerus erat, imperatorem Romanorum.' Conrad, *Planctus ecclesiae in Germaniam*, lines 1012–14 (ed. Scholz, 1941, p. 63): ' Nunc quomodo vult vicechristus / Perdere me subito vincesare sub Ludowico / Quem dicunt Bavarum.'

[2] *Quinque* with the mss. (e.g. cod. vat. lat. 4115, f. 27). The edns. read *quattuor*.

[3] M. Grabmann, *Studien über den Einfluss der aristotelischen Philosophie auf die mittelalterlichen Theorien über das Verhältnis von Kirche und Staat*, SB d. bayerische Akademie d. Wiss., Philos.-hist. Abt., 1934, Heft 2, p. 60.

question; he did not explicitly determine any question. His reason for proceeding thus is set out in the second paragraph of the prologue (prol. 10–21) and repeated at the end of the work (viii.9.42–5). Truth, he contended, would be better served this way: his enemies, if forced to attend to the force of the argument rather than the personality of the author, would be less inclined to mangle verity out of hostility towards himself. We may make what we wish out of the explanation. But the result of Ockham's deliberate retreat into formal neutrality has been to leave in doubt his own opinions concerning the eight questions. A great deal has been written on this subject, some of it to very little purpose.

Years of study of the text will perhaps excuse my exceeding the normal limits of an introduction of this kind and expressing a personal conviction about this problem of interpretation. It is that, while there is no simple, mechanistic rule by which we can determine the opinion which Ockham himself held about any of the questions, the matter is by no means hopelessly obscure. By considering the relative weights of the arguments adduced for and against particular opinions and by comparison of these opinions with those supported or attacked by Ockham in those of his other polemical writings in which he did reveal his own standpoint,[1] it is possible to identify with tolerable certainty what his opinion about each of the eight questions was. I take it that in q. i Ockham's opinion on the main question appears at i.3.1–9, and on related or subordinate topics at i.7.30–87 (perhaps his most elaborate and nuanced utterance about what he understood to be the proper definition of papal plentitude of power), at i.11.78, i.17.1–3, i.17.40–93 and i.17.113–14. About the second question Ockham's opinion is that expressed at ii.6.1–13; his standpoint is represented also at ii.10.14–33. To find Ockham's opinion on the third question, iii.2.1–4 must be taken with the third *modus ponendi* at iii.2.19–22; I suppose that iii.3.34–60 is also Ockham's position, and perhaps iii.4.103–9. On the fourth question Ockham's opinion is at iv.2.1–12; on the fifth, at v.2.1–5, taken together with v.6.1–4 and v.8.1–3; on the sixth, at vi.2.1–2. For Ockham's opinion on the seventh question, vii.2.1–63 should be read with vii.4.15–35; on question viii it seems safe to suppose that he shared the opinion of the German princes recorded at viii.4.1–6, while his inference about papal power from the authority of St Bernard is to be found at viii.6.148–84.

[1] Proceeding not just *recitando* but also *asserendo* and *opinando*; *cf. Breviloquium*, prol. ed. Scholz, p. 40.

SIGLA

A   Avignon, Bibliothèque municipale, cod. 1087
B   Ulm, Stadtbibliothek, cod. 6706–8
F   Frankfurt-am-Main, Stadtbibliothek, cod. lat. quart. 4
K   Koblenz, Staatsarchiv, Abt. 701, Nr. 230
L   Vatican, cod. Pal. lat. 378
M   Paris, Bibliothèque Mazarine, cod. 3522
O   Vatican, cod. Ottob. lat. 1222
P   Paris, Bibliothèque nationale, cod. lat. 14603
R   Vatican, cod. Reginens. lat. 1059
S   Vatican, cod. Reginens. lat. 1123
T   Vatican, cod. Reginens. lat. 297
V   Vatican, cod. Vat. lat. 4099
W   Trento, Biblioteca communale, formerly Vienna, Haus-, Hof- und Staatsarchiv, cod. 768
L^2, V^3, etc.   Second hand in L, third hand in V, etc.
a   Consensus of LWV
b   Consensus of KABFMOPRST
b^1 Consensus of ABFMOPRST
b^2 Consensus of BFMOPRST
b^3 Consensus of AFMOPRST
ed.pr.   *editio princeps*, Lyons, 1496
Schard.   Lupoldus de Bebenburg, *De iuribus regni et imperii Romani*, ed. S. Schardius, Basle, 1566
Sv   *Somnium viridarii*, ed. M. Goldast, *Monarchia*, 1 (1611)

OCTO QUAESTIONES DE POTESTATE PAPAE

Sanctum canibus nullatenus esse dandum et margaritas non esse mittendas ante porcos, divinum et sanctum eloquium testatur, ne videlicet margaritae conculcentur a porcis et mittentes ac dantes a canibus dirumpantur. Quo velut quodam probabili a sensu contrario argumento innuitur non 5 solum margaritas—sanos scilicet sermones et iustos—propter canes et porcos a fidelibus iustitiam et veritatem zelantibus minime subtrahendas, sed etiam coram ipsis canibus et porcis esse spergendas, si fieri potest ut verisimiliter praesumatur quod ab ipsis non debeant turpiter conculcari nec spergentes periculose dirumpi.

10 Eapropter, quia sequens opusculum, ut desidero, ad manus forte meorum perveniet aemulorum, qui odio stimulante etiam quae ipsis vera videntur, si dicerem, depravare vel ad perversum sensum trahere molirentur, tali modo conabor in eo procedere, ut ex modo loquendi non quis dicat, sed quid dicatur coacti attendere, mei ob odium, nisi ipsos 15 malitia vexaverit inaudita, nequaquam nequiter lanient veritatem. Personam enim induam recitantis, et saepius opiniones contrarias pertractabo, non solum eas, quibus adversor, sed etiam quibus mente adhaereo, hoc tamen nullatenus exprimendo; et interdum scienter temptative pro eis seu sophistice allegando, in persona conferam aliorum, 20 ut pro utraque parte allegationibus intellectis sincerus veritatis amator purae rationis acumine verum a falso occasionem habeat discernendi.

Incipiunt octo questiones venerabilis philosophi Okam de potestate pape MF; Incipiunt octo questiones venerabilis philosophi Okam de potestate utriusque iurisdictionis spiritualis videlicet et laicalis S; Sequitur tractatus de potestate pape *alia manu* P; Iohannis Parisiensis (Quidort) tractatus de potestate ecclesiastica et seculari *manu recentior*. A; *nullum titulum exhibent* LWVBORT.

2 et: ac b^1.
6 iustitiam: scientiam L.
7 taliter esse *add.* b^1 (−O); totaliter esse OV^2.
12 depravare: dampnare b^1.
14 dicit b^1.
17 eas: ea aAP.
19 conferam: consummantium b^2(−F); confirmantium AF.

4 arguendo Wb^1.
6 minime: nunc b^1.
13 molientur L^2.
14 dicitur b^1.
19 in persona: motiva propria L.

1–3 *cf.* Matth. 7, 6; Hieronymus, *Comment. in Amos* ii, 5, PL 25, 1098 = *Decretum* c. 23, C. 11, q. 3, col. 650, cited *infra*, iii.12.179–81; *Dial.* 1, 5, 28.

QUAESTIO I

CAPITULUM I

Vir quidam venerabilis octo michi tradidit quaestiones, quarum a me solutionem dignatus est humiliter flagitare. Ego autem scientiae meae imperitiam non ignorans, non solum solvendi sed etiam sarcinam discutiendi easdem ad praesens quaererem declinare, nisi servire cuperem
5 deprecanti. In illo igitur habens fiduciam, qui nonnunquam revelat parvulis, quae a sapientibus et prudentibus absconduntur, ipsas breviter conferendo tractare curabo, ut saltem aliis occasionaliter fructificare queam eorum exercendo ingenia.

Primo igitur quaeritur utrum potestas spiritualis suprema et laicalis
10 suprema ex natura rei in tantum ex opposito distinguantur quod non possint formaliter et simul cadere in eundem hominem. Circa hanc quaestionem sunt vel esse possunt opiniones contrariae.

Quarum una est quod duae potestates praedictae simul in eundem hominem cadere non possunt. Pro qua potest taliter allegari: Quae
15 ex opposito dividuntur, in tantum distinguuntur ex natura rei quod simul in eundem cadere non possunt. Sed potestas spiritualis suprema et laicalis suprema ex opposito dividuntur; potestas enim humana coactiva primo dividitur in potestatem spiritualem et laicalem. Ergo potestas spiritualis et laicalis contentae sub ea, scilicet potestas spiritualis
20 suprema et laicalis suprema, in tantum distinguuntur ex natura rei quod simul in eodem esse non possunt.

Amplius, potestates illae, quae duo capita corporum diversorum constituunt, simul in eodem esse non possunt, sicut nec idem homo potest simul esse duo capita corporum diversorum. Potestas autem spiritualis
25 suprema et laicalis suprema constituunt duo capita diversorum corporum, scilicet imperatorem et summum pontificem, qui sunt duo capita diversorum corporum, scilicet clericorum et laicorum, qui distincti debent esse, sicut ex verbis Ieronymi, quae ponuntur xii, q. i, c. *Duo*, et aliis sacris canonibus colligi potest. Ergo non possunt cadere in eundem.
30 Rursus, potestas suprema laicalis ex natura rei includit dominationem, unde et imperator est dominus mundi et iure imperatorum ac regum

2 solutiones L.
6 sapientibus et *om. a.*
8 queam: quedam *b*[1].
14 cadere non: minime cadere *b*[1].
16 eundem cadere: eodem incadere A; eodem esse *b*[2].
17 dividuntur: distinguntur *a*B.
19–20 contentae . . . laicalis *om. b*[1].
26 summum: supremum *ut saepius b*[1].

3 imperitiam: penuriam *b*[1].
7 ut: vel *b*[1].
8 exercendo: excitabo *b*[1].
19 contentae: contenta WV.
19 ea WV; eis LW[2].

---

1 Vir quidam venerabilis: *cf.* Introduction, p. 2.
5–6 *cf.* Matth. 11, 25.
28 c. 7, C. 12, q. 1, col. 678. Hieronymus: *potius caput incertum*; *cf.* L. Prosdocimi, in *Proceedings of the Second International Congress of Medieval Canon Law*, ed. S. Kuttner and J. J. Ryan, Vatican, 1965, pp. 105–22.

unus*quisque possidet, quod possidet*, di. viii, c. *Quo iure*; sed suprema potestas spiritualis, scilicet papatus, dominationem excludit, sicut et omnis praelatio ecclesiastica, teste beato Petro, qui in epistola sua prima c. v ait
35 universis praelatis ecclesiae: *Pascite qui est in vobis gregem Dei*, et post: *Neque ut dominantes in clero, sed forma facti gregis ex animo*; ergo illae duae potestates in eundem cadere non possunt.

Praeterea, idem ex natura rei respectu eiusdem non potest esse pater et filius. Fungens autem potestate laicali suprema est filius ecclesiae, si
40 est fidelis, ut dicitur di. xcvi, *Si imperator*—si autem est infidelis, neque pater est neque filius ecclesiae—; summus autem pontifex pater est universalis ecclesiae. Ergo illae potestates cadere non possunt in eundem.

Item, idem homo non est sibi ipsi subiectus nec potest esse ex natura rei. Sed imperator et fungens suprema potestate laicali est subiectus
45 inferiori papae, cum etiam episcopo inferiori papae submittat caput, di. lxiii, *Valentinianus*; ergo illae potestates non possunt cadere in eundem.

CAPITULUM 2

Alia est opinio quod de facto potestas spiritualis suprema et potestas laicalis suprema cadunt in eundem hominem, scilicet in summum pontificem: non quod idem homo, scilicet summus pontifex, sit papa et laicus, sed quod papa sit pollens potestate spirituali suprema et tanta
5 potestate vel maiore respectu saecularium, tam rerum quam personarum, quantam habet imperator vel quilibet saecularis laicus habere potest respectu earundem. Hoc, ut videtur, habent dicere illi, qui ponunt quod papa habet in spiritualibus et temporalibus talem plenitudinem potestatis, ut omnia possit, quae non sunt expresse contra legem divinam
10 nec contra ius naturale, licet sint contra ius gentium, civile vel canonicum, in tantum quod, licet interdum papa faciendo vel iubendo quaecunque, quae ex natura rei indifferentia sunt et non sunt ex natura rei contra legem Dei, ad quam observantiam tenentur Christiani in nova lege, nec contra legem naturae, peccaret vel propter intentionem corruptam
15 vel ex ignorantia affectata vel crassa vel supina aut ex quacunque alia causa, tamen illa, quae de facto faceret, tenerent, et illa, quae iuberet, essent ab aliis adimplenda. Multa enim fieri non debent, immo absque peccato fieri nequaquam possunt, et tamen facta tenent, ut testantur canonicae sanctiones, [Extra,] *de regularibus et transeuntibus ad religionem, Ad*

34 testante W*b*[1].
38 idem homo *add. b*[1]V[2].
40–1 neque filius est ecclesie neque pater *b*[1]; ecclesie est *add.* L.
42 illae: iste due *b*[1].
45 papae[2]: ipsi *b*[1]V[2]; *om.* W.

36 cleris *Vulg.*
40 ut ... imperator *om.* LW.
44–5 subiectus et inferior papa *b*[1].

4 papa sit: idem homo potest fungi *b*[1].
6 quilibet saecularis: quicunque *b*[1].
13 observantiam *om. b*[1].
18 et: que L.

13 quam: cuius L[2].
18 peccato mortali *add.* L.
19–20 de ... apostolicam *om. a*; *add.*V[2].

32 c. 1, di. 8, col. 13.
36 *ibid.* 5, 3.
46 c. 3, di. 63, col. 236.

8–20 *cf. AP* 1.18–31.

35 1 Petr. 5, 2.
40 c. 11, di. 96, col. 341.

19–20 III, 31, 16, col. 575.

20 *apostolicam.* Qui enim in temporalibus habet huiusmodi plenitudinem potestatis, habet tantam potestatem super temporalia quantam habet quicunque laicus super quamcunque personam vel rem temporalem. Si ergo papa habet in temporalibus huiusmodi plenitudinem potestatis, potestas laicalis suprema cadit in papam—quamvis non sit laicus—ut
25 vere rem potestatis laicalis possideat, quamvis sibi nomen huiusmodi non assumat. In papam autem cadit potestas suprema spiritualis; ergo quantum ad rem cadunt in eandem personam duae potestates praedictae.

Restat ergo ostendere secundum istam opinionem quod papa habet in temporalibus huiusmodi plenitudinem potestatis. Quod videtur posse
30 probari multis modis. Christus enim nichil excipiendo, nec quoad spiritualia nec quoad temporalia, dedit ut promisit beato Petro et per consequens successoribus eius plenitudinem potestatis, dicens, ut habetur Matthaei xvi: *Tu es Petrus*, etc., et post: *Quodcunque ligaveris super terram, erit ligatum et in caelis*, etc.; ergo nec nos ab eius potestate aliquid debemus
35 excipere. Papa ergo non solum habet in spiritualibus plenitudinem potestatis, sed etiam in temporalibus. Haec videtur esse expresse sententia Innocentii III, qui, ut legitur Extra, *de maioritate et obedientia*, c. *Solitae*, ait: *Dixit Dominus ad Petrum, et in Petro successoribus dixit, ' Quodcunque ligaveris super terram, erit ligatum et in caelis ', etc., nichil excipiens, qui*
40 *dixit, ' Quodcunque ligaveris ', etc.*

Rursus, ille, qui ordinatione divina nichil excipiendo constituitur super omnes gentes et regna, in temporalibus habet plenitudinem potestatis, vel saltem tantam habet quantam quicunque laicus. Sed ordinatio divina nichil excipiendo constituit papam super omnes gentes et regna; nam si
45 sacerdoti in veteri lege fuit dictum immediate a Deo: *Ecce constitui te super gentes et super regna*, Ieremiae i, non distinguendo inter has gentes et illas, neque inter haec regna et illa, multo magis credendum est hoc esse dictum summo sacerdoti in nova lege. Ergo papa habet etiam in temporalibus talem plenitudinem potestatis, ut absque omni exceptione
50 omnia possit, quae non sunt contra legem divinam nec contra ius naturale, ut tactum est, cum Ieremiae i° sit dictum sibi: *Ecce constitui te super gentes et super regna, ut evellas, et destruas, et dissipes, et aedifices, et plantes;* quibus verbis, cum eis nulla addatur exceptio quantum ad agenda et non agenda, plenitudo potestatis sibi videtur a Deo concessa. Et hoc expresse

---

25 laicalis: imperialis b^1.
36 expressa L.
38 et mediante Petro ad successores A; et inde (deinde F) dixit Petrus ad successores b^2.
39–40 nichil ... etc. *om.* Lb^1.
43–4 sed ordinatione divina nichil excipiendo constituitur papa b^1.
44 si *om. a.*
51 cum sic sibi dictum est M; cum sit sibi dictum B; cum non minus ei quam Ieremie dictum est V^2.
52 dissipes et disperdas *add.* b^1; destruas, et disperdas, et dissipes *Vulg.*

31 ut *a*: vel b^1; et V^2.
37 legitur: habetur b^1.
42 in temporalibus *om. a.*
49 talem *om. a.*

28–40 *cf.* AP 1.32–46.
33–4 *ibid.* 16, 19.
45–6 Ier. 1, 10.

33 Matth. 16, 18.
38–40 1, 33, 6 § 6, col. 198.
51–2 *ibid.*

55 videtur asserere Innocentius IV in quadam decretali sua ubi ait: *Non
minoris quidem, immo longe maioris potestatis esse credendum est aeternum Christi
pontificium in fundatissima Petri sede sub gratia ordinatum, quam inveteratum illud,
quod* antiquis legibus *temporaliter serviebat, et tamen dictum est a Deo illius
temporis pontificatu fungenti: ' Ecce constitui te super gentes et super regna, ut*
60 *evellas, et plantes '*, etc.

Amplius, qui absque omni exceptione habet saecularia iudicare, habet
in saecularibus et temporalibus plenitudinem potestatis. Sed papa
absque omni exceptione habet saecularia iudicare. Apostolus enim i ad
Corinthios vi, non distinguendo nec excipiendo pro praelatis spiritualibus
65 et praecipue pro summo pontifice, ait: *Nescitis quoniam angelos iudicabimus?
Quanto magis saecularia?* Ergo papa in saecularibus habet plenitudinem
potestatis. In hoc etiam se fundare videtur Innocentius praedictus,
dicens ubi prius: *Si ut Doctor gentium huiusmodi plenitudinem non restringendam
ostenderet, dicens: ' An nescitis, quia angelos iudicabimus? Quanto magis*
70 *saecularia? '* nonne ad temporalia quoque porrectam [*exposuit*] datam eidem in
angelos potestatem, ut hiis intelligantur minora subesse, quibus subdita sunt maiora?

Item, quod papa quoad temporalia sit superior imperatore, et ratione
consimili quocunque alio fungente potestate laicali, et per consequens
quod quoad rem potestas suprema laicalis cadat in papam, quidam
75 multipliciter probare conantur. Nam tam in Veteri Testamento apud
Iudaeos quam apud gentiles et ethnicos pontificalis auctoritas praeferebatur potestati regali et reges honorem pontificibus detulerunt, quibus
subiecti fuerunt. Unde Samuel Saulem unxit in regem et sibi omnem,
quam habuit, contulit potestatem; qui etiam David postea, reprobato
80 Saule, regem constituit. Ioiada etiam sacerdos, occisa Athalia, Ioas
regem constituit. Alexander etiam Magnus Iaddo pontifici Iudaeorum

---

55 *post* IV: idem videtur velle Innocentius III extra de maior. et obedientia c. solite
*add. b³*V².
  55 ubi: sic V; *om.* L*b¹*.   55 qui in *add.* LV*b¹*.
  57 ordinatum: revelatum *b¹*.   56 immo: sed L*b¹*.
  58 antiquis legibus: figuris legalibus *tract. laud.*
  59 pontificio L.
  61 Amplius: *novum capitulum exhibent* AT.
  62 Sed *om.* WV*b¹*.   62 papa autem *add. b¹*.
  67 Innocentius III *add.* V; Innocentius IV *add.* b¹.
  68 dicens ubi prius: in verbis superius (allegatis *add.* B)*b¹*.
  68 Si *om.* L, *tract. laud.*   68 huiusmodi: hanc *b¹*.
  69 quia: *sic codd.*   70 nonne: innuens *b¹*.
  70 porrectam: potestatem *b¹*.   70 exposuit *sec. tract. laud.*; *om. codd.*
  70–1 qui in angelos haberet potestatem *b¹*.
  71 potestatem demonstrat *add.* V².
  75 multipliciter *ex corr.* W; magistri L.   74 cadit WV*b¹*.
  77 potestati: dignitati *b¹*.   76 quam etiam *add. b¹*.
                                                     78 etiam subiecti *add. b¹*.
  81 Iaddo *scripsi sec. Comestorem:* Ioiade *codd., ed. pr.*

55–60 [Innocentius papa IV], *Eger cui lenia* (1245–6), ed. P. Herde, *Deutsches Archiv für
Erforschung des Mittelalters*, XXIII (1967), pp. 518–9; *cf.* Introduction, p. 9.
  65–6 1 Cor. 6, 3.   68–71 *Eger cui lenia*, ed. Herde, p. 518.
  74–86 quidam: *cf.* Ptolomeus Lucensis, *Determinatio compendiosa*, v, ed. M. Krammer,
pp. 12–15.   78–80 *cf.* 1 Reg. 15, 1 *sqq.*; *ibid.*, 16, 13.
  80 *cf.* IV Reg. 11, 15–21.
  81 Alexander: *cf.* Petrus Comestor, *Hist. schol.*, Esther 4, PL 198, 1496–7.

reverentiam exhibuit, et Totila, rex Vandalorum, mandato Leonis papae de Italia, quam coeperat devastare, recessit. Imperatores etiam devoti super alios, scilicet Constantinus, Iustinianus et Karolus Magnus, ecclesiae 85 devoti et subiecti fuerunt; ergo imperator est inferior papa, etiam quoad potestatem temporalem.

Praeterea, Christus non solum fuit sacerdos, sed etiam rex supremus, habens in temporalibus plenitudinem potestatis. Tota autem iurisdictio Christi concessa est vicario eius; ergo papa habet talem plenitudinem 90 potestatis in temporalibus, ita quod nec imperator nec alius habet aliquam iurisdictionem in temporalibus nisi ab ipso; ergo potestas laicalis suprema quantum ad rem cadit in papam. Hinc dicit Innocentius IV, ubi prius, quod cum imperator recipit coronam a summo pontifice, recipit ensem in vagina, quem imperator eximens et vibrans innuit se habere omnem 95 potestatem a papa.

Amplius, *sicut anima se habet ad corpus, sic spiritualia* se habent *ad temporalia seu corporalia; sed anima utitur corpore sicut instrumento;* ergo fungens suprema potestate spirituali utitur potestate laicali sicut instrumento solummodo, et per consequens quantum ad rem potestas laicalis suprema 100 cadit in eundem, in quem cadit potestas spiritualis suprema.

Rursus, in eum, qui omnibus legibus saecularibus est solutus et cuius leges non dedignantur quaecunque leges laicorum seu saecularium imitari, cadit quoad rem potestas saecularis seu laicalis suprema. Papa autem legibus quibuscunque positivis est solutus, et eius leges quaecunque 105 aliae leges imitari minime dedignantur, quia *leges* imperiales, quae supremae sunt inter leges saeculares, *non dedignantur sacros canones imitari*, ut affirmant canones sacri, [Extra,] *de iudiciis,* c. *Clerici.* Ergo suprema potestas laicalis cadit in papam.

Adhuc, ille, cui oportet universitatem fidelium spiritualium et saecular-110 ium absque omni exceptione obedire in omnibus, fungitur suprema potestate laicali quoad rem. Papae autem oportet universitatem fidelium spiritualium et saecularium absque omni exceptione in omnibus obedire, prout colligitur evidenter, ut videtur, ex sacris canonibus et legibus civilibus, ut habetur di. xii, c. *Praeceptis apostolicis,* di. xix, c. *In memoriam,* 115 et c. *Enimvero,* et c. *Ita Dominus,* et aliis locis innumeris. Ergo, etc.

---

82 mandato: ob reverentiam b^1V^2; Leonis pape de mandato L.
86 potestatem temporalem: potestatem imperialem W; potestatis plenitudinem L.
94 eximens: extrahens MF.   97 seu corporalia *om.* b^1.
98 suprema potestate[2] *add.* b^1V^2.   98 sicut: tanquam b^1.
104-5 leges quaecunque aliae: canones b^1.
106 secularium b^1.   107 ut ... sacri *om.* b^1.
107 de ... Clerici *om.* LW.   114 ut habetur: prout etiam habetur *a.*

82-3 Totila, rex *potius* Gothorum: *cf.* Martinus Oppavien., *Chron. pont. et imp.,* MGH *SS* XXII, 418. It should rather be Attila, king of the Huns, or Gaiseric the Vandal. Ockham takes over the confusion from Ptolemy, who has it from Martin.
87-95 *cf.* Ptolomeus, vi, pp. 15-18.
93-5 *cf.* [Innocentius IV], *Eger cui lenia, ed. cit.,* p. 523.
96-100 *cf.* Ptolomeus, vii, p. 18. 97 *cf.* Aristoteles, *de Anima* I, 3, 407b 25-6.
101-8 *cf.* Ptolomeus, ix, p. 22.   105-7 II, 1, 8, col. 241.
109-15 *cf. Brev.* ii, 2, p. 55; IusIIIae *Dial.* i, 3.   114 c. 2, di. 12, col. 27.
114 c. 3, di. 19, col. 60.   115 *ibid.* c. 4, col. 61.   115 *ibid.* c. 7, col. 62.

Item, in illum cadit potestas suprema laicalis, de cuius quocunque iudicio nemini est licitum iudicare, et a cuius iudicio vel sententia aut facto nulli penitus est licitum appellare; quia in omni causa ab illo, qui suprema non fungitur potestate, sed habet superiorem, si male iudicaverit, 120 est licitum appellare, ii, q. i, c. vi et c. *Placuit*. De iudicio autem papae nemini est licitum iudicare vel ab eo appellare, ix, q. iii, c. *Patet*, et c. *Ipsi* et c. *Cuncta*, xvii, q. iv, § *Qui autem* et c. *Nemini*; ergo in papam cadit potestas laicalis suprema.

CAPITULUM 3

Alia est opinio quodammodo media inter praedictas, in quibusdam concordans et in quibusdam discordans ab utraque. Tenet enim consentiens primae, quod de facto potestas spiritualis suprema et potestas suprema laicalis non cadunt simul in eundem hominem nec cadere 5 debent; sed recedit ab ea, dicens quod istae duae potestates non in tantum ex natura rei ex opposito distinguuntur quin formaliter simul cadere possent in eundem; et in hoc concordat cum opinione secunda, a qua discordat affirmans quod istae duae potestates non cadunt in eundem hominem, scilicet in summum pontificem sive papam.

10   Primo igitur probare conantur quod istae duae potestates quantum est ex natura rei possunt cadere in eundem simul. Nam omnis potestas spiritualis, quae competit fungenti potestate spirituali, aut competit sibi ratione ordinis aut ratione administrationis; sed res potestatis laicalis nec ordini nec administrationi repugnat; ergo quantum est ex natura rei 15 simul potest cadere in eundem, in quem cadit potestas spiritualis suprema.

Quod enim ordini non repugnet, apparet. Nam potestas laicalis suprema non videtur, quantum est ex natura rei, maiorem repugnantiam habere ad ordinem sacerdotalem vel quemcunque alium quam non suprema. Sed potestas laicalis non suprema, quantum est ex natura rei, 20 nullam repugnantiam habet ad quemcunque ordinem; alioquin si aliquis rex vel alius laicus fieret sacerdos vel episcopus aut papa, ipso facto amitteret omnem potestatem temporalem, quam habuisset super quamcunque rem vel personam: quod videtur absurdum.

Item, matrimonium ordini non repugnat; unde et in primitiva ecclesia 25 sacerdotes et episcopi licite habuerunt uxores; non ergo quantum est ex natura rei potestas laicalis, etiam suprema, quantum ad rem potestati

---

118 nulli penitus: nemini L.

1 media via *add. b*[1].
2 quibusdam: nonnullis *b*[1].
4 simul *om. a.*
13 res potestatis *aSv*: potestas *b*[1].

122 et c. Cuncta *om. a.*

1 predictas opiniones incedens *b*[1].
4 suprema *om. a; add.* V[2].
6 et simul *b*[1].
24 ordini: ecclesie *b*[1].

116–23 *cf.* Ptolomeus, ix, p. 23.
120 *ibid.* c. 9, col. 468.
122 *ibid.* c. 16, col. 611.
122 Gratianus *post* c. 29, C. 17, q. 4, col. 823.
122 c. 30, C. 17, q. 4, col. 823.

120 c. 1, C. 2, q. 6, col. 467.
121 c. 10, C. 9, q. 3, col. 609.
122 *ibid.* c. 17, col. 611.

spirituali repugnat, cum matrimonium ad actum carnalem magis distantem a spiritualibus quam potestas laicalis in temporalibus ordinetur.

Item, ordo et potestas laicalis non magis repugnant quam spiritus et
30 corpus; sed spiritus et corpus reperiuntur in eodem homine; ergo non apparet ratio quare ordo et potestas laicalis sive in temporalibus etiam suprema non possint quantum est ex natura rei cadere in eundem hominem.

Item, actus ordinis, qui videtur potestas quaedam esse, et actus potes-
35 tatis laicalis etiam supremae non habent repugnantiam ex natura rei, quin possint cadere in eundem hominem; ergo multo magis ipsorum potestates quantum est ex natura rei possunt cadere in eundem hominem. Antecedens probatur. Quia nullus apparet actus potestatis laicalis supremae, qui actui conficiendi corpus Christi, clericos ordinandi,
40 virgines consecrandi, ligandi vel solvendi, vel alii cuicunque repugnet ex natura rei. Iudicare enim saecularibus criminibus irretitos maxime videtur ordini repugnare, et tamen non repugnat, cum actus huiusmodi etiam de facto et de iure propter negligentiam iudicis saecularis debeat iudici ecclesiastico convenire. Iudex enim ecclesiasticus supplet negli-
45 gentiam iudicis saecularis, Extra, *de foro competenti*, c. *Licet* et sequenti.

Videtur igitur quod potestas laicalis non repugnat fungenti potestate spirituali suprema propter ordinem, quem habet. Nec sibi repugnat propter administrationem: tum quia potestas laicalis minus distat ab administratione quam ab ordine; tum quia maior spiritualitas est in
50 ordine quam in administratione; tum quia nullus actus potestatis supremae laicalis repugnat cuicunque actui administrationis, quem habet fungens potestate spirituali suprema. Iudicare enim criminosos maxime videtur repugnare ei; cui tamen non repugnat, cum, sicut dictum est, iudex ecclesiasticus supplere debeat negligentiam iudicis saecularis.
55 Ex praedictis concluditur quod potestas laicalis suprema et potestas spiritualis suprema ex natura rei possunt cadere in eundem hominem.

CAPITULUM 4

Secundo tenet illa opinio quod illae duae potestates nec cadunt nec cadere debent in eundem hominem: quod quidem non accidit ex natura rei, sed ex ordinatione Dei et iure divino, quo cavetur ne ordinarie vel regulariter idem homo praesit rebus saecularibus et divinis, licet casualiter
5 fungens potestate spirituali suprema ea, quae sunt potestatis laicalis

---

30 sed spiritus et corpus: que b^1.
35 quantum est ex natura *add.* b^1.
38 actus ordinis qui repugnat actibus *in marg. add.* L.
39 qui actui: nisi actus L.
45 et sequenti *om.* LW.
47–8 Nec ... tum *om.* W; *add.* V^2; sibi repugnat *om.* L.
51 quam WVb^1.
53 cui *scripsi*: qui LW; quod V; cum b^1.
53 repugnet b^1.

33 hominem *om.* b^1.
36 ipse b^1.
41 irretitos: utentes LW; viventes W^2.
46 ergo b^1.
52 actus criminosos *add.* L.
56 quantum est ex natura b^1V^2.

---

45 II, 2, 10–11, col. 251.

supremae, valeat exercere, ita tamen quod potestas laicalis suprema
ordinaria in ipsum non cadat.   De potestate enim solummodo ordinaria
et regulari, non de casuali, praedictae negativae intendunt.

Et quod sic illae duae potestates non cadant nec cadere debeant in
10 eundem, multis modis nititur ostendere.   Fungens enim potestate laicali
suprema ordinaria debet se saecularibus negotiis implicare, di. x. c.
Imperium, di. xcvi, c. *Si Imperator,* xi, q. i, c. *Sicut enim.* Fungens autem
potestate spirituali suprema negotiis saecularibus implicare se minime
debet, cum etiam alii inferiores saecularibus se implicare non debent, teste
15 beato Paulo, qui ii ad Timotheum cap. secundo ait: *Nemo militans Deo*
implicat se negotiis saecularibus: ut ei placeat, cui se probavit.   Hoc idem beatus
Petrus in epistola beati Clementis, prout legitur xi, q. i, *Te quidem,*
patenter videtur asserere, dicens: *Te quidem oportet irreprehensibiliter vivere,*
et summo studio niti, ut omnes huius vitae occupationes abicias: ne fideiussor
20 *existas, ne advocatus litium fias, neve in aliqua occupatione prorsus inveniaris*
mundani negotii occasione perplexus. Neque enim iudicem neque cognitorem
saecularium negotiorum te hodie ordinare vult Christus; et c. *Sicut enim,* ait:
Impietatis crimen est tibi, O Clemens, neglectis verbi Dei studiis sollicitudines
saeculares suscipere.   Hoc etiam canon editus ab Apostolis iubet in haec
25 verba, ut legitur in di. lxxxviii, c. *Episcopus: Episcopus aut sacerdos aut*
diaconus nequaquam saeculares curas assumat; si aliter, deiciatur.   Hiis concilium
Carthaginense iv, ut legitur eadem di., c. *Episcopus,* videtur alludere,
dicens: *Episcopus nullam rei familiaris curam ad se revocet, sed lectioni et orationi*
et verbo praedicationis tantummodo vacet.   Hoc etiam in aliis sacris canonibus
30 et decretalibus continetur expresse, ut patet xxi, q. iii, c. i, ii, iii, iv et
ult., Extra, *Ne clerici vel monachi saecularibus negotiis se immisceant,* c. i, et
c. *Sed nec,* et c. *Clericis.*   Ergo istae duae potestates secundum iura divina
et humana fundata in iure divino in eundem hominem minime cadere
debent.

35   Amplius, potestates illae, quas Christus voluit esse distinctas et distinctis
personis competere, non debent in eundem hominem cadere.   Christus
autem voluit potestatem laicalem supremam et spiritualem supremam

---

7 ordinaria¹: ordinarie *b*¹.
7 solummodo: predicto modo *b*¹; predicto suprema V².
8 predictas negativas WV*b*¹.   10 Primo fungens BV².
13 suprema *in marg.* L: *om.* WV*b*¹.   14 saecularibus: talibus *b*¹.
14 se implicare: implicari L.   21 mundialis *canon.*
24 Hoc: hec LW.   30 decretis LW.
30 q. iiii *b*¹.   30 c. i, ii, iii, iv et *om. b*¹.
33–4 cadere non debent L.   35 Christus: deus *b*¹.

9–50 *cf. AP* 2. 145–61; *Brev.* ii, 7, pp. 65–6; IusIIIae *Dial.* i, 9.
11–12 c. 5, di. 10, col. 20.   12 c. 11, di. 96, col. 341.
12 c. 30, C. 11, q. 1, col. 634.   15–16 II Tim. 2, 4.
18–22 c. 29, C. 11, q. 1, col. 634 = [Clemens papa I], *Ep.* 1, 4, *Decretal. ps.-Isid.,* ed.
Hinschius, p. 32; cited *AP* 3.8–11; *Brev.* ii, 7, p. 66; IusIIIae *Dial.* i, 9; *IPP* c. 2.
23–4 *ibid.* c. 30, col. 634 = [Clemens papa I], *Ep.* i, 4.
25–6 c. 3, di. 88, col. 307 = *Can. Apostol.* vii, in *Eccles. Occid. Mon. Iuris Antiquiss.,*
ed. C. H. Turner, i, 11.   28–9 *ibid.* c. 6, coll. 307–8.
30 cc. 1–4, 7, C. 21, q. 3, coll. 855–7.   31–2 III, 50, 1, 4–5, coll. 657–9

3

esse distinctas et distinctis personis competere: quod Cyprianus ut legitur
di. x, c. *Quoniam,* et Nicholaus papa, ut habetur di. xcvi, c. *Cum ad verum,*
40 fere sub eisdem verbis testari videntur, cum hoc rationes quare hoc
voluit assignantes. Sic enim scribit Nicholaus: *Cum ad verum ventum
est, ultra sibi nec imperator iura pontificatus arripuit, nec pontifex nomen imperatoris usurpavit, quoniam idem mediator Dei et hominum, homo Christus
Ihesus, actibus propriis et dignitatibus distinctis officia potestatis utriusque discrevit,*
45 *propria volens medicinali humilitate sursum efferri, non humana superbia rursus
in inferno demergi, ut et Christiani imperatores pro vita aeterna pontificibus indigerent,
et pontifices pro cursu temporalium tantummodo rerum legibus imperialibus uterentur,
quatenus spiritualis actio a carnalibus distaret incursibus, et Deo militans negotiis
saecularibus se minime implicaret, ac vicissim non ille rebus divinis praesidere*
50 *videretur, qui esset negotiis saecularibus implicatus.* Ex quibus verbis, ut
videtur, patenter habetur quod, sicut imperator sibi non debet usurpare
potestatem spiritualem supremam, ita papa non debet sibi usurpare
potestatem laicalem supremam, et quod hoc ordinavit Christus, cuius
ordinationem nemini transgredi licet, ne sibi dampnationem acquirat
55 iuxta sententiam Apostoli ad Romanos xiii. Triplex autem innuitur
ratio, quare Christus ordinavit istas potestates supremas distinctis debere
competere personis. Prima est, ne si imperator vel pontifex haberet
utramque, superbiret et in infernum demergeretur; hinc glossa ait:
*Primus per superbiam cecidit, unde omnes in infernum demergebantur; Christus
60 autem humilitate sua nos sursum erexit.* Sed si omnes haberent eadem officia,
superbirent, ita quod iterum demergerentur in infernum. Secunda
ratio est, ut distinctae personae distinctas potestates supremas habentes,
scilicet imperator et pontifex, se invicem debeant indigere. Tertia ratio,
quae in scriptura sacra sicut et allegatio praecedens fundari videtur, est,
65 ut militans Deo se saecularibus negotiis non immisceat et ut saecularibus
intentus negotiis supremam in spiritualibus non habeat potestatem.
Ex quibus concluditur quod secundum ordinationem Christi illae duae
potestates supremae non debent cadere in eundem.

Rursus, ad potestatem laicalem supremam spectat armis intendere et
70 iudicium sanguinis exercere, teste Apostolo ad Romanos xiii: *Non sine
causa gladium portat. Dei enim minister est: vindex in iram ei, qui malum agit.*

44 distribuit b^1V^2.
49 ac: ut nec b^2V^2.
50 ut *om.* b^1.
55 invenitur b^1.
58 fieret superbus L.
63 deberent b^1.
69 cum armis incedere b^1.

45 volens homines *add.* b^1V^2.
49 homo ille *add.* b^2; homo incongrue V^2.
51 habere A; haberi b^2.
56 duas potestates *add.* b^1.
59 Primus homo *add.* b^1V^2.
65 implicet b^2.

38–9 c. 8, di. 10, col. 21. Cyprianus: *potius* Nicolaus papa I, *Ep.* lxxxviii, MGH *Epp.*
vi, 486.
41–50 c. 6, di. 96, col. 339 = Nicolaus papa I, *ubi supra; cf.* Gelasius papa I, *Tr.*
iv, 11, in Thiel, *Epp. Rom. pont. gen.,* i, 567–8.
54–5 *cf.* Rom. 13, 2.   59–60 *Gl. ord. ad* c. 6, di. 96, *s.v.* ' rursus '.
70–1 Rom. 13, 4.

Hinc Cyprianus, ut habetur xxiii, q. v, c. *Rex*, ait: *Rex debet furta cohibere, adulteria punire, impios de terra perdere, patricidas et periuros non sinere vivere.* Hinc Augustinus contra Manichaeos, ut habetur xxiii, q. i, *Quid culpatur,* 75 vult quod *belli suscipiendi auctoritas penes principes sit*, et per consequens primo est penes principem saecularem supremum. Quod enim ibi loquatur de principe saeculari, patet per illud quod subiungit, dicens: *Vir iustus, si forte etiam sub rege, homine sacrilego, militet, recte potest illo iubente bellare.* Hinc Salomon Proverbiorum xx ait: *Rex, qui sedet in solio iudicii,* 80 *dissipat omne malum intuitu suo*, et iterum: *Dissipat impios rex sapiens, et curvat super eos fornicem.* Armis autem intendere et iudicium sanguinis exercere Christus verbo et exemplo suo vicario et aliis praelatis spiritualibus interdixit. Dixit enim Petro, ut legitur Ioannis xviii: *Mitte gladium tuum in vaginam*, et Matthaei xxvi sic scribitur: *Converte gladium tuum in* 85 *locum suum; omnis enim, qui acceperit gladium, gladio peribit.* Non solum autem Petrum, sed etiam alios Apostolos, ab usu gladii prohibuisse videtur, testante Luca, qui c. xxii ait: *Videntes autem hii, qui circum ipsum erant, quod futurum erat, dixerunt ei: Domine, si percutimus in gladio? Et percussit unus ex illis servum principis sacerdotum, et amputavit auriculam eius* 90 *dexteram. Respondens autem Ihesus, ait: Sinite usque huc.* Ex quibus verbis colligitur quod Christus Apostolis et aliis praelatis potestatem gladii interdixit, et per consequens voluit ut ab effusione sanguinis abstinerent.

Quod etiam eis inhibuit, cum dixit eisdem, ut legitur Matthaei xx: *Scitis, quia principes gentium dominantur eorum; et qui maiores sunt, potestatem* 95 *exercent in eos. Non ita erit inter vos; sed quicunque voluerit inter vos maior fieri, sit vester minister. Et qui voluerit inter vos primus esse, erit vester servus. Sicut Filius hominis non venit ministrari, sed ministrare.* Ex quibus verbis colliguntur duo. Quorum primum est quod Christus Apostolis supremam potestatem saecularem inhibuit. Aliquam enim potestatem eis inhibuit, 100 et non omnem: tum quia voluit quod inter alios maiores essent et primi; tum quia ipsis praecepit ut potestatem aliquam super alios exercerent, cum dixit Petro: *Pasce oves meas*, et cum dixit universis Apostolis, Ioannis xx: *Sicut misit me Pater, et ego mitto vos*, et post: *Quorum remiseritis peccata, remittuntur eis; et quorum retinueritis, retenta sunt.* Ergo supremam potesta- 105 tem saecularem Christus universis Apostolis interdixit. Secundo colligitur

---

73 patricidas: homicidas *b*[1]*Sv.*   80 in circuitu *b*[1].
83 legimus WV.   84 tuum[1] *om.* LV.
84 sic scribitur *om.* L*b*[1].
85 omnes ... qui acceperint ... peribunt *Vulg.*
87 qui[1] *om. b*[1].   87 ait *om. b*[1].
90 ait: dixit *b*[1].   91 Apostolis LW[2]: Petro WV*b*[1].
95 erit: est LW.   96 erit: est W; sit *ex corr.* L.

72–3 c. 40, C. 23, q. 5, col. 941 = [Cyprianus], *potius* Compilator Hibern. saec. VII, *de xii abusivis saeculi*, 9, PL 4, 956–7.
74–5 c. 4, C. 23, q. 1, col. 893 = Augustinus, *contra Faustum* xxii, 75, PL 42, 448.
78–9 *ibid.*   79–80 Prov. 20, 8.
80–1 Prov. 20, 26.   83–4 Ioann. 18, 11.
84–5 Math. 26, 52.   87–90 Luc. 22, 49–51.
94–7 Matth. 20, 25–8.   102 Ioann. 21, 17.
103 Ioann. 20, 21.   103–4 Ioann. 20, 23.

ex verbis praedictis quod Christus voluit quod Apostoli imitarentur ipsum
in abdicatione exercendae potestatis super alios, cum seipsum proponat
eis in exemplum, dicens: *Sicut Filius hominis non venit ministrari, sed ministrare*,
quasi dicat: ' Facite sicut me facere vidistis, ut non maiorem potestatem
110 exerceatis in alios quam me exercuisse vidistis.' Christus autem inquantum homo mortalis, praebens exemplum suo vicario quomodo
gubernare deberet sibi subiectos, nunquam iudicium sanguinis aut
supremam potestatem saecularem exercuit, sed talem potestatem etiam
occasione sibi data ab aliis declinavit. Nam cum, sicut legitur Ioannis
115 viii, adducerent *Scribae et Pharisaei mulierem in adulterio deprehensam, et
statuerent eam in medio, et dicerent ei: Magister, haec mulier modo deprehensa
est in adulterio. In lege autem Moyses mandavit huiusmodi lapidari. Tu ergo
quid dicis?* ipse se intromittere de causa sanguinis in tantum renuit, ut
nec etiam interrogantibus vellet quae secundum legem a se vel ab alio
120 iudice esset in ipsam ferenda sententia respondere. Hinc etiam, cum
discipuli eius, Iacobus et Ioannes, ut habetur Lucae ix, cuperent poena
mortis contemptum Samaritanorum, quem Christo fecerant, vindicari,
ipse increpans illos dixit: *Nescitis cuius spiritus estis. Filius hominis non
venit animas perdere, sed salvare.* Non dixit, ' Contemptus Samaritanorum
125 non est dignus morte ', sed dixit: *Filius hominis non venit animas perdere*,
quasi diceret: ' Licet ille contemptus dignus sit morte, non tamen inferam
eam, quia non veni inquantum homo mortalis pro quocunque crimine
vitam corporalem auferre, sed conferre.' Tres enim mortuos suscitavit,
sed nullum quantumcunque sceleratum morte aut membri truncatione
130 punivit, licet nonnunquam quibusdam aliquam aliam corporalem
poenam inferret. Nam, sicut scribitur Ioannis ii, facto flagello de funi-
culis, vendentes oves et boves eiecit de templo, *et numulariorum effudit aes.*
Ipse etiam cum traheretur ad mortem, armis se defendere recusavit;
unde dixit Petro, ut legitur Matthaei xxvi: *Putas, quia non possum modo
135 rogare Patrem meum, et exhibebit michi plus quam duodecim legiones angelorum;*
et tamen hoc facere nullo modo volebat. Licet itaque Christus exemplo
docuerit quod praelati ecclesiae spirituales poena levi corporali corrigere
valeant sceleratos, facto tamen ostendit quod non debent armis uti, nec
mortem aut truncationem membrorum inferre: quod sacri canones
140 Christi sequentes vestigia praecipere et testari videntur, sicut patet xxiii,
q. viii, c. *Clerici*, et c. *Quicunque*, et c. *Reprehensibile*, et c. *Hiis a quibus*,

---

106 quod²: ut L.
113 supremam *om. b¹.*
114 data LV²: datam W*b¹.*
116 statuerunt L*b¹.*
123 et ipsos increpans ait L.
141 Clerici . . . Hiis *om. b¹*; et c. Quicunque et c. Reprehensibile et c. *om.* L.

110 exercuisse: exercere *b¹.*
113 talem: omnem *b².*
115 adduxerunt BRMOP.
116 dixerunt L*b¹.*
132 aes: mensas MFT.

---

108 Matth. 20, 28.
115–18 Ioann. 8, 3–5.
131–2 *cf.* Ioann. 2, 15.
140–1 c. 5, C. 23, q. 8, col. 954.
141 *ibid.* c. 19, col. 958.

110–30 *cf. Brev.* ii, 19, pp. 95–6.
123–4 Luc. 9, 55–6.
134–5 Matth. 26, 53.
141 *ibid.* c. 6, col. 954.
141 *ibid.* c. 30, col. 964.

et c. *Si quis,* et Extra, *Ne clerici vel monachi saecularibus negotiis se immisceant,*
c. *Clericis,* et c. *Sententiam,* et Extra, *de excessibus praelatorum,* c. *Ex litteris,*
et xxiii, q. v, c. i, et c. *Poena* et c. *Unum,* et c. *Incestuosi,* et c. *Sunt quaedam,* et
45 q. i, c. *Nisi.* Ex quibus aliisque quampluribus colligitur quod armis intendere et causam sanguinis agitare ad solos laicos, non ad praelatos pertinet
spirituales. Quare concluditur quod potestas laicalis suprema et potestas
spiritualis suprema in eundem cadere minime debent.

CAPITULUM 5

Quia in isto opusculo censui solummodo recitando et allegando procedere,
narrandum est quomodo potest secundum praedictas opiniones ad
allegationes eis contrarias responderi; et primo, quomodo secundum
tertiam opinionem ea, quae prima adducit opinio, dissolvuntur.
5   Ad quorum primum dicitur quod, quamvis ea, quae ex opposito
dividuntur tanquam contraria, ex natura rei non possint idem subiectum
primum habere, licet possint cadere in diversas partes eiusdem subiecti,
tamen saepe illa, quae dividuntur ex opposito tanquam diversae species
aut modi alicuius communis, et ideo non sunt idem, possunt cadere in
0 eandem personam, immo nonnunquam in idem subiectum primum.
Nam ordo sacer et ordo non sacer quodammodo ex opposito dividuntur,
et tamen cadunt in eundem hominem, immo in eandem animam, quae
est subiectum primum utriusque; sic etiam virtus intellectualis et moralis
aliquo modo ex opposito dividuntur, et tamen cadunt in eundem homi-
5 nem, et sic de aliis innumeris. Quare ex hoc quod potestas primo
dividitur in potestatem spiritualem et laicalem, non potest concludi
quod non possunt cadere in eundem hominem, licet ex hoc possit convinci
quod non sunt eadem potestas. Et ita videtur esse dicendum de potestate
spirituali suprema et de potestate laicali, quod, licet ex eo, quod ex
0 opposito aliquo modo dividuntur, possit ostendi quod non sunt nec
esse possunt eadem potestas, tamen possunt cadere in eundem hominem
simul, quantum est ex natura rei.
Ad secundum dicitur quod potestas spiritualis suprema et potestas
laicalis suprema non necessario ex natura rei constituunt duo capita cor-
5 porum diversorum, scilicet clericorum et laicorum: tum quia clerici et
laici sunt unum corpus, iuxta illud Apostoli ad Romanos xii: omnes
enim *unum corpus sumus in Christo*; tum quia, licet debeant esse distincti

144 xxiii: xiii *a.*   145 quamplurimis *b*[1].
148 eodem *b*[1].

7 sicut primum *add.* L; secundum primum P.
17 posset WV.   19 laicali suprema *add.* M[2] *ed. pr.*
23 potestas[2] *om. a.*   24 non necessario *om. b*[1].
27 enim L: *om.* WV*b*[1].

142 *ibid.* c. 31, col. 964.   142-3 III, 50, 5, col. 658.
143 *ibid.* c. 9, coll. 659-60.   143 v, 31, 10, col. 838.
144 c. 1, C. 23, q. 5, coll. 928-9.   144 *ibid.* c. 2, col. 929.
144 *ibid.* c. 3, col. 930.   144 *ibid.* c. 22, col. 937.
144 *ibid.* c. 39, col. 941.   145 c. 1, C. 23, q. 1, col. 890.
26-7 Rom. 12, 5.

clerici et laici propter multitudinem Christianorum, quae nunc est et
fuit temporibus beati Ieronymi, tamen putant quidam quod non esset
30 impossibile clericos aut laicos averti a fide et quod solummodo remaneret
unum genus ipsorum, respectu quorum posset, quantum est ex natura rei,
idem homo habere tam potestatem supremam spiritualem quam laicalem.
   Ad tertium dupliciter respondetur. Uno modo, quod licet papatus et
quaelibet praelatio ecclesiastica a se excludat dominationem, quae est
35 respectu servorum, non liberorum, ita ut nullus praelatus ecclesiae ex vi
praelationis seu potestatis spiritualis sit tali dominatione dominus Christianorum quorumcunque, qui Graece vocatur ' despotes' secundum
Aristotelem in Politicis, quia nullus principatus ecclesiasticus etiam
supremus ex ordinatione Christi est despoticus, sed magis assimulatur
40 principatui regali iuxta illud Petri secundo: *Vos autem genus electum, regale
sacerdotium*, et illud Apocalypsis i, *Fecit nos regnum* sacerdotale: tamen
praelatio ecclesiastica dominationem, quae est respectu liberorum, per
quem modum rex est dominus sibi subiectorum, a se non excludit.
Beatus autem Petrus in verbis praeallegatis excludit a pastoribus ecclesiae
45 dominationem primam, non secundam, cum dicit: Non *dominantes in
cleris*. Et si dicatur quod hoc repugnat sacris canonibus, secundum
quos praelati ecclesiae sunt domini respectu aliquorum tanquam respectu
servorum, quia servos habet ecclesia, respondetur secundum quosdam
quod nullus est servus ecclesiae ex vi praelationis ecclesiasticae institutae
50 a Christo, sed quicunque est servus ecclesiae, est servus ex ordinatione
humana. Unde et nonnulli sunt servi ecclesiae, qui a dominis suis dati
sunt sponte ecclesiae.
   Aliter respondetur ad tertium motivum pro prima opinione quod, licet
praelatio ecclesiastica iuxta auctoritatem Petri, immo iuxta verba Christi,
55 qui voluit quod praelati ecclesiae essent servi et ministri aliorum, dominationem talem, qualem habet potestas laicalis suprema, a se excludat,
quia potestas spiritualis suprema nec est huiusmodi dominatio nec
habet eam necessario sibi annexam: tamen non excludit eam a persona,
in qua est. Et ideo, licet secundum beatum Petrum talem dominationem
60 non debeat habere ille, qui fungitur potestate spirituali suprema, tamen
sibi talis dominatio non repugnat; et ideo posset cadere in eandem
personam cum potestate spirituali suprema, si aliud non obstaret.
   Ad quartum respondetur quod quia imperator non debet esse summus
praelatus spiritualis, ideo, si est fidelis, est filius ecclesiae; sed hoc non
65 est ex natura potestatis supremae, quam habet; et ideo, quantum est ex

30 aut L: et WV; vel *b*¹.   31 et quod respectu illorum L.
35 servorum. *om. b*¹.
37 qui Graece vocatur ' despotes': *sic codd. et edd. Fortasse legas* quae Graece vocatur
' despotica '.   41 sacerdotale: et sacerdotes *Vulg.*
42–3 per quem modum: quemadmodum *b*¹.
43 subditorum WM.

37–8 *cf.* Aristoteles, *Pol.* i, 7, 1255b 16, ed. Susemihl, p. 27.
40–1 1 Petr. 2, 9.
41 Apoc. i, 6.
45–6 1 Petr. 5, 3; *cf. supra*, i. 1.36.

natura potestatis illius supremae, posset esse pater et non filius ecclesiae.
Decretum autem loquitur secundum modum, qui servari debet circa
imperatorem, non qui convenit ex natura rei.

Ad ultimum dicitur quod imperator habens supremam potestatem
70 laicalem non est subiectus papae ex natura illius potestatis, sed quia,
si habet potestatem illam laicalem supremam, debet carere potestate
spirituali suprema, quam habet summus pontifex; et ideo de facto in
spiritualibus minor est summo pontifice, non ex natura potestatis.

CAPITULUM 6

Restat nunc secundum praedictam opinionem tertiam respondere ad
motiva opinionis secundae. Quorum nonnulla fundantur in hoc, quod
papa habet plenitudinem potestatis tam in temporalibus quam in
spiritualibus: quod intellectum, ut plures intelligunt, quidam putant
5 haereticum. Dicere enim quod papa talem habeat, sive in temporalibus
sive in spiritualibus, plenitudinem potestatis, ut universa absque omni
exceptione possit, quae non sunt contra ius divinum, quod Christiani de
necessitate salutis servare tenentur, nec contra ius naturale indispensabile
et immutabile, scripturae divinae, iuri humano, canonico et civili ac
10 evidenti rationi repugnat, ut nonnulli multis modis probare nituntur;
quorum aliqua motiva breviter tangendo absque prolixa discussione duxi
praesentibus inserenda.

Primum autem, quod aliqui fortius arbitrantur, tale est: Secundum
litteras sacras lex evangelica est lex libertatis respectu Mosaicae legis;
15 quod saltem negative debet intelligi, ut non sit tantae servitutis, neque
in temporalibus neque in spiritualibus, quoad caerimonias et observantias exteriores quantae fuit lex Mosaica: ita quod, quamvis Christiani
quidam vel omnes per se vel per alios ex causa de novo emergenda
servituti possint subiugari tantae vel maiori, tamen communitas fidelium
20 per legem evangelicam nequaquam tanta servitute tenetur, nec aliquis
mortalis virtute evangelicae legis, praesertim sine culpa et absque causa
manifesta et rationabili, potest eam tantae subdere servituti; et si
quicunque hoc attemptare praesumpserit, quod facit ipso facto et iure
divino nullum est. Sed si papa haberet talem plenitudinem potestatis
25 a Christo et ab evangelica lege, lex evangelica esset intolerabilis servitutis,
et multo maioris quam lex Mosaica. Omnes enim per ipsam essent
effecti servi papae, ita quod papa tantam haberet potestatem super
omnes Christianos quantam unquam habuit vel habere potuit quicunque

---

70 quia *a*: qui *b*¹.   71 si W: qui V²; *om.* L*b*¹.   71 haberet *b*².
71 deberet *b*².   73 supremo *b*¹.

7 sint WV.   10 nonnulli: illi *b*¹.
18 emergente L*b*¹V²S*v*.   27 effecti *e* facti *corr.* L; *om. b*¹.

1–12 *cf. CB* iv, 12, p. 262; *ibid.* vi, 2, p. 273; *AP* 1.18–31; *Brev.* ii, 1, p. 54; IusIIIae
Dial. i, 1; *IPP* c. 1.
13–45 *cf. CB* iv, 12, p. 262; *ibid.* vi, 4, p. 275; *AP* 2.10–92; *Brev.* ii, 3–4, pp. 56–9;
Consult. 269–73; IusIIIae *Dial.* i, 5–8; *IPP* cc. 1–3.

dominus temporalis super servos suos, ut papa posset quoscunque reges et
30 alios dare et vendere et quorumcunque subdere servituti.   Posset etiam
papa plures caerimonias et observantias exteriores imponere communitati
fidelium quam fuerint statutae in veteri lege; et ita lex evangelica esset
incomparabiliter maioris servitutis quam lex Mosaica: quod nonnullis
apparet haereticum.   Relinquitur ergo quod papa non habet talem
35 plenitudinem potestatis.

Circa istud motivum, ut videtur, non restat aliud probare nisi quod
lex evangelica est lex libertatis, quod quidam tam per sacram scripturam
quam per sacros canones asserunt posse aperte probari.   Hoc enim, ut
dicunt, testatur beatus Iacobus in canonica sua, c. i, et Apostolus Paulus
40 ii ad Corinthios iii et ad Galatas ii et iv, et beatus Petrus ac beatus Iacobus
Actuum xv, et Urbanus papa, xix, q. ii, c. Duae, et Innocentius III,
Extra, de regularibus, c. Licet, et beatus Augustinus ad inquisitiones Ianuarii,
et habetur di. xii, c. Omnia.   Has autem auctoritates causa brevitatis non
adduco.   Ex quibus tamen et aliis quamplurimis dicunt aperte patere
45 legem evangelicam esse legem libertatis respectu veteris legis.

Amplius, Christus, licet inquantum Deus omnem habuerit plenitudinem
potestatis, tamen inquantum homo mortalis abdicavit talem plenitudinem
potestatis, cum dixerit Ioannis xviii: Regnum meum non est de hoc mundo,
intendens per verba illa negare se regem in temporalibus.   Alioquin
50 per verba illa nequaquam apud Pilatum exclusisset accusationem Iudaeorum accusantium ipsum quod dixerat se regem in praeiudicium Caesaris,
cum tamen, sicut legitur Lucae xxiii, postquam Iudaei accusaverunt
ipsum quia dixerat se regem, Pilatus dixerit: Nichil invenio causae in hoc
homine, advertens quod Christus non dixerat se regem in temporalibus,
55 sed alio modo quam in temporalibus, secundum quem modum non
reputabat Caesari adversari; et ideo non dampnavit Christum tanquam
convictum quod fecerat se regem in temporalibus, sed propter im-
portunitatem Iudaeorum petentium ut crucifigeret eum, testante Luca,

29 temporalis om. b¹.
30 servitutibus b¹.
33 nonnullis: multis W²V.
44-5 Ex quibus... veteris legis om. a, add. V²; cf. infra, i.6.92.
49 esse regem add. b¹.
52 cum tamen: constitutum L; excipit iudicium cesaris b².
53 dixerit: dixit Lb¹.
55 secundum quem modum: quemadmodum Lb¹; quem modum M².
58 crucifigerent WV.

29 ut: et b¹.
32 fuerunt b¹.
34 talem om. LW.
51 dixit L; dixerit b¹.

39 Iac. 1, 25.
40 II Cor. 3, 17.
40 Gal. 2, 3-5; ibid. 4, 31.
41 Act. 15, 10; 15, 19-20; 15, 22-3; 15, 28-9.
41 c. 2, C. 19, q. 2, col. 840.
42 III, 31, 18, col. 575.
42-3 c. 12, di. 12, col. 30 = Augustinus, Ep. lv, 19, PL 33, 221.
46-84 cf. OND 93.210-360; Brev. ii, 9, pp. 69-70; IusIIIae Dial. i, 9.
48 Ioann. 18, 36.
52-3 cf. Luc. 23, 2.
53-4 Luc. 23, 4.

ubi prius, et dicente: *Ille autem,* scilicet Pilatus, *tertio dixit ad illos: Quid*
60 *enim mali fecit iste? Nullam* autem *causam mortis invenio in eo; corripiam*
ergo illum, et dimittam. At illi *instabant vocibus magnis postulantes ut cruci-*
figeretur; et invalescebant voces eorum. Et Pilatus adiudicavit fieri petitionem
eorum; et post: *Ihesum vero tradidit voluntati eorum.* Ex quibus verbis
colligitur quod Pilatus non reputavit Christum convictum de crimine
65 digno mortis; quod tamen fecisset, si Christus fuisset convictus vel
confessus se temporale regnum habere, sive ab hominibus sive a Deo,
et in Iudaea, ubi Caesar noluit aliquem regnare, nisi qui esset constitutus
ab ipso. Pilatus ergo, victus improbitate petentium et incutientium sibi
timorem, ne falso accusaretur apud Caesarem a Iudaeis quod faveret
70 alicui in Iudaea dicenti se regem temporalem, qui non erat a Caesare
institutus, praesertim cum contra eum clamarent et dicerent, ut habetur
Ioannis xix: *Si hunc dimittis, non es amicus Caesaris; omnis enim, qui se regem*
facit, contradicit Caesari, contra iustitiam et etiam conscientiam tradidit
Ihesum petentibus ut crucifigeretur, sciens quod licet Ihesus dixerit
75 sibi: *Rex sum ego,* tamen intellexit se aliter regem quam illo modo, quo
intellexerunt Iudaei, cum accusaverunt eum quod se fecerat regem.
Unde et stupent nonnulli quod illum sensum advertit Pilatus, homo
mundanus et sine fide, ex verbis Christi de regno suo, et tamen ipsum
non perpendunt Christiani quidam, qui etiam volunt esse legis doctores;
80 cuius, ut ipsis videtur, non est alia causa, nisi quia sunt mala affectione
caecati. Papa autem ex ordinatione divina praecipue non habet maiorem
potestatem in temporalibus quam habuit Christus inquantum erat homo
mortalis, cuius est vicarius. Ergo papa non habet in temporalibus talem
plenitudinem potestatis.

85   Rursus, quod papa non habeat in temporalibus talem plenitudinem
potestatis sacri canones testari videntur. Nam ille non habet in temporalibus talem plenitudinem potestatis, cuius iurisdictioni temporali aliquae
terrae sunt subiectae et aliquae non; papae autem quoad iurisdictionem
temporalem aliquae terrae sunt subiectae, et non omnes, Extra, *de*
90 *haereticis, Vergentis*; ergo, etc.

Item, contra illum, qui habet in temporalibus talem plenitudinem
potestatis, non currit praescriptio; contra papam autem quoad temporalia
currit praescriptio saltem centenaria, Extra, *de praescriptionibus, Si diligenti*;
ergo, etc.

---

63 postea LV.
67 regnare: esse aliquem regem *b*¹.
71 ut habetur: illud *b*¹V².
75 aliter Pilatus Christum se dixisse *add. b*¹V².
76 cum: quando *b*¹.

67 et: etiam *b*¹V².
68 ergo: vero W*b*¹.
75 se *om. b*¹V².
81 praecipue: precise *b*¹; *om.* V.

92 *post* autem: ex quibus tamen et quamplurimis (aliis *add.* V) dicunt aperte patere
legem evangelicam esse legem libertatis respectu veteris legis *add.* WV; *cf. supra,* i.6.44.

59–63 Luc. 23, 22–4.
72–3 Ioann. 19, 12.
85–90 *cf. CB* vi, 4, p. 276; *AP* 2. 105–17; *Brev.* ii, 10, p. 71; IusIIIae *Dial.* i, 9.
89–90 V, 7, 10, col. 783.
91–4 *cf. Brev.* ii, 10, p. 71; IusIIIae *Dial.* i, 9.
93 II, 26, 17, col. 389.

63 Luc. 23, 25.
75 Ioann. 18, 37.

95   Praeterea, ille non habet in temporalibus talem plenitudinem potestatis,
qui feuda et alia bona temporalia sibi deputata alienare non potest.
Papa autem non potest alienare bona Romanae ecclesiae, xii, q. ii,
Non liceat; ergo, etc.

Adhuc, quod papa non habeat talem plenitudinem potestatis, per iura
100 civilia videtur posse probari.   Nam, si papa haberet talem plenitudinem
potestatis, imperium et omnia regna mundi essent a papa; quod civilibus
legibus obviare videtur, cum dicant imperium esse a Deo, in Authenticis,
Quomodo oporteat episcopos, etc., coll. i, ubi sic legitur: *Maxima quidem
in omnibus hominibus sunt dona Dei a superna collata clementia sacerdotium*
105 *et imperium, illud quidem divinis ministrans, hoc autem humanis praesidens ac*
diligentiam exhibens; ex uno eodemque principio utraque procedentia humanam
exornant vitam, et C. *de veteri iure enucleando*, l. i, sic habetur: *Deo auctore*
nostrum gubernante imperium quod nobis a caelesti maiestate traditum est, etc.;
ergo papa non habet super imperium praedictam plenitudinem potestatis.

110   Quod etiam ratione, ut quibusdam videtur, evidenti probatur.   Nam
principatus apostolicus seu papalis non minus respicit utilitatem fidelium
subditorum quam principatus saecularis; sed secundum Aristotelem
in Politicis principatus saecularis temperatus, iustus et rectus est institutus
principalius propter bonum commune subditorum; ergo multo magis
115 principatus apostolicus est institutus principalius a Christo propter bonum
commune cunctorum fidelium.   Sed si papa haberet talem plenitudinem
potestatis, principatus ipsius non esset propter bonum commune, sed
propter bonum proprium ipsius papae: tum quia per talem principatum
magis esset provisum papae quam subditis, et esset magis dicendus
120 mercenarius, qui quaerit proprium lucrum, quam verus pastor; tum
quia talis principatus esset periculosus subiectis, quia si papa haberet
talem plenitudinem potestatis, quamvis ipse omnes Christianos extra
casum necessitatis extremae universis rebus et libertatibus spoliaret ac
laboribus, servitutibus, oneribus et periculis immensis subiceret, non
125 liceret eis papae resistere, sed tenerentur de necessitate parere, quod eis
periculosum existeret.   Restat ergo quod papa non habet talem plenitudinem potestatis.

Amplius, plenitudo potestatis aequalis est in omnibus summis pontificibus, illa scilicet, quam habent a Christo ratione papatus.   Sed aliqui
130 fuerunt summi pontifices, et adhuc possent esse, qui non erant capaces

102 deo immediate *add*. V.
104 omnibus *codd*.; *om. Corpus iuris civilis.*   108 nostro *a*.
109 praedictam: talem *b*[1]V[2].   111 papalis: spiritualis *b*[1].
114 principalius W: principatus L; principaliter *b*[3]V[2]*Sv*; immediate B, *in marg*. V[3].
114 cunctorum fidelium subditorum *add*. W.
115 principalius *scripsi*: principaliter *b*[1]V[2]; principatus LW.
121 subditis *ut saepius b*[1].   128 aequalis: spiritualis V; totalis que *b*[1].
129 est illa *add*. *b*[1].   130 possent W, *ex corr*. L: possunt V*b*[1]*Sv*.

95–8 *cf. CB* vi, 4, pp. 275–6; *Brev*. ii, 10, p. 71.
97–8 c. 48, C. 12, q. 2, col. 703.   103–7 *Nov*. 6 pr. (coll. i, tit. 6).
107–8 *Cod*. I, 17, 1.   110–27 *cf. Brev*. ii, 5, p. 60.
112–14 *cf*. Aristoteles, *Pol*. iii, 6, 1279a 17–21, ed. Susemihl, p. 177; Thomas, *de reg.*
princ. i, 1; *Brev. loc. cit.*; IusIIIae *Dial*. ii, 3; *IPP* c. 7.
128–38 *cf. Brev*. ii, 8, p. 67.

praedictae plenitudinis potestatis, puta monachi et alii religiosi de
religionibus perfectis assumpti; quia religiosi huiusmodi non sunt capaces
proprietatis et dominii, neque temporalium rerum neque personarum,
cum per votum paupertatis, a quo absolvi non possunt, Extra, *de statu*
135 *monachorum, Cum ad monasterium,* talem proprietatem abdicaverint: quae
tamen in praedicta plenitudine potestatis necessario includitur. Ergo
nullus papa ex potestate sibi concessa a Christo habet huiusmodi plenitudinem potestatis.

Sed forte dicet aliquis quod monachus vel alius religiosus ad papatum
140 assumptus est simpliciter absolutus a voto paupertatis. Quod videtur
taliter posse probari: Ita necessario est annexum religioni perfectae
votum obedientiae sicut votum paupertatis; sed religiosus ad papatum
assumptus est simpliciter absolutus a voto obedientiae, quia non plus
tenetur obedire praelatis religionis suae quam si semper fuisset saecularis;
145 ergo est etiam absolutus ab abdicatione proprietatis et voto paupertatis.
Huic respondetur quod religiosus assumptus ad papatum non est totaliter
absolutus a voto obedientiae, nec est ita liber sicut si semper fuisset
saecularis: tum quia, licet pro tempore papatus sui non teneatur obedire
praelatis ordinis sui, tamen tenetur obedire regulae, quam vovit, quoad
150 substantialia et ad illa, quae non impediunt officium, ad quod est assumptus; tum quia, esto quod votum obedientiae non respiciat proprie illa,
quae praecipiuntur in regula, sed illa, quae praecipiuntur solummodo et
praecipi possunt a praelatis, tamen religiosus factus papa non est ita
liber a praelatis ordinis sui, sicut si fuisset saecularis. Quia si talis papa
155 efficeretur haereticus vel pro alio crimine, in quo appareret incorrigibilis
et scandalizaretur ecclesia, deponeretur per sententiam aut sponte
renuntiaret papatui, ipso facto et iure efficeretur de obedientia praelatorum ordinis sui. Et ita papa talis, quia potest effici non papa, non
est ita liber ab obedientia etiam praelatorum ordinis sui, sicut si nunquam
160 fuisset religiosus; et ideo non est simpliciter a voto obedientiae absolutus,
quia absque novo voto potest et tenetur ad obedientiam praelatorum
reverti. Nec mirum, quia unaquaeque res de facili ad naturam suam
revertitur. Cum igitur votum paupertatis sit de substantia regulae
perfectae et exercitium officii pontificalis nequaquam impediat, tenendum
165 videtur quod talis religiosus ad papatum assumptus proprietatem habere
non potest, praesertim extra casum necessitatis. Unde esto quod aliquis
casus posset accidere, in quo necesse esset papam religiosum alicuius rei
temporalis proprietatem in speciali assumere, tamen extra casum huiusmodi non licet proprietatem habere.

132 quia: quare *b*¹.
143 simpliciter: totaliter *b*².
147 tamen est *add.* L.
150 substantialia: singula L; aliqua *b*².
169 liceret *b*².

139 diceret *b*¹V².
143 quia: quare *b*¹.
148 persona secularis *add.* L.
168–9 huiusmodi: huius rei *a*.

134–5 III, 35, 6, col. 600.

CAPITULUM 7

Viso quomodo quidam tenentes opinionem tertiam probare conantur
quod papa non habet illam plenitudinem potestatis, quae exposita est
supra, c. ii, videndum est quomodo ad allegationes in contrarium respondere nituntur.

5   Ad quarum primam dicitur quod Christus per illa verba, *Quodcunque
ligaveris*, etc., non dedit nec promisit Petro talem plenitudinem potestatis,
et ideo talem etiam non promisit nec dedit papae in beato Petro.   Talis
enim potestas nec papae nec subditis expediret, sed periculosa esset
utrisque.   Esset enim periculosa papae, quia ipsum in superbiam nimis
10 efferret et esset sibi occasio mala innumera perpetrandi; esset etiam
periculosa subditis, quia, cum inter fideles sint multi spiritualiter debiles
et infirmi, plerique sunt, qui onera, quae eis de iure absque culpa sua et
sine causa papa posset imponere, absque maxima difficultate sufferre
non possent, quare ·tale iugum eis nimis periculosum existeret, quia
15 timendum esset ne ante iugum obedientiae omnino abicerent quam tam
gravia sustinerent.   Cum igitur Christus non dederit papae aliquam
potestatem sibi periculosam et aliis, sibi talem non contulit plenitudinem
potestatis; aliam ergo sibi dedit plenitudinem potestatis tantum.
    Dicunt autem quidam quod Christus per verba praemissa non dedit
20 beato Petro vel promisit aliquam potestatem nisi respectu peccatorum,
quia solummodo dedit sibi potestatem conferendi poenitentiae sacramentum, id est potestatem ligandi vel solvendi homines a peccatis, non
quidem expellendo culpam et gratiam reformando ac remittendo debitum
dampnationis aeternae, quia haec operatur solus Deus, sed solummodo
25 ostendendo homines esse solutos vel ligatos in facie ecclesiae, et aliquam
satisfactionem in hoc saeculo imponendo—puta orationem vel ieiunium
aut aliquid aliud consimile—ac peccatores communioni fidelium re-
conciliando, et interdum promulgando peccatores esse excommunicationi
subdendos, non coactivum iudicium exercendo.
30   Alii autem, putantes non vacuum esse a periculo taliter restringere
potestatem papalem, dicunt quod Christus per verba illa, aut saltem per
illa verba, *Pasce oves meas*, dedit vel promisit beato Petro, et in ipso papae,

3 superius *b*¹.   3 c. ii *om. b*².
8 papae: sibi L.   10 innumera: nimia *b*².
11 subiectis LV.   12 pluresque *b*¹.
14 quia: et *b*¹*Sv*.   18 ergo: vero L.
18 tantum *om. b*¹.   23 reformando: conferendo *b*²V².
27 ac: aut LAR; *om.* B.   31 ista *b*².

5 Ad quarum primam: *cf. supra*, i.2.30–40.
5–6 Matth. 16, 19.
19–29 quidam: *cf.* Marsilius Patav., *Def. pacis* II, vi, 6–8, 12, ed. Scholz, pp. 202–6,
209–11.   Marsilius bases himself on Petrus Lombardus, *Sent.* IV, di. 18, and Richardus
de sancto Victore, *Tr. de potestate ligandi et solvendi*, PL 196, 1159–78.
30–87 Alii: Ockham's own view; *cf. infra*, ii.2.48–68; *Brev.* ii, 20, pp. 99–100;
IusIIIae *Dial.* i, 16–17; *IPP* c. 10.   32 Ioann. 21, 17.

omnem potestatem necessariam ad regimen fidelium pro adipiscenda
aeterna vita, salvis iuribus et libertatibus rationalibus, honestis vel etiam
35 licitis aliorum quorumcunque non delinquentium manifeste nec per-
petrantium scelus, pro quo debent iuribus aut libertatibus suis iuste
privari. Dicunt autem ' potestatem necessariam ad regimen fidelium '
esse concessam papae ad excludendam potestatem non solum perniciosam
aut periculosam, sed etiam in casu utilem, non tamen necessariam in
40 eodem casu. Propter quod papa ex sola ordinatione Christi non habet
potestatem super fideles respectu illorum, quae merae supererogationis
sunt, extra casum necessitatis et utilitatis, quae parificari debeat necessitati. Dicunt autem ' pro adipiscenda aeterna vita ' ad excludendam
potestatem specialem respectu illorum, quae ad vitam aeternam non
45 disponunt. Et propter hoc dixit Christus Petro: *Tibi dabo claves regni
caelorum*, quasi diceret, ' Omnis potestas, quam tibi dabo, est tibi aut aliis
fidelibus necessaria ad adipiscendum regnum caelorum ', propter quod
super temporalia nullam habet potestatem specialem sibi datam a Christo,
nisi in casu, in quo aliquo modo posset dici necessario respicere regnum
50 caelorum, puta in casu, in quo necessarium esset quod papa de aliquibus
temporalibus disponeret pro peccato aut periculo necessario vitando vel
aliquo opere meritorio de necessitate agendo. Dicunt autem ' salvis
iuribus et libertatibus ', etc., ad notandum quod papa per nullam
potestatem sibi datam a Christo potest tollere iura et libertates im-
55 peratorum, regum et aliorum quorumcunque, clericorum vel laicorum,
ipsis invitis, sine culpa et absque causa, extra casum necessitatis et utilitatis,
quae valeat parificari necessitati, dummodo libertates et iura huiusmodi
non sint contra legem divinam, ad quam Christiani tenentur—quia
quamvis essent contra illa, quae sunt in veteri lege, ad quae Christiani
60 minime obligantur, ipsis gaudere deberent—nec contra ius naturae
vel gentium, praesertim si sint consonae iuri divino naturae vel gentium
aut civili—quia si essent contra ius gentium vel civile, ipsis uti non
deberent. Dicunt autem ' non delinquentium manifeste nec perpetran-
tium scelus ', etc., ad notandum quod papa habet a Christo potestatem
65 infligendi poenam debitam et congruam pro omni scelere, quando

33 ad regimen: regimini WBROTP.
36 aut: ac LV².
41 merae: inter opera b¹.
46 dicat LP.
53 et: ac WV.
61 vel gentium¹ *om.* Lb¹.
62 aut: vel Lb¹.
65 et congruam: christianis b¹.

36 debeant W; deberent PTOV².
37 ad regimen: regimini WAROTP.
45 Ihesus L.
51 evitando b¹.
60 tenentur vel obligantur *add.* b¹.
61 naturae *om.* b¹.
63 manifeste scilicet *add.* a.

45–6 Matth. 16, 19.
    56 sine culpa et absque causa: *cf. OND* 61.55–8, which cites *Gl. ord. ad Decretal. Greg.
IX*, 1, 2, 2, *s.v.* ' culpa caret '; *ad* IV, 13, 11, *s.v.* ' sine sua '; *ad Decretum*, c. 6, di. 22, *s.v.*
' priusquam '; Sext. V, 12 *ad fin.*, reg. 23, col. 1122.
    56–7 necessitatis et utilitatis, quae valeat parificari necessitati: *cf.* IusIIIae *Dial.*
ii, 20, with reference to *Decretal. Greg. IX*, 1, 14, 6, col. 127; *infra*, ii.8.10–11; *IPP* c. 10;
(aequiparari) *infra*, iii.4.46–7; (comparari) *infra*, iii.12.115–6; viii.6.49–50; *Brev.* iii,
8, p. 128; *IPP* c. 5.

necessarium est bono communi fidelium talem poenam infligi, salvo iure
iudicum aliorum suam non negligenter nec dampnabiliter exercentium
potestatem; quia si alii iudices, ad quos spectat punire reos, parati sunt
facere iustitiae complementum, papa de eorum subditis puniendis in
70 praeiudicium eorundem se intromittere nullatenus potest per potestatem
sibi collatam a Christo. Si etiam subditi vel quicunque in sublimitate
constituti nequaquam suis iuribus aut libertatibus abutuntur, papa eos
extra casum necessitatis ipsis privare non debet.

Istam igitur secundum istos habet papa plenitudinem potestatis, quia
75 ista potestas nec bono communi nec proprio cuiuscunque non delinquentis
praeiudicat; si autem est *ad vindictam malefactorum*, bono communi per
ipsam consulitur; et per consequens papae, qui ceteros omnes homines
meritis et sapientia debet praecellere—si talis poterit reperiri—videtur
merito tribuenda, quia ista potestas videtur esse ad *aedificationem*, *non* ad
80 *destructionem* boni; quam Apostolus ii ad Corinthios ultimo loquens in
persona omnium praelatorum ecclesiae dicit sibi esse concessam. Quare
plenissime, non exeundo fines ipsius, vigere debet in papa; qua, cum debeat
velle *prodesse*, non *praeesse*, secundum Augustinum xix de civitate Dei,
et habetur viii, q. i, *Qui episcopatum*, debet esse contentus, ut scilicet
85 maiorem sibi invitis fidelibus non usurpet, licet capax sit maioris, si in
ipsum alii ampliorem voluerint sponte transferre, praesertim si maiorem
per votum minime abdicavit.

Isti ergo respondentes ad allegationem praescriptam dicunt quod, licet
verba Christi illa, *Quodcunque ligaveris*, etc., generaliter proferantur, non
90 tamen debent ita generaliter, sicut quidam volunt, absque omni penitus
exceptione intelligi, cum ipsimet dicant quod aliquas exceptiones debent
habere: illa enim, quae essent contra legem divinam et evangelicam et
contra legem naturae, excipiunt, ut illa papa non possit. Sicut igitur
praedicta excipienda sunt a potestate papae, sic etiam, quamvis Christus,
95 quando protulit illa verba, vocaliter nichil exceperit, tamen omnia
illa sunt excipienda, quae Christus verbo vel exemplo et Apostoli in
scripturis canonicis (quorum verba ut verba Christi accipienda sunt,
quia *Spiritu sancto inspirati, locuti sunt*, ii Petri i) debere excipi innuerunt.
Christus autem vel Apostoli esse excipienda praedicta omnia innuebant.
100 Potestatem enim non necessariam regimini fidelium esse excipiendam
insinuavit Christus, cum dominativum modum regendi a potestatibus
saeculi observatum Apostolis interdixit et ad humilitatem induxit, sicut ex

---

72 aut: ac WV.   74 Istam: illam W; ita b^1V^2.   75 illa WV.
76 in vindictam maleficiorum b^1.
79 illa WV.   79 tribuere b^1.
87 abdicaverit b^1V^2.   87 minime *om*. b^1.
91 ipsimet: ipsi neque b^1; *corr*. M^2.   88 igitur WV.
96 vel: et Lb^1.   95 ista Lb^1.
99 vel: et b^1V^2.   97 sunt et *add*. Wb^1.

---

76 *cf*. i Petr. 2, 14.   79–81 *cf*. ii Cor. 13, 10.
83–4 c. ii, C. 8, q. i, col. 594 = Augustinus, *de civit. Dei* xix, 19, PL 41, 647.
93–127 *cf. Brev*. ii, 19, p. 95.   98 ii Petr. i, 21.

Matthaei xx et xxiii et Marci x et Lucae xxii colligitur. Quod etiam et Petrus secutus Christum fecit, cum dixit: Non *dominantes in cleris*. Posse
105 enim alicui praecipere aliquid, ad quod non tenetur, omni modo dominationis minime caret. Qui enim de re aliqua vel persona facit quod vult, se aliquo modo dominum ipsius esse ostendit. Potestatem etiam tollendi iura et libertates aliorum sine culpa et absque causa esse excipiendam a potestate Petri insinuavit Christus verbo pariter et exemplo. Verbo
110 quidem, cum dixit, ut legitur Matthaei xxii: *Reddite quae sunt Caesaris, Caesari*, quae verba non tantum de illis, quae debentur Caesari, debent intelligi, sed etiam de omnibus, quae quibuscunque debentur; quod Apostolus sequens doctrinam Christi ad Romanos xiii manifestat, cum loquens etiam de potestatibus infidelibus et aliis quibuscunque dicit:
115 *Reddite omnibus debita; cui tributum, tributum; cui vectigal, vectigal; cui timorem, timorem; cui honorem, honorem.* Si autem debita sunt reddenda, iura et libertates sine culpa et absque causa tolli non debent. Quod etiam ostendit exemplo, cum tributum solvit, ad quod minime tenebatur, ut patet Matthaei xvii; quo facto dedit exemplum Petro et aliis universis
120 volentibus sequi perfectionem vitae ipsius, ut ob scandalum evitandum cedant iuri suo. Quare multo magis monstravit exemplo, ut Petrus non tolleret aliorum iura et libertates, ipsis invitis, quia hoc absque scandalo, quod Petrum oportuit evitare, fieri minime potuisset. Quis enim non scandalizatur, cui invito suae libertates et iura tolluntur?
125 Ex praedictis aliisque quasi innumeris, quae quidam ad idem adducunt, concluditur quod Christus voluit praedicta esse excipienda a potestate, quam sub generalibus verbis indulsit Petro; ex quo infertur quod nec Petrus nec alius successor eius habuit a Christo, praesertim in temporalibus, illam plenitudinem potestatis, quae exposita est supra capitulo ii. Cum
130 verbis insinuaverit atque factis quod vicarius eius talem potestatem non debuit exercere virtute alicuius potestatis ab ipso sibi concessae extra casum necessitatis (cum enim ipse dixerit Petro et omnibus aliis Apostolis, ut legitur Matthaei x: *Non est discipulus super magistrum, neque servus super dominum suum*, et Ioannis xiii: *Non est servus maior eo, qui misit illum*; et
135 ipso facto talem potestatem recusaverit exercere, quia, ut legitur Ioannis vi: *Cum cognovisset, quia venturi erant ut raperent eum, et facerent eum regem, fugit iterum in montem;* qui etiam cuidam petenti ut iudicium in temporalibus faceret inter se et fratrem suum, respondit, ut habetur Lucae xii:

---

105 ad quod: cui b^2.
107 esse et in eam habere dominandi potestatem *add*. OV^2.
119 universis *om.* b^1.   120 ob: ad b^1.
127 quo: hoc L.   128 alius: aliquis V.
135 quia: quare b^2.   138 habetur: legitur b^1.

---

103 Matth. 20, 25-8.   103 Matth. 23, 10-12.
103 Mc. 10, 42-5.   103 Luc. 22, 25-7.
104 I Petr. 5, 2 (neque ut dominantes *Vulg.*)
110-11 Matth. 22, 21.   115-16 Rom. 13, 7.
118-19 *cf.* Matth. 17, 23-6.   133-4 Matth. 10, 24.
134 *cf.* Ioann. 13, 16 (maior domino suo, neque apostolus maior eo, qui misit illum
Vulg.).   136-7 Ioann. 6, 15.

Homo, quis me constituit iudicem, aut divisorem super vos, quasi diceret ' Nullus ',
140 testante glossa ibidem, *non dignatus est iudex esse litium, non arbiter facultatum*):
manifeste, ut apparet, convincitur quod vicarius eius talem potestatem
non potest regulariter exercere, licet casualiter possit, secundum quod
Innocentius III insinuare videtur, ut habetur Extra, *Qui filii sint legitimi*,
Per venerabilem.

CAPITULUM 8

Inter praescripta habentur duo, quae praecipue impugnari posse videntur.
Quorum primum est quod talis plenitudo potestatis esset periculosa
subiectis: quod non videtur verum. Quia obedientia perfecta, etiam
cum voto, non est periculosa; sed ad obedientiam perfectam spectat, ut
5 praelatus habeat talem potestatis plenitudinem; ergo talis plenitudo
potestatis in papa non est periculosa fidelibus. Secundum est quod papa
potest talem potestatem in temporalibus casualiter exercere. Hoc enim
superioribus obviare videtur, nam si, ut allegatum est, *Non est discipulus
super magistrum, nec servus super dominum suum*, et Christus talem in tempora-
10 libus etiam casualiter non exercuit potestatem, sequitur quod papa non
debet potestatem huiusmodi etiam casualiter exercere.

Ad primum istorum respondetur quod, sicut quaedam sunt saluberrima
bonis, quae tamen sunt mortifera malis, sic quaedam sunt perfectis
expedientia, periculo evitando carentia, quae tamen imperfectis periculosa
15 noscuntur, periculis, quae ab imperfectis sunt vitanda, implicita. Martyr-
ium enim tantum non habet annexum periculum quod fugiendo non
debeant ipsum perfecti suscipere; et tamen periculo coniuncto martyrio
non se debent exponere imperfecti, teste Beda, qui super illud Matthaei
xxvi, *Discipuli omnes, eo relicto, fugerunt*, ait: *Discipuli, qui articulum com-*
20 *prehensionis fugiendo praevenerunt, cautelam fugiendi docent eos, qui se ad supplicia*
minus sentiunt idoneos, quibus tutius est latere quam se discrimini opponere. Sic
est de tali plenitudine potestatis, quia, esto quod talis plenitudo potestatis
in summo pontifice non esset periculosa perfectis voluntarie obedientiae
perfectissimae se subdentibus, esset tamen periculosa multis imperfectis,
25 quibus etiam ad obedientiam perfectissimam obligari discriminosum esse
videtur. Cum igitur in congregatione fidelium multi imperfecti existant,
non expedit ut papa respectu omnium fidelium talem habeat plenitudinem
potestatis; quia talis plenitudo potestatis periculosa est, saltem im-

---

139 dicat L.   141 potestatem in temporalibus *b*[1].   142 possit: posset VM.

 1 habentur: sunt *b*[1].   2 esset: est L.
 9 et: ac L.   15 evitanda *b*[1].
18 debet *b*[1].   18 imperfecti *om. b*[1].
21 exponere *b*[1].   23 voluntate *b*[2].
27 fidelium *om. b*[2].   28 quia: quare *b*[1].
28 est: esset V[2].

139 Luc. 12, 14.
140 *Gl. ord. ad* Luc. 12, 14, *s.v.* ' quis me constituit '.
143-4 IV, 17, 13, col. 716.

    8 allegatum est: *supra*, i.7.133-4.   8-9 Matth. 10, 24.
12-32 *cf. Brev.* ii, 5, pp. 61-2.   19 Matth. 26, 56.
19-21 Beda, *in Matth.* iv, 26, PL 92, 117.

perfectis, quibus etiam tutius est ad obedientiam perfectissimam non
30 teneri quam ad perferenda onera et pericula, quae papa de iure, si
huiusmodi haberet plenitudinem potestatis, malitiose vel indiscrete
posset iniungere, obligari.

Ad secundum dicitur quod Christus talem in temporalibus non exercuit
potestatem, quia non accidit casus, in quo expediret fidelibus Christum
35 potestatem huiusmodi exercere; qui tamen ab executione huiusmodi non
abstinuisset in casu, in quo fuisset necessarium exercere ipsam.   Ad quod
forte insinuandum quaedam fecit vel secundum potentiam divinitatis vel
secundum potentiam humanitatis non regularem, sed casualem, quae ad
talem in temporalibus potestatem spectare videntur, sicut quando dixit
40 daemonibus ut intrarent in porcos aliorum, quos suffocaverunt in aquis,
et quando maledixit ficulneae ne faceret aliis fructum.   Et ideo papa non
regulariter, sed casualiter in casu necessitatis habet in temporalibus
potestatem et quandam, licet non praedictam, plenitudinem potestatis.

CAPITULUM 9

Restat ergo respondere ad verba Innocentii III, quae contra praedicta
videntur expressissime militare.   Ad quae dicitur quod, nisi violenter et
contra intellectum, quem prima facie sonant, exponantur, sapiunt
haeresim manifestam, sicut et nonnulla alia verba eiusdem Innocentii;
5 quae insuper et aliis verbis ipsius contrariari videntur.   Cum enim dicit,
Extra, Qui filii sint legitimi, c. Per venerabilem: Cum Deuteronomium lex secunda
interpretetur, ex vi vocabuli comprobatur, ut quod ibi decernitur in Novo Testamento
debeat observari, nisi sanius exponatur, errat aperte.   Quia aut intendit
quod illa, quae decernuntur in Deuteronomio, sunt observanda in Novo
10 Testamento quantum ad superficiem litterae, quo modo observanda
erant in Veteri Testamento—quod quoad multa est erroneum reputandum,
quia multa sunt ibi caeremonialia et sacramentalia et iudicialia, sicut
patet c. xii et xiv et in multis aliis, quae non servantur in nova lege (nec
isto modo magis servanda sunt illa, quae in Deuteronomio decernuntur,
15 quam illa, quae decernuntur in aliis libris Moysi)—aut intelligit quod
servanda sunt secundum intelligentiam mysticam vel moralem, et sic
non solum servari debent illa, quae in Deuteronomio, sed etiam omnia,
quae in aliis libris Moysi decernuntur, ut legitur in decretis, di. vi, § Hiis
ita.   Cum ergo in verbis praemissis innuat Innocentius quod magis

36 necessarium: attemptatum W²; oportunum V².
37 deitatis VMPT; deitatis divinitatis L.   40 suffocarent b¹.
43 potestatem om. Vb¹.   43 et del. V².

1 premissa L.   2 expressius b¹.   5 contraria b¹.
8 errat aperte: heresim aperte sapere videtur b³(−R)V².
13 sunt servanda L; observantur b¹.   17 omnia alia b¹.

39–40 cf. Matth. 8, 28–32.
41 cf. Matth. 21, 19.
1–24 cf. Brev. ii, 15, pp. 83–5; IIusIIIae Dial. ii, 15.
1 verba Innocentii III: cf. supra, i.2.38–40.
6–8 iv, 7, 13, col. 716.   13 cf. Deut. 12, 13–27; ibid. 14, 3 sqq.
18–19 Gratianus post c. 3, di. 6, col. 11.

20 observari debent illa, quae decernuntur in Deuteronomio, quam quae
decernuntur in aliis libris legis, praesertim cum aliter verba praescripta
omnino impertinentia essent ad conclusionem, quam probare intendit,
sequitur quod praescripta verba, nisi sanius interpretentur, haereticalia
sunt censenda.

25   Cum etiam dicit, Extra, *de electione*, c. *Venerabilem: Idem etiam contra
proprium iuramentum, super quo nec consilium a sede apostolica requisivit, ambitionis
vitio regnum sibi usurpare praesumpsit, cum super illo iuramento prius Romana
ecclesia consuli debuisset.   Nec valet ad plenam excusationem ipsius, si iuramentum
illud dicatur illicitum, cum nichilominus super eo nos prius consulere debuisset,*
30 nisi contra intellectum, quem verba omnino sonare videntur, exponantur,
in absurditates haereticales videtur incidere.   Cum verba illa praetendant
quod nemo debeat venire contra iuramentum suum illicitum, non
distinguendo inter unum illicitum iuramentum et aliud, antequam
consulat summum pontificem; ex quo absurditates innumerae contra
35 bonos mores sequi videntur.   Sequeretur enim quod si aliquis iuraret
illicite se nolle abstinere a fornicatione, furto, homicidio, vel alio peccato
quocunque, ab huiusmodi peccato nequaquam abstinere deberet, antequam papam consuleret.   Sequeretur etiam quod si quis iuraret se non
laudaturum Deum vel non dilecturum proximum aut non redditurum
40 aliena vel aliquid huiusmodi, nec laudare Deum nec diligere proximum
nec reddere aliena deberet, antequam consuleret Romanam ecclesiam;
quae videntur haeresim sapere manifestam et fomentum peccatis et
iniquitatibus ministrare.

Insuper, verba Innocentii praeallegata pro praedicta plenitudine
45 potestatis spiritualis aliis verbis eiusdem, nisi sanius exponantur, repugnare
videntur, cum, ut legitur Extra, *Qui filii sint legitimi*, c. *Causam*, dicat:
*Nos attendentes, quod ad regem pertinet, non ad ecclesiam de talibus possessionibus
iudicare*, etc.   Ex quibus verbis colligitur quod ad papam, qui est ecclesia
vel caput ecclesiae, non pertinet de possessionibus iudicare, et per
50 consequens non habet in temporalibus talem plenitudinem potestatis;
quod etiam ex pluribus aliis decretalibus eiusdem Innocentii patenter
potest colligi, ut videtur.

Dicitur igitur quod sane exponenda sunt verba Innocentii, cum dicit
quod Christus nichil excepit, cum dixit Petro: *Quodcunque ligaveris*, etc.,
55 ne deprehendantur in haeresi manifesta.   Dupliciter autem ad sensum
catholicum exponuntur.   Uno modo, ut intelligat quod Christus tunc,
quando dixit Petro: *Quodcunque ligaveris*, etc., nichil excipit vocaliter et
expresse; alibi tamen et aliis verbis et exemplis ostendit excipienda esse

21 aliter: illa V; *om.* W*b*¹.
35 sequitur *b*¹.
39 laudare *b*¹.
45 spiritualis: papalis *b*¹V².
53 ergo L.
56 ut: quod *b*¹.

31 videntur *b*³.
38 quis: aliquis *b*¹; *om.* W.
43 iniquitati A; iniquitates *b*².
45 repugnare: contrariari manifeste L.
55 deprehendatur *b*¹.

25–43 *cf. Brev.* ii, 15, pp. 85–6 (for the most part the passages are identical).
25–9 i, 6, 34, col. 81.   44–52 *cf. AP* 5.120–37; *Brev.* ii, 15, p. 86.
47–8 iv, 17, 7, col. 712.   54 Matth. 16, 19.

plura, et ideo illa excipienda sunt a nobis. Alio modo dicitur quod
60 Christus nichil excepit—subaudi de hiis, quae sunt necessaria regimini
fidelium et non praeiudicant iuribus et libertatibus aliorum; et ideo per
illa verba: *Quodcunque ligaveris,* etc., Christus nullam promisit potestatem
Petro non necessariam regimini fidelium, nec praeiudicialem aliis,
praesertim enormiter seu notabiliter non abutentibus iuribus et liberta-
65 tibus suis nec dampnabiliter negligentibus ius suum unicuique exhibere.

CAPITULUM 10

Ad secundam allegationem adductam supra c. ii pro plenitudine potestatis
spiritualis, quae in hoc fundatur, quod, ut probatur auctoritate Ieremiae,
Deus nichil excipiendo constituit papam super gentes et regna, respondetur quod propter multa est sophistica reputanda.   Primo, quia summo
5 sacerdoti nullatenus fuit dictum: *Ecce constitui te super gentes et regna;*
dictum enim fuit Ieremiae, qui non erat summus sacerdos.   Secundo,
quia licet Ieremias fuerit sacerdos, tamen sibi non inquantum erat
sacerdos, sed inquantum erat propheta, dicta fuerunt verba praemissa;
unde et ibidem praemisit Deus: *Prophetam in gentibus dedi te.*   Tertio,
10 quia Ieremias nequaquam talem exercuit potestatem, nec dixit populis
se recepisse talem potestatem a Deo.   Qui vult ergo concludere per illa
verba quod papa habet talem plenitudinem potestatis, concludat etiam
quod quilibet sacerdos et omnis propheta habet a Deo talem plenitudinem
potestatis.   Quarto, non videtur concludere allegatio supradicta, quia
15 licet ea, quae ad spiritualia et caelestia spectant, plenius debeant refulgere
in summo sacerdote novae legis quam in summo sacerdote veteris legis,
non tamen ea, quae ad carnalia et terrena seu temporalia spectare
noscuntur.   Alioquin sicut sacerdos veteris legis, ita etiam sacerdos et
summus novae legis congruenter matrimonio uteretur, et sicut in veteri
20 lege summus sacerdos armis, bellis, necibus hominum, truncationibus
membrorum et vindictae sanguinis immiscuit se decenter, ita deceret ut
summus sacerdos novae legis huiusmodi se implicaret: quae tamen omnia
et similia absurda sunt censenda.   Quamobrem ex potestate et dominio,
quod habuit in temporalibus sacerdos summus veteris legis, concludi non
25 potest quod papa in temporalibus aliquam habeat potestatem, quae
nec sibi nec aliis necessaria est credenda.   Quinto, non concludit, quia
licet in illis verbis non addatur exceptio, ex aliis tamen verbis Scripturae
colligi potest quod aliqua exceptio est addenda.

59 ideo et *trs.* WV; ideo *om.* b^1.   60 subaudi *om.* b^2.

2 spiritualis *om.* b^1.   3 omnes gentes b^1.
5 omnes gentes b^1.   6 cum enim datum fuerit L.
9 et *om.* LB.   10 quia *om.* b^1.
12 plenitudinem potestatis: potestatem a deo b^1.
14 Quarto: quam tamen b^2.   15 spectant: pertinent L.
16 sacerdote[1]: pontifice b^1.   19 summus pontifex b^1.
21 ita etiam b^1V^2.   26 Quinto: ideo b^1.

1 secundam allegationem: *supra,* i.2.41–60.
1–28 *cf. AP* 6.79–103; *Brev.* v, 10, pp. 191–3; IIusIIIae *Dial.* i, 24.
5 Ier. 1, 10.   9 Ier. 1, 5.

Ad Innocentium IV diversi diversimode respondent. Quidam enim,
30 ut videtur eis, verba eius sane intelligunt, dicentes eum intendere quod
aeternum Christi pontificium longe maioris potestatis est etiam in temporalibus casualiter, non regulariter, quam pontificium veteris legis; et
ideo, si dictum est pontifici veteris legis: *Ecce constitui te super gentes*, multo
magis intelligitur esse dictum summo pontifici novae legis: *Ecce constitui*
35 *te super gentes ut evellas*, etc., hoc est, ' ut casualiter tantum, etiam in
temporalibus, super gentes et regna iurisdictionem assumas, non regulariter
in praeiudicium regum et principum sua legitime utentium potestate '.
Et quod haec fuerit intentio sua colligunt ex verbis suis, quae sequuntur,
cum dicit: *Relinquitur ergo Romanum pontificem saltem casualiter exercere*
40 *pontificale iudicium in quemlibet Christianum, cuiuscunque conditionis existat,*
maxime ratione peccati, ut peccatorem quemcunque, postquam in profundum vitiorum
veniret per contemptum, tanquam publicanum et ethnicum haberi constituat a fidelium
corpore alienum. Quibus verbis innuitur quod non nisi casualiter potest
Romanus pontifex super omnes Christianos temporale exercere iudicium.
45 Ex quo concluditur quod papa non habet regulariter praedictam plenitudinem potestatis.

Alii non curant praedictum Innocentium excusare, praesertim cum, ut
videtur ipsis, in eadem decretali sua haeresim manifestam et inexcusabilem
asserat et affirmet, dicens quod extra ecclesiam nulla est a Deo ordinata
50 potestas, nec aliqua potestas aut iurisdictio extra ecclesiam est concessa,
sed permissa tantummodo, et quod nulla potestas temporalis regiminis
potest extra ecclesiam reperiri: quae omnia, ut isti dicunt, sunt haereticalia
reputanda. Quod, ut in aliis allegatur operibus, quamplurimis modis
nituntur ostendere, de quibus pauca perstringam.

55 Ad evidentiam tamen allegationum ipsorum est primo sciendum quod
secundum ipsos et ante adventum Christi et post apud infideles fuit
verum dominium temporalium rerum et vera ac legitima et ordinata
potestas gladii materialis—vera iurisdictio temporalis, non tantum

---

33–5 multo ... gentes *om*. WVM.
35–6 tantum *transposui*: tantum iurisdictionem assumas *a*; cui iurisdictionem *b¹*.
39 dicit: ait *b¹*.   39 saltem: etiam *b¹*.
39 posse saltem casualiter *add*. *tract. laud*.
42 eveniret *b¹*; proveniret L.
44 temporale: pontificale LA; *post* temporale: pontificale *add. et del*. M.
47 ut *om. b¹*.   48 non excusabilem LW; excusabilem V.
49 asserere et affirmare *b¹V²*.
53 aliis allegatis operibus quampluribus numero *b¹*.
55 sciendum: servandum *b¹*.   57 et¹ *om. a*.

---

29 Ad Innocentium IV: *cf. supra*, i.2.55–60.
39–43 [Innocentius IV], *Eger cui lenia*, ed. Herde, p. 519.
41–2 *cf*. Prov. 18, 3; Matth. 18, 17.
49–52 *Eger cui lenia*, pp. 520–2: sicque saltem per consequens privatum, si quam
habebat, temporalis regiminis potestate, que proculdubio extra ecclesiam efferri omnino
non potest, cum foris, ubi omnia edificant ad gehennam, a deo nulla sit ordinata potestas
... Constantinus, per fidem Christi catholice incorporatus ecclesie ... recepit intus a
Christi vicario, successore videlicet Petri, ordinatam divinitus imperii potestatem ... ut
qui prius abutebatur potestate permissa, deinde fungeretur auctoritate concessa.
55–129 *cf. CB* vi, 5, pp. 277–9; *AP* 2.178–97; *Brev*. iii, 2–4, pp. 110–22; IIusIIIae
Dial. i, 25.

permissa a Deo (qualiter Deus permittit tyrannos, praedones et invasores
50 alienarum rerum et iurium sibi potestatem et dominium usurpare), sed
concessa—quamvis talem potestatem habentes apud infideles illegitime
et inordinate ea usi fuerint semper aut frequenter. Sed abusus utentis et
legitima potestas habentis in nullo sibi obviant aut repugnant, sed simul
et in eodem tempore in eundem hominem cadere possunt, teste Augustino
55 qui, ut legitur xiv, q. v. *Neque enim,* ait: *Nec tyrannicae factionis perversitas
laudabilis erit, si regia clementia tyrannus subditos tractet. Nec vituperatur ordo
regiae potestatis, si rex crudelitate tyrannica saeviat. Aliud namque est iniusta
potestate iuste velle uti, et aliud iusta potestate velle iniuste uti;* ex quibus verbis
patet quod iusta potestas et abusus eiusdem potestatis iustae compatiuntur
60 se in eodem. Quare, esto quod omnia aedificarent extra ecclesiam ad
Gehennam et quod infideles penitus abuterentur omni potestate, non
posset ostendi quod nullam haberent veram et legitimam potestatem.

Quod igitur et ante adventum Christi et post apud infideles fuerit vera
potestas gladii materialis et verum dominium temporalium rerum, tali
65 modo probatur: Dominium rerum determinatis hominibus datum a Deo,
quod ab eis auferre aliis etiam fidelibus minime licet, est verum dominium,
non solum permissum, sed etiam concessum ab illo, qui verum et legitimum dominium concedere et dare potest. Deus autem, ut habetur
Deuteronomii ii, dedit filiis Esau et filiis Moab et filiis Ammon, qui erant
70 infideles, certas regiones, quas eis auferre fidelibus non licebat; ergo ipsi,
quamvis essent infideles, habuerunt verum et legitimum dominium
temporalium rerum, quantumcunque abuterentur eodem.

Amplius, qui praecepto speciali divino in regem inungitur, non solum
habet a Deo potestatem gladii materialis permissam, sed etiam concessam,
75 quia unctio regalis legitima non est sine legitima potestate. Deus autem
praecepit Helyae prophetae, ut legitur iii Regum xix, ut ungeret Hazael
regem super Syriam, qui tamen infidelis erat; ergo Hazael legitimam
habuit gladii potestatem. De quo ibidem subiungitur: *Quicunque
fugerit gladium Hazael, occidet eum Iehu.*

80 Rursus, ille verum habet dominium temporalium rerum, et non solum
permissum, cui fideles illa, quae dicit esse sua, reddere obligantur; quia
illa, quae tyrannus aut praedo vendicat vel invasor, non tenetur alius
reddere. Sed Christus voluit et praecepit fidelibus ut redderent Caesari
illa, quae sua esse dicebat, dicens: *Reddite quae sunt Caesaris, Caesari;* ergo

---

62 ea *add.* V²: *om. ab*¹.   62 fuerunt *b*¹.
66 tyrannus L²B, *ex corr.* M: tyrannos WV.
69 patet: apparet L.   79 ii *om. b*¹V².
80 certas regiones: terras et regiones *b*¹.   83 solum ad hoc *add. b*¹.
86 prophetae: propter hoc *b*¹(−OM); *om.* M.
92 illa: premia *b*¹.   92 tenetur: teneretur WV.
93 reddere W²V: dare L; sibi dare *b*¹.

65–8 c. 9, C. 14, q. 5, col. 740 = Augustinus, *de bono coniug.* 14, PL 40, 384–5.
79–80 *cf.* Deut. 2, 4–5; *ibid.* 9; *ibid.* 17–19; *OND* 88.144–151; *Brev.* iii, 2, pp. 111–12.
86–7 iii Reg. 19, 15.   88–9 iii Reg. 19, 17.
94 Matth. 22, 21.

95 Caesar ille, scilicet Tiberius, qui exstitit infidelis, habuit verum et legitimum dominium temporalium rerum.

Adhuc, ille, cui fideles non solum propter periculum evitandum, sed etiam propter conscientiam debent esse subiecti, habet veram et legitimam potestatem. Potestatibus autem infidelibus debebant tempore Apostolo-
100 rum Christiani esse subiecti non solum propter periculum evitandum, sed etiam propter conscientiam, teste Apostolo ad Romanos xiii, cum ait: *Ideo necessitate subditi estote non solum propter iram, sed etiam propter conscientiam;* ergo infideles habuerunt veram et legitimam potestatem. Et quod Apostolus ibi sub *potestatibus sublimioribus* comprehenderet infideles,
105 patet per illud quod scribit i ad Timotheum vi, dicens: *Quicunque sunt sub iugo servi, dominos suos omni honore dignos arbitrentur, ne nomen Domini et doctrina eius blasphemetur. Qui autem fideles habent dominos, non contempnant, quia sunt fratres; sed magis serviant, quia fideles sunt;* ubi aperte insinuat quod dominorum verorum quidam erant fideles et quidam infideles, et
110 quod serviendum est utrisque. Item, cum etiam dicit ad Romanos xiii: *Omnis anima potestatibus sublimioribus subdita sit,* voluit fideles esse subditos etiam potestatibus infidelibus; quare cum dixit: *Non est potestas nisi a Deo; quae autem sunt, a Deo ordinatae sunt,* intellexit aperte quod potestas, quae erat apud infideles, erat ordinata a Deo, et non solum
115 permissa, quia de illa potestate dixit: *Qui* autem *resistit potestati, Dei ordinationi resistit,* quod de potestate permissa, non concessa, non potest intelligi. Non enim patres in Veteri Testamento, qui saepe infidelibus habentibus super eos potestatem permissam a Deo restiterunt, ordinationi Dei restiterunt, quia resistendo illis nequaquam sibi dampnationem
120 acquisiverunt, sed laudabiles et digni praemio exstiterunt; si etiam Christiani infidelibus opprimentibus eos et potestatem permissam habentibus resistere temptaverint, nullatenus ordinationi Dei resistunt.

Extra ecclesiam ergo apud infideles potest potestas legitima et concessa, et non permissa solummodo, reperiri, licet infideles ut frequenter illa
125 potestate legitima abutantur, quemadmodum nonnulli fideles peccatores, tamen habentes potestatem legitimam, saepius abutuntur eadem. Hanc sententiam de potestate concessa et data a Deo tam infidelibus quam fidelibus malis tenere videtur et asserere Augustinus iv de civitate Dei et v de civitate Dei.

130 Isti igitur, quia putant Innocentium supradictum super praemisso errore excusari non posse, verba ipsius praescripta ad alium intellectum

---

98 etiam *om. a.*   101 ait: dicit *b¹.*   105 scripsit *b¹.*
110 Item *om.* L*b².*   110 etiam *om. b¹.*
113 ordinata *a.*   120 si: sed L; sic *b¹.*
122 temptant V; temptaverunt *b¹.*   122 restiterunt *b¹.*
130 predictum L.   131 nec verba *b¹.*   131 scripta *a.*

---

102 Rom. 13, 5.   104 Rom. 13, 1.
105-8 1 Tim. 6, 1-2.   111 Rom. 13, 1.
112-13 *ibid.*   115-16 Rom. 13, 2.
128-9 Augustinus, *de civit. Dei* iv, 33; *ibid.* v, 19; *ibid.* v, 21, PL 41, 139, 166, 167-8.
131 verba ipsius praescripta: *supra,* i.2.55-60.

quam sonent non reputant exponenda; quinimmo dicunt ipsa tam
irrationabilia esse, ut evidenter ostendant inventorem eorum peritum in
scripturis divinis minime exstitisse: tum quia ex scripturis sacris non
135 habetur quod pontificium in sede Petri sub gratia Christi fuerit ordinatum
longe maioris potestatis in temporalibus quam sacerdotium Aaron (immo
regulariter est minoris potestatis in temporalibus; nam et plura temporalia et maiora ex ordinatione divina assignata fuerunt sacerdotio
veteris legis quam sacerdotio novae legis); tum quia pontificium Petri
140 non fuit aequalis potestatis cum pontificio Christi (Christus enim auctoritate sui pontificii nova potuit instituere sacramenta, quod nequaquam
potuit Petrus; potuit etiam Christus in multis dispensare, in quibus
Petrus dispensandi non habuit potestatem); tum quia pontificio fungenti
non erat dictum a Deo: *Ecce constitui te*, etc., quia Ieremias non erat
145 pontifex, sed de sacerdotibus minoribus.

CAPITULUM 11

Ad tertiam allegationem adductam superius cap. ii respondetur quod
Apostolus dicendo: *Nescitis quoniam angelos iudicabimus? Quanto magis
saecularia?* non loquebatur in persona propria aut summi pontificis vel
etiam clericorum, sed in persona omnium fidelium, clericorum et laicorum,
5 quia de coetu fidelium constituendi sunt iudices, qui debeant saecularia
iudicare, salvo iure iudicum infidelium non negligentium iustitiam facere
in hiis, quae spectant ad eos, antequam iuste sua iurisdictione priventur.
Non quidem de necessitate episcopus aliquis vel sacerdos, sed magis
laicus, si laicus idoneus reperitur; si autem non reperitur laicus idoneus,
10 constitui debet clericus idoneus, qui necessitate urgente valeat saecularia
iudicare. Nullus tamen debet constitui, qui in omni casu sine omni
exceptione habeat saecularia regulariter iudicare, ut super ipsa habeat praedictam plenitudinem potestatis; quia quemcunque mortalem talem potestatem habere in saecularibus super omnes fideles esset periculosum com-
15 munitati fidelium. Unde talem potestatem nec papa nec imperator
habere debet super communitatem fidelium, quia nullus eorum valet
tollere iura et libertates inferiorum sine culpa et absque causa, nisi in
casu necessitatis. Cum igitur dicitur quod papa absque omni exceptione
habet saecularia iudicare, hoc negatur.

132 sonant $b^1(-AB)$.
133-4 eorum pariter in scripturis sacris ignarum et inexpertum fuisse b^1.
134 tum: item WV; *om.* b^1.   135 habetur: sequitur b^1.
135 pontificium summum b^1.   138 divina: dei L.
138 fuerint WV.   141 et sacramenta *add.* LW.
143 pontificatu V.

Capitulum 11 *post* cap. 12 *trs.* B.   2 Apostolo dicente b^1.
   5 debent BRMF; debebant PT.   12-13 praedictam: talem b^3.
   14 in saecularibus *om.* b^1.

144 Ier. 1, 10.

1-70 *cf. OND* cc. 113, 115; IIusIIIae *Dial.* ii, 18.
1 tertiam allegationem: *supra*, i.2.61-7.
2-3 1 Cor. 6, 3.

20 Et cum probatur quod Apostolus nec distinguendo nec excipiendo pro
praelatis spiritualibus et praecipue pro summo pontifice ait: *Nescitis
quoniam angelos iudicabimus? Quanto magis saecularia?* respondetur, sicut
dictum est, quod Apostolus non dixit illa verba pro praelatis spiritualibus
tantummodo, nec praecipue pro summo pontifice, nisi in casu; sed dixit
25 illa in persona communitatis fidelium modo, quo dictum est. Qui
quamvis ibi non distinxerit nec exceperit, tamen voluit exceptiones, quas
alibi posuit, esse intelligendas, ne sibi ipsi inveniretur contrarius—immo
Christo inveniretur contrarius, qui constituit Petrum summum pontificem
cunctorum fidelium non ad dominandum, sed ad pascendum fideles, non
30 propter utilitatem et exaltationem vel honorem Petri, sed principaliter
propter utilitatem fidelium, et ideo nullam sibi contulit *potestatem* nisi ad
aedificationem, non ad *destructionem,* nec voluit propter innumera pericula
evitanda fideles esse subiectos successoribus Petri nisi in necessariis, salvis
libertatibus et iuribus non solum fidelium sed etiam infidelium, antequam
35 ex causa rationabili et manifesta propter culpam aliquam specialem a
principe catholico laico vel in casu ecclesiastico iuste suis iuribus et
libertatibus per sententiam privarentur. Propter quod Apostolus in
pluribus locis praecipit fidelibus ut potestatibus etiam infidelibus obedientiam et reverentiam debitam ac subiectionem impendant, manifeste
40 insinuans quod, cum dixit i ad Corinthios vi quod fideles debent saecularia
iudicare, non intellexit quod absque omni exceptione debent fideles a
fidelibus iudicari, et non apud infideles.

Dicitur igitur quod Apostolus in illo capitulo intendebat hortari
Corinthios ut, quemadmodum secundum canonicas sanctiones, prout
45 habetur v, q. ii, *Si primates,* di. xc, c. *Studendum,* Extra, *de simonia, Querelam,*
xxiii, q. ult., *Si quis membrorum,* Extra, *de transactionibus, Ex parte,* xxiii,
q. iv, *Si illic,* iudex prius debet concordare partes quam ad iudicium
veniant, si potest, et quemadmodum melius faciunt immediate subiecti
alicui iudici vel principi saeculari vel ecclesiastico inter se causas habentes,
50 quae possunt per arbitros expediri absque praeiudicio superioris, si
antequam venerint ad iudicem superiorem super negotia sua, inter se per
arbitros vel iudices electos a partibus negotiis suis studuerint debitum
finem imponere: sic ipsi Corinthii (et eadem ratione fideles alii) habentes
negotia etiam saecularia inter se, si non tenerentur iniuriam sustinere et

---

24 in casu: casualiter *b*[1].
27 subintelligendas *b*[1](−R); subesse intelligendas R*ed. pr.*
27 immo etiam *add. b*[1].   28 inveniretur contrarius *om. b*[3].
34 antequam: nisi *b*[2].   37 per sententiam *om. b*[1].
41 deberent *b*[1]V[2].   43 ergo *b*[3]; *om.* B.
43 capitulo: casu *b*[3].   50 praeiudicio: iudicio *b*[1].
54 contentarentur V[2].

---

27 contrarius: *cf.* Act. 25, 10.   31–2 *cf.* II Cor. 13, 10.   40–1 I Cor. 6, 4.
43–70 *cf. OND* 115.242–51; *AP* 6.117–31; *Brev.* v, 9, p. 187; *Consult.* 278–94;
IIusIIIae *Dial.* ii, 18.
45 c. 4, C. 5, q. 2, coll. 546–7.   45 c. 7, di. 90, col. 314.
45 v, 3, 15, col. 753.   46 c. 31, C. 23, q. 8, col. 964.
46 i, 36, 11, col. 210.   46–7 c. 29, C. 23, q. 4, col. 912.

5 fraudem pati et vellent ius suum (si non possent aliter) per iudicium
obtinere, constituerent inter se iudices fideles, apud quos, et non apud
infideles, ius suum acquirerent absque praeiudicio illicito iudicum
infidelium, quibus fuere subiecti. Et ideo in tribus casibus poterant
fideles Corinthii apud infideles licite iudicari. Primus, si infideles in
10 casibus, in quibus erant subiecti, ipsos ad iudicium infidelium pertra-
hebant. Secundus, si reus fidelis coactus ab actore fideli, licet iniquo
in hoc, ad iudicium infidelium trahebatur. Tertius, si actor tenebatur
acquirere ius suum, quod non potuit nisi per iudices infideles solummodo
obtinere. In aliis casibus voluit Apostolus vel quod iniuriam acciperent
15 et paterentur fraudem, vel quod iudicarentur apud fideles iudices a
fidelibus constitutos, ut, quantum licite possent, vitarent apud infideles
cum scandalo iudicari, ne infideles scirent fraudes et iniurias, quas
Christiani mali et iniqui non verebantur facere Christianis, et sic occasionem haberent non solum Christianos, sed etiam doctrinam Domini
20 blasphemandi.

Ad verba Innocentii IV adducta in fine allegationis praescriptae dicunt
quidam quod exponenda sunt ad sanum intellectum, ut scilicet potestas
papae non sit restringenda quantum ad ea, quae regulariter necessaria
sunt regimini fidelium, salvis praeexposito modo iuribus et libertatibus
25 aliorum, et ut etiam casualiter sit minime restringenda quantum ad
necessaria agenda, quando non est alius, qui velit et possit et debeat
quod necesse est fieri expedire.

Quidam alii praedictum Innocentium nolunt exponere, pro eo quod
ex aliis verbis eius patenter habetur quod secundum ipsum Christus
30 in apostolica sede *regalem constituit monarchatum* et quod extra ecclesiam
nulla est potestas regalis: quod haereticum arbitrantur, quia contra
scripturam sacram, ut putant superius demonstrative esse probatum.
Dicunt igitur quod Innocentius saepedictus erravit aperte. Primo in
hoc, quod dicit Apostolum ostendere huiusmodi plenitudinem non esse
35 restringendam, cum Apostolus ipsam in pluribus locis voluerit esse restringendam, ut prius reputant esse probatum. Secundo dicunt eum errare,
cum dicit quod *intelliguntur illis minora subesse, quibus subdita sunt maiora;*

---

56 constituerent B: constituerunt *ab*³; constituere deberent V².
58 potuerunt M.
59–60 apud infideles coram infidelibus ad iudicium trahi. Primus casus est quia in
casibus L.
61 coactore *b*¹(−BR); tractore B.
64 iniuriam utrique *add.* B; iniuriam utramque *add.* A; iniuriam utraque *add.* MF.
66 possunt AMRT.   69 dei *b*¹.
72 sanum: bonum *b*².   78 nolunt: nituntur *b*³; *om.* B.
80 monarchiam L.   82 demonstrative: directe *b*²; *om.* V.
83 ergo *b*³.   84 esse *om.* *a*B.
86 reputatur *b*¹.   87 illis *om.* WV*b*¹.

69–70 *cf.* 1 Tim. 6, 1.   71 adducta: *supra*, i.2.68–71.
79 ex aliis verbis suis: *cf.* [Innocentius papa IV], *Eger cui lenia*, ed. Herde, pp. 520–1:
Dominus enim Iesus Christus ... in apostolica sede non solum pontificalem sed et
regalem constituit monarchatum.
82 superius: i.10.55–129.
86 prius: *cf.* i.10.99–117.

quia hoc non est universaliter absque omni exceptione verum, licet sit verum in multis. Nam episcopi regulariter sunt subiecti archiepiscopo
90 suo, cui tamen subditi episcoporum non sunt subiecti nisi in casibus. Saepe etiam maiora decent aliquos, quos minora non decent, teste Gregorio, qui xix libro Moralium tractans illa verba Apostoli, *Saecularia iudicia si habueritis, contemptibiles, qui sunt in ecclesia, illos constituite ad iudicandum*, ait: *Qui minoris sunt meriti in ecclesia et nullis magnorum donorum virtutibus*
95 *pollent, ipsi de terrenis negotiis iudicent.* Et post: *Qui autem spiritualibus donis dotati sunt, profecto terrenis non debent negotiis implicari, ut dum non coguntur inferiora bona disponere, valeant bonis superioribus deservire.* Ex quibus verbis concluditur quod nequaquam regulariter subdita sunt minora, quibus subdita sunt maiora: quod Apostolus innuit evidenter, cum dicit: *Nemo*
100 *militans Deo implicat se negotiis saecularibus.* Et Petrus hoc etiam dicit aperte, ut habetur xi, q. i, c. *Te quidem*, et c. *Sicut enim*, ut allegatum est supra c. iv. Nequaquam igitur ex hoc quod papa est iudex in spiritualibus inferri potest quod habet regulariter saecularia iudicare. Ex hoc tamen concludi potest quod in casu, cum non est alius inferioris gradus, qui ex
105 officio possit et velit iuste saecularia iudicare, papa potest se huiusmodi iudicio immiscere, quemadmodum unum membrum corporis naturalis officium alterius membri, ipso deficiente vel non valente actum suum habere, si potest, assumit. Qui enim non potest pedibus ambulare, manibus reptare conatur, et qui non potest manu caedente percutere,
110 dentibus mordere molitur.

CAPITULUM 12

Ad quartam allegationem inductam secundo capitulo, qua quidam specialiter probare conantur quod papa etiam auctoritate temporali et potestate praeeminet omni alii cuiuscunque potestatis sive dominationis, multipliciter respondetur.
5 Uno modo quod, esto quod in veteri lege pontificalis auctoritas praelata fuisset etiam in temporalibus dignitati regali, non tamen esset praeferenda in nova lege, quia auctoritas pontificalis in nova lege spiritualior est et

88 et absque *add.* b^1.
96 terrenis *om.* b^1.
97 disponere: iudicare b^1; *om.* L.
104 cum: si b^2.
104 inferior b^1.
110 molitur: conatur $b^2(-B)V^2$; laborat B.

90 cui: et b^1.
96 secularibus negotiis *add.* b^1.
101 quidem B: igitur ab^3.
104 alius: aliquis BOV²; *om.* WV.
109 caedente: tendente B.

3 omni *om.* $b^2(-P)$; omnium AP; omnibus V².
3 aliis BOMPV².

92-4 1 Cor. 6, 4.
94-7 Gregorius Magnus, *Moral.* xix, 25, PL 76, 125; cited *OND* 115.290-301.
99-100 II Tim. 2, 4.
101 c. 29, C. 11, q. 1, col. 634 = [Clemens papa I], *Ep.* i, 4, *Decretal. ps.-Isid.*, ed. Hinschius, p. 32.
101 *ibid.* c. 30, col. 634 = [Clemens papa I], *ubi supra.*
102 supra: i.4.18-24.
1 quartam allegationem: *supra*, i.2.72-86.
5-26 *cf. Brev.* v, 7, pp. 180-1.

magis a terrenis negotiis elongata quam fuerit auctoritas pontificalis in veteri lege, quemadmodum lex nova magis spiritualis est quam lex vetus.

10   Sed praedicti hanc responsionem videntur niti excludere, dicentes quod scripturae Veteris Testamenti actus et opera ecclesia imitatur, quia *quaecunque in ea scripta sunt, ad nostram doctrinam scripta sunt,* ad Rom. xv; ergo qualiter se habuit in Veteri Testamento rex ad pontificem, sic se debet habere rex in Novo Testamento ad papam.

15   Sed respondetur quod ista allegatio haereticalis est; quia sequeretur ex ipsa quod circumcisionem, discretionem ciborum et alia caerimonialia et iudicialia veteris legis deberet ecclesia imitari, et quod sicut sacerdotes veteris legis intendebant armis et iudicium sanguinis exercebant, ita deberet papa in talibus occupari: quae haereticalia sunt. Nequaquam
20 igitur actus et opera, quae fecerunt patres Veteris Testamenti, ecclesia imitari tenetur, nisi quoad moralia, ad quae indispensabiliter omnes homines obligari noscuntur.   Cum autem allegatur Apostolus, respondetur quod *quaecunque scripta sunt, ad nostram doctrinam scripta sunt,* non ut illa omnia ad litteram faciamus, sed *ut per patientiam, et consolationem Scriptura-*
25 *rum, spem habeamus* et illa secundum spiritualem, non carnalem, intelligentiam impleamus.

Secundo respondetur ad allegationem praedictam quod in Veteri Testamento sacerdotalis gradus non praeferebatur dignitati regali in temporalibus regulariter disponendis et iurisdictione temporali regulariter
30 exercenda, licet praelatus fuerit quantum ad sacrificia offerenda Deo et ea, quae ad cultum divinum spectabant: per quem modum in nova lege auctoritas pontificalis dignitati regali praefertur, non quoad iurisdictionem et regimen temporale.   Isti enim nequaquam negant potestatem pontificalem esse praeferendam omni saeculari potestati, sed dicunt ipsam non
35 esse praeferendam in temporalibus extra casum necessitatis, quando laici potestatem sibi commissam strenue et rite ac legitime administrant.

Cum vero accipiunt allegatores praedicti quod Samuel, cum esset summus sacerdos et pontifex in Israel, Saul de communi genere regem instituit et ipsum propter delictum a regno deposuit et David assumpsit
40 in regem, multipliciter errant, etiam aperte, contra scripturam sacram, cuius, si sic allegant, omnino videntur ignari.

Primo, quia Samuel non erat summus sacerdos nec pontifex in Israel, sed iudex tantummodo; immo etiam non fuit Aaronita, et per consequens nec sacerdos nec summus nec minor, ut colligitur ex i Paralipomenon vi.
45   Secundo, quia Samuel non constituit Saul regem tanquam pollens gradu et dignitate eminentiori, praesertim in temporalibus, quam sit

---

10 rationem *b³*.   11 ecclesie L; evangelica *b¹*.   11 imitantur L*b¹*.
14 debet habere: habet MV².   15 allegatio: ratio *b³*.
17 et quod: quia *b³*; corr. M².   20 in veteri testamento *b³*.
21 tenentur *b¹*; videtur WV.   43 fuit de genere Aaron B.
44 summus pontifex *add.* M² *ed. pr.*   45 regem nec unxit eum *add.* V².

10 praedicti: *cf.* Ptolomeus Lucens., *Determ. comp.* v, ed. Krammer, p. 12.
12 Rom. 15, 4.   24–5 *ibid.*
37–52 *cf. Brev.* v, 7, p. 181.   44 *cf.* 1 Paralip. 6, 1–15.

dignitas regalis, sed tanquam divino praecepto obediens, cui etiam
infimus nulla potestate—puta ecclesiastica vel saeculari—praefulgens
parere tenetur; quemadmodum, ut habetur iv Regum ix, quidam de
50 filiis prophetarum ad mandatum Elisei unxit Iehu in regem Israel, et
tamen nec ille nec Eliseus propheta maiori, praesertim in temporalibus,
dignitate eminuit quam dignitas sit regalis. Ex quo, ut videtur, evidenter
concluditur quod per unctionem haberi non potest quod imperator vel
quicunque rex in Novo Testamento sit inferior illo, qui ungit. Et
55 similiter ex hoc quod Samuel unxit Saul in regem, inferri non potest quod
Samuel esset in temporalibus etiam quoad iurisdictionem temporalem
superior Saule, cum Samuel solummodo functus fuerit iudicatu, qui
est inferior dignitate regali. Nec etiam, esto quod Samuel de mandato
Dei deposuisset Saul propter delictum, fuisset eo quantum ad publicam
60 potestatem et iurisdictionem temporalem superior, quia non deposuisset
eum tanquam superior quoad regimen temporale, sed tanquam in hoc
exercens et exequens praeceptum Dei, qualiter rusticus de praecepto
Dei posset imperatorem, immo papam, deponere, quamvis nulla alia
potestas, neque in temporalibus neque in spiritualibus, daretur eidem
65 a Deo.
    Tertio, ut dicitur, errant allegantes praedicti, cum dicunt quod Samuel
Saulem propter delictum a regno deposuit. Nam in libro Regum non
legitur quod Samuel deposuit Saul, sed quod Deus eum deposuit, et quod
hoc Samuel promulgavit et Saul nuntiavit, quamvis legatur quod con-
70 stituerit eum regem, cum dixerit Dominus Samueli, ut legitur i Regum
viii: *Audi vocem eorum, et constitue super eos regem*; unde et ipsum unxit in
regem. De depositione enim eius leguntur haec verba i Regum xv, quod
capitulum isti allegant, quae dixit Samuel ad Saul: *Pro eo quod abiecisti
sermonem Domini, abiecit te Dominus ne sis rex.* Et post: *Ait Samuel ad Saul:*
75 *Non revertar tecum, quia proiecisti sermonem Domini, et proiecit te Dominus ne
sis rex super Israel.* Et post: *Scidit Dominus regnum Israel a te hodie.* Et c.
xvi sic scribitur: *Dixitque Dominus ad Samuelem: Usquequo tu luges Saul,
cum ego proiecerim eum ne regnet super Israel?* Ex quibus verbis non habetur
quod Samuel deposuerit Saul, sed quod nuntiator fuerit depositionis
80 factae a Deo. Et ideo ex illa depositione concludi non potest quod papa
de plenitudine potestatis potest imperatorem vel quemcunque regem ad
libitum suum deponere, nisi in casu, et hoc quando populus nollet vel

---

57 functus fuerit iudicatu: unctus fuerit in ducatu b^1.
62 mandatum et praeceptum *add.* b^1.
62 qualiter quilibet cuiuscunque status etiam rusticus *add.* V^2.
66 ut dicitur *om.* b^2.
69 promulgavit: exequutus est B; executor fuit MF; exequutus fuit RPTO; *om.* A.
74 sis rex: regnes b^1.   80 factae *om.* Lb^1.
81 alium regem *add.* b^1.

---

49 *cf.* IV Reg. 9, 1–6.
71 I Reg. 8, 22.
73 isti: *cf.* Ptolomeus, *Determ. comp.* v, ed. Krammer, p. 12.
73–4 I Reg. 15, 23.   74–6 *ibid.* 26.
76 *ibid.* 28.   77–8 I Reg. 16, 1.

non posset.   Propter quod Zacharias papa, de quo legitur xv, q. vi, c.
Alius, dicitur deposuisse regem Francorum, quia *deponentibus consensit,* ut
85 dicit glossa.

Quod autem adducunt de Ioiada sacerdote, qui, ut legitur iv Regum xi,
fecit et unxit Ioas regem, non concludit quod Ioiada fuerit rege superior,
praesertim quoad iurisdictionem temporalem, quia saepe legitur in
scripturis divinis et aliis quod aliqui fecerunt et constituerunt reges, quibus
90 tamen regibus superiores non erant; immo erant subiecti ipsis regibus
constitutis ab eis.   Nam filii Israel constituerunt Ieroboam regem, iii
Regum xii, et c. xvi dicitur: *Fecit sibi regem omnis Israel Amri*; et post:
Media pars populi sequebatur Thebni, filium Gineth, ut constitueret eum regem.
Et iv Regum xiv dicitur quod populus Iudeae constituit Azariam regem
95 pro patre eius, et c. xxi sic scribitur: *Percussit autem populus ille omnes,*
qui coniuraverant contra regem Amon, et constituerunt regem Iosiam filium eius pro eo.
Ieronymus etiam ad Evandrum, ut habetur di. xciii, c. *Legimus,* dicit
quod exercitus imperatorem facit.   Ex quibus aliisque innumeris colligitur
quod inferiores constituunt et faciunt regem, cui sunt subiecti; quare
100 ex hoc, quod Ioiada unxit et fecit Ioas regem, inferri non potest quod
Ioiada fuit quoad iurisdictionem temporalem eo superior; nam et alii
quam Ioiada fecerunt eum regem, de quibus dicitur: *Feceruntque regem,*
et unxerunt, et plaudentes manu, dixerunt: Vivat rex.   Nec valet si dicatur
quod Ioiada ex hoc ostendebatur superior, quod occidit Athaliam, quae
105 usurpaverat sibi regnum.   Nam hoc non fecit inquantum superior rege,
sed inquantum tutor, rector, instructor, consiliarius et vicarius regis
gerens vicem regis, qui tunc, eo quod erat septem annorum, per seipsum
regere non valebat.

Quod vero dicitur de Alexandro, qui reverentiam fecit Iaddo sacerdoti,
110 nullam apparentiam habere videtur.   Quia non fecit sibi reverentiam
tanquam superiori in temporalibus, sed quia sacerdos erat summus,
quemadmodum imperatores et reges ac alii principes etiam simplicibus
sacerdotibus, religiosis et saecularibus, reverentiam in missis exhibent
genuflectendo et osculando manus eorum: quos tamen superiores in
115 temporalibus minime recognoscunt.   Sic etiam Totila non recessit de

83 de quo *om.* LW.   88 legitur: videtur b^1.   89 quibus: qui b^1V^2.
90 erant[1]: fuerunt b^1.   92 Amri *om. b^1*; de Amri *add.* WV.
96 iurabant *a.*   100 Ioiada: Ioyadas *codd. ut saepius.*
104 esse superior *add. b^3*.   106 et: vel b^1.
109 Iaddo *scripsi:* Ioyade *codd.*; *cf. supra,* i.2.81.
112 alii *om. b^1*.   112 simplicibus: spiritualibus b^1.
115 de: ab b^1.

83–4 c. 3, C. 15, q. 6, col. 756.
84 *Gl. ord. ad loc. cit. s.v.* ' deposuit '; cited *infra,* ii.9.20–1; *OND* 93.735; *Dial.* i, vi, 9;
Brev. vi, 2, p. 198; IIusIIIae *Dial.* i, 18.
86–108 *cf. Brev.* v, 7, p. 181.   86 *cf.* IV Reg. 11, 12.
91–2 III Reg. 12, 21.   92 III Reg. 16, 16.
93 *ibid.* 21.   94 IV Reg. 14, 21.
95–6 IV Reg. 21, 24.
97–8 c. 24, di. 93, col. 328 = Hieronymus, *Ep.* cxlvi (ad Evangelum), PL 22, 1194.
102–3 IV Reg. 11, 12.   107–8 *cf. ibid.* 21.
109 Iaddo: *cf. supra,* i.2.81.   115 Totila: *cf. supra,* i.2.82–3 n.

Italia ad preces Leonis papae, quia ipsum dominum suum in temporalibus reputabat, sed quia ipsum virum sanctum habebat, et ideo ipsum timebat offendere. Unde nonnulli mirantur quod quicunque litterati per gentiles et ethnicos probare conantur papam esse superiorem in temporalibus
120 imperatore, cum apud omnes ethnicos et gentiles imperatores et reges, qui non erant sacerdotes gentilium, semper se supra sacerdotes reputaverint, praesertim quoad ea disponenda, quae ad cultum deorum suorum minime pertinebant; et tamen multi eorum non modicam reverentiam et honorem sacerdotibus exhibebant, licet quidam eorum interdum
125 inhonoraverint sacerdotes et templa alterius ritus quovismodo, sicut legitur de Pompeio, qui reverentiam debitam templo Dei et sacerdoti non exhibuit, et ideo non immerito prosperitatem extunc non habuit consuetam.

Quod vero praedicti Constantinum, Iustinianum et Karolum Magnum
130 in exemplum adducunt, contra eos militare videtur. Nam licet isti imperatores devoti exstiterint non solum summis pontificibus, sed etiam sacerdotibus et clericis universis, nequaquam tamen se subiectos in temporalibus clero putabant, sed pro superioribus eis se gerebant.

Et de Constantino quidem hoc expresse patet per illud sumptum ex
135 gestis Silvestri papae, quod ponitur in decretis, di. xcvi, *Constantinus*. Ex quo videtur haberi patenter quod nequaquam, ut dicit Innocentius IV, *Constantinus* aliquam potestatem, qua prius utebatur, *ecclesiae resignavit*, nec aliquam potestatem saecularem aut temporalia, sive iura sive res, a Silvestro recepit, sed aliquam potestatem et praedia sibi tribuit et
140 concessit, cum vocabulum ' resignandi ' seu ' recipiendi ' aut aequipollens ibi non valeat reperiri, sed verbum ' tribuendi ' et aequivalentia quoad significationem ibidem saepius inserantur. Ubi sic legitur: *Constantinus imperator quarto die baptismi privilegium Romanae ecclesiae [pontifici] contulit, ut in toto orbe* terrarum *pontifices vel sacerdotes ita hunc caput habeant, sicut*
145 *iudices regem.* Et infra: *Tribuentes ei potestatem et gloriam, dignitatem et vigorem, et honorificentiam imperialem. Atque decernentes sancimus,*

---

118 quod: quia *b*³.   118 quicunque: aliqui V².
118 litterati: liberati W; libertate L; fideles literati vel libertati BR.
119 nituntur *b*³.   123 non *om. b*¹.
125 templa et ritus BR; templorum ritus MF; templa ritus sui PT.
125 quovismodo: quomodo L; *om. b*¹.
134 patet: videtur *b*¹; constare putant V²; *om.* W.
140 aequipollens illis *add.* L.   143 quinto *b*¹.
143 pontifici *sec. canonem supplevi; om. codd.*
144 terrarum: Romano *Friedberg.*   145 infra: ita *b*¹.
145 et gloriam *om. b*¹.   145 dignitatem *om. b*³.
146 statuimus W²V.

---

126 Pompeio: *cf.* Ptolomeus, *Determ. comp.* v, ed. Krammer, pp. 13–14, from Petrus Comestor, *Hist. schol.*, ii Macab. 9, PL 198, 1529.
129 praedicti: *cf.* Ptolomeus, *loc. cit.*
135 c. 14, di. 96, coll. 342–5; *cf. Constitutum Constantini*, ed. H. Fuhrmann, MGH *Fontes iuris Germanici antiqui in us. schol.*, Hanover, 1968, lines 168–174, 202–3, 263–70, 277–9. Ockham cites the canon at length in *Brev.* vi, 3, pp. 202–5.
135–42 *cf. Brev.* iii, 13, p. 135.
136–7 *cf.* [Innocentius IV], *Eger cui lenia*, ed. Herde, p. 521.
142–5 c. 14, di. 96, col. 342.   145–9 col. 343.

ut principatum teneat tam super quattuor sedes, Alexandrinam, Antiochenam, Ierosolymitanam, Constantinopolitanam, quam super omnes in universo orbe terrarum ecclesias Dei. Et infra: *Ecclesiis beatorum Apostolorum Petri et Pauli, pro continuatione luminariorum possessionum praedia contulimus, et rebus diversis eas ditavimus.* Et infra: *Ecce tam palatium quam Romanam urbem, et omnes Italiae seu occidentalium regionum provincias, loca, civitates beato pontifici et papae Silvestro concedimus atque relinquimus, et ab eo atque successoribus eius per pragmaticum constitutum* decrevimus *disponenda atque iure sanctae Romanae* 5 *ecclesiae concedimus* peragenda.   Et infra: *Haec omnia vero, quae per hanc imperialem iussionem sacram, et per alia divalia decreta statuimus, et confirmamus usque in finem mundi illibata, et inconcussa manere* decrevimus.   Quibus verbis, ut videtur, patenter habetur quod Constantinus non intendebat quaecunque temporalia summo pontifici, quasi ab eo prius iniuste possessa seu usur-
10 pata, quomodolibet resignare aut tanquam ad pontificem summum spectantia de iure restituere seu reddere; sed intendebat sibi illa, de quibus mentionem facit, de novo conferre, concedere, tribuere et donare. Ex quo infertur quod Constantinus papae et clericis, quibus huiusmodi temporalia conferebat, se superiorem in temporalibus reputavit; quare
15 si contra verba eiusdem Constantini legantur, quae videantur innuere quod Constantinus se inferiorem papa putavit, de inferioritate in spiritualibus debent intelligi, ne sibi ipsi contrarius comprobetur.   Quod ipse insinuare videtur, cum dicit, ubi prius: *Pontifex, qui per tempora sacrosanctae Romanae ecclesiae exstiterit, celsior et princeps cunctis sacerdotibus et totius*
20 *mundi exsistat, et eius iudicio quae ad cultum Dei et Christianorum stabilitatem procuranda fuerint, disponantur.*   Quibus verbis per argumentum a contrario sensu videtur innuere quod papa pure temporalia communia Christianis et aliis regulariter disponere non debebat.   Ex quo sequitur quod non habet regulariter in temporalibus plenitudinem potestatis.
25   De Iustiniano autem nonnulli mirantur quod adducitur ab istis in exemplum.   Quibus videtur quod isti allegatores leges Iustiniani non legerint, cum nullus fuerit imperator Christianus, nec ante Iustinianum nec post, qui ita expresse tam magnam superioritatem, iurisdictionem et potestatem super res et personas papae et clericorum et super illa, quae
30 papa vendicat sive ex collatione sive ex resignatione Constantini Magni, sibi attribuerit sicut Iustinianus in legibus ab eo editis et per universum tanquam servandis et recipiendis ab omnibus promulgatis.   Ad superio-

---

147 teneat BRV²: teneant LW*b*³(−R).   149 infra: in *b*¹.   151 ditamus *b*¹.
151 infra: ita *b*¹.   154 decrevimus: decernimus *Friedberg.*
154 iure: iura *b*¹.   154 sanctae WV: *om.* L*b*¹.
155 permansura *Friedberg.*   155 infra: insuper *b*¹.
156 divinalia *b*¹; divina V².   159 quasi: que *b*¹.
159 iniuste *om. b*¹.   164 temporalibus: talibus *b*¹.
165 contra *om.* WV; contraria MF.   165 videntur L*b*¹.
166 reputavit *b*¹V².   167 reputetur *b*¹.
169 celsior ceteris *add.* L.   170 et stabilitatem *add.* a.
173 sequitur: habetur *b*¹V².   174 regulariter *om. b*¹(−AB)V².
177 legerunt *b*¹.   180 sibi vendicat *add.* L.

149–51 col. 343.   151–5 col. 344.
155–7 col. 345.   168–71 col. 343.

rem enim spectat aliis legem statuere quanto tempore subiecti res alienas possessas ab eis possint praescribere, et subiectis mandare, ut eandem
185 legem observent. Hoc autem facit Iustinianus circa papam et alios clericos et res Romanae ecclesiae et etiam aliarum ecclesiarum, ut habetur in Authenticis, *Ut ecclesia Romana centum annorum gaudeat praescriptione*, coll. ii; ergo Iustinianus reputavit se superiorem in temporalibus etiam papa quoad res Romanae ecclesiae deputatas.
190 Item, superioris est sancire quae regulae vim legum debeant obtinere. Hoc autem facit Iustinianus de regulis ecclesiasticis, etiam quae in quattuor principalibus conciliis statutae fuerunt, ut habetur in Authenticis, *de ecclesiasticis titulis et privilegiis*, coll. ix; ergo Iustinianus etiam conciliis generalibus quoad condendas leges pro superiore se gessit.
195 Item, ad superiorem et super clericos potestatem habentem spectat statuere, ordinare, praecipere et iubere quis numerus debeat esse clericorum in ecclesia; a quibus necessitatibus immunes debeant esse ecclesiae; a quibus etiam liberae esse non debeant; ne res quaecunque ecclesiasticae alienentur; quantas liceat unicuique donationes conferre ecclesiis; in
200 quibus locis clerici debeant ordinari; qui punire debeant clericos delinquentes; quas mulieres secum valeant clerici retinere et quas sibi noverint interdictas; quae res clericorum decedentium non condito testamento debeant ecclesiis assignari, et quae aliis; quod clerici non proficiscantur sine litteris ad urbem alienam; ubi sancta crux et marty-
205 rum reliquiae debeant conservari; quando episcopus et quando alius facultatem habeat exigendi ea, quae pro redemptione captivorum a testatoribus sunt relicta; qua debeat poena puniri, qui ambitiose et pecuniae interventu fuerit episcopalem sedem adeptus; coram quibus iudicibus debeant clerici litigare; qui episcopi habere debeant im-
210 munitatem tutelae sive testamentariae sive legitimae sive dativae; qualiter puniri debeat clericus, qui ante diffinitivam sententiam frustratorie causa dilationis ad appellationis auxilium convolavit; quod nullus cogatur invitus coram episcopo litigare; quis debeat punire antistitem iterantem sacramentum baptismi. Haec autem et plurima alia, quae ad
215 iurisdictionem spectant habentem, Iustinianus in suis legibus statuit, ordinavit, praecepit et iussit. Primum habetur C. *de sacrosanctis ecclesiis et rebus et privilegiis earum*, l. *Non plures;* secundum, eodem, l. *Placet;* tertium, eodem, l. *Ad instructiones* et l. *Iubemus* et l. *Neminem;* quartum, eodem, l. *Iubemus;* quintum, eodem, l. *Illud, quod.* Sextum habetur

186 et²: vel *b*¹.
191 ecclesiasticis: generalibus *b*²V².
192 principalibus conciliis: conciliis generalibus *b*³.
192 statutae: institute *b*¹.
197 necessitatibus: oneribus V²; *om. b*².
197 ecclesiae et *add. b*¹.
198 debeant *scripsi:* debent *ab*¹.
208 pecunia interveniente M.
212 nullus: nemo *b*¹(−AB); nec AB.
213 quis debeat *om. a*M.

190 sancire: scire *b*¹.

195 etiam habentem *add.* L.
197 debent WV*b*¹.
198 etiam *om.* LW.
205 conservari: observari *b*¹.
212 causa *om.* WV*b*³.
213 episcopo: iudice *b*².

187–8 *Nov.* 9 (coll. ii, tit. 4).
216–19 *Cod.* 1, 2, *leges* 4, 5, 7, 10, 11, 14, 19.

192–3 *Nov.* 131, 1 (coll. ix, tit. 6).

220 C. *de episcopis et clericis*, l. *In ecclesiis;* septimum, eodem, l. *Quicumque;* octavum, eodem, l. *Eum, qui;* nonum, eodem, l. *Si quis presbyter;* decimum, eodem, l. *Si qua per calumpniam;* undecimum, eodem, l. *Decernimus;* duodecimum, eodem, l. *Nulli licere;* tertiumdecimum, eodem, l. *Si quemquam;* quartumdecimum, eodem, l. *Omnes;* quintumdecimum, eodem,
225 l. *Generaliter.* Sextumdecimum habetur C. *de episcopali audientia*, l. *Si clericus;* septimumdecimum, eodem, l. *Decernimus;* decimumoctavum habetur C. *Ne sacrum baptismum iteretur*, lege prima. Iustinianus igitur leges condendo praefatas et alias multas de clericis et rebus eorum ac eis libertates, immunitates et privilegia indulgendo indicavit aperte, quod se superiorem
230 papa ceterisque clericis reputavit.

De Karolo Magno etiam non legitur quod se reputaverit in temporalibus inferiorem summo pontifice; cuius signum est quod reges Franciae, qui dicunt se successores ipsius, *superiorem in temporalibus minime recognoscunt*, Extra, *Qui filii sint legitimi, Per Venerabilem.* Nec obstat capitulum
235 eiusdem Karoli, quod ponitur in decretis, xix di., *In memoriam*, ubi dicit quod *licet vix ferendum ab illa sancta sede imponatur iugum, tamen* ferendum est; ex quibus verbis, ut videtur, habetur quod idem Karolus inferiorem se summo pontifice reputavit. Quia non arbitrabatur Karolus quod apostolica sedes poterat sibi regulariter aliquod iugum in temporalibus
240 imponere, sed in spiritualibus; quod in eodem capitulo insinuare videtur, cum praemittit: *In memoriam beati Petri Apostoli honoremus sanctam Romanam ecclesiam et apostolicam sedem, ut, quae nobis sacerdotalis mater est dignitatis, esse debeat ecclesiasticae magistra rationis.* Quibus verbis habetur quod in spiritualibus apostolica sedes est mater et magistra; ergo, si argumentum
245 a contrario sensu tenet, in temporalibus non est mater et magistra.

CAPITULUM 13

Ad quintam allegationem adductam supra cap. ii, quae maiorem tractatum requireret quam brevitas permitteret istius opusculi, propter hoc quod plures allegantes eandem, ut quibusdam apparet, quamplures affirmant errores, breviter respondetur quod dupliciter deficit.

5   Primo, quia Christus incarnatus, inquantum erat homo mortalis, non erat rex in temporalibus, nec habebat regulariter in temporalibus talem plenitudinem potestatis, licet inquantum Deus plenissimam habuerit potestatem, et inquantum homo—puta inquantum praelatus et institutor novae legis—in spiritualibus habuerit plenitudinem potestatis.

226 decrevimus *a.*   228 privatas *b*[1].   230 ceterisque: et *b*[1].
231 reputavit *b*[1].   237 inferiorem: superiorem *a.*   243 habetur: videtur *b*[1].

2 permittat WV*b*[3].   3 allegationes *b*[3]V[2].   5 incarnatus *om.* L*b*[1]; *del.* V[2].
8 in quantum[2] erat *add. b*[1].   8 praelatus et *om. b*[1].

220–5 *Cod.* I, 3, *leges* 11, 14, 19, 20, 22, 26, 28, 30, 32, 51.
225–6 *Cod.* I, 4, *leges* 2, 13.   227 *Cod.* I, 6, 1.
233–4 IV, 17, 13, col. 715.
234–45 *cf. Dial.* I, vii, 67; *Brev.* ii, 21, p. 102.
236 c. 3, di. 19, coll. 60–1.   241–3 *ibid.* col. 60.

1 quintam allegationem: *supra*, i.2.87–92.
5–9 *cf. OND* 93.101–789; *Brev.* ii, 9, pp. 69–70.

10 Secundo deficit allegatio suprascripta, quia nec Petro nec alicui summo
pontifici concessit Christus omnem, quam habuit, etiam inquantum
homo, in spiritualibus potestatem. Christus enim inquantum homo et
praelatus cunctorum credentium sacramenta nova instituit, quam
potestatem nulli papae concessit; potuit etiam contra statuta ab ipso
15 dispensare, quod tamen non potest papa quicunque; potuit etiam
absque culpa illa, quae supererogationis sunt, sibi subiectis imponere,
quod tamen regulariter papa minime potest. Et ita multa potuit
Christus, quae non potest papa, quia sicut etiam inquantum homo fuit
dominus veteris legis (quod ipse insinuare videtur, cum dicit Matthaei
20 xii: *Dominus est Filius hominis etiam Sabbati*), ita etiam fuit dominus novae
legis, cuius tamen dominus non est papa. Falsum ergo accipit allegatio
memorata cum dicit quod tota iurisdictio Christi concessa est vicario eius.
Raro enim vel nunquam aliquis totam iurisdictionem suam committit
suo vicario; immo nonnullis apparet quod semper de necessitate vicarius
25 eius est minoris potestatis quam ille, cuius est vicarius. Et si dicatur
quod Christus faciendo Petrum vicarium suum et committendo sibi
potestatem suam, nichil excepit, ergo totam iurisdictionem suam sibi
concessit, videtur quibusdam quod hoc patenter exclusum est per praedicta,
cum ostensum sit quod Christus verbis et exemplis multa excepit. Cum
30 igitur papa non habeat in temporalibus regulariter potestatem, sequitur
quod in ipsum potestas laicalis suprema etiam quantum ad rem minime
cadit.

Ad Innocentium IV respondetur quod cum imperator coronatur a
summo pontifice, non ideo recipiens ensem in vagina eximit et vibrat eum,
35 ut ostendat se in temporalibus inferiorem papa, cum non teneatur, nisi
sponte voluerit, ensem in vagina a papa recipere, sicut nec ab ipso, nisi
voluerit, coronari tenetur; nam et multi fuerunt veri imperatores, qui
a summo pontifice minime coronati fuerunt, quinimmo summum pontificem omni honore reputaverunt indignum. Sed ideo imperator,
40 quando placuit sibi coronari a papa, placuit etiam sibi ab ipso gladium
in vagina recipere ac ipsum eximere et vibrare, ut monstret se paratum
mediante materiali gladio, quando oportet, omnibus facere iustitiae
complementum et praecipue Christianos in iustis defensare.

14 ipso: eo edita b^2.
17 tamen . . . potest: papa non potest regulariter $b^1(-AB)$.
21 accepit *a*.   23 aliquis: dominus b^1V^2.
25 minor est potestate b^1.   28 praedicta verba *add*. b^1.
30 regulariter: rebus BRMF; rerum OPT.
31 etiam . . . rem *om*. b^1; *del*. V^2.   39 ideo: immo b^1V^2.
41 monstret: modo sciret L; monstraret B.
43 praecipue: precise b^2; precise vel precipue B.
43 in iustis: in iustitia Lb^1; iniuste patientes V^2.

20 Matth. 12, 8.
21–32 *cf*. AP 4.63–70; *ibid*. 6.144–81; *Consult*. 262–4; IIusIIIae *Dial*. i, 24; *ibid*.
iii, 22.   21–2 *cf*. *supra*, i.2.88–9.
28 praedicta: i.7.85–127.
33 Ad Innocentium IV: *cf*. *supra*, i.2.92–5.

CAPITULUM 14

Ad sextam allegationem inductam cap. ii respondetur quod quantum ad multa, sicut anima se habet ad corpus, sic spiritualia se habent ad corporalia sive ad temporalia; sed non quantum ad omnia. Quia sicut anima est nobilior corpore, ita spiritualia sunt digniora temporalibus, et sicut anima quantum ad multa regit corpus, ita temporalia in multis sunt secundum exigentiam spiritualium disponenda, et sicut anima rationalis non habet plenissimam potestatem super corpus, quia quamplures operationes habet corpus, quae non sunt in potestate animae rationalis, ita habens potestatem in spiritualibus non habet plenissimam potestatem super temporalia. Et ideo in papam, qui habet supremam potestatem in spiritualibus, non cadit nec cadere debet suprema potestas laicalis, licet dignior sit illo, in quem cadit suprema potestas laicalis, et in multis laicali praeditus potestate regi debeat ab habente supremam in spiritualibus potestatem.

CAPITULUM 15

Ad septimam respondetur quod papa non est solutus absque omni exceptione quibuscunque legibus positivis, licet solutus sit legibus quibuscunque mere positivis a summis pontificibus institutis, quia nulla illarum ipsum ligare potest, *cum non habeat imperium par in parem.* Solutus est etiam legibus quibuscunque generalium conciliorum ac imperatorum et regum et quorumcunque aliorum, quae conditae essent super hiis, quae ad eius pertinent potestatem, et non super hiis, quae ad propria iura et libertates pertinent aliorum. Quaecunque enim statuta essent a conciliis generalibus vel aliis quibuscunque super hiis, quae in spiritualibus de necessitate facienda sunt pro regenda congregatione fidelium, papa dupliciter solutus esset huiusmodi legibus mere positivis: quia non teneretur eas servare, et posset abrogare et annullare easdem etiam alias statuendo; et in huiusmodi papa maior est concilio generali, immo toto residuo congregationis fidelium. Legibus autem institutis super hiis, quae ad iura et libertates ac res respiciunt aliorum, non est papa praedicto duplici modo solutus. Nam dummodo de se non sint iniquae, papa eas abrogare non potest, et ipsas nonnunquam saltem conditionaliter servare

1 adductam b^1.
2–3 ad temporalia sive corporalia L; corporalia sive *om.* b^1.
5 corpora LW.
7 plenissimam potestatem: plenitudinem potestatis b^1V^2.
10 super temporalia: in temporalibus Lb^3; *om.* B.
10 supremam: plenissimam b^3; *om.* B.
13 laicali: laicis $b^1(-M)$, *om.* M, *add.* M².
13 praeditus: predictam MR; predictis AOPT; predicta BF.
11 dupliciter *om.* $b^1(-M)$.   11 esset *om.* b^3; esse B.

1 sextam allegationem: *supra*, i.2.96–100.

1 septimam: *supra*, i.2.101–8.
4 *cf. Decretal. Greg. IX*, 1, 6, 20, col. 62; *Dig.* 4, 8, 4; *ibid.* 36, 1, 13, 4.

tenetur. Si enim imperator aut rex vel princeps aut alius iura vel res proprias papae tribuerit, certas leges et pacta rationabilia imponendo,
20 easdem leges, si papa res illas vel iura voluerit recipere et tenere, servare astringitur, eo quod quilibet in traditione rei suae legem, quam vult, potest imponere, etiam cum tradit rem ecclesiae, xviii, q. ii, *Eleutherius*, Extra, *de conditionibus appositis*, c. *Verum*.

Cum autem dicitur in allegatione praedicta quod *leges* etiam imperiales
25 *non dedignantur sacros canones imitari*, respondetur quod hoc non est de necessitate verum, nisi cum statuuntur leges super hiis, quae ad pontificalem pertinent potestatem, super quibus si aliquid fuerit statutum ab imperatore vel alio, etiam quod papae vel clericorum aliorum quorumcunque respiciat commodum vel favorem, nullam continet firmitatem,
30 nisi a summo pontifice fuerit approbatum. Aliae autem leges absque canonibus stabilem obtinent firmitatem; nec oportet quod sacros canones imitentur, dummodo rationabiles sint et iustae; si enim essent iniquae, possent per iustos canones abrogari. Et ideo, licet papa casualiter habeat de legibus iudicare, regulariter tamen leges abrogare non potest.
35 Et ideo suprema potestas laicalis non cadit in ipsum nec cadere debet, licet cadere posset, si per legem divinam non esset contrarium ordinatum.

CAPITULUM 16

Ad octavam allegationem adductam supra cap. ii respondetur quod non est necesse universitatem fidelium sine omni exceptione in omnibus obedire papae; sed necesse est sine omni exceptione obedire sibi in hiis, quae necessaria sunt congregationi fidelium, salvis iuribus et libertatibus
5 aliorum. Si etiam quaeratur quis habet iudicare quae sunt illa, quae necessaria sunt regimini congregationis fidelium, respondetur quod hoc iudicare per simplicem notitiam vel doctrinam spectat ad sapientes in lege divina peritos, in humanis scientiis excellentes et rationis iudicio eminentes, quicunque fuerint, sive subditi sive praelati, sive saeculares
10 sive religiosi, sive magistri sive non magistri, sive pauperes sive divites et potentes. Hoc autem auctoritative et iudicialiter iudicare principaliter spectat ad summum pontificem de consilio sapientium: cui, si iudicando erraverit, sapientes, immo quicunque ipsum errare cognoverit, resistere obligantur pro loco et tempore et aliis circumstantiis debitis observatis, et

20 illas: ipsas L.   20 accipere WV.
24 imperiales: temporales WV*b*¹.   28 aut aliorum *add*. *b*³; et aliorum B.
32 enim: tamen *b*¹.   33 possunt *b*¹.
35 ipsum: papam *b*¹V².

5 Si etiam: et si *b*¹; si autem V².   5 quae sunt *om*. L*b*¹.
10 sive non magistri *om*. *b*¹.   14 debitis observatis *om*. *b*¹.

18–23 *cf. infra*, v.6.56–61; *OND* 77.124; *CB* vi, 4, p. 276; *AP* 7.41–5; *IPP* c. 24.
22 c. 30, C. 18, q. 2, col. 838.   23 iv, 5, 4, col. 683.
24–5 *cf. supra*, i.2.105–7.

1 octavam: *supra*, i.2.109–15.
5–11 *cf. Dial.* i, i, 8–10; *AP* 11.87–101; *Brev.* i, 10, p. 51; *IPP* c. 13.
11–17 *cf. Dial.* i, vi, cc. 37, 40–1, 43.
13 sapientes: *cf. Brev.* v, 4, pp. 175–6.

quantum licet unicuique pro gradu suo et statu suo, quia aliter debent ei resistere eruditi, aliter praelati, aliter reges et principes et aliter simplices et temporali potentia destituti.

CAPITULUM 17

Ad ultimam allegationem pro opinione illa inductam respondetur quod in casu est licitum et de iudicio summi pontificis etiam potestative et iudicialiter per sententiam iudicare, et ab eo etiam appellare.

Quod enim de iudicio summi pontificis liceat in casu taliter iudicare, quidam tali ratione probare nituntur: Licet in casu iudicare de persona papae, ergo et de iudicio eius. Antecedens patet per decretum Bonifacii martyris, quod ponitur di. xl, *Si papa*. In tribus autem casibus tenetur papa humanum subire iudicium secundum quosdam. Primo, in casu haeresis, sicut dicit praeallegatum capitulum. Sed refert an sit in rei veritate haereticus vel an sit de haeresi solummodo accusatus. Quia si est in rei veritate haereticus, ipso facto et iure, scilicet tam divino quam humano, est papatu privatus et omni dignitate ecclesiastica destitutus. Quod enim sit iure divino papatu privatus, quidam rationibus plurimis demonstrativis, ut eis videtur, ostendunt: pro quibus omnibus unam auctoritatem et unam rationem sufficiat nunc tangere. Hoc enim Apostolus ad Titum iii testari videtur, cum ait: *Haereticum hominem post unam et secundam correptionem devita, sciens quia subversus est, qui eiusmodi est, et delinquit, cum sit proprio iudicio condempnatus.* Item, ille, qui nec numero nec merito est de corpore ecclesiae, non est verum caput ecclesiae; sed nullus haereticus, quantumcunque putetur papa, est de corpore ecclesiae nec numero nec merito; ergo nullus haereticus est verum caput ecclesiae quantumcunque putetur esse: quemadmodum mulier, quae putabatur duobus annis pontifex, non erat verum caput ecclesiae, licet putaretur ab omnibus; omnes enim tunc erraverunt. Universalis enim ecclesia, licet in hiis, quae iuris sunt, praesertim divini, errare non possit, tamen errare potest in hiis, quae facti sunt, sicut errat quando papa in rei veritate est peccator, et tamen sanctus ab omnibus reputaretur. Papa ergo verus, si postea efficiatur haereticus, iure divino, secundum quod nullus infidelis est de corpore ecclesiae, papatu privatur.

---

15 licet *om. a; add.* L².   15 quia aliter: aliter enim L.   16 et¹: aliter b¹V².

13 multis rationibus b¹.   17 unam: primam b¹V².
18 *post* delinquit: in semetipso dampnatus est *add.* W²V.
19 numero nec merito: merito nec immerito b³; nec immerito B.
21 merito nec immerito b³.   22–4 quantumcunque . . . ecclesiae *om.* b².
28 reputatur b¹V².   29 nullus: unus b¹V².
29 est *om.* b³.

---

1 ultimam allegationem: *supra*, i.2.116–23; *cf. OND* 1.54–64; *Dial.* 1, vi, 18–35; *CB* vi, 8, pp. 289–90.   7 c. 6, di. 40, col. 146.
10–29 *cf. Dial.* 1, vi, 66; *CB* vii, 1, pp. 303–5; *IPP* c. 28.
16–18 Tit. 3, 10.   22–8 *cf. OND* 124.329–39.
23 mulier: 'Pope Joan'; *cf.* Martinus Oppavien., *Chron. pontif. et imp.*, MGH *SS* xxii, 428; J. J. I. von Döllinger, *Die Papst-Fabeln des Mittelalters*, second edn., Stuttgart, 1890, pp. 1–53.   25–8 *cf.* IusIIIae *Dial.* iv, 22.

30 Qui etiam iure canonico omni dignitate ecclesiastica est privatus. Nam omnes haeretici, *quibuscunque nominibus censeantur*, sunt a generali concilio— quod etiam super papam haereticum habet iudiciariam potestatem— dampnati, Extra, *de haereticis, Excommunicamus.* Cum ergo papa haereticus non excipiatur a canone supradicto, nec nos ipsum debemus excipere.

35 Si autem est de haeresi primo solummodo diffamatus et postea accusatus, non est ipso facto aliqua dignitate privatus; si tamen facto convincitur et in eum fertur sententia, si non appellat, sententia in rem iudicatam transire videtur.

Sed quaeret aliquis coram quo iudice possit vel debeat papa de haeresi
40 accusari. Huic respondent quidam dicentes quod papa coram diocesano, in cuius diocesi commoratur, potest de haeresi accusari. Quia cum papae haeretico nullum privilegium speciale ultra alios episcopos haereti- cos legatur in iure concessum, et aliquis sortitur forum ratione delicti, sicut alii episcopi, si invenirentur haeretici in diocesi alicuius episcopi, iudicari
45 possent ab ipso, quamvis non sollemniter degradari, ita etiam papa, si efficiatur haereticus, praesertim notorius. Si autem moratur in Romana diocesi, vel episcopus, in cuius diocesi manet, non vult aut non potest audire accusatores papae haeretici, alii episcopi fidei zelo accensi ipsos debent audire. Quod exemplo quidam probare conantur. Nam cum
50 beatus Marcellinus papa idolatriam notorie commississet, et ideo merito non convictus, sed suspectus de haeresi haberetur, convenerunt episcopi, ut habetur di. xxi, c. *Nunc autem,* ad inquirendum de ipso; quem quia non invenerunt haereticum, sed solummodo idolatram et correctum, ipsum iudicare nolebant. Nequaquam autem inquisitionem fecissent huius-
55 modi, nisi superiores ipso se putassent, si coram ipsis convictus fuisset de haeresi; quare in hoc casu alii episcopi super papam haereticum obtinent potestatem.

Si autem episcopi vel noluerint vel nequiverint papam haereticum iudicare, alii catholici, maxime imperator si catholicus fuerit, ipsum
60 iudicare valebit. Nam, ut notat glossa, di. xvii, super c. *Nec licuit: Ubicunque deficit ecclesiastica potestas, semper recurritur ad brachium saeculare;* quare quicunque canones, qui inferiores sunt iure naturali et divino, sonantes quod papa eo quod clericus vel episcopus nequit coram saeculari

35 accusatus *om. b¹.* 36 facto: falso WVM². 39 quaeret: quereret *ut saepius b¹.*
40 convinci vel accusari *add. b¹.* 40 Huic: hic *ut saepius b¹.*
40 diocesano suo *add. b¹.* 44 qui si *add. b³.*
47 manet aut *add. b¹.* 50 immerito WV*b¹.*
51 habebatur L. 56 alii *om. b¹.*
56 obtinent: habent L.
61 decurritur W; recurrendum erit O; recurretur P; recurrent T; recurrere B.
62 quare: quia *b¹.*

30–4 *cf. Dial.* I, vi, 73; *CB* vi, 2, p. 305.
31–3 v, 7, 13, col. 787 = Conc. Lateran. IV (1215), c. 3.
32 *cf. Dial.* I, vi, 13.
40 quidam: *cf. infra,* iii.12.165–81; *Dial.* I, vi, cc. 71, 90; *CB* vii, 8, pp. 311–12.
41–3 *cf. Dial.* I, vi, cc. 69, 90; *CI* c. 20, p. 81; *ibid.* c. 43, p. 153.
52 c. 7, di. 21, col. 71.
58–93 *cf. Dial.* I, vi, 99; *CB* vii, 9, pp. 313–5.
61 *Gl. ord. ad* c. 4, di. 17, *s.v.* ' per saeculares '.

iudice conveniri, exponendi sunt per epieikeiam, quae est quaedam virtus
65 seu aequitas naturalis, qua discernitur in quo casu leges sunt servandae,
et in quo non. In hoc casu, quia, sicut habetur ff. *de legibus* l.
*Non possunt,
omnes articuli* et per consequens omnes casus *non possunt sigillatim comprehendi
legibus*, dicat iuxta naturalem aequitatem ratione fultus et litteris sacris
quod nequaquam debent intelligi de papa haeretico, quando per im-
70 potentiam, malitiam vel negligentiam dampnabilem constat ecclesiasticam deficere potestatem. Unde, sicut dicit glossa, ii. q. iv, super c.
Praesul, non requiruntur tot testes contra papam quot requiruntur contra
episcopos et cardinales Romanae ecclesiae—*immo duo sufficiunt, et in hoc est
deterioris conditionis, quia ipse magnus sine comparatione aliorum creatus est, et
75 ideo sine spe veniae condempnandus, ut dicitur de poenitentia di. ii, ' Principium '*;
haec glossa—sic in casu haeresis, propter magnitudinem periculi, quod
imminet universali ecclesiae si papa efficiatur haereticus, utpote qui
propter auctoritatem et potestatem tam spiritualem quam temporalem,
qua alios putatur excellere, plurimos ad suam haeresim et nequitiam
80 trahere valet, rationabile est ut in hoc potius deterioris quam melioris
conditionis existat, ut specialissime de ipso epieikes canones dirigendo
dicat quod de ipso in hoc casu canones non debent intelligi, et quod
canonum conditores, si de hoc casu cogitassent et ipsum timuissent
eventurum, ipsum excepissent omnino. Nec mirum: quia quemad-
85 modum, ut habetur Extra, *de electione*, c. *Licet, in Romana ecclesia aliquid
speciale* statuitur, *quia* in multis casibus *non poterit ad superiorem recursus
haberi*, sic circa papam haereticum, quia ultra omnes nocere potest toti
congregationi fidelium, non irrationabiliter statueretur aliquid speciale
cum aliquis papali praeditus dignitate in pravitatem haereticam laberetur;
90 quia, ut habetur Extra, *de electione*, c. *Ubi*, libro sexto: *Ubi periculum
maius intenditur, ibi proculdubio est plenius consulendum*, sicut et in magnis rebus
est diligentior inquisitio et per consequens provisio facienda, vii, q. ii, c.
Nuper.

64 epyeichem W; epykeyam LB; epicheyam V²; epyeykiem M; epirlrem O;
epiebkrem PT; epibriam R; epibatam *ed. pr.*; *om.* A.
64–6 quae ... non *om. b²*.   66 et *om.* WV.
66 ut quia *add.* LMV².
67 omnes articuli: legis autem latores non possunt omnes articulos previdere *b²*.
68 dicat: videtur ergo (igitur) *b²V²*.   68 fultus: fultam WV*b³*; fulta B.
73 et¹ *om.* LW; *add.* V².   74 magnus *om. a*; *add.* V².
75–6 ut dicitur ... glossa *om. a*; *add. in marg.* V².
79 qua: quibus *b¹*.   80 valeret *b³*; trahetur valde B.
80 est *om.* WV; videtur *add.* V².   80 papa potius *add. b¹*V².
81 epykeys L; epeyeikes W; epyeikea V; epiekes MFP; epieches T; epraches B;
epiothes *ed. pr.*; *om.* A.   82 et quod: quia *b¹*.
87 toti: omni L.   88 statuetur *b¹*(−AM).
91 plenius: cautius *b³*; tutius B; plenius et cautius *add.* V².
92 diligenter *b¹*.

64 per epieikeiam: *cf.* Aristoteles, *N. Eth.* v, 14, 1137a 31–1138a 2; Thomas, *In libr.
Eth.* v, lect. 16, nn. 1078–90; *OND* 66.56–7; *Dial.* I, vi, 100; *ibid.* vii, 67; *Consult.* 112–3.
66–8 *Dig.* 1, 3, 12.
73–5 *Gl. ord. ad* c. 2, C. 2, q. 4, *s.v.* ' Praesul '.
75 c. 45, *de poenit.* di. 2, col. 1209.   85–7 1, 6, 6, col. 51.
90–1 *Sext.* I, 6, 3, col. 946.   92–3 c. 2, C. 7, q. 2, col. 589.

Secundo tenetur papa humanum subire iudicium quandocunque
95 *crimen eius quodcumque est notorium et inde scandalizatur ecclesia et* ipse est
incorrigibilis, ut dicit glossa di. xl, super c. *Si papa.* Sed quaeret aliquis
coram quo iudice potest papa accusari in hoc casu. Cui respondent
quidam quod propter reverentiam officii, quo fungitur et quo non est
ipso facto privatus, exhortandus est ut primo, exemplo Leonis papae,
100 de quo habetur ii, q. vii, c. *Nos, si,* se alicui viro sapienti et provido neque
aliis neque sibi suspecto submittat. Si autem noluerit, ex quo eius
crimen est notorium, non oportet adhibere testes, sed dicendum est
ecclesiae. Et primo quidem videtur esse dicendum ecclesiae vel congregationi Romanorum, quorum est quodammodo proprius episcopus,
105 ut accusetur coram ipsis, qui possunt facilius convenire ad iudicandum.
Si autem Romani noluerint vel nequiverint iudicare ipsum, potestas
iudicandi papam devolvitur ad quemcunque catholicum, qui tanta est
praeditus potestate ut per temporalem potentiam ipsum valeat cohercere,
praesertim si crimen papae vergit in periculum congregationis fidelium.
110 Hoc quidam multis rationibus fundatis in legibus tam divinis quam
humanis probare conantur, quas duxi ad praesens abbreviationis gratia
supprimendas.

Tertio, ut dicunt quidam, tenetur papa humanum subire iudicium, si
res aut iura aliorum invadit aut detinet minus iuste. Et si quaeratur ab
115 eis coram quo iudice in hoc casu respondere tenetur, respondent distinguendo: quia aut committit iniuriam in eum, qui superiorem non habet
in temporalibus, sicut in imperatorem, aut in superiorem habentem. Si
in non habentem superiorem, tenetur se submittere alicuius iudicio
neutri parti suspecti aut eligere arbitros de voluntate alterius partis, qui
120 inter eos potestatem habeant iudicandi. Si autem neutrum facere
voluerit, potest imperator propter culpam papae vel ipsum iudicare vel
delegare alteri, qui super ipsum in hoc casu habeat potestatem. Si vero
invadit aut detinet rem vel ius superiorem habentis, conveniri potest
coram superiore illo. Haec et plura alia, quae tangunt hanc materiam,
125 nonnulli multis modis nituntur ostendere; quae omnia causa brevitatis
pertranseo.

94 Secundo: *Novum capitulum exhibent* ABMPT.
95 quodcumque *om. b¹.*
95 scandalizaretur *b³*(−R); scandalizetur BR.
95 est: *om.* W; *add.* V²; sit *b² sec. Glossam.*
103 vel: id est *b³.*
105 accusetur: arceatur *b²*(−R); accusetur et arceatur V².
107 papam: ipsum WV²; *om. b¹.*   107 quemlibet M.
107 est: sit *b¹.*   109 vergit: vertitur B.
111 gratia: causa *b²*(−B).   113 Tertio: *Novum capitulum exhibet* P.
117 eum qui habet superiorem *b¹V².* 118 in ... superiorem: primo modo *b¹.*
122 qui sic etiam ipsum W; qui etiam super ipsum V².
124 plura: multa W²V.   125 causa: gratia *b²*(−O).

95–6 *Gl. ord. ad* c. 6, di. 40, *s.v.* ' a fide devius '.
100 c. 41, C. 2, q. 7, col. 496.
102–3 *cf.* Matth. 18, 17.
113–26 *cf. Dial.* i, vi, 58; *CB* vii, 13, pp. 318–9.

Ex hoc, quod papa in casibus supradictis tenetur humanum subire iudicium, quidam moliuntur ostendere quod in hoc casu licet appellare a papa et a gerente se pro papa et extra iudicium ipsum provocare ad causam ne aliquid faciat in praeiudicium appellantis et provocantis. Quia ab omni illo, qui humanum tenetur subire iudicium, in illo casu, in quo tenetur subire iudicium, est licitum appellare, tam a sententia, si male iudicaverit, quam a gravamine et praeterito et futuro, sive appellans sive provocans reputet ipsum iudicem sive reputet ipsum non iudicem. Nam omnis oppressus vel probabiliter opprimi metuens ab illo appellare potest in omni casu, in quo accusari potest, cum appellatio sit oppressorum levamen, Extra, *de appellationibus, Cum speciali.* Cum igitur in tribus casibus suprascriptis papa valeat accusari, sequitur quod in eisdem est licitum appellare ab ipso.

Dicunt igitur isti quod si papa factus haereticus gerat se pro papa, ab omni sententia, quam tulerit in quacunque causa, et ab omni gravamine, quod intulerit vel comminatus fuerit, licet omni homini appellare, cuius interest, non tanquam a iudice, sed tanquam a non iudice nullam habente ecclesiasticam potestatem omnino. Quia omnis haereticus quantumcunque occultus iure divino est omni ecclesiastica dignitate privatus, licet non esset privatus eodem iure dignitate saeculari, si quam haberet; quia ecclesiasticam dignitatem nemo potest habere nisi saltem numero sit de congregatione fidelium, sed saecularem dignitatem, etiam supremam, potest infidelis habere, sicut de facto Nero habuit tempore Christi et Apostolorum. Et hinc est quod iure divino potest quilibet, cuius interest, in omni casu appellare a papa, si efficiatur haereticus, tanquam a non iudice ecclesiastico; sed si imperator vel alius rex aut princeps efficiatur haereticus, non licet propter hoc iure divino appellare ab ipso tanquam a non iudice saeculari, licet secundum quosdam hoc liceat iure humano canonico. Non enim haeretici ipso facto iure divino privantur rebus suis et iuribus temporalibus propriis, licet ipso facto priventur iure divino rebus et iuribus temporalibus communibus, quae scilicet data sunt communitati fidelium, cuius sunt omnia bona et iura temporalia, quae ecclesiastica appellantur. Illa enim denominantur 'ecclesiastica' ab ecclesia, non quae est papa aut congregatio clericorum, sed ab ecclesia, quae est congregatio fidelium, quae clericos et laicos, viros et mulieres comprehendit. Illa enim ecclesia post Deum est primo et principaliter domina cunctorum bonorum et iurium temporalium ecclesiasticorum, nisi aliqui

---

129 papa extra iudicium et ipsum *trs. a.*
135 ipso WV.
141 et ab omni: a quocunque b^1.
147–8 sit de numero congregationis b^1V^2.
149 Nero W^2V: vere Lb^1.
153 licet: oportet b^1.
155 rebus secularibus *add.* B.
159 appellantur . . . ecclesiastica *om.* b^1.

134 sive non putet ipsum iudicem L.
137 relevamen b^3; velamen B.
145 dignitate: potestate WVb^1.
148 sed saecularem: secularem tamen b^3V^2.
152 aut rex aut alius princeps M.
154 liceat: liceret M.
158 cuiusmodi b^1V^2.

127–39 *cf. OND* 1.47–80; *Dial.* 1, vi, 18 *sqq.*
137 II, 28, 61, col. 438.   144–5 *cf. OND* 1.84–101.
157–69 temporalibus communibus: *cf. OND* 76.467–73; *ibid.* 77.121–9.

concedentes bona sua et iura temporalia aperte expresserint vel verisimile
165 sit eos voluisse bona illa et iura alicui personae vel collegio ecclesiastico
appropriari debere. Nam in concessione rerum suarum et iurium
possunt laici quae voluerint pacta et conditiones imponere, quae personis
recipientibus congruant et non sint legibus, ad quae servanda tenentur
dantes et recipientes, improbata.

170 In causa autem fidei licet cuilibet catholico a papa haeretico appellare,
quia eius interest—causa enim fidei omnes tangit *et ad omnes omnino*
pertinet Christianos, di. xcvi, *Ubinam*—licet in hoc casu non sit simpliciter
necesse appellare a papa haeretico, etiam si contra veritatem catholicam
diffinitivam proferret sententiam; quia omnis talis sententia, eo quod
175 esset contra ius divinum, ipso facto nulla esset, licet non esset appellatione
suspensa. Ideo in hoc casu sufficeret papam haereticum accusare;
immo, si non reperiretur iudex, qui volentem accusare vellet vel auderet
audire, sufficeret coram quibuscunque verbo vel scripto papam esse
haereticum publicare, causam vel causas quare esset haereticus allegando;
180 circa quem tantum operari deberet huiusmodi publicatio de iure divino et
naturali, ad quod obligantur omnes catholici, quantum in quacunque
causa alia circa quemcunque a quocunque iudice appellantem. Huiusmodi enim publicationi in favorem fidei Christianae omnes catholici in
tantum deferre deberent, quod publicantem, nisi de falsa publicatione
185 convinceretur legitime, contra gerentem se vere vel false pro papa et
omnes complices eius defendere tenerentur de necessitate salutis, modo
congruo statui et personae cuiuslibet. Verumtamen dicunt isti quod
in hoc casu propter iuris divini et humani ignaros sollemnitas appellationis non obesset, sed prodesse valeret.

190 Amplius, dicunt isti quod in secundo casu, scilicet quando crimen
papae quodcunque esset notorium et de ipso scandalizaretur ecclesia et
esset incorrigibilis, sufficeret accusare ipsum, nisi esset tale crimen, ex
quo aliquis gravari timeret; tunc enim posset talis extra iudicium a
futuro gravamine appellare, ne scilicet papa aliquid faceret in praeiudic-
195 ium eius. In aliis etiam casibus ad hunc casum spectantibus appellare
liceret; quos nunc exprimere non intendo.

In tertio etiam casu secundum istos, cum scilicet papa invaderet vel
detineret iniuste res et iura aliorum, quandoque liceret accusare ipsum et
quandoque appellare ab ipso; sed de hoc est supersedendum ad praesens.

---

164 temporalia *om.* b^2; temporalia ecclesie *add.* V^2.
168 sint: sicut WVb^1.
175 licet non: nisi L.
182 circa: contra LB.
183-4 etiam tantum *a.*
191 quodcunque *om.* Lb^3; quantumcunque B.
191 scandalizatur *a.*
192 sufficeret quilibet accusari $b^2(-R)$; sufficeret cuilibet R.
193 tunc enim: et tunc b^1.

171 eius: cuiuslibet hoc L.
177 maxime qui *add.* b^3.
182 et a *add* MV^2.
186 eius: eum b^3.

197 cum scilicet: si b^2.

171-2 c. 4, di. 96, col. 338; *cf. infra*, iii.12.213-4; *Epist.* p. 10; *Dial.* i, vi, 85; *Comp.*
err. c. 8.
172-6 *cf. Epist.* p. 10; *Dial.* i, vi, 24.

200 Secundum praedicta itaque, quae et ipsa contingentia diffusissime
probare conantur, patet secundum eos quod in casu, licet non regulariter,
licitum est et de persona papae et de eius iudicio iudicare et ab ipso etiam
appellare; et ideo ex hiis probari non potest quod potestas laicalis
suprema cadit in ipsum de facto vel de iure divino. Ad omnes autem
205 canones, qui in contrarium possunt adduci, dicunt quod canones veri
(quales sunt canones antiquorum patrum, licet nonnullas decretales
quorundam posteriorum haereticales existiment) intelligi debent quod
regulariter in hiis, quae spectant regulariter ad summum pontificem, de
eius iudicio iudicare non licet, nec regulariter licet appellare ab ipso,
210 sed casualiter tantummodo. Iudicare tamen regulariter licet cuilibet
de manifestis eius criminibus quibuscunque, quae bene fieri minime
possunt, non quidem iudicialem sententiam proferendo, sed ipsa cordialiter
detestando et nullatenus excusando et multo minus illicite defendendo.
Ad hoc allegari posset Beda, Extra, *de regulis iuris*, c. *Estote*, et Ieronymus,
215 xi, q. iii, c. *Si quis dixerit*, et c. *Si quis hominem*, et glossa di. xl, super c.
Nos non.

CAPITULUM 18

Viso quomodo opinio tertia ad ea, quae supra, i° et ii° capitulis, adducta
sunt contra ipsam, nititur respondere, videndum est quomodo opinio
secunda ad illa, quae adducuntur contra ipsam i°, iii° et iv° capitulis
valeat respondere.
5 Ad primum itaque, quod adductum est capitulo primo, respondere
potest quod potestas spiritualis suprema dupliciter accipi potest. Uno
modo potest accipi pro tota potestate, quae supremo iudici spirituali
concessa est a Christo; et sic secundum istos potestas spiritualis suprema
et potestas laicalis suprema quantum ad rem ex opposito minime di-
10 viduntur, sed potestas laicalis suprema quantum ad rem est pars potestatis
spiritualis supremae: illa scilicet potestas respectu temporalium, quae est
simpliciter suprema; quia alia, quae est in imperatore, est minor, et est
quidam effectus potestatis spiritualis isto modo dictae. Aliter accipi
potest potestas spiritualis suprema pro potestate, quae solummodo respicit

200 Secundum: ubi *b*¹; *corr.* M².   200 quae *om.* *b*¹; *del.* V².
201 isti probare *add.* *b*¹.   202 de² *om.* *a*; propria persona *add.* B.
208 regulariter² *om.* *b*².
213 detestando: diiudicando L; discutiendo WV; *corr.* V².
214 potest *b*².

11 ista *b*¹.   12 minor illa *add.* *b*¹.

206-7 *cf.* Brev. i, 8, p. 49; *ibid.* ii, 21, p. 102; IusIIIae *Dial.* iii, 25.
214 v, 41, 2, col. 927 = Beda, *Expos. in Evang. Luc.* ii, *ad* 6, 36, PL 92, 408.
214-15 c. 57, C. 11, q. 3, col. 659 = Hieronymus, *Comment. in Ep. ad Philemonem* v. 4,
PL 26, 609-10.
215 *ibid.* c. 58, col. 659 = Hieronymus, *ubi supra.*
215-16 *Gl. ord. ad* c. 1, di. 40, *s.v.* ' Quis enim '.

5 Ad primum: *supra*, i.1.14-21.
6-13 *cf.* Jacobus de Viterbio, *De regim. Christ.* ii, 7, ed. H.-X. Arquillière, pp. 236-8;
ibid. ii, 8, pp. 268-9; *ibid.* ii, 10, pp. 288-9; Aegidius Spiritalis de Perusio, *Libellus contra
infideles et inobedientes et rebelles sancte Romane ecclesie ac summo pontifici*, in Scholz, *Streitschriften*, II, 113.

15 spiritualia, et non temporalia; et sic potestas spiritualis suprema et
potestas laicalis suprema, hoc est potestas suprema respiciens solummodo
temporalia, non spiritualia, aliquo modo dividuntur ex opposito: quae
tamen possunt cadere in eandem personam secundum quod declaratum
exstitit per opinionem tertiam supra, capitulo v°.

20 Ad secundum dicitur quod istae duae potestates non constituunt duo
capita duorum corporum diversorum, sed unum habens duplicem potestatem praedictam.

Ad tertium dicitur quod papatus dominationem non excludit, licet
excludat dominationem tyrannicam et iniustam, de qua loquitur beatus
25 Petrus epistola sua prima, cap. v.

Ad quartum dicitur quod fungens potestate laicali suprema praecise
absque spirituali potestate est filius ecclesiae, si est fidelis; et ideo imperator, quia pollet solummodo potestate laicali, si est fidelis, est filius
ecclesiae. Sed pollens potestate suprema super temporalia et potestate
30 spirituali suprema est pater universorum fidelium.

Ad quintum dicitur quod imperator vocari potest vel ille, qui inter
laicos supremam obtinet potestatem absque suprema potestate spirituali
(et ille est inferior papa et ille communiter vocatur imperator), vel ille,
qui super omnes laicos simpliciter supremam habet in temporalibus
35 potestatem, et ille non est inferior papa, sed est papa, quamvis papa non
vocetur communiter hoc nomine ' imperator ', sed quodam alio nomine
digniori, scilicet ' apostolicus ', ' papa ', ' summus pontifex ' vel 'sacerdos'.

CAPITULUM 19

Secundum istam etiam opinionem respondetur ad illa, quae supra c. iv
pro opinione tertia sunt adducta, quae contra istam opinionem secundam
militare videntur.

Dictur enim ad primum quod papa non debet regulariter per seipsum
5 negotia saecularia exercere, secundum Apostolum et canones sacros,
sed huiusmodi negotia aliis debet committere. Multi enim multa facere
debent per alios, quae non debent facere per se, v, q. iii, c. ult., di. lxxxviii,
c. *Episcopus gubernationem*, xii, q. i, c. *Praecipimus*; quae tamen, si fecerint

16 solummodo: precise B. 18 secundum quod: sicut L.
19 capitulo ii WV*b*[1]. 23–4 sed excludit L.
27 absque: et non *b*[2]. 27–9 si est ... ecclesiae *om.* WV.
30 pater: caput *b*[1]V[2].
33–5 et ille[2] ... inferior papa *om.* W; et ille[2] ... papa[2] *om.* VB; *add.* V[2].
33 vel ille *coniecit* Sikes *sec. ed. pr.*: et ille L; *om. b*[3]V[2].
34 qui est *add.* L; qui autem *add. b*[3]V[2].
34 simpliciter *om.* MOPRV[2]; spiritualem M[2].   36 imperator *om. b*[1].

Novum capitulum non exhibent WV.
7 ipsimet facere *add. b*[1].   7 per se ipsos *add. b*[1].

19 supra: i.5.5–22.
20 Ad secundum: *supra*, i.1.22–9.   23 Ad tertium: *supra*, i.1.30–7.
25 1 Petr. 5, 3.   26 Ad quartum: *supra*, i.1.38–42.
31 Ad quintum: *supra*, i.1.43–6.

4 ad primum: *supra*, i.4.10–34.
7–8 c. 7, di. 88, col. 308.   7 c. 3, C. 5, q. 3, col. 547.
8 c. 24, C. 12, q. 8, col. 685.

per seipsos, tenent, licet faciendo peccent, etiam saepe mortaliter. Sic
10 papa, si in temporalibus aliquid fecerit, quicquid sit illud, si non est
contra legem divinam nec contra ius naturale, de iure tenet. Poterit
tamen hoc faciendo peccare mortaliter, quia facit per seipsum quod facere
deberet per alium.

Ad secundum dicitur quod illae potestates sunt distinctae; tamen in
15 eundem cadere possunt, et cadunt de facto, licet non cadant nec cadere
debeant in eundem regulariter quoad exercitium, quia ille, in quem
cadit potestas suprema spiritualis, non debet per seipsum aliam exequi
potestatem, nisi forte in casu.

Ad tertium dicitur quod armis intendere et iudicium sanguinis exercere
20 papa non debet per seipsum; hoc tamen aliis committere potest, et debet.
Et ideo Christus vicario suo usum gladii materialis regulariter interdixit,
non autem potestatem hoc aliis committendi; et isto modo isti intelligunt
et exponunt omnes canones et auctoritates alias, quae contrarium sonare
videntur.

CAPITULUM 20

Ultimo restat videre quomodo opinio prima ad illa, quae capitulis ii° et
iii° contra ipsam sunt adducta, nititur respondere. Ad illa autem,
quae adducuntur ii° capitulo pro opinione secunda, forsitan responderet
sicut respondet opinio tertia. Ad illa vero, quae adducuntur capitulo
5 tertio ad probandum quod illae duae potestates, licet non debeant, tamen
possent cadere in eundem dupliciter, respondetur quod potestas laicalis
suprema repugnat habenti potestatem spiritualem supremam ratione
status papalis. Quia sicut status papalis repugnat sexui muliebri, ita
etiam repugnat potestati laicali supremae, quamvis non repugnet omni
10 potestati laicali; et hoc quia ad plura repugnantia statui papali se
extendit potestas laicalis suprema, ad quae non omnis potestas laicalis
se potest extendere; propter quod, si aliquis rex fieret papa, amitteret
potestatem laicalem supremam, licet potestatem laicalem inferiorem seu
minorem non amitteret. Eidem etiam statui papali repugnat matri-
15 monium, licet non repugnet ordini sacerdotali; unde licet in primitiva
ecclesia tam episcopi quam sacerdotes habuerint uxores et usi fuerint
matrimonio, non tamen legitur quod aliquis papa usus fuerit matrimonio

9 etiam: et b^1.   11 etiam de iure add. $b^1(-O)$.   13 debet VB.
14 due potestates add. b^2.
18 forte: fuerit L.
23 in contrarium add. b^1.

17 aliam: aliquam L.
23 auctoritates alias: allegationes L.

2 autem om. WV.   3 ii° capitulo: ex capitulo iv b^1.
3 secunda scripsi: tercia codd.   3 forte L.
4 respondent illi de opinione tercia b^1V^2.
6 possunt b^1.   6 quod sicut add. b^1.
13 licet: sed non L.   14 amitteret om. L.
17 papa: in papatu L.

14 Ad secundum: supra, i.4.35–68.
19 Ad tertium: supra, i.4.70–149.

4 sicut respondet opinio tertia: supra, i.7.1–18.
4 Ad illa: supra, i.3.10–54.

in papatu. Status etiam papalis et potestas laicalis suprema magis
repugnant quam spiritus et corpus, quemadmodum plus repugnant vir et
20 mulier; et ideo, quamvis corpus et spiritus reperiri valeant in eodem,
tamen status papalis tam sexui muliebri quam potestati laicali supremae
repugnat. Etiam inferre mortem corporalem iudicialiter statui papali
repugnat, qui tamen est actus potestatis laicalis supremae. Et ita,
licet potestas laicalis suprema non repugnet pollenti potestate spirituali
25 suprema nec ratione ordinis sacerdotalis nec ratione administrationis,
repugnat tamen sibi ratione status papalis, qui non compatitur secum
actus plures iudiciales spectantes ad potestatem laicalem supremam,
licet compatiatur secum eosdem actus quantum ad substantiam actuum,
quemadmodum non compatitur secum concubitum coniugalem, licet illi
30 actui quantum ad substantiam actus non repugnet.

QUAESTIO II

CAPITULUM I

Secundo quaeritur utrum suprema potestas laicalis proprietatem sibi
proprie propriam habeat immediate a Deo. Circa hanc autem quaestionem sunt duae opiniones contrariae. Una est quod suprema potestas
laicalis proprietatem sibi proprie propriam non habet immediate a Deo,
5 quia habet ipsam a Deo mediante potestate spirituali. Papa enim habet
plenitudinem potestatis tam in temporalibus quam in spiritualibus, et
ideo nemo habet in temporalibus aliquam potestatem nisi ab ipso. Pro
hac opinione adduci possunt illa, quae allegata sunt supra, q. i, c. ii.
Pro qua potest aliter allegari. Nonnullis enim apparet quod quamvis
10 papa non haberet in temporalibus huiusmodi plenitudinem potestatis,
tamen dicendum esset quod imperium est ab ipso. Ex quo inferri
potest quod potestas laicalis suprema, scilicet imperialis, habet proprietatem sibi propriam a papa et non immediate a Deo, eo quod ab eo
habet proprietatem sibi propriam, a quo est.
15   Restat ergo probare quod imperium est a papa: quod multis modis
ostenditur. Nam ab illo est imperium, cui datae sunt claves caelestis et
terreni imperii; sed Petro, et per consequens successoribus eius, datae

---

18 in papatu *om.* L.   18 papalis: spiritualis LW.   19 vir: quam spiritus WV*b*[1].
21 sexui *om. b*[1]; *add.* M[2].   25 sacerdotalis: sacramentalis M.
28 eosdem: eorundem *b*[1].
30 et sic est finis prime questionis B; Et sic est finis prime questionis incipit 2a PT
(questio *add.* P[2]).

1 Secunda questio (est ista *add.* R) utrum BR *ed.pr.*
5 spirituali: papali *b*[1]V[2].   5 enim: vero *b*[1].
9 aliter: taliter *b*[2].
10–ii.2.83 in temporalibus ... a quo est imperium *post* propter rationes adductas
(*infra*, ii.5.44) *trs. b.*   11 esset: est *b*[1].
13 eo quod: sed *b*[1]; *om.* K.   14 proprietatem: potestatem L*b*[1].
14 est imperium *add.* L.   17 per consequens *om. b*[1].   17 eius: suis *b*[1].

15–54 *cf. OND* 93.696–706; IIusIIIae *Dial.* i, cc. 18–24.

sunt claves caelestis et terreni imperii, di. xxii, c. i; ergo imperium est a papa. Amplius, imperium est ab illo, qui ex ordinatione Dei, in cuius potestate perfectissime est imperium, est caput primum et iudex supremus cunctorum mortalium; papa autem, et non imperator, ex ordinatione Dei est caput primum et iudex supremus cunctorum mortalium; ergo imperium est a papa. Rursus, ab illo est imperium, qui potest imperatorem deponere; papa autem potest imperatorem deponere, xv. q. vi, c. *Alius*; ergo imperium est a papa. Item, ab illo est imperium, qui potest transferre imperium de una gente ad aliam; hoc autem potest papa, Extra, *de electione, Venerabilem*; ergo imperium est a papa. Item, ab illo est imperium, a quo imperator, postquam electus est, examinatur, inungitur, consecratur et coronatur; sed imperator a papa examinatur, inungitur, consecratur et coronatur, Extra, *de electione, Venerabilem*; ergo imperium est a papa. Item, ab illo est imperium, cui imperator iurat tanquam vasallus; imperator autem tanquam vasallus praestat papae iuramentum fidelitatis et subiectionis, di. lxiii, *Tibi domino*; ergo imperium est a papa. Item, ab illo, qui habet utrumque gladium, materialem scilicet et spiritualem, est imperium; papa autem habet utrumque gladium; ergo imperium est a papa. Haec videtur sententia Innocentii IV, qui in quadam decretali asserit quod *in gremio fidelis ecclesiae ambo gladii administrationis utriusque habentur reconditi; unde quisquis ibidem non fuerit, neutrum habet.* Uterque *creditur iuris Petri, cum de materiali eidem Dominus non dixerit; ' Abice ', sed: ' Converte gladium tuum ', ut ipsum videlicet per teipsum non exerceas, ' in vaginam ': ' tuum ' signanter, non alterius exprimendo. Huiusmodi potestas gladii materialis apud ecclesiam est implicita, sed per imperatorem, qui eam recipit, explicatur.*

Item, ab illo est imperium, ad quem se habet imperator sicut filius ad patrem, sicut discipulus ad magistrum, sicut plumbum ad aurum, sicut luna ad solem; sed has comparationes habet imperator ad papam, di. xcvi, c. *Si imperator*, et c. *Quis dubitet*, et c. *Duo sunt*, Extra, *de maioritate et obedientia, Solitae*; ergo imperium est a papa. Item, ab illo est imperium, cui imperator tenetur caput submittere; imperator autem tenetur caput submittere papae, di. lxiii, *Valentinianus*, di. xcvi, *Nunquam*; ergo imperium est a papa. Item, ab illo est imperium, a quo auctoritate propria

38 quisquis: si quis L.
39 Sicut uterque *add.* L.; Neuter quoque non creditur *tract. laud.*
41 ultra non exerceas *add. tract. laud.*
41 non²: nomen L; ubi *b*; nisi M²; ubi alias nisi F.
41–2 exprimitur *b²*.   41–2 exprimendo quod *add.* L.
42 est: esse *b¹*.   43 eam inde recipit *add. tract. laud.*

18 c. 1, di. 22, col. 73.   24–5 c. 3, C. 15, q. 6, col. 756.
27 1, 6, 34, col. 80.   30 *ibid.*
33 c. 33, di. 63, col. 246.
37–43 [Innocentius IV], *Eger cui lenia*, ed. Herde, pp. 522–3; the text conflates Matth. 26, 52 with Ioann. 18, 11, as does Bernardus Claraevall., *De consid.* iv, 3, PL 182, 776; cf. Ptolomeus Lucens., *Determ. comp.* vi, p. 18.
44–51 cf. Ptolomeus, iii, pp. 8–9.   46–7 c. 11, di. 96, col. 341.
47 *ibid.* c. 9, col. 340.   47 *ibid.* c. 10, col. 340.
47–8 1, 33, 6, col. 198.   50 c. 3, di. 63, col. 236.
50 c. 12, di. 96, col. 341.

et non ex ordinatione imperatoris vel alterius hominis, regi debet imperium ipso vacante; hoc autem facit papa vacante imperio; ergo imperium est a papa.

CAPITULUM 2

Porro, licet quidam concorditer dicant imperium esse a papa, non tamen omnes in modo ponendi concordant, nec ex eadem ratione moventur. Una est enim opinio, quae propter hoc, quod tenet papam habere tam in temporalibus quam in spiritualibus illam plenitudinem potestatis, de qua 5 dictum est supra q. i, c. ii, ponit et concedit imperium et omnia alia regna taliter esse a papa quod de plenitudine potestatis quem voluerit possit imperatorem instituere, et quandocunque voluerit absque causa et sine culpa ad suum libitum destituere institutum et eidem alium subrogare, et sibi ipsi imperium retinere. Qualem etiam potestatem, ut dicunt, 10 habet circa omnia alia regna; aliter enim non haberet plenitudinem potestatis, sed haberet potestatem per iura alia quam per divina et naturalia limitatam.

Alii autem, quamvis putent opinionem praedictam sapere haeresim manifestam, tamen dicunt imperium esse a papa propter hoc, quod 15 secundum eos papa habet quandam aliam plenitudinem potestatis; quia, licet, ut dicunt, papa non possit omnia sine exceptione, quae non sunt prohibita neque per ius divinum neque per ius naturale, quia illa, quae supererogationis sunt, non potest praecipere, nec potest aliquem privare iure suo *sine culpa, nisi subsit causa*, nec potest illa, quae ad regendum 20 mortales minime necessaria dignoscuntur, licet valeant expedire: tamen per seipsum vel institutos officiales ab ipso omnia sine exceptione potest, quae constat esse necessaria regimini subiectorum. Unde licet reges et principes iam iuste regna et principatus habentes absque culpa, nisi subsit causa, nequaquam possit regnis suis et principatibus privare etiam 25 de plenitudine potestatis suae, tamen si esset aliquis populus, qui regem, principem aut caput in temporalibus non haberet, cum non solum expediens sed etiam necessarium sit cuilibet populo etiam in temporalibus caput, a quo immediate regatur, habere, posset papa de plenitudine potestatis absque electione, nominatione vel consensu eorum ipsis caput 30 praeficere, maiorem vel minorem dignitatem et potestatem tribuendo eidem; et in similibus circa potestatem eius similiter est dicendum. Et ex ista plenitudine potestatis, ut dicit ista opinio, habet papa potestatem super imperatorem et imperium, non quidem ut possit imperatorem

---

52 debet: habet b^2.

Capitulum IIII b^3.
  10 circa: super b^1.
  16 dicant WVb.
  21 per institutos *add.* M; per sibi institutos B.
  24 possit: potest b^2.
  27 populo: pape b.
  33 quidem ut: quod b^1.

6 posset b.
11 sed: licet L; si B.

25 populus: papa b.
28 immediate: de necessitate b.

---

5 *supra*: i.2.8–17.

19 *Sext.* v, 12 *ad fin.*, reg. 23, col. 1122.

sine culpa, nisi subsit causa necessaria privare imperio, nec quod possit ad
35 libitum suum imperium transferre de gente in gentem, sed quia pro culpa
et ex causa necessaria potest imperatorem, quibuscunque aliis minime
requisitis, deponere, si hoc sit necessarium utilitati communi. Si etiam
fuerit necessarium utilitati communi, et non solum expediens, potest de
plenitudine potestatis, non requisitis aliis quibuscunque, de gente in
40 gentem vel de domo in domum aut de persona in personam transferre
imperium; si etiam ex causa aliqua evidenti necessarium fuerit bono
communi, ut nullus ad regnum vel imperium eligatur, potest ordinare et
praecipere ut, quamdiu necessarium fuerit, huiusmodi electio differatur.
Et illo modo imperium est a papa, non quia papa super ipsum habeat
45 plenitudinem potestatis, de qua dictum est quaestione prima, c. ii; sed
habet illam, de qua nunc dictum est, quam etiam habet super omnia
regna et super quaecunque temporalia.
　Et differt ista opinio a sententia, quae recitata est supra q. i. c. vii.
Quia secundum istam opinionem papa potest corrigere imperatorem
50 quandocunque corrigendus est et omnia facere circa temporalia, quaecunque necessaria sunt bono communi, licet non possit aliquem privare
suo iure *sine culpa, nisi subsit causa.* Illa autem sententia tenet quod, quia
papa in temporalibus praeter ius exigendi necessaria nullam habet
potestatem a Christo, nisi salvis non solum iuribus, sed etiam libertatibus
55 aliorum, ideo papa etiam illa, quae necessaria sunt reipublicae in temporalibus, minime potest quamdiu sunt alii, qui ipsa possunt vel volunt
utiliter expedire; et ideo si esset aliquis populus, qui rectorem in temporalibus non haberet, papa non deberet nec posset super eos rectorem
constituere, si ipsimet vellent sibi ipsis rectorem praeficere idoneum
60 eligendo. Sic etiam, quantumcunque corrigendus esset imperator vel
rex aut princeps alius aut etiam deponendus propter defectum vel
crimen, qui vel quod ad pure spiritualia minime pertineret, papa auctoritate sibi concessa a Christo se intromittere non deberet, nisi propter
impotentiam, negligentiam vel malitiam laicorum. Unde et universaliter
65 dicunt isti quod papa, ut totaliter spiritualibus vacet, ad quae etiam sola
se insufficientem inveniet, temporalibus quibuscunque se non debet
implicare negotiis, quamdiu inveniuntur laici, qui ea et volunt et possunt
rite et legitime expedire. Argumentum ad hoc xi, q. i, *Te quidem.*
　Alia est opinio quod imperium non est a papa ex iure divino, sed ex
70 iure humano, ex voluntaria scilicet concessione vel cessione Romanorum,

36 necessitatis WV.
41 si: sed b^2.
43 necesse L.
48 Et: nec b^2.
53 necessaria: iustitia $b^2(-R)$; iustitiam R.
57 populus: papa b^1; *corr.* A^2M^2; papa populus W.
62 pura $b(-M)$; *om.* M; iura L.
65 sola: ne aliquo modo ad hoc b^2(ad hoc *om.* O).
66 inveniat b^2.
68 rite: iure b.

41 necessaria KA; si necessaria b^2.
45 prima: secunda b^1.
53 exigente b.
67 et^1 *om.* WVb.

45 dictum est: *supra*, i.2.8–17.
68 c. 29, C. 11, q. 1, p. 634; *cf. supra*, i.4.18–22.

48 *supra*: i.7.30–7.

6

qui omnem potestatem, quam habuerunt super imperium, summo
pontifici concesserunt, vel ex praescriptione legitima, qua summus
pontifex ius et potestatem super imperium acquisivit. Et hinc est quod,
licet iure divino papa in nullo maiorem potestatem habeat super imperium
75 quam super regna quaecunque, tamen iure humano maiorem super
imperium obtinet potestatem, quia nec populi aliorum regnorum potestatem suam dederunt papae nec ipse contra alia regna praescripsit legitime.

Licet igitur opiniones praedictae discordent in modo ponendi, tamen in
hoc concordant, quod ponunt imperium esse a papa vel iure divino vel
80 iure humano; et ideo concedunt quod potestas laicalis suprema, imperialis
videlicet, proprietatem sibi proprie propriam habet a papa et non
immediate a Deo, quia ab illo habet proprietatem sibi propriam, a quo
est imperium.

CAPITULUM 3

Alia est opinio, quae per distinctiones respondet. Quarum una est quod
proprietas proprie propria alicui ad praesens dupliciter accipi potest: uno
modo, ut proprietas proprie propria alicui vocetur illa, quae est proprietas
propriissime et strictissime accipiendo nomen ' proprietatis '; aliter, ut
5 proprietas proprie propria alicui vocetur illa, quae, sive sit proprietas
propriissime accipiendo nomen ' proprietatis ' sive large accipiendo, magis
appropriatur alicui quam aliqua alia.

Secunda distinctio est quod aliquam proprietatem sicut et aliquam
potestatem esse immediate a Deo tripliciter potest intelligi. Uno modo,
10 ut detur a Deo solo absque donatione vel ministerio creaturae; per quem
modum Moyses habuit ducatum a Deo immediate, et Filii Israel proprietatem Terrae Promissionis, et Petrus summum sacerdotium, et
duodecim Apostoli apostolatum. Secundo potest aliquid esse immediate
a Deo, quia a solo Deo datur, non tamen absque ministerio creaturae.
15 Per quem modum summus pontifex quilibet post Petrum potestatem et
pontificium habet a Deo immediate; quia quamvis non habeat potestatem
istam absque electione legitima, electores tamen illi sibi potestatem suam
non tribuunt, sed solus Deus; sicut qui baptizatur gratiam recipit a solo
Deo, non tamen sine ministerio baptizantis, quia non confertur gratia
20 illa nisi baptizatis, et tamen baptizans non creat gratiam illam; sicut
plebanus habet ecclesiam a solo episcopo, et tamen non sine praesentatione patroni. Tertio potest intelligi aliquis habere potestatem vel

73 sui imperii b¹.   76 imperium: ipsum Kb²(−B).

1–ii.5.44 Alia est opinio . . . propter rationes adductas *post* haberet (*supra*, ii.1.10)
trs. b.   2 alicius b¹.
2 accipi potest: accipitur L.   3 alicuius b¹.
5 sit: fuerit b¹.   6 magis proprie *add. b³.*
7 appropriatur: convenit b¹.   10 donatione: cooperatione L.
15 potestatem et *om.* L.   16 pontificatum K.
17 istam: illam b.
17 legitima: humana b; et humana *add.* V².

8–38 *cf. Brev.* iv, 5, pp. 149–50.

proprietatem aliquam a solo Deo, quia, licet eam in principio habuerit ex concessione vel donatione aut resignatione alterius, tamen postquam
25 sibi data est et resignata, a solo Deo dependet, ita quod solus Deus quantum ad huiusmodi potestatem vel proprietatem est eo superior. Sic secundum quosdam papa dicitur habere dominium vel proprietatem rerum temporalium, quae concessae sunt a fidelibus Romano pontifici, immediate a solo Deo. Quia licet eas primo receperit ex largitate fidelium, tamen
30 postquam ipsas recepit, nullus alius quicquam iuris habet in eis nisi solus Deus, ita quod praedia, civitates et res alias, quas sibi dederunt fideles, non ab homine, sed a solo Deo tenet, ita ut superiorem in huiusmodi temporalibus praeter Deum minime recognoscat. Sic etiam, quando erat solus Noe cum filiis et uxoribus, res, quas tunc habebat sive iure here-
35 ditario sive emptione vel donatione aliorum aut alio quovis modo, a solo Deo tenebat, nec in huiusmodi tunc superiorem habebat, licet habuisset ante diluvium in huiusmodi superiorem, regem scilicet aut alium dominum principalem, quo fuisset inferior.

CAPITULUM 4

Hiis distinctionibus visis, videndum est quomodo non omnes tenentes imperium non esse a papa non eodem modo respondent ad propositam quaestionem.
     Dicunt enim quidam quod quamvis ille, qui habet potestatem laicalem
5 supremam ex alio quam ex suprema potestate spirituali, possit habere proprietatem proprie propriam sibi primo modo, scilicet accipiendo nomen ' proprietatis ' propriissime et strictissime, quia huiusmodi proprietatem habere potest in bonis, quae habuit antequam obtineret supremam potestatem laicalem, et in aliis, quae postea personae acquireret
10 et non dignitati seu potestati supremae laicali: tamen propriissime et strictissime accipendo nomen ' proprietatis ' suprema potestas laicalis nullam proprietatem habet. Quia de proprietate strictissime sumpta habens eam potest facere quod vult, i, q. i, *Eos*, ita quod quicquid fecerit de ea, ipsam scilicet bene vel male expendendo, donando, legando vel
15 quomodolibet alienando, quamvis cum gravi peccato talia facere valeat, tamen ad restitutionem non tenetur, sed sufficit quod aliis modis Deo satisfaciat de peccato. Hoc autem imperator, qui supremam potestatem obtinet laicalem, de iuribus et rebus imperii nequaquam facere potest; quia si dissipaverit ea et non expenderit ipsa ad utilitatem imperii et
20 boni communis, ipsa restituere de bonis propriis obligatur. Et ideo

---

23 in: a *b*.   27 vel: sive *b*.
30 ipsas: eas L*Sv*; illas B.
33 praeter Deum: post deum KBM²*Sv*; potius dominium MPT.
34–5 hereditatis M.

5 potest *b*².   9 personae: per se *bSv*.
13 eam: etiam *b*.   19 ipsa: ea M*Sv*.

---

13 c. 21, C. i, q. i, col. 365.

secundum istos potestas suprema laicalis, sicut nec potestas suprema
spiritualis, nec immediate nec mediate a Deo vel ab alio habet proprieta-
tem sibi propriam isto modo. Cuius ratio assignatur. Quia potestas suprema laicalis est principatus
25 regalis secundum perfectissimum modum principatus eiusdem. Per-
fectissimus autem modus principatus regalis, qui a principatu tam
tyrannico quam despotico summe distat, hoc habet inter alia, ut instituatur
propter bonum commune subiectorum, et non propter bonum proprium
principantis. De tali enim principe sive rege dicit Aristoteles viii°
30 Ethicorum: *Utilia igitur sibi ipsi quidem non utique intendet, subiectis autem.*
Ergo similiter bona imperii sunt sibi concessa propter bonum commune
subiectorum. Quare non potest ea expendere nisi pro utilitate communi
subiectorum; et si aliter ea expenderit, ad restitutionem tenetur, nam
qui bona concessa ab aliquibus ad certos usus in aliis usibus contra
35 concedentium voluntatem consumpserit, restituere eadem, si potest,
astringitur.

Alia est opinio quod suprema potestas laicalis habet aliquam proprietatem proprie propriam sibi, modo praedicto accipiendo nomen
' proprietatis '. Nam constitutus in suprema potestate laicali ex potestate
40 eadem illis bonis abundare debet, quibus actus virtutum politicarum
valeat exercere. Hinc dicit Aristoteles viii° Ethicorum quod *non est
rex, qui non per se sufficiens, et omnibus bonis superexcellens.* Inter virtutes
autem politicas necessarias in suprema potestate laicali constituto virtus
liberalitatis nequaquam est minima; nam, ut dicit Aristoteles viii°
45 Ethicorum: *Principatus et potentatus possidentibus maxime necessarii sunt
amici,* quia, ut dicit ibidem, talis bona fortuna *quanto maior, tanto minus
secura.* Nam sicut, ut habetur Extra, *de accusationibus, Qualiter et quando,*
praelati ecclesiastici *odium multorum frequenter incurrunt et insidias patiuntur,*
sic etiam reges et principes. Quia interdum et iudicium sanguinis
50 habent in potentes et divites exercere, multi eis libenter pararent insidias;
quare pro sua defensione et potestate in malos intrepide exercenda
summe indigere noscuntur amicis. Amici autem maxime acquiruntur
et conservantur per munificentiam liberalitatis, teste Salomone, qui

23 isto: primo WV.   30 subditis W²V*b*.
31 sunt a deo *add. b*V².
32–3 nisi propter bonum commune seu utilitatem omnium *b*².
37 *Novum capitulum exhibet* R.   37 aliquam: aliam WV.
40 illis: multis L.   42 se est *add*. LV.
42 sufficit *b*¹.
45 principatus et potentatus possidentibus K: principatus et potentatibus presidentibus
L; in principatu et potentatu possidentibus (possidentis V) WV; principatus et potestates
(et potentatus *add*. BM²) possessionibus *b*¹.
47 ut *om. b*¹.   47 quando ii° *add*. M.
48 multorum: iniustorum K*b*²(−O).   48 frequenter *om. a*; *add*. V².
49 et²: etiam K; *om. b*¹; *del*. V². 53 liberalem *b*¹; et liberalitatem *Sv*.

25–9 *cf.* Aristoteles, *Pol.* III, 6, 1279a 17–21; *supra*, i.6.112–14 n.
30 Aristoteles, *N. Eth.* VIII, 12, 1160b 1–2; Thomas, *In libr. Eth.* VIII, lect. 10, n. 1676.
41–2 *ibid.* 1160b 3–4; Thomas, n. 1677.
45–7 Aristoteles, *N. Eth.* VIII, 1, 1155a 6–7, 10; Thomas, lect. 1, n. 1539.
48 v, 1, 24, col. 746.

Proverbiorum xix ait: *Multi colunt personam potentis, et amici sunt dona*
55 *tribuentis*, et iterum ibidem: *Divitiae addunt amicos plurimos.* Ergo actus
virtutis liberalitatis est necessarius constituto in suprema potestate laicali.
Quare, cum potestas laicalis suprema debeat esse sibi ipsi et fungenti
sufficiens, tantis bonis abundare debet, ut praeeminens ea actum liberalitatis valeat exercere, cuius actus est dare. Dare autem spectat ad pro-
60 prietatem habentem; quare suprema potestas laicalis proprietatem
strictissime accepto vocabulo debet habere.

CAPITULUM 5

Porro opiniones ambae praedictae in hoc concordant, quod suprema
potestas laicalis habet proprietatem sibi proprie propriam secundo modo,
quia aliqua bona temporalia ita sunt appropriata potestati laicali supremae
quod ad alterius proprietatem vel dominium minime spectant. Sed non
5 ambae eodem modo tenent quod istam proprietatem habeat immediate
a Deo. Quidam enim, quamvis dicant quod non habeat istam proprietatem immediate a Deo primo modo, sicut nec aliquis papa post
beatum Petrum habuit potestatem spiritualem immediate a Deo, quia
nullus eorum habuit huiusmodi potestatem absque electione legitima
10 illius vel illorum, ad quem vel ad quos eligere summum pontificem pertinebat: tamen potestas laicalis suprema habet proprietatem sibi proprie
propriam primo modo vel secundo modo immediate a Deo secundo modo,
quo modo summus pontifex habet auctoritatem sibi propriam immediate
a Deo. Sicut enim quando papa eligitur, eligentes ipsum nullam sibi
15 tribuunt potestatem, sed, celebrata electione et electo consentiente, Deus
immediate sibi confert omnem potestatem, quam habet, ita celebrata
electione imperatoris eligentes nichil conferunt sibi, sed ipso consentiente,
omnem proprietatem, quae propria est imperatoriae dignitati, et potestatem sibi confert solus Deus. Haec videtur opinio glossatoris, di. xcvi,
20 super c. *Si imperator*, qui super verbo ' divinitus ', ait: *Non ergo a papa.*
Nam imperium a solo Deo est, ut xxiii, q. iv, ' Quaesitum '. Nam a caelesti
maiestate habet gladii potestatem, C. de veteri iure enucleando, l. i, in principio:
quod concedo de vero imperatore.

Pro ista opinione potest taliter allegari: Imperator non habet ab
25 homine proprietatem propriam potestati laicali supremae; ergo habet
eam a solo Deo. Consequentia manifesta videtur. Antecedens probatur:

---

56 constitutis *b*³.   58 bonis *om. b*¹.
58 ea: quantum ad L.

8 spiritualem: papalem *b*V².   10–11 pertinebat: spectat *b*.
12 primo modo vel secundo modo: tercio modo W; *om.* V.
12 secundo modo² *om. b*.   13 quo modo: quoniam *b*¹.
18 proprietatem: potestatem *b*¹V².   18–19 et potestatem *om. b*¹; *del.* V².
20 divinitus: amicus *b*.   22 maiestate: munere *b*³; numine B.
22 vero: uno *b*.

54–5 Proverb. 19, 6; *ibid.* 4; cited IIusIIIae *Dial.* i, 17.

12 secundo² modo: *cf. Brev.* iv, 5, pp. 149–50.

20–3 *Gl. ord. ad* c. 11, di. 96, *s.v.* ' divinitus '; *cf.* c. 45, C. 23, q. 4, col. 924; *Cod.* 1,
17, 1.

Quia si haberet eam ab homine, aut haberet eam ab electoribus aut a coronatore aut a confirmatore. Non ab electoribus, quia generaliter electores, quando sunt praecise electores, non dant electo dignitatem,
30 ad quam eligitur, sed solummodo ius petendi ab alio dignitatem, ad quam eligitur, quando electio indiget ab homine confirmari, vel potestatem immediatam seu capacitatem recipiendi dignitatem, ad quam eligitur, a Deo; sicut, quia electio summi pontificis non indiget ab homine confirmari, electores non dant sibi potestatem spiritualem, sed solummodo
35 capacitatem immediatam recipiendi a Deo huiusmodi dignitatem, quia secundum ordinationem Dei non est antea capax huiusmodi dignitatis. Imperator igitur ab electoribus neque proprietatem neque dignitatem recipit. Nec habet eam a coronatore, quia coronator, quando non est confirmator, non dat coronato proprietatem alicuius rei temporalis,
40 sicut nec consecrator dat consecrato aliquam proprietatem vel etiam administrationem alicuius rei spiritualis; ergo imperator a coronatore, qui non est confirmator, nullam recipit proprietatem. Nec habet eam a confirmatore, quia confirmatione non indiget, sicut isti supponunt propter rationes adductas.

CAPITULUM 6

Alia est opinio tenens quod nec primo modo nec secundo habet potestas laicalis suprema proprietatem aliquam sibi propriam a Deo immediate, sed solummodo tertio modo, quia habet eam ex donatione populi et non ex sola donatione Dei. Populus enim non solummodo ordinavit
5 quod esset una suprema potestas laicalis, nec elegit solummodo imperatorem, quo modo cardinales eligunt solummodo papam, nulla sibi de bonis propriis temporalia tribuendo; sed ordinaverunt et statuerunt summam potestatem laicalem, certa ei temporalia de suis propriis largiendo, quae dignitati, non personae dederunt. Et ideo imperator
10 nisi in casibus ipsa alienare non potest, sed ad restitutionem, si alienaverit, obligatur, et successor ipsius potest ipsa et debet, cuicunque data fuerint, revocare.

33 quia: quando *b*.
34 spiritualem: papalem K*b*³V²; personalem B.
35 immediate L.   36 dei se solo *add. b*¹.
36 antea *om. b*V².   37 dignitatem: potestatem *b*²(−O).
44 hic propter *add.* M; hoc propter B.
44 adductas viii° capitulo *add.* M; adductas 6° capitulo quod papa in temporalibus *add.* B.
44 *post* adductas: in temporalibus . . . a quo est imperium (*supra*, ii.1.10–ii.2.83) *trs. b.*

2 immediate: hiis modis *b*¹; *corr.* M².   3 populi: pape *b*¹V².
4 Populus: papa *b*V².   4 de imperio ordinavit *add. b.*
5 nec populus *add. b*²V².   5 eligit *b*².
7 imperialia temporalia *b.*
8 certa ei MB: circa LW²V²; certam W; certa enim K.
11 ipsa: nam W; namque V².

---

1 Alia est opinio: apparently Ockham's; *cf. AP* 4.33–9; *Brev.* iv, 6, p. 151; IIusIIIae *Dial.* i, 27.

Ista itaque assertio duo dicit. Primum est quod potestas laicalis suprema non habet proprietatem sibi propriam a Deo immediate primo
15 modo nec secundo; secundum, quod habet eam immediate a Deo tertio modo.

Pro primo potest taliter allegari: Non est dicendum quod aliqua dignitas vel persona habeat aliquam proprietatem sibi propriam immediate a Deo primo modo vel secundo, nisi de hoc indubitanter per revela-
20 tionem divinam constiterit, eo quod hoc per rationem naturalem vel per experientiam constare non potest. Cum enim per scripturam divinitus revelatam, ut habetur Genesis primo, constet quod Deus dederit humano generi in communi dominium temporalium rerum, et non est necesse quod appropriatio quarumcunque rerum specialiter fiat a solo Deo
25 absque consensu et voluntate illorum, quibus datum est commune dominium, sequitur quod non est tenendum aliquam appropriationem talem esse factam a solo Deo absque voluntate illorum, quibus erat datum dominium in communi, nisi de hoc constet per revelationem divinam. Per quem modum constat quod Deus privavit Chananaeos Terra Pro-
30 missionis et ipsam specialiter contulit Filiis Israel; per quem etiam modum scimus quod Deus aliquas terras dedit specialiter filiis Esau et Ammon et Moab, sicut patet Deuteronomii ii. Sed per nullam revelationem divinam constat nobis quod Deus specialiter aliqua temporalia dedit et appropriavit imperio seu potestati supremae laicali, nec etiam
35 quod iussit specialiter aliqua sibi appropriari debere, nec quod aliter haberet imperium aliquam proprietatem a solo Deo quam alia regna, quae ante imperium exstiterunt; quia de hoc in scripturis divinis, in quibus revelationes divinae scribuntur, nichil habemus. Ergo non est tenendum quod imperium habeat aliquam proprietatem a Deo immediate
40 primo modo vel secundo.

Sed forte dicet aliquis imperium habere proprietatem tali modo a Deo immediate in Evangelio inveniri, dicente Christo, ut habetur Matthaei xxii, *Reddite quae sunt Caesaris, Caesari.* Ex quibus verbis colligitur quod Christus, qui est verus Deus, aliqua specialiter iussit dari Caesari; quare
45 illa habuit Caesar immediate a Deo, quia a Christo. Huic respondetur quod Christus per verba illa nichil dedit specialiter Caesari, sed iussit illa, quae prius donata erant per ordinationem humanam Caesari, sibi reddi; et ideo non dixit: ' Do aliqua Caesari ', sed ' Reddite sibi illa, quae sua sunt ', quae scilicet sibi ab hominibus collata fuerunt. Illi enim, qui eum

15 secundum quod *scripsi*: sed quod LWK; quia b^3; et quod B; secundo quod V^2.
26 ergo sequitur *add.* b^2.
33 temporalia: bona b^2.
35 aliqua: aliquid b^1.
36 habet LWA; habeat K.
44 quare: igitur $b^2(-B)V^2$.
47 sibi dare et reddi AMR.
48 aliqua *om. b.*

32 ii: i LVKM.
35 iusserit WVb.
35 aliter *om.* b^1; plus A^2B^2.
38 revelationes: dationes b^2; *corr.* M^2.
45 a Christo habuit *add.* L.
48 Do: dedi L; donate b^3.

17–40 *cf. Brev.* iv, 7, p. 151.
29–30 *cf.* Deut. 1, 8.
41–55 *cf. Brev.* iv, 7, p. 152.

22–3 *cf.* Gen. 1, 28–30.
31–2 *cf.* Deut. 2, 4–5; *ibid.* 9–12; *ibid.* 19.
43 Matth. 22, 21.

50 constituerunt imperatorem vel praedecessorem suum, ordinaverunt vel in generali vel in speciali quae ratione potestatis laicalis supremae vendicare debebat, et hoc Christus approbavit. Qui autem approbat, nichil novum constituit, sicut qui confirmat, nullum novum ius tribuit, Extra, *de fide instrumentorum, Inter dilectos*, Extra, *de confirmatione utili vel inutili*, 55 c. *Cum dilecta* et c. *Examinata*.

Secundum, quod tenet illa opinio, est quod potestas laicalis suprema habet proprietatem sibi propriam immediate a Deo tertio modo. Quia, licet in principio institutionis potestatis laicalis supremae Deus non immediate per se ipsum nec per aliquod mandatum speciale miraculose 60 revelatum quibuscunque hominibus, sed per homines aequitatem naturalem sequentes considerantes reipublicae expedire unum principem in temporalibus aliis praesidere, potestati laicali supremae determinata temporalia tribuerit, quibus traditum sibi officium exercere valeret, ita quod tunc non a solo Deo, sed etiam ab hominibus proprietatem 65 recepit eorum: tamen post traditionem seu donationem illam, a solo Deo tenuit ea, et quantum ad illa solum Deum habuit recognoscere superiorem. Assignantes enim sibi proprietatem istam omne ius positivum, quod habebant in ipsa, in potestatem supremam institutam a Deo per ipsos regulariter transferebant.

70   Pro ista opinione potest taliter allegari: Si suprema potestas laicalis non esset illo modo immediate a Deo, haberet aliquem hominem vel communitatem in temporalibus superiorem, a quo vel a qua temporalia sua teneret et quem vel quam superiorem in temporalibus recognoscere teneretur. Sed potestas suprema laicalis nec ab homine nec ab aliqua 75 communitate sua temporalia tenet.

Quod non ab homine, patet. Quia si ab homine teneret et non posset alius assignari quam papa, teneret a papa; quod ostenditur esse falsum etiam de imperatore fideli et Christiano. Quia successor gaudet et utitur eodem iure, quo praedecessor, Extra, *de regulis iuris, Si quis*, libro 80 sexto; non enim esset vera successio, si successor minus quam praedecessor haberet. Imperator autem fidelis succedit imperatori infideli; ergo illo iure, quo utebatur infidelis, et fidelis uti debet. Sed imperator infidelis

---

50–1 vel in generali . . . speciali: vel iure naturali vel iure spirituali *b²* (iure humano B); vel iure spirituali A.

52 approbavit esse *add.* WV.
63 tribuit WVM.
67 assignans *b¹*(−MF); assignant MF.
67 istam: illam L*b¹*.
69 regulariter *om. b; del.* V².
71 isto *b*V².
74 aliqua: alia WVK; *om.* B.
77 ergo teneret eam *add. b¹*V².

55 dilecta: dilecte LWK; dilectione V.
63 valeat *b²*.
67 sibi *om.* L*b¹*.
68 habebat *b³*.
69 transferebat *b¹*.
73–4 recognoscere teneretur: teneret *b¹*.
77 quam: nisi L.

53–4 II, 22, 6, col. 346.
55 *ibid.* c.7, col. 447.
78–80 *Sext.* v, 12 *ad fin.*, reg. 46, col. 1123; *cf. infra*, ii.12.32–3; ii.16.29–30; iv.2.29–30; *Brev.* iv, 1, p. 146; *IPP* c. 17. For the same argument, *cf. infra*, iv.6.154–60; iv.9.39–40; *Dial.* I, vi, 8; *ibid.* c. 91; *Consult.* 27–31.

54–5 II, 30, 4, col. 445.
76–113 *cf. Brev.* iv, 8, pp. 153–8.

non tenebat temporalia sua a papa: tum quia ante fuit imperator quam
papa; tum quia imperator infidelis tempore Christi non tenebat tem-
85 poralia a Christo, quia Christus non venit tollere nec etiam impedire
dominium regum seu imperatorum, teste beato Augustino, qui super
Ioannem ait, loquens regibus mundi in persona Christi: ' *Regnum meum
non est de hoc mundo* ', *id est, Non impedio dominationem vestram in mundo, ut vane
timeatis et saeviatis*; cui concordat Leo papa, dicens: *Dominus mundi
90 temporale non quaerit regnum, qui praestat aeternum*; quod ecclesia etiam
testari videtur, cum de Christo canit: *Non eripit mortalia qui regna dat
caelestia*; tum quia religio Christiana nulli infideli tollit ius suum, teste
beato Ambrosio, qui super Epistolam ad Titum ait: ' *Admone illos
principibus et potestatibus subditos esse* ', *quasi dicat, ' Si tu habes imperium
95 spirituale, tamen admone illos subditos esse principibus, scilicet regibus et ducibus,
et potestatibus minoribus, quia Christiana religio neminem privat iure suo*'; tum
quia ante Christum et religionem Christianam fuit imperator, quo
tempore nullum superiorem habuit in temporalibus; ergo nec aliquis
successor eius habet aliquem hominem superiorem in temporalibus, et per
100 consequens non est vasallus papae.   Unde si aliquis imperator subiceret se
papae recognoscendo tanquam vasallus papam superiorem in temporalibus, eo ipso renuntiaret imperio et potestati supremae laicali, nec ex tunc
posset dici successor primi imperatoris nec Augustus vocari deberet, quia
non augeret imperium, sed quantum in eo est, destrueret.
105   Quod autem imperator proprietatem propriam potestati laicali supremae
non teneat ab aliqua communitate, patet.   Quia de nulla alia communitate posset hoc apparentiam qualemcunque habere quam de
communitate Romanorum; de qua non potest veritatem habere.   Quia
idem respectu eiusdem non potest esse vasallus et dominus, praesertim
110 ratione eiusdem; Romani autem sunt inferiores et vasalli imperatoris,
quorum ipse est dominus; ergo nulla temporalia tenet ab eis.   Immediate
ergo a Deo tertio modo habet proprietatem proprie propriam potestati
laicali supremae.

91 arripit LKB.   95 scilicet: et b^2.   102 ex tunc: ex eo *b*; *om.* L.
104 est: esset *b* (−B)V^2; *om.* B.   106 teneat: habeat W^2V.
110 eiusdem: eadem b^1.   110 Romani: in Roma L.

83–4 ante fuit imperator quam papa: *cf. CB* vi, 5, p. 277; *Brev.* iv, 1, p. 141; IIusIIIae
Dial. i, 28 (with reference to *Gl. ord. ad Decretal. Greg. IX*, iv, 17, 7 *s.v.* ' ad regem ').
   85–96 *cf. OND* 95.89–99; *Brev.* ii, 16, p. 88; *ibid.* iv, 8, pp. 154–7; *Consult.* 16–23;
IIusIIIae *Dial.* iii, 23 = Scholz, *Streitschriften* ii, 393–4; *IPP* c. 4.
   87–9 *Gl. ord. ad* Ioann. 18, 36; *cf.* Augustinus, *in Ioann. Ev.* tr. cxv, 1–2, PL 35, 1939.
   89–90 Leo Magnus, *Sermo* xxxi (*in Epiph. sollemn.*), 1, PL 54, 236.
   91–2 Sedulius, *Hymnus* ii (*ad vesperas in Epiph. Dom.*), ed. J. Hümer, Vienna, 1885,
pp. 164–5; *cf. OND* 95.96–9 n.
   93–6 Ambrosius: *cf.* Petrus Lombardus, *Collectan. in Epp. Pauli* (*ad* Tit. 3, 1), PL 192,
392; cited by Marsilius Patav., *Def. pacis* II, v, 8, ed. Scholz, p. 194.

CAPITULUM 7

Visis opinionibus suprascriptis, iuxta ipsas respondendum est ad illa, quae in contrarium allegantur. Et primo ad illa, quae supra, quaestione ista, c. i° contra istam opinionem ultimam sunt adducta. Ad quae dicitur quod imperium non est a papa: quia ab eodem fuit imperium
5 post Adventum Christi et ante; sed ante non fuit imperium a papa, sicut allegatum est supra; ergo nec unquam postea fuit imperium a papa.

Ad primum autem in contrarium, cum dicitur quod Christus dedit sive *commisit* beato Petro *iura terreni simul et caelestis imperii* secundum Nicholaum papam, respondetur quod verba Nicholai papae sane contra
10 intellectum, quem prima facie habere videntur, exponenda sunt, ne haeresim sapere videantur, quemadmodum et quaedam alia eiusdem in eodem capitulo, cum scilicet ait: *Istam,* scilicet Romanam ecclesiam, *solus ipse instituit et fundavit, et supra petram fidei mox nascentis erexit,* et cum dicit: *Omnes primatus sive patriarchae cuiuslibet apicem, sive metropoleon*
15 *primatus, aut episcopatuum cathedras vel ecclesiarum cuiuscunque ordinis dignitatem instituit Romana ecclesia;* quae verba, nisi sanius intelligantur, scripturis divinis et sanctorum patrum obviare videntur. Quia Christus non fundavit Romanam ecclesiam *supra petram fidei mox nascentis;* quia Romana ecclesia non fuit fundata in principio fidei, nec ipsa omnes alias fundavit
20 ecclesias. Ante enim Romanam ecclesiam fuerunt fundatae plures ecclesiae; antequam etiam fundaretur Romana ecclesia, plures fuerunt ad ecclesiasticas dignitates assumpti. Nam ante Romanam ecclesiam fuit beatus Mathias ad apostolatus dignitatem electus, Actuum i. Septem etiam diaconi ante Romanam ecclesiam ab Apostolis electi fuerunt,
25 Actuum vi; ante Romanam ecclesiam *ecclesia per totam Iudaeam et Galilaeam et Samariam habebat pacem,* Actuum ix; ante Romanam ecclesiam beatus Paulus et Barnabas de praecepto Dei ad dignitatem fuerunt apostolicam sublimati, Actuum xiii; antequam Romana ecclesia potestatem con-

---

1 supradictis *b*[1].   1 ipsas: premissa *b*[1]V[2].
1 illa: ea L.
2–3 quaestione ista L: q. v KA; q. et W; q. 2 V; *om.* MB.
3 c. i°: c. iii° M.   5 fuit: sit WVK.
7 Ad primum autem: Sed ad primum *b*.
7 argumentum in *add. b*[2].
8 ad quod secundum *b*[2]; quod secundum KA.
9 sane *om. b*[1]V[2].
10 intellectum *om. b*(−F)V[2]; sensum M[2]F.
12 Istam: illam MB.   14 patriarchatus WV.
14 metropolitanorum *b*[2]V[2].   15 ecclesias *b*[2].
16 *post* ecclesia: papa rem temporalem et (etiam) imperator 1 c. i *add. b*.
21 fundaretur Romana ecclesia *om.* WV*b*.
25 vi *scripsi*: viii *cod.*   27 de *om.* L.

---

6 supra: ii.6.83–4.   7 primum: *supra*, ii.1.16–19.
7–79 *cf. Brev.* vi, 1, pp. 194–7; IIusIIIae *Dial.* i, 19.
8–9 *Decretum Gratiani* c. 1, di. 22, col. 73.   Nicolaus papa [II]: *potius* Petrus Damian., *Opusc.* v (*ad Hildebrandum*), PL 145, 91; *cf.* Matth. 16, 19.
12–16 *loc. cit.*   23 Act. 1, 26.
24–5 Act. 6, 3–6.   25–6 Act. 9, 31.   26–8 Act. 13, 1–3.

stituendi praelatos haberet, Paulus et Barnabas per singulas ecclesias
30 constituerunt presbyteros, Actuum xiv; antequam Romana ecclesia
aliquam auctoritatem haberet, Apostoli et seniores generale celebraverunt
concilium, Actuum xv; antequam Romana ecclesia potestatem instituendi
praelatos haberet, dixit beatus Paulus, ut habetur Actuum xx, maioribus
natu, quos vocaverat de Epheso: *Attendite vobis, et universo gregi, in quo vos*
35 *Spiritus sanctus posuit episcopos regere ecclesiam Dei.* Antequam Romana
ecclesia primatum haberet, multiplicatae fuerunt ecclesiae Antiochiae,
ita ut discipuli Christi primo Christiani vocarentur ibidem, Actuum xi,
unde et beatus Petrus ibidem sedem habuit antequam Romae, xxiv, q.
i, c. *Rogamus,* et ita ecclesia Antiochena prius instituit ecclesias et dignitates
40 ecclesiasticas quam Romana.   Interpretationem itaque sanam oportet
adhibere verbis praescriptis Nicholai papae, ne contradicant aperte
scripturis divinis.   Et consimiliter alia eius verba, quae sequuntur, de
iuribus *terreni simul et caelestis imperii* commissis Petro, sane exponenda sunt,
ne videantur haeresim sapere manifestam.   Si enim intelligantur prout
45 prima facie sonant, ex ipsis duo sequuntur errores.

Primus est quod caeleste imperium est a papa, quia ita dicit Nicholaus
papa quod Christus iura caelestis imperii sicut terreni commisit Petro.
Sed constat quod caeleste imperium non est a papa, maxime illo modo,
quo quidam dicunt propter illam auctoritatem Nicholai papae terrenum
50 imperium esse a papa, sic scilicet quod habens imperium terrenum tenet
ipsum a papa in feudum; quia haereticum esset dicere quod aliquis
teneret caeleste imperium a papa in feudum.   Nec caeleste imperium
est a papa sicut a domino, quo modo isti dicunt quod terrenum imperium
est a papa sicut a domino, cum papa sit solummodo aliquo modo claviger
55 caelestis imperii et nullatenus dominus.

Secundus error, qui sequitur ex verbis Nicholai intellectis sicut quidam
ipsa intelligunt, est quod omnia regna sunt a papa: quod in praeiudicium
omnium regum non facientium homagium papae pro regnis suis redundare dignoscitur.   Videtur enim rex Franciae periculose errare in fide,
60 *cum in temporalibus superiorem minime recognoscat,* Extra, *Qui filii sint legitimi,*
Per venerabilem.

Dicunt itaque isti quod aliter quam sonent intelligenda sunt verba
Nicholai praescripta.   Unde dicunt quod, sicut secundum Gregorium in
Homelia communi de virginibus, per regnum caelorum nonnunquam
65 ecclesia militans debet intelligi, sic etiam per caeleste imperium spiritualiter boni in ecclesia militante possunt intelligi; quare per terrenum

31 aliquam: apostolicam V.   31 celebraverunt: constituerunt *b*[1].
44 manifestam: manicheorum W[2]V.   47 celestis et terreni imperii *b*[2].
49 celeste ac terrenum add. *b*[3]; ac terrenum B.
52 tenet K*b*[2](−O); om. V[2].   52–3 in feudum . . . a papa om. *b*[1].
54 apostolico modo V.   58 multipliciter redundare add. *b*[2]V[2].   62 sonant *b*.
63 sicut om. WV*b*[2].   65–6 specialiter *a*.   66 quare etiam add. *b*[2].

29–30 Act. 14, 22.   31–2 Act. 15, 4 *sqq.*   34–5 Act. 20, 28.
37 Act. 11, 26.   38–9 c. 15, C. 24, q. 1, col. 970.
43 c. 1, di. 22, col. 73.   60–1 IV, 17, 13, col. 715.
63–5 *cf.* Gregorius Magnus, *in Evang.* homil. xii, 1, PL 76, 1118–9.

imperium designari possunt spiritualiter mali in ecclesia. Et sic, ut dicunt, intelligi debent verba Nicholai praedicta, ut scilicet Christus commiserit beato Petro potestatem aliquam super bonos et super malos in
70 ecclesia. Aliter dicunt quidam quod Nicholaus papa per caeleste imperium intelligit spirituales, quorum conversatio est in caelis, et per terrenum imperium, saeculares negotiis terrenis implicitos, et super utrosque papa habet potestatem. Aliter dicitur quod Christus commisit Petro iura caelestis imperii in quantum habet in spiritualibus potestatem
75 super viatores praedestinatos ad caeleste imperium; cui etiam commisit iura terreni imperii in quantum constituit ipsum superiorem in spiritualibus imperatore terreno, quem etiam casualiter coercere potest; sed, sicut caeleste imperium nullus tenet a papa in feudum, ita etiam nullus tenet ab ipso imperium terrenum in feudum.

CAPITULUM 8

Ad allegationem secundam, quae in hoc consistit, quod papa ex ordinatione Christi, et non imperator, est caput primum et supremus iudex cunctorum mortalium, respondetur quod hoc non continet veritatem, cum ei contradicat scriptura divina, dicente Apostolo i ad Corinthios v in
5 persona cunctorum fidelium: *Quid enim michi de hiis, qui foris sunt, iudicare?*
Sed forte dicet aliquis quod saltem papa est supremus iudex cunctorum fidelium, ergo est iudex imperatoris, si est fidelis. Huic multipliciter respondetur. Uno modo dicitur quod papa non est iudex cunctorum fidelium nisi in spiritualibus, quae ad eius pertinent potestatem; et ideo, si
10 auctoritate papali extra casum necessitatis et utilitatis, quae parificari debeat necessitati, aliquam sententiam tulerit in temporalibus vel super re temporali, talis sententia nulla est ipso iure tanquam a non suo iudice lata, quia in talibus non est iudex nec talia ad eius spectant officium; et ideo quae circa talia faceret, nulla essent ipso iure, iuxta regulam illam,
15 Extra, *de regulis iuris, Ea, quae,* libro sexto: *Ea, quae a iudice fiunt, si ad eius non spectant officium, viribus non subsistunt.* Non igitur papa, sed imperator, non solum cunctorum fidelium, sed etiam universorum mortalium in huiusmodi est iudex supremus, ita quod etiam papae in illis est iudex. *Quia* enim *religio Christiana neminem privat iure suo,* ut dicit Ambrosius,
20 secundum quod allegatum est supra c. vi—et fundatur in dicto Apostoli,

67 designari possunt: designantur b^2.
69 commisit b^1
72 terrenis: secularibus b^2.

67 specialiter a.
72 saeculares: terrenos b^2.
75 scilicet ad *add.* b^1.

4 sacra M.   6 diceret bV^2.
12 re temporali: temporalitate M; temporalia B.
14 ideo quae circa: ideo qui ita KA; si b^2.
15 Ea, quae[1] *om.* b^1.
18 illis: hiis b^2.

7 Hic tripliciter bV^2.

18 huiusmodi: hiis b^2.
20 c. vi ante finem *add.* MOP.

67–70 *cf. OND* 93.712–23.

1 allegationem secundam: *supra,* ii.1.19–23.
10–11 utilitas, quae parificari debeat necessitati: *cf. supra,* i.7.56–7 n.
15–16 *Sext.* v, 12 *ad fin.,* reg. 26, col. 1122.   20 supra: ii.6.94.

qui i ad Corinthios vii ait: *Unusquisque in qua vocatione vocatus est, in ea permaneat. Servus vocatus es?* *Non sit tibi curae*; ex quibus verbis colligitur quod religio Christiana servos infidelium a servitute non liberat, *ne nomen Domini et doctrina blasphemetur*, ut dicit Apostolus i ad Timotheum vi—
25 multo fortius religio Christiana non liberat assumptum ad papatum a subiectione, qua fideli domino tenebatur, quia, sicut dicit Apostolus i ad Timotheum vi: *Qui fideles habent dominos, non contempnant, quia sunt fratres; sed magis serviant, quia fideles sunt et dilecti.* Imperator igitur remanet iudex papae, sicut et fuit ante papatum ipsius. Neque enim papa neque
30 clerici alii exempti sunt a iurisdictione imperatoris iure divino, quoniam, quantum est ex iure divino, remanent subiecti imperatori sicut prius in hiis, quae Christianae religionis observantiam et executionem officiorum, ad quae assumuntur, non impediunt. In huiusmodi enim, quia *magis oportet obedire Deo, quam hominibus*, Actuum v, et *sicut in potestatibus societatis*
35 *humanae maior potestas minori ad obediendum praeponitur, ita Deus omnibus*, di. viii, *Quae contra*, nec conversi domino infideli nec papa nec clerici imperatori vel alii fideli domino sunt subiecti. In aliis autem, quantum est ex iure divino, subiecti sunt, et ideo libertatem maiorem, qua gaudent, ex iure humano solummodo habent.
40   Sed forte dicet aliquis quod ista responsio contradictionem implicare videtur, quod scilicet in casu necessitatis papa est iudex imperatoris et quod ordinarie in temporalibus imperator est iudex papae, quae sibi ipsis videntur contraria; quia sequitur quod idem eodem sit superior et inferior, eo quod nemo potest iudicari nisi a superiori, di. xxi, c. *Inferior*, et
45 c. *Submittitur*. Huic respondetur quod inconveniens est eundem eodem ratione eiusdem rei vel causae esse regulariter inferiorem et superiorem; sed eundem eodem esse regulariter inferiorem et casualiter superiorem non debet inconveniens neque impossibile reputari. Rex enim superior est regulariter toto regno suo, et tamen in casu est inferior regno, quia
50 regnum in casu necessitatis potest regem suum deponere et in custodia detinere. Hoc enim habet ex iure naturali, sicut ex iure naturali habet quod licet sibi vim vi repellere, di. i, *Ius naturale*. Sic etiam in multis religionibus praelati supremi sunt superiores cunctis fratribus ordinis sui;

30 quoniam: qui M; *om.* B.
32 executionem: exercitationem BM; *corr.* M².
33 huiusmodi: hiis WVB.   35 omnibus: hominibus bV^2.
36 Quae contra: qui contra LW; queque M; que nec P; qui O; que contra mores F; quicunque in hiis V²; *om.* BR.   43 eodem: respectu eiusdem b^2.
44 eo quod: quia L.   46 causae *om.* $b^1(-O)$; *del.* V².
46 regulariter: pariter Kb^3; *om.* B.
47 regulariter: pariter $b^3(-M)$; iure M; *om.* B.
48 neque impossibile *om. b.*   49 regulariter: pariter Kb^3; *om.* B.
52 licet sibi: licet *om.* b^3; sibi *om.* BM; cuilibet V².

21–2 1 Cor. 7, 20–1.   23–4 1 Tim. 6, 1.   27–8 *ibid.* 6, 2.
33–4 Act. 5, 29.   34–6 c. 2, di. 8, col. 14.
44 c. 4, di. 21, col. 70.   45 *ibid.* c. 8, col. 72.
52 c. 7, di. 1, col. 2.
52–5 *cf.*, e.g., the constitution of the Dominican Order, di. ii, c. 8, in Denifle and Ehrle, *Archiv f. Literatur- und Kirchengesch. des Mittelalters*, v (1889), pp. 556–7; G. R. Galbraith, *Constitution of the Dominican Order*, Manchester, 1925, pp. 136–9; app. ii, p. 240.

tamen in quibusdam casibus generalia eorum capitula sunt superiora
55 praelatis supremis, ita quod ipsos possunt absolvere. Et ideo, sicut in
iure reperitur expresse quod in pluribus casibus minor supplet negligentiam maioris, ita non est inconveniens quod idem sit eodem regulariter
inferior et casualiter superior, sicut delegatus saepe ordinarie est inferior
episcopo suo, quo tamen in casu delegato sibi a papa potest esse superior.
60 Aliter respondetur ad illud, quod circa principium istius capituli
assumitur, quod scilicet papa est iudex supremus cunctorum fidelium.
Dicitur enim quod in temporalibus nemo est iudex cunctorum fidelium,
nemine excepto. Quamvis enim imperator sit iudex supremus multitudinis fidelium, non tamen est iudex supremus personae papae in tem-
65 poralibus, propter reverentiam officii, quo fungitur papa, propter quod in
spiritualibus est superior imperatore, et modicum detrimentum, quod
incurrit imperator, si persona papae non est sibi subiecta, eo quod modicum
quid non nocet; nam modica res non inducit simoniam, Extra, *de*
simonia, Etsi quaestiones. Iuri quodammodo congruit naturali, ut im-
70 perator non sit ordinarius iudex papae, et papa non est in temporalibus
ordinarius iudex imperatoris; ideo in huiusmodi nemo est iudex supremus
cunctorum fidelium, nemine excepto.

CAPITULUM 9

Ad tertiam allegationem inductam supra c. i, cum accipitur quod papa
potest imperatorem deponere, respondetur quod sicut papa regulariter
non potest deponere alios reges ex potestate sibi concessa a Christo, ita
non potest regulariter deponere imperatorem, quantumcunque sit dignus
5 deponi, propter defectum quemcunque vel crimen, quod non est inter
spiritualia computandum. Et ideo, si imperator committit crimen
dilapidationis vel destructionis imperii aut dampnabilis negligentiae in
periculum imperii vel tyrannidis seu quodcunque aliud depositione
dignissimum, Romani vel illi, quibus suam potestatem Romani dederunt,
10 debent ipsum deponere, et non papa, nisi illi, ad quos spectat, sibi suam
potestatem tribuerent, vel nisi illi, ad quos spectat, nollent vel non
possent facere iustitiae complementum et talis immineret casus, in quo
necesse esset talem contra imperatorem iustitiam exerceri.

---

54 et tamen *add. b.*
57 idem *om.* LW; *add.* V².
59 quo: qui *b².*
60 Aliter: et taliter *b.*
66–7 quod incurrit imperator *om. b¹*; imperatoris V.
67 est: sit *b².*   68 noceret KA.

54 quibusdam: multis *b³*; aliquibus B.
57 regulariter: pariter *b.*
59 sibi: suo *b².*
65 reverentiam enim *add.* WV.

71 huiusmodi: hiis *b²V².*

1 adductam *b².*
8 vel: et periculum vel L.
11 tribuerint L; tribuerunt *b(−M).*

8 periculum: preiudicium L.
9 quibus: in quos *b¹(−M)*; in quo M.
13 contra: circa *b¹.*

55–6 in iure reperitur: *cf. Dial.* i, vi, 99; *CB* vii, 9, p. 313.
68–9 v, 3, 18, col. 754.

1–31 *cf. Brev.* vi, 2, pp. 197–201; IIusIIIae *Dial.* i, 18.   1 supra: ii.1.23–5.

Illud autem decretum, xv, q. vi, *Alius,* non facit ad propositum, ut
15 videtur, quia non loquitur de imperatore, sed de rege Franciae; qui
tamen superiorem in temporalibus minime recognoscit. Quod non
solum rex, sed etiam regnicolae communiter tenent; quare non reputant
quod papa auctoritate propria possit regem eorum extra casum necessitatis, aliis non negligentibus, deponere. Et ideo papa, ut dicitur,
20 proprie non deposuit regem Francorum, sed, ut dicit glossa, *dicitur*
deposuisse, quia deponentibus consensit, laudando eorum propositum et
consulendo ut non timerent in hoc potestatem suam contra regem pro
communi utilitate omnium exercere. Illi igitur Franci, dubii forsitan
de propria potestate, papam tanquam sapientem et sapientiores quam ipsi
25 essent secum habentem (nondum enim erat studium Parisius) con-
sulebant et interrogabant, an eis secundum Deum liceret regem suum
deponere; nostris autem temporibus quidam de potestate sua nullatenus
dubitantes, regem suum sententialiter deposuerunt, papa nullatenus
requisito. Quia, ut dicunt isti, nec instituere nec destituere reges spectat
30 ad papam, quando populi circa institutionem et destitutionem regum
suorum non inveniuntur periculose et dampnabiliter negligentes.
Sed forte dicet aliquis quod Innocentius III deposuit Ottonem IV ab
imperio et Innocentius IV deposuit Fridericum imperatorem. Huic
tripliciter respondetur a diversis. Quidam enim dicunt quod Innocentius
35 III et Innocentius IV illas depositiones fecerunt auctoritate Romanorum,
ad quos spectat correctio imperatoris, praesertim si principes Alamanniae,
quibus datum est ius eligendi imperatorem a Romanis, circa correctionem
fuerint dampnabiliter negligentes. Alii dicunt quod specialiter Innocentius IV deposuit Fridericum auctoritate concilii generalis, quod in
40 causa haeresis simpliciter habet super omnes Christianos potestatem. Alii
dicunt quod uterque male processit, usurpando sibi potestatem, quam non
habuit, sicut saepe faciunt Romani pontifices, ut testatur glossa, Extra,
de foro competenti, super c. *Si quis,* dicens in haec verba: *Papa, sive sint*
negligentes, scilicet laici, *sive non, cottidie concedit litteras clericis contra laicos*
45 *super quacunque quaestione, et ita usurpat sibi iurisdictionem aliorum contra illud,*
quod dicit supra, titulo proximo, c. ' Novit' in principio. Propter quam

---

16 temporalibus: talibus $b^2(-O)$.   17 quare *om.* b^2; *add.* M².
17 reputant *om.* b^1.
24 sapientiores: sapientiorem $b^2(-B)V^2$; *om.* B.
25 habentes $b^2(-B)$; haberent V²; *om.* B.
28 sententialiter *om.* b^2.   30 populi: ipsi KV²; ipsis b^2.   31 interveniunt b.
31 periculose et: pericula nec sunt b^1.   32 diceret bV^2.
34 a diversis *om.* b^2.   36 praesertim: idcirco b.
36 si: quia $b^2(-O)$; qui O.   38 fuerunt Kb^2.
38 specialiter: simpliciter Wb^1.   39 quod K: quia Lb^1V²; *om.* WV.
40 casu BV².   40 simpliciter: specialiter LKSv.
42 faciunt sibi *add.* L.   46 dicitur b.

---

14 c. 3, C. 15, q. 6, col. 756.   15–16 *cf.* IV, 17, 13, col. 715.
20–1 *Gl. ord. ad* c. 3, C. 15, q. 6, *s.v.* ' deposuit '; *cf. supra,* i. 12.84 n.
28 regem suum: Edward II of England, in 1327.
32–3 *cf.* Ptolomeus Lucens., *Determ. compend.* xiv, pp. 31–2.
42–6 *Gl. ord.* not *ad* II, 2, 1 (' Si quis clericus '), but *ad* II, 2, 5 (' Si clericus laicum '),
s.v. ' de consuetudine '. The same slip occurs in *CB* vi, 5, p. 280 and IIusIIIae *Dial.* i, 18.

usurpationem dicunt ordinem Christianitatis esse confusum, quia omnis ordo confunditur, si unicuique sua iurisdictio non servatur, ut testantur canonicae sanctiones, xi, q. i, *Pervenit.*

Ex ista enim usurpatione dicunt
50 populorum strages, vastationem civitatum, regionum et terrarum et alias desolationes innumeras a tempore praedicti Innocentii IV in Italia accidisse; de quo, quicquid fuerit de Friderico—sive scilicet haereticus sive catholicus fuerit—dicunt quod contra Fridericum edidit decretalem vel scripturam quampluribus contra fidem erroribus inexcusabilibus
55 fermentatam.

CAPITULUM 10

Ad quartam allegationem inductam c. i, cum dicitur quod papa potest transferre imperium de una gente ad aliam, diversimode respondetur. Uno modo dicitur quod papa potest hoc casualiter, quia non est alius superior. Aliter dicitur distinguendo, quia aut imperium transferendum
5 est de gente in gentem propter crimen aliquod spirituale gentis, a qua est imperium transferendum—puta si gens illa inficiatur haeretica pravitate vel ad legem Iudaeorum aut ritum gentilitatis vel sectam aliam convertatur—aut propter aliquod simile; vel propter crimen saeculare aut negligentiam aut defectum alium, propter quem etiam iudicio sapientium
10 gentilium vel non Christianorum gens illa non esset digna alias gubernare.

Si transferendum sit imperium propter crimen aliquod spirituale, dicunt quidam quod papa potest ex iure divino transferre imperium, quia ipse iure divino in spiritualibus et annexis eis habet plenitudinem potestatis quantum ad ea, quae sunt de necessitate facienda. Alii dicunt
15 quod papa in hoc casu non potest transferre imperium nisi laici fuerint dampnabiliter negligentes vel faventes genti, a qua necesse est transferri imperium; sed in hoc casu ad papam spectat de crimine spirituali cognoscere et denuntiare illis, ad quos spectat, ut ipsum deponant, nisi ipsi velint committere papae potestatem suam in hac parte. Si autem
20 illi noluerint vel non potuerint transferre imperium, in hoc casu iure

50 vastationes *b.*   51 a tempore: auctoritate *b.*
51 predicto *a.*
55 *post* fermentatam: quod autem dicunt . . . ad effectum perduci *ordinem quaestionum ab auctore nostro tractatarum sequens ad* ii.10.59–71 *transposui.*

1 c. i⁰ *om. b.*   2 ad: in *b.*
5 de: a WKB.
7–8 convertantur KMF; convertentur *b*³(−MF).
8 aliquod: aliud *b.*   9 quem: quod *b*²V².
10 non¹: aliorum L.   22 et: ex BRPT.

---

49 c. 39, C. 11, q. 1, col. 638.
53–4 decretalem vel scripturam: *Eger cui lenia*; cf. *supra*, i.2.55–60, 68–71; i.10.47–54; i.11.78–82.
1–71 cf. *infra*, iv.6.67–109; *OND* 93.740–2; *CB* vi, 13, pp. 295–6; IIusIIIae *Dial.* i, 20; *ibid.* cc. 29–30.
1 quartam allegationem: *supra*, ii.1.25–7.
3–4 Uno modo: cf. Lupoldus de Bebenburg, *De iuribus regni et imperii Romani*, c. 12, ed. S. Schardius, Basle, 1566, p. 386; *ibid.* c. 4, p. 350.
12 quidam: cf. the Michaelist ' Allegationes de potestate imperiali ' of 1338: Kassel, Landesbibliothek, cod. fol. iuris 25, ff. 105–6; Paris, BN cod. lat. 5154, ff. 364ᵛ–367.
14–33 Alii: Ockham's opinion?

divino devoluta est potestas transferendi imperium ad summum pontificem, et hoc quia ipse habet plenitudinem potestatis quantum ad omnia,
quae de necessitate facienda sunt, salvis iuribus et libertatibus aliorum non
negligentium ea, quae ad ipsos spectant, in dispendium boni communis.
5 Papa enim iuxta canonem illum, xi, q. i, *Te quidem*, qui specialiter
loquitur de papa, et plures alios, qui in scripturis divinis sunt fundati ac
exemplis Christi et Apostolorum roborati, de saecularibus negotiis, nisi
propter defectum laicorum, se intromittere nullatenus debet. Et hinc
est quod, ut quaedam assertio dicit, si a Romanis esset imperium trans-
10 ferendum ex causa manifesta, ista translatio facienda esset per laicos alios,
non per papam, nisi laici essent dampnabiliter negligentes; quos tamen
admonere deberet, quia admonitio simplex non eum multum a spiritualibus curis distraheret.

Si vero imperium transferendum esset a gente in gentem propter crimen
15 aliquod saeculare vel dampnabilem negligentiam vel quemcunque
defectum alium saecularem, papa auctoritate propria talem translationem
non posset facere, nisi Romani et alii essent dampnabiliter negligentes.

Qualiter autem de facto fuerit processum per papam quando translatum fuit imperium de Graecis in Germanos et an iuste vel iniuste
20 processerit, posset per certitudinem ille solus scire, qui acta temporis illius
haberet, et tunc processum quantum ad omnia, quae contingebant
translationem illam, cognosceret, licet pro facto papae praesumendum sit,
nisi possit probari contrarium, quemadmodum pro quocunque iudice
praesumendum sit, donec probatur contrarium, Extra, *de renunciatione*, c.
25 *In praesentia*. Propter quod dicunt quidam, qui acta istius temporis non
viderunt, quod si papa absque iusta causa vel auctoritate propria, non ex
commissione Romanorum non negligentium translationem illam rite
facere ex iusta causa, eam facere attemptavit, *falcem suam* praesumpsit
dampnabiliter *in messem mittere alienam*. Si autem, causa manifesta

22 quia: quod b^2.   26 divinis: dei *b*.
27 apostolis KA; apostolicis Lb^2(−O).
37 et: vel *b*.
38-9 Qualiter . . . fuit: sicut quando translatum fuerat L.
38 fuerit: fuit *b*.   38 quando: cum b^1.
39 de Graecis: a romanis de grecis B *ex corr.*; de romanis vel grecis MRT; de romanis
O$\overline{P}$V^2.
41 per processum *add. b^1*.
41 concurrebant KM; concernebant BV^2.
43 nisi: quod non b^2; quando non M^{2}F; cum non A.
44 probetur KM.
44 renunciatione Bed. *pr.*: sententia et re iudicata *ab*(−B).
45 istius temporis: decretalis *b*(−OPT); decretalia OPT.
47 Romanorum *om. b^1*.
47 non negligentium WK: non ex negligentium L; non ex commissione negligentium
A; nec propter negligentiam b^2(−B)V^2; *om.* B.
49 manifeste LW.

25 c. 29, C. 11, q. 1, col. 634; *cf. supra*, i.4.12–32.
29 quaedam assertio: unidentified, but *cf.* Marsilius Patav., *Def. pacis* II, xxx, 7–8, ed.
Scholz, pp. 598–601.
44–5 1, 9, 6, col. 106.
48–9 *cf. Decretal. Greg. IX*, 1, 6, 34, col. 80; *Decretum Gratiani* c. 1, C. 6, q. 3, col. 562.

50 exigente, eam fecit ex commissione et consensu vel auctoritate Romanorum
vel ipsi Romani in faciendo eam fuerunt dampnabiliter negligentes, iuste
processit, quia in tanta necessitate poterat supplere negligentiam eorundem. Et ita solummodo casualiter, et non regulariter, potest papa
transferre imperium, licet sit imperium transferendum.

55 Quod autem dicunt quidam tenentes papam regulariter posse transferre
non solum imperium, sed etiam omnia alia regna, respondetur quod in
Gallia etiam non videtur talis translatio fuisse facta a quinquaginta annis
et citra.

Quod autem dicunt quidam, id est *a quinquaginta annis et citra in regionibus*
60 *Galliae, Hispaniae et in Maiori Britannia per summum pontificem a gente in
gentem dominia esse translata,* apertissimum esse mendacium minime
ignoratur. Nam in Maiori Britannia, neque quoad ipsam neque quoad
Scotiam eidem subiectam, facta est per papam quaecunque translatio;
neque enim illi de Maiori Britannia in aliqua translatione vel destitutione
65 aut institutione summum pontificem requirere voluerunt, et multa,
quorum etiam quaedam libertatibus clericorum derogare videntur, contra
expressas diffinitiones, ordinationes et statuta summorum pontificum in
Maiori Britannia fiunt ratione cogente et iustitia exigente, ut nonnullis
apparet. Quod autem in Hispania de translatione regni Aragoniae per
70 summum pontificem exstitit attemptatum, iniquum fuisse putatur a
multis, et nullatenus potuit ad effectum perduci.

CAPITULUM 11

Ad quintam allegationem c. i, cum accipitur quod ab illo est imperium,
a quo imperator, postquam electus est, examinatur, inungitur, consecratur
et coronatur, respondetur quod hoc non continet veritatem, quia nec per

---

50 fecit KAB: facit LW; fecerit *b*(−KAB)V².
50 assensu *b*¹.   51 fuerint L.
57 quinquaginta WKA: 10 W²; 500 LB; 503 MPT; anno 53 O; 53 et cetera V².
59–71 Quod autem . . . perduci *a fine c. 9 post* fermentatam (ii.9.55) *transposui.*
Secundam recensionem verborum Quod autem . . . et citra (*supra*, ii.10.55–8) *coniecit Sikes.*
59 id est: quod MV²; *om.* LB.
59 quinquaginta LWK: quinque B; quingentis M; anno 50 O; 105 V²; *lacuna* A.
61 esse: est *b*²; *om.* KA.   61–2 minime ignoratur *om. b*².
62 Nam: non enim *b*².   64 enim: etiam MB.
68 ratione . . . exigente *om. b*².

59–71 Apparently a revised version of lines 55–8.
59–61 Ptolomeus Lucens., *Determ. comp.* xiv, p. 32.
69 de translatione regni Aragoniae: Ptolomeus at 59–61 *supra* did not necessarily
have in mind Pope Martin IV's plan (1283–4) to transfer Aragon from Pedro III to
Charles of Valois, on which see A. Fábrega Grau, ' Pedro III de Aragón ante la propia
deposición fulminada por el papa Martín IV ', *Misc. Hist. Pontific.*, XVIII (1954), pp. 161–
80. He may have been thinking of the replacement of Sancho II of Portugal by Afonso,
count of Boulogne, effected by Pope Innocent IV in 1245: Potthast, No. 11751; *cf.*
Sext. I, 8, 2, coll. 972–4; Krammer, preface to his edn. of *Determ. comp.*, p. xvi.

1–52 *cf.* IIusIIIae *Dial.* i, 21.
1 quintam allegationem: *supra*, ii.1.27–31.

examinationem nec per inunctionem nec per consecrationem nec per
5 coronationem potest ostendi quod imperium sit a papa, nec quod imperator sit in temporalibus inferior papa, nec quod a papa debeat
confirmari.

Quare autem propter examinationem non sit dicendus imperator papa
inferior in temporalibus vel indigere confirmari a papa, diversimode
10 dicitur a diversis. Dicunt enim quidam *quod examinatio personae electae in
regem* Romanorum *ad ecclesiam pertinet non ad hunc finem*, ut approbetur vel
reprobetur electio vel electi persona, nec etiam ad hunc finem, *ut possit ex
approbatione ab eadem ecclesia habita administrare, cum ex electione concordi vel
a maiori parte principum* electione *facta illud sibi competat, sed ad hunc finem, ut*
15 *corrigat eum de criminibus notoriis, praesertim gravibus, si qua commisit, de quibus
poenitentiam non egit; et si correctionem contempneret, nolendo agere poenitentiam
de peccatis seu criminibus huiusmodi ad requisitionem ipsius ecclesiae, tunc denegare*
potest *unctionem et coronationem imperialem et aliter contra ipsum procedere.
Sed quando quis esset electus a minori parte principum, tunc papa posset reprobare*
20 *talem electum et eius electionem, hoc est declarare ipsum non habere ius.*

Alii dicunt quod examinatio illa non fit a papa ad hunc finem principaliter et primo, ut papa corrigat electum de criminibus quibuscunque,
nisi forte per accidens vel ex consequenti, sed ut sciat an debeat ipsum
pro imperatore habere, et ut aliis, si necesse fuerit, valeat per certitudinem
25 indicare quod ei sicut vero imperatori obedire tenentur;   non ut ei
aliquam tribuat potestatem, sed coronam imperialem tantummodo, si
electus voluerit ab ipso eam recipere: quemadmodum illi, ad quos
mittitur legatus, examinant litteras eius, non ut legato aliquam conferant
potestatem nec ut de aliquo crimine corrigant eum, sed ut sciant solum-
30 modo an ei debeant obedire, ut colligi potest ex canone, di. xcvii, *Nobilis-
simus*, ubi dicit glossa: *Legati sine periculo non recipiuntur, unde maior in eis est
facienda examinatio*; sic etiam, ut habetur Extra, *de crimine falsi, Ad falsario-
rum*, qui litteras papales recipiunt ipsas examinare debent, non ut tanquam
superiores approbent vel reprobent eas aut aliquid tribuant eis potestatis
35 vel vigoris, sed ut sciant an sint verae, ne in periculum suum litteris falsis
utantur.   Sic quondam electio summi pontificis praesentabatur examinanda imperatori;   frustra enim fuisset praesentatio illa, nisi ut

---

4 inunctionem WV: unctionem LK; *om. b*[1].
11 Romanorum *om. Schard.*
11–12 ut approbetur . . . finem *om. Schard.*
12 ex: ab *b*[2](−OB); *om.* B.
14 electione: Electorum de se *Schard.*   15 qua: que *b.*
16 contempserit *b*[2].   18 potest: posset ei *Schard.*
18 aliter: alias *Schard.*   20 et: vel *Schard.*
24 ut *om. b*[2].   24 valeat *om. b*[2].
25 vero: uno K; uni APT; *om.* BMFOR; *del.* V[2].
28 non ut: et tamen *b*[2].   28 conferat KA; non conferunt *b*[2](−B).
33 papales: speciales L; spirituales W.   33 tanquam ut *trs. b*[1].
35 sciant isti *add. b*[2].   36 Sic: sicut BV[2].   36 quondam: quando *b*[2]V[2].

10–20 Lupoldus de Bebenburg, *De iuribus* c. 10, *ed. cit.*, p. 373; *cf.* the memorandum
Subscripta, art. 4, ed. E. E. Stengel, *Nova Alamanniae*, Berlin, 1921, No. 584, p. 402.
31–2 *Gl. ord. ad* c. 3, di. 97, *s.v.* ' signatis '.   32–3 V, 20, 7, col. 820.

examinaretur: non ut imperator electionem summi pontificis confirmaret, nec ut eam tanquam superior in hoc approbaret vel reprobaret,
40 nec ut ei aliquam tribueret potestatem quantum ad illa, quae commisit
Christus beato Petro, sed ut sciret an esset vere et rite electus et an ipsum
tanquam verum papam deberet ab haereticis et schismaticis ac aliis
malivolis defensare, teste Gratiano, qui di. lxiii, § *Principibus*, ait: *Principi-*
bus vero atque imperatoribus electiones Romanorum pontificum atque aliorum
45 *episcoporum referendas usus et constitutio tradidit pro schismaticorum atque haereti-*
corum dissensionibus, quibus nonnunquam ecclesia Dei concussa periclitabatur,
contra quos legibus fidelissimorum imperatorum frequenter ecclesia munita legitur.
Sic ergo videtur quibusdam quod per examinationem non potest ostendi
imperium esse a papa.
50 Quod etiam per inunctionem et consecrationem et coronationem
ostendi non potest; quia alii reges inunguntur, consecrantur et coronantur
ab episcopis vel archiepiscopis, a quibus tamen regna sua minime tenent.

CAPITULUM 12

Ad sextam allegationem c. i° respondetur diversimode a diversis. Dicitur
enim a quibusdam quod imperator non tenetur iurare summo pontifici
tanquam vasallus, sed econverso papa, si vult retinere temporalia, quae
sibi imperatores dederunt, tenetur iurare tanquam vasallus imperatori,
5 praesertim pro praediis, civitatibus, castris et villis et omnibus aliis, quae
superabundant ultra illa, quae sibi necessaria sunt pro sua sustentatione
honorifica et executione sui officii; de quibus etiam sicut ceteri clerici
tributum reddere imperatori tenetur, nisi ab imperiali benignitate ab
huiusmodi immunitatem obtinuerit; quam dare imperator potest, si non
10 fuerit in notabile imperii detrimentum. Omnibus enim sacerdotibus
dixit Christus, Matthaei xxii: *Reddite quae sunt Caesaris, Caesari*, et Apostolus
ad Romanos xiii universis praecepit fidelibus: *Reddite omnibus debita: cui*
tributum, tributum; cui vectigal, vectigal.
Aliter dicitur quod nec imperator papae nec papa imperatori iura-
15 mentum fidelitatis et homagii praestare tenetur. Ad illud autem, quod
adducitur de di. lxiii, c. *Tibi domino*, respondetur quod illud iuramentum
non erat iuramentum fidelitatis et homagii, sed fidelis defensionis; quale

38 examinaret *b*².   38 non ut *om*. *b*²; non *om*. A.   38-9 confirmaret *om*. *b*¹·
45 constitutiones *b*¹.   48 Sicut *b*³.

1-2 Quidam enim dicunt *b*.
3 sed econverso: sed quod A; quod MOPT; quinymo BR.
8 tenentur *b*³(−MF); debent MF.   8 dignitate et benignitate L; dignitate *b*.
9 obtinuerint AO; obtinuerunt FR.   10 enim *om*. WV*b*.

43-7 Gratianus *ante* c. 28, di. 63, col. 243.

1-38 *cf. OND* 93.743-7; IIusIIIae *Dial*. i, 21.
1 sextam allegationem: *supra*, ii.1.31-4.
11 Matth. 22, 21.   12-13 Rom. 13, 7.
14-31 *cf*. Lupoldus, *De iuribus*, c. 9, pp. 368-70.
15-24 *cf*. the memorandum *Subscripta*, art. 5, *ed. cit*., No. 584, p. 403.
16 c. 33, di. 63, col. 246.

iuramentum praestant alii reges in regnis suis, iurantes quod fideliter
defendent ecclesiam, qui tamen a nulla ecclesia tenent regna sua in
ɔ feudum.

Sed quaeret aliquis an imperator teneatur papae huiusmodi iuramentum fidelis defensionis praestare. Cui non omnes eodem modo respondent: quibusdam dicentibus quod imperator in coronatione sua vel ante tale
iuramentum summo pontifici praestare tenetur; aliis tenentibus quod ad
ₛ hoc non tenetur, et si fecerit ex devotione vel simplicitate vel alia causa
quacunque, successores suos ad hoc non poterit obligare, *cum non habeat
imperium par in parem.* Licet enim imperator sit specialis advocatus, id est
defensor, Romanae ecclesiae, sicut et patroni ecclesiarum sunt advocati
earum, tamen in nullo est imperator magis subiectus papae quam alii
• reges quicunque. Alii autem reges ad tale iuramentum minime obligantur; ergo nec imperator.

Rursus, sicut *qui in ius succedit alterius, eo iure uti debet, quo ille,* Extra,
de regulis iuris, Si quis, libro sexto, ita qui in ius succedit alterius, dignitate
et libertatibus gaudere debet, quibus de iure ille gaudebat. Sed imperator Romanus succedit in ius quamplurium imperatorum, tam fidelium
quam infidelium, qui hac libertate gaudebant, quod tale iuramentum
praestare minime tenebantur; ergo et imperator nunc huiusmodi
iuramentum nullatenus, nisi voluerit, exhibere tenetur.

CAPITULUM 13

Ad septimam allegationem adductam i° c. respondetur quod papa non
habet regulariter utrumque gladium, materialem scilicet et spiritualem,
licet habeat utrumque in casu. Nec ad hoc probandum sufficiunt verba
illa Lucae xxii: *Ecce duo gladii hic,* quia proferentes illa verba ad litteram
intelligebant ea de duobus gladiis materialibus; quare intelligere ipsa
de gladio materiali et spirituali est mystice interpretari ipsa. Sensus
autem mysticus, qui non est primus intellectus aliquorum verborum
scripturae divinae, ad confirmandum ea, quae in contentione veniunt,

---

19 defendant L; defenderent KAMF.   19 a nulla: non ab *b*V².
22–3 Cui . . . respondent *om. b*¹.
23 quidam dicentibus K; quidem enim dicunt *b*¹V².
25 fecit *a.*   27 specialis: papalis *b.*
30 tale: hoc *b*¹.   34 quibus de: quo *b*²V².
36 quod tale: et qui hoc *b*²(−B); et hoc B.
37 minime: non *b*¹.

5 intelligunt id L.   6 est: esset *b*¹.
7 primus: proprius V*b*³; *om.* B.   8 et ad *add. b*¹.

26–7 *cf. Decretal. Greg. IX,* 1, 6, 20, col. 62; *supra,* i.15.4 n.
32–3 *Sext.* v, 12 *ad fin.,* reg. 46, col. 1123; *cf. supra,* ii.6.78–80 n.

1–29 *cf. supra,* i.13.33–43; i.19.19–24; *infra,* viii.6.63–146; *AP* 6.4–72; *Brev.* v, 5,
ɔp. 176–8; IIusIIIae *Dial.* i, 22.
1 septimam allegationem: *supra,* ii.1.34–43.
4 Luc. 22, 38.
6–10 *cf.* Augustinus, *Ep.* xciii, 8, PL 33, 334.

adduci non potest, nisi per alia verba scripturae vel per rationem evidentem
10 aperte probetur. Ad probandum igitur quod papa habet gladium
utrumque aliam probationem oportet requirere.

Ad Innocentium autem IV ibidem adductum dicitur quod eius verba
admitti non debent, cum errorem contineant manifestum, quod scilicet
nemo, nisi qui intra ecclesiam est, aliquem gladium, id est potestatem,
15 habet: eo quod potestas gladii materialis vere et de iure non solum intra,
sed etiam extra ecclesiam valeat reperiri. Vere enim imperatores
infideles potestatem gladii materialis habebant, licet ea fuerint frequenter
abusi; sed abusus potestatis veram et legitimam potestatem non excludit.
Nec valet dicere quod imperator accipit gladium a summo pontifice in
20 vagina, quem eximit et post vibrat; quia hoc facere non tenetur, immo,
quamvis non faceret, verus imperator existeret. Nec valet dicere quod
Dominus dixit Petro, *Converte gladium tuum in vaginam*, non alienum, sed
tuum, per quod innuitur quod Petrus habuit gladium materialem, sed per
seipsum non debuit exercere; quia illa verba Christi ad litteram debent
25 intelligi de gladio, quem Petrus per seipsum exercuerat antequam esset
pontifex summus. Quare omnis alius intellectus verborum istorum est
mysticus et non primus, et per consequens, nisi per alium locum scripturae
vel rationem insolubilem aperte probetur, ad auctoritatem ecclesiastici
dogmatis confirmandam adduci non potest.

CAPITULUM 14

Ad octavam allegationem breviter respondetur, quod nequaquam ab
illo est imperium, ad quem se habet imperator sicut filius ad patrem, sicut
discipulus ad magistrum et sicut plumbum ad aurum; quia has comparationes non habet imperator ad quemcunque hominem purum
5 propter imperium vel temporalia, sed propter spiritualia, in quibus
papae est subiectus.

Consimiliter respondetur ad nonam, quod imperium non est ab illo, cui
imperator tenetur caput submittere; quia imperator neque papae neque
alii sacerdoti tanquam superiori in temporalibus, sed in spiritualibus
10 tenetur caput submittere. Unde si per verba Valentiniani imperatoris

---

9 vel: et L.   10 probatur *b*.
11 reperiri K; reperire *b*¹.   12 inductum L.
14 nisi *om.* WVKA.   20 post *om.* *b*¹.
22–3 non alienum sed tuum *scripsi*: non alienam sed tuam *codd.*
23 per quod innuitur: per hoc innuitur A; non propter hoc innuitur B; nec probatur
per hoc quod innuitur *b*²(−B); quod per illud innuitur vel probatur V².
23 habuit L: habebat WV²; habet K; habeat *b*³(−O); non habeat B; haberet O.
27 et non primus *om.* *b*²(−B).   27 primus: proprius V².
28 probatur *b*.

3 aurum sicut luna ad solem *add.* F.   6 papae: ipsi *b*³V²; *om.* B.
8–10 quia ... submittere *om.* *b*².

---

12 ibidem: *supra*, ii.1.37–43.   22 *cf.* Matth. 26, 52; Ioann. 18, 11

1 octavam allegationem: *supra*, ii.1.44–8.   7 nonam: *supra*, ii.1.48–51.

posset probari quod imperium est a papa, probaretur per ipsa quod imperium est ab episcopo Mediolanensi, quia de illo protulit Valentinianus verba illa.

CAPITULUM 15

Ad allegationem decimam respondetur quod papa, vacante imperio, regulariter nequaquam se debet intromittere de imperio, praesertim si alius vicarius imperii ab imperatore vel etiam a Romanis vel ab illis, quibus Romani contulerunt potestatem ordinandi de imperio, fuerit
5 institutus. Unde nec papa aliquis tempore imperatorum infidelium et longe post, tempore imperatorum fidelium, talem sibi potestatem assumpsit; quam tamen assumere debuisset, maxime tempore fidelium, qui non minus quam modo ecclesiae et summo pontifici in hiis, quae debebant, parati fuerunt humiliter obedire, si potestas huiusmodi ad papam ex
10 ordinatione Christi spectasset, cum secundum beatum Cyprianum, ut habetur vii, q. i, *Quam periculosum: periculosum sit in divinis rebus ut quis cedat suo iure et potestate.*

Sed forte dicet aliquis quod secundum Innocentium III, ut habetur Extra, *de foro competenti, Licet,* vacante imperio recurrendum est ad
15 summum pontificem pro iustitia obtinenda; ergo ad ipsum spectat de imperio se intromittere quando vacat. Huic respondetur quod Innocentius intelligit ad papam habendum recursum vacante imperio, quando non est aliquis vicarius imperii nec qui in temporalibus faciat iustitiam hiis, qui opprimuntur iniuste; quod insinuare videtur cum dicit
20 appellandum ad papam *tempore, quo vacante imperio, ad iudicem saecularem recurrere nequeunt, qui a superioribus in sua iustitia opprimuntur.*

CAPITULUM 16

Dictum est quomodo secundum opinionem tenentem potestatem laicalem supremam tenere temporalia sibi appropriata a solo Deo ad illa, quae adducta sunt in contrarium, respondetur. Nunc videndum est qualiter secundum opinionem dicentem potestatem laicalem supremam tenere
5 temporalia appropriata sibi a summo pontifice respondetur ad illa, quae supra c. vi in contrarium sunt adducta.

Unde ad primum, cum dicitur quod imperator infidelis non tenebat temporalia sua a papa, respondetur quod imperatores infideles tenebantur recognoscere papam suum superiorem in temporalibus, licet de facto non
10 fecerint.

11 est: esset b^2.

12 iuri Lb^1.   12 potestati Lb^1.   18 aliquis: alius WV.   18 nec *om.* b^1.

3 dicendum BMF; respondendum OPTR.
5 respondent b.   6 inducta WV.

1–21 *cf.* IIusIIIae *Dial.* i, 22.
1 allegationem decimam: *supra,* ii.1.51–4.
11–12 c. 8, C. 7, q. i, col. 569 = Cyprianus, *Ep.* lxxiii, 25, PL 3, 1172.
14 II, 2, 10, col. 251.   16–21 *cf.* Lupoldus, c. 8, p. 366.
7 ad primum: *supra,* ii.6.82–3.

Et cum dicitur quod ante fuit imperator quam papa, dupliciter respondetur. Uno modo quod ante Christum, qui fuit primus papa et summus pontifex, non fuit verus imperator, quia nullus imperator ante ipsum habuit verum dominium temporalium rerum, sed solummodo fuit
15 possessor bonae fidei; cui propter bonam fidem ipsa durante licuit uti rebus ipsis. Sed ista responsio nonnullis videtur sapere haeresim manifestam, eo quod apud infideles fuit verum dominium temporalium, licet plures illud acquisiverint ex intentione corrupta. Intentio enim corrupta in acquirendo dominium verum dominium non excludit; emens enim
20 intentione corrupta rem aliquam a vero domino dominium verum acquirit. Aliter respondetur quod verum imperium fuit ante papam et etiam ante Christum, quo tempore imperator a nullo homine tenebat imperium; sed postquam Christus venit, cui Deus dedit dominium omnium temporalium rerum, imperator tenebatur ab ipso recognoscere
25 imperium, et etiam a generali vicario eius, scilicet summo pontifice.

Sed forte dicet aliquis: Imperator, qui fuit tempore Christi, successit imperatori, qui fuit ante Christum; ergo illo iure, quo iste, debuit uti; ergo sicut iste non tenebatur recognoscere ab homine imperium, ita nec ille, qui fuit tempore Christi. Huic respondetur quod *qui in ius succedit*
30 *alterius, eo iure, quo ille, uti deb*et, nisi per superiorem aliter ordinetur. Deus autem, qui est superior omni imperatore, ordinavit dando Christo dominium omnium temporalium rerum ut imperator succedens imperatori, qui fuit ante Christum, subiectus esset Christo et vicariis eius.

Et cum accipitur quod Christus non venit tollere nec etiam impedire
35 dominium regum seu imperatorum, respondetur quod Christus non tulit dominium alicui, sed sibi subiecit, accipiendo dominium principale omnium rerum et eis dominium secundarium dimittendo. Et sic respondetur ad Augustinum, quod Christus non impedivit dominationem regum, quin libere sicut prius iuste dominationem praecedentem exercer-
40 ent, licet dominationem ipsorum voluerit dependere ab ipso. Et ad auctoritatem Leonis respondetur quod Dominus mundi non quaerebat temporale regnum, ut ipsum a regibus terrenis auferret, licet voluerit quod omne regnum temporale sibi esset subiectum. Sic etiam res-

---

15 cui: tamen L.   15 ipsa: tempore b^1V^2.   16 ipsis: propriis b^1.
18 acquisiverint: tenerent b^3; tenent B; acquisiverint et tenerent V^2.
18 Intentio enim corrupta: sed intentio corrupta bV^2; *om.* W.
19 emens Wb^1V^2: homines LW^2.   21 acquirunt *a*.
26 succedit *a*.   27 iste: ille bV^2.
28 iste: ille WV*b*.   29 ille: iste WV.
33 vicario BMV^2.   33 eius: suo M.
35-8 quod . . . respondetur *om.* BM.   37 secundarium: secularium K; *om.* V.
39 quin LV^2: qui W; quoniam *b*.
39-40 exercuerunt K; exercuerit B; exercuerint F; exercuet $b^3(-F)$.
40 Et *om.* LV.

---

11 *cf. supra*, ii.6.83-4.
15 For *possessor malae fidei, cf. Sext.* v, 12 *ad fin.*, reg. 2, col. 1122; *Brev.* iii, 5, p. 123.
16-21 *cf. Brev.* iii, 2-4, pp. 110-22; IIusIIIae *Dial.* i, 25.
29-30 *cf. Sext.* v, 12 *ad fin.*, reg. 46, col. 1123; *supra*, ii.6.78-80 n.
34 cum accipitur: *supra*, ii.6.85-6.   38 Augustinum: *supra*, ii.6.86-9.
41 auctoritatem Leonis: *supra*, ii.6.89-90.

pondetur ad illud, quod canit ecclesia: *Non eripit mortalia*; quia Christus
45 non venit alicui eripere mortalia, licet voluerit omnia mortalia esse sibi
subiecta et a se recognosci. Per idem Ambrosio respondetur, quod
religio Christiana neminem privat iure suo absque culpa et sine causa; iura
tamen, quae prius erant aliena, dimittendo ea eis, quorum erant, sibi
subiecit, ut recognoscerentur ab ipso. Per praedicta respondetur ad
50 illud, quod accipitur, quod scilicet ante Christum et religionem Christianam
fuit imperator, quo tempore nullum superiorem habuit in temporalibus;
quia illo tempore imperator nulli homini fuit subiectus in temporalibus,
quia tunc nullus erat homo, cui Deus, in cuius ditione sunt omnia, dedit
principale dominium omnium rerum; postea fuit Christus inquantum
55 homo factus dominus principalis omnium.

QUAESTIO III

CAPITULUM I

Tertio quaeritur utrum papa et Romana ecclesia ex institutione Christi
habeat quod committat imperatori et aliis principibus saecularibus
iurisdictiones temporales, et ipsi alias non habeant exercere.

Circa hanc quaestionem sunt opiniones contrariae. Quarum una est
5 quod Romana ecclesia, id est papa, ex ordinatione Christi habet imperatori et aliis principibus iurisdictiones temporales committere, sine
cuius auctoritate et commissione ipsas debent nullatenus exercere.
Hanc opinionem tenere debent, ut videtur, illi, qui asserunt quod papa
habet tam in spiritualibus quam in temporalibus illam plenitudinem
10 potestatis, quae dicta est supra q. i, c. ii, ut ex ordinatione Christi omnia
possit, quae non sunt contra ius naturale indispensabile nec contra legem
divinam de necessitate salutis tempore gratiae observandam.

Quod enim secundum istos papa possit committere imperatori et aliis
principibus saecularibus iurisdictiones temporales, videtur aperte posse
15 probari, si papa talem habeat plenitudinem potestatis, cum posse iurisdictiones temporales committere talis plenitudo potestatis includat, eo
quod hoc posse nec iuri obviet naturali nec legi divinae repugnet.

44 cantat L.   44 eripit LWK: arripit W²B.   46 ad Ambrosium *b*V².
49 Et per *add. b.*   50 scilicet accipitur *add.* L.
50 scilicet *om.* L.
51 quo tempore: illo tempore AOP; qui tunc K*b*²(−OP)V².
53 ditione *a:* sinu *b.*   53 dederit L.
54 omnium: temporalium *b*².
2 habeant *b*²V².   2 committant *b*²V².
3 alias: illas O; illas *ex* alias *corr.* L V².
6–7 sine . . . ipsas: sine et commissione eius auctoritatem et commissionem ipsas A;
et sine commissione eius auctoritate (auctoritates PTO) ipsas *b*².
11 indispensabile: vel spirituale *b*¹.   13 enim: vero *b*².   14 nunc videtur *add.* L.
17 obviat V*b*¹.   17 repugnat *b*²(−M).

44 quod canit ecclesia: *supra*, ii.6.91–2.   46 Ambrosio: *supra*, ii.6.93–6.
50 illud: *supra*, ii.6.96–100.
1–3 *cf.* Hugo de sancto Victore, *De sacramentis* II, ii, 4, PL 176, 418.
10 supra: i.2.8–17.

Quod etiam tales iurisdictiones, cum ipsas per seipsum non valeat exercere, committere teneatur, ostenditur. Quia aliter opus Dei sibi a
20 Deo commissum faceret negligenter, nec imitaretur Christum dicentem Patri, Ioannis xvii: *Opus consummavi, quod dedisti michi ut facerem.* Si enim ex ordinatione Christi omnia possit, et potestati a Deo sibi concessae, immo iniunctae, minime cedere debeat iuxta sententiam beati Cypriani, oportet quod omnia exequatur et faciat, ut quae nequit exequi per
25 seipsum, per alios studeat adimplere.

Quod vero secundum istos imperator et alii principes saeculares huiusmodi iurisdictiones temporales, nisi sibi committantur a papa, non debeant exercere, videtur posse probari. Nam qui assumit officium administrationis, dignitatis et honoris, etiam saecularis, absque principe,
30 ad quem spectat de huiusmodi officiis ordinare, de ambitione merito est notandus. Ambitio autem, etiam respectu saecularium dignitatum et iurisdictionum, a legibus etiam civilibus reprobatur. Si ergo ad papam ex institutione Christi spectat de huiusmodi officiis ordinare, nemo licite sine papa exercet eadem.

35 Amplius, sicut habetur Extra, *de regulis iuris, Non est,* libro sexto: *Non est sine culpa, qui rei, quae ad se non pertinet, se immiscet;* sed si ad papam spectat huiusmodi iurisdictiones imperatori et aliis committere, ad nullum eorum spectant absque papa; quare si aliquis eorum se immiscet iurisdictioni huiusmodi absque papa, non est sine culpa, et per consequens
40 illicite se immiscet; quare nullus sine papa debet iurisdictionem huiusmodi exercere.

Rursus, secundum Apostolum ad Hebraeos v, nemo *sibi sumit honorem*: quod non tantum de honore spirituali seu ecclesiastico, sed etiam de saeculari debet intelligi. Quod etiam ex ratione, quam ibidem tangit
45 Apostolus, videtur posse probari. Nam nemo potest sibi magis assumere honorem saecularem quam Christus honorem spiritualem seu ecclesiasticum, cum nemo sit dignior honore saeculari quam Christus honore spirituali. Sed *Christus,* ut testatur Apostolus, *non semetipsum clarificavit ut pontifex fieret, sed qui locutus est ad eum: Filius meus es tu; ego hodie genui te;*
50 ergo nemo debet sibi honorem assumere saecularem absque papa, si ad ipsum spectat huiusmodi honores cui voluerit committere. Aliter enim

29 et administrationes MFB; et ministrationes APTR.
30 officio L.   32 civilibus: humanis b^2V^2.
33 nemo: non b^1.
34 exerceat L; exerceret VBRO; exercetur MF.
37 spectat: pertinet O; pertinent PT; pertineat BR; pertineret M.
38 immisceat L; immisceret K.
50 sumere WKb^3(−P).

---

21 Ioann. 17, 4 (faciam *Vulg.*).
23 *cf.* c. 8, C. 7, q. 1, col. 569 = Cyprianus, *Ep.* lxxiii, 25, PL 3, 1172; *supra,* ii.15. 11–12.
31 Ambitio: *cf. Cod.* 9, 26, 1; *ibid.* 9, 27, 6.
35–6 *Sext.* v, 12 *ad fin.,* reg. 19, col. 1122.
42 *cf.* Hebr. 5, 4.
48–9 Hebr. 5, 5.
51–3 *cf.* Ioann. 10, 1.

per ostium, id est per institutionem legitimam, non intrabit; quare fur erit et latro, et non imperator aut princeps, sed tyrannus erit et invasor.

Istam etiam opinionem habent tenere illi, qui dicunt quod, licet papa
55 non habeat illam plenitudinem potestatis, de qua dictum est q. i, c. ii, et hic in isto capitulo, ne lex Christiana sit lex maioris servitutis quam fuerit lex Mosaica, tamen habet plenitudinem potestatis quantum ad omnia, quae necessaria sunt pro communitate fidelium gubernanda, et, licet non possit ea, quae supererogationis sunt, tamen potest omnia,
60 sine quibus universitas fidelium regi non potest.   Nam absque principibus saecularibus, qui iurisdictiones habeant temporales, communitas fidelium regi non potest.   Si ergo papa talem habeat plenitudinem potestatis ex institutione Christi, ad ipsum spectat huiusmodi iurisdictiones temporales committere; quare qui absque ipso sibi sumeret huiusmodi iurisdictionem,
65 illicite sibi sumeret ipsam et eandem illicite exerceret.

Pro ista opinione potest sic argui: Communitas valentium communionem habere ad invicem, in qua omnes vel plurimi ad discordias, dissentiones et lites sunt proni, non est optime ordinata, nisi uni supremo rectori, iudici et capiti, a quo iurisdictio omnium aliorum dependeat, sit
70 subiecta.   Hoc videtur multipliciter posse probari.   Nam unus populus, si est optime ordinatus, uni gubernatori et non pluribus debet esse subiectus; quod Salomon insinuare videtur, dicens Proverbiorum xi: *Ubi non est gubernator, populus corruet.*   Dicens enim *Ubi non est gubernator,* non 'Ubi non sunt gubernatores', videtur innuere quod uni populo
75 unus supremus gubernator et non plures debent praeesse.   Totum autem genus humanum unus populus est; non enim ad unitatem populi requiritur quod unam civitatem aut villam inhabitent.   Nam, ut legitur ii Paralipomenon xviii, dixit rex Iosaphat ad regem Achab: *Sicut populus tuus, sic et populus meus,* et tamen nec unius regis nec alterius populus
80 inhabitavit unam solummodo civitatem aut villam.   Ut ergo totum genus humanum optime gubernetur, oportet quod uni supremo gubernatori, cui quoad omnia, et a quo iurisdictio omnium aliorum dependeat, sit subiectum.

Hoc etiam Salvator Ioannis x videtur innuere, dicens: *Fiet unum ovile,*
85 *et unus pastor.*   Ex quo datur intelligi quod uni gregi et communitati quantumcunque magnae unus debet supremus pastor praeesse.

Hoc idem etiam Ieronymus sentire videtur in epistola ad Rusticum

---

52 quare: qui $b^2(-MF)$; immo quoniam MF, quoniam *del.* F^2.
53 aut: nec WV.
56 et . . . ne: nec iste et ideo b^2.
58 et: ut aK.
61 fidelium sive universitates *add.* AMF.
73–4 Dicens . . . gubernatores *om.* BMF.
81 gubernaretur b^2.
82 cui: est K; esset b^1; subesset V^2.
83 subiectus WKM, *corr.* L^2

53 erit²: est K; *om.* b^2.
57 fuerit: fuit A; sit b^2.
61 habent b^2.
62 igitur L.
80 Ut: si b^2.
81 oporteret $b^2(-B)$.
83 sit *om.* b^2; sicut V.
84 Fiat Kb^3; *om.* B.

54–60 illi: *cf. supra,* ii.2.13–22.
55 dictum est: *supra,* i.2.8–17; iii.1.10.
73 Proverb. 11, 14, cited IIusIIIae *Dial.* i, 1.
78–9 II Paralip. 18, 3.   84–5 Ioann. 10, 16.
87–91 *cf.* c. 41, C. 7, q. 1, col. 582 = Hieronymus, *Ep.* cxxv, 15, PL 22, 1080.

monachum, ut habetur vii, q. i, *In apibus*, ubi videtur asserere quod in omni communitate unus debet esse supremus rector et iudex, quia secun-
90 dum ipsum *imperator est unus, iudex unius provinciae est unus, et* singularum *ecclesiarum singuli* sunt *episcopi*; ergo ratione consimili totius orbis debet esse unus princeps, a quo omnis iurisdictio aliorum dependeat.

Hoc etiam ratione probatur. Quia si in toto orbe non est unus supremus rector seu iudex, a quo iurisdictio omnium aliorum dependeat,
95 ergo sunt simul vel esse debent plures superiorem non habentes. Sed hoc optimo modo regendi obviare videtur; quia si sunt plures superiorem non habentes, aut praesunt eisdem aut diversis. Si praesunt eisdem, quemadmodum secundum multos in regno aliquo vel provincia eisdem saltem laicis praeest rex aut iudex alius saecularis et patriarcha aut archiepiscopus
100 vel alius ecclesiasticus iudex, quamvis unus in saecularibus et alius in spiritualibus, videtur quod talis communitas non est optime ordinata. Quia illa communitas non est optime ordinata, in qua subditi suo superiori in hiis, in quibus tenentur, obedire non possunt. Sed si eisdem praesunt plures superiorem non habentes, in multis casibus, etiam quando esset
105 expediens, subditi suo superiori obedire non poterunt; quia poterit contingere quod illi iudices non habentes superiorem eosdem subditos ad se existentes in diversis locis pro tempore eodem vocabunt; non poterunt autem cuilibet obedire; ergo necesse est ut sint alicui illorum inobedientes. Quare illa communitas non est optime ordinata.
110 Si autem praesunt diversis plures superiorem non habentes, quemadmodum diversi reges regnant in diversis regnis, non est talis communitas comprehendens subditos diversorum non habentium superiorem optime ordinata. Quia cum natura humana sit prona ad dissentiendum, inter diversos superiorem non habentes leviter poterit oriri discordia,
115 quae per superiorem sopiri non poterit. Discordia autem inter maiores superiorem non habentes periculosissima est secundum Aristotelem v Politicorum c. ix, quia, ut dicit ibidem: *Insignium dissentiones coassumere faciunt totam civitatem*; quando enim tales dissentiunt, totam communitatem scindunt et dividunt. Quare talis communitas non est optime
120 ordinata.

Restat ergo quod nulla communitas est optime ordinata nisi uni capiti subsit, a quo iurisdictio omnium aliorum dependeat. Universitas autem

88 ut: et *b*.
90 unus² dominus *add. a.*
94 supremus LK: *om.* WV*b*¹.
98 secundum: si *b*¹V².
99 alius *om. b.*
99 archiepiscopus: episcopus *b*¹.
102 ordinata: gubernata *b*².
107 pro *om. b.*

89 pastor rector *add.* V².
92 omnium L.
97 eisdem²: eidem *b*.
98 eisdem: eadem *b*¹.
99 et: aut L.
101 optime: bene *b*².
106 eosdem: eo fore K; eo facto *b*¹.
108 est: erit *b*.

109 optime ordinata. Restat ergo ... dependet (*infra*, iii.1.121–33) *codd. et edd.*; *ordinem materiae sequens hanc sectionem transposui.*   111 talis W²V: tota LW*b*.
119–20 optime ordinata: bene gubernata *b*.
121 optime: bene *b*¹.

93–120 *cf.* Marsilius Patav., *Def. pacis* I, xvii, 3, ed. Scholz, pp. 113–5.
117–18 Aristoteles: the reference should rather be to *Pol.* v, 4, 1303b 31–2, ed. Susemihl, p. 513; *cf. infra*, iii.5.50–1.

mortalium est communitas quaedam valentium communionem habere ad
invicem, in qua plurimi ad discordias et lites sunt proni; ergo non est
125 optime ordinata nisi uni capiti subsit, a quo omnis iurisdictio quorumcunque aliorum dependeat. Sed ille unus non potest nec debet esse
alius quam pontifex summus: tum quia iurisdictio summi pontificis,
saltem in hiis, quae ad fidem et religionem Christianam spectant, a solo
Deo dependet; tum quia supremus iudex omnium non potest esse
130 imperator, et per consequens nec aliquis inferior eo, quia imperator, sicut
aliquando fuit, ita adhuc posset esse infidelis et paganus; iurisdictio
autem in spiritualibus nullo modo ab infideli vel pagano dependet. Ergo
a solo summo pontifice iurisdictio omnium aliorum dependet. Si autem
iurisdictio omnium aliorum dependet a summo pontifice, nec imperator nec
135 aliquis alius princeps debet iurisdictionem temporalem aliquam exercere,
nisi sibi a summo pontifice committatur.

CAPITULUM 2

Alia est opinio quod nec papa nec Romana ecclesia habet ex institutione
Christi quod regulariter committat imperatori et aliis principibus
saecularibus iurisdictiones temporales, et quod ipsi eas absque eo valeant
exercere. Sed circa hanc assertionem sunt diversi modi ponendi.
5   Unus est quod nec papa nec Romana ecclesia hoc habet a Christo;
sed ex institutione Christi est quod papa, sicut et Romana ecclesia,
nullam potestatem habeat penitus coactivam nisi sibi a populo vel
imperatore aut aliquo alio inferiore imperatore committatur, et quod
imperatori aut populo in temporalibus, si aliquod crimen sive saeculare
10 sive spirituale commiserit, sit subiectus poena debita regulariter coer-
cendus, et quod imperator et alii principes saeculares absque hoc, quod
eis a papa aliquid committatur, iurisdictiones temporales habeant
exercere.
Alius modus ponendi est quod ex institutione Christi habet papa ut
15 causae spirituales, tam criminales quam aliae, ad ipsum pertineant, in
quibus potestatem obtinet coactivam; sed de temporalibus nec regulariter
nec casualiter habet se intromittere, nisi sibi a populo vel imperatore vel
saeculari alio committatur.
Tertius modus ponendi est quod papa regulariter non habet, sed
20 solummodo casualiter, ex institutione Christi ut iurisdictiones temporales

123 volencium b^1V^2.   126 aliorum om. b.   126 ille om. b^1.
126–7 unus . . . esse alius: nullus potest esse alius b^2.
128 in hiis: quantum ad ea b^2.
135 aliquam: aliam L; aliquomodo K; om. b^2.

7 habent b^2(−BF); habent BF.   7 populo: papa b^1.
9 et si add. WVKA; et del. V^2.
15 tam spirituales cause sive criminales b^2(−B); tam spirituales quam alie B.
17 vel^1: et aK.

5–13 cf. Marsilius Patav., Def. pacis II, iv, 1–v, 10, ed. Scholz, pp. 158–97.
14 Alius modus: i.e. conventional dualism.
19 Tertius modus: Ockham's.

committat imperatori et aliis principibus, et quod in casu ipsi eas aliter non debeant exercere.

Concordant itaque isti modi ponendi in hoc, quod nec papa nec Romana ecclesia habet ex institutione Christi quod regulariter com-
25 mittat imperatori et aliis principibus saecularibus iurisdictiones temporales, et quod ipsi eas absque commissione valeant exercere. Pro quo potest taliter allegari: Nemo habet iurisdictionem temporalem domino suo committere. Imperator autem est dominus summi pontificis, cum papa sit vasallus eius, scilicet imperatoris, cui tributum debet, *nisi imperiali*
30 *benignitate immunitatem* obtineat, xxiii, q. viii, *Ecce quod*. Quod etiam Urbanus papa, ut legitur eisdem causa et quaestione, c. *Tributum*, fateri videtur, qui loquens de tributo dando Caesari pro se et aliis clericis dicit: *De exterioribus ecclesiae, quod constitutum antiquitus est, pro pace et quiete, qua nos tueri et defensare debent, imperatoribus persolvendum est,* ex quibus verbis colligitur
35 quod papa imperatori reddere debet tributum, quod est *probatio subiectionis*, Extra, *de censibus, Omnis anima*. Ergo imperator est dominus summi pontificis; unde et nonnunquam summi pontifices imperatorem dominum suum appellaverunt, xi, q. i, *Sacerdotibus*, di. lxiii, *Salonitanae* et c. *Nobis dominus*.

40   Amplius, res transit *cum onere suo*, Extra, *de pignoribus, Ex litteris*; ergo papa recipiens civitates et praedia, quae tributum et servitium debent imperatori, ratione rerum huiusmodi est imperatori subiectus.

Rursus, religio Christiana a servitute neminem liberat, sicut allegatum est supra q. ii, c. viii. Ergo si papa ante papatum fuit subiectus imperatori,
45 remanet imperatori subiectus et servus, nisi imperator eidem libertatem et immunitatem sponte concesserit.

Sed dicet aliquis quod servus ad papatum assumptus in favorem Christianae religionis liberatur a servitute et etiam ab omni subiectione, sicut servus factus presbyter a servitute in favorem ecclesiae liberatur. Huic
50 dicitur quod in favorem religionis vel ecclesiae nichil iniustum statui debet, quia praetextu pietatis non est facienda impietas, xiv, q. v, *Forte*, i, q. i, *Non est putanda*. Cum ergo iniustum sit et iniquum ut aliquis sine

23 modi ponendi: modi *om.* A; ponentes *b²*.
29 scilicet *om.* LK.   33 qua: quia *b¹*.
34 debet *b*.
34 imperatoribus *sec. canonem scripsi*: imperatori *a*K; imperator *b¹*.
35 approbatio *b¹*.
44 Ergo si WKV²: si ergo L*b¹*(−BMF); ergo *om.* B; sed MF.
46 sponte *om. b²*; libere concesserit et sponte L.
47 ad: ante *b¹*.
49 favorem religionis vel ecclesie *add.* L.
49–50 Huic ... ecclesiae: contra quem in favorem ecclesie M; respondetur in favorem ecclesie B; ad hoc respondetur negando assumptum L.
50 nichil enim *add.* L.   52 ut: quod *b²*.

─────────

29–30 Gratianus *post* c. 20, C. 23, q. 8, col. 959.
33–4 c. 22, C. 23, q. 8, col. 961.   35–6 III, 39, 2, col. 622.
38 c. 41, C. 11, q. 1, col. 638.   38 c. 24, di. 63, col. 242.
38–9 *ibid.* c. 17, col. 239.
40 III, 21, 5, col. 528; *cf. Gl. ord. ad* c. 42, C. 16, q. 1, *s.v.* ' inde abstrahere '; *Gl. ord. ad* III, 30, 28, *s.v.* ' nisi cum onere '.
51 c. 3, C. 14, q. 5, col. 739.   44 supra: ii.8.19–29.
                                              52 c. 27, C. 1, q. 1, col. 369.

culpa privetur iure suo, ecclesia non potest statuere ut imperator vel alius
privetur iure, quod habuit in persona papae antequam esset ad papatum
55 assumptus, *ne*, ut dicit Apostolus i ad Tim. vi, *nomen Domini et doctrina*
blasphemetur. Cuius doctrinam Gelasius papa, ut habetur di. liv, c.
Generalis, sequi videtur, affirmans quod servi dominorum suorum iura
sub obtentu religionis fugere minime debent, *ne per Christiani nominis*
institutum aut aliena iura videantur pervadi aut publica disciplina subverti. Videtur
60 igitur quod servus, si fiat presbyter vel summus pontifex, neque iure
divino neque iure naturali eripiatur a servitute. Nec a servitute eripi
potest iure canonico, quia iura canonica leges saeculares et iura saecularium, quae iuri divino et naturali minime adversantur, nequaquam tollere
possunt. Ergo, si servus factus papa vel presbyter in libertatem eripitur,
65 oportet quod ipsam ex iure humano imperatorum assequatur.

CAPITULUM 3

Hiis opinionibus breviter recitatis, videndum est quomodo secundum eas
ad allegationes contra eas inductas respondetur. Secundum autem
opinionem ultimo recitatam, ad allegationem adductam supra c. i pro
opinione prima diversimode respondetur.
5   Dicitur enim uno modo concedendo quod nulla communitas est
optime ordinata nisi uni supremo iudici sit subiecta. Et ideo conceditur
quod omnium mortalium, si optimo regimine debeant gubernari, debet
esse unus supremus iudex per electionem universitatis mortalium vel
maioris aut sanioris partis constitutus; qui non debet esse papa, sed alius,
10 qui summo sacerdotio non fungatur, cui papa et omnes alii in omnibus,
quae ad supremi iudicis spectant officium, sint subiecti: ita ut papa ex
institutione Christi nullam iurisdictionem aut potestatem neque regulariter
neque casualiter neque in temporalibus neque in spiritualibus habeat
coactivam, quamvis a Christo habeat potestatem absolvendi in foro
15 poenitentiae a peccatis ac cetera sacramenta ecclesiastica ministrandi et
docendi qualiter sit vivendum, ut vita perpetua acquiratur.
    Haec responsio in scripturis divinis fundari videtur, quia in eis legitur,
ut videtur, quod Christus Apostolis omnem potestatem coactivam
inhibuit, cum dixit Matthaei xx: *Scitis quia principes gentium dominantur*
20 *eorum, et qui maiores sunt, potestatem exercent in eos. Non ita erit inter vos.* Ex
quibus verbis colligitur quod Apostoli nullam debuerunt potestatem in

54 iure suo *add.* L.   59 videantur *om. a*K; *add.* V².
59 pervadi *sec. canon. scripsi*: privari *a*; pervagi *b*.
61 eripietur M; eripitur B.   62–3 et iura . . . adversantur *om. b*².
65 imperatorum: inposterum *b*V².

3 supra *om. a*.   3 c. i *scripsi*: c. ii *codd*.
11 summi L.   18 videtur: dicitur BMFP; *om.* AOT.
19 inhibuit: interdixit *b*².   20 erit: est *a*.

55–6 1 Tim. 6, 1.   58–9 c. 12, di. 54, col. 210.
3 ultimo: *supra*, iii.2.1–4.   3 supra: iii.1.66–70, 121–6.
5 uno modo: *cf.* Marsilius Patav., *Def. pacis* I, xv–xvii; *ibid.* II, iv–vii.
8–9 *cf. Def. pacis* I, xv, 2, ed. Scholz, p. 85.
17–24 *ibid.* II, iv, 13, pp. 174–7.   19–20 Matth. 20, 25–6.

alios exercere: quod de potestate coactiva praecipue debet intelligi;
quare nec papa, successor Petri, ex institutione Christi potestatem habet
aliquam coactivam. Hoc etiam per hoc videtur posse probari, quod
25 Christus, cuius papa est solummodo vicarius, nullam unquam potestatem
exercuit coactivam, sed a iudice saeculari voluit iudicari; ergo nec
eius vicarius potestatem habet aliquam coactivam, sed in omnibus
saeculari iudici est subiectus.

Aliter respondetur quod papa plenam habet in spiritualibus potestatem
30 etiam coactivam, et alius iudex habet in temporalibus potestatem solummodo; et tamen communitas mortalium hoc non obstante poterit esse
optime ordinata, et ideo negatur illa: ' Nulla communitas est optime
ordinata nisi uni supremo iudici sit subiecta '.

Et aliter dicitur secundum opinionem secundam superius recitatam, quod
35 nulla communitas discordias inter se habere valentium esset optime ordinata, quae regulariter et in omni casu uni supremo iudici esset subiecta;
quia in tali communitate posset iste supremus iudex impune in perniciem
totius communitatis delinquere, quod optimae ordinationi communitatis
cuiuscunque repugnat. Rursus, optimae ordinationi communitatis non
40 obviat quod aliqui alii a supremo iudice potestatem etiam regularem
habeant coactivam, quae non sit praeiudicialis potestati supremi iudicis.
Adhuc, optimae ordinationi communitatis non obviat quod aliquis a
iurisdictione coactiva supremi iudicis regulariter sit exemptus, dummodo
casualiter sit subiectus, quando scilicet aliter periclitaretur bonum
45 commune. Ex hiis infertur quod optimae ordinationi communitatis non
repugnat quod supremus iudex et alii inferiores ipso alicui alteri quam
supremo iudici casualiter sint subiecti, qui super eos potestatem habeat
coactivam. Per hoc respondetur ad allegationem supradictam: Quod
nulla communitas dissentire valentium est optime ordinata nisi tota uni
50 supremo iudici sit subiecta vel regulariter vel casualiter, ita ut nullus alius
a summo iudice sit taliter ab eius potestate exemptus, ut in nullo casu
liceat supremo iudici coercere eundem; sed quod aliquis a potestate
supremi iudicis regulariter sit exemptus et in casu necessitatis sit subiectus
eidem, optimae ordinationi alicuius communitatis non derogat, sicut non
55 derogat optimae ordinationi communitatis generalis vel specialis quod
supremus in eadem communitate regulariter sit exemptus a potestate
totius communitatis, et tamen quod in casu necessitatis sit eidem communitati subiectus. Et ideo universitas mortalium non est optime

23 Christi per hoc *add.* ABR*ed. pr.*   27 habet *om. a.*
32 ordinata: regulata *b²*; *om.* KAT.   36 quae *om. b³.*
36 et: etiam *b.*   36 si uni *add. b¹.*
37 impune *om.* BR*ed. pr.*; iusticiam in ruinam et L.
38 quod: et *b¹.*   39 repugnare *b¹.*
41 quae . . . praeiudicialis: qui non sint preiudiciales (preiudicatores OR) *b.*
42–5 Adhuc . . . commune *post* coactivam (*infra,* iii.3.48) *trs. b.*
42 obviat: repugnat APTO.   47 habeant WV*b.*
48 predictam seu supradictam L; predictam O.
54–5 derogat . . . derogat: repugnat sed neque *b².*

24–8 *cf. Def. pacis* II, iv, 7–12, pp. 164–74.   34–60 Ockham's view.
34 superius: iii.2.1–4.

ordinata nisi uni supremo iudici praedicto modo sit subiecta, licet in casu
60 expediat ab huiusmodi optima ordinatione saltem ad tempus recedere.

CAPITULUM 4

Porro, quia ista videntur non usquequaque clare dicta, sed obscure,
ita ut qualiter intelligi debeant aliquis valeat dubitare, ut lucide eorum
pateat intellectus ac per hoc an sit verus vel falsus magis appareat, breviter
est dicendum secundum istam opinionem quae ad optimum principatum,
5 praelationem, rectoriam seu regimen requiruntur, quae sibi repugnant, et
quae sibi compossibilia debeant reputari.

Dicitur itaque quod ad optimum principatum primo exigitur quod sit
propter bonum commune subditorum, non propter bonum principantis
proprium institutus.   Per hoc enim optimus principatus tam generalis
10 respectu universorum mortalium quam specialis respectu quorundam
non solummodo differt a principatu illicito, vitioso et iniusto, sed etiam
a principatu despotico, id est dominativo propter bonum proprium
principantis, et omni alio, etiam licito, qui non ordinatur ad commune
bonum.

15 Talis autem principatus est papalis et episcopalis, quantum est ex
ordinatione Christi; quod Christus insinuasse videtur quando beatum
Petrum ordinavit in papam dicendo ei: *Pasce oves meas*, quasi diceret,
' Super oves meas principem te constituo, non ut tollas ab eis lanam et
lac, nisi pro necessitatibus tuis iuxta illud Apostoli i Cor. ix: *Quis pascit*
20 *gregem, et de lacte gregis non manducat?* sed ad pascendum easdem.'   Talem
etiam principatum videtur Christus promisisse beato Petro quando dixit
eidem, ut habetur Matthei xvi: *Tu es Petrus, et super hanc petram aedificabo*
ecclesiam meam, et portae inferi non praevalebunt adversus eam.   Et tibi dabo
claves regni caelorum, quasi diceret, ' Tantum ad aedificandum ecclesiam
25 meam, non ad dominandum ei (ut ipsemet Petrus in canonica sua
prima, cap. v innuit, dicens: *Neque ut dominantes in cleris*), ut introducas
eam ad regnum caelorum, ceteris te praeferam et praeponam.'   Et ideo
per verba Christi, quae sequuntur: *Quodcunque ligaveris super terram, erit*
ligatum et in caelis; et quodcunque solveris super terram, erit solutum et in caelis,

---

59 subiectus *a*.

2 lucidum A; lucidius *b²*.
5 requiritur L*b*.
10 specialis qui *add. b*.
11 sed: verum *b²*.
13 illicito *b*.
17 dicat L.
21 commisisse *b²*.
27 eam *scripsi*: eos B; eas *aKb³*.

4 quae: quod L*b²*(−B).
6 debeant: possunt B; *om. b³*.
11 vitioso: discolo *b¹*.
13 omni: cum LW.
17–18 quasi . . . meas *om*. WVK.
19 necessariis L.
26 clero *b²*.

---

4 istam opinionem: i.e. the opinion at iii.2.1–4 according to the *modus ponendi* at
iii.2.19–22; it amounts to the view expressed at iii.3.34–60, especially 58–60.
   7–14 *cf.* Aristoteles, *Pol.* iii, 6, 1279a 17–21, ed. Susemihl, p. 177; *supra*, i.6.112–14 n.;
ii.4.25–9; *infra*, iii.6.5–6.
   16–20 *cf. IPP* c. 7.
   19–20 1 Cor. 9, 7.
   26 1 Petr. 5, 3.

17 Ioann. 21, 17.
22–4 Matth. 16, 18–19.
28–9 Matth. 16, 19.

30 intelligitur Petro fuisse promissa potestas super sibi subiectos, non super
alios, quae esset ad aedificationem, non ad destructionem ipsorum;
qualem potestatem Apostolus ii Cor. ultimo super sibi subiectos dicit sibi
datam a Domino.

Propter quod beatus Petrus nullam potestatem recepit a Christo,
35 nisi propter bonum sibi subiectorum ad obtinendum regnum caelorum,
ut nichil eis valeret imponere per praeceptum, nisi quod eis esset necessarium ad consequendum regnum caelorum. Et ideo contra iura et libertates fidelium eis a Deo et a natura concessas nichil sibi auctoritas Christi
valebat, quia ad aedificationem, non ad destructionem iurium et liber-
40 tatum a Deo et a natura fidelibus concessarum recepit potestatem a
Christo: ne ipsorum non solummodo pastor et servus, sed dominus
videretur contra doctrinam propriam, qua alios episcopos informavit,
dicens: *Pascite qui est in vobis gregem Dei, providentes non coacte, sed spontanee*
secundum Deum; neque turpis lucri gratia, sed voluntarie; neque ut dominantes
45 *in cleris, sed forma facti gregis ex animo.* Propter quod si beatus Petrus
contra iura et libertates fidelium extra casum necessitatis et utilitatis,
quae necessitati aequiparari valeret, aliquid in communi vel in speciali
iussisset, huiusmodi iussio neminem obligasset; et si contra non adquiescentes sententiam aliquam protulisset, tanquam a non suo iudice
50 lata ipso iure nulla fuisset iuxta regulam illam, Extra, *de regulis iuris, Ea,*
libro sexto: *Ea, quae fiunt a iudice, si ad eius non spectant officium, viribus non*
subsistunt. Si enim quod a praelato exigitur a sibi subiecto contra
libertatem ei indultam a papa, eidem subdito est liberum denegare,
Extra, *de excessibus praelatorum, Sane,* x, q. iii, *Quia cognovimus,* et *sententia*
55 *contra privilegium papae nulla est, tanquam a non suo iudice lata,* Extra, *de*
excessibus praelatorum, Cum ad quorundam, in glossa, et expresse accipi videtur
ex textu: multo magis quod Petrus exegisset a sibi subiecto contra
libertatem sibi a Deo et a natura concessam liberum exstitisset eidem
subdito denegare, et sententia Petri contra privilegium Dei et naturae
60 nulla fuisset tanquam a non suo iudice lata, nam quantum ad libertates
fidelibus a Deo et a natura concessas omnes a iurisdictione Petri exempti
fuerunt. Quare, cum privilegia et exemptio, quae conceduntur a Deo
et a natura, magis debeant unicuique servari quam quae indulgentur

---

32 ii Cor. *correxi*: i Cor. *codd.*
34 etiam beatus *add. b².*
38 eis WV²: sibi L; sunt *b.*
38 ut nichil *add. b.*   37 contra: tota *b³*; *om.* B.
38-9 auctoritas Christi valebat: nisi auctoritate valeat inungere *b.*   38 concessa *b¹.*
40 concessorum V.   38 sibi *scripsi*: eis LW*b*; ipsi pape V².
44 neque² *ut*: nec ut WV; videlicet ut K; videlicet non *b³*(−R); scilicet non BR.
48-9 et si . . . adquiescentes: etiam si in contradicentes *b².*   44 neque: non L; nec WV.
53 subiecto L.
59 et naturae: et vere A; sic etiam *b²*; etiam V².
63 servari: serviri *b¹.*

31-3 *cf.* II Cor. 13, 10.   43-5 I Petr. 5, 2-3.
46 necessitatis et utilitatis: *cf. supra,* i.7.56-7 n.
51-2 *Sext.* v, 12 *ad fin.,* reg. 26, col. 1122; *cf. IPP* c. 2.
54 v, 31, 5, col. 836.   54 c. 6, C. 10, q. 3, col. 634.
54-6 *Gl. ord. ad* v, 31, 7, *s.v.* ' non tenere '.

a papa vel a beato Petro, sequi videtur quod omnis sententia Petri contra
5 libertates huiusmodi tanquam a non suo iudice lata ipso iure nulla fuisset.
Huiusmodi principatum, qui bonum solummodo respicit subditorum,
non proprium principantis, nisi inquantum in bono includitur aliorum,
Christus Apostolis minime interdixit, licet eis imposuerit praeceptorie
vel consultorie ut ab omni principatu propter honorem et commodum
o proprium abstinerent, dicens ad eos, ut habetur Matthaei xx: *Scitis quia
principes gentium dominantur eorum, et qui maiores sunt, potestatem exercent in eos.
Non ita est inter vos, sed quicunque voluerit inter vos maior fieri, sit vester minister,
et qui voluerit inter vos primus esse, erit vester servus, sicut Filius hominis non venit
ministrari, sed ministrare.* Quibus verbis Christus non omnem principatum
5 Apostolis interdixit, sed magis aliquem esse appetendum ab eis ostendit,
cum dixerit: *Quicunque voluerit inter vos maior fieri,* et: *Qui voluerit inter vos
primus esse,* nam maioritas et primitas ad principatum pertinere noscuntur:
quod etiam Apostolus, non ignorans doctrinam Christi, innuit manifeste,
i Tim. iii dicens: *Si quis episcopatum desiderat, bonum opus desiderat.* Sed
o qualem principatum Christus voluit ab Apostolis appeti, patefacit, cum
dicit: *Sicut Filius hominis non venit ministrari,* saeculares honores, munera,
tributa et servitia, praesertim non necessaria, praeceptis, minis seu
terroribus exigendo, qualia principes saeculi, quia optimum principandi
modum nullatenus complectuntur, a sibi subiectis exigunt et extorquent,
5 etiam saepius violenter: *sed ministrare,* non tantum corporaliter, etiam
pedes discipulorum suorum humiliter abluendo, sed etiam spiritualiter,
credentes in ipsum propter ipsorum utilitatem, non suam, ex nimia
caritate docendo, monendo ac praeceptis et prohibitionibus, quae ad
principantem spectare noscuntur, saluberrime dirigendo, teste Evangelista
o Matthaeo, qui c. x ait: *Hos duodecim misit Ihesus, praecipiens eis et dicens:
In viam gentium,* etc., et post: *Nolite possidere aurum,* etc.; quod etiam in
quampluribus aliis locis evangelicae doctrinae explicite invenitur.
Christus igitur, non obstante quod dixerit se venisse *non ministrari, sed
ministrare,* nequaquam omnem praelationem seu principatum a se removit,
5 sed solummodo principatum propter utilitatem propriam, gloriam vel
honorem, sicut ipse saepe testatus est. Quamobrem, cum ipse voluerit
quod Apostoli essent imitatores sui utilitatem fidelium procurando,
nullatenus ipsos ab omni principatu prohibuit, sed ipsos praecepto vel
consilio informavit ut principando fidelibus prodesse, non dominari
o propriam utilitatem, gloriam et honorem amando appeterent, qualia

67 bono communi *add. b*^{1}V^2·   72 est: erit *Vulg.*   73 vester servus sit *a.*
76 dixit LVO; dicit B.   77 et: vel L.
77 prioritas *b*^{3}.   82 minis seu: penis vel *b*^{1}.
84 amplectuntur BM.   89 principatum *b*^{1}.
90 Hos etiam *add. b.*   93 Christus precepisse *add. b*^{2}(−T).
93 igitur ... dixerit: ergo non obstat quod dicit *b*^{2}.
94 nequaquam enim *add.* K*b*^{2}.   99 ut: vel LV; *corr.* V^2; *om.* K.
100 qualia: qualiter *b*^{1}.

70–4 Matth. 20, 25–8.   76–7 Matth. 20, 26–7.
79 I Tim. 3, 1.   81–5 Matth. 20, 28.
90–1 Matth. 10, 5.   91 Matth. 10, 9.
93–4 *cf.* Matth. 20, 28.

principes saeculi semper vel frequenter quaerere dignoscuntur. Huiusmodi autem principatus puritate propter bonum aliorum functi sunt
Apostoli. Sed secundum quosdam ad puritatem huiusmodi principatus
absque omni permixtione cuiuslibet alterius principatus, qui propter
105 bonum proprium, gloriam et honorem assumitur principantis, successores
Apostolorum de necessitate salutis minime astringuntur, nisi essent aliqui,
qui per votum vel iuramentum a se omnem principatum huiusmodi
abdicarent, licet quorundam assertio asseveret quod ad puritatem
huiusmodi principatus qui in principatu succedunt Apostolis obligentur.

CAPITULUM 5

Secundo ad optimum principatum tam generalem respectu cunctorum
mortalium quam specialem respectu quorundam, secundum opinionem
praescriptam requiritur quod principans sit una persona, sicut principatus
est unus. Propter quod secundum philosophos principatus regalis, quo
5 una persona praefulget, tam principatum aristocraticum quam politicum,
in quorum utroque praesident plures, superat et praecellit.
    Pro quo posset multipliciter allegari, sed ad praesens unam solummodo
sufficiat allegationem adducere, quae talis est: Ille principatus est
optimus et ceteris praestantior reputandus, in quo inter subditos caritas,
10 amicitia, pax et concordia potissime procuratur, nutritur, crescit et
servatur, et quo seditio seu discordia, quae est cuiuslibet communionis
corruptio, praecipue devitatur. Propter haec enim est omnis principatus
bono communi expediens principaliter institutus, et ista summo conatu
plantare debet princeps et fovere in sibi subiectis. Unde et *Princeps*
15 *pacis*, Christus, *super* cuius *humerum factus est* optimus *principatus*, corporaliter ab Apostolis ceterisque fidelibus recessurus, ipsis dilectionem et
amicitiam singulariter imponebat, dicens: *Hoc est praeceptum meum, ut*
diligatis invicem; qui etiam ipsis pacem, quae est amicitiae et caritatis
effectus, optavit saepius et praecepit et aliis desiderare docebat. Dixit
20 enim eisdem, ut habetur Ioannis xiv: *Pacem relinquo vobis; pacem meam do*
vobis, et c. xvi ait: *In me pacem habeatis*, et Marci ix° c.: *Pacem habete inter*

104 permixtione: promptione AOP; promotione $b^2(-OP)$.
105 et: vel LK.   108 asseverit W^2V; asserat b^1.

Novum capitulum non exhibet R.
    4 Propter quod: quod propter K; quapropter b^1.
    5 refulget b.   7 multipliciter: tripliciter b.   9 in *om. b.*
    9–10 caritas, amicitia: pax animi caritas et L; caritas animi et WV.
    15 humeris Lb^3.   16 successurus K; successuris b^3.
    19 affectus KAMF.   19 alios L.
    20 xiv *scripsi*: ix $ab(-B)$; vi B.
    20–1 xiv ... do vobis *post* habeatis *trs. a.*   21 xvi: xvii WVb.

103 quosdam: perhaps Ockham; *cf. infra*, viii.6.167–84.
108 quorundam assertio: possibly Ockham had in mind Bernardus Claraevall., *De*
consid. ii, 6, PL 182, 748; *ibid.* iii, 1, col. 758; *cf. IPP* c. 7.

2–3 opinionem praescriptam: *cf.* iii.4.4 n.
    4 philosophos: *cf.* Aristoteles, *N. Eth.* VIII, 12, 1160a 30 *sqq.*; Thomas, *In libr. Eth.*
VIII, lect. 10, n. 1674; IusIIae *Dial.* ii, 8.
14–15 *cf.* Is. 9, 6.   17–18 Ioann. 15, 12.
20–1 Ioann. 14, 27.   21 Ioann. 16, 33.   21–2 Mc. 9, 49.

vos, et Ioannis xx sic legitur: *Venit Ihesus, et stetit in medio* discipulorum, *et dixit*: *Pax vobis*, et, ut habetur Matthaei x, dixit Apostolis: *Intrantes in domum, salutate eam, dicentes: Pax huic domui.*

25 Quod autem ex discordia corruptio et destructio cuiuslibet communitatis proveniat, et per consequens concordia est conservationi communitatis cuiuslibet opportuna, omnis communitatis auctor et rector Christus declarat, dicens, ut habetur Matthaei xii: *Omne regnum divisum contra se, desolabitur; et omnis civitas, aut domus divisa contra se, non stabit.*
30 Hiis sola ratione coactus concordat Aristoteles, qui ii° Politicorum, c. iii ait: *Amicitiam putamus maximum esse bonorum civitatibus; sic enim utique minime seditiones faciunt*; et viii libro Ethicorum, c. i, dicit: *Videtur autem civitates continere amicitia, et legis positores magis circa ipsam student quam iustitiam. Concordia enim simile aliquid amicitiae videtur esse; hanc autem*
35 *maxime appetunt*; ex quibus probatur quod principatus ad servandam amicitiam, pacem et concordiam et ad tollendam discordiam inter subditos principi potissime ordinatur.

Hoc autem magis fit, si princeps fuerit una persona, quam si plures exstiterint, quemadmodum accidit in aristocratia. Nam, si unus solus
40 fuerit supremus principans, nulla poterit omnino in primo et capite omnium discordia provenire; nemo enim dissidet a seipso. Sed si plures supremi exstiterint principantes, sive diversis principatibus sive uni aristocratice vel politice praesidentes, inter primos rectores totius communitatis poterit amicitia et pax dissolvi ac discordia et seditio
45 suboriri, quae omnibus discordiis inter subditos et minus potentes gravior et periculosior esse dignoscitur. Omnis enim discordia inter minus potentes et subditos per principantem vel principantes sedari potest et sanari. Sed si inter principantes supremos fuerit suborta discordia, usque ad omnes alios faciliter se diffundet, quia, ut testatur Aristoteles v°
50 Politicorum, c. ix: *Totaliter insignium dissentiones coassumere faciunt totam civitatem; propter quod subditos vereri oportet talia, et dissolvere praesidum et potentatuum dissentiones*, unum scilicet principem, si commode possunt, omnibus praeficiendo. *In principio*, id est in principantibus, *fit peccatum in periculum et perniciem omnium, si fuerint dissidentes. Principium*
55 *autem dicitur esse dimidium totius;* et ideo inter principantes discordia est

22 xx: 29 WV; 18 K; xviii M.
22–3 stetit . . . et¹ *om.* L; discipulorum suorum *add. b³.*
26–7 concordia . . . communitatis: ex concordia constituatur communitas *b².*
26 conservatio LV².   27 omnium communitatum W²V.
30 ii°: v libro *b¹.*   31 bonum V*b¹.*
32 minime *om.* L.   40 in primo et *om. b*; et *om.* WV.
42 diversi *b¹.*   42 principatibus: principantes *b³; om.* B.
43 aristocratie vel politie K.
52 potentatuum WV: potentatum L*b*; potentum *Susemihl.*
55 principes *b³; om.* B.

22–3 Ioann. 20, 26.
23–4 Matth. 10, 12.   25–37 *cf.* IusIIIae *Dial.* ii, 10.   28–9 Matth. 12, 25.
31–2 Aristoteles, *Pol.* ii, 4, 1262b 7–8, ed. Susemihl, p. 69.
32–5 Aristoteles, *N. Eth.* viii, 1, 1155a 22–3; Thomas, *In libr. Eth.* viii, lect. 1, n. 1542.
50–1 Aristoteles, *Pol.* v, 4, 1303b 31–2, ed. Susemihl, p. 513; *cf. supra*, iii.1.117–18.
51–5 *ibid.* 1303b 27–9, ed. Susemihl, pp. 512–13.

in omni communitate periculossima reputanda; quare ad principatum simpliciter optimum requiritur quod persona principans sit unica, sicut principatus est unus. Plura alia ad principatum optimum requiruntur, sed ista ad praesens breviter et grosse tractasse sufficiat.

CAPITULUM 6

Repugnant autem optimo principatui plura, de quibus perstringenda sunt pauca. Quorum primum est quod sibi repugnat solummodo servos habere sibi subiectos; immo nonnullis apparet quod non stat cum puritate optimi principatus quemcunque subditum, praesertim invitum, 5 absque culpa sua esse servum. Nam principatus optimus propter bonum subditorum est principaliter institutus. Principatus autem servorum, qui et despoticus nominatur, est principaliter propter bonum principantis; quare huiusmodi principatus non est optimus iudicandus.

Amplius, principatus iniustus et contra naturam non est optimus 10 aestimandus. Sed iniustum est et contra naturam ut quis maioribus aut aequalibus et sibi similibus vel de quibus spes probabilis esse potest quod futuri sunt maiores aut aequales et sibi similes virtute et sapientia, principetur tanquam servis, ut Aristoteles iii Politicae suae aperte videtur asserere. Quod etiam Ieronymus testari videtur, cum dicit, ut habetur 15 in decretis, di. xxv, § *Nunc autem: Talis eligatur,* scilicet in principem et praelatum, *cuius comparatione ceteri grex dicantur;* et i, q. i, *Vilissimus,* sic habetur: *Vilissimus computandus est, nisi praecellat scientia et sanctitate, qui est honore praestantior.* Hinc Sapiens Ecclesiastici xxxii, rectorem et principem instruens et informans, ait: *Rectorem te posuerunt? Noli extolli;* 20 *esto in illis quasi unus ex ipsis.* Quare optimo principatui repugnare videtur ut omnes subditi unius principantis sint servi.

Ad quod etiam probandum videtur sufficere ratio Aristotelis primo Politicorum, qua probare conatur quod melior est principatus liberorum

---

56 communitate: civitate *b³*; *om.* B.
56 reputatur *b³V²*; *om.* B.   57 unica: una L.

1 Repugnant autem optimo principatui plura *a*: Restat ergo inquirere (querere W) que optimo principatui secundum (per *b¹V²*) opinionem prescriptam debeant (debebant W) compossibilia (tamen possibilia A; incompossibilia MOPV²; impossibilia T) reputari, licet (et que B; etiam que V²) ad eius essentiam nequaquam pertineant sed sibi adesse valeant et deesse (vel sibi possunt deesse vel adesse R; vel ad rem B). Ad cuius evidentiam dicitur ante omnia (esse *add.* K) sciendum (*om.* BRMT) quod licet ad principem multa pertineant (scilicet *add.* W) plura tamen (tantam B; *om.* V²) sunt (autem *add.* V²) que statui eius repugnant ut (ipsi *add.* V²) optimo principatui *b* (sed sibi . . . plura *om.* OPV²), *nullum novum capitulum exhibens; add. et del.* W. *Haec verba, ut videtur, ab initio capituli 8 sunt translata* (*cf. infra,* iii.8.1–5).
1 perscrutanda B.   5 absque: sine L.
9 iniustus et: qui institutus est *b²*.   10 reputandus L; iudicandus V².
17 reputandus *b²V²*.

5–6 *cf.* Aristoteles, *Pol.* iii, 6, 1279a 17–21, ed. Susemihl, p. 177; *supra,* iii.4.7–14 n.
13 *cf.* Aristoteles, *Pol.* iii, 16, 1287a 12–18, ed. Susemihl, pp. 227–8, cited IusIIIae *Dial.* ii, 2.
15–16 Gratianus *ante* c. 4, di. 25, col. 92 = Hieronymus, *Ep.* lxix (ad Oceanum), PL 22, 662.   17–18 c. 45, C. i, q. i, col. 376.
19–20 Eccli. 32, 1.

quam servorum. Quia *melior* est *principatus, qui* est *meliorum subiectorum,*
25 sicut melior est principatus *homin*um *quam bestia*rum. Liberi autem
sunt meliores quam servi; quare principatus servorum non est optimus
iudicandus.

Sed contra ista aliquis forte obiciet, dicens quod optimo principatui
non repugnat perfectissima obedientia in subiectis; tunc enim optimus
30 principatus non posset in religione perfectissima, quae obedientiam
perfectissimam promitteret, reperiri. Sed perfectissima obedientia est
obedientia servorum, quia qui perfectissimam obedientiam promittit et
vovet, promittit in omnibus obedire, ad quod tenentur servi. Ergo
principatus servorum principatui optimo non repugnat. Huic re-
35 spondetur quod religio perfectissima non promittit simpliciter in omnibus
obedire, sicut tenentur servi in omnibus obedire—tunc enim posset praelatus religiosum huiusmodi cogere vitam ducere saecularem—; sed religio
perfectissima promittit in omnibus obedire, quae non sunt contra Deum
et regulam suam, praesertim in hiis, quae ad Deum et bonos mores ac
40 vitam pertinent regularem.

CAPITULUM 7

Ex isto secundum opinionem praefatam infertur principatui optimo
repugnare quod principans illam habeat plenitudinem potestatis, quae
descripta est supra, q. i, c. vi, ut scilicet de iure, si voluerit, omnia possit
praecipere et imponere subditis, quae nec iuri naturali indispensabili et
5 immutabili nec iuri divino, ad quod omnes catholici obligantur, obviant
vel repugnant. Nam omnes subiecti habenti huiusmodi plenitudinem
potestatis super eos sunt servi ipsius secundum strictissimam significationem vocabuli ' servi ', nam hac potestate nullus dominus super servos
suos potestatem potest maiorem habere de iure. Sed optimo principatui
10 repugnat quod omnes subiecti sint servi; ergo et sibi repugnat quod
huiusmodi habeat plenitudinem potestatis.

CAPITULUM 8

Consequenter restat inquirere quae secundum opinionem praedictam
optimo principatui debeant compossibilia reputari, licit ad essentiam
eius nequaquam pertineant, sed sibi adesse valeant et deesse.

Ad cuius evidentiam ante omnia est sciendum quod, licet ad principan-
5 tem, de quo est sermo, multa pertineant, videlicet iura sua unicuique
tribuere et servare, leges condere necessarias atque iustas, iudices in-

---

28 obiceret b^2.
36 non tenentur *add.* b^1.
37-8 perfectissima autem religio b^2.
Novum capitulum non exhibet R.
4-5 et immutabili *om.* Vb^1.

37 religio: obedientia *a*.
39 ac: et b^1.
1 infertur: videtur b^2.

24-5 *cf.* Aristoteles, *Pol.* i, 5, 1254a 25-6, ed. Susemihl, p. 17.
3 supra: i.6.5-9.

feriores et alios officiales constituere, quales artes et a quibus in communitate sibi subiecta debeant exerceri, omnium virtutum actus praecipere et alia multa: tamen ad hoc videtur principalissime institutus, ut corrigat
10 et puniat delinquentes. Si enim in aliqua communitate nullus pro culpa seu delicto puniri deberet, monitor ad bonum et doctor sufficeret, et principans omnino superfluus videretur. Quod ex scripturis sacris colligitur. Ad idem enim lex et principans principalissime videntur institui. Lex autem non propter bonos, sed propter malos corrigendos et
15 puniendos instituitur, teste Apostolo, qui i Tim. i ait: *Lex iusto non est posita, sed iniustis, et non subditis*; et ad Galatas v ait: *Si spiritu,* id est ratione, *ducimini,* nichil contra rationem et bonos mores agendo, *non estis sub lege*; et ii ad Corinthios iii ait: *Ubi spiritus Domini, ibi libertas,* ut scilicet lex alterius principis ligare non valeat, unde *habe caritatem et fac*
20 *quod vis,* et per consequens nulla lege teneris si caritate, quae *non perperam agit,* fueris communitus; et di. iv, c. *Factae,* sic legitur: *Factae sunt leges, ut humana coerceatur audacia,* etc.; et Augustinus, ut habetur xxiii, q. v, *Ad fidem,* ait: *Legibus benefacere non cogimini, sed malefacere prohibemini.* Ergo similiter principans principaliter non propter bonos, sed propter
25 malos coercendos praeesse debet: quod Apostolus ad Romanos xiii expresse videtur asserere, dicens: *Principes non sunt timori boni operis, sed mali,* et post: *Si autem male feceris, time; non enim sine causa gladium portat. Dei enim minister est: vindex in iram ei, qui malum agit.* Quod etiam Sapiens, Ecclesiastici vii, videtur innuere, dicens: *Noli quaerere fieri iudex, nisi*
30 *valeas virtute irrumpere iniquitates.*

CAPITULUM 9

Hiis visis, dicitur quod optimo principatui non repugnat, sed est compossibile sibi, aliquam iurisdictionem seu potestatem alicuius vel aliquorum existentis vel existentium de communitate illa a summo principe eiusdem communitatis minime dependere seu non institui ab eodem, dummodo
5 per hoc nullus delinquens in eadem communitate iustam et debitam effugere valeat ultionem. Nam illud, quod non derogat bono communi, licet aliquid de honore vel potestate diminuat principantis, non videtur optimo principatui repugnare, cum ille, qui optimo fungitur principatu, non potestatem propriam vel honorem, sed bonum commune et aliorum

13 videtur Kb^2.   21 munitus b^2.
21 sic legitur *om.* b^1.   28 male LK.
30 disrumpere $b(-F)V^2$; disrumpi F.

2 aliquam: nunquam b^1.   5 eadem: illa b^1.
6 debeat effugere $b^2(-B)$; deberet effugere B.
6 ultionem non obviat *add.* b^1V^2 (non *om.* TV²).

9–10 *cf.* IIusIIIae *Dial.* i, 1.   15–16 I Tim. 1, 9.
16–18 Gal. 5, 18.   18 II Cor. 3, 17.
19–20 habe caritatem, *etc.*: *Gl. ord. ad Decretal. Greg. IX,* III, 31, 18, *s.v.* ' ex lege privata ', with reference to c. 3, *de poenit.* di. 2, col. 1190; *cf.* Augustinus, *Super Ep. I Ioann.* vii, 8, PL 35, 2033; *Sermo* v, 3, ed. O. Frajà Frangipane, Rome, 1819, p. 30.
20–1 *cf.* I Cor. 13, 4.   21–2 c. 1, di. 4, col. 5.
22–3 c. 33, C. 23, q. 5, col. 939 = Augustinus, *contra litt. Petiliani* ii, 83, PL 43, 315.
26–7 Rom. 13, 3.   27–8 Rom. 13, 4.   29–30 Eccli. 7, 6.

o quaerere teneatur, ut Apostolum imitetur dicentem i Cor. x: *Non quaerens quod michi utile, sed quod multis*; qui etiam ad Philippenses ii ait: *Non quae sua sunt singuli considerantes, sed quae aliorum.* Nec mirum, nam *caritas*, quae vigere debet in principe ad subditos, *non quaerit quae sua sunt,* prima Cor. xiii. Quod etiam imperator de seipso insinuat, dicens:
5 *Voluntarios labores appetimus ut quietem aliis praeparemus*, in Authenticis, *Ut divinae iussiones subscriptionem habeant gloriosi quaestoris*, in principio, coll. viii; qui et noctes ducit insompnes, *ut subiecti sub omni quiete subsistant*, in Autenticis, *Ut iudices sine quoque suffragio*, in principio, coll. ii.

Aliquam autem iurisdictionem vel potestatem seu officium esse in
10 aliqua communitate, praesertim a superiori, et non dependere a summo principe communitatis eiusdem, dummodo per hoc nullus delinquens debitam ultionem evadat, bono communi non obviat nec repugnat. Nam cum talis iurisdictio vel potestas bono communi debeat expedire, non refert a quo instituatur, dummodo debite exerceatur et rite et nullatenus
25 negligatur; quae cuncta implentur, si nullus delinquens in eadem communitate punitionem supremi iudicis vel alterius subterfugere queat. Non enim refert ad bonum commune, a quo legitime instituatur dux exercitus seu princeps militiae, dummodo pro salute reipublicae prudenter et strenue bella gerat; nec ad bonum commune refert, a quo legitime
30 iudex instituatur inferior, dummodo iuste, quod iustum est, exequatur. Unde et hoc in omni communitate servari videmus. Nam cum quis super aliquam communitatem supremum accipit principatum, nequaquam omnes, qui in eadem communitate iurisdictione, potestate vel officio aliquo sunt functuri, de novo instituit, sed quos a praedecessore
35 suo vel alio invenit institutos sua dimittit officia exercere, et nonnullos, si est consuetudo vel lex, ab aliis de novo permittit institui; quia, sicut dictum est, bono communi non derogat a quo quis legitimam habeat potestatem, dummodo quae bono communi expediunt secundum potestatem acceptam exerceat diligenter. Quare potestatem aliquam seu
40 iurisdictionem in aliqua communitate a supremo principante minime dependere optimo principatui non repugnat, dummodo per hoc bonum commune periculo nullatenus exponatur; quod accidet si fungens huiusmodi potestate, si deliquerit, per hoc non valeat correctionem necessariam evitare.

CAPITULUM 10

Ex praedictis infertur quod optimo principatui non repugnat aliquem in aliqua communitate a potestate coactiva principantis supremi regulariter

14 etiam *om. b¹.*
16 subscriptionem L²V²: suspicionem LW*b*.
19 esse vel institui *add.* V²; iurisdictionem presertim a superiori vel potestatem seu officium esse in aliqua communitate vel institui *b.*

27 dux *om.* W*b.*
38 secundum *om.* MF.
43 si *om. b¹.*

38 quae: secundum ea que MF.
42 accideret *b²*V².
43 per hoc non: non L; et *b².*

10–11 1 Cor. 10, 33.　　　12 Philipp. 2, 4.　　　13 1 Cor. 13, 5.
15–16 *Nov.* 114 pr. (coll. viii, tit. 15).　　17–18 *Nov.* 8 pr. (coll. ii, tit. 2, 3).

esse exemptum, dummodo casualiter, ne delinquere valeat insolenter, sit principanti supremo subiectus; quia talis exemptio bono communi non
5 derogat, ex quo sic exemptus, si deliquerit, necessariam bono communi punitionem non valeret evadere. Et ex hoc concluditur ulterius quod principatui optimo non repugnat correctionem seu punitionem taliter exempti a potestate supremi principantis ad alium vel alios quam ad principantem supremum primo spectare, dummodo deficientibus aliis
10 sive per malitiam sive per impotentiam sive per negligentiam dampnabilem, saltem casualiter per supremum puniri valeat principantem: quia hoc bono communi non derogat; nichil enim refert ad bonum commune, a quo delinquens legitime puniatur. Cum igitur princeps maiorem habens quam doctor et monitor potestatem sit principalissime
15 institutus ad corrigendum et puniendum legitime delinquentes, *ut humana coerceatur audacia, et tuti sint inter improbos innocentes*, infertur quod praedicta optimo principatui non repugnant, cum per ea delinquentes impunitatem periculosam bono communi nullatenus valeant obtinere.

CAPITULUM 11

Sane, licet praescripta opinio praedicta teneat de optimo principatu tam generali respectu universorum mortalium quam speciali respectu quorundam, dicit tamen quod huiusmodi optimus principatus non est semper instituendus neque in tota communitate cunctorum mortalium
5 neque in communitate speciali; quia sicut saepe aliqua sunt simpliciter bona et tamen multis sunt mala propter indispositionem ipsorum—bibere enim vinum et comedere carnes sunt bona, et tamen sunt mala multis aegrotis—, ita optimus principatus simpliciter non est omnibus optimus, immo aliquibus est nocivus et nonnunquam inductivus corruptionis et
10 periclitationis boni communis. Quod accidere potest tam ex malitia subiectorum quam ex malitia vel insufficientia ad principatum huiusmodi assumendi. Quandoque enim subiecti ex ambitione cupientes indebite principari vel aliqua alia malitia incitati principatum optimum nullatenus sustinerent, sed ante in seditiones et discordias corrumpentes rempublicam
15 verterentur. Nonnunquam autem persona sufficiens in bonitate et discretione inveniri non posset, et tunc aliquis alius principatus, puta aristocraticus vel politicus, quo funguntur simul plures, deberet ad tempus institui, quia illud est faciendum pro tempore, quod pro tempore

Novum capitulum non exhibet R.
    6 valet L.   12–13 bono communi *b*¹.   13 ergo L.   17 praedicta *om. b*¹.
    17 repugnat *b*¹; repugnat talis exemptio *add.* MOPRT.
    18 impunitatem: in principantem *b*¹.   18 periculose *b*¹.
Novum capitulum non exhibet R.
    2 speciali: specialiter K; specialium A;   *om. b*².
    5 tota communitate speciali *add.* WV.   11 vel: et LM.
    14 sustinent *b*³(−R); sustineret R.
    17 debent LBM   17–18 ad tempus *om. a; in marg. add.* V².
    18 faciendum: statuendum *b*²; *om.* A.

    3 ne delinquere, *etc.: cf. Decretal. Greg. IX*, v, 1, 24, col. 746.   15–16 c. 1, di. 4, col. 5.
    1 praescripta opinio: *cf. supra*, iii.4.4 n.
    1–31 *cf.* IusIIIae *Dial.* ii, cc. 15, 20, 22, 25–6.

magis proficit ad commune bonum. Unde et de voluntate Dei, qui
20 secundum congruentiam temporum cuncta disponit, regnum Filiorum
Israel, quod primo fuit unum, postea fuit in duo regna divisum.

Si tamen optimus principatus, sive cunctorum mortalium sive aliquorum, fuerit institutus, non est postea sine causa urgentissima destruen-
dus; unde ex multis causis interrumpi posset, ex quibus tamen destrui
25 non valeret. Propter quod ad destruendum ipsum non valeret praescriptio, quia omnis praescriptio contra optimum principatum videtur
iniqua. Et ideo, si contra multa minora non currit praescriptio, multo
magis non debet currere contra optimum principatum, licet currere
debeat pro ipso: sicut non contra libertatem sed pro libertate currit
30 praescriptio; qui enim per decennium in statu steterit libertatis, pro
libero est habendus, Extra, *de coniugio servorum*, c. *Licet*.

CAPITULUM 12

Per praescripta putat opinio memorata et illa, quae dicta sunt c. iii'
clarescere, et totam allegationem adductam primo capitulo exsufflari.
Nam cum primo accipitur quod communitas valentium communionem
habere invicem, in qua omnes vel plurimi ad discordias, dissentiones et
5 lites sunt proni, non est optime ordinata, nisi uni supremo rectori, iudici
et capiti, a quo iurisdictio omnium aliorum dependeat, sit subiecta,
respondetur quod non est necesse ad communitatem optime ordinatam
quod omnis iurisdictio a supremo rectore dependeat, iuxta illa, quae dicta
sunt supra, c. x et xi.

10   Cum autem probatur hoc per illud Proverbiorum xi: *Ubi non est
gubernator, populus corruet*, respondetur quod per hoc probatur quod totum
genus humanum non est simpliciter optime ordinatum, nec super ipsum
est simpliciter principatus optimus institutus, nisi uni principanti supremo
sit subiectus, a quo quilibet alius, saltem in aliquo casu si deliquerit,
15 puniatur. Sed ad unitatem populi subiecti optimo principatui non
requiritur quod omnium aliorum iurisdictio a primo principante dependeat; quia aliquis potest esse exemptus quoad hoc, licet non debeat

20 secundum exigenciam temporum et congruenciam *add.* L.
21 prius *b²*.
24 in multis casibus B.   24 unde: cum *b²V²*.
24 destitui K*b³*; destructo B.   24 tamen *om.* L.
26 praescriptio est *add. b³*.   25 valeret¹: valet *b³*.
28 non: vos A; mos *b²*.   26 et videtur *add. b³*.

1 puta per opinionem memoratam *b¹*.   1 c. iii WV: c. iiii L*b*.
2 primo capitulo: contra L; ii⁰ c. KABM.
5 optime: bene *b¹*.   7 respondetur: dicitur *b¹*.
10 per hoc *add. a*.   10 per illud: quod dicitur WV.
12 humanum non *om.* WV; *add.* V²; non *om.* L.
15 puniatur V²: sit subiectus *ab*.   15 ad unitatem: ad invicem *b*.

21 divisum: *cf.* III Reg. 12, 1–24; IIusIIIae *Dial.* i, cc. 2, 5.
22–31 *cf.* IIusIIIae *Dial.* i, cc. 8, 31.   31 IV, 9, 3, col. 692.

3 primo: iii.1.66–70.   9 supra, c. x et xi: *potius* cc. 9–10.
10 Cum autem probatur: *supra*, iii.1.70–5.
10–11 Proverb. 11, 14.

esse exemptus in omni casu a punitione inferenda per principantem
supremum tanquam per primum principantem totius communitatis.
20 Per idem respondetur ad illud Ioannis x: *Fiet unum ovile et unus pastor*;
quia uni gregi praeesse debet unus supremus pastor, a quo tamen aliquis
potest esse exemptus in aliquo casu, in illo videlicet, cuius exemptio non
derogat bono communi. Et similiter debet intelligi Ieronymus; quia
in omni communitate unus debet esse supremus rector et iudex, a quo
25 tamen absque derogatione optimi principatus potest aliquis quantum ad
aliqua esse exemptus.

Cum autem ratione probatur quod oporteat esse unum supremum, a
quo iurisdictio omnium aliorum dependeat, quia si in toto orbe non est
unus sic supremus, ergo vel sunt vel esse debent plures superiorem non
30 habentes, quod optimo regimini obviare videtur, quia aut praeessent
eisdem aut diversis, quorum utrumque inconveniens esse videtur: respondetur quod si totus mundus optimo principatu regeretur, quamvis
non esset necesse quod esset unus supremus, a quo quantum ad institutionem et commissionem omnium aliorum iurisdictio dependeret,
35 oporteret tamen quod esset unus supremus principans, cui tanquam
principanti supremo omnis alius, saltem casualiter, ratione alicuius
delicti esset subiectus, quamvis non ratione cuiuslibet et in omni casu.
Et ideo non essent plures simpliciter primi superiorem non habentes, sed
esset unus simpliciter primus respectu omnium, quamvis diversi possent
40 diversimode esse sibi subiecti; quia unus eorum posset esse in multis
exemptus absque periculo boni communis et alii tali exemptione carere
valerent. Ille etiam unus exemptus posset absque praeiudicio boni
communis magnam potestatem habere, etiam coactivam, a simpliciter
supremo principante regulariter nullatenus dependentem, quia sufficeret
45 quod ratione alicuius delicti esset illi supremo tanquam principanti
subiectus. Et ita non essent plures simpliciter supremi superiorem
non habentes; quare ratio adducta ad probandum quod optimo principatui cuiuscunque communitatis repugnat quod in eadem communitate
sint plures superiorem non habentes, sive praesint eisdem sive diversis,
50 contra modum istum dicendi non procedit.

Sed in contrarium forte obiciet aliquis quod etiam illa ratio contra
modum hunc opinandi procedit. Quia si unus est supremus et alter

21 aliquis: alio W.
23 consimiliter *b*.
26 aliqua: alia WVK.
35 tanquam: tamen *b*³; *om.* B.
37 et *om.* WV.
38 simpliciter primi *om.* *b*².
44 principante: principi L; pontifice W.
44 quia: qui *b*¹; et L.
46 supremi: summi WV; supremum KM; *om.* B.
50 contra: secundum *b*¹.

22 casu *om.* aK.
23 quia: quod *b*¹.
31 eidem *b*.
36 alius *om.* *b*²; *add.* M².
38 Et ideo: licet *b*²V².
39 possunt WV*b*.

45 principanti: pontifici W.

52 alter *om.* *b*².

20 ad illud: *supra*, iii.1.84–6.   20 Ioann. 10, 16.
23 Ieronymus: c. 41, C. 7, q. 1, col. 582 = Hieronymus, *Ep.* cxxv, 15, PL 22, 1080;
cf. supra, iii.1.87–92.
27 Cum autem ratione probatur: *supra*, iii.1.93–136.

habens super multos potestatem, etiam coactivam, praedicto modo
exemptus a supremo, aut subiecti illi exempto sunt exempti a iurisdictione
55 principantis supremi aut non sunt exempti a iurisdictione ipsius. Si sunt
exempti a iurisdictione supremi, ergo supremus nequaquam omnibus
principatur, et per consequens respectu totius communitatis non est
optimus principatus. Si autem non sunt exempti a iurisdictione principantis supremi, procedit ratio suprascripta; quia poterit contingere
60 quod supremus principans et ille exemptus eodem tempore eosdem subditos ad tribunalia sua vocabunt; vel ergo utrique obedient, quod est
impossibile, vel neutri et erunt inobedientes utrique, vel obedient uni et
non alteri, et tunc illi, cui non obedient, irreverentiam et iniuriam
irrogabunt.
65   Huic respondetur quod absque imperfectione optimi principatus
poterit fieri quod taliter exempto subiecti in multis, non in omnibus,
sint exempti a iurisdictione principantis supremi, et quod non sint
exempti; et ideo, sive sint exempti sive non, respondetur ad allegationem
praescriptam quod, si principans supremus et sic exemptus eosdem
70 subditos eodem tempore ad tribunalia sua vocaverint seu citaverint, aut
in vocatione huiusmodi exprimunt causam vocationis aut non exprimunt.
Si non exprimunt, ad supremum principantem ire debent, quia taliter
exemptus non tenentur obedire nisi salvo iure omnium aliorum, quemadmodum laici non tenentur obedire papae nisi salvo iure principis
75 saecularis. Iniuriam igitur taliter exempto non irrogant subditi sui in
tali casu, si ad eum non accedunt, quemadmodum episcopus vocatus ad
synodum non facit iniuriam vocanti, si praeceptione regia impeditur,
di. xviii, *Si episcopus*, ubi notat glossa quod *hic defertur regiae dignitati, ut
xii, q. ii, 'De rebus', di. lxiii, 'Salonitanae'. Nam auctoritas maioris excusat*—ut
80 notat glossa di. lxiii super c. *Salonitanae—ut xiv, q. v, 'Dixit'*. Si autem sic
vocantes eosdem eodem tempore causam vocationis expresserint, non
potest dari regula generalis pro omni casu ad quem debent accedere, eo
quod saepe necessitas vocatum ad superiorem excusat et saepe vocatus
minime excusatur; propter quod saepe vocatum a superiori excusat
85 necessitas, quem tamen vocatum ab inferiori non excusat, quia nulla
apparet necessitas, qua valeat excusari. Quando igitur sic vocati
valeant excusari, coram quo debeant comparere debet prudentis dis-
cretioni relinqui, quia in talibus propter multiplicitatem casuum, qui
possunt accidere, regula generalis, quae nunquam fallat, dari non potest.

55-6 Si . . . supremi *om. b¹*; si sic *add.* M².
61 vocabunt seu (aut) citabunt *add. b³*V².
61-70 vel ergo . . . citaverint: respondetur quod *b*.
71 vocantes exprimunt *add.* B.   73 omni WVK.
74 principantis *b¹*.   78 refertur *b*.
79 xii L²: ii WV; xi LK*b³*.
83 saepe necessitas: senectus *b¹*; *corr.* M².
88 multiplicem casuum K; multiplicem casum A; multiplices casus *b²*.

78 c. 13, di. 18, col. 57.
78-9 *Gl. ord. ad* c. 13, di. 18, *s.v.* ' praeceptione regia ', citing c. 22, C. 12, q. 2 (col.
694) and c. 24, di. 63 (col. 242).
79-80 *Gl. ord. ad* c. 24, di. 63, *s.v.* ' iussissent ', citing c. 12, C. 14, q. 5 (col. 741).

90 Dicitur tamen quod debent coram supremo principe comparere, nisi ratio dictet quod propter aliquam urgentem necessitatem, puta propter maius negotium vel aliquid aliud simile, a non comparendo coram illo et non coram alio excusentur.

Sed forte dicet ad hoc aliquis: Si taliter exemptus solummodo casualiter 95 est principanti supremo ratione alicuius delicti subiectus, sequitur quod non plus est sibi subiectus quam supremus principans sibi; quia casualiter ratione alicuius delicti posset ipse principantem supremum punire, quando scilicet omnes alii deficerent et correctio seu punitio principantis supremi non posset absque periculo totius reipublicae sub dissimulatione 100 transiri. Huic respondetur quod magis esset sic exemptus principanti supremo subiectus quam econverso. Quia primus principans haberet punire sic exemptum non solummodo ex necessitate, deficientibus omnibus sibi subiectis, sed etiam ratione principatus supremi. Sic autem exemptus ex sola necessitate, non ratione officii sui haberet, deficientibus 105 omnibus aliis seu populo, corrigere principantem supremum.

Cum autem accipitur in minore allegationis praedictae quod ille unus supremus iudex seu principans non debet esse alius quam summus pontifex, respondetur quod si universitas mortalium esset optime ordinata et principatui optimo esset subiecta, stante ordinatione Christi rationabili, 110 qua disposuit pontificem summum et ceteros clericos negotiis saecularibus extra casum necessitatis nullatenus implicari, ille unus supremus principans sive iudex non deberet esse summus pontifex, sed princeps saecularis, laicus et Christianus. Quod enim laicus esse deberet, et non summus pontifex nec etiam clericus, probatur per hoc quod, sicut probatur supra, 115 q. i, c. iv, clerici extra casum necessitatis et utilitatis, quae necessitati valeat comparari, debent esse a negotiis saecularibus alieni. Quod autem deberet esse Christianus, patet ex hoc quod aliter bonum commune spirituale non fovere, sed destruere niteretur, quod optimo principatui universitatis mortalium obviat et repugnat.

120 Cum vero dicitur quod iurisdictio summi pontificis, praesertim in hiis, quae ad fidem et religionem Christianam spectant, a solo Deo dependet, respondetur quod, quemadmodum aliqualiter tactum est supra, q. ii, c. iii, baptismum et alia sacramenta dependere a solo Deo modis variis potest intelligi, sic iurisdictionem summi pontificis dependere a solo 125 Deo diversimode potest intelligi; et hoc ad praesens tripliciter. Uno

---

90 Dicitur tamen quod: tum quia $b^2(-B)$; eam quia B.
90 semper debent add. bV^2.   91 quod non add. $Wb^1(-T)$.
94 hec LV; hac B.   94 taliter scilicet persona add. L.
95 sic principanti add. b^2.   97 ipse om. b^1.
109 rationali WV.   114 etiam om. Lb^2.
115 c. iv scripsi: c. vi L; c. W; c. primo B; om. VKb^3.
115 clerici: Novum capitulum exhibent VKABMF.
118 favere WV; foveret L.
122–3 q. ii, c. iii: q. 2 c. 4 L; q. ii et iii KMF; q. ii i et iii R; 1 et 2 B; om. O.

---

106 in minore: supra, iii.1.126–7.
114 supra: i.4.12–147; cf. ii.8.9–18.
120 Cum vero dicitur: supra, iii.1.127–9.
122 supra: ii.3.18–20.

115 utilitatis: cf. supra, i.7.56–7 n.

modo, quod summus pontifex absque ministerio humano accipiat iurisdictionem suam a Deo, ut in nullo casu neque institui neque destitui possit ab homine; et sic non dependet iurisdictio eius a solo Deo, quia nullus praeter beatum Petrum absque electione humana fuit ad papatum assumptus. Aliter potest intelligi quod huiusmodi iurisdictio dependeat a solo Deo quantum ad institutionem, humano ministerio—scilicet electione canonica—concurrente; et sic concedit ista opinio quod iurisdictio papae, quam habet ex ordinatione Christi, dependet a solo Deo. Tertio, quod non solum sic, sed etiam quantum ad destitutionem a solo Deo dependeat, ut papa a nemine in quocunque casu nisi a solo Deo possit destitui; et sic non dependet a solo Deo, quia ipse seipsum et etiam alius potest in casu destituere ipsum. Nam tam per pravitatem haereticam quam per renunciationem spontaneam seipsum destituere potest. Sicut autem potest ab homine accusari de quocunque crimine, si notorium sit et inde scandalizetur ecclesia et incorrigibilis sit, ut notat glossa di. xl, super c. *Si papa*, ita potest in casu huiusmodi ab homine iudicari aut destitui et deponi; omnis enim accusatio est coram iudice facienda. Nec de hoc debet papa turbari, ne praeesse, non prodesse quaerere videatur; ne contra doctrinam Christi Apostolis pro se et universis praelatis ecclesiae traditam velit sal infatuatum non mitti foras nec ab hominibus conculcari; ne contra praeceptum eiusdem nolit pro salute corporis eius mystici membrum putridum amputari; ne desideret fratrem peccantem caritate correptum, quamvis etiam ecclesiam non audierit, tanquam ethnicum et publicanum non habendum; ne ostendat se nolle carnes putridas resecari, ovem scabiosam repellendam a caulis, expurgandum *fermentum*, quod *totam massam corrumpit*, sed velit ut sibi parcatur et universa ecclesia in interitum adducatur: quae omnia a desiderio papae, qui animam suam tenetur pro subiectis ponere, convenit exulare.

Papa igitur secundum opinionem istam, licet in hiis, per quae habet omnium saluti prospicere, ne a quoquam in eis valeat retardari, a potestate et iurisdictione principantis supremi non immerito sit exemptus— quam exemptionem supremus principans, si prodesse cupit, non praeesse,

---

127 et in nullo MOR; et in isto V². 　　128 posset V; debeat b².
132 procedit b. 　　　　　　　　　　　136 posset LBFO.
136 ipsemet b²V². 　　　　　　　　　　136 seipsum destituit add. b¹V².
136-7 et etiam ... ipsum om. b². 　　　137 in casu om. L.
139 Sicut autem potest: Potest etiam b¹; Potest namque papa V².
140 notatur in glosa b¹. 　　　　　　　141 aut: ac K; et b¹.
144 Apostolis om. LWK.
147 fratrem peccantem: speciem potestatem K; spem potestatem b³; ipse potestatem B; spe potestatis V². 　　　　　　149 ostendet b³; ostendit B.
149 nolle om. b. 　　　　　　　　　　150 caulis: casulis b³(−R); stabulis BR.
152 in: ad b¹.

---

132 ista opinio: *supra*, iii.2.1–4.
136–42 *cf. supra*, i.17.5–124; *Dial.* I, vi, 66 *sqq.*; *CB* vii, 1–2, pp. 303–6.
140–1 *Gl. ord. ad* c. 6, di. 40, *s.v.* ' a fide devius '.
143 Echoing Augustinus, *de civit. Dei* xix, 19, PL 41, 647, cited *supra*, 1.7.83.
145–6 *cf.* Matth. 5, 13; Hieronymus, *Ep.* xiv, 9, PL 22, 353.
146–7 *cf.* Mc. 9, 42–4. 　　　　　　　147–9 *cf.* Matth. 18, 15–17.
151 *cf.* 1 Cor. 5, 67. 　　　　　　　152–3 *cf.* Ioann. 10, 15; *ibid.* 15, 13.

acceptare et laudare tenetur—, tamen ratione delicti non cuiuscunque, ne ipsius auctoritas contemptibilis videatur et ne pro parvo commisso, 160 forsitan emendato, ab utilitate communi valeat impediri, sed gravis et enormis, praesertim saepius iterati, quod in discrimen notabile praecipue communis boni redundaret, expedit ut papa humano iudicio destitui valeat et deponi, maxime si appareat incorrigibilis et de ipso scandalizetur ecclesia.

165 Videtur autem rationabile ut huiusmodi de papa iudicium primo spectet ad aliquas certas personas de clero; quibus deficientibus sive per malitiam sive per dampnabilem negligentiam sive per impotentiam, hoc ad supremum principantem pertineat, si fidei et Christianae religionis sincerus est et fervidus aemulator. Ipso autem deficiente sive per malitiam 170 sive per dampnabilem negligentiam, destitutio papae vel saltem detentio aut prohibitio ne insolescat impune, pertineat vel ad universalem congregationem fidelium vel ad quoscunque fideles, qui tantam super ipsum temporalem valeant habere potestatem, ut, sicut contra peccatum cuiuslibet Christiani sive parvi sive magni, congruum remedium in ecclesia 175 valeat reperiri, iuxta illud Apostoli i ad Corinthios v: *Aufferte malum a vobis ipsis* (qui etiam ait: *Expurgate vetus fermentum*), nisi potentia defecerit temporalis. In quo casu servandum est consilium Ieronymi, quod habetur xi, q. iii, *Quando ergo*, ut scilicet taceant Christiani etiam intelligentes atque prudentes, *ne dent sanctum canibus et mittant margaritas ante* 180 *porcos, qui conversi conculcent eas; et imitentur Ieremiam dicentem: ' Solus sedebam, quia amaritudine plenus eram '.*

Signum autem quod ratione delicti in aliquo casu papa sortiatur forum principantis supremi, qui debeat esse laicus, ex divinis scripturis accipitur, in quibus legimus Christum et Apostolos, cum essent de criminibus 185 accusati, a saecularibus iudicibus, etiam infidelibus, iudicatos. Nec reperitur quod, quamvis crimina imposita sibi negarent, assererent vel protestarentur se in tali casu non teneri coram huiusmodi iudicibus respondere; immo, magis se fuisse in tali casu ipsis subiectos innuisse videntur. Dixit enim Christus Pilato, ut legitur Ioannis xix: *Non* 190 *haberes in me potestatem ullam, nisi tibi datum esset desuper*; quibus verbis Christus insinuasse videtur quod Pilatus in illo casu super ipsum legitimam

---

158 acceptare et: nullo modo attemptare sed b^1V^2.
160 emendato: eius dominatio b^1.   161 quod: et b^2.
162 redundaret: edita KA; editi MFOPT; edicti BR.
162 hec expedit add. K; hoc expedit $b^1(-R)$.
165 de papa: pape b.   167 sive per impotentiam hoc om. b^2.
171 pertineret $b^3(-P)$; pertinet BP.   173 sicut: sic VKM.
174 cuiuslibet: licet LW.   176 nisi: quod si b^3.
176 potentia: postea b^1.   176 deficiat b.
177 quod: ut L; om. W.
184 apostolum $b^3(-O)$; apostoli V; alios apostolos O.

165–81 cf. supra, i.17.40 n.   175–6 i Cor. 5, 13.
176 i Cor. 5, 7.
178–81 c. 23, C. 11, q. 3, col. 650 = Hieronymus, *Comment. in Amos* ii, 5, PL 25, 1098; cf. Matth. 7, 6; supra, prol. 1–3.
180–1 cf. Ier. 15, 17 (quoniam comminatione replesti me *Vulg.*).
189–90 Ioann. 19, 11.

et ordinatam habuit potestatem sibi datam desuper, id est a Deo, secundum expositionem quorundam doctorum, vel ab imperatore vero secundum expositionem aliorum. Quare super Christum habuit Pilatus
95 in illo casu non solum permissam et usurpatam, sed concessam et datam potestatem. Idem etiam de se Apostolus, cum de crimine accusaretur coram iudicibus infidelibus, asseruisse videtur, qui, ut legitur Actuum xxiv, dixit ad praesidem: *Ex multis annis esse te iudicem genti huic sciens, bono animo pro me satisfaciam.* Non dixit, ' coram te non teneor respondere ',
00 sed dixit, *pro me satisfaciam*; quare videtur facto et verbo recognovisse ipsum in illo casu fuisse iudicem suum. Et ut habetur c. xxv, dixit praesidi Festo: *Ad tribunal Caesaris sto, ubi me oportet iudicari; Iudaeis non nocui, sicut tu melius nosti. Si enim nocui, aut dignum morte aliquid feci, non recuso mori; si vero nichil est eorum, quae hii accusant, nemo potest me illis donare.*
05 *Caesarem appello.* Quibus verbis Paulus tam Festum quam Caesarem suum iudicem recognovit. Cum ergo nefas sit dicere Paulum verbo vel facto fuisse mentitum, vere Caesar erat iudex Pauli.

    Sed forte dicet aliquis quod ex hoc manifesta absurditas sequeretur, quod scilicet imperator, etiam infidelis, in causa fidei esset iudex papae;
10 quia causa Pauli, quae coram praeside tractabatur, erat causa fidei, nam propter Christianam fidem accusabatur a Iudaeis. Huic respondetur quod causa fidei coram imperatore fideli, deficientibus aliis, esset rite tractanda, quia, ut habetur di. xcvi, *Ubinam*, quaestio fidei *non solum ad clericos, verum etiam ad laicos et ad omnes omnino pertinet Christianos.* Coram
15 autem imperatore infideli causa fidei, non inquantum respiceret solummodo veritatem divinitus revelatam, sed inquantum posset tangere mores et reipublicae derogare et bono communi aut alicui personae iniuriam irrogare, posset tractari. Quorum utrumque prudenter innuisse videtur proconsul Gallio qui, ut habetur Actuum xviii, cum Paulus accusaretur
20 a Iudaeis, dixit ad eos: *Si quidem esset iniquum aliquid, aut facinus pessimum, o viri Iudaei, recte vos sustinerem. Si vero quaestiones sunt de verbo et nominibus legis vestrae, vos ipsi videritis. Iudex ego horum nolo esse.* Sic igitur dicitur quod in casu, ratione delicti, papa imperatori esset subiectus.

    Ad omnes vero canones et auctoritates alias, ex quibus colligitur quod
25 papa est a nemine iudicandus, respondetur quod non debent generaliter sine omni exceptione intelligi, sed cum exceptionibus suis, quemadmodum

193 vero *om.* b^2; *del.* V^2.   194 Quare: quia b^2.
195 solum *om. b.*   202 Festo *om.* Kb^2.
202 Ad: Ante Wb^2V^2.   208 aliquis: quis $WKb^2(-B)$.
218 posset: videtur posset $AMPRV^2$; videtur posse O; ut videtur tractari posset B.
223 esset: esse V; est *b.*

193 quorundam doctorum: *cf. Gl. ord. ad* Ioann. 19, 11, *s.v.* ' nisi tibi datum fuisset desuper': id est, a Deo.
194 aliorum: *cf.* Nicolaus de Lyra, *Post. ad loc. cit.*: id est, a principibus Romanorum.
196–207 *cf. Brev.* iii, 3, p. 118.   198–9 Act. 24, 10.
202–5 Act. 25, 10–11.
213–14 c. 4, di. 96, col. 338; *cf. supra,* i.17.164–6 n.
220–2 Act. 18, 14–15.
224–9 For the principle *verbum generale saepe restringitur, cf. infra,* iv.9.169–71; *AP* 5.28–49; *Brev.* ii, 14, p. 82; *ibid.* ii, 21, p. 102; *Consult.* 246–53; *IusIIIae Dial.* i, 2; *IPP* c. 5, with reference to *Gl. ord. ad Decretal. Greg. IX,* II, 28, 65, *s.v.* ' tertio appellare '.

et aliae regulae innumerae et etiam auctoritates quamplurimae scripturae divinae, quamvis non solummodo indiffinite, sed etiam verbis
generalibus et cum signis universalibus sint prolatae, debent intelligi.
230 Unde et glossa ix, q. iii, super c. *Nemo*, aliquas exceptiones enumerat,
scilicet cum submittit se, ut ii, q. vii, *Nos, si*, et cum committit se confessori
suo; etiam in causa haeresis. Et hanc ultimam ponit glossa di. xl,
super c. *Si papa*, addens aliam comprehendentem innumeras, de qua
dictum est prius, scilicet *si crimen eius quodcunque est notorium, et sit incorrigi-*
235 *bilis, et* de eo *scandalizetur ecclesia.*

Sed inter exceptionem de haeresi et aliis criminibus est magna differentia
attendenda. Quia propter haeresim quantumcunque occultam est ipso
iure sine omni sententia humana papatu et omni ecclesiastica praelatione
privatus, tanquam de congregatione fidelium secundum veritatem tam
240 merito quam numero non existens, licet secundum falsam opinionem
nescientium ipsum esse haereticum caput ecclesiae reputetur; immo,
quod plus est, ipso iure excommunicationis sententiam et alias poenas
omnes a sacris canonibus et summis pontificibus contra haereticos,
praesertim episcopos, indiffinite prolatas incurrit. Hinc dicit glossa xxiv,
245 q. i, super c. i: *Hic est casus, in quo papa papam ligare potest, in quo papa in*
canonem latae sententiae incidit. Nec obviat regula illa, 'quia par parem solvere vel
ligare non potest', quia si papa haereticus est, in eo quod haereticus est, minor est
quolibet catholico, quia lex factum notat etiam sine sententia. Sed propter alia
crimina papa non est ipso iure papatu privatus, sed per sententiam est
250 privandus.

CAPITULUM 13

Viso quomodo secundum opinionem secundam supra c. ii recitatam
respondetur ad allegationem adductam c. i, videndum est quomodo
respondetur secundum primam opinionem ad illa, quae pro secunda
opinione c. ii allegantur.

5　　Ad primum enim, cum dicitur quod imperator est dominus summi
pontificis, respondetur quod non est verum. Quia papa non est vasallus

231 ut ... se² *om. a*O.
231 committit: submittit BM.
234 est²: sit VKB.
244 indiffinite: indistincte *b*V².
245 in³ *om.* MFOP.
246 incidit: incurrit *b.*

234 prius: superius K*b*²V².
240 falsam: secundam BRMFT.
244 incurrat *a.*
246 in canone WKABRT.
246 vel: et *a.*

1 c. ii *scripsi:* iii *codd.*
4 c. iii L*b.*

2 c. i *scripsi:* ii *codd.*
5 enim *om. b*²; autem V².

230–2 *Gl. ord. ad* c. 13, C. 9, q. 3, *s.v.* ' Nemo '.
231 c. 41, C. 2, q. 7, col. 496.
232–5 *Gl. ord. ad* c. 6, di. 40, *s.v.* ' a fide devius '.
234 prius: i.17.95–6; iii.12.139–40.
236–50 *cf. CI* c. 20, pp. 81–2; *CB* vii, 12–14, pp. 317–22.
239–40 tam merito quam numero: *cf. supra*, i.17.18–20; *CB* vii, 1, pp. 303–4.
245–8 *Gl. ord. ad* c. 1, C. 24, q. 1, *s.v.* ' in haeresim '.
248 lex: *cf. Dig.* 23, 2, 43, 12.

1 supra: iii.2.1–4.
3 primam opinionem: *supra*, iii.1.4–7.

2 allegationem: *supra*, iii.1.122–33.
5 primum: *supra*, iii.2.27–39.

imperatoris nec servus eius, nec ei de iure tributum debet, nisi forte
propter scandalum evitandum; alii autem clerici habentes ab imperatore
praedia, villas et superabundantes possessiones imperatori sunt subiecti,
10 ut dicit Gratianus praeallegato §; et sic intelligitur decretum Urbani,
xxiii, q. viii, *Tributum.* Cum autem dicitur quod aliqui summi pontifices
imperatores dominos suos appellaverunt, respondetur quod ex humilitate
hoc fecerunt.

   Ad secundum, cum accipitur quod res transit cum onere suo, respond-
15 etur secundum illos, qui dicunt quod papa habet illam plenitudinem
potestatis, de qua tractatum est supra q. i, quod hoc est verum, quando
res transit de dominio vel iure unius ad dominium vel ius novum alterius;
sed isto modo nulla res temporalis potest transire ad dominium papae,
quia papa est dominus omnium temporalium rerum, quae a quibuscunque
20 de permissione ipsius possidentur. Et ideo secundum opinionem istam
nullus imperator aut rex aut alius potest proprie loquendo dare possessionem vel rem quamcunque summo pontifici, sed rem, quam de permissione papae possedit, resignare potest eidem, quemadmodum secundum
Innocentium IV Constantinus *illam inordinatam* potestatem, *qua foris antea*
25 *illegitime utebatur, humiliter ecclesiae resignavit.* Secundum illos vero, qui
illam plenitudinem potestatis negant a papa, sed illam, qua possit omnia,
quae necessaria sunt pro communitate fidelium gubernanda, sibi attribuunt, respondetur quod res transit cum onere suo, nisi in favorem fidei
aut papae aut ecclesiae aut alicuius alterius spiritualitatis a suo onere
30 liberatur, quemadmodum servus presbyter a servitute in favorem clericalis
ordinis liberatur, ita tamen ut peculii amissione mulctetur, di. liv, *Ex*
antiquis.

   Cum autem accipitur quod religio Christiana neminem a servitute
liberat, respondetur hoc non esse verum. Cum vero dicitur quod in
35 favorem religionis vel ecclesiae nichil iniustum statui debet, conceditur;
sed dicitur quod non est semper iniustum nec iniquum quod aliquis sine
culpa privetur iure suo, quando subest causa et quando ius huiusmodi est
totaliter in potestate superioris, quemadmodum omnium iura totaliter
sunt in potestate papae. Ad Gelasium respondetur quod Gelasius

---

10 dicit Gratianus praeallegato §: dicit canon preallegatus 9 L; dicitur preallegato
ii⁰ c. quod *b*¹.   12 appellaverint LV.
14 accipitur: dicitur *b*²V².   18 ad: in *b*V².
19 dominus temporalis omnium rerum L.
19 quae a quibuscunque: que a quibusdam WV; cuiuscunque que *b*¹V².
24 potestatem: tyrampnidem *tract. laud.*
24 antea: ante ea WVK; ante conversionem ea L.
30 liberetur VKM.   34 quod hoc non est L.
38 omnia iura *b*¹V².

---

10 praeallegato §: Gratianus *post* c. 20, C. 23, q. 8, col. 959.
11 c. 22, C. 23, q. 8, col. 961.   14 secundum: *supra,* iii.2.40–2.
16 supra: i.2.8–17.
24–5 Innocentium IV: *Eger cui lenia,* ed. Herde, p. 521.
25 illos: *cf. supra,* ii.2.13–22; iii.1.54–60.
31–2 c. 9, di. 54, col. 209.
33 Cum autem accipitur: *supra,* iii.2.43–4.
34 Cum vero dicitur: *supra,* iii.2.49–52.   39 Ad Gelasium: *supra,* iii.2.56–9.

40 intendit servos dominorum suorum iura sub obtentu religionis fugere non debere absque auctoritate summi pontificis, et ita hoc iure canonico est statutum.

Et cum dicitur quod iura canonica leges saeculares et iura saecularium nequaquam tollere possunt, respondetur secundum opinionem, quae
45 papae illam plenitudinem potestatis attribuit, de qua dictum est supra, q. i, c. ii, quod iura canonica omnes leges saeculares et omnia iura saecularium positiva tollere possunt et subvertere, et ea dare, cui papae placuerit; et ita, ut etiam omnia regna et quaecunque iura alia ac res temporales universas pro suae arbitrio voluntatis de iure possit papa tollere ab hiis,
50 qui possident ea, et sibi retinere vel aliis quibuscunque conferre: ita quod, quamvis hoc faciendo peccaret, tamen factum de iure teneret, et reges ac omnes alii sibi tenerentur in huiusmodi obedire. Secundum vero aliam opinionem, quae dicit quod papa non habet huiusmodi plenitudinem potestatis, sed illam, qua possit omnia, quae necessaria sunt
55 pro communitate fidelium gubernanda, iura canonica leges saeculares et iura saecularium tollere possunt ex causa, sed non absque causa rationabili et manifesta.

QUAESTIO IV

CAPITULUM I

Quarto quaeritur utrum electio alicuius in regem Romanorum vel imperatorem sibi det plenam administrationem ex eo, quod sua potestas est immediate a Deo. Haec quaestio quandam aliam videtur supponere, cum videatur supponere quod inter regem Romanorum et imperatorem,
5 sive inter regnum Romanorum et imperium, sit aliqua distinctio; circa quam sunt opiniones diversae.

Quarum una est quod inter regem Romanorum et imperatorem est distinctio, et quod primo est electus rex Romanorum quam sit imperator. Nam rex Romanorum est postea in imperatorem promovendus,

---

43 omnia iura² add. MV².
43 saecularium principum add. b³.
46 saeculares scilicet add. L.
49 suo b¹.
50 ea: eas b².
52 ac: et b².
56 iura secularia b².
57 manifesta electione add. b¹.

46 q. i, c. ii: q. 16 WV; om. KBM.
47 positiva: principum b²V².
49 arbitrio: libito b.
50 vel: et b²V².
52 huiusmodi: hoc b².
56 possent VR; posset LB.

2 ex eo, quod: ex quo BMV².
4 cum videatur supponere om. b¹(−R); videlicet R.
8 huiusmodi est distinctio add. b(−MF); est aliqua distinctio MF; hec est distinctio add. V².

8 primo: prius L.

---

43 Et cum dicitur: supra, iii.2.62–4.
53 aliam opinionem: cf. supra, iii.13.26–8.

45 supra: i.2.8–17.

1–3 cf. Guillelmus Durandus, Speculum iuris, lib. ii, pt. i, tit. De rescripti praesentatione, receptione et impugnatione, § Ratione, n. 18, ed. Turin, 1578, pars secunda, f. 30ʳ; Oldradus Pontani Laudensis, Consilia, ed. Lyons, 1550, cons. clxxx.
7 una est: Lupoldus de Bebenburg, De iuribus, c. 11 (Schardius, c. 13), pp. 376–8.

10 di. xxiii, *In nomine Domini*, et Extra, *de electione, Venerabilem*; quod non esset
verum, si nulla esset realis distinctio inter regem Romanorum et imperatorem sive inter regnum Romanorum et imperium, sed verbalis tantummodo: quod videtur absurdum, quia tunc *esset lex imposita verbis et non*
rebus, et distinctio nominum non declararet differentiam rerum, quod est contra
15 *iura, di. xxi, ' Cleros '.* Dicitur igitur quod promotio ad imperium,
quae fit per unctionem et coronationem imperialem, non fit propter
nomen imperatoris tantummodo consequendum, sed *imperator post*
unctionem et coronationem huiusmodi consequitur potestatem imperialem in omnibus
regnis et provinciis, praesertim occidentalibus, quae non erant sub potestate Karoli
20 *Magni ante tempus translationis* imperii *et quae adhuc non sunt sub potestate*
imperii de facto. In Italia autem et in aliis terris et provinciis, quae ante
unctionem et coronationem imperialem subiectae erant Karolo Magno
et Ottoni primo, habet rex Romanorum eandem potestatem ante unctionem imperialem, quam est postea habiturus. Et ideo imperator non
25 tenet a papa provincias et terras subiectas regno et imperio, quas tenuit
Karolus sive iure hereditario sive iure belli ante translationem imperii
in ipsum factam per papam; sed imperator tenet a papa nomen imperatoris
et iura imperialia seu potestatem imperialem in illis provinciis et terris,
quae non erant sub potestate Karoli ante tempus translationis imperii in
30 ipsum, nec hodie subsunt de facto. Et hoc modo imperator tenet
imperium a papa virtute translationis imperii, et ratione illius nominis ac
iurium huiusmodi recipit ab eo unctionem et coronationem imperialem.
Sic etiam potestas eligendi imperatorem, ut electus ab eis consequatur
nomen imperatoris et potestatem imperialem seu actus imperatori
35 reservatos exercendi in aliis provinciis et terris, quae de facto non subsunt
regno et imperio Romanorum et quas non habuit Karolus tempore
translationis imperii, pervenit ad principes electores per ecclesiam;
et quoad ista consequenda rex Romanorum petere consuevit a papa et
ecclesia Romana post electionem suam sibi unctionem et coronationem
40 impendi.

10 di. xxiii B: di. xxi *ab*(−B)*Sv.*   20 quae *om. b*¹.
20 non *om. b*¹.   21 et de facto *add. b.*
21 autem LK*Sv*: atque WV*b*¹(−BM); *om.* BM.
21 in² *om. a.*   27 factam: facte LWK; facta B.
28 imperialia: temporalia L; impersonalia *b*².
28 illis: aliis *b.*   30 ipsum: ipso AMPT.
30 nec . . . facto *om.* AB; nec de facto sunt modo *b*²(−B).
32 recepit WM; reciperit K.   38 illa WV.

10 c. 1, di. 23, col. 78.   10 1, 6, 34, col. 80.
13–15 Lupoldus, p. 378.
15 c. 1, di. 21, col. 68 (the relevance is not apparent).
17–21 Lupoldus, p. 377.

CAPITULUM 2

Alia est opinio, quae videtur fuisse opinio principum Germaniae, de qua notat Hostiensis, Extra, *de verborum significatione, Super quibusdam,* quod inter regem Romanorum et imperatorem seu regnum Romanorum et imperium solummodo est verbalis distinctio, ut sint *diversorum nominum,* 5 *sed eiusdem officii* seu potestatis, quemadmodum dicitur de primatibus et patriarchis, di. xcix, in principio; unde et imperatores antiquitus, antequam esset dubitatio an esset distinctio inter regem Romanorum et imperatorem, aliquando vocabantur reges, aliquando imperatores, et potestas ipsius aliquando regnum, aliquando imperium vocabatur, 10 quemadmodum ante imperium Romanorum potestas regalis aliquando regnum, aliquando imperium vocabatur, sicut patet ex libro Iudith, c. i et ii, et ex libro Hester, c. i.

Pro ista opinione potest taliter allegari: In initio imperii Romanorum et per plurima tempora postea inter imperatorem et regem Romanorum 15 seu inter regnum Romanorum et imperium nulla erat distinctio, sed ista erant nomina eiusdem potestatis; ergo et nunc sunt nomina eiusdem potestatis. Antecedens non videtur aliqua probatione indigere; nam nec in Novo Testamento, in quo saepe de regno Romanorum et imperio fit mentio, nec in scripturis aliis usque ad tempora fere moderna nulla 20 insinuatur nec explicite nec implicite inter imperium et regnum Romanorum distinctio, nec legitur in antiquis scripturis de hoc dubitationem etiam modicam fuisse motam. Consequens autem probatur: Quia reges Romanorum et imperatores posteriores usque ad tempora ista fuerunt successores illorum, qui primo non solummodo reges Romanorum, sed 25 etiam imperatores Romanorum vocati fuerunt, scilicet Iulii Caesaris, Octaviani Augusti et ceterorum, qui ab istis duobus vocabantur Caesares et Augusti; et in signum quod illorum sunt successores, omnes usque ad tempora ista Caesares et Augusti vocabantur et omnes scripserunt se Augustos. Rex autem, qui alteri regi in aliquo regno *succedit, eodem iure,* 30 *quo ille, uti deb*et, Extra, *de regulis iuris, Si quis,* libro sexto; aliter enim *successor minus haberet quam praedecessor, et sic non esset vera successio,* ut

1 fuisse: dicere K*b*³; *om.* B.
1 opinio principum: optimum principatum *b.*
9 ipsius *om. b.*
22 consequens *a*: consequentia *bSv.*
24 eorum *b*².
30 ille: iste LWK; ipse A.

14 plurima: longa *b*².
22 autem *om. b.*
26 duobus *om. b*².
30 libro sexto *om. a*; *in marg. add.* V².

---

1 Alia est opinio: Ockham's.
2 Hostiensis, *ad* v, 40, 26 in *Lectura super quinque libris Decretalium,* ed. Strasbourg, 1512, II, f. 371; *cf.* K. Zeumer, ' Ein Reichsweisthum über die Wirkungen der Königswahl aus dem Jahre 1252 ', *Neues Archiv,* xxx (1904–5), 405–15; *cf.* Ioannes Andreae, *Gl. ord. ad Clement.* II, 9, c. un., *s.v.* ' reges '. Ockham borrows the reference from Lupoldus, c. 11, p. 377.
4–5 Gratianus *ante* c. 1, di. 99, col. 349.
11–12 *cf.* Iudith 1, 1; 1, 7; 1, 11; 2, 3; 2, 5; Esther 1, 2–3.
29–30 *Sext.* v, 12 *ad fin.,* reg. 46, col. 1123; *cf. supra,* ii.6.78–80 n.
31 *Gl. ord. ad* I, 2, 6, *s.v.* ' constitutum '.

argumentatur glossa in simili casu, Extra, *de constitutionibus,* super c. *Cum omnes.* Quare ultimi reges Romanorum omni iure poterant uti, quo primi usi fuerunt. Primi autem reges Romanorum usi fuerunt omni iure
35 in temporalibus, quo imperator post quamcunque unctionem vel coronationem uti posset; ergo ultimi reges Romanorum et omnes futuri, qui illorum regum, qui fuerunt primi imperatores, veri fuerunt successores, et habuerunt et obtinuerunt omnem potestatem et habebunt omnem potestatem, quam habet imperator post quamcunque unctionem et
40 coronationem.

CAPITULUM 3

Verum, quia primam opinionem munitam allegationibus et declaratam a quodam venerabili doctore inveni, non autem secundam, quae videtur fuisse principum Germaniae, ut ex collatione secundae ad primam inveniendi vel intelligendi veritatem etiam circa iura imperii detur occasio,
5 absque assertione tantummodo recitando fore utile iudicavi aliqua, quae explicat prima opinio, breviter absque assertione recitando solummodo pertractare, in quibus secunda opinio, sive secundum intentionem principum Germaniae sive praeter intentionem eorum, contrariatur ei; quia enim integram pronuntiationem ipsorum non vidi, de intentione
10 ipsorum nescio iudicare.

Contrariantur autem opinio prima et secunda in multis. Discordant enim primo in hoc, quod prima opinio videtur asserere quod imperatores, qui fuerunt post Karolum Magnum, nichil iuris habent in regno et imperio nisi inquantum sunt eiusdem Karoli successores; cuius sunt
15 successores non solummodo inquantum fuit imperator, sed etiam inquantum fuit rex hereditarie Francorum succedens patri suo Pipino, qui, deposito Hilderico rege Francorum, fuit in idem regnum Francorum subrogatus, et inquantum idem Karolus per bella iusta et licita sibi multas terras et provincias subiugavit et regno Francorum adiunxit. Secunda
20 autem opinio tenet quod imperatores et reges Romanorum, inquantum imperatores et reges Romanorum, qui fuerunt post Karolum Magnum, principaliter fuerunt successores primorum imperatorum et regum Romanorum, quorum nonnulli fuerunt temporibus Christi et Apostolorum eius; non fuerunt autem inquantum imperatores et reges Romanorum
25 successores Karoli, nisi inquantum Karolus fuit successor primorum imperatorum et regum Romanorum et aliorum, qui fuerunt post primos,

---

32 argumentum K; arguit *b²*.   33 ultimi: multi *b*.
35 quamcunque: quam *b*(−B); *om.* B. 35 vel: et *bV²*.
36 potest *b*(−BRM)V²; possunt M, potest M²; utitur R; *om.* B.
38 habuerunt et *om. b²*.   38–9 omnem potestatem *om. b²*.

Novum capitulum non exhibet V.   2 quae videtur *om. b*.
 7 quibus autem *add. b²*.   9 enim *om. b²*.
 9 ipsorum: eorum *b²*.   9–10 non . . . ipsorum *om. b¹*.
12 primo *om.* LWK.*Sv*.   12 in hoc, quod: quia *b¹*.
15 solum *b²*.
17 Childerico *b²*(−B); Hildeberto *ut saepius* B.

---

2 quodam venerabili doctore: Lupoldus de Bebenburg.

licet quidam successores Karoli forent successores Karoli ipsius non
solummodo inquantum successor erat primorum imperatorum nec
inquantum erat imperator, sed inquantum erat rex Francorum vel
30 alicuius partis regni Francorum: quemadmodum si filius imperatoris
de ducatu Bavariae ad imperium electi et assumpti fieret postea imperator,
dupliciter succederet patri, quia quoad imperium succederet patri
inquantum pater erat imperator, et quoad ducatum Bavariae succederet
patri inquantum pater, antequam esset imperator et post, erat dux
35 Bavariae.

Et ex hoc, scilicet quod imperatores post Karolum fuerunt successores
primorum imperatorum et regum Romanorum, praesertim illorum,
qui fuerunt tempore Christi et Apostolorum eius, in quo allegatio adducta
in capitulo praecedenti fundata est, imperatores et reges Romanorum
40 multo magis stabilitatem et vigorem habere videntur quam ex hoc, quod
sunt successores Karoli Magni.   Cuius ratio est quia certius notum est
quod illi infideles erant veri imperatores et reges Romanorum quam quod
Karolus fuerit verus imperator et rex Romanorum; quia de illorum vero
imperio sive regno testimonium maius habemus, cum testimonium Dei
45 maius sit quam testimonium hominum, ut habetur in Ioanne.   Nam de
vero imperio sive regno illorum infidelium habemus testimonium Christi
et Spiritus sancti, qui in Ioanne Baptista, in Evangelistis et Apostolis
loquebatur.   Dixit enim Christus de Tiberio Caesare: *Reddite quae sunt
Caesaris, Caesari.*   Non dixit, ' Reddite quae Caesar dicit esse sua ', sed
50 dixit, *quae sunt Caesaris.*   Ioannes etiam Baptista, ut habetur Lucae iii,
dixit publicanis et militibus, qui officia et stipendia a Tiberio Caesare
acceperunt: *Nichil amplius faciatis quam quod constitutum est vobis.   Contenti
estote stipendiis vestris*; ex quibus colligitur quod ille Tiberius erat verus
imperator et rex Romanorum.   De Octaviano vero, primo Augusto,
55 dicit Lucas Evangelista Evangelii sui cap. ii°: *Exiit edictum a Caesare
Augusto ut describeretur universus orbis.*   Et de alio quodam loqui videtur
beatus Petrus dicens prima canonica sua c. ii: *Subiecti estote omni humanae
creature, sive regi, quasi praecellenti*, et iterum: *Regem honorificate;* et beatus

27 licet: sed L*b*³(—M); *om.* B.
27 forent W: fuerint KFV²; fuerunt L*b*¹(—F).
27 Karoli² *om.* L*b.*
29 sed inquantum erat imperator et rex Francorum *add.* WV.
31 de . . . Bavariae *om. b*¹*Sv.*   33 et *om.* WV*b.*
36 scilicet: sequitur V; secundum B; *om.* L.
38 fuerunt *om.* LW.
38 in quo B: in quibus L; *om.* WV*b*(—B)*Sv.*
39 in quo fundata est *add.* WV*b*(—B).
39 est apparet quod *add.* B; quod *add. b*³V².
43 fuerit: erat WV.   43 illorum: illo *b*¹*Sv.*
45 in *om. b*¹.   47 in² *om.* L*b*¹.
50 habetur: legitur *b*².
53-4 et rex Romanorum erat et verus imperator *b*².
57 humanae *om. a.*

38 allegatio: *supra,* iv.2.13–40.   45 *cf.* 1 Ioann. 5, 9.
48–9 Matth. 22, 21.   52–3 Luc. 3, 13–14.
55–6 Luc. 2, 1.   57–8 1 Petr. 2, 13.
58 1 Petr. 2, 17.

Paulus de Nerone Actuum xxv ait: *Ad tribunal Caesaris sto, ubi me oportet*
60 *iudicari*, et iterum: *Caesarem appello.* Tantum autem testimonium non
habemus de Karolo Magno, sed longe minus. De vero imperio sive
regno quocunque ipsius nichil certi habemus, praesertim quantum ad
regnum Francorum.

Unde etiam quidam ex historiis et chronicis conantur probare quod
65 non fuerit verum regnum, sed tantummodo usurpatum, cum primi reges
Francorum, in quorum locum successit Karolus Magnus, eiusdem regni
fuerint invasores aut successores eorum, qui terras eiusdem regni et
provincias contra obedientiam, quam imperatori debebant, sibi con-
tumaciter usurpabant. Nam legitur in chronica Eusebii quod Sicambri,
70 qui a quibusdam Troianis profugis traxerunt originem, propter victoriam,
quam habuerunt de Alanis, a Valentiniano imperatore per decem annos
facti liberi ab omni tributo et Franci vocati, post expletum decennium
tributum solvere recusantes missos ab imperatore ad accipiendum tributum occiderunt, et postea ab imperatoris exercitu debellati venerunt in
75 Thuringiam primo et post *Rhenum transgressi, Romanos, qui eo tempore* in
Gallia *per suos magistratus usque ad Ligerim fluvium imperabant, bello aggressi,*
partim ipsos occiderunt et partim etiam fugaverunt. Postea, captis urbibus
Tornaco et Cameraco atque paulatim congressi et regressi Remis, Suessonam,
Aurelianum et Coloniam, quae dicebatur tunc Agrippina, et Treverim ac postremo
80 *totam Galliam et Germaniam ab Aquitania usque in Bavariam sibi vendicant*
atque subiciunt. Et hii, qui Theutonicis commixti sunt, proprio vocabulo Franci,
qui vero per connubia a Gallis *sunt progeniti, Francigenae sunt appellati.* Primus
autem rex Francorum fuit Feramundus, nepos Priami, sub quo et conduce
suo Antenore facta fuit praedicta victoria de Alanis, et regnavit iste
85 Feramundus anno Domini cccc° xxvi°, et ab illo tempore Germani
vocabantur Franci. De genere autem praedicti Feramundi fuerunt

59 ait *om. a.*   62 nichil certi *om.* WV*bSv.*   65 fuerit *om. b.*
69 Sicambri: Siculi W².   70 Troianis *om. b*; Alanis V².
71 Alanis: alemannis M*Sv*; aliis K; *om.* B.
72 facti et *add. a.*
75 post Rhenum: posterum *b*³(−P); postmodum P; postremum B; post renum et
posterum V².
76 Ligerim K*Sv*: Ligurim LW; Ligurium V²; Rhenum MF; Pheni BR; Gerium O.
77 fugierunt K; fugerunt *b²*.
78 paulatim: paula L; Paulum OPT; paulativo BR; pausam que K; paulam que
M.
78 congressi: ingressi L; progressi *Schard.*
78 et deinde regressi *add.* WV.   78 Remos *Schard.*
78 Siuessione L; Luessanam K; Suessanam M; Suessionem B; Suessionam *Schard.*
79 Aurilianam K; Aurelianam B.   80 in: ad *b¹.*
81 Et hiis LK; ex hiis BM, *corr.* M².   81 mixti VB².
82 a Gallis: Gallicis *Schard.*   82 geniti *b².*
83 Ferramundus LKOPT; Feramandus AR; Ferrandus B; Pharamandus M.
84 Agenore WV; Agnore L; Atenore K; Antenere B.
84 Alamannis *b².*
86 De genere autem: ergo de gente A; ergo a tempore *b²*(−B)V²; vero a tempore B.

59–60 Act. 25, 10.   60 Act. 25, 11.
69–89 From Lupoldus, *De iuribus*, c. 1, pp. 333–5; *cf.* Frutolf-Ekkehard, *Chron. univers.*,
MGH *SS* vi, 115–6, whence Ockham may have culled the information that Pharamundus
was the grandson of Priam.

reges Francorum usque ad tempora Hilderici regis, qui fuit ultimus de genere illo; quo deposito, Pipinus, pater Karoli Magni, substitutus est eidem.

90   Ex hiis colligitur quod regnum Francorum a tyrannico incepit initio, et videtur quod saltem antequam Karolus Magnus fuit factus imperator, nunquam fuit iustum et verum regnum, sed tyrannicum et usurpatum. Quia si factum fuit legitimum, iustum et verum regnum, aut hoc fiebat per praescriptionem, aut per electionem et consensum seu voluntatem populi 95 Francorum, aut per substitutionem Pipini Hilderico regi iam deposito. Non per praescriptionem legitimam: tum quia *possessor malae fidei ullo tempore non praescribit*, Extra, *de regulis iuris*, *Possessor*, libro sexto, Extra, *de praescriptionibus*, ultimo; Franci autem in principio bonam fidem minime habuerunt, cum per violentiam terras subiectas imperio invaserunt et 100 possederunt; quare origo praescriptionis exstitit vitiosa et per consequens praescriptio vera non fuit: tum quia contra obedientiam vel subiectionem, contra publicam utilitatem, contra res principis non currit praescriptio; sed Franci constituendo sibi regem inobedientes imperatori fuerunt, et contra publicam utilitatem fecerunt, ius imperii, quod est ius publicum 105 et utilissimum, minuendo, ac terras et res principis, scilicet imperatoris, sibi usurpaverunt iniuste.   Quare regnum Francorum per praescriptionem legitimam nullatenus factum fuit verum regnum. Nec per electionem et consensum seu voluntatem populi Francorum poterat fieri verum regnum; quia quamvis populus non habens superiorem, si careat 110 rege, possit constituere regem proprium de iure gentium, tamen populus habens de iure, quamvis non de facto, superiorem seu regem non potest sibi constituere alium regem.   Populus autem Francorum de iure habuit superiorem, scilicet imperatorem, cuius est constituere reges in terris subiectis imperio; habuerunt etiam regem, saltem imperatorem.   Ergo 115 populus Francorum absque auctoritate imperatoris non poterat sibi constituere regem; et ita regnum Francorum non fuit de iure verum regnum etiam per voluntatem populi Francorum. Nec fuit verum regnum per substitutionem Pipini Hilderico regi; quia aut ista substitutio facta fuit a populo Francorum, aut a papa. Si a populo Francorum, 120 nulla fuit: quia populus, qui non potest sibi constituere regem, non

---

90 colligitur: patet *b*[1].   95 rege L*b*[2].   98 ultimo: vigilate B; Vigilanti *ed. pr.*
99–100 invaserint et possederint LKT[2]*Sv*.
101 praescriptio *om*. *b*[3].   104 ius[2] *om*. *b*[3]; tam B.
107 nullatenus *om*. *b*[2].   107 non fuit *add*. *b*[2].
109 superiorem scilicet regem *add*. *b*.
110 proprium: sibi proprium *add*. V[2]; proprium vel regem *add*. L; sive regem deppnere
W.   117 etiam *om*. LK; et B.
118 illa *b*[1].   120 quia licet *b*[2]V[2].
120 populus Francorum *add*. *b*V[2].   120 qui non *om*. *b*V[2].
120 non[2] tamen *add*. *b*[2].

96–7 Sext. v, 12 *ad fin*., reg. 2, col. 1122.   97–8 ii, 26, 20, col. 393.
101–2 Ockham probably had in mind Lupoldus, *De iuribus*, c. 15, p. 398, who refers to *Decretal. Greg. IX*, ii, 26, 12, col. 386; *Dig.* i, 21, 1; *Cod.* 7, 38, 1 and 3; *cf.* E. M. Meijers, ' Usucapione e prescrizione contro lo stato ', *Scritti in onore di C. Ferrini pubblicati in occasione della sua beatificazione*, iv, Milan, 1949, Pubblic. dell'Università Cattol. de Sacro Cuore, n.s. xxviii, pp. 202–17.

potest aliquem substituere alteri in regem; sed populus Francorum, sicut probatum est, propter hoc, quod de iure subiectus fuit imperatori, non poterat sibi constituere regem; ergo nec substituere. Si illa substitutio fiebat a papa, de iure nulla fuit: tum quia papa, sicut tollere iura
25 imperatoris non potest, ita nec ipsa minuere debet, ut papa testatur, Extra, *de iudiciis, Novit*; tum quia de saecularibus negotiis intromittere se non debet, iuxta illud Apostoli ii ad Timotheum ii: *Nemo militans Deo implicat se negotiis saecularibus;* tum quia tunc consimili ratione posset in quocunque regno constituere regem, et ita nomen imperatoris, ad quem
30 solummodo pertinet conferre regiam dignitatem, sibi usurpare valeret, cuius contrarium habetur di. xcvi, *Cum ad verum.*

Sed forte dicet quis quod, licet papa non possit regulariter constituere regem, hoc tamen casualiter potest, scilicet in casu necessitatis, qualis fuit quando Pipinus fuit constitutus rex Francorum. Huic dici posset quod,
35 esto quod papa posset in casu necessitatis constituere regem, hoc tamen non potest in praeiudicium illius vel illorum, ad quem vel ad quos spectat institutio regum, praesertim illo vel illis inconsulto vel inconsultis; hoc etiam non potest quando per alium modum possunt pericula praecaveri et communis utilitas procurari. Ista autem contingebant quando Pipinus
40 factus fuit rex. Nam institutio regum spectabat ad imperatorem; et si ipse fuit negligens, potestas constituendi regem non devolvebatur ad papam, qui iuxta auctoritatem Apostoli praeallegatam et canones sacros se non debet saecularibus implicare; sed devolvebatur ad Romanos. Si ipsi fuerunt negligentes, devoluta fuisset ad Francos in casu necessitatis;
45 quibus omnibus deficientibus, devoluta fuisset ad papam, qui in casu necessitatis supplere potest negligentiam eorum, ad quos pertinet prius potestas aliquid faciendi. Item, per alium modum quam instituendo regem, qui inter actus reservatos imperatori vel Romanis, deficiente imperatore, videtur esse praecipuus vel de praecipuis, poterant in terris
50 Francorum pericula praecaveri et procurari utilitas communis; ergo tunc non fuit casus, in quo papa haberet potestatem constituendi regem.

Sane praedicta de regno Francorum etiam secundum opinionem secundam tantummodo allegando sive arguendo sunt dicta. Quia opinio secunda haec non tenet, licet dicat quod imperatores magis gloriari
55 possunt se esse successores imperatorum et regum Romanorum, qui fuerunt tempore Christi et Apostolorum eius, quam Karoli Magni,

---

125 ipsa . . . debet: eximere *b*[1].
132 diceret *ut saepius b*V[2].   135 hoc *om. b*[2].
136 potest: posset F[2]; potuit *Sv*; ponit KMPRT.
139 Ista autem: ita *b*[1].
139 contingebant: concurrebant KB; concurrebat *b*[3](−O); perquirit O.
140 regum *om. b*[1].   140 spectabat: tunc pertinebat *b*[1].
143 saecularibus negotiis *add.* L*Sv*.   144 fuerunt: fuissent L*Sv*; fuerint K.
145 ad papam *om. b*; *add.* M[2].   146 posset *b*[2](−O); possunt AO.
151 habuit *b*[2].   152 etiam *om. b*[2].
154 non *om. b*.

124-6 II, I, 13, col. 243; Innocent III was in fact referring to the rights of the French
king.   127-8 II Tim. 2, 4.
131 c. 6, di. 96, col. 339.   152 praedicta: iv.3.19 *sqq.*

propter testimonia Christi et Apostolorum de vero regno et imperio
eorum, non de moribus eorundem; quibus debent succedere, non in
infidelitate et moribus pravis, sed in imperiali seu regia potestate, non
160 permissa tantummodo, sed concessa et a Deo pro pace publica ordinata.
Quod etiam iste rex magnus Assuerus, quamvis infidelis, sensisse videtur
cum, ut habetur Hester ultimo, dicat: *Maximi semperque viventis Dei,
cuius beneficio et patribus nostris et nobis regnum est traditum, et usque hodie
custoditur*; qui etiam, ut legitur c. xiii, insinuavit quare sibi traditum esset
165 regnum, dicens: *Cum pluribus gentibus imperarem, et universum orbem meae
ditioni subiugassem, volui nequaquam abuti potentiae magnitudine, sed clementia et
lenitate gubernare subiectos, ut absque ullo terrore vitam silentio transigentes, optata
cunctis mortalibus pace fruerentur.*

Sed forte aliquis contra ista obiciet, dicens quod imperatores fideles
170 gloriarentur inaniter se esse imperatorum infidelium successores, quia
gloriarentur se esse successores illorum, qui iuste nichil poterant possidere,
cum apud infideles nullum sit iustum dominium. Sed quomodo sit isti
respondendum secundum opinionem istam secundam, poterit studiosus
colligere ex hiis, quae tractata sunt supra, q. i, c. x.

CAPITULUM 4

Secundo discordant opinio prima et secunda in hoc, quod opinio prima
tenet, sicut pro parte recitatum est supra, c. i, quod rex Romanorum non
habet inquantum rex Romanorum ante unctionem et coronationem
imperialem eandem potestatem in omnibus terris et provinciis, quam
5 habet imperator post unctionem et coronationem imperialem. Quia
ante unctionem et coronationem imperialem, licet ex electione principum
eandem habeat potestatem, quam habet imperator, in Italia et in aliis
provinciis et terris subiectis hodie regno et imperio, tamen non habet
omnem potestatem, quam habet imperator, in omnibus regnis et provinciis,
10 praesertim occidentalibus, quae non erant sub potestate Karoli Magni
ante tempus translationis imperii in ipsum, et quae adhuc non sunt sub
potestate imperii de facto. Imperator enim post unctionem et corona-

---

158 debet *b*(−OP)V².   161 ille *b*V².   164 ut . . . xiii: Quibus verbis B.
164 c. xiii V²: c. vii *ab* (−B); *om.* B.
166 ditioni: iurisdictioni *b*(−BR); iurisdictionem BR, *corr.* B².
167 ut: et LWKM.   168 frueretur LB; fruentur *b*³.
174 superius *b*.   174 *ante* q. i: q. 2 *add.* LV; q. x *add.* W.
174 q. i: q. 2 OP; q. x AM²F; q. iiii BR.

Novum capitulum non exhibent WV*b* ed. pr.   1 Secundo: quod autem et *b*¹.
  1 in hoc: ex hoc patet *b*¹.   2–3 non habet *om.* *b*.
  4 habet eandem *add.* *b*¹.
  5–6 Quia . . . imperialem *om.* *a*F; *add.* V²F².
  9 omnem eandem *add.* *b*V².
  10 orientalibus WV; occidentalibus sive orientalibus *add.* V²; suboccidentalibus *b*².
  11 quae *om.* *b*.

162–4 Esther 16, 16.   165–8 Esther 13, 2.
174 supra: i.10.47–129.

  2 supra: iv.1.15–21.

tionem imperialem in huiusmodi regnis *potest spurios legitimare quoad temporalia, infames ad famam restituere, leges condere et hiis similia facere, quae* 15 *de iure sunt solis imperatoribus reservata.*   *Item, potest a regibus et principibus eorundem regnorum ac provinciarum subiectionem exigere: quod ante unctionem et coronationem imperialem facere non poterat, nisi in hiis provinciis et terris, quae erant sub dominio dicti Karoli ante tempus dictae translationis et quae adhuc hodie subiectae sunt regno et imperio.*   *In hiis enim potest potestatem imperialem* 20 *exercere et praemissa facere ante unctionem et coronationem imperialem, saltem virtute consuetudinis, eo iure, quo illud potuit Karolus.*

Secunda autem opinio, distinguens inter regnum Romanorum et regnum Francorum, et inter regem Romanorum et regem Francorum, tenet quod, licet praedicta saltem pro parte veritatem possent habere de 25 rege Francorum et de Karolo inquantum fuit rex Francorum, tamen veritatem non habent de rege Romanorum nec de Karolo inquantum erat rex Romanorum.   Karolus enim, licet ante unctionem et coronationem imperialem et translationem imperii in ipsum fuerit rex Francorum et patricius Romanorum, sicut patet di. lxiii, c. *Adrianus* i[i]°, et c. *In* 30 *synodo,* tamen non fuit ante rex Romanorum; et ideo inquantum rex Romanorum omnem potestatem habuit, quam habuit inquantum imperator, nec ante fuit rex Romanorum quam imperator.   Quare successores eius non aliam potestatem habent inquantum reges Romanorum et inquantum imperatores, nec in quibuscunque terris et provinciis 35 habent potestatem inquantum reges Romanorum, et non inquantum imperatores: sicut nec Karolus Magnus habuit aliquam potestatem in quacunque terra inquantum erat imperator, quam non habuit in eadem inquantum rex Romanorum.   Quia quantum ad ipsum nec quantum ad rem nec quantum ad appellationem, ut scilicet prius vocaretur rex 40 Romanorum quam imperator, aut prius nominaretur vel eligeretur in regem Romanorum quam in imperatorem, aut quod aliqua sollemnitas fieret specialis circa ipsum inquantum erat rex Romanorum, non inquantum imperator, nulla fuit distinctio; ergo et in successoribus eius quantum ad potestatem nulla debet esse distinctio inter regem Romano- 45 rum et imperatorem.

Sed forte dicet aliquis quod saltem quantum ad terras, quas obtinuit Karolus antequam esset imperator, et quantum ad alias aliqua debet esse distinctio.   Quia habuit regiam potestatem in illis terris et provinciis antequam esset imperator; ergo imperatores, successores eius, antequam

13 in . . . regnis: huiusmodi pro regnis L.
16 ac etiam *add. Schard.*
19 enim *om. Schard.*
27 enim, licet: autem $b^1(-M)$; *om.* M.
28 fuit b^2V^2.
29 ii° *scripsi*: i° *a*; *om. b.*
32 Quare: quia b^2.
44 debet esse: foret K.

18 potestate et dominio *add. Schard.*
21 illud *om. a.*

29 et^1 *om. b.*

34-6 nec . . . imperatores *om.* b^2.

13-21 Lupoldus, c. 11 (13 Schardius), pp. 377-8.
29 c. 22, di. 63, col. 241.
29-30 *ibid.* c. 23, col. 241.

50 sint imperatores, in istis terris et provinciis, quas tenuit Karolus antequam
esset imperator, habent regiam potestatem.

Huic respondetur secundum opinionem secundam quod Karolus,
antequam esset imperator, aliquas terras et provincias occupavit inquantum rex Francorum hereditario iure; aliquas occupavit inquantum
55 expugnator et debellator detentorum iniustorum quarundam provinciarum et terrarum, qui propter tyrannides et iniurias, quas contra
innocentes perperam exercebant, digni erant a quocunque temporali
praevalente potentia licito bello privari et penitus exstirpari. In primis
terris et provinciis Karolus habuit regiam potestatem illo iure, quo alii
60 reges in regnis suis potestate regia decorantur; in secundis terris, ut
nonnullis apparet, Karolus, antequam esset imperator, non habuit regiam
potestatem.

Licet enim iusta bella gerentes saepe faciant sua quaecunque capiunt
ab hoste vel adiutoribus suis, tamen istud non est universaliter et
65 usquequaque verum, sed aliquas exceptiones habet. Quarum una est
secundum quosdam quando habens iustum bellum tantum accepit ab
hostibus quod secundum bonam conscientiam est sibi satisfactum de omni
dampno dato et labore et operis tam suis quam hominum suorum. Alia
est quando ille, contra quem geritur iustum bellum, offert ius et vult satis-
70 facere. Alia est quando ille, qui gerit bellum iustum, non habet iurisdictionem super istos, quibus ingerit bellum iustum, sed tantummodo
pugnat quia alius ipsum invadit; tunc enim non licet nec bona nec
personam adversarii capere nec invasorem detinere, sed potest ille, qui
iuste pugnat, res, quibus spoliatus est, vendicare et recuperare. Alia
75 potest esse quando habens iustum bellum capit rem alterius ab hoste
iniuste detentam; res enim vel servus innocentis aut etiam innocens
homo, si detinetur ab hoste et postea capiatur a iuste pugnante, non
transit in dominium capientis. Alia potest esse quando servi, subditi
vel vasalli alicuius domini ex causa sive auctoritate domini pugnant
80 contra invasores vel detentores rerum sive mobilium sive immobilium
aut hominum domini sui et capiunt res aut homines domini sui de manu
detinentium sive occupantium; non enim tale bellum iustum habentes
faciunt sua illa, quae capiunt, quia per hoc dominus eorum non perdit
dominium rerum suarum et hominum. Karolus igitur, licet per bella
85 iusta occupaverit multas provincias et terras, tamen non potuit per
huiusmodi iusta bella facere eas suas, quia pertinebant ad ius et dominium

---

50 illis b.
54 et aliquas add. b¹.   58 primis: ipsis K; quibus b¹.
60 secundis: illis autem b¹(−AT); illis AT.
64 adiutoribus Lb²(−M): aductoribus W; a seductoribus W²V; a ductoribus KAM.
65 una: prima b².   68 operibus b¹V².
68 hominum om. b².   71 illos bV².
72 alii eum invadunt b.   79 sive: sine Lb; corr. L².
84 igitur: ita K; itaque b¹.

63–84 In opposition to Lupoldus, c. 5, p. 351: ' ea enim que in bello iusto capimus,
iure gentium nostra sunt ', with references to Dig. 41, 1, 5, 7; Inst. 2, 1, 17; Decretum
Gratiani c. 25, C. 23, q. 5 (col. 938); c. 2, C. 23, q. 7 (col. 951).

imperatoris, et forte aliquae earum ad ius et dominium aliquorum
aliorum, qui non poterant per Karolum privari iure, quod habebant in eis.
Verumtamen Karolus poterat terras illas licite occupare et fructus
90 percipere quousque de dampnis, laboribus, expensis et operis suis et
suorum satisfactum sibi fuisset, praesertim si veri domini illarum terrarum
ipsas modo debito minime repetebant. Sicut autem per huiusmodi
occupationem non potuit earum dominium, saltem principale, acquirere,
ita nec per eam in eis potuit dignitatem regiam adipisci; sed postquam
95 fuit imperator factus, nactus fuit in eis imperialem et regiam potestatem.
Quamobrem, quia imperatores successores Karoli non succedebant
Karolo inquantum erat rex Francorum nec inquantum per iusta bella
terras aliquas et provincias occupavit, sed solummodo inquantum erat
imperator, qui dividens terras, quas occupavit, aliquas assignavit im-
100 perio, ut imperator successor suus omnes illas eodem iure possideret,
aliquas vero contulit cuidam filio suo aut nepoti: ideo imperatores seu
reges Romanorum, successores Karoli, eodem iure vel diverso possident
omnes terras sibi subiectas, quo possidebat Karolus inquantum erat
imperator, et quas praesidere debent inquantum reges Romanorum seu
105 imperatores.
Ut autem sciatur quare dicitur ' eodem iure vel diverso ', dicitur esse
notandum quod Karolus, sicut et quilibet alius imperator, non habebat
omnino idem ius seu potestatem in omnibus terris sibi subiectis. Quaedam enim erant solummodo imperii, non alicuius alterius regis aut
110 principis vel domini, quae quasi quaedam stipendia erant imperatori
pro imperialibus laboribus ac etiam pro hiis exequendis, quae ad imperiale
spectant officium, assignatae, de quibus habebat potestatem faciendi
quaecunque volebat, praesertim ubi videret reipublicae expedire et in
destructionem seu mutilationem et diminutionem imperii nullatenus
115 redundare. Aliae vero terrae erant aliorum regum aut principum vel
dominorum: in quibus, eo quod alii reges et principes ac domini non
erant servi imperatoris, sed erant liberi, propter quorum et aliorum
utilitatem imperium, si erat optimus principatus, fuit principaliter
institutum, non habuit tantam potestatem, ut ultra id quod erat con-
120 stitutum facere posset de eis et in eis quicquid vellet; quia si imperium
fuit optimus principatus saecularis, ultra tributum ordinatum non
poterat de iure accipere aliquid ab invitis nisi pro utilitate publica
procuranda.

87 aliqua L.
87 eorum L; illarum b^2.   90 operibus b^1V^2.
101 vero: autem b^2.   101 filio suo aut nepoti: vicario suo a.
104 quas praesidere WV: quas possidere bSv; possidere eas L.
106 dicitur esse: est bV^2.   111 pro^2 om. LW; add. V^2.
112 assignatae V^2: assignati LWV; assignata Sv; assignat KA; assignatur MOPT;
assignavit BR.   114 et: ac K; aut b^2Sv.
115 aut: ac K; vel b^2.   119 institutus Lb^2.
119 tunc non add. L.   120 quicquid: quod KM; que $b^1(-M)$.
121 tributum: debitum b^2.   122 invitis: inimicis b.

101 cuidam filio suo aut nepoti: cf. infra, iv.5.17-18; Ockham means Pepin, Charles's
son, or Bernhard, son of Pepin.

Ex hiis colligitur quod Karolus, antequam esset imperator, non habuit
125 regalem in Italia potestatem, et ideo Italia non fuit unquam adiuncta
regno Germaniae quasi regnum accessorium principali, praesertim si
Italia comprehendat etiam Romam, quae est caput imperii; sed aliquo
tempore tam Italia quam Germania fuit pro dictis causis imperio deputata
ad onera imperii sufferenda.

CAPITULUM 5

Sed adhuc dicet aliquis contra istam secundam opinionem, quia secundum
ipsam sequeretur quod regnum Francorum cessasset post Karolum
Magnum. Quia videtur quod in regnum Francorum nullus sibi successit,
nisi imperator; sed, ut dicit praedicta opinio, nullus imperator successit
5 Karolo inquantum erat rex Francorum, sed solummodo inquantum erat
imperator; ergo regnum Francorum tunc cessavit.

Huic respondetur quod illud regnum Francorum, quod sic primitus
vocabatur, cuius caput et principium fuit in Theutonia, et super quod
primo, antequam esset imperator, fuit Karolus rex, post mortem Karoli
10 desiit esse regnum. Unde et per multa tempora postea nullus vocabatur
rex Francorum. Karolus enim non solum regnum Francorum, sed
etiam imperium pro tunc divisit. Nam, ut in chronicis nonnullis habetur:
Karolus Magnus dum morbo et senectute gravaretur, congregatis sollemniter
Aquisgrani proceribus de toto regno Francorum, Ludovicum filium suum, Aquitaniae
15 *regem, cunctorum consilio consortem sibi totius regni et imperialis nominis heredem*
sub anno Domini DCCCXIII constituit impositoque capiti eius diademate, im-
peratorem et Augustum appellari iussit. Bernardum vero, nepotem suum, filium
Pipini, filii sui, Italiae praefecit et regem appellari iussit. Et post hoc ipse
Ludovicus, mortuo patre suo, generalem conventum Aquisgrani sub anno Domini
20 *DCCCXVII habens, filium primogenitum Lotharium nominis atque imperii sui*
consortem constituit, et ceteros, reges appellatos, unum Aquitaniae, scilicet Pipinum,
alterum Bavariae, scilicet Ludovicum, praefecit; quarto vero filio, scilicet Karolo,
Alemanniam, Raetiam et Burgundiam post haec concessit. Idem vero Lotharius

125 regalem: regularem *b*; *corr.* B².
125 iniuncta W; adducta *b*³; adiuncta *corr.* B².
127 comprehendit *b*².

3 regnum: regem AMOR.
5 predicto Karolo *add. b*²V².
10 vocabatur *om. b*³(−MF); fuit BMF.
12 tunc W: te L; parte *b*; parte tunc V².
12 disinit L; dimisit B.
15 et: ac *b*².
17–18 Bernardum . . . iussit. Et *om. b.*
18 hoc: haec *Schard.*
21 consortem: heredem L*Sv; om.* WVK.
22 Barbarie WVK.
23 haec: hoc L*b.*

4 imperator² *om. b*².
7 prius L.

14 Ludwicum *ut saepius* WV.
16 DCCCXIII: 814 *Schard.*
18 Et *om.* WV*Sv.*
18 ipse: idem *Schard.*

22 filio *om. a; add.* V².

126 quasi regnum accessorium principali: against Lupoldus, c. 5, p. 355; *cf. infra,*
viii.3.166–7; viii.4.295–303.

13–42 Lupoldus, c. 2, pp. 336–7 (abbreviated). Lupoldus bases himself largely on
Frutolf-Ekkehard, *Chron. univers.,* MGH *SS* vi, 170–2.

post mortem Ludovici imperatoris, assumpto sibi Pipino, filio fratris sui Pipini,
25 *cum Ludovico et Karolo, fratribus suis, occasione discordiae inter ipsos super*
divisione regni Francorum subortae, sub anno Domini DCCCXLI apud pagum
Altissiodorensem in loco qui dicitur Fontanich bellum gravissimum commisit;
tamen Ludovicus et Karolus non sine gravi dispendio suorum vicerunt. Post
hoc autem bellum supradicti fratres inter se pacificati regnum et imperium Francorum
30 *sub anno Domini DCCCXLII diviserunt hoc modo: Karolus habuit regnum*
occidentale Francorum a Britannico mari usque ad Mosam fluvium, et vocatus fuit
rex Galliae; Ludovicus habuit orientale regnum Francorum, scilicet totam German-
iam usque ad Rheni fluenta et nonnullas civitates cum adiacentibus pagis trans
Rhenum, et vocatus est rex Germaniae, Pannonia, Bohemia et Moravia inclusis.
35 *Lotharius vero primogenitus imperator appellabatur, et a Mosa usque ad Rhenum*
fluvium Belgicam Galliam quasi medius inter duos incedens sortitus est, quae usque
hodie Lothoringia ex eius nomine solita est appellari; habuit etiam Provinciam
et omnia regna Italiae cum urbe Romana. Sed Pipino praedicto vicario, filio fratris
ipsorum, Aquitania cessit. Post haec vero Lotharius imperator praedictus, con-
40 *vocatis primoribus regni, filio suo Ludovico sub anno Domini DCCCLV Italiam*
tradidit et imperatorem constituit. Lothario vero filio suo regnum Lothariense,
quod ex nomine suo sic vocatur, concessit.

Ex hiis aliisque quampluribus colligitur quod regnum Francorum
cessavit esse regnum et quod terrae, quae immediate erant subiectae
45 Karolo, tam imperii quam regni Francorum, multis modis divisae
fuerunt. Et ideo nec in regno Francorum nec in aliqua parte eius
aliquis successit Karolo inquantum Karolus fuerat rex Francorum.
Sed unus filiorum suorum successit ei inquantum erat imperator in parte
imperii et in regno vel in parte regni Francorum; non tamen vocabatur
50 rex Francorum, sed tantummodo imperator vel tam imperator quam rex
Aquitaniae, propter hoc quod prius fuerat rex Aquitaniae quam imperator.
Alter vero filius Karoli vel nepos successit Karolo in parte, quae fuerat
imperii, inquantum Karolus erat imperator habens potestatem separandi
partem imperii ab imperio, ut non immediate, sed mediate esset subiecta
55 imperatori. Italia enim, quae prius fuerat pars imperii immediate
subiecta imperatori, nullum alium regem habens vel dominum, tunc fuit
data Bernardo, nepoti Karoli, qui fuit rex super Italiam constitutus.
Postea vero regnum Francorum fuit aliis modis divisum, sicut patet per
praedicta, ita tamen quod in illis temporibus et multis aliis postea nullus
60 vocabatur rex Francorum, et Italia, quae prius fuerat a terris imperatori
immediate subiectis separata, fuit postea unita.

27 Fontanich L: Fonthanich BMRT; Fontanth KA; Fantanch W; Fantanich V².
33 Renum fluvium AMOR; Reni fluvium BPTV².
35 appellatur L; vocabatur b.
37-8 habuit . . . et: et praeter haec *Schard.*
38 vicario: *om. bSv; del.* V².   40 primatibus LV²; principibus B.
40 DCCCLV: 860 M; ccclx B.
41 filio suo: fratri suo A; fratri b²(−B).
41 Lothariense LW: Lotharingie Vb(−KM); Lothoringie KM.
47 fuerat: fuit LbSv.   52 vel nepos *om. a; add.* V².
53 erat: fuerat MOP; fuit FV².   54 ut: et quae b³V²; et qui B.
56 vel *om. b¹.*   57 Bernardo vel Bosoni *add.* MOPT²RB².

CAPITULUM 6

Circa praedicta autem possunt fieri tres quaestiones. Prima est quomodo Karolus, ex quo dictus fuit Augustus ab augendo, poterat dividendo minuere imperium; secunda, qua potestate aut iure poterat filium suum constituere imperatorem; tertia, an quilibet imperator, successor Karoli, 5 habuerit et habeat eandem quantum ad illa duo potestatem.

Ad primam istarum quaestionum respondetur secundum opinionem secundam quod Karolus inquantum erat imperator habuit tam plenam administrationem in rebus imperii, ut non solum posset facere de eis pro suae arbitrio voluntatis quicquid conferret ad bonum commune, sed etiam 10 ut posset facere de eis quicquid non esset in dispendium boni communis. Et ideo, quia separatio Italiae ab aliis terris et provinciis immediate subiectis imperatori non erat in dispendium boni communis, immo forte vidit Karolus quod erat expediens bono communi, potuit eam a terris aliis separare, praesertim cum ipse subiecisset regnum Francorum immediate 15 imperatori, quod prius non erat ei immediate subiectum, et ita poterat merito Augustus ab augendo imperium appellari, non obstante quod Italiam, quae erat parva respectu aliarum terrarum, separasset. Unde sicut civitates aliquas potuit facere liberas absque detrimento imperii, ita potuit Italiam tali modo ab aliis provinciis immediate subiectis 20 imperatori separare.

Ad secundam quaestionem respondetur quod Karolus illo iure et illa potestate potuit filium suum constituere imperatorem, quo et qua Iulius, primus Caesar, et Octavianus, primus Augustus, et alii quamplures successores eorum quandoque filios suos, quandoque alios, fecerunt 25 interdum successores, nonnunquam consortes imperii. Ex quo enim translatum fuit imperium in Germanos in persona Karoli Magni, omne ius et omnem potestatem, quod et quam habuerunt priores imperatores, habuit et Karolus Magnus.

Et si dicatur quod imperium Romanum non fuit translatum in Karolum 30 Magnum, quia si imperium Romanum translatum fuisset in Karolum, imperium Romanum non remansisset apud Graecos, quod tamen remansit apud eos (unde et in quadam chronica sic legitur: *Imperatores etiam Constantinopolitani, Niciforus, Michael et Leo, ultro amicitiam et societatem eius expetentes* quam*plures ad eum misere legatos; cum quibus tamen propter*

1 tres *om. b.*   1 Quarum prima *add. b².*
6 illarum WVB.   9 suo *b*(−R)*Sv*; *om.* L.
13 ideo potuit *add. b³*; non potuit B.   15 prius: primum K*b³*; primo B.
21 illo: prius *b¹.*   21 illa: ista K; iusta *b¹.*
33 etiam *om. b².*
34 cum quibus tamen propter: conquerentibus ipsum *b¹V².*

———

2 Augustus ab augendo: *cf.* Accursius, *Gl. ord. ad Inst.* prooem., *s.v.* ' semper Augustus '.
29–50 Lupoldus, c. 4, p. 347, who attributes this opinion to Bernardus Compostellanus (Antiquus), according to the Archdeacon (Guido de Baysio).
32–7 Einhardus, *Vita Karoli Magni,* ed. G. H. Pertz and G. Waitz, MGH *SS rer. Germ. in us. schol.,* ed. sexta, 1911, pp. 19–20.

35 *susceptum a se imperatoris nomen et ob hoc eis, quasi imperium eis eripere vellet,*
valde suspectum, foedus firmissimum statuit, ut nulla inter partes cuiuslibet scandali
remaneret occasio; et infra de eodem sic habetur: *Romam veniens,* scilicet
Karolus Magnus, *propter reparandum, qui nimis conturbatus erat, ecclesiae*
statum, ibi totum hiemis tempus extraxit, quo tempore imperatoris et Augusti
40 *nomen accepit, quod primo in tantum aversatus est, ut affirmaret se eo die, quamvis*
praecipua festivitas esset, ecclesiam non intraturum, si pontificis consilium praescire
potuisset. Invidiam tamen suscepti nominis, Romanis imperatoribus super hoc
indignantibus, magna tulit patientia, vicitque eorum contumaciam magnanimitate,
qua eis procul dubio longe praestantior erat, mittendo ad eos crebras legationes et
45 *in epistolis fratres eos appellando.*   Ex hiis videtur haberi quod imperatores,
qui in Constantinopoli morabantur, non solum fuerunt imperatores, sed
etiam imperatores Romani, postquam Karolus factus fuit imperator, et
per consequens Romanum imperium non fuit translatum tunc de Graecis
in Karolum, quia quod transfertur de uno in alium non manet post
50 translationem apud illum, de quo transfertur): respondetur quod imperium Romanorum fuit vere translatum de Graecis in Karolum, et
ideo postea Karolus fuit verus imperator Romanus et nullus Graecus fuit
vere imperator Romanus, licet forte aliqui nomine fuerint postea imperatores Romani; et ideo imperatores priores per dictam translationem
55 privati fuerunt iure et potestate, quod et quam primi imperatores habuerunt in universo orbe, et Karolus, per dictam scilicet translationem, illud
ius et illam potestatem adeptus fuit.

Ad illud, quod adducitur per chronicam supradictam de amicitia et
societate et confederatione Karoli cum imperatoribus Constantinopolitanis
60 sive Romanis et de crebris legationibus inter ipsos, respondetur quod
Karolus propter scandalum et inconvenientia multa vitanda toleravit
illos Constantinopolitanos in Graecia, Graeciam possidere et se vocare
imperatores Romanos, et propter eandem causam voluit cum eis societatem et amicitiam habere; tamen ipse solus fuit verus imperator Romanus,
65 habens omne ius et potestatem, quod et quam habuerunt primi imperatores et alii successores eorum ante Karolum.

Et si quaeratur a quo fuit translatum imperium de Graecis in Karolum,

---

36 valde: elevare K; eum habere b^2.
36 cum quibus tamen fedus *add.* b^2; cum quolibet fedus V^2.
38 imparandum W; recuperandum bV^2.
38 qui: quod b^1.   39 tempus: tempore b^1.
40 adversatus bV^2.   40 est *om.* LW; *add.* V^2.
40–1 quamvis praecipua festivitas *a*: quam precipue festivitas K; quam precise
festivitas A; quamvis primo festivitatis MPRT; qui primo festivitas O; quo primo
festivitas B.   41 si: nisi b^3V^2.
41 praescire: prestare bV^2.
43 magnanimitate LK: magnifice W; magna virtute b^2V^2.
48 tunc *om.* Kb^2.   55 quod et *om.* Kb^2.
56 scilicet *om.* b; *del.* V^2.   56 illud *om.* b^2.
58 et *om.* b.   61 scandala bV^2.
62 immo Graeciam *add.* b^1V^2.   64 tamen: cum WVK.
67–146 Et si . . . natione Germanus *om.* O.
67 in Karolum: in Germanos KBM; ad Karolum *add.* M².

37–45 *ibid.* pp. 32–3.

respondetur quod circa hoc sunt opiniones diversae. Una est quod dicta translatio facta fuit a papa; a quo autem papa facta fuit, sunt diversae
70 opiniones. Haec opinio fulcitur per decretalem *Venerabilem*, Extra, *de electione*.

Alii dicunt quod translatio illa facta fuit principaliter a populo Romano, cuius pars est papa et etiam clerus; quod quaedam chronica insinuare videtur, in qua sic legitur: *Ipsa die sacratissima natalis Domini, cum rex ad*
75 *missam ante confessionem beati Petri Apostoli ab oratione surgeret, Leo papa coronam capiti eius imposuit, et a cuncto Romanorum populo acclamatum est: Karolo* serenissimo *Augusto, a Deo coronato magno et pacifico imperatori Romanorum, vita et victoria.* Quae verba videntur innuere quod Leo papa Karolum coronavit de voluntate et ordinatione populi Romani, ad quem spectabat
80 de imperio ordinare; quare translatio imperii de Graecis in Germanos facta fuit a populo Romano, non exclusis papa et clero. Quod taliter videtur posse probari: Ad illos spectat principaliter translatio imperii, si transferri debet, a quibus fuit imperium institutum; sed a Romanis, et non a papa, fuit imperium institutum; ergo a Romanis, et non a papa,
85 nisi tanquam a parte, quoniam esset pars Romanorum, debet fieri translatio imperii. Hoc confirmatur: Translatio imperii ad potestatem pertinet temporalem; papa autem inquantum papa de temporalibus, saltem regulariter, se intromittere nullatenus debet, ne videatur iuribus saecularium derogare. Quamvis igitur papa casualiter, deficientibus
90 Romanis (quia scilicet nollent in casu necessitatis transferre imperium), posset propter necessitatem transferre imperium, tamen, quando Romani ex necessitate essent parati pro bono communi transferre imperium, papa auctoritate propria transferre imperium non deberet, licet una cum aliis Romanis inquantum Romanus posset transferre imperium. Cum
95 igitur, ut patet ex praeallegata chronica, Romani tunc fuerint parati imperium transferre, papa tunc auctoritate propria imperium transferre non potuit.

Et ad decretalem *Venerabilem* respondetur quod verba illa Innocentii III, sicut plura alia verba eius ibi et alibi, sunt exponenda, ne verbis eius in
100 aliis locis contraria demonstrentur. Potest itaque dici, quod ideo dicit,

74 ad: ante KM*Sv*.
84 fuit ... papa *om. a.*
86 Hoc ... imperii *om.* APRT; igitur BMF.
88 nullatenus: non L.
91 quando: si L; ubi ipsi B.
92 parati: prompti *b*².
93 papa ... imperium *om. b*; Romani *add.* M².
95 igitur: ergo L.
100 contrarius WV.
100 demonstrarentur L*Sv*; demonstraretur WV.

77 serenissimo *non exhibet auct. laud.*

91 posset ... imperium *om. b.*

95 fuerunt L*b*.

69 a quo autem papa: for the proponents of the claims of Zacharias, Stephen II, Hadrian I and Leo III, *cf.* W. Goez, *Translatio imperii*, Tübingen, 1958, *passim*.
70–1 1, 6, 34, col. 80.
72–97 *cf. infra*, iv.9.117–28; *OND* 93.740–2; *CB* vi, 13, pp. 295–6; IIusIIIae *Dial.* i, cc. 20, 29–30.
74–8 *Annales regni Francorum*, ed. F. Kurze, MGH *SS rer. Germ. in us. schol.*, 1895, p. 112.
98–100 *cf. supra*, i.9.1–52.

quod apostolica sedes *Romanum imperium in personam magnifici Karoli a Graecis transtulit in Germanos*, quia papa auctoritate Romanorum coronavit Karolum in imperatorem, vel quia populus Romanus papae tanquam eminentiori personae inter eos potestatem tribuit transferendi, vel quia 05 papa et clerus cum aliis Romanis transtulerunt imperium, vel quia papa persuasit et consuluit fieri translationem illam in Germanos.

Quare autem fuit facta dicta translatio non est modo tractandum. Quis etiam fuerit effectus dictae translationis, non oportet modo exquisite discutere; sed sufficit nunc secundum opinionem secundam breviter 10 dicere quod per dictam translationem Karolus non solum exemptus fuit ab obedientia et subiectione imperatoris, praedecessoris sui, a cuius obedientia et subiectione, quamvis non habuisset eum pro superiore, non fuit exemptus, quia non habere imperatorem pro superiore non eximit aliquem a subiectione; sed etiam factus fuit dominus illius, qui 15 fuit imperator ante eum, et omnium regionum, terrarum et provinciarum, quarum domini fuerunt illi, qui tenuerunt monarchiam imperii. Et ideo Karolus per dictam translationem habuit potestatem de iure, licet non de facto, in omnibus terris, quae Octaviano subiectae fuerunt; in provinciis etiam, quas sibi antea per bella licita subiugaverat, habuit 20 potestatem imperialem, in quibus prius de iure nec imperialem nec regalem habuerat potestatem; in terris autem et provinciis, quas ex successione paterna possidebat, nactus est potestatem imperialem, in quibus antea solummodo regalem habuit potestatem. Pro omnibus istis una brevis allegatio—talis, quae etiam aliquo modo in praecedentibus 25 habetur implicite—potest adduci. Nam quando Karolus fuit ad imperiale fastigium sublimatus, nequaquam fuit novum imperium institutum, sed tale fuit nactus imperium quale ipsum praecessit; aliter imperium non fuisset de aliquo nec de aliquibus translatum in ipsum. Omnem igitur potestatem in quibuscunque terris, quas habuerunt praedecessores 30 sui, ipse per talem translationem obtinuit; quare in universo oreb imperialem potestatem acquisivit.

Sed forte quaeret aliquis quomodo fuit imperium translatum in Germanos. Numquid sic, quod nullus unquam deberet esse imperator nisi Germanus? Huic respondetur quod, sicut Romanum imperium non 35 fuit translatum de Graecis sic, quod nullus Graecus unquam deberet esse imperator, sic non fuit translatum in Germanos, quod nullus deberet esse imperator nisi Germanus; talis enim ordinatio seu translatio optimo modo providendi imperio de imperatore obviaret. Potestati etiam imperatoris

108 etiam: autem *b*¹.   109 nunc: modo L; non WV.
113 tamen non¹ *add. b*¹.   115 regionum: regnorum *b*¹.
117 predictam L*Sv.*
118-9 et in provinciis *add. b*³; et per provincias B.
124 brevis: videtur *b*¹.   125 habetur *om. b*¹.
129 quas: quam VB.   132 quereret L*bSv.*
134 Huic: hic *b*¹.   138 ac potestati *add. b*¹.
138 etiam *om. b.*

101-2 1, 6, 34, col. 80.
108-23 *cf.* Lupoldus, c. 4, pp. 346-8.

non modicum derogaret; quia tunc non habuisset Karolus nec aliquis
140 alius post eum potestatem promovendi imperatorem alium quam
Germanum, cum tamen de facto aliqui alii quam Germani postea electi
fuerunt. Richardus enim, frater Henrici regis Angliae, proavi Edwardi,
qui modo regnat in Anglia, electus et coronatus fuit in regem Romanorum
seu imperatorem; Alfonsus etiam rex quartus Castellae fuit electus:
145 quorum tamen neuter erat Germanus. Sed translatum fuit in Germanos,
quia Karolus, qui tunc fuit factus imperator, erat natione Germanus,
cuius lingua materna erat Theutonica.

Ad tertiam quaestionem propositam in principio istius capituli respondetur secundum secundam opinionem quod quilibet imperator
150 successor Karoli eandem habuit potestatem, quam habuit Karolus vel
quicunque praedecessor Karoli, tam quantum ad dandum aliquam
partem imperii alii, dummodo remanerent imperio sufficientes terrae et
provinciae ad omnia onera imperii sustinenda, quam quantum ad
potestatem constituendi filium suum vel alium imperatorem. Quorum
155 utrumque probatur per allegationem, quae ad aliam conclusionem
inducta est superius, c. ii. Nam *qui in ius succedit alterius, eodem iure, quo
ille, uti* potest; aliter enim non esset vera successio. Ergo quilibet
imperator successor Karoli quantum ad illa duo, sicut quantum ad alia
quaecunque, potest uti eodem iure et potestate, quo et qua Karolus vel
160 quicunque praedecessor suus usus fuit.

Et specialiter probatur secundum, scilicet de potestate constituendi
imperatorem, per hoc, quod saepe de facto, quod per rationem reprobari
non potest, successores Karoli, tam ante institutionem principum electorum quam post, filios suos et alios constituerunt imperatores, consortes
165 imperii vel successores, sicut in chronica Ottonis Frisingensis et in nonnullis aliis ac quibusdam gestis imperatorum usque post Fridericum ultimum legitur et habetur. Nam Ludovicus primus, filius Karoli Magni,
fecit Lotharium filium suum imperatorem, et idem Lotharius filium suum
Ludovicum constituit imperatorem, qui simul fuerunt Augusti; unde, ut
170 habetur di. lxiii, Leo quartus Lothario et Ludovico Augustis scripsit

---

139 derogaret: obviaret L.
140 post eum *om. b².*   141 postea *om. b².*
142 Eduuardi WV; Ervirhardi K; et Virhardi A; Erbihardiam B; et Bihardi P;
om. MRT.
144 quartus *a: om. b.*
145 erat: fuit L.   145 fuit: erat LVK.
147 cuius . . . Theutonica *om. b.*   152 imperio: imperii LW.
155 conclusionem: questionem WV.   156 adducta *b².*
156 superius, c. ii *om. b¹*(−O); c. 5 L. 157 potest: debet *b¹.*
158 ad omnia alia *add.* BR.   166 ac *om. b².*
167 primus: Pipinus A; Pipini *b²*(−O).   167 Karoli Magni *om. b¹.*
169 simul *om. a; add.* V².   170−1 Lothario . . . Conrado *om.* K*b².*

---

142 Richardus: of Cornwall (1209–72), brother of King Henry III of England, great-
grandfather of Edward III.
144 Alfonso X of Leon and Castille, the fourth of his name to reign in Castille, elected
King of the Romans in opposition to Richard in 1257.
145–7 *cf.* Lupoldus, c. 3, pp. 340–1.
156–7 superius: iv.2.29–30; *Sext.* v, 12 *ad fin.*, reg. 46, col. 1123; *cf. supra,* ii.6.78–80 n.
165–7 *cf.* Introduction, p. 10.   170–1 c. 16, di. 63, col. 239.

illud decretum *Reatina*.   Item, de Conrado sic legitur: *Conradus omnium
electione, lxxix^{us} ab Augusto, regnum*, scilicet Romanorum, *accepit, cuius
consilio et praecepto Henricus, dux Saxoniae, filius Ottonis ducis, in regnum
provehitur*.   Item, de Ottone primo sic legitur: *Otto primus, ab Augusto
175 lxxxi^{us}, filium suum Ottonem in puerilibus annis regem constitu*it.   Item, de
quodam alio Conrado sic legitur: *Conradus, lxxxv^{us} ab Augusto, secundo
regni sui anno filium suum Henricum regem fecit*.   Item, de Henrico sic habetur:
*Henricus III, Conradi imperatoris filius, dudum patre vivente rex constitutus, lxxxvi^{us}
ab Augusto, patri successit; filium quoque suum Henricum Romani pontificis
180 cunctorumque pontificum et principum regni electione regem constituit*.   De Henrico
IV sic legitur: *Henricus IV Henricum filium suum regem fecit*.   Item, de
quodam Conrado sic legitur: *Conradus, xc^{us} ab Augusto, fratrueli suo sedem
regni reliquit*.   De Friderico primo sic legitur: *Fridericus primus, ab Augusto
xci^{us}, regnum accepit, magis ex delegatione patrui sui quam ex electione principum*.
185 Qui Henricum filium *designavit fieri imperatorem*, qui *de consensu principum
coronam Aquisgrani accepit*.   Isto hoc *procurante, principes Alemanniae paene
omnes parvulum filium ipsius*, scilicet Fridericum, *adhuc in cunis vagientem
assum*pserunt *in regem, et ei fidelitatem iura*verunt.   Unde postea *principes
Alemanniae, rex videlicet Bohemiae, dux Austriae, dux Bavariae et lantgravius
190 Thuringiae, et alii quamplures* comites *eundem Fridericum, regem Siciliae, elegerunt
in imperatorem coronandum, cui etiam olim, cum adhuc in cunis esset, iuraverant
fidelitatem*.   De Henrico, filio Friderici, sic legitur: *Henricus VII, filius
Friderici, circiter octo annos habens*, quorundam *ministerialium et aliorum
principum interventu a patre suo et principibus rex constituitur et Aquisgrani
195 coronatur, cum patre suo imperium adepturus*.

Ex hiis colligitur quod imperatores post Karolum alios creaverunt
imperatores tanquam habentes eandem potestatem in omnibus, quam
habuit Karolus Magnus et praedecessores sui, qui quamplures imperatores
fecerunt.   Nam ab imperatoribus fuerunt infrascripti imperatores, reges
200 Romanorum, Caesares et Augusti creati: Octavianus, qui fuit primus

171 Chuonradus *ut saepius* W; Chonradus V.
172 regnum: regionem *b*².   172–3 cuius ... praecepto: et *b*².
177 Henricum: de iure *b*².   177 habetur: legitur *b*².
179 succedit *b*¹.   182 fratrueli: patrueli AM²; filio B.
183 legitur habetur WV; legitur et habetur V²; legitur ut habetur L.
183 ab Augusto *om.* K*b*².   185 filium suum *add.* *b*V².
186 Ista hec procurantes *b*¹.
190 duces et comites *add.* M²; convenientes *Burchard.*
191–2 iuramentum (iuramenta V²) et fidelitatem prestiterunt (fecerunt B) *b*¹V².
194 et²: in LW.   200 Romanorum *om.* *b*.

171–4 Frutolf-Ekkehard, *Chron. univers.*, MGH *SS* VI, 175.
174–5 *ibid.* pp. 184, 189.   176 quodam alio Conrado: Conrad II.
176–7 Frutolf-Ekkehard, p. 195.   178–80 *ibid.* pp. 195, 197.
181 *ibid.* p. 210.   182 quodam Conrado: Conrad III.
182–3 Burchardus Urspergensis, *Chronicon*, ed. O. Holder-Egger and B. von Simson,
MGH *SS rer. Germ. in us. schol.*, ed. secunda, 1916, pp. 17, 20.
183–4 *ibid.* p. 22.   185–6 *ibid.* pp. 56, 71.
186–8 *ibid.* p. 75.   188–92 *ibid.* p. 99.
192–5 *ibid.* p. 115.
200–10 This list is put together from Frutolf and perhaps from Otto of Freising, *Chronica*,
bks. 3–5.

Augustus, Antonius, Lepidus, Drusus, Gaius, Piso, Lucius Annius,
Lucius Commodus, Antoninus, Alexander, Philippus, Decius, Volusianus,
Gallienus, Cornelius, Claudius, Carinus, Numerianus, Maximianus,
Constantius, Galerius, Maximinus, Severus, Constantinus, Licinius,
205 Crispus, Licinianus, Maxentius, Constantinus, Constans, Constantius,
Dalmatius, Gallus, Iulianus, Valens, Gratianus, Valentinianus, Theo-
dosius, Honorius, Arcadius, Theodosius, Constantius, Valentinianus,
Leo, Anthemius, Leo, Zeno, Theodoricus, Iustinianus, Tiberius
Constantinus, Mauricius, Germanus, Theodosius, Tiberius, Constantinus,
210 Heraclius, Tiberius.   Quilibet igitur imperator, si est verus imperator
Romanorum, in eodem imperio succedens primis imperatoribus—et est
modo tale imperium, quale ab initio fuit—alios potest creare imperatores,
vel ut secum regnent et imperent, vel ut sint sui solummodo successores,
quia utroque modo fuerunt per imperatores alii imperatores constituti.

---

204 Constantius *scripsi*: Constantinus *codd*.
206 Valens: Valerius b^1V^2.
206–8 Theodosius[1] ... Zeno: Leo Anthonius *b*.
209 Constantinus[1]: Constantius WV.   209 Constantinus[2]: Constantius *a*.
210 Heraclitus b^2.

---

201 Gaius (Caligula): *cf*. Frutolf, p. 97, line 57.
201 Piso, declared caesar by Galba: Frutolf, p. 102, line 1.
201 Lucius Annius (Lucius Aurelius Verus), made consort by Marcus Aurelius:
Frutolf, p. 105, line 24.
202 Lucius Commodus (M. Commodus Antoninus), also made consort by Marcus
Aurelius: Frutolf, p. 105, line 42.
202 (M. Aurelius) Antoninus (Caracallus): Frutolf, p. 106, lines 19–20.
202 (M. Julius) Philippus, made consort by his father, the emperor Philip: Frutolf,
p. 108, line 16.
202 Decius, son of the emperor of that name, made caesar by his father: Frutolf, p. 108,
line 38.
203 Cornelius Valerianus, made caesar by Valerian: Frutolf, p. 109, line 7.
203 (M. Aurelius) Claudius (Gothicus).
203 (M. Aurelius) Carinus and (M. Aurelius) Numerianus, made caesars by their
father, the emperor Carus: Frutolf, p. 110, line 17.
204 (G. Valerius) Maximinus (Daia) and (F. Valerius) Severus, chosen as caesars by
Galerius, according to Frutolf, p. 111, line 25 (*potius* Diocletian).
204 Constantinus (Magnus).
205 (Flavius Julius) Crispus and (Valerius) Licinianus (Licinius), made caesars by
Constantine I: Frutolf, p. 111, lines 45–6.
205 Maxentius: raised by the praetorians, according to Frutolf, p. 111, line 29.
205–6 Constantinus, Constans and Constantius, sons of Constantine I, and Dalmatius,
his nephew: Frutolf, p. 112, line 35.
206 Valentinianus II.   206–7 Theodosius I.
207 Theodosius II, son of Arcadius, who during his own lifetime called Theodosius
emperor: Frutolf, p. 134, line 35.
207 Constantius III; Valentinianus III.
208 Leo, son of Leo I, according to Frutolf, p. 137, line 16.
208 Leo II, grandson of Leo I.
208 Theodoricus: presumably Ockham found his justification for including Theodoric
in Frutolf, p. 128, lines 30 *sqq*.
208–9 Tiberius Constantinus: Tiberius II.
209 Germanus, Theodosius, Tiberius: it would seem that Theodosius and Tiberius,
sons of the emperor Maurice, and Germanus, father-in-law of Theodosius, are meant.
But I cannot find mention of them in Frutolf or Otto of Freising.
209–10 Constantinus, Heraclius, Tiberius: Constantine IV Pogonatos and his brothers;
cf. Frutolf, p. 154, line 70.

CAPITULUM 7

Sed contra praedicta dupliciter obicitur. Primo, quia secundum ista imperatores fierent per successionem et non per electionem, quod repugnat optimo modo providendi de imperatore, et per consequens repugnat optimo principatui, qualis debet esse principatus imperialis. Secundo
5 obicitur quia secundum ista imperator posset ordinare apostolicam sedem et facere papam ac archiepiscopos et episcopos, quia istam potestatem habuit Karolus Magnus, ut patet di. lxiii, *Adrianus*.

Ad primam istarum obiectionum respondetur secundum opinionem secundam quod optimus modus providendi simpliciter de imperatore est
10 per electionem et non per successionem, et ideo non legitur quod aliquis fuerit aliter quam per electionem constitutus imperator. Unde etiam filii imperatorum facti fuerunt imperatores per electionem; sed non semper per electionem illorum, quibus regulariter erat eligendi data potestas vacante imperio, sed saepe per electionem ipsorum imperatorum.
15 Nam ipsimet imperatores habentes potestatem eligendi elegerunt saepe proprios filios vel alios in imperatores, quia non minorem potestatem habet imperator super imperium quam quicunque alii inferiores eo.

Ad secundam obiectionem diversimode respondetur. Dicitur enim uno modo quod quilibet imperator post Karolum et post Ottonem
20 primum habuit potestatem eligendi summum pontificem. Quia, sicut patet di. lxiii, c. *In synodo*, potestas ordinandi summae sedis pontificem data fuit Ottoni et successoribus eius; quare potestas ordinandi apostolicam sedem pertinet ad ius publicum, quia *ius publicum est in sacris et sacerdotibus et magistratibus*; quare in imperatoribus, qui inter magistratus summum
25 locum obtinere noscuntur. Sed iuri publico derogari non potest, nec potest quis renuntiare iuri publico, Extra, *de foro competenti, Si diligenti*; quare imperatores posteriores tali iuri renuntiare minime potuerunt.

Aliter dicitur quod illud privilegium Karoli et Ottonis fuit personale vel saltem quod imperatores potuerunt renuntiare privilegio illi.
30 Aliter dicitur quod nec Karolus nec Otto habuit potestatem eligendi summum pontificem inquantum erant imperatores, quia primi imperatores, quorum Karolus et Otto fuerunt successores, potestatem illam nullatenus habuerunt; et ideo potestas eligendi papam non competebat eis inquantum erant imperatores, sed inquantum erant Romani Christiani,
35 quibus alii Romani Christiani commiserunt vices suas. Eodem modo dicitur de investitura episcoporum et archiepiscoporum: quod specialiter

---

4 imperialis *om. a*; *add.* V².
6 illam *b*.
16 in *om.* WVBM*Sv*.
24 in K: et V; *om.* LW*b*¹*Sv*.
27 poterant L; poterunt WV.
32 erant L.

6 ac: et *b*¹; *om.* L.
11 institutus *b*¹.
24 quare: quia *b*³; et per consequens B.
25 nec: neque *b*.
30 habuerunt *b*¹.

---

7 c. 22, di. 63, col. 241.
23–4 c. 11, di. 1, col. 3.

21 c. 23, di. 63, col. 241.
26 ii, 2, 12, col. 252.

secundum quorundam opinionem veritatem habet quantum ad collationem temporalium, quam facere habet imperator, praesertim in terris
sibi immediate subiectis, et non papa.

40 Quae istarum responsionum maiorem apparentiam habeat, non est
dicendum ad praesens, quia magnam discussionem requireret.

CAPITULUM 8

In multis aliis opinio prima et secunda superius recitatae discordant;
de quibus non est nunc tractandum, licet de quibusdam eorum sim postea
breviter tractaturus. Et ideo nunc sufficiat dicere quomodo opinio
secunda respondeat ad ea, quae superius c. i pro opinione prima sunt
5 adducta.

Cum enim dicitur quod rex Romanorum est postea in imperatorem
promovendus, dicitur quod hoc non est proprie dictum, sed ideo dicitur
quia rex Romanorum est imperator postea appellandus, cuiusmodi
appellatio ex quadam consuetudine forte non multum rationabili ante
10 unctionem et coronationem aliquibus temporibus et non ab initio fuit
omissa. Primi enim imperatores et successores eorum usque ad multa
tempora post Karolum Magnum non prius vocabantur reges Romanorum
quam imperatores. Quare autem postea ceperunt prius reges Romanorum quam imperatores appellari, forte nescitur; et ideo forsitan di-
15 mittendum esset, ad tollendum dubitationes periculosas, quae ex
huiusmodi appellationibus exoriri valerent. Multa enim sunt constituta,
ut scribit Augustinus, ut habetur di. xii, c. *Omnia*, quorum causae aut
vix aut nunquam inveniri possunt, quas in eis constituendis homines secuti sunt:
quae *ubi facultas tribuitur, sine aliqua dubitatione existim*at *resecanda.* Con-
20 cluditur igitur quod proprie loquendo rex Romanorum non est futurus
imperator, sed proprie loquendo rex Romanorum est imperator, licet
sic non appelletur semper.

Quod igitur dicitur di. xxiii, c. *In nomine*, de Henrico rege Romanorum,
quod *futurus sperabatur imperator*, intelligi debet quantum ad appellationem,
25 ut sic communiter appellaretur, qualiter tunc non appellabatur communiter, non quantum ad aliquam potestatem aut iurisdictionem vel ius

37 quorundam: quandam *b*.   41 requirerent M; requirit B.

2 nunc: modo L.   2 postea: in posterum *b*²V².
8 quia V: quod LW*b*.   11 admissa MV².
16 valerent: possent L.
19–20 Concluditur *sec. ed. pr.*; conceditur *codd.*
20–1 non est . . . Romanorum *om.* WV*b*¹.
21 *post* imperator²: et dicitur quod rex romanorum proprie loquendo non (non *om.*
V) est futurus imperator *add.* WV.   23 c. In nomine B: *om. a*KMF.
25 appelletur WV.   26 potestatem iurisdictionis *b*.

37–8 collationem temporalium: *cf. AP* 7.8–40.

2 postea: q. viii, cc. 3–5.   6 Cum enim dicitur: *supra*, iv.1.9–10.
18–19 c. 12, di. 12, col. 30 = Augustinus, *Ep.* lv, 19, PL 33, 221.
19–22 *cf.* the memorandum *Subscripta*, art. 2, ed. E. E. Stengel, *Nova Alamanniae*,
Berlin, 1921, No. 584, p. 402.
23–4 c. 1, di. 23, col. 78.   23 Henry IV.

de novo accipiendam vel accipiendum: quemadmodum electus in papam, si antea fuit episcopus, ex ipsa electione ante omnem inthronizationem seu coronationem et omnem sollemnitatem fiendam postea circa ipsum,
30 omnem potestatem et iurisdictionem habet, quam est per inthronizationem in apostolicam sedem vel coronationem aut quamcunque aliam sollemnitatem adepturus.   Nam papa non habet nisi duplicem potestatem, scilicet ratione ordinis et ratione administrationis, ut innuit glossa di. xxi super c. *In novo,* sed electus in papam ante omnem aliam sollemni-
35 tatem utramque habet.   De prima patet, quia, ut dicit glossa praedicta, *omnis episcopus par* est *apostol*ico *quantum ad ordinem et ratione consecrationis, xxiv q. i, Loquitur*; de secunda patet di. xxiii, *In nomine.*   Papa igitur, si prius est episcopus, per coronationem nichil iurisdictionis seu potestatis consequitur, quamvis antea vocetur electus.   Quod etiam probatur per
40 hoc, quod beatus Petrus statim, quando factus fuit a Christo papa, omnem inquantum papa habuit potestatem, nec aliam de novo post accepit; sed electio papae canonica respectu successorum Petri succedit in locum institutionis Petri a Christo sine omni ministerio humano; ergo papa, si est episcopus, quemadmodum fuit Petrus antequam esset
45 papa, per electionem canonicam omnem habet potestatem, quam post habebit.   Si tamen aliquis, qui non est sacerdos vel episcopus, eligatur in papam, oportet quod consecretur in sacerdotem vel episcopum antequam habeat potestatem quantum ad illa, quae ordinis sunt.   Rex igitur Romanorum non est proprie promovendus in imperatorem; et ideo
50 promotio talis magis est verbalis quam realis.

Et si dicitur quod hoc videtur absurdum et ridiculosum, respondetur quod hoc non est absurdum et ridiculosum: quemadmodum multa fiunt, quae magis ad sollemnitatem spectant quam ad veritatem, sicut patet in matrimoniis, Extra, *de sponsalibus,* c. i, et in ordinationibus clericorum et
55 consecrationibus episcoporum, et etiam in missa et in aliis multis; quae tamen non sunt absurda et ridiculosa.   Quia facere in talibus praeter illa, quae sunt de substantia rei, aliqua, quae sunt ad sollemnitatem et decorem et ad ipsa magnificandum in mentibus hominum, ut in maiori admiratione, veneratione, devotione et reverentia habeantur, non est
60 absurdum et ridiculosum, sed saepe est necessarium, utile et decorum; quamvis secundum unam opinionem in casu praesenti esset utile et expediens quod, dimissa dilatione imperialis nominis, rex Romanorum

29 ipsum B: ipsam *a*KM.   33 administrationis: potestatis *b²*.
34–7 xxi . . . di. *om. b²*.   36 apostolo *Glossa*; pape V².
36 rationem *Glossa*.
38 iurisdictionis: realitatis L; regulariter K.
39 ante *b*.   41 aliquam *b*.
51–2 respondetur . . . ridiculosum *om.* K*b³*; dicendum quod non L; respondetur quod non B.   55 in consecrationibus *add. b²*.   56 non *om. b³*.

33–7 *cf. Gl. ord. ad* c. 2, di. 21, *s.v.* 'pari'.
37 c. 18, C. 24, q. i, col. 971.   37 c. i, di. 23, col. 78.
44 quemadmodum fuit Petrus: referring to the story that Peter was bishop in Antioch before he went to Rome; *cf. supra,* ii.7.38–9; *Decretum Gratiani,* c. 15, C. 24, q. i, col. 970; *Lib. pontific.,* ed. L. Duchesne, i, Paris, 1886, pp. 50–1, 118; Hieronymus, *de viris illustr.* i, PL 23, 638.
54 IV, 1, 1, col. 661; *cf. Gl. ord. ad loc. cit., s.v.* 'Francorum lege'.

statim titulum imperialem assumeret et sine mora pro vero imperatore
se gereret, ne aliqui ambitiosi bono communi privatum praeferentes
65 honorem ex dilatione huiusmodi occasionem accipiant in dampnum
reipublicae asserendi quod rex Romanorum non statim habet imperialis
plenitudinem potestatis.

Et cum dicitur quod tunc lex esset imposita verbis et non rebus, et
distinctio nominum non declararet differentiam rerum, respondetur quod
70 nonnunquam nomina imponuntur non ad declarandum differentiam
secundum substantiam rei, sed ad declarandum differentiam sollemnita-
tum, quae fiunt circa substantiam rei. Sicut patet de papa, qui habens
eandem potestatem primo se vocat electum, et postea papam; imperatores etiam aliquando Augusti, aliquando Caesares appellantur, et tamen
75 ista nomina nullam differentiam potestatis ostendunt. Quare, cum
potius mens consideranda sit quam verba, Extra, *de privilegiis, Quanto*,
quia verba deserviunt intentioni et non econverso, Extra, *de verborum
significatione, Intelligentia*, licet rex Romanorum non statim vocetur imperator, nulla est sibi auferenda potestas. Quia enim lex non est imposita
80 verbis sed rebus, non semper attendenda sunt verba, sed sic interpretanda
et intelligenda sunt verba, ut res non pereat, sed valeat, *quia non sermoni
res, sed rei* debet esse *sermo subiectus*, Extra, *de verborum significatione, Intelligentia*. Et ideo, quia non mediocriter periret respublica si rex Romanorum non statim esset imperator propter hoc, quod prius vocat se regem
85 quam imperatorem ex consuetudine quadam forte minus rationabili,
non est dicendum quod quantum ad rem sit differentia inter regem
Romanorum et imperatorem.

CAPITULUM 9

Nunc de quaestione principali est tractandum, utrum scilicet electio
alicuius in regem Romanorum vel imperatorem sibi det plenam administrationem ex eo quod sua potestas est immediate a Deo; circa quam est
opinionum diversitas.

5 Quarum una tenet partem negativam propter hoc, quod ponit potestatem regis Romanorum seu imperatoris non esse immediate a Deo, quia
tenet quod potestas sua est a papa, secundum quod tenet opinio, quae

63 et *om*. W*b*.   63 et pro *add*. B.   72 habet *b²*; *corr*. M².
73 primo vero B.
73 papam: ipsi K*b³*(−R); *corr*. M²; vocatur papa BR.
73–4 imperatores: sic et imperatores vocati sunt (primo *add*. R) reges romanorum
postea nominantur imperatores postea BR.   74 tamen *om. b*.
76 Extra . . . Quanto *om. b¹*.   77 quia verba: que *b¹*.
84 quod: quia LV.

    1 de quaestione principali *om*. ABR.   3 quam: hoc *b¹*.

68 cum dicitur: *supra*, iv.1.13–15.
76 v, 33, 26, col. 867.
77–8 v, 40, 6, col. 913.
81–3 *ibid*.

recitata est q. ii, c. ii; et ideo huiusmodi electio non dat electo plenam administrationem, sed oportet quod confirmetur a papa.

10 Alia est opinio, de qua tactum est quaestione ista, c. i, quae videtur dicere quod electio alicuius in regem Romanorum dat sibi plenam administrationem in Italia ac aliis terris et provinciis, quae subiectae erant Karolo Magno ante unctionem et coronationem imperialem, ex hoc, quod potestas sua in illis terris est immediate a Deo, quia rex Romanorum illas 15 terras et provincias non tenet a papa; sed electio alicuius in regem Romanorum vel imperatorem non dat sibi plenam administrationem in terris et provinciis, quae non erant subiectae Karolo Magno ante unctionem et coronationem imperialem, quia illas terras et provincias tenet a papa, et quantum ad illas tacite ipso facto confirmatur a papa, ex hoc 20 scilicet, quod papa ipsum ungit et coronat.

Porro, quia ista opinio declarata est a praedicto reverendo doctore, transeo ad opinionem secundam, quae tractata est supra, c. ii; quae, sicut dicit quod inter regem Romanorum et imperatorem seu inter regnum Romanorum et imperium nulla est distinctio, ita tenet quod 25 potestas regis Romanorum seu imperatoris immediate est a Deo, tertio scilicet modo, de quo dictum est q. ii, c. iii, quemadmodum potestas papae immediate est a Deo. Rex enim Romanorum seu imperator in quibuscunque terris et provinciis nullum superiorem habet in temporalibus, nec quascunque terras seu provincias tenet ab alio quam a Deo; et ideo 30 dicitur quod electio alicuius in regem Romanorum et imperatorem dat sibi plenam administrationem, quae competit sibi de iure in quibuscunque terris et provinciis. Non enim habet eandem plenitudinem administrationis in omnibus terris et provinciis; quia de iure pleniorem habet administrationem in terris immediate subiectis imperio quam in aliis, 35 sicut et primi imperatores pleniorem habuerunt administrationem in terris immediate sibi subiectis, quae imperatori deputatae erant ad onera imperii perferenda, quam in aliis terris.

Pro ista conclusione praedictae opinionis secundae potest taliter allegari: Sicut allegatum est prius, qui alteri in imperio vel regno *succedit, eodem*

---

8 q. ii, c. ii: c. ix b^3; ii q. ca. B.
8 electio . . . electo: electus non habet b^3; electio non habet B.
9 quod: ut WV.   13 ex hoc, quod: et hoc quia b^2.
19 hoc: eo b^2.   21 ista: illa WBM.
23 sicut: sic b.   24 etiam tenet add. b^1.
25 regis Romanorum: regni b^1.
25–6 tertio scilicet modo W: illo scilicet modo V; tertio modo KA; *om.* LBM.
26 c. ii b; *om.* L.   28 et: vel b.
30 Romanorum *om.* b^1.   30 et: vel K; seu b^1.
32–3 administrationis *om.* b^1.   34 in terris *om.* b^1.
35 potestatem et administrationem add. b^1.
38 conclusione: questione OPRTV^2; opinione BMV^3; *corr.* M^2.
39 prius quia ille add. b^1.

---

8 *supra*, ii.2.3–12.   10 *supra*, iv.1.7–9.
21 reverendo doctore: *cf.* Lupoldus, cc. 5–11, pp. 351–78.
22 supra: iv.2.1–5.
25–6 tertio scilicet modo: *supra*, ii.3.22–6.
39–40 prius: iv.2.29–30; *cf. Sext.* v, 12 *ad fin.*, reg. 46, col. 1123; *supra*, ii.6.78–80 n.

40 *iure, quo ille, uti deb*et; sed electus in regem Romanorum vel imperatorem
succedit imperatoribus, qui fuerunt tam ante Karolum quam ante
Constantinum; ergo eodem iure, quo illi, uti debet. Electio autem
dedit illis imperatoribus plenam administrationem, quae competebat eis
de iure in quibuscunque terris et provinciis; ergo et modo electio dat
45 plenam administrationem electo in regem Romanorum seu imperatorem.
Aliter enim vel rex Romanorum seu imperator non esset modo verus
successor illorum imperatorum, vel elector aut electores modo non
succederet vel non succederent in ius electoris vel electorum prioris vel
priorum.

50   Sed forte dicet aliquis quod ista allegatio supponit falsum, scilicet quod
imperatores semper fiebant per electionem, cum multi fuerint imperatores
per successionem generis tam ante Karolum Magnum quam post. Huic
respondetur quod nunquam fuit aliquis factus imperator Romanorum,
nisi per electionem, et non proprie loquendo per successionem generis.
55 Filii enim imperatorum, qui fuerunt facti imperatores, per electionem
patrum suorum vel aliorum ad imperii fastigium promoti fuerunt. Unde
Ludovicus, filius Karoli, non iure primogeniturae nec aliquo iure alio
proprio, sed per electionem patris fuit factus imperator; unde si pater
decessisset et nullum ad imperium elegisset, Ludovicus, si filius fuisset
60 primogenitus, quamvis habuisset ius vendicandi regnum Francorum iure
primogeniturae, quo iure in regnis occidentalibus succedunt primogeniti
patribus, non tamen habuisset ius vendicandi imperium seu regnum
Romanorum. In hoc enim, quod imperium seu regnum Romanorum
nemo assequitur per successionem, sed per electionem, ipsum optimo
65 modo regalis monarchiae magis appropinquat quam regnum, quod per
generis successionem habetur.

   Secundo ad praedictam conclusionem taliter allegatur: Si imperator
tenet a papa terras, quae non erant subiectae Karolo Magno ante unctionem et coronationem imperialem ipsius, et non alias, ergo illae terrae
70 et non aliae sunt subiectae iurisdictioni et potestati papae. Quaeritur
ergo, quo iure sunt subiectae iurisdictioni et potestati papae? Non iure
naturali, quia iure naturali una terra non est magis subiecta iurisdictioni
papae quam alia; iure enim naturae omnia sunt communia et *communis*
est *omnium possessio, et omnium una libertas*, di. i, *Ius naturale*. Nec iure
75 divino aliquae terrae sunt magis subiectae iurisdictioni papae quam aliae:
tum quia, sicut dicit Augustinus super Ioanne et recitatur di. viii, *Quo*

---

41 Karolum magnum *add. b.*
42 autem ista *add.* WV.
47 vel: seu regum aut *b¹*V².   46 verus *om. b².*
48 electoris: electionis alias electoris K;   47 elector aut *om. b¹*V².
51 fiebant: fiunt *b²*(−B); fiant B.   electionis *b¹*.
55 Alii enim imperatores *b²*.   51 fuerint: fuerunt VB; *om.* L.
59 filius: alius W; *om. b¹*.   57 alio *om. b¹*V².
67 conclusionem: solucionem K; questionem VB.
70–1 Quaeritur . . . papae *om.* L*b¹*.   73 alie LK.
73 naturae: naturali L.

73–4 c. 7, di. 1, col. 2.

iure: Iure divino ' Domini est terra, et plenitudo eius'; pauperes et divites *Dominus de uno limo fecit;* pauperes et divites una terra portat; tum quia *divinum ius in divinis scripturis habemus,* di. viii, *Quo Iure*—in divinis autem scripturis nullatenus invenitur quod Deus magis subiugaverit iurisdictioni papae terras, quae non erant subiectae Karolo ante coronationem imperialem, quam alias; tum quia plures illarum terrarum nec de iure nec de facto unquam fuerunt Christianorum, quia incolae earundem nunquam fuerant conversi ad fidem, et per consequens papa super ipsas nullam habuit iurisdictionem, iuxta illud Apostoli i ad Corinthios v: *Quid ad nos iudicare de hiis, qui foris sunt?* Nec iure humano terrae illae sunt magis subiectae iurisdictioni papae quam aliae, quia nec iure civili nec iure canonico. Non iure civili, quia de hoc in iure civili nichil habetur; nec iure canonico, quia papa, cuius est condere canones, non habet huiusmodi potestatem, ut regna et provincias sibi possit subicere; tunc enim posset quodcunque regnum subicere iurisdictioni suae, et ita posset omnia regna suae subdere potestati et omnium regum iura turbare, quod tamen non debet, Extra, *de iudiciis, Novit.*

Item, aliae terrae, quae scilicet non erant subiectae Karolo ante coronationem imperialem, nec iure scripto nec iure non scripto erant subiectae iurisdictioni papae. Quod non iure scripto, patet, quia tale ius scriptum minime invenitur; nec iure non scripto, scilicet consuetudine rationabili et approbata ac praescripta, quia super hoc nulla consuetudo praecessit. Imperatores enim, praedecessores Karoli, non magis recognoscebant a papa illas terras, quae non erant subiectae Karolo, quam alias. Nec invenitur quod aliquas tenuerunt a papa; immo minus videtur quod tenuerunt alias terras a papa, quae non erant subiectae Karolo Magno, quam Italiam et alia regna occidentalia, quae erant subiecta Karolo Magno. Quia capitulum illud *Constantinus,* di. xcvi, sonare videtur quod Constantinus dederit papae Sylvestro et successoribus eius omnes Italiae et occidentalium regionum provincias, civitates et loca, et non orientalium regionum; quare si imperatores praedecessores Karoli aliquas terras tenuerunt a papa, potissime Italiam et occidentalia regna tenere debuerunt a papa.

Sed forte dicet quis quod virtute translationis imperii in Karolum Magnum factae per papam Karolus tenuit a papa illas terras, quae prius sibi non erant subiectae, et non illas, quae erant sibi subiectae. Quia in illis habuit prius potestatem imperialem et non in aliis; sed in aliis habuit solummodo potestatem imperialem per translationem imperii factam per

77 Iure *om. a.*   83 nunquam *b*V².   90 possit: posset *a.*
92 subdere: subicere *b*¹*Sv.*   95 iure² *om. b*¹.
96–7 tale ius *om.* LK.   102 tenuerint WBM²*Sv.*
104 subiecte LW.   105 dedit *b.*
106 et civitates *add. b*¹.   107 quare: quia *b*¹.
107 imperatores *om. b*¹.
108 aliquas terras *om. b*¹.
113 prius . . . habuit² *om. b.*   111 factae *om. b*¹.
                                             114–15 per² . . . tenuit *om. b*¹.

77–9 c. 1, di. 8, col. 13 = Augustinus, *in Ioann. Evang.* tr. vi, 25, PL 35, 1437; *cf.*
Ps. 23, 1; *AP* 7.14–33 n.   86 1 Cor. 5, 12.
93 II, 1, 13, col. 243.   104 c. 14, di. 96, col. 342.

115 papam, quare specialiter illas habuit a papa; propter quod illas tenuit a papa, et non alias.

Huic diversimode respondetur. Uno modo, quod illa translatio non fuit facta a papa, sed a Romanis, quorum ab initio fuit imperium et a quibus imperator primo accepit imperium; qui omnem potestatem suam 120 habuit a populo Romano, qui, quamvis regulariter omnem potestatem suam regulariter regendi propter bonum commune transtulerint in imperatorem, non tamen transtulerunt in ipsum potestatem dominandi seu regendi despotice nec a se abdicaverunt omnem potestatem casualiter disponendi de imperio. Si enim haec fecissent, se fecissent servos imper-125 atoris strictissime accipiendo vocabulum ' servi ', et ita nullatenus liberi remansissent; et per consequens imperator non habuisset principatum regalem, sed pure despoticum. Quare secundum istam responsionem imperator virtute illius translationis imperii nullas terras tenet a papa.

Aliter respondetur quod, esto quod illa translatio fuisset facta a papa, 130 tamen ex hoc non sequeretur quod imperator quascunque terras debeat tenere a papa. Quia secundum sic opinantes, sicut papa transtulit imperium de Graecis in Karolum, ita transtulit regnum Francorum de Hilderico in Pipinum, patrem Karoli, quia, ut dicunt, illum deposuit et istum illi substituit. Sed, non obstante tali translatione regni Francorum, 135 nec Pipinus nec Karolus filius nec aliquis successor eius tenuit regnum Francorum a papa; ergo consimiliter propter translationem imperii a papa non esset dicendum quod imperator quascunque terras tenet a papa.

Sed dicet aliquis: Omnis transferens de iure rem aliquam ab uno in 140 alium habet de iure potestatem aliquam super eandem rem. Si ergo papa de iure transtulit imperium de Graecis in Karolum Magnum, habuit aliquam potestatem de iure super imperium; quare Karolus debuit recognoscere imperium a papa, et per consequens tenuit aliquas terras a papa.

145 Huic respondetur quod omnis transferens de iure rem aliquam ab uno in alium habet de iure regulariter vel casualiter aliquam potestatem super eandem rem; et ideo, si papa transtulit imperium, habuit saltem casualiter aliquam potestatem super imperium. Sed ex hoc non sequitur quod imperator debeat tenere imperium vel aliquas terras eius a papa; quia 150 ita potest res aliqua de iure transferri ab uno in alium, ut a transferente minime teneatur postquam translata est, sicut patet in venditione et

---

119 primo *om. a*; primitus *Sv.*
124 haec: hoc *b*[1].
129 fuisset facta: fuit *b*(−B); sit B.
130 terras ab illo *add. b*[1].
131 Quia: tum quia *a.*
135–6 nec ... Francorum *om. b.*
137 teneat *b*[1].
146 habet aliquam *add. b*[1].
150 aliqua *om. b*[1].

120–1 habuit ... regulariter *om. b.*
127 Quare: quia *b*[2].
130 sequitur *b.*
131 a papa *om. b*[1].
134 Sed *om. b*[1].
136 similiter *b*[1].
145–6 rem ... habet *om. b*[1].
149 aliquas: alias *LbSv.*

117–24 *cf. supra*, iv.6.72–97 and n.   118–22 *cf. Dig.* I, 4, 1; *Cod.* 1, 17, 1, 7.
139–40 *cf. Dig.* 50, 17, 56; *Sext.* v, 12 *ad fin.*, reg. 79, col. 1124.

donatione, per quas saepe fit translatio terrarum et iurium, quae postea a transferente non tenentur. Si igitur papa fecit dictam translationem, Karolus debuit recognoscere imperium a papa tanquam ab illo, a quo
55 in principio habuit imperium, non tanquam ab illo, a quo postea teneret imperium vel aliquas terras eius: quemadmodum donatarius, si vult esse gratus, tenetur recognoscere rem donatam a donatore tanquam ab illo, a quo habuit ipsam, non tanquam ab illo, a quo tenet eam, quia saepe donatarius non tenet terram vel aliam rem donatam a donatore.

60   Istud ultimum, et per consequens conclusio principalis, taliter confirmatur: Verbum indiffinite prolatum generaliter debet intelligi et non est aliqualiter restringendum, di. xix, *Si Romanorum*; sed in chronicis et in decretali, Extra, *de electione*, *Venerabilem*, indiffinite dictum est quod imperium translatum est a Graecis in Karolum Magnum; ergo generaliter
65 debet intelligi, ut non restringatur ad modum talem transferendi, ut aliquas terras teneat imperator a papa et aliquas non teneat. Ergo imperator vel omnes terras imperii tenet a papa vel nullas. Sed non tenet omnes terras a papa; ergo nullas tenet.

Sed forte dicet quis quod non solum verba indiffinite prolata, sed etiam
70 verba generaliter prolata debent restringi, sicut non solum per iura civilia et canonica, sed etiam per scripturas divinas posset aperte probari; quare verba de translatione imperii indiffinite prolata possunt restringi. Isti potest dici quod, quamvis verba etiam generaliter prolata debeant saepe restringi, tamen, quia *favores convenit ampliari*, Extra, *de regulis iuris*, *Odia*,
75 libro sexto, verba super re favorabili indiffinite prolata magis ampliari debent quam restringi, nisi restrictio per rationem vel auctoritatem, quam negare non licet, possit evidenter ostendi. Imperium autem est res favorabilis, quia pro utilitate omnium mortalium institutum; quare verba indiffinite prolata in favorem imperii ampliari debent, non restringi.

80 Et si dicat quis quod talis restrictio probari potest per rationem, quia aliter promotio ad imperium esset verbalis, respondetur quod, esto quod nisi rex Romanorum, quando coronatur corona imperiali, aliquam potestatem de novo acciperet, huiusmodi promotio esset tantum verbalis, tamen ex hoc non posset probari quod Karolus Magnus aliquas terras tenebat
85 a papa inquantum imperator, quia Karolus Magnus non prius fuit rex Romanorum quam imperator Romanorum.

153 ergo *b*¹.   155 in principio: primo L.   155 postea teneret: tenet *b*¹.
158 teneat LK²B.   159 terram: illam *b*(−F); eam F.
160 Illud *b*¹.   163 decretalibus K; decretis *b*¹.
164 de grecis *b*¹*Sv*.
165–6 ut aliquas . . . teneat¹: in aliquas terras et provincias ut *b*¹.
169 aliquis *b*¹.   172 possunt: possent MFR; debent B.
172–3 Isti possunt dicere *b*¹.
178 pro utilitate: ad utilitatem *b*¹; pro necessitate L.
178 instituit K; instituitur *b*¹.
185 inquantum: antequam BMV²; *corr.* M²; *om.* OPRT.
185 Karolus Magnus *om. b*¹.   186 Romanorum² *om. b*¹.

162 c. 1, di. 19, col. 60; *cf. Gl. ord. ad loc. cit.*, *s.v.* ' dicendo '.
163 1, 6, 34, col. 80.
169–71 *cf. Gl. ord. ad* II, 28, 65, *s.v.* ' tertio appellare '; *supra*, iii.12.224–9 n.
174–5 *Sext.* v, 12 *ad fin.*, reg. 15, col. 1122.

CAPITULUM 10

Tenet itaque opinio ista quod, quamvis non sit necessarium de natura electionis cuiuslibet quod electio etiam modicam det administrationem, nedum plenam (nam multi electi etiam canonice atque rite ante confirmationem nullam administrationem habent omnino), et ideo poterat
5 ordinari quod electio alicuius in regem Romanorum et imperatorem non daret sibi plenam administrationem, immo nullam, sed quod expectaretur approbatio alicuius vel aliquorum, quae quasi vim confirmationis haberet, vel quod ante certum tempus electus non adipisceretur administrationem (unde et nonnulli imperatores aliquos videntur ad
10 imperium elegisse, sic tamen quod eis succederent et eligentibus viventibus nullam administrationem haberent): tamen, quia non habetur nec constat quod electio seu potestas eligendi regem Romanorum seu imperatorem principibus electoribus tali modo data fuerit vel concessa, sed quod absolute et indiffinite fuerit eis data eligendi potestas, ideo dicit ista
15 opinio quod, cum potestas regis Romanorum seu imperatoris immediate sit a Deo isto modo, quod imperium tenet a solo Deo, ita quod in temporalibus superiorem non habet, ita electio alicuius in regem Romanorum et imperatorem dat electo plenam administrationem isto modo, quod electus statim, cum legitime sibi constiterit se esse electum, absque omni
20 alia confirmatione vel approbatione vel examinatione aut coronatione seu unctione quacumque habet plenam potestatem administrandi, quae regi Romanorum vel imperatori post quamcunque unctionem et coronationem de iure debetur, in tantum quod nulla consuetudo in contrarium in hoc electo derogare valeret, quin de plenitudine potestatis suae posset de
25 iure consuetudinem talem auferre et venire contra eam. Nec est distinguendum inter terras et terras sibi subiectas, nisi inter terras sibi seu imperio immediate et mediate subiectas quantum ad hoc quod, quamvis in utrisque statim de iure, licet non de facto, habeat omnem potestatem administrandi, quam de iure habet imperator post quamcunque unc-
30 tionem et coronationem, tamen maiorem potestatem administrandi habet electus in terris immediate subiectis imperio quam in aliis, quia plura potest de iure in illis terris quam in aliis, quae regibus et aliis principibus ac dominis immediate sunt subiectae, pro eo quod reges et alii principes sunt liberi et non sunt puri servi imperatoris. Immo
35 secundum nonnullos, si principatus imperialis esset pure regalis, princi-

---

Novum capitulum non exhibent WV.
5 et LW: vel *b*V².
16 tamen quod¹ *add. b*¹V².
17 et WV: vel L*b*V².
20 aut coronatione *om.* KM.
23 in contrarium *om. b*¹.
26 terras²: provincias *b*².

1 necessario *b*.
9 nonnulli: multi L.
17 ita: ideo *b*V².
19 omni *om. b*¹.
22 et: vel *b*V².
24 suae: sic *b*¹.
27–8 mediate . . . facto *om. b*.

---

3 multi: e.g. bishops, according to IIusIIIae *Dial.* ii, 29.
11–40 *cf. CB* vi, 6, pp. 280–5; IIusIIIae *Dial.* ii, 29.
14–25 *cf.* the imperial law *Licet iuris* of 6 August 1338, ed. K. Zeumer, *Neues Archiv*, xxx
(1904–5), pp. 100–2; the memorandum *Subscripta*, arts. 2–4, *ed. cit.*, No. 584, p. 402.

patui despotico et omni alii principatui humanitus instituto totaliter impermixtus, nullum pure servum, qui non esset liber, haberet, nisi aliquis fieret servus eius propter culpam, quamvis haberet multos servos dictos a serviendo seu ministrando, de qua servitute loquitur Aristoteles in primo Politicorum, cum dicit aliquos esse naturaliter servos.

Quod igitur electio alicuius in regem Romanorum et imperatorem isto modo det electo plenam administrationem, multis modis videtur posse probari. Primo sic: In indiffinite prolatis vel concessis est interpretatio rationabilior et commodior seu utilior amplectenda: tum quia, sicut *benigniora sunt praeferenda*, ff. *de regulis iuris*, l. *Semper*, sic etiam rationabiliora et utiliora sunt praeferenda; tum quia, sicut in obscuris illa interpretatio fieri debet, ut nulli sit captiosa, ita etiam interpretatio fieri debet, ut prosit praesertim bono communi. Sed rationabile est et utile ut electio alicuius in regem Romanorum vel imperatorem det electo plenam administrationem. Quod enim sit rationabile, patet ex hoc, quod rex Romanorum seu imperator non habet superiorem in temporalibus; quare rationabile est ut aliquid speciale constituatur circa electionem ipsius, ut scilicet ipso electo nulla alia confirmatione indigeat, sed statim plenam habeat et liberam administrationem; quemadmodum propter hoc, quod papa non habet superiorem, ad quem possit haberi recursus, statim cum est electus, debet pontifex Romanus haberi, Extra, *de electione*, *Licet*. Hoc commodum est et utile, ne propter expectationem confirmationis, approbationis, unctionis et coronationis dissentiones et guerrae vel alia mala proveniant in quacunque parte imperii; quae, si electus statim plenam potestatem haberet, vel cessarent totaliter vel possent citius vel facilius exstirpari vel sedari. Per ipsius etiam electi providentiam possent multa utilia procurari, quae per talem expectationem aut impedirentur omnino aut necesse esset ea saepe periculose differri. Quare, cum non constet quod electoribus sic sit data et limitata eligendi potestas, ut electus non habeat statim plenam administrationem, sic intelligenda est esse data eis eligendi potestas propter utilitatem communem, ut electus statim habeat plenam administrationem. Confirmatur haec allegatio: Quia non minus plena est interpretatio facienda in indulgentiis seu concessionibus seu privilegiis, quae propter bonum commune conceduntur, quam in beneficiis; sed *in beneficiis est plenissima interpretatio* facienda, Extra, *de donationibus, Cum dilecti;* ergo privilegium

---

36 totaliter: corporaliter *b*(−BR).
37 impermixtus: imperitus KA; imperans OP.
41 et: vel *b*.   43 In *supplevi*: *om. codd.*
44 rationabilior: notabilior *b²*(−B); nobilior B; robustior A.
44 amplectanda M; applicanda B.   46 illa: ita *b¹*; *om.* WV.
49 vel: seu *b¹*.   55 habeat *b*.
59 quae: et *b¹*.   60 vel²: et *b¹*.
64 sic *om.* LKB.   70 plena *b¹*.

39–40 Aristoteles, *Pol.* I, 5, 1255a 1–2, ed. Susemihl, p. 21.
43–8 *cf. AP* 7.56–73.   45 *Dig.* 50, 17, 56.
48–67 *cf. CB* vi, 6, pp. 283–4.   55–7 I, 6, 6, col. 51.
70–1 III, 24, 6, col. 535.

principum electorum, quo concessum est eis ut propter commune bonum
ius habeant eligendi regem Romanorum seu imperatorem, est plenissime
interpretandum, ut ius habeant illam electionem faciendi, qua electo detur
75 plena administratio.

Secundo ad idem taliter allegatur: Rex Romanorum seu imperator
fidelis non debet esse deterioris conditionis quam fuerit rex Romanorum
seu imperator infidelis, cui succedit; sed imperatores infideles statim facta
electione habebant plenam administrationem; ergo et imperatores
80 fideles statim habent plenam administrationem.

Item, non minus dat electio electo in imperatorem quam successio
generis aliis regibus; sed successio generis dat aliis regibus plenam
administrationem; ergo et electio dat electo in regem Romanorum seu
imperatorem plenam administrationem.

85 Contra praedicta multa possent opponi, sed quomodo ad ipsa ista
secunda opinio responderet patere potest ex hiis, quae praedicta seu
recitata sunt q. i, specialiter c. vi et vii, et q. ii, c. vi et vii et viii et ix et x et
xi et xii et xiii et xiv et xv et xvi, et q. iii, c. iv, et quibusdam sequentibus.

QUAESTIO V

CAPITULUM I

Quinto quaeritur utrum rex hereditarie succedens accipiat aliquam
potestatem super temporalia ex eo, quod a persona ecclesiastica inungitur,
consecratur et coronatur, vel solum ex hoc consequatur gratiam doni
spiritualis. Ista quaestio articulos duos includit. Primus est de potestate
5 super temporalia; secundus, de gratia doni spiritualis. Circa primum
possunt formari tres articuli: quorum primus est an rex hereditarie
succedens accipiat aliquam potestatem super temporalia ex eo, quod a
persona ecclesiastica inungitur; secundus, an ex eo, quod consecratur;
tertius, an ex eo, quod coronatur.

10 Circa primum est una opinio, quod rex hereditarie succedens accipit
aliquam potestatem super temporalia ex eo, quod a persona ecclesiastica
inungitur. Pro qua opinione potest taliter allegari: Sic se habet unctio
regalis ad regem, sicut unctio sacerdotalis ad sacerdotem et episcopalis
ad episcopum; sed per unctionem sacerdotalem et episcopalem aliqua
15 potestas accipitur; ergo similiter et per unctionem regalem. Sed non
potestas spiritualis; ergo rex ex eo, quod inungitur, accipit aliquam potestatem temporalem; ergo accipit aliquam super temporalia potestatem.

---

72 eis *om.* b^1.   73 plene b^2.
76 taliter: tripliciter b^3(−R); dupliciter BR.
81 electo in imperatorem: imperatori b^1.
82 aliis^1 ... generis^2: que b^1.
87 q. i ... et viii: ii q. i specialiter c. vi et vii et q. ii c. vi et vii et viii K; ii q. scilicet
specialiter c. vi et q. ii c. vii et viii b^2.

3 aliquid consequatur gratia b^2.   5 secundus est *add.* b^1.
15 et: per consequens b^1.   17 temporalem *om.* b^1.
17 ergo ... potestatem *om.* L; ergo ... super *om.* b^1.

87–8 q. i, cc. 6–7; q. ii, cc. 6–16; q. iii, c. 4.

Item, sicut *natura nichil facit frustra,* ita rationabiliter operans nichil facit frustra, quare talis unctio regis non fit frustra. Sed frustra fieret et ridiculose, nisi rex per ipsam aliquam potestatem acciperet, et non accipit per ipsam aliquam potestatem nisi super temporalia; ergo, etc.

CAPITULUM 2

Alia est opinio quod rex hereditarie succedens non accipit aliquam potestatem super temporalia ex eo, quod a persona ecclesiastica inungitur: quae duas conclusiones tenet. Quarum prima est quod rex non accipit aliquam potestatem super temporalia ex eo, quod inungitur; secunda, quod non ex eo, quod a persona ecclesiastica inungitur.

Pro prima taliter allegatur: Omnes reges in eodem regno sibi hereditarie succedentes habent eandem super temporalia potestatem in eodem regno; aliter enim unus non esset verus successor et verus heres alterius. Sed in multis regnis fuerunt plures reges sibi hereditarie succedentes, quorum aliqui fuerunt inuncti et aliqui non erant inuncti; nam aliqui fuerunt infideles et pagani, qui non fuerunt inuncti, quia reges paganorum non inunguntur; aliqui autem fuerunt fideles et Christiani et inuncti, quia communiter reges Christiani inunguntur. Ergo per hoc, quod rex hereditarie succedens inungitur, nullam recipit super temporalia potestatem.

Pro secunda conclusione, scilicet quod rex hereditarie succedens nullam recipit super temporalia potestatem ex eo, quod a persona ecclesiastica inungitur, taliter allegatur: Eadem unctio, a quocunque conferatur, habet eundem effectum, sicut baptismus, sive conferatur a persona ecclesiastica sive a laico sive etiam a muliere, habet eundem effectum; ergo unctio regalis habet eundem effectum, sive conferatur a persona ecclesiastica sive ab alia; ergo unctio ex hoc, quod confertur a persona ecclesiastica, non dat uncto aliquam super temporalia potestatem.

Sed forte dicet aliquis quod unctio regalis non potest conferri nisi a persona ecclesiastica, sicut nec unctio sacerdotalis et episcopalis. Huic forte diceretur quod unctio regalis posset conferri a persona non ecclesiastica. Quia unctio regalis introducta est ex Veteri Testamento. In Veteri autem Testamento aliquando unctio regalis conferebatur a sacerdote vel levita, quibus in Novo Testamento succedunt ecclesiasticae

---

19 quare ... frustra² *om. b².*

Novum capitulum non exhibet V.
    5 inungitur: consecratur *b³*; quod coronatur a persona ecclesiastica sive consecratur *Bed. pr.*
    11–12 paganorum non inunguntur: romanorum infideles non inungebantur L.
    14 nullam: non *b¹.*
    16–17 Pro ... potestatem *om.* WVM; *corr.* M².
    16 Pro *om.* KAM²F.   16 conclusio KAM²F.
    29 quibus: cui *b¹.*

---

18 Aristoteles, *Pol.* 1, 2, 1253a 9, ed. Susemihl, p. 8.

1 Alia est opinio: Ockham's.   25–35 *cf. Brev.* v, 7, p. 181.

30 personae; nam Samuel, qui fuit levita, unxit de praecepto Dei Saulem
et David in reges, et Sadoch sacerdos unxit in regem Salomonem. Nonnunquam vero unctio regalis fiebat ab aliis; praeceptum enim fuit
Heliae ut ungeret Hazael regem super Syriam et quod Hieu, filium
Namsi, ungeret regem super Israel; quidam etiam adolescens puer
35 prophetae, ut legitur iv Regum ix, unxit Hieu regem super Israel. Quare
et nunc a persona etiam non ecclesiastica rex inungi posset.

CAPITULUM 3

Ista opinio respondet ad motiva primae opinionis. Dicit enim ad
primum quod non est necesse quod quantum ad omnia sic se habeat
unctio regalis ad regem sicut unctio sacerdotalis ad sacerdotem et episcopalis
ad episcopum. Unctio enim sacerdotalis et etiam episcopalis est ex in-
5 stitutione divina; unctio vero regalis, licet in Veteri Testamento fuerit
ex praecepto Dei, tamen in Nova Lege est solummodo ex institutione
humana. Et ideo nullam potestatem super temporalia dat unctio,
nisi hoc per voluntatem humanam fuerit voluntarie ordinatum. Quare
si per ordinationem humanam non est institutum ut unctio regalis det
10 potestatem super temporalia, nullam sibi dabit.

Ad secundum dicitur quod unctio regalis non fit frustra, quamvis
nullam det unctio super temporalia potestatem, sicut nec illa, quae fiunt
solummodo ad sollemnitatem, fiunt frustra, quamvis nullam dent potestatem. Potest enim fieri unctio regalis, ut rex in maiori veneratione et
15 reverentia habeatur: quemadmodum in unctione et coronatione regum
fiunt convivia magna et sollemnitates aliae, ut reges in maiori honore
habeantur et ut regalis magnificentia ostendatur, sicut rex Assuerus, ut
habetur Hester i, *fecit grande convivium, ut ostenderet divitias gloriae regni sui,
ac magnitudinem, atque iactantiam potentiae suae.*

CAPITULUM 4

Secundum opinionem primam respondetur ad motiva adducta c. ii pro
opinione secunda. Ad primum enim, cum accipitur quod in multis
regnis fuerunt plures reges sibi succedentes, quorum aliqui fuerunt

30 nam: ita L.
34 Namsi: Nam KA; *lacunam exhibent* PT.
36 etiam *om. b*V².   36 potest WV.

1 enim: namque *b*¹.   2 sic: ita *b*¹.
4 etiam *om. b*¹.   9 sic institutum *add. b*¹.
12 unctio: uncto M; *om.* B.   14 enim: tamen *b*²(−B); etiam B.
14 in *om. b*¹.   16 aliae: magne *b*¹.
16 honore: amore L*b*.
19 ac magnitudinem: ad magnificientiam *b*.

1 c. ii W²V²: *om.* V; c. iii LW*b*.

30–1 1 Reg. 10, 1; *ibid.* 16, 13; iii Reg. 1, 39.
32–4 iii Reg. 19, 15–16.   34–5 iv Reg. 9, 4–6.
18–19 Esther 1, 3–4.

inuncti et aliqui non fuerunt inuncti, diversimode respondetur. Uno
5 enim modo dicitur quod reges pagani, qui non fuerunt uncti, non fuerunt
veri reges, quia, ut dicit Innocentius IV, extra ecclesiam non est verum
dominium, nec potestas ordinata et concessa, sed permissa tantummodo.
Aliter dicitur quod reges pagani, qui non fuerunt uncti, fuerunt veri reges,
quia pagani, sicut non tenentur ad constitutiones ecclesiasticas, Extra,
10 *de divortiis, Gaudemus,* sic *consuetudinibus* Christianorum *non artantur;* tamen
Christiani non possunt fieri veri reges nisi ungantur, quia ex quo sunt
Christiani, ad consuetudines Christianorum obligantur, sicut etiam consuetudines ecclesiasticas servare tenentur.

Ad secundum, quo probatur quod rex hereditarie succedens nullam
15 recipit super temporalia potestatem ex eo, quod a persona ecclesiastica
inungitur, per hoc, quod unctio regalis potest conferri ab alia persona
quam a persona ecclesiastica: respondetur quod unctio regalis non
potest fieri ab alia persona quam a persona ecclesiastica, quia illa, quae
sunt propria legi divinae, non debent fieri nisi a ministris legis divinae,
20 cuiusmodi fuerunt sacerdotes et levitae in Veteri Testamento et personae
ecclesiasticae in Novo. Et cum accipitur quod Helias debuit ungere
aliquos in reges, et filius prophetae, qui non erat sacerdos nec levita,
unxit Hieu regem super Israel, respondetur quod non habetur in canone
Bibliae Heliam et filium prophetae supradictum non fuisse sacerdotes nec
25 levitas.

CAPITULUM 5

Secundus articulus circa primam partem quaestionis principalis est
an rex hereditarie succedens aliquam accipiat super temporalia potestatem ex eo, quod consecratur a persona ecclesiastica. Circa quem
possunt esse diversae opiniones, sicut circa primum; quae fere eadem et
5 consimilia motiva possunt habere.

Propter quod ad tertium articulum, qui est an rex hereditarie succedens
accipiat aliquam potestatem super temporalia ex hoc, quod a persona
ecclesiastica coronatur, duxi transeundum. Qui videtur habere difficultatem specialem propter hoc, quod non solum reges Christiani et
10 fideles coronantur, sed etiam pagani et infideles.

Circa quam est opinionum diversitas. Quarum prima est quod rex
succedens hereditarie accipit aliquam potestatem super temporalia ex
hoc, quod coronatur a persona ecclesiastica. Pro qua potest taliter
allegari: Quanto maior est dignitas, tanto in adeptione eius debet
15 adhiberi maior sollemnitas, sine qua haberi non potest. Sed dignitas

4 uncti K.   4 inuncti²: uncti WV*b*.   5 inuncti L*Sv;* om. B.
6 verum *om. b*¹.
7 dominium et per consequens *add. b*²(−B)V²; nec per consequens B.
12 etiam *om. b*¹.   15 recepit K; habet *b*¹.

2 percipiat BRT; percipit MOP.   3 quem: quod *b*¹(−R)V².
7 percipiat *b*¹.   8 breviter transeundum *add. b*¹V².
8 Qui: quia *b*¹V².   11 prima: una LK.

6–7 *cf.* [Innocentius IV], *Eger cui lenia,* ed. Herde, pp. 520–2.
9–10 IV, 19, 8, col. 723.   21–3 *supra,* v.2.32–5.

regalis est maior quam militia; circa militiam autem, quando quis
adipiscitur eam, debet aliqua sollemnitas adhiberi, sine qua nemo fit miles;
ergo multo magis quando aliquis fit rex, aliqua sollemnitas debet fieri
circa eum, sine qua nemo potest esse rex. Illa autem sollemnitas est
20 coronatio, quia sola coronatio videtur esse illa sollemnitas, quae est
communis omnibus regibus, quae adhibetur circa omnes, paganos et non
paganos. Ergo ex eo, quod aliquis coronatur, accipit regiam dignitatem.
Sed dignitas regia non est sine potestate super temporalia; ergo rex
hereditarie succedens ex eo, quod coronatur, aliquam accipit potestatem
25 super temporalia.

CAPITULUM 6

Alia est opinio quod rex hereditarie succedens non necessario accipit
aliquam potestatem super temporalia ex eo, quod coronatur a persona
ecclesiastica, quamvis posset contingere quod ex hoc aliquam acciperet
potestatem super temporalia.
5   Ad cuius evidentiam dictur esse sciendum quod, licet sint diversimodi
principatus regales, sicut dicit Aristoteles in Politicis, nullus tamen
principatus regalis est naturalis, quamvis principatus regalis assimuletur
in multis principatui naturali: sed omnis principatus regalis est ex
institutione positiva, divina vel humana. De divina patet in libro
10 Regum, in quo habemus quod Deus per Samuelem instituit principatum
regalem pandendo quod deberet esse ius regis, qui constituendus erat;
de humana patet tam in Veteri quam in Novo Testamento, quam etiam
in aliis historiis atque gestis, in quibus legitur quomodo plures fuerunt per
voluntatem hominum facti reges. Propter quod ad sciendum qualiter
15 et quando et unde rex hereditarie succedens super temporalia habeat
potestatem, considerandum est, si est possibile, quomodo huiusmodi
principatus regalis fuerit ab initio institutus. Si autem non est memoria
quomodo huiusmodi regnum fuerit ab initio institutum, attendenda est
consuetudo, de qua existit memoria, et illa est servanda, dummodo non
20 sit irrationabilis et iniqua neque contra leges superioris, ad quas servandas
rex huiusmodi teneretur. Si vero ex aliquo eventu ignoraretur huiusmodi
consuetudo, vel etiam primus rex moreretur antequam per constituentes

21 exhibetur b^1V^2.
22–4 accipit . . . coronatur om. b^1.

Novum capitulum non exhibet O.
  1 accipit om. b^1.
  3 quamvis . . . contingere om. b^1.
  6 dicit: docet b.
  7 naturalis: a natura L.
  9 divina²: differentia b^1.
  12 etiam om. bSv.
  19 qua BR: quibus ab(−BR).
  21 tenetur b.
  22 constituentem b^3Sv.

21–2 et non paganos om. b^1.

  1 necessario: regulariter W.
  2 temporalia habet add. b^1.
  6 regalis KABSv.
  7 est . . . regalis om. b^1.
  8–9 sed . . . humana om. b^1.
  11 instituendus WV.
  13 quomodo: quod b^2V.
  19 existit: est b^1.
  21 huiusmodi²: hec b^3; om. B.

  1 Alia est opinio: Ockham's.
  5–6 Aristoteles, Pol. III, 14, 1285a 1–2, ed. Susemihl, p. 213.
  9–11 cf. 1 Reg. 8, 11–18.

ab initio regem pro se et suis heredibus vel per regem, qui modo licito
acquisivisset regnum, ordinaretur quem modum rex hereditarie succedens
25 servare deberet, accipiendum et servandum esset illud, quod rationabilius
et utilius esset pro bono communi totius regni; quia sicut *benigniora*, ita
rationabiliora et utiliora *sunt* in huiusmodi *praeferenda*, nisi forte rex
hereditarie succedens vellet et posset cedere iuri, quod posset rationabiliter
vendicare.   Ex isto respondetur ad praesentem articulum quod, cum
30 principatus regalis humanitus institutus, cuiusmodi est omnis principatus,
qui etiam inpraesentiarum habetur, pendeat et procedat ex ordinatione
humana, quae ex causa rationabiliter variari potest, non est necesse quod
rex hereditarie succedens aliquam accipiat super temporalia potestatem
ex hoc, quod coronatur sive a persona ecclesiastica sive ab alia.
35   Tripliciter enim potest principatus regalis institui.   Uno modo per
voluntatem et ordinationem populi; quia *quilibet populus carens rege* proprio,
qui non est subiectus imperatori vel alteri regi seu domino, *potest de iure
gentium* constituere *sibi regem*.   Alio modo potest institui principatus regalis
per imperatorem vel regem, qui diversos populos habet sibi subiectos;
40 imperator enim potest facere novos reges in provinciis, quae non habent
reges; rex etiam habens sub se diversas provincias, si per ordinationem
legitimam populi vel praedecessoris sui aut superioris sui minime prohibetur, potest creare novos reges.   Tertio modo potest institui principatus
regalis per acquirentem plenum dominium super regionem, quae con-
45 venienter posset habere regem.   Si enim aliquis potens per emptionem
vel bellum iustum vel alio modo acquirit plenum dominium super
provinciam aliquam, si per superiorem suum minime prohibetur, potest
sibi nomen et rem regis assumere super eandem provinciam vel alii dare.
Si primo modo instituitur principatus regalis, sicut in voluntate populi
50 est ordinare quod reges fiant per generis successionem vel per electionem,
sic in voluntate eiusdem populi est, si ordinaverit reges hereditarie
successuros, quod defuncto rege alius hereditarie successurus statim ante
omnem coronationem et quamcunque aliam sollemnitatem habeat
omnem debitam super temporalia potestatem, vel quod solummodo
55 huiusmodi potestatem accipiat per coronationem vel aliam sollemnitatem
fiendam circa ipsum.   Cuius ratio est, quia sicut quilibet in traditione
seu donatione rei suae potest imponere pactum vel legem, quam vult,

---

24 quem modum V²: quemadmodum LW*bSv*.
26 ita: et *b*¹.   27 et: ita *b*¹.
29 ad . . . articulum *om. b*¹.
29–30 quod ad principatus regales humanitus institutos BM.
31 in presentia K; in presentia vel policia BM.
32 rationabili *b*¹.   33 succedens *om. a*.
33 accipiat: percipiat *b*³.   37 seu domino *om. b*¹.
42 aut . . . sui *om.* L*b*¹.   51 quod reges *add. a*.
52 successores W.   53 et: vel *b*.

26–7 *cf. supra*, iv.10.43–8 n.
35 Uno modo: here in verbal reliance on Lupoldus, c. 5, p. 352, with reference to
Dig. 1, 1, 5; *cf. infra*, viii.3.74–5; *Brev.* iv, 10, p. 161.
56–7 in traditione . . . rei suae: *cf. supra*, i.15.18–23 n.

et in re propria quilibet est moderator et dispositor et arbiter, C. *Mandati*, [l.] *In re mandata*, ita instituentes voluntarie principatum regalem et sponte
60 se subdentes regi et successoribus eius possunt ponere legem, quam volunt, dummodo non sit irrationabilis et iniqua nec contra iura superioris. Quare populus subdens seipsum alicui tanquam regi et heredibus suis potest ponere legem, ut quilibet rex hereditarie successurus statim defuncto praedecessore habeat omnem, quam habiturus est, super
65 temporalia potestatem absque omni sollemnitate; poterit etiam ponere legem, ut rex hereditarie successurus ante coronationem non habeat super temporalia potestatem. Et propter eandem rationem dicitur quod sive imperator vel rex alius constituat in aliquo regno regem, sive acquirens super aliquam regionem plenum dominium constituat regem,
70 potest ponere successoribus unam legem vel aliam, ut scilicet rex hereditarie succedens statim vel non statim habeat omnem, quam habiturus est, super temporalia potestatem.

Et ita per coronationem vel mediante coronatione potest conferri et potest non conferri aliqua potestas super temporalia. Et si per ipsam
75 nulla conferatur potestas, coronatio non fit nisi ad sollemnitatem, ut rex in maiori honore, amore vel timore habeatur. Hoc confirmatur: Quia feminae coronantur et reginae vocantur, et tamen per huiusmodi coronationem nullam recipiunt super temporalia potestatem; ergo non est de natura coronationis quod per ipsam detur aliqua potestas super
80 temporalia. Et per idem probatur quod per unctionem et consecrationem nulla datur potestas super temporalia. Quia reginae unguntur et consecrantur, et tamen per unctionem et consecrationem nullam recipiunt potestatem super temporalia, cum *feminae* secundum leges *ab omnibus civilibus* officiis et *publicis* sint *remotae*, unde non *possunt esse iudices nec*
85 *magistratum gerere* nec adoptare *nec postulare* nec fideiubere nec procuratrices nec arbitrae esse, licet secundum consuetudinem in quibusdam regionibus valeant iudicare.

CAPITULUM 7

Circa secundum articulum principalem quaestionis praepositae, an scilicet rex hereditarie succedens ex hoc, quod a persona ecclesiastica inungitur, consecratur et coronatur, consequatur gratiam doni spiritualis, sunt opiniones diversae.
5   Una tenet quod rex specialiter per unctionem et consecrationem

59 et: ac b^1.   61 ius b^1.
62 tanquam *om.* b^1.   68 rex *om.* b^1.
71 vel non statim *om.* b^1.   73 et: vel L.
74 potest non conferri: non potest conferri *trs.* Lb.
76 amore et honore b^2(−B).   76 vel timore: et timore LA; *om.* b^2.
83 cum feminae: ymmo b^1.
84 civilibus: quibuslibet b^3; quibuscunque B.
86 secundum: per b^2(−O); *om.* A.   86 quibusdam: aliquibus b^1.

 1 proposite b^1.   5 specialiter: spiritualiter b.

58–9 *Cod.* 4, 35, 21.   83–6 *cf. Dig.* 50, 17, 2.
86–7 *cf.* Accursius, *Gl. ord. ad Cod.* 2, 56, 6, *s.v.* ' conventores ' (*al.* ' contemptores ').

consequitur gratiam doni spiritualis. Pro qua taliter potest allegari:
Nulli debetur reverentia ac timor specialis et honor, nisi propter aliquam
eminentiam corporalem seu saecularem vel spiritualem. Sed regi uncto
et consecrato debetur specialis reverentia, timor et honor, teste David
10 rege, qui, ut habetur primo Regum xxiv, noluit mittere manum, et
occidere Saul regem, quia erat unctus Domini, dicens: *Propitius sit
michi Dominus, ne faciam rem hanc domino meo, christo Domini, ut mittam
manum meam in eum, quia christus Domini est.* Ex quibus verbis habetur quod
ideo David reverebatur Saul, quia erat christus, id est unctus Domini;
15 unde et propter hoc in tanta habuit eum reverentia quod *percussit cor
suum, eo quod abscidisset oram chlamydis Saul.* Propter hoc etiam occidit
adolescentem, qui dixit se occidisse Saul, ut habetur ii Regum i, dicens ei:
*Quare non timuisti mittere manum tuam ut occideres christum Domini? Vocansque
David unum de pueris suis, ait: Accedens irrue in eum. Qui percussit illum, et
20 mortuus est. Et ait ad illum David: Sanguis tuus super caput tuum. Os enim
tuum locutum est adversum te, dicens: Ego interfeci christum Domini.* Et si
dicatur quod ideo habuit David Saul in reverentia et honore et voluit eum
haberi in timore, quia per unctionem factus fuit rex, et ita propter regiam
dignitatem talia sibi exhibuit et ab aliis voluit exhiberi: hoc excludit ista
25 opinio, dicens quod David non propter regiam dignitatem, sed propter
unctionem ipsam, inquantum erat divinitus instituta, censuit Sauli talia
exhibenda, secundum quod verba praeallegata aperte sonare videntur.
Quod etiam probatur per hoc, quod David aliis regibus, qui erant solummodo reges et non uncti, non exhibuit talia nec reputavit ab aliis ex-
30 hibenda, quia nonnullos censuit occidendos.

Secundo pro opinione ista potest taliter allegari: Supernaturalis
curatio aegritudinis corporalis est gratia doni spiritualis; quibusdam
autem regibus, scilicet Angliae et Franciae, sicut fertur, per unctionem
regalem confertur potestas curandi et sanandi supernaturaliter scrofulas
35 patientes; ergo per huiusmodi unctionem rex consequitur gratiam doni
spiritualis.

CAPITULUM 8

Alia est opinio quod per unctionem, consecrationem et coronationem
regalem rex hereditarie succedens non consequitur aliquam gratiam doni
spiritualis. Pro qua potest taliter allegari: Per sola sacramenta divinitus
instituta, non per aliqua humanitus instituta, consequitur aliquis gratiam

6 consequatur LK.
7 ac . . . honor: timoris spiritualis (specialis B) et (vel BR) honoris *b²*.
7 timor spiritualis K*Sv*.   8 vel: seu L.
12 Domini *om.* K*b³*.
13 quia: quoniam *ex corr.* L; qui K*Sv*.   27 aperte *om. b¹.*
34 supernaturaliter: specialiter *b¹.*

4 non . . . instituta: non humanitus *b¹*; *om.* K.

10–11 *cf.* I Reg. 24, 11.   11–13 *ibid.* 24, 7.
15–16 *ibid.* 24, 6.   18–21 II Reg. 1, 14–16.
32–5 *cf.* Ptolomeus Lucens., *Determ. comp.* xviii, ed. Krammer, p. 39.

1 Alia est opinio: Ockham's.

5 doni spiritualis; unctio autem, consecratio et coronatio regalis, quae circa reges hereditarie succedentes fiunt, non sunt divinitus, sed humanitus institutae, quia nec sunt institutae in Veteri Testamento—tunc enim ecclesia exercens huiusmodi iudaizaret—nec sunt institutae in Novo Testamento, sicut patet perlegenti totum Novum Testamentum; ergo 10 per huiusmodi non consequitur aliquis gratiam doni spiritualis.

Secundo pro eadem taliter allegatur: Per unctionem, quae in Veteri Testamento de praecepto Dei fiebat, non consequebatur rex gratiam doni spiritualis; ergo multo magis per unctionem, consecrationem et coronationem, quae per ordinationem humanam et non de praecepto Dei fiunt 15 circa reges, non consequitur rex hereditarie succedens gratiam doni spiritualis. Consequentia videtur manifesta, quia minus consequitur quis gratiam doni spiritualis per ordinationem humanam quam per ordinationem divinam. Antecedens probatur: Quia per illud, quod erat commune fidelibus et infidelibus in Veteri Testamento, non consequebatur 20 aliquis gratiam doni spiritualis; unctio autem in Veteri Testamento et de praecepto Dei fiebat etiam circa regem infidelem, nam, ut allegatum est prius, c. ii, Deus praecepit Heliae prophetae ut ungeret Hazael infidelem regem super Syriam; ergo in Veteri Testamento per unctionem non consequebatur rex gratiam doni spiritualis.

CAPITULUM 9

Secundum istam opinionem respondetur ad motiva pro opinione prima. Ad primum enim dicitur quod in Veteri Testamento debebatur reverentia specialis, timor et honor regi uncto, non quia per ipsam unctionem consequebatur unctus gratiam aliquam doni spiritualis, quia etiam sine tali 5 gratia doni spiritualis debebatur uncto huiusmodi reverentia, timor et honor. Nam quamvis Saul, quando fuit unctus, recepisset huiusmodi gratiam, tamen quando fuit *datus in reprobum sensum* et exagitatus a spiritu malo, perdidisset eandem, et tamen postea David voluit ipsum in reverentia et timore habere et haberi. Debebatur igitur sibi reverentia et honor, 10 non propter gratiam doni spiritualis, sed quia huiusmodi unctionem recepit de praecepto Dei et quia per ipsam sibi dignitas regia conferebatur, a qua non erat depositus quamdiu vixit. Quod enim dixit Samuel, i Regum xv, ad Saulem: *Pro eo quod abiecisti sermonem Domini, abiecit te Dominus ne sis rex*, et consimilia verba, non debent sic intelligi, ut Saul 15 tunc fuerit regno privatus, sed sic quod tunc fuerit lata sententia, ut eius

---

7 tunc enim: quia tunc b^1.
12 de praecepto Dei om. b^1.
17–20 per ordinationem ... spiritualis om. K.
18 ordinationem om. b^1.
20 et: etiam LKA; om. b^2.

Novum capitulum non exhibet O.
7 quando: quia b^1.

8 huiusmodi officia add. b^2.
13 unctionem om. b^1.

18–20 Antecedens ... spiritualis om. b^1.
22 prius: supra b^2.

1 pro ... prima: prime opinionis L.
13 xv *scripsi*: xvii *codd.*

---

22 prius: v.2.32–3.

6–8 cf. Rom. 1, 28; 1 Reg. 16, 10–15.   8–9 cf. 1 Reg. 24, 5–12.
13–14 1 Reg. 15, 23.

posteritas non regnaret post ipsum. Sic enim exponitur in Historiis
illud, quod sequitur: *Scidit Dominus regnum Israel a te hodie, ' id est a posteritate tua '*. Unde sicut illud, quod immediate sequitur: *Et tradidit illud
proximo meliori te*, non debet intelligi ut tunc, quando Samuel protulit illa
20 verba, fuerit regnum traditum de facto David, sed quia fuit ordinatum
in praescientia divina ut tradendum esset ipsi David post mortem Saul et
a posteritate Saul totaliter auferendum, consimiliter verba praecedentia
sic debent intelligi, quod filii Saul non erant regnaturi post ipsum. Saul
igitur secundum ordinationem Dei regnaturus erat quamdiu viveret;
25 propter quod David eum in reverentia habuit et honore, quia per ipsum
non debuit regno privari nec occidi. Quidam autem alii reges iusto Dei
iudicio interfici debuerunt, et ideo illos non habuit in tali reverentia et
honore.

Ad secundum motivum respondetur quod si reges Angliae et Franciae
30 habent gratiam curandi a scrofulis, non habent ipsam propter unctionem
regalem, quia multi alii reges, quamvis inungantur, huiusmodi gratia
minime decorantur; sed habent huiusmodi gratiam propter aliquam aliam
causam, quae nobis latet, nec potest ab homine indagari.

Tenet igitur ista opinio quod, quamvis ex bona intentione et proposito,
35 quo rex unctus, consecratus et coronatus intendit ista suscipere ad
honorem Dei et ad utilitatem populi sibi subiecti, si est in caritate, gratiam
vel augmentum gratiae mereatur, tamen ista non habent specialiter
conferre aliquod donum spirituale, sed propter bonam intentionem
prodesse possunt etiam spiritualiter: quemadmodum omnes sollemnitates,
40 etiam corporales, quae fiunt circa novos milites, nuptias, bella, inthro-
nizationes praelatorum et etiam saecularium potestatum, circa magistros
quando magistrantur et circa quaecunque alia, quae cum sollemnitate
fiunt, prodesse possunt etiam spiritualiter, si absque permixtione vanitatis,
dissolutionis et nequitiae fiant cum debitis circumstantiis ad honorem
45 Dei et ut talia, quae laudabilia et utilia et necessaria sunt censenda, in
devotione et veneratione debita habeantur.

CAPITULUM 10

Secundum primam opinionem respondetur ad allegationes pro secunda
opinione inductas. Dicitur enim ad primam quod etiam per sacramenta

16 enim exponitur: vero exposuit *b*.   17 Dominus: deus *a*.
17–18 posteritate: potestate *b*; *corr*. M².
21 divina: dei L.   21–2 et ... Saul *om. b*¹.
25 quod: hoc *b*¹.
30 ipsam: hanc potestatem AM; potestatem PT; *om*. B.
32 sed sunt digni huiusmodi gratia *b*¹.
33 nobis: me W²V; nos KBM.   35 suscipere: sustinere *b*¹.
36 utilitatem: beatitudinem *b*¹.   37 specialiter: spiritualiter *b*¹.
40 bella *om. b*¹*Sv*.   45 vel utilia *b*¹*Sv*.
Novum capitulum non exhibent WV.   1 Secundum: Ad *b*¹.
    1 secunda: prima W*b*¹(−O); *corr*. W². 2 adductas *b*²(−O).

17–18 1 Reg. 15, 28; Petrus Comestor, *Hist. schol*., 1 Reg. 15, PL 198, 1310.
18–19 *ibid*.
2 ad primam: *supra*, v.8.3–5.

seu sacramentalia humanitus instituta potest quis consequi gratiam doni spiritualis. Nam aspersio aquae benedictae videtur solummodo
5 humanitus instituta, et tamen per ipsam consequitur quis gratiam doni spiritualis. Similiter per exorcismum et catechismum consequitur quis gratiam doni spiritualis. Nam per catechismum assequitur catechizatus fidei rudimentum, et per exorcismum expellitur ab exorcizatis potestas diaboli.
10 Unde de catechismo dicit Rhabanus, et Magister Sententiarum recitat libro iv, di. vi: *Ante baptismum catechizandi debet in homine praevenire officium, ut fidei catechumenus accipiat rudimentum, et sciat cui debitor deinceps fiat.* De exorcismo, ut recitat ibidem Magister, dicit Augustinus: *Parvuli exsufflantur et exorcizantur, ut pellatur ab eis potestas diaboli, ne iam contendat eos*
15 *subvertere, ne baptismum consequantur.*

Similiter per subdiaconatum et acolitatum, cum sint ecclesiastici ordines, consequitur quis gratiam doni spiritualis, et tamen non sunt divinitus, sed solummodo humanitus instituti. Unde in decretis, di. xxi, sic habetur: *Levitas autem ab Apostolis ordinatos legimus, quorum maximus*
20 *fuit beatus Stephanus: subdiaconos et acolitos procedente tempore ecclesia sibi constituit.* Sed contra textum obicit ibidem glossa, dicens: *Non videtur verum dicere, quia tempore Apostolorum aliqui fuerunt subdiaconi, ut di. xxxv,* ' *Episcopus* ', *quia illud capitulum est canon Apostolorum.* Et respondet dicens: *Sed dic, quod subdiaconatus tunc fuit, sed non fuit sacer ordo adhuc.*
25 Ex quo videtur quod subdiaconatus non fuit humanitus, sed divinitus institutus.

Dici potest secundum opinionem istam quod non Deus immediate, sed ecclesia sibi subdiaconatum constituit, licet fuerit tempore Apostolorum, quia potuit etiam tempore Apostolorum ab aliis praelatis constitui,
30 Apostolis non contradicentibus, sed approbantibus. Potuit etiam ab ipsis Apostolis institui, non inquantum hoc specialiter erat eis divinitus inspiratum, sicut constitutio levitarum erat eis specialiter divinitus inspirata, sed inquantum per humanam providentiam, qua pollebant, considerabant quod hoc erat ecclesiae expediens; et ideo institutio

---

7 assequitur b^1.
7 quis catholicus *add.* MF; quis catechizatus B*ed. pr.*
9 rudimenta $b^2(-B)$; indumenta B*ed. pr.*
9 exorcizato *b.*   12 indumentum B*ed. pr.*
13 ibidem: idem b^1.   15 subvertere: convertere b^1.
19 autem ... legimus: a tempore apostolorum $b^2(-BT)$; autem tempore apostolorum legimus B.   22 a tempore *add.* b^1.
24 fuit^2: fit KA; *om.* b^2.
24 adhuc extra de eta. et quali. c. a multis *sec. glossam add. ed. pr.*
32 institutio BV^2.
34 erat: esset B.   32 specialiter: spiritualiter b^1.
                                      34 constitutio b^2.

11–12 Petrus Lombardus, *Sentent.* iv, di. 6, 7, ed. Quaracchi, p. 784 = Rhabanus Maurus, *de inst. clericorum* i, 25, PL 107, 310.
13–15 Petrus Lombardus, *loc. cit.*; Augustinus, *de symbolo et fide* i, 2, PL 40, 628.
19–21 Gratianus *ante* c. 1, di. 21, col. 67.
21–4 *Gl. ord. ad loc. cit., s.v.* ' subdiaconos '.
22–3 c. 1, di. 35, col. 131 = *Canon. Apostol.* xliii, xlii, *Eccl. Occid. Mon. Iuris Antiquiss.*, ed. C. H. Turner, i, 29–30.

35 subdiaconorum non est tantae auctoritatis quantae est constitutio levitarum. Quia non omnes actus apostolici sunt aequalis auctoritatis, nec
eis est eadem veneratio exhibenda, sicut non omnia dicta et scripta
apostolica sunt eiusdem auctoritatis, nec eis eundem timorem et honorem
est necesse referre. Quaedam enim dicta et scripta eorum in canone
40 Bibliae continentur; quaedam vero non habentur ibidem. Illa autem
scripta, quae sunt in canone Bibliae, maioris auctoritatis sunt quam alia,
sicut habetur di. ix per totum. Quare dicta et scripta Apostolorum,
quae habentur in canonibus Apostolorum, de quibus solet esse magna
dubitatio et altercatio an sint et qualiter sint recipiendi, sicut patet di. xvi,
45 non sunt tantae auctoritatis sicut alia scripta et dicta ipsorum; quare
humanae prudentiae, et non immediatae inspirationi divinae, possunt
attribui.
   Ad secundam allegationem adductam pro opinione secunda c. viii,
respondetur quod per unctionem regalem in Veteri Testamento conse-
50 quebatur rex gratiam doni spiritualis, si non ponebat obicem, maxime
infidelitatem vel contemptum: propter quod reges fideles consequebantur
huiusmodi gratiam, non infideles.

QUAESTIO VI

CAPITULUM I

Sexto quaeritur utrum rex hereditarie succedens suo coronatori in aliquo
sit subiectus.   Circa istam quaestionem possunt esse opiniones contrariae.
Prima, quod rex hereditarie succedens suo coronatori in aliquo est
subiectus.   Pro qua potest taliter allegari: Illi est rex hereditarie
5 succedens aliquo modo subiectus, ad quem spectat examinatio personae
ipsius regis, quia examinatio personae alicuius non spectat ad inferiorem
nec ad parem, sed ad superiorem.   Examinatio autem personae regis
hereditarie succedentis pertinet ad coronatorem suum, teste Innocentio
III, qui, ut legitur Extra, *de electione*, *Venerabilem*, ait: *Est enim regulariter*
10 *ac generaliter observatum, ut ad eum examinatio personae pertineat, ad quem*
impositio manus spectat.   Ergo cum ad coronatorem regis hereditarie
succedentis spectet impositio manus, sequitur quod ad ipsum pertinet
examinatio personae, et per consequens huiusmodi rex suo coronatori in
aliquo est subiectus.

35 quanta LB.
41 alia: illa que alibi b^2.
43 canone b^2.
46 prudentiae: providencie b^1.

 2 istam quaestionem: quam b^1.
 3 Prima: quarum prima est b^2.
 5 aliquo modo: in aliquo b^2.
13-14 in aliquo: aliquo modo b^2.

36-7 *cf.* IusIIIae *Dial.* iii, 25.
42 cc. 1-11, di. 9, coll. 16-18.

9-11 1, 6, 34, col. 80.

39 inferre *Bed. pr.*
43 non habentur *add. b.*
43 magna *om.* b^2.
52 et non *add.* b^2.

 2 possent WKb^3.
 4 Isti LW.
11 Cum ergo *trs.* WV*Sv.*

44 *cf.* cc. 1-7, di. 16, coll. 41-4.

CAPITULUM 2

Alia est opinio quod rex hereditarie succedens suo coronatori in nullo est subiectus. Pro qua potest taliter allegari: Illi rex hereditarie succedens in nullo est subiectus, qui nichil iuris aut potestatis tribuit huiusmodi regi; coronator autem nichil iuris aut potestatis tribuit regi hereditarie
5 succedenti; ergo, etc. Item, rex hereditarie succedens non tenet regnum suum a coronatore suo: tum quia non est vasallus eius, cum non praestet sibi iuramentum homagii; tum quia praedecessores regis hereditarie succedentis, qui in pluribus regnis fuerunt infideles, sicut patet in regnis Francorum, Anglorum et aliis multis, non tenebant regna sua ab aliquo
10 coronatore, et per consequens nec reges hereditarie succedentes tenent eadem regna ab aliquo coronatore; aliter enim non essent veri successores primorum regum, et deterioris conditionis essent reges fideles quam fuerint infideles; ergo reges hereditarie succedentes in nullo sunt subiecti coronatoribus suis. Item, nullus subiectus est illi, a quo subiectionis
15 et fidelitatis recipit iuramentum; coronator autem regis hereditarie succedentis, sicut ceteri episcopi eiusdem regni, iuramentum subiectionis et fidelitatis pro temporalibus, quae a rege tenet, praestat ipsi regi; ergo rex coronatori suo in nullo est subiectus.

Item, coronari non est magis subiectionis probatio quam ungi, consecrari
20 et ordinari. Sed ungi, consecrari et ordinari non sunt subiectionis probatio. Nam papa, si non est sacerdos vel episcopus quando eligitur, postea ungitur, consecratur et ordinatur; et tamen consecratori suo et ordinatori in nullo est subiectus. Metropolitanus etiam consecratur a suffraganeis suis, quibus non est subiectus. Episcopus etiam consecratur
25 ab aliis episcopis, quibus non est subiectus. Multi etiam clerici habentes dimissorias ab episcopo suo a non diocesano suo ordinantur, cui non sunt subiecti. Pueri etiam regum et aliorum, tam nobilium quam ignobilium, baptizantur et unguntur a presbyteris, quibus non sunt subiecti. Ergo multo magis coronari non est subiectionis probatio.

30   Item, imperatores multi fuerunt coronati a suis inferioribus, quibus non erant subiecti; ergo per hoc quod rex hereditarie succedens coronatur ab aliquo non potest probari quod sit eidem subiectus. Item, minus iuris et potestatis tribuit coronator regi coronato quam electores electo et facientes imperatorem aut regem imperatori aut regi. Sed quamvis electus non
35 habeat ius nisi per electores, tamen non est eis subiectus. Non enim papa, qui nullum ius habet nisi eligatur canonice, electoribus est subiectus;

Novum capitulum non exhibent WVKO.
  6 cum non praestet: tum quia prestat L.
  9 et Anglorum *add.* L.
  21 Nam: quia *b²*.
  26 litteras dimissorias *add. b¹*.
  26 cui tamen *add.* L.
  30 fuerunt: fuerant L; sunt *b¹*.
  35 Non: neque *b²*; sicut B.

  9 Anglicorum *b³*; angelorum B.
  24 subditus *b²*(−BR).
  26 diocesano: episcopo L*b²*.
  27 etiam saepe *add.* WV.
  34 aut¹: vel *a*K.

1 Alia est opinio: Ockham's.

nec episcopus aut alius praelatus vel potestas saecularis saepe aliquod ius habet nisi eligatur rite, et tamen electoribus minime sunt subiecti. Imperator etiam, in quem populus suam transtulit potestatem, non 40 habuit ius imperiale nisi a populo, et tamen populo non erat subiectus. Similiter, primi reges diversorum regnorum, qui a populo voluntarie facti fuerunt reges, non habuerunt ius regale nisi a populo, et tamen postea suis populis non fuerunt subiecti. Ergo multo minus rex hereditarie succedens coronatori suo est subiectus.

QUAESTIO VII

CAPITULUM I

Septimo quaeritur utrum, si talis rex coronaretur ab alio archiepiscopo quam ab eo, qui antiquitus coronare consuevit, vel sibi ipsi coronam imponeret, per hoc perderet titulum vel potestatem regalem. Quaestio ista solummodo videtur quaerere an rex, si coronaretur ab alio quam ab 5 eo, qui consuevit coronare ipsum, ipso facto absque sententia perdat titulum vel potestatem regalem, cum dicit ' per hoc perderet titulum ', etc. Circa quam sic intellectam non videretur esse tanta difficultas, quanta esset si quaereretur an propter hoc deberet vel mereretur per sententiam perdere titulum vel potestatem regalem. Et ideo, ut inveniendae 10 veritatis maior detur occasio, investigandum est an propter talem culpam esset rex talis dignus privari titulo vel potestate regali.

Et est una opinio quod sic. Pro qua potest taliter allegari: Qui non per ostium ad aliquam dignitatem ascendit, nichil iuris acquirit; unde simoniaci simoniace dignitates ecclesiasticas adipiscentes, quia non 15 intrant per ostium, nichil iuris habent. Sed qui coronatur ab alio quam ab illo, qui antiquitus coronare consuevit, non per ostium ad regiam dignitatem ascendit; ergo nichil iuris habet, et per consequens, si de facto pro rege se gerit, de facto debet regia dignitate privari. Item, qui *quicquam de iure ecclesiae alienare temptaverit*, debet *honoris sui amissione* 20 *mulct*ari, xvii, q. iv, *Quicunque*; sed talis rex aliquid alienaret de iure ecclesiae illius archiepiscopi, a quo coronari consuevit, quia tolleret illud ius ecclesiae; ergo debet honoris sui amissione mulctari, et per consequens dignus est perdere titulum sive potestatem regalem. Item, rex, qui

---

40 habuit: habet L*b*¹.   40 erat: est *b*².   42 populo: populis *a*.
43 fuere *a*.

1 alio: aliquo *b*.   2 consueverit W*Sv*.
4 videtur quaerere: est *b*¹.   6–7 cum . . . etc. *om. b*².
6 dicit quod *add.* L.   7 et circa quam *b*¹.
7 videtur *b*¹.   8 queretur WV.
9 investigande LB   14 adypiscendas WK.
17 si: qui *b*²(−BR); quia BR; *om.* K.
22–3 et . . . regalem *om. b*².   23 rex *om. b*.

---

39 *cf. supra*, iv.9.118–22 n.

12–13 *cf.* Ioann. 10, 1.   19–20 c. 1, C. 17, q. 4, col. 815.

12

perpetua debet condempnari infamia et incarcerari et in exilium deportari,
25 perdere debet titulum vel potestatem regalem; sed rex talis, cum sit
sacrilegus, iura ecclesiae minuendo seu auferendo, debet perpetua
condempnari infamia et incarcerari ac in exilium deportari, xvii, q. iv,
Attendendum, xvi, q. i, § *Novarum*; ergo debet perdere titulum vel potestatem
regalem.

CAPITULUM 2

Alia est opinio, quae non ita indistincte dicit talem regem pro huiusmodi
facto esse dignum privari titulo vel potestate regali, sed duas ponit distinctiones, iuxta quas respondet ad propositam quaestionem.

Prima distinctio est quod archiepiscopus aliquis aut coronat aliquem
5 regem de iure aut de pura gratia. Haec distinctio probatur per hoc,
quod aliquem archiepiscopum coronare regem quemcunque non competit
sibi ex iure divino nec iure naturali. Quia quantum ad ius naturale
omnes archiepiscopi sunt pares et aequales; ius enim naturale omnibus
est commune, di. i, *Ius naturale*. In iure autem divino, quod in sacris
10 scripturis habemus, non fit distinctio inter archiepiscopum et archiepiscopum. Ergo si archiepiscopus aliquis coronat licite aliquem in regem,
aut hoc habet a se aut ab alio. Non a se, quia qua ratione unus archiepiscopus hoc posset habere a se, et alius, quia non est maior ratio de uno
quam de alio, cum omnes archiepiscopi, praesertim si unus non est sub
15 alio, sint pares. Si autem hoc habeat ab alio—sive hoc habeat a rege
coronato vel coronando, sive a populo regni, sive ab imperatore, sive ab
alio rege, si rex coronandus in hoc sit subiectus alii, sive a papa, sive a
quocunque homine vel populo, sive collegio vel universitate sive communitate—hoc potest habere de pura gratia, quae ad libitum concedentis
20 valeat revocari, vel ex donatione huiusmodi iuris coronandi talem regem,
quae ad libitum concedentis vel successoris non debeat revocari, si tamen
concedens taliter habeat potestatem concedendi huiusmodi ius, ut nec
ipse nec successor valeat revocare. Circa hoc enim possent esse diversae
opiniones, praesertim de imperatore et papa; quia secundum unam

26 ecclesia LW.
28 § Novarum: Novari LW; post novarum *b*(−BR)V²; quicunque BR.

1 distincte K*b*².
2 duas: *sic codd. et edd.*; *sed cf. infra*, vii.2.61.
7 naturale LF²: divinum WV*b*.   10 habemus: est *b*².
10–11 non ... archiepiscopum: inter episcopum et archiepiscopum non reperitur
distinctio *b*¹(−APT); non reperitur distinctio *om.* APT.

11 Ergo: et *b*¹.	11 in *om.* L*b*¹*Sv*.
12 haberet *b*²(−O).	12 aut²: vel *b*.
15 pares: equales L.	15 habeat¹: habet *b*.
15 habeat²: habet *b*(−B); *om.* B.	17 coronandus: coronatus *b*².
18 sive¹: vel L.	18 sive²: vel LV.
22 taliter: talem *b*².	23 possunt V*bSv*.
23 diversae *om. b*.	

27–8 *ibid.* c. 13, col. 818.
28 Gratianus *post* c. 40, C. 16, q. 1, col. 773.

1 Alia est opinio: Ockham's.   8–9 c. 7, di. 1, col. 2.
24–5 secundum unam opinionem: ' cum par non habeat imperium in parem '.

opinionem nec imperator nec papa potest concedere alicui aliquod privilegium, ius vel libertatem, quod successor revocare non possit; secundum aliam opinionem, sicut imperator et similiter papa potest donare res temporales, quas successor revocare non potest, sic potest concedere privilegia, iura et liberates, quae et quas successor revocare non valet. Sive igitur ius coronandi regem sic possit dari alicui, quod a nullo valeat libere revocari, sive non possit sic dari, sic tamen dari potest, quod a nullo inferiore donante potest revocari, et quod absque nova donatione vel gratia tempore opportuno potest uti huiusmodi donatione, nisi a concedente prohibeatur vel pari: quod non posset, si archiepiscopus quicunque de pura gratia coronaret regem, quia ad hoc, quod posset dicere se debere coronare regem alium coronandum, nova gratia indigeret. Et sic, non obstante varietate opinionum de potestate concedendi ius coronandi regem, patet praecedens distinctio, quod scilicet aut archiepiscopus coronat regem de pura gratia vel de iure.

Secunda distinctio est quod rex talis coronatus ab alio archiepiscopo quam ab eo, qui antiquitus coronare consuevit, vel sibi coronam imponens, potest sic coronari sine culpa vel cum culpa. Haec distinctio patet ex praecedenti, quia si talis archiepiscopus ex pura gratia et donatione regum coronatorum—maxime cum protestatione convenienti praemissa— vel etiam ex pura gratia imperatoris aut populi aut illius, qui de coronatore habuit ordinare, coronavit reges praecedentes, rex succedens potest sine culpa ab alio coronari. Item, si non esset amplius talis sedes archiepiscopalis, vel sedes vacaret et non posset de archiepiscopo convenienti tempore provideri, vel archiepiscopus esset absens vel infirmus vel alio impedimento legitimo impeditus quod non posset congruo tempore coronare regem, posset rex sine culpa ab alio coronari. Non enim in favorem archiepiscopi deberet coronatio regis per tempus nimis prolixum differri, maxime si esset talis rex, quod ante coronationem suam non posset potestatem regiam exercere, quia talis favor esset iniustus et iniquus et reipublicae periculosus ac etiam perniciosus; quare de iure concedi non potest. Cum culpa autem posset talis rex ab alio coronari, si archiepiscopus haberet ius coronandi ipsum et non appareret aliqua ratio quare potestate coronandi regem etiam illa vice privari deberet; quia non est sine culpa, qui sine culpa et absque causa privat aliquem iure suo, praesertim iure, quod non est ab ipso privante.

Tertia distinctio est quod rex talis, qui non sine culpa coronatur ab a io

27 aliam vero *add.* L.
36 alium: aut L; aliquem V²;
36 coronandum: coronandi *b³*;
38 praecedens: predicta *b²*.
42 vel: et LK; aut V².
45 illius W²V: ius W*b*; *om.* L.
45 coronatione *b¹*.
56 potest: posset *b*V².
57 habet *b¹*.

30 valet: potest *b²*.
et B*ed. pr.*
tunc B*ed. pr.*
40 est *om. b²*; est talis *add.* L.
43 donatione: devotione K*b³*.
45 qui: quod *b*(−B); *om.* B.
53 quod: qui VM*Sv*.
56 alio: aliquo M; aliquo alio B.
57 apparet *b¹*.

32 quod² *om. b².*

27 aliam opinionem: *cf. Gl. ord. ad* c. 30, di. 63, *s.v.* ' viculis '.
58–9 *cf. Sext.* v, 12 *ad fin.*, reg. 23, col. 1122; *supra*, ii.2.19.
61 Tertia distinctio: perhaps an afterthought; *cf. supra*, vii.2.2–3.

quam ab illo archiepiscopo, qui antiquitus coronare consuevit, aut est
corrigibilis aut est incorrigibilis.

CAPITULUM 3

Iuxta illas distinctiones possunt formari diversi articuli, de quibus habet
dicere quid sibi videtur ista secunda opinio.

Quorum primus est, an, si talis rex coronaretur ab alio archiepiscopo
quam ab illo, qui antiquitus de pura gratia, non de iure, coronare con-
5 suevit, per hoc perderet vel dignus esset perdere titulum vel potestatem
regalem? Ad quem dicitur quod non. Quia cum denegatur alicui illud,
quod habuit dumtaxat de gratia, nullum fit ei praeiudicium. Nam et
sua auctoritate quis potest detinere, quod de iure non praestitit, licet diu solverit,
ut allegat glossa, x, q. iii, *Quia cognovimus.* Tempus enim non inducit
10 obligationem, Extra, *de censibus, Pervenit,* et quod quis dat de gratia,
potest revocare, ut colligitur Extra, *de postulatione praelatorum, Bonae memoriae*;
nemo enim *tenetur gratiam facere, nisi velit, quia nemo invitus de suo cogitur
facere beneficium, x. q. ii, ' Precariae '.* Quare si aliquis archiepiscopus
solummodo de gratia consuevit coronare regem, rex, si coronatur ab alio,
15 non est dignus aliquid perdere propter hoc.

Sed quaeret aliquis, quid si aliquis archiepiscopus consuevit coronare
talem regem, et nescitur an de gratia aut de iure coronaverit eundem,
numquid rex tenetur coronari ab eodem? Huic potest responderi quod
tenetur rex coronari ab illo archiepiscopo, quia archiepiscopus potest
20 pro se allegare praescriptionem.

CAPITULUM 4

Secundus articulus potest esse, si aliquis archiepiscopus de iure habeat
coronare talem regem, an rex pro culpa archiepiscopi vel ex causa posset
privare talem archiepiscopum huiusmodi iure coronandi? Et circa hoc
potest esse opinionum varietas. Una, quod rex pro culpa et ex causa
5 potest privare archiepiscopum huiusmodi iure coronandi. Quod pro
culpa, probatur hoc modo: Idem iuris videtur esse de revocatione iuris
donati et de revocatione rei donatae, quia eadem ratio est de utraque;

---

63 est *om. b*[1].

Novum capitulum non exhibent WV*b*.
  2 quid: quod WK; ut L; *om.* V; *add.* V[2].
  2 sibi *om. a*KA; *add.* V[2].
  6-7 illud, quod: rem quam W[2].
  17 aut: an W*b*(−B); vel B.

  2 archiepiscopi *om. b*[2]; *add.* M[2].
  3 huiusmodi: tali *b*[1].
  5 Quod *om. a.*

1 istas *b*.

6 Ad quod *b*[1].
9 ut notat *b*[1](−B); *om.* B.

2 possit *b*.
4 diversitas *bSv.*

8-9 *Gl. ord. ad* c. 6, C. 10, q. 3, *s.v.* ' presumpta '.
9-10 *Gl. ord. ad* III, 39, 5, *s.v.* ' census ignorantiae '.
10-13 Conflated from *Gl. ord. ad* I, 5, 3, *s.v.* ' ex gratia ' and *Gl. ord. ad* I, 5, 4, *s.v.*
' de gratia '.   13 c. 4, C. 10, q. 2, col. 620.

ubi autem *est eadem ratio, ibi debet esse idem ius,* ut notatur **Extra,** *de constitutionibus, Translato.* Sed res donata alicui propter culpam et ingratitudinem revocari potest, Extra, *de donationibus,* cap. ultimo; ergo similiter ius coronandi propter culpam et ingratitudinem potest revocari a rege.

Alia est opinio quod ius huiusmodi revocari non potest a rege, quia sacrilegus est, qui revocare vult ea, quae ecclesiis sunt concessa, xvii, q. iv, *Sunt qui,* et c. *Sacrilegium.*

Alia opinio respondet per distinctionem. Quia aut archiepiscopus talis habet ius coronandi regem talem a regibus praedecessoribus talis regis aut a populo vel superiori, scilicet ab imperatore vel alio, cui tales reges sunt subiecti. Si habet ius coronandi a regibus eiusdem regni, rex pro culpa archiepiscopi, praesertim a pluribus archiepiscopis iterata, maxime si ex aliquibus causis apparet probabiliter quod successores erunt culpae praedecessoris imitatores, poterit archiepiscopum huiusmodi iure privare, ius huiusmodi, quod a suis praedecessoribus est collatum liberaliter, revocando, praesertim si praedecessores regis potestatem revocandi, ius coronandi in papam vel alium transferendo, a se nullatenus abdicaverunt; quia si privatus potest rem donatam revocare propter certas culpas, multo magis rex, qui est in suprema dignitate saeculari post imperialem constitutus, poterit res et iura donata revocare propter certas culpas. Si autem archiepiscopus non habet ius coronandi a regibus talis regni, sed ab imperatore vel alio, cui tales reges sunt subiecti, rex non potest huiusmodi ius revocare; sed imperator vel alius superior rege tali propter culpam potest huiusmodi ius coronandi revocare. Et consimiliter ex causa potest a rege vel imperatore vel alio superiore rege revocari ius coronandi, quia sicut aliquis propter culpam privatur iure suo, ita etiam absque culpa ex causa privatur quis iure suo, sicut in legibus et canonibus habetur expresse.

Ad allegationem autem pro secunda opinione praescripta adductam, cum dicitur quod sacrilegus est, qui vult revocare ea, quae ecclesiis sunt concessa, modis variis respondetur. Uno modo dicitur quod ille est sacrilegus, qui sine culpa et absque causa vult revocare ea, quae ecclesiis sunt concessa; non autem ille, qui propter culpam vel ex causa rationabili et manifesta vult revocare ea, quae ecclesiis sunt concessa. Nam quantumcunque aliqua sint concessa, si incipiunt esse nociva, exstirpari debent. Si enim *quod ratione caret exstirp*andum est, di. lxviii, *Chorepiscopi,* multo magis quod perniciosum est et nocivum exstirpari oportet. Propter

8 ibi *om.* LWK*Sv.*   16 talem *om. b².*   20 appareat *b¹;* appareret L.
22 suis *om. b.*   22 est: fuit *b.*
22 collatum: sublatum *b*(−OP); *corr.* M²; sibi datum OP.
22 libere L.   26 imperialem: imperatorem L.
31 coronandi *om. b².*   32 vel²: aut LK.
36 autem *om. b².*   36 adducta WVKB.
39 sine causa et sine culpa *b².*   42 sint: sunt *b.*

8 *Gl. ord. ad* i, 2, 3, *s.v.* 'quod de uno'.   10 iii, 24, 10, col. 537.
13-14 cc. 3-4, C. 17, q. 4, col. 815.   15 Alia opinio: perhaps Ockham's.
34 absque culpa ex causa: *cf. Sext.* v, 12 *ad fin.,* reg. 23, col. 1122; *supra,* i.7.56 n.
43 c. 5, di. 68, col. 255.

45 quod, si illa, quae concessa sunt ecclesiis, sive sint iura sive privilegia sive res sive libertates, si incipiunt esse onerosa, exstirpari debent (nam, ut glossa allegando dicit super praeallegato capitulo, *Chorepiscopi: A quocunque auctore quid sit institutum et quantumcunque diu obtentum, si non subest causa vel si est onerosum, exstirpandum est.* Et hinc di. lxiii, § *Verum,* sic legitur:
50 *Magna auctoritas ista habenda est in ecclesia, ut, si nonnulli ex maioribus et praedecessoribus nostris fecerunt aliqua, quae illo tempore potuerunt esse sine culpa, et postea vertuntur in errorem et superstitionem, sine tarditate aliqua et cum magna auctoritate a posteris destruantur*; ubi dicit glossa super verbo ' destruantur ': *Argumentum successores debere mutare facta et instituta antecessorum etiam bona,*
55 *si viderint esse perniciosa exemplo*): ergo consimiliter si ista, quae concessa sunt ecclesiis, incipiunt esse perniciosa et mala, revocari debent et possunt.

Item, *privilegium meretur amittere, qui permissa sibi abutitur potestate,* xi. q. iii, *Privilegium,* Extra, *de regularibus, Licet.* Si igitur ecclesiae abutuntur privilegiis eis concessis, ipsa merentur amittere.

60 Item, persona ecclesiastica propter culpam debet perdere privilegium clericale; ergo consimiliter ecclesia propter culpam potest perdere privilegium, quia idem iuris est in toto et in parte.

Item, ecclesia propter favorem alterius ecclesiae potest perdere privilegium et ius suum, xxii di., *Renovantes*; ergo multo fortius propter culpam
65 potest perdere privilegium suum, cum multo magis sit quis privandus iure suo propter culpam propriam quam propter honorem alterius. Sicut enim *locupletari non debet aliquis cum alterius iniuria vel iactura,* Extra, *de regulis iuris, Locupletari,* libro vi, et *si non potest alteri subveniri, nisi alter laedatur, commodius est neutrum iuvari quam gravari alterum,* xiv, q. v, *Denique,*
70 et *nulli cum alterius iniuria consulendum est,* xxii, q. ii, *Primum*: sic cum alterius dehonoratione non est aliquis honorandus. Quare si, licet non obstante quod nec ecclesia nec persona propter favorem alterius debeat regulariter privari iuribus et privilegiis suis, tamen casualiter privari debet, multo fortius—cum regulariter puniendae sint culpae et non solummodo casuali-
75 ter—ecclesiae propter culpam possunt licite atque debent in casu privari privilegiis, iuribus et libertatibus sibi concessis.

46 res sive *om. b²*.
47 allegato *b¹V²*.
48 quid *om. b¹*.
48 diu *om. a*.
54 Argumentum: ar. V*b*(−B): ubi arguit B; ac L; id est W.
54 mutare facta *scripsi sec. glossam*: imitari *ab*.
55 si¹: nisi WV*b³*; si non B.
64 fortius: prius *b¹*(−BOF); plus BM²F;
70 sic: sed *b²*(−B); similiter *Bed. pr.*
73 suis *om. b²*.

47 allegando *om. b¹*.
47–8 quacunque auctoritate *b¹*.

51 nostris *om. ab*; *in marg. add.* V².
59 eis: sibi L.
magis O.
71 Quare: quia *b²*.
74 sint: sunt *b²V²*.

47–9 *Gl. ord. ad loc. cit., s.v.* ' ignorans '.
50–3 Gratianus *ante* c. 29, di. 63, col. 244.
54–5 *Gl. ord. ad loc. cit., s.v.* ' destruantur '.
57–8 c. 63, C. 11, q. 3, col. 660.   58 III, 31, 18, col. 576.
62 idem iuris, *etc.*: a commonplace in Ockham from the canonists; *cf.* IusIIIae *Dial.* ii, 1, with references to *Decretal. Greg. IX,* III, 5, 8 (col. 466) and *Decretum Gratiani* c. 14, C. 14, q. 6 (col. 744).   64 c. 6, di. 22, col. 76.
67–8 *Sext.* v, 12 *ad fin.,* reg. 48, col. 1123.
68–9 c. 10, C. 14, q. 5, col. 740.   70 c. 8, C. 22, q. 2, col. 870.

Item, illis sunt privilegia decurtanda, qui praeceptis superioris obviare non timent, Extra, *de privilegiis, Dilecti,* ubi dicit glossa super vocabulo ' decurtabimus ': *Non sunt ei enim sua iura servanda, qui ius alienum violare* 80 *non metuit.* Ecclesiae igitur propter culpam inobedientiae et irreverentiae privari possunt sibi concessis.

Item, communitas saecularis propter culpam privari potest iuste privilegio et honore sibi concesso. Civitas enim propter occisionem episcoporum suorum privatur dignitate episcopali, xxv. q. ii, *Ita nos,* 85 in quo casu etiam ipsa ecclesia privata fuit honore episcopali non propter delictum ecclesiae cathedralis, sed propter delictum civitatis; quare multo fortius ecclesia propter delictum proprium potest privari sibi concessis.

Item, *frustra petit debitum, qui quod debet, non impendit,* ut allegando dicit 90 glossa, di. xcv, *Esto;* ad quod probandum canones diversos allegat. Si igitur ecclesiae laicis non impendunt quod debent, frustra petunt ab eis sua iura servari.

Item, laici, praesertim imperatores, reges et principes ac personae aliae eminentes, quae ecclesias honoribus, iuribus, privilegiis et libertatibus 95 illustraverunt ex sola devotione, non magis quantum ad huiusmodi ecclesiis sunt subiecti quam subditi dominis suis, quia ecclesiae non dominantur huiusmodi laicis, iuxta illud Petri, *Non dominantes in clero,* et per consequens multo minus in populo. Sed, ut dicit glossa xxii, q. ultima, super capitulo *De forma: Eadem fide tenetur quis subdito suo sicut* 100 *subditus domino, ut xcv di.* ' *Esto subiectus* ', Extra, *de iureiurando,* ' *Pervenit* ', et *xxxii. q. vi,* ' *Nichil iniquius* ', *et si non fecerit, privatur dominio, quod habet in vasallo, et transit feudum ad superiorem, ut in libro de feudis,* ' *Quemadmodum feudum amittatur* '. Ergo multo magis ecclesiae, si non fuerint fideles laicis, qui eis honores, iura, libertates et privilegia concesserunt, possunt 105 iuste privari sibi concessis.

Item, hosti non servanti fidem non est fides servanda, cum etiam ei non sit fides servanda, qui contra fidem versatur, Extra, *de iureiurando, Pervenit.* Si igitur ecclesiae non servando fidem laicis incipiant hostiliter

79 Non sunt . . . servanda: non propter iura sua vitanda b^1.
79 iura: tuta *Gl. ord.*   95 huiusmodi: hoc ius b^2.
96 sunt *om.* WV.   98 multo *om.* b^1.
104 honores: homines *a.*   107 servanda: servata *b.*
107 versatur: servatur b^2.

---

78 v, 33, 4, col. 850.
79–80 *Gl. ord. ad loc. cit., s.v.* ' decurtabimus '.
84 c. 25, C. 25, q. 2, col. 1018.   89 *Gl. ord. ad* c. 7, di. 95, *s.v.* ' me '.
90 canones diversos: c. 7, C. 28, q. 1, col. 1081; c. 15, C. 32, q. 5, col. 1136; c. 2, C. 32, q. 6, col. 1139; c. 10, di. 9, col. 18; c. 12, C. 10. q. 1, col. 615; c. 18, C. 22, q. 5, col. 887; c. 18, C. 18, q. 2, col. 834.
97 *cf.* 1 Petr. 5, 3.
99–103 *Gl. ord. ad* c. 18, C. 22, q. 5, *s.v.* ' vicem '; cited more briefly *CB* vi, 13, p. 295; *Brev.* ii, 18, p. 94; IIusIIIae *Dial.* ii, 5.
100 c. 7, di. 95, col. 334.   100 II, 24, 2, col. 360.
101 c. 1, C. 32, q. 6, col. 1139.   102–3 *cf. Lib. feud.* I, tit. 5.
107–8 II, 24, 3, col. 360.

persequi eos, non est eis fides servanda, et per consequens privari possunt
110 et illis, quae sunt eis concessa.

Sed forte aliquis respondebit uno modo istis omnibus, dicens quod
quamvis personae ecclesiae possint committere culpam, tamen ecclesiae
non possunt aliquam culpam incurrere, quia sicut ecclesia non potest
errare contra fidem, ita non potest culpa aliqua inquinari, cum sit sine
115 macula et sine ruga. Sed haec responsio impugnatur. Quia quamvis
ecclesia universalis, quae est congregatio generalis cunctorum fidelium,
non sic possit errare contra fidem nec culpa maculari mortali, ut nullus
sit in vera fide et caritate, tamen ecclesiae particulares possunt taliter
contra fidem et bonos mores errare, ita ut etiam sint a catholicis deseren-
120 dae, teste beato Ambrosio, qui, ut habetur xxiv q. i, *Quae dignior*, ait: *Si
qua ecclesia est, quae fidem respuat, nec apostolicae praedicationis fundamenta
possideat, ne quam labem perfidiae possit aspergere, deserenda est.* Ecclesiae
igitur propter culpam possunt privari eis, quae sunt sibi concessa.

Aliter dicitur quod, licet nulla ecclesia debeat privari eis, quae sunt sibi
125 concessa, tamen quaelibet persona de ecclesia propter culpam debet
privari illis, quae ecclesiae sunt concessa; et ideo quilibet archiepiscopus
propter culpam potest privari iuste potestate coronandi regem, licet
ecclesia huiusmodi potestate privari non debeat.

CAPITULUM 5

Tertius articulus potest esse, an rex talis, qui non absque culpa sua
coronaretur ab alio archiepiscopo quam ab eo, qui antiquitus coronare
consuevit, vel sibi ipsi coronam imponeret, per hoc perderet vel dignus
esset perdere titulum vel potestatem regalem, quamvis obstinatus et
5 incorrigibilis in culpa nullatenus appareret.

Et tenet praedicta opinio quod non. Quia talis culpa regis esset
sacrilegium, non quidem ratione personae, quale sacrilegium committit
quis cum verberat aut occidit clericum vel religiosam personam, sed esset
solummodo sacrilegium ratione iuris publici, quia scilicet talis rex in hoc
10 facto esset transgressor iuris publici, quod consistit *in sacris et sacerdotibus
et magistratibus*, di. i, *Ius publicum*; quia videlicet auferret archiepiscopo,
qui consuevit coronare regem, ius suum. Poena autem huius sacrilegii
neque secundum leges saeculares neque secundum canones est depositio

110 et *om. bSv.*   110 eis: sibi *b²*.   112 ecclesiae: ecclesiastice KV²*Sv*.
115 macula: malicia K*b²*.   115 ruga: dolo BMFV²; *om.* K.
117 nullus omnino *add. b²*.   126 ecclesiis WVB.

4 et etiam *add. b³*.   8 esset *om. b².*
11 et magistratibus *om. b¹*.   13 saeculares *om. b².*

114–5 *cf.* Eph. 5, 27.
115–22 *cf. Dial.* i, v, 29–35; Augustinus Triumphus de Ancona, *Summa de eccl. pot.*
q. xx, art. 6, ed. Venice, 1487 (no foliation); Alvarus Pelagius, *De planctu eccl.* i, art. 16,
ed. Lyons, 1517, f. 3ʳ; *ibid.* art. 68, f. 74ʳ.
120–2 c. 26, C. 24, q. 1, col. 976 = Ambrosius, *in Lucam* vi, 68, PL 15, 1686; cited
Dial. i, v, 31.

6 praedicta opinio: opinio secunda, *supra*, vii.2.1–3.   10–11 c. 11, di. 1, col. 3.

a regno. Ergo rex talis, si est corrigibilis, non est dignus propter huius-
15 modi culpam perdere titulum vel potestatem regalem, sicut nec propter
alias species vel modos sacrilegii est dignus huiusmodi poena.

CAPITULUM 6

Quartus articulus potest esse, an rex propter huiusmodi culpam, si est
incorrigibilis, sit dignus huiusmodi poena. Et est una assertio quod sic.
Pro qua potest taliter allegari: Ut dicit glossa, di. xl, super capitulo
Si papa: Si notorium est crimen eius quodcunque et inde scandalizetur ecclesia et
5 *incorrigibilis sit, inde accusari* potest, et per consequens deponi de papatu,
quia *criminalis accusatio ad diminutionem capitis, id est ad degradationem, intenditur,*
Extra, *de accusationibus, Qualiter,* ii°. Ergo multo magis quilibet alius,
sive regali sive quacunque alia dignitate praefulgeat, pro quocunque
crimine, si est incorrigibilis, est dignus a dignitate sua deponi; ex quo
10 concluditur quod rex talis pro huiusmodi sacrilegio, si est incorrigibilis,
dignus est perdere titulum vel potestatem regalem.

    Secundo sic: Quilibet, sive laicus sive clericus, cuiuscunque fuerit
status, etiam papa, propter haeresim est a sua dignitate deponendus;
de aliis enim a papa dicit glossa, Extra, *de haereticis,* super c. *Excom-*
15 *municamus,* quod *papa propter haeresim potest deponere omnes, tam laicos quam*
clericos, a dignitatibus suis. Sed rex talis propter huiusmodi sacrilegium est
excommunicatus vel excommunicari potest, et si incorrigibilis in excommunicatione ultra annum persistet, postea erit inter haereticos computandus, praesertim si fuerit excommunicatus a papa; quia si fuerit
20 excommunicatus a papa et sit incorrigibilis, erit inter schismaticos
numerandus. Schismaticus autem in schismate perseverans censetur
haereticus, ut ex glossa colligitur, xxiv, q. i, super § i, cum dicat: *Eadem*
dic de schismatico, maxime cum schisma non possit esse sine haeresi, nisi forte in
summo pontifice, ut si duo crearentur et uterque crederet ecclesiam apud se esse.
25 Haec videtur esse intentio beati Ieronymi, qui, ut habetur eadem causa,
q. iii, c. *Inter schisma,* ait: *Nullum schisma est nisi aliquam sibi haeresim*
confingat, ut recte ab ecclesia recessisse videatur; ubi dicit glossa: *Potest dici*

14 est incorrigibilis B; non est incorrigibilis L.

4 quodcunque: quantumcunque *b*².	4 inde: idem KA; eodem *b*².
5 consequens potest *add. b*¹V².	6 accusatio que *b*¹ *sec. decretalem.*
9 sua *om. b*².	
12 Secundo sic quod K; ergo sequitur quod *b*¹V².	
15 quod *om. b*.	16 Sed: si *b*³V².
17 si est *add.* L²WV*bSv.*	17 et in *add.* V; etsi in B.
18 postea: postquam L*b.*	18 erit: esset K; fuerit *b*¹.
19 et praesertim *add.* L.	19–20 quia . . . incorrigibilis *om. b.*
21 numerandus: computandus *b*V².	25 esse *om.* L.

4–5 *Gl. ord. ad* c. 6, di. 40, *s.v.* ' a fide devius '.
6 v, 1, 24, col. 746.   15–16 *Gl. ord. ad* v, 7, 13, *s.v.* ' absoluta '.
22–4 *Gl. ord. ad* Gratian. *ante* c. 1, C. 24, q. 1, *s.v.* ' Qui vero '.
26–7 c. 26, C. 24, q. 3, col. 997 = Hieronymus, *Comment. in ep. ad Titum* 3, 10–11,
PL 26, 598.
27–30 *Gl. ord. ad loc. cit., s.v.* ' et schisma '.

quod haec sit differentia inter haeresim et schisma, quae est inter dispositionem et habitum; primo enim dicitur schisma, sed cum post pertinaciter adhaeserit suae 30 *sectae, dicitur haeresis.* Hinc dicit glossa assignans rationem quare, ut dictum est, papa pro quocunque crimine notorio, si inde scandalizetur ecclesia et sit incorrigibilis, potest accusari: *Nam contumacia dicitur haeresis.* Ex quibus colligitur quod talis rex pro huiusmodi sacrilegio, si fuerit incorrigibilis et in excommunicatione, praesertim lata a papa, perstiterit, 35 est inter haereticos computandus; quare dignus est perdere titulum vel potestatem regalem.

CAPITULUM 7

Alia est assertio quod rex pro tali sacrilegio, quamvis sit incorrigibilis, non debet perdere titulum vel potestatem regalem. Pro qua potest taliter allegari: Talis rex incorrigibilis absque gravissimo scandalo eius non posset a regia dignitate deponi. Sed pro scandalo evitando cessat 5 rigor iudicii, cum etiam propter scandalum sit desistendum a iure, Extra, *de praescriptionibus, Nichil,* et propter scandalum etiam cibus, qui magis necessarius est quam ut talis rex incorrigibilis perdat titulum vel potestatem regalem, sit dimittendus, dicente Apostolo i. ad Corinthios viii: *Si esca scandalizat fratrem meum, non manducabo carnem in aeternum, ne fratrem* 10 *meum scandalizem.* Ergo, quamvis talis rex esset dignus titulum vel potestatem regalem perdere, ipsum perdere tamen non debet.

Sed forte huic aliquis respondebit dicens quod, sicut quando scandalum nascitur non ex ignorantia vel infirmitate, quod est scandalum pusillorum, sed ex malitia, quod est scandalum Pharisaeorum, non sunt temporalia 15 propter scandalum dimittenda, sic etiam propter scandalum, quod ex malitia oritur, non est rigor iustitiae dimittendus, quia hoc noceret bono communi; quia daret malis audaciam delinquendi, nam *facilitas veniae incentivum tribu*it *delinquendi,* Extra, *de vita et honestate clericorum,* c. *Ut clericorum.* Sed si talis rex esset incorrigibilis, scandalum, quod oriretur 20 de depositione eius a regno, ex malitia oriretur; quare tunc non esset talis punitio praetermittenda.

Sed ista responsio impugnatur, quia, ut habetur di. l, *Ut constitueretur: Ubi per graves dissentionum scissuras non huius aut illius hominis periculum, sed populorum strages iacet, detrahendum est aliquid severitati, ut maioribus malis*

---

29 postea *b²*; post tempus *Gl. ord.*
30 Hinc dicit: dicit etiam *b*(−B); dicit enim B.

Novum capitulum non exhibent WV*ed. pr.*   1 assertio: opinio *b¹Sv.*
   2 debet: potest *b¹.*   11 perdere¹ *om. a*K; *add.* V².
  14 Pharisaeorum: perfectorum BR*ed. pr.*; philosophorum M; *corr.* M².
  18–19 c. Ut clericorum *om. a*KB.

---

32 *Gl. ord. ad* c. 6, di. 40, *s.v.* ' a fide devius '.

5–6 II, 26, 2, col. 382.   8–10 I Cor. 8, 13.
13–14 scandalum pusillorum ... Pharisaeorum: *cf.* Matth. 18, 6; *ibid.* 15, 12; Thomas, *S. theol.* IIaIIae, q. 187, a. 4 ad 5; Petrus Rogerius, archiepiscopus el. Senons., *Sermon* on ' Deum timete: Regem honorificate ' (I Petr. 2, 17) at Vincennes in December 1329, in M. de la Bigne, *Bibl. sanct. patr.* IV, Paris, 1589, coll. 1203–4.
17–18 III, 1, 13, col. 452.   23–5 c. 25, di. 50, col. 187.

25 *sanandis caritas sincera subveniat.*   Sive ergo scandalum ex ignorantia et infirmitate sive ex malitia oriatur, et temporalia et severitas punitionis debent dimitti, si ibi populorum strages iacet, quia magis debemus diligere vitam populorum quam unius mali punitionem vel pauca et parva temporalia bona.   Illud autem, quod minus diligendum est, dimittendum
30 est propter illud, quod magis diligendum est, quando simul haberi non possunt.   Si igitur ex depositione talis regis a titulo vel potestate regali immineret populorum strages, propter scandalum, quantumcunque ex malitia oriretur, esset talis severitas dimittenda.

QUAESTIO VIII

CAPITULUM I

Octavo et ultimo quaeritur utrum canonica electio principum electorum ex natura rei tantum det electo in regem Romanorum quantum dat legitima successio regi hereditarie succedenti.   Circa istam quaestionem, quae multum videtur vicina quaestioni quartae, est opinionum varietas.
5 Una est tenens partem negativam; circa quam sunt diversi modi ponendi.

Unus est quod canonica electio principum electorum ideo non tantum dat electo in regem Romanorum quantum dat legitima successio regi hereditarie succedenti, quia huiusmodi electio nullam dat electo administrationem; quia electus in regem Romanorum nullam habet admini-
10 strationem nisi per papalem confirmationem vel approbationem seu nominationem aut coronationem.

Ad fulcimentum istius modi dicendi possunt multae allegationes adduci, quae hic solummodo sunt tangendae pro eo, quod qualiter confirmari et declarari possunt, potest studioso ex praecedentibus quaestionibus
15 apparere.   Quod igitur non electio, sed confirmatio vel approbatio seu nominatio aut coronatio a papa adhibenda det administrationem electo in regem Romanorum, probari videtur posse per hoc, quod electus in regem Romanorum est vasallus papae et ei iuramentum fidelitatis et homagii praestare videtur.   Item, per hoc, quod imperium est a papa.
20 Item, per hoc, quod aliter electus in regem Romanorum nichil petere tenetur a papa.   Item, per hoc, quod papa potest deponere imperatorem et per consequens instituere; quia licet aliquis possit solus aliquando dare honorem, quem non potest solus auferre, Extra, *de translatione, Inter*

27 debet b^1.
27 ibi: igitur b^3(−R); *corr.* M^2; ergo BR.
28 et: vel b^1.   31 ex: in L; *om.* WV; *add.* V^2.
33 esset: est b^1(−MF).

4 varietas: diversitas LB*ed. pr.*   6 ideo: ius MPT; *corr.* M^2; illius BR.
14 declarari: deliberari b^2(−BR); *corr.* M^2.
14 studiose b.   18 fidelitatem b^2(−OB).
19 homagium b^2.   19 videtur: tenetur bV^2.
21 teneretur KV^2.

23–4 I, 7, 2, col. 97.

corporalia, tamen qui potest auferre honorem, potest dare eundem. Item,
25 per hoc, quod papa habet plenitudinem potestatis tam in temporalibus
quam in spiritualibus. Item, per hoc, quod in universo mundo debet
esse unum caput, a quo omnis iurisdictio et potestas dependeat: quod non
potest esse aliud quam papa, cum ipse a solo Deo habeat suam potestatem.
Item, per hoc, quod papa habet utrumque gladium, scilicet materialem
30 et spiritualem.

Alius modus ponendi praedictam negativam dicit quod ideo canonica
electio principum electorum non dat tantum electo in regem Romanorum
quantum dat legitima successio regi hereditarie succedenti, quia potestas
eligendi data est electoribus a summo pontifice, Extra, *de electione, Venera-*
35 *bilem*, et ideo, sicut inspicienda sunt privilegia ad hoc, ut sciatur quid
continetur in eis, Extra, *de privilegiis, Porro*, et c. *Recepimus*, ita, ut sciatur
quam potestatem eligendi habeant electores et quam potestatem et
quantam ex eorum electione consequatur electus, inspiciendae essent
litterae, quibus data est electoribus potestas eligendi. Quod, si non
40 reperiuntur, ipsius summi pontificis est interpretari, et declarare quam
potestatem eligendi habeant electores et quam potestatem ex eorum
electione electus obtineat, quia eius est interpretari, cuius est condere,
et de privilegio papae non habet alius iudicare, Extra, *de iudiciis, Cum*
venissent. Cum igitur papa declaret quod electus in regem Romanorum
45 debeat examinari per papam, et per consequens declaret quod ex sola
electione non est aliquis rex Romanorum aut imperator, sequitur quod
electio non dat electo in regem Romanorum plenam administrationem
nec regalem titulum vel imperialem: quae tamen dat legitima successio
regi hereditarie succedenti.

CAPITULUM 2

Pro isto modo ponendi praedictam negativam, qui fundatur et consistit
in hoc, quod electio principum dat tantam potestatem electo quantam
papa vult per eam sibi dari, potest multipliciter allegari. Et primo
specialiter quoad regna et provincias, quae de facto regi Romanorum seu
5 imperatori obediunt. Nam papa super omnia regna occidentalia, quorum solummodo aliqua imperatori de facto sunt subiecta, habet eandem
potestatem, quam habuit Constantinus Magnus super totius imperii
monarchiam, quia ipsa Constantinus Magnus reliquit beato Silvestro et

---

28 alius *b*²(−BR).   31 dicit sic *add. b*¹.
36 Recipimus *a*.   38 electus *om. b*¹.
42–3 condere . . . iudicare: condere extra de privilegiis si papa in (viº *add. ed. pr.*).
papa vero habet alios iudicare B*ed. pr.*   48 potestatem imperialem *add. b*².

Novum capitulum non exhibent O*ed. pr.*   1 qui: que LK*b*².
    1–2 fundatur et consistit in hoc *scripsi*: fundatur (et *add.* M²) in hoc consistit(resistit
K) *a*K*b*³(−F); consistit et fundatur F; et consistit *om.* B.
    3 multipliciter: tripliciter *b*.

34–5 1, 6, 34, col. 80.
36 v, 33, 7–8, col. 851.
                             43–4 ii, 1, 2, col. 242.

eius successoribus disponenda, di. xcvi, *Constantinus*.   Constantinus autem
10 pro suae voluntatis arbitrio potuit ampliare et restringere potestatem
electorum, ut electio ab eis facta legitime maius vel minus daret electo;
ergo et papa hoc potest, saltem quantum ad occidentalia regna.

Amplius, qui potest regem alicuius regni vel regnorum deponere et
fideles ipsius a iuramento fidelitatis absolvere et quibus vult ius eligendi
15 regem eiusdem regni vel regnorum tribuere ac regem constituere, potest
statuere quantum electio alicuius in huiusmodi regem debeat dare electo.
Papa autem omnia praedicta potest, specialiter quantum ad omnia occidentalia regna.   Quia non videtur quod neque a Deo neque ab homine
habeat maiorem potestatem super regnum Francorum quam super alia
20 occidentalia regna.   Praescripta autem potuit exercere papa super
regnum Francorum, quando omnes provincias et regiones ab Aquitania
usque ad Bavariam comprehendit.   Nam Zacharias papa Hildericum
regem Francorum, tam scilicet orientalium, scilicet Germanorum, quam
occidentalium, deposuit et sibi subiectos a iuramento fidelitatis absolvit,
25 ac Pipinum, patrem Karoli Magni, in eius loco substituit, xv, q. vi,
Alius.   Electoribus etiam regis Romanorum ius tribuit eligendi, Extra,
de electione, Venerabilem.   Ergo papa potest statuere quantum talis electio
debeat dare electo.

Rursus, qui potest alicui regi dare potestatem eligendi sibi successorem,
30 habet potestatem statuendi quando electus debeat habere administrationem, utrum scilicet statim electione celebrata vel non statim; quia
electus in successorem solummodo alicuius non habet statim potestatem
administrandi, sed mortem oportet eum alterius expectare.   Papa
autem potest dare regi Romanorum seu imperatori potestatem eligendi
35 successorem quoad regnum Italiae, di. lxiii, *In synodo*, et consimili ratione
quoad alia regna, saltem occidentalia.   Ergo potest statuere quando et
quantum electio dare debeat electo.

Item, illa electio, quae indiget confirmatione ad hoc, quod electus
habeat administrationem, non dat tantum electo quantum dat legitima
40 successio regi hereditarie succedenti; quia rex hereditarie succedens nulla
indiget confirmatione ad hoc, quod administret.   Sed electio canonica
principum electorum indiget confirmatione papali ad hoc, quod electus
habeat administrationem.   Ergo, etc.

Item, illa electio, virtute cuius electus non est rex, non dat tantum electo
45 quantum legitima successio dat regi hereditarie succedenti.   Virtute
autem electionis principum electus in regem Romanorum non est rex, sed
tantum electus in regem, teste Ioanne XXII, qui in quodam processu

14 quibus: quem K; qui *b*²(—BR).   15 ac: aut W.   17 supradicta *b*².
17 omnia² *om. b*².   20 praescripta. Potuit autem *distinx. b*¹.
20 papa: prima *b*¹(—BM); primo BM.
21 quando: quod L; quando super *add. b*³.
23 scilicet¹ *om.* BMO.   23 scilicet² *om.* K.
25 ac: et *b*².   25 locum L.
27 talis electio: tali electo *b*¹(—BR); *om.* BR.
28 electo *om. b*(—R); electus R.   47 Ioanne papa *add.* L.

9 c. 14, di. 96, coll. 344–5.   25–6 c. 3, C. 15, q. 6, col. 756.
26–7 I, 6, 34, col. 80.   35 c. 23, di. 63, col. 2.

contra dominum Ludovicum de Bavaria, quem aliqui Bavarum, aliqui imperatorem appellant, ait: *Praefatus Ludovicus a nobis, ad quem suae*
50 *electionis, sicut praemittitur, in discordia celebratae ac personae ipsius examinatio, approbatio et admissio, repulsio quoque et reprobatio noscitur pertinere, electione praedicta nequaquam admissa nec eius approbata persona, sicut et notoria fama notoriat et publica facti evidentia manifestat, non quaerens, ut deberet, per ostium regni seu imperii conscendere dignitatis fastigium, sed potius aliunde, nescimus quo*
55 *ductus vel potius seductus consilio, praefati Romani regni nomen sibi et titulum regium usurpavit, quamvis priusquam alteruter eorum per sedem apostolicam fuisset approbata persona vel reprobata, neutri electorum ipsorum assumere licuit nomen vel titulum praelibatum, cum nec interim Romanorum reges exsisterent, sed in reges electi, nec sint habendi pro regibus nec reges etiam nominandi.* Virtute
60 vero successionis legitimae hereditarie succedens in aliquo regno statim est rex, nec personae ipsius examinatio, approbatio vel admissio spectat ad papam. Ergo electio in regem Romanorum non dat electo tantum, quantum dat legitima successio regi hereditarie succedenti.

Aliae plures allegationes ad praedictam assertionem possent adduci, de
65 quibus in discussione istarum tangetur forte.

CAPITULUM 3

Alia est opinio dicens quod canonica electio principum electorum tantum dat electo in regem Romanorum in terris et provinciis, quae subiectae erant Karolo Magno ante coronationem imperialem, et non in aliis, quantum legitima successio dat regi hereditarie succedenti.

5   Prima pars istius opinionis probatur sic: Electio, quae dat electo plenam administrationem in aliquibus regnis, provinciis sive terris, et virtute cuius licet sibi nomen regis assumere, tantum dat electo in illis terris quantum dat legitima successio regi hereditarie succedenti; quia legitima successio non plus dat regi hereditarie succedenti nisi quod potest

48 Ludwicum WV; Ludwicum imperatorem *add*. L.
48 Babaria W.   48 Bawarum L; Babarum W; Bauari B.
48 aliqui² *om*. b².
50 celebratae: celeste A; celebrare BR; ecclesie b²(−BR).
51 reprobatio: approbatio b².
52 nequaquam approbata nec eius admissa persona b².
53 notoriat L: notorat W; notuerat KV²; innotuerat b¹.
54 regnum LK; regis B.   54 nescius LW; nescio B.
55 vel: seu b³ V²; sed KB.   56 regium K: regni ab¹.
58 extiterint KB; extiterunt b²(−B); existant *textus laud*.
64 possunt LB.

7 sibi: sic K; *om*. b¹.   7 illis *om*. b.
9 quod: quia b².

48–9 aliqui Bavarum, aliqui imperatorem: *cf*. Albertinus Mussatus, *Ludovicus Bavarus*, in J. F. Böhmer, *Fontes rer. German.*, ɪ, Stuttgart, 1843, p. 189; Conradus de Megenberg, *Planctus ecclesiae in Germaniam*, lines 1012–14, ed. R. Scholz, MGH *Staatsschriften des späteren Mittelalters*, ɪɪ, ɪ, 1941, p. 63.

49–59 Ioannes XXII, *Primus processus contra Ludowicum*, 8 October 1323, MGH *Const.* v, No. 792, p. 617; cited also in *CB* vi, 7, pp. 287–8.

57 neutri electorum ipsorum: i.e. neither Lewis of Bavaria nor Frederick of Austria, the two candidates elected *in discordia* in October 1314.

10 licite sibi nomen regis assumere ac iura et bona regni administrare. Sed
canonica electio praedicta dat electo in regem Romanorum seu imperatorem in provinciis et terris, quae erant subiectae Karolo Magno ante
coronationem imperialem, plenam administrationem, et virtute eiusdem
electionis electus potest sibi nomen regis assumere. Ergo, etc. Maior,
15 ut videtur, probatione non indiget. Minorem probat doctor quidam
venerabilis, de quo in praecedentibus facta est mentio. Cuius verba,
quamvis sint prolixa, absque omni mutatione propter reverentiam dicentis
et quia zelo sincero veritatis et iustitiae, ut arbitror, exquisitius quam
multi alii conatus est iura imperii declarare, duxi praesentibus inserenda
20 et breviter pertractanda, ut ex ipsorum discussione veritas elimatior
inveniatur vel intelligatur, quia quaerendo, opponendo, disputando et
solvendo ac diversas argumentationes et responsiones recitando melius
veritas invenitur, et *quod a pluribus quaeritur, facilius invenitur,* di. xx, *De
quibus.* Igitur doctor praedictus in haec verba:

25 *Electus in regem seu imperatorem Romanum a principibus electoribus regni et
imperii in concordia potest statim ex ipsa electione licite nomen regis assumere ac
iura et bona regni et imperii in Italia et in aliis provinciis eiusdem regni et imperii
administrare. Ad huius articuli probationem praemitto quod Karolus Magnus,
rex Francorum, ut patet ex hiis, quae in primo capitulo huius tractatus dicta sunt,*
30 *regnum Francorum, quod protendebatur ab Aquitania usque ad Bavariam, habuit ex
successione paterna more ac consuetudine quasi generali omnium aliorum regnorum
occidentalium, quae tunc sicut et nunc per successionem generis ut plurimum debe-
bantur. Et huic regno ac sibi suisque successoribus Italiam et multas alias
provincias et terras per bellum licitum acquisivit, ex eo videlicet, quod reges et*
35 *principes et possessores illarum provinciarum contra Christi ecclesias et Christianos
multimodas, ut ex diversis historiis et chronicis apparet, tyrannides suis temporibus
exercebant. Et hoc poterat facere idem Karolus de iure gentium, ex quo bella sunt
inducta, ut patet ff. de iustitia et iure, l. ' Ex hoc iure ', in Instit., de iure naturae,
gentium et civili, § ' Ius autem ', et i di., ' Ius gentium' ; et ex consequenti provincias*
40 *et terras huiusmodi eodem iure* fecit *suas. Ea enim, quae in bello iusto capimus,
iure gentium nostra fiunt, ut patet ff. de acquirendo rerum dominio, l. ' Naturalem ',*

---

17 absque omni mutatione om. a (*cf. infra,* viii.3.18); immutatione Bed. *pr.*
18 zelo sincero: zelo sincere L; solo sincero OPRV²; solo sincere BM; zelo om. AT.
18 iustitiae zelo add. OPV²; iustitiae amore BR.
18 *post* exquisitius: absque omni nominacione *add. a; cf. supra,* viii.3.17.
20 ipsa *b*¹.   21 inveniatur: discutiatur *b*².
24 dicit igitur *add. b.*
24 Verba cuiusdam doctoris ad probacionem minoris *in marg.* L²; Iste fuit dominus
Lupoltus de bebenb' episcopus Banbergen' doctor decretorum *in marg.* L³.
26 licite om. *b*¹.   27 imperii que *add. a.*
30 pretendebatur WV.   30 ad Barbariam WV; in Britaniam K.
31 ac: et *b*².   31 aliorum om. *Schard.*
32 ut plurimum: vel plurium K*b*³; vel plurimum B.
35 possessiones K*b*(−R).   35 et² om. *b*¹.
35 Christianas *b*¹(−O).   40 fecit: facere *Schard.*

---

23 *cf.* c. 3, di. 20, col. 66.
25–206 Lupoldus de Bebenburg, *De iuribus,* c. 5, ed. Schardius, pp. 351–6.
29 dicta sunt: Lupoldus, c. 1, p. 335.   38 *Dig.* 1, 1, 5.
38–9 *Inst.* 1, 2, 2.   39 c. 9, di. 1, col. 3.
41 *Dig.* 41, 1, 5, 7.

§ *ult. et Instit. de rerum divisione*, § ' *Item ea, quae ex hostibus* '; *ad idem xxiii,*
q. v, ' *Dicat* ', *et q. vii,* ' *Si* qua *de rebus* '. *Et post haec dictus Karolus, elapsis*
pluribus annis, ut patet supra, c. i, unctus et coronatus fuit in imperatorem Romano-
45 *rum. Unde notatur etiam in constitutione Friderici imperatoris,* ' *Hac edictali* ', §
' *Iniuria* ' *in glossa* ' *id est secundum leges* ', *collatione x, quod Karolus* ' *stetit per*
multos annos rex Franciae et Lombardiae antequam haberet imperium ', *nec reperitur*
' *fecisse nisi novem leges in Lombardia* contentas, *postquam fuit imperator* ',
ut ibi notatur. Qui Karolus reliquit regnum et imperium cum provinciis huiusmodi
50 *licite acquisitis virtute dictae generalis consuetudinis filio suo Ludovico, excepta*
Italia, quam reliquit Bernardo nepoti suo, et sic deinceps reges et imperatores de
genere dicti Karoli existentes habuerunt per successionem regnum Francorum seu
partem illius regni post divisionem eiusdem cum Italia et imperio eodem iure et
titulo, quo ipse Karolus tenebat, usque ad tempora Ludovici tertii, cuius tempore
55 *Italia defecit a fidelitate sua et regni Germaniae, cuius regni Germaniae ipse rex*
erat. Cesserat enim regibus Germaniae felici sorte Italia cum imperio, ut in
superioribus plene visum est. Regnum autem Germaniae habuerunt reges de
genere dicti Karoli descendentes quousque defecit genus vel saltem potentia generis
ipsorum in dicto regno. Quo genere deficiente, principes et natu maiores Francorum,
60 *Alamannorum, Bavarorum et Saxonum, qui repraesentabant totum populum*
Germaniae, elegerunt Henricum primum, ducem Saxoniae, in regem Germaniae ac
Francorum, ut ex prius dictis in c. ii apparet. Quod facere poterant de iure gentium,
ex quo etiam iure regna condita sunt, scilicet quod quilibet populus potest sibi regem
eligere, ut patet ex hiis, quae leguntur et notantur ff. de iustitia et iure, l. ' *Ex hoc*
65 *iure* '. *Et deinde Otto primus, filius eiusdem Henrici, ut etiam visum est superius*
in eodem capitulo, recuperavit Italiam ipsi regno Germaniae, a quo cuiusque societate
defecerat, et factus fuit post hoc imperator. Et ex tunc iterato incepit regnum
Germaniae cum Italia et imperio deberi ex successione generis usque ad tempora
Ottonis tertii, cuius tempore fuit institutum quod per certos principes Germaniae,
70 *scilicet per officiatos imperii, eligeretur imperator, ut etiam ex superius dictis plene*
patet.

Hiis itaque praemissis, primo probo veritatem dicti articuli generaliter de admini-
stratione omnium provinciarum regni et imperii; secundo, specialiter de administra-
tione Germaniae. Primum sic probatur: Quilibet populus carens rege potest sibi

43 Si qua: Et quia *Schard.*; Si de rebus *canon.*
45 etiam *om. b.*
46 id est *om. b*[1].
48 contentas *om. Gl. et Schard.*
52 genere: gratia *b*[1].
52 successionem generis *add. Schard.*
53 post: per *b*[1]V[2].
63 iura et regna *b*(—B).
69 certos: ceteros *a Schard.*
72 itaque: ita *a.*

45 Hac: ac *ab; corr.* L[2]B[2]M[2].
48 Lambardias L.
50 excepta: retenta B.
52 existentes: exeuntes *b.*
53 illius: eiusdem *b*[1].
63 etiam *om. b.*

70 plane *b*[2].
74 imperii Germaniae *add.* L.

42 *Inst.* 2, 1, 17.
42–3 c. 25, C. 23, q. 5, col. 938.
43 Schardius, p. 352.
46–8 *Gl. Accurs. ad Lib. feud.* II, 53 § 2, *s.v.* ' legitime puniatur '.
54 Ludovici tertii: Louis the Younger (876–882)?
62 ut ex prius dictis: Lupoldus, c. 2, p. 338.
64–5 *Dig.* 1, 1, 5.
70 ex superius dictis: *ibid.*

43 c. 2, C. 23, q. 7, col. 951.
44 supra: Lupoldus, c. 1, p. 335.

65 superius: Lupoldus, c. 2, p. 339.

75 *regem eligere de iure gentium, ex quo iure regna condita sunt, ut iam dictum est per*
legem ' Ex hoc iure ', ff. de iustitia et iure; et ex consequenti potest electus talis
eodem iure ex tali electione populi regnare nomine et re: quod non est aliud nisi
nomen regis assumere et iura et bona illius regni administrare, ut de se patet. Sed
in regno et imperio, cum non habeat locum hodie successio generis, mortuo rege vel
80 *imperatore, populus Germaniae, Italiae et aliarum provinciarum regni et imperii*
caret rege, et principes electores ratione iam dictae institutionis habent eligere regem
seu imperatorem, repraesentantes in hoc omnes principes et populum Germaniae,
Italiae et aliarum provinciarum et terrarum regni et imperii, quasi vice omnium
eligendo, ut ex dicendis infra capitulo proximo plenius apparebit. Ergo concluditur
85 *quod electus per eos concorditer ex electione huiusmodi potest de iure gentium licite*
nomine ac re ipsa regnare: quod non videtur aliud nisi nomen regis assumere ac
iura et bona regni et imperii administrare, ut praedixi. Et ex hoc iure gentium
credo verificari dictum beati Ieronymi dicentis quod exercitus facit imperatorem, ut
patet in canone, xciii di., ' Legimus ', quia exercitus seu populus Romanus eo
90 *tempore repraesenta*bat *totum populum Romano imperio subiectum; unde etiam*
facere poterat imperatorem, sicut hodie principes electores ratione institutionis
populum huiusmodi repraesentant.

Secundo potest idem probari alio modo, et sic: Illud, quod subrogatur et succedit
in locum alterius rei, debet retinere ac imitari ius et naturam illius rei, in cuius
95 *locum succedit et subrogatur, ut ff. Si quis cautionibus, l. ' Si eum ', § ' Qui*
iniuriarum ', ff. de conditionibus et demonstrationibus, l. ' Filiae ', § ' Titio ' ; ad
idem Extra, de voto et voti redemptione, ' Magnae ', § ' Cum igitur ', [Extra] de
baptismo, ' Maiores ', post principium, cum suis concordantiis. Et hoc etiam,
circumscripto iure canonico et civili, satis dictat ratio naturalis apud omnes. Non
100 *enim posset dici aliquid proprie succedere in locum alterius rei, si non haberet ius et*
naturam illius rei, in cuius locum succedit et subrogatur, ut de se notum est. Et sic
illud videtur esse de iure gentium; quod enim ratio naturalis dictat apud omnes,
illud est de iure gentium, ut ff. de iustitia et iure, l. ' Omnes populi ', et Instit. de
iure naturali, gentium et civili, § ' Quod vero '. Sed electio regis et imperatoris,
105 *quae fit per principes electores, succe*dit *et subrogata est in locum successionis generis,*
quae per multa tempora fuit in regno et imperio, ut supra dictum est in c. ii; retinebit
ergo illa electio ius et naturam successionis generis. Sed indubitatum est quod
tempore successionis generis in regno et imperio filius statim mortuo patre ex ipsa

---

81 careat *b*³.   81 principes et electores L*b*².
82 repraesentantes: reputantes WVK; *corr.* V².
84 Ergo plenius *add. a.*   86 ac: et *b*².
90 Romanum LW.   91 et hodie *add.* L.
91 dictae institutionis *add. Schard.*   93 et sic *om. a.*
94 retinere ac: recipere et *b*¹.
96 Titio *sec. legem scripsi:* Titie LW *Schard.; om.* V*b*.
97 Extra *supplevi: om. ab.*   98 post principium *om. b*¹.
105 successit *Schard.*

76 *cf. supra,* lines 64–5.
79 Schardius, p. 353.   84 infra: Lupoldus, c. 6, p. 357.
89 *cf.* c. 24, di. 93, col. 328 = Hieronymus, *Ep.* cxlvi, 1, PL 22, 1194.
95–6 *Dig.* 2, 11, 10, 2; *Gl. Accurs. ad loc. cit., s.v.* ' danda non est '.
96 *Dig.* 35, 1, 28 pr.   97 III, 34, 7, col. 592.
97–8 III, 42, 3, col. 644.   103 *Dig.* 1, 1, 9.
103–4 *Inst.* 1, 2, 1.   106 supra: Lupoldus, c. 2, pp. 337–9.

generis successione assumpsit nomen regis et administravit iura et bona regni et
110 *imperii in Italia et in aliis provinciis regni et imperii, immo interdum simul cum*
patre administravit ex ipsius patris dispositione, ut ex superius dictis in c. ii patet.

Vel si non erat filius regi et imperatori decedenti, tunc alius de genere decedentis
successit eidem in regno et imperio, nomen regis assumendo ac iura et bona ipsius
regni et imperii iuxta consuetudinem generalem *aliorum regnorum occidentalium,*
115 *in quibus habet locum successio generis, administrando, ut etiam ex superius dictis*
satis apparet. Ergo similiter etiam nostro tempore electus a principibus electoribus
concorditer ex tali electione, quae subrogata est in regno et imperio in locum succes-
sionis generis, *potest statim licite nomen regis assumere ac iura et bona regni*
et imperii administrare.

120   *Demum illud probo specialiter de administratione regni et imperii in Germania,*
scilicet quod in ea possit electus a principibus in concordia ex electione huiusmodi
licite administrare, dato etiam, sed non concesso, quod in Italia hoc non possit.
Et hoc modo: Nam apparet ex praedictis chronicis omnibus quod postquam defecit
successio generis Karoli Magni in regno Germaniae, Henricus primus ex electione
125 *principum et natu maiorum Germaniae statim assumpsit nomen regis et administravit*
iura et bona dicti regni. Post hoc, iterum deficiente successione generis eiusdem
Henrici in regno Germaniae, institutisque certis principibus ad eligendum reges,
Henricus II, fundator ecclesiae Bambergensis, ex electione ipsorum principum
similiter assumpsit statim nomen regis et administravit iura et bona dicti regni;
130 *et sic deinceps, ut ex chronicis praedictis apparet, idipsum fecerunt alii eorundem*
regum successores in reges a principibus electi concorditer et assumpti.

     Praeterea, satis patet ex chronicis praedictis quod Germania post divisionem regni
et imperii Francorum, de qua supra in c. ii est dictum, fuit regnum per se, sicut
regnum Galliae *occidentalis, quod hodie regnum Franciae nuncupatur, est regnum*
135 *per se. Et hoc regnum Germaniae Ludovicus, frater Lotharii imperatoris et*
Karoli regis Galliae, in portione hereditatis obtinuit, et post mortem eius tres filii
sui, Karolomannus, Ludovicus et Karolus; quorum unus, scilicet Karolus,
Italiam et imperium, et deinde post eum Arnulfus, filius Karolomanni praedicti,
Italiam cum imperio similiter obtinuit. Quam Italiam Otto primus, rex Germaniae,

110 regni et om. b².
112 erat: esset bV².
112 imperatore b²V².
113 succedit b²V²; succedebat Schard.
117 in locum: loco b².
126 generis om. b².
129 similiter: sic b¹.
130 quod idipsum add. Schard.
132 chronicis om. b¹.
137 Karlomannus: Karolus Magnus bV².
137 quorum . . . Karolus om. Schard.
138 Arnulphus Bed. pr.: Astulfus aKb³.
139 cum imperio similiter: simul cum imperio b².

112 regis bV².
112 decedente bV².
114 generalem om. Schard.
118 generis om. Schard.
128 ipsorum om. b².
130 ut om. Schard.
131 et om. b¹.
134 Galliae: Franciae Schard.

111 ex superius dictis: Lupoldus, c. 2, pp. 336–9.
118 Schardius, p. 354.
123 ex praedictis chronicis: Frutolf-Ekkehard, the *Annalista Saxo*, Godfrey of Viterbo,
Vincent of Beauvais and Martin of Troppau; *cf.* Hermann Meyer, *Lupold von Bebenburg*,
Freiburg-im-Breisgau, 1909, pp. 222–3.
131 After *assumpti* Ockham omits some sixteen lines printed by Schardius which were
no part of the earliest version of Lupoldus; *cf.* Meyer, pp. 10–12; Introduction, p. 9.
133 supra: Lupoldus, c. 2, p. 337.

40 occupatam *per Berengarium tertium postea recuperavit, eam ad potestatem regni Germaniae reducendo, et imperator factus est, ut visum est in dicto c. ii. Ex hoc autem non debet esse deterior conditio regni et imperii in Germania, quod reges ipsius fuerunt Italiam et imperium consecuti, sed melior. Virtutibus enim reges ipsius promeruerunt imperium; ad hoc xxviii, q. i, § ' Ex hiis'. Virtutibus* 45 autem *praemia debentur, ut C. de statuis et imaginibus, l. ultima, et ff. de iustitia et iure, l. i, in principio, unde dispendia ex hoc sequi non debent, ut Extra, de fideiussoribus, ' Pervenit'.* Sed constat, si electus ad regnum et imperium non posset administrare iura et bona regni et imperii in Germania statim ex ipsa electione, sed haberet ratione Italiae expectare nominationem et approbationem ecclesiae 50 Romanae, conditio ipsius Germaniae ex consecutione Italiae facta per reges Francorum foret deterior. Magna enim possent dispendia populo Germaniae ex tali expectatione per guerras, ex quibus solent sequi caedes hominum, rapinae et incendia, interim generari, quae per administrationem regis de facili cessare possent, ut se notum existit. Quare concluditur quod electus concorditer a principibus, dato etiam 55 quod in Italia non possit administrare, id tamen in Germania facere poterit et debebit.

Nec obstat si contra praemissam suppositionem dicatur quod, licet electus in regem a principibus possit administrare in Germania, considerata ipsa Germania per se, et hoc ex electione principum electorum, tamen ratione Italiae, cui accedere 60 videtur *Germania, id non poterit ex electione huiusmodi, sed potius ex ecclesiae Romanae approbatione, ut sic accessorium sortiatur naturam sui principalis, Extra, de regulis iuris, ' Accessorium', libro sexto, cum concordantiis ibi notatis; unde etiam ex hoc electus a principibus non rex Germaniae, sed rex Romanorum appellatur: quod fieri videtur ratione Italiae, in qua sita est Roma. Quia dico* 65 ad hoc respondendo quod Germania seu regnum Germaniae non fuit accessorium regno Italiae, sed potius econverso regnum Italiae fuit et est accessorium regno Germaniae. Regnum enim Italiae etiam post divisionem regni Francorum, dum adhuc regnum Germaniae erat regnum de genere Karoli Magni, obtinuerunt duo reges Germaniae, scilicet Karolus III et Arnulfus, ipsumque regnum Italiae Otto 70 primus aliquamdiu regno Germaniae vi ablatum recuperavit, ut patet ex dictis

---

140 regni *b²* Schard.: regum *a*KA.
143 fuerint *Schard.*
144 xxvii LVM; *corr.* L²; xxvi B.
146 dispendia: stipendia *b.*
149 sed *om. Schard.*
151 foret: esset *b²; om.* A.
153 regis: regni *Schard.*
160 id: ubi K; ibi *b².*
165 fuit: sit L; erat V; esset V²; est nec fuit *add. Schard.*
166 econtra *Schard.*
166 et est *om.* M.
168 regnum² *om. b¹.*
170 recuperarunt *Schard.*

142 quod: quia V*b¹.*
143 assecuti L*b².*
145 autem: enim *Schard.*
146 consequi M *Schard.*
150 Francorum et Germaniae *add. Schard.*
152 interim *om. b;* iterum V.
157 contra: iuxta *b¹.*
164 dico: dicitur OV²; *om. b*(−O).
166 fuit: sit L²; erat V; esset V².
167 Italiae: Germanie *b².*
170 vi *om. a.*

---

140 Berengarium tertium: *potius* secundum.
141 visum est: Lupoldus, c. 2, p. 339.   141 Schardius, p. 355.
144 Gratianus *post* c. 14, C. 28, q. 1, col. 1088.
145 *Cod.* 1, 24, 4.   145–6 *Dig.* 1, 1, 1.
146–7 III, 22, 2, col. 530.
162 *Sext.* v, 12 *ad fin.*, reg. 42, col. 1123; *cf. Gl. ord. ad loc. cit., s.vv.* ' Accessorium ', ' naturam '.

superius, c. ii. Reges vero Italiae, cui ante tempora Karoli Magni praefuerunt Longobardi, *nunquam regnum Germaniae et Francorum sibi, ut ex praedictis chronicis apparet, subiugasse noscuntur.*

Quod autem electus a principibus in regem rex Romanorum appellatur, illud non est factum ratione Italiae, cum ipsa 175 *regno Germaniae accesserit, ut est dictum. Sed credo id introductum esse tum propter reverentiam sacrosanctae Romanae ecclesiae, quae omnium ecclesiarum magistratum et primatum obtinet, ut patet di. xxi, ' Quamvis ', di. xxii, c. i et c. ii,* Extra, *de summa Trinitate et fide catholica, ' Dampnamus ', cum similibus, unde etiam imperator asserit papam senioris Romae primum esse omnium sacerdotum,* 180 *in* Authent. *de ecclesiasticis titulis, in principio, coll. ix ; tum etiam propter honorem urbis Romae, cuius populus olim tenuit monarchiam imperii, sed postea transtulit ipsum imperium in imperatorem, ut patet ff. de origine iuris, l. ii, § ' Novissime ', et* Instit. *de iure naturae, gentium et civili, § ' Sed et quod principi '.*

Id autem quod dixi de administratione regni et imperii in Germania, idem dico 185 *de administratione regni et imperii in Gallia Belgica seu regno quondam Lotharii sito inter Mosam et Rhenum fluvios, de quo regno fit mentio in canone, lxiii di., ' Porro '. Hoc enim Lothariense regnum post mortem Lotharii regis, filii Lotharii imperatoris, de quo multotiens fit mentio in decretis, ut dixi supra c. ii,* Ludovicus, *rex totius Germaniae, et* Karolus, *rex Galliae occidentalis, fratres aequaliter inter* 190 *se sub anno Domini* DCCCLXXI *diviserunt. Post huius vero Ludovici mortem, variis contentionibus super eodem regno inter reges Germaniae et Galliae habitis,* Ludovicus *et* Karolus *adolescentes, regis Karoli praedicti nepotes, portionem dicti* regni *Lotharii Ludovico regi orientalis Franciae, filio regis Ludovici iam dicti, ex integro concesserunt. Postea vero, deficiente genere Karoli Magni in regno* 195 Germaniae, *quidam rex Galliae occidentalis praedictae, Karolus nomine,* Henrico, *qui primo de genere Saxonum coepit regnare in Germania, apud Bunnam confoederatus, eidem* Henrico *sub anno Domini* DCCCCXXIIII *reddidit dictum regnum. Deinde post mortem eiusdem Henrici variis discordiis contra Ottonem primum, filium dicti Henrici, pro regno Lotharii habitis, tandem sub anno Domini* 200 DCCCCXLV *regnum Lothariense totum fuit ad dictum regem Ottonem conversum,*

171 supra *b*².
172 Lombardiae *Schard.*
172 et: vel *Schard.*
175 esse: est *b*².
188 Ludovicus secundus *add. b*³; Ludwicus facundus B.
189 totius *om. b*².
193 regni *om. Schard.*
196 primus *Schard.*
196 Bunnam: Brunnam *b*³(−O); Brumanno B; Bavariam OV².
197 DCCCLXXIIII B; DCCCLXXIII M; MCCCC V².
198 Deinde *om. a.*
199 Lotharii: Lotharingie L; Lotharie M; Lothariense K.

171 cui: cum *Schard.*
172 regnum: regna V; regno W*b*³.
175 id: illud quod *b*³; quod illud B.
175 tum: tam LVKM.

192 adolescens *a*KBRT.
194 successerunt *b*².

199 pro regno Lotharii: per Lotharienses *Schard.*

171 superius: Lupoldus, c. 2, p. 339.
177 c. 3, di. 21, col. 70.
178 1, 1, 2, col. 6.
180 *Nov.* 131, 2 (coll. ix, tit. 6).
183 *Inst.* 1, 2, 6.
188 supra: Lupoldus, c. 2, p. 337.
196 apud Bunnam: 7 November 921.

177 cc. 1–2, di. 22, coll. 73–4.
179 Schardius, p. 356.
182 *Dig.* 1, 2, 2, 11.
186–7 c. 4, di. 63, col. 236.
195 Karolus: Charles III (the Simple).

200 DCCCCXLV: Though Louis IV (d'Outremer) renounced the kingdom of Lorraine at Visé in November 942, Otto I still had to campaign there in 946.

et extunc omnes reges Theutonici Belgicam Galliam ac regnum huiusmodi sine contradictione qualibet tenuerunt, prout hoc in praedictis Francorum et Godefridi Chronicis plenius enarratur. Idem etiam ex causa prius dicta de omnibus aliis provinciis et terris, quae tempore divisionis fuerunt adiunctae regno Germaniae 5 *vel quae post divisionem regni Francorum praedictam regno Germaniae et in citramontanis partibus accesserunt, intelligo repetitum.*

Haec sunt verba praedicti doctoris, quibus probare et declarare conatur quod electus in regem seu imperatorem Romanum a principibus electoribus in concordia potest statim ex ipsa electione licite nomen regis 10 assumere ac iura et bona regni et imperii in Italia et in aliis provinciis eiusdem regni et imperii, quae scilicet subiectae erant Karolo Magno ante coronationem imperialem, administrare. Et haec sententialiter est minor rationis positae in principio istius capituli ad probandum primam partem opinionis recitatae ibidem, quod scilicet canonica electio princi- 15 pum electorum dat tantum electo in regem Romanorum in terris et provinciis, quae erant subiectae Karolo Magno ante coronationem imperialem, quantum legitima successio generis dat regi hereditarie succedenti.

Secunda pars opinionis praefatae, scilicet quod canonica electio principum electorum non dat tantum electo in regem Romanorum in 20 terris et provinciis, quae non erant subiectae Karolo Magno ante coronationem imperialem, quantum legitima successio dat regi hereditarie succedenti, probatur per hoc, quod, si electus in regem Romanorum virtute electionis haberet tantum in istis terris et provinciis quantum habet rex hereditarie succedens virtute successionis legitimae, promotio 25 regis Romanorum in imperatorem esset verbalis et non realis, sicut tactum est q. iv, c. ix.

CAPITULUM 4

Alia est opinio, quae videtur fuisse opinio principum Germaniae pronuntiantium quod rex Romanorum post electionem concordem principum vel a maiori parte ipsorum de se factam habet eandem potestatem omnino

202 hoc: hec L *Schard.*; *om.* B.
203 de: ex *b²*.
205 et *om.* KM.
210 ac: et *b²*.
213 minor: pars minor KAV²; pars minoris *b²*; minor *e* minoris *corr.* W².
223 ius haberet *add. b¹*V².
224 habet *om.* L; haberet MFO.
226 tactum: dictum *b²*.

203 enarrantur L *Schard.*
205 vel . . . Germaniae *om.* L*b²*; *add.* M².
207 probatur K; probat *b¹*.

223 illis *b²*V².
225 esset: est *b²*(−B); *corr.* M².

1 fuisse: esse L.

202-3 Francorum et Godefridi Chronicis: *cf. Annalista Saxo*, MGH *SS* vi, 605; Gotifredus Viterbiens., *Pantheon*, MGH *SS* xxii, 233.
226 tactum est: *cf. supra*, iv.9.180–6, though a reference to iv.1.10–15 would seem more to the point.

1–4 *cf. supra*, iv.2.1–5 and n. The language is nearer that reported by Hostiensis for the Brunswick *Weisthum* of 1252 (though it makes no mention of a majority election) than to that of the electors' *Weisthum* at Rhens on 16 July 1338, printed by K. Zeumer, *Neues Archiv*, xxx (1904–5), pp. 110–12. In either case, Ockham is forcing the position.

et simpliciter, quam habet imperator, et quod electio canonica principum
5 electorum tantum, immo plus quoad aliquid, dat electo in regem Romanorum quantum legitima successio regi hereditarie succedenti.

Primo igitur sic dicentes probare conantur quod pronuntiatio praedicta
principum Germaniae est consona veritati. Quod quamvis liqueat,
ut videtur, ex hiis, quae dicta sunt supra, q. iv, c. ii et iii et ix et x,
10 ubi probatum est quod inter regem Romanorum et imperatorem nulla
est realis differentia et quod electio alicuius in regem Romanorum dat
sibi plenam administrationem et quod imperator nullas terras tenet a
papa, sive non esse dicendum imperatorem tenere aliquas terras a papa
et aliquas non tenere: tamen nunc, quasi replicando plura, quae tacta
15 sunt, ibi dicendum est quomodo per fundamenta probationum, quibus
praefatus doctor probare conatur quod electus in regem seu imperatorem
Romanum a principibus electoribus regni et imperii in concordia potest
statim ex ipsa electione licite nomen regis assumere ac iura et bona regni
et imperii in Italia et in aliis provinciis eiusdem regni et imperii, quae
20 scilicet erant subiectae Karolo Magno ante coronationem imperialem,
administrare, videtur posse probari pronuntiatio principum Germaniae,
quod scilicet rex Romanorum post electionem concordem principum vel
a maiori parte ipsorum de se factam habet eandem potestatem omnino
et simpliciter quam habet imperator.

25 Nam *quilibet populus carens rege potest sibi regem eligere de iure gentium, ex
quo iure regna condita sunt, ff. de iustitia et iure,* l. ' *Ex hoc iure* '; *et ex consequenti potest electus talis eodem iure ex tali electione populi regnare nomine et re;
quod non est aliud nisi nomen regis assumere* ac *iura et bona illius regni administrare.
Sed in regno* seu *imperio, cum non habeat locum successio generis, mortuo rege* et
30 *imperatore, populus Germaniae, Italiae,* Indiae, Persidae, Africae, Graeciae
et aliarum provinciarum, quae de iure regno et imperio Romanorum sunt
subiectae, *caret rege* supremo et imperatore, illo scilicet, qui solus super
omnes populos praedictarum provinciarum debet esse rex et supremus
imperator; *et principes electores ratione institutionis,* qua instituti sunt electores
35 supremi regis et imperatoris, *habent eligere imperatorem, repraesentantes in hoc
omnes principes et populum Germaniae, Italiae,* Indiae, Africae, Graeciae
et aliarum provinciarum, quae de iure imperio Romanorum sunt subiectae,
quasi vice omnium eligendo. Ergo electus per eos concorditer ex electione huiusmodi

---

4 quam: quantam $b^2(-B)$; om. B.
4 et^2 om. WKV; ita add. V^2.   6 quantum dat add. WV.
13 esset K; est B.
14 tractata $b^2(-B)$; dicta sunt et tractata add. F.
17 Romanum om. b^2.   18 ac: et b^2.
22 concordem: eorundem b^1; corr. A^2.
25 ex: de LW.   28 ac: et b^2.
28 illius: ipsius b.   29 regno Romanorum add. L.
29 seu: et Kb^2.   29 et: vel *Schard.*
31 romanorum regno et imperio romanorum L.
32 carent Vb^1.   33 supremus om. b^2.
35 representantem $b^2(-B)$; corr. M^2; reputantes B.

25–41 In large part verbally from Lupoldus, c. 5, pp. 352–3; cf. *supra*, viii.3.74–87.
26 *Dig.* 1, 1, 5.

potest de iure gentium nomine ac re ipsa regnare: quod non videtur aliud nisi
40 *nomen regis* et imperatoris *assumere ac iura et bona* omnium provinciarum,
quae sunt de iure subiectae Romanorum imperio, *administrare*. Quare
praedicta pronuntiatio principum Germaniae continet veritatem.

Sed forte huic allegationi dicetur quod principes electores non repraesentant nisi populum Germaniae, Italiae et aliarum provinciarum, quae
45 erant subiectae Karolo Magno ante coronationem imperialem; et ideo
electus virtute electionis non habet eandem potestatem omnino, quam
habet imperator, nec habet administrationem nisi in illis provinciis,
quarum principes et populos electores repraesentant.

Sed haec responsio impugnatur. Quia illi, qui repraesentant solummodo partem alicuius populi, maxime si repraesentant parvam partem
50 totius populi, non possunt eligere regem seu imperatorem super totum
populum, sed solummodo ad plus poterunt eligere regem seu imperatorem
super illum populum, quem repraesentant; aliter enim sequeretur quod
repraesentantes principes et populum cuiuscunque populi possent eligere
55 regem seu imperatorem super totum mundum. Si igitur principes
electores non repraesentant nisi principes et populum Germaniae et
Italiae et aliarum provinciarum, quae erant subiectae Karolo Magno
ante coronationem imperialem, sequitur quod principes electores possunt
eligere solummodo regem seu imperatorem super illas provincias, et
60 non super alias. Sed imperator Romanorum est imperator super alias
provincias, ut etiam iste doctor tenet. Ergo principes electores non
habent eligere imperatorem Romanorum, sed quendam alium, qui de
iure non est imperator nisi illarum provinciarum, quae erant subiectae
Karolo Magno ante coronationem imperialem: quod non est consonum
65 dictis istius doctoris.

Item, qua ratione populus Germaniae, Italiae et aliarum provinciarum,
quae erant subiectae Karolo Magno ante coronationem imperialem, potest
sibi eligere regem de iure gentium, quando caret rege, eadem ratione
residua pars mundi, quae est incomparabiliter maior quam Germania,
70 Italia et aliae provinciae, quae erant subiectae Karolo Magno ante
coronationem imperialem, mortuo rege supremo eorum et imperatore,
potest de iure gentium sibi eligere regem et imperatorem, qui potius,
tanquam electus a maiori parte, erit rex et imperator Romanorum quam
electus ab illis; ergo duo possunt eligi in reges Romanorum et imperatores:
75 quod est absurdum.

Relinquitur ergo quod nisi principes electores repraesentent principes
et populos universos subiectos Romano imperio, non possunt eligere
imperatorem totius Romani imperii. Videtur igitur concedendum quod

---

39 nomine *om. a; add.* V².   39 ac: et *b²*V².
40 et imperatoris *om. b².*   40 bona regni et *add. b².*
46 electus in imperatorem *add. b¹*V².   47 illis: aliis *a.*
53 sequitur *b¹.*
54 vel partem cuiuscunque populi *add. b¹*(−T).
56 electores *om. a; add.* V².   56 et² *om. b.*
61 ut: et *b³; corr.* M².   72 potest: possunt *b.*   73 Romanorum *om.* L.
76 Relinquitur ergo: quare relinquitur *b²*; qui relinquitur ergo KA.
78 esse concedendum *add. b³*(−R); concludendum Bed. *pr.*

principes electores repraesentant vel principes et populos universos subiectos
80 toti Romano imperio vel Romanos tanquam caput omnium aliorum de
imperio; et sive sic, sive sic, infertur quod electio huiusmodi non plus dat
electo administrationem in Germania et in aliis provinciis, quae erant
subiectae Karolo Magno ante coronationem imperialem, quam in aliis
provinciis, quae sibi tunc non erant subiectae. Sic ergo per funda-
85 mentum primae allegationis praefati doctoris videtur posse probari quod
rex Romanorum post electionem concordem habet eandem potestatem
omnino et simpliciter, quam habet imperator.

Et hoc idem probatur, ut videtur, per fundamentum secundae allegationis ipsius. Nam *illud, quod subrogatur et succedit in locum alterius, debet*
90 *retinere ac imitari ius et naturam illius rei, in cuius locum succedit et subrogatur,*
ut ff. Si quis cautionibus, l. ' Si eum ', § ' Qui iniuriarum ', ff. de conditionibus et
demonstrationibus, l. ' Filiae ', § ' Titio '; ad idem Extra, de voto et voti redemptione, ' Magnae ', § ' Cum igitur ', [Extra], de baptismo, ' Maiores ', et
magis expresse videtur hoc innui Extra, *ut lite pendente nichil innovetur,*
95 *'Ecclesia'*, ubi dicit glossa super vocabulo ' successerunt ': '*Est hic argu-*
mentum quod res, quae succedit in locum alterius, eodem iure censetur cum illa'.
Et hoc etiam ratio naturalis dictat, quia non posset proprie dici aliquid succedere in
locum alterius, si non haberet ius et naturam illius rei, in cuius locum succedit
et subrogatur. Sed electio regis et imperatoris, quae fit nunc *per principes electores,*
100 *succedit et subrogata est in locum* illius electionis, quae quondam fiebat per
populum Romanum seu exercitum; qui populus Romanus seu exercitus
tunc repraesentabat totum populum Romano imperio subiectum, etiam
secundum istum doctorem. Ergo electio, quae modo fit per principes
electores, retinebit ius et naturam illius electionis, quae fiebat per populum
105 Romanum seu exercitum. Sed per illam electionem, quae fiebat a
populo Romano vel exercitu, electus statim assumpsit nomen regis seu
imperatoris et administravit iura et bona regni et imperii in omnibus
provinciis subiectis de iure imperio, et eandem omnino habuit potestatem
inquantum rex Romanorum et inquantum imperator Romanorum.
110 Ergo et modo *electus a principibus electoribus concorditer ex tali electione, quae*
subrogata est in locum illius, quae fiebat a populo Romano vel exercitu,
habet omnino eandem potestatem inquantum rex Romanorum et

79 vel *om.* Lb²(−PT); *del.* V².   80–1 de imperio *om. b²*.
81 et sive sic, sive sic L: et *om.* WK; et sic *b²*.
82 in² *om.* Kb².   84 tunc *om. b²*.
88 ut videtur *om. b¹*.   90 retinere: recipere *b¹*.
91 eum *sec. legem scripsi:* alium *ab*(−B); ait B.
92 Titio *sec. legem scripsi:* Ticie *codd. et Schard.*
93 Extra *supplevi: om. codd.*   99 fit *om.* Kb².
104 illius *om. b²*.   110–11 subrogata que *trs. b¹*(−M).
111 illius electionis *add.* Kb³; illius subiectionis B.

89–100 For the most part verbally from Lupoldus, c. 5, p. 353; *cf. supra*, viii.3.93–105.
91 *Dig.* 2, 11, 10, 2.   91–2 *Dig.* 35, 1, 28 pr.
92–3 III, 34, 7, col. 592.   93 III, 42, 3, col. 644.
94–5 II, 16, 3, col. 301.
95–6 *Gl. ord. ad loc. cit., s.v.* ' successerunt '.
110–16 In large part verbally from Lupoldus, c. 5, pp. 353–4; *cf. supra*, viii.3.116–19.

inquantum imperator, et *potest licite nomen regis* et imperatoris *assumere ac iura et bona imperii* non solum in Germania, Italia et provinciis, quae erant
5 subiectae Karolo Magno ante coronationem imperialem, sed etiam in aliis modo congruo *administrare*, scilicet tanquam in provinciis sibi mediate vel immediate subiectis.

Sed forte huic allegationi respondebitur quod electio, quae modo fit per principes electores, non succedit nec subrogata est in locum illius electionis,
10 quae fiebat a populo Romano vel exercitu, sed in locum successionis generis, quae erat diu post tempora Karoli Magni; et ideo non retinebit ius et naturam illius electionis prioris, sed successionis generis.

Sed haec responsio impugnatur. Quia licet electio, quae fit per principes electores, non successerit immediate illi electioni, quae anti-
15 quitus fiebat per populum Romanum seu exercitum, tamen successit illi mediate et in locum illius subrogata est, mediante electione, quae tempore multo fiebat per imperatores, vel mediante successione generis secundum istum doctorem. Non enim reges seu imperatores Romanorum primo fiebant per istam successionem generis vel electionem factam tunc per
20 imperatores. Quare illa successio generis tempore Karoli Magni et quorundam successorum suorum, secundum istum doctorem, vel electio facta per imperatores, secundum alios, successit alicui alii modo con-stituendi regem seu imperatorem Romanorum, et per consequens retinuit ius et naturam illius; et iste modus constituendi regem seu imperatorem
25 Romanorum vel erat electio a populo Romano vel exercitu vel illi electioni successit; ergo retinuit ius et naturam illius electionis, quae facta fuit antiquitus a Romano populo vel exercitu. Et secundum istum doctorem electio, quae modo fit per principes electores, retinet ius et naturam illius successionis generis, in cuius locum subrogata est; ergo
30 etiam retinet ius et naturam illius electionis, quae olim fiebat a populo Romano vel exercitu, in cuius locum subrogata est praedicta successio generis secundum istum doctorem, ex quo secundum ipsum successio generis subrogata fuit in locum illius electionis.

Ex isto concluditur quod, sicut praedictum est in praecedenti allega-
35 tione, principes electores, qui modo sunt, non tantum repraesentant principes et populum Germaniae, Italiae et aliarum provinciarum, quae erant subiectae Karolo Magno ante coronationem imperialem, sed etiam

---

113 et[1]: ac *b*[2]; *om.* K.   114 et[2] *om.* WVKA; et aliis *add.* *b*[2]V[2].
116 tanquam *om.* *b*[2].   118 respondetur *b*[1].
121 diu *om.* K*b*[2].   121 retinebat KB.
125 succedit WV.   127 multo post *add.* BR.
128–9 Non ... successionem: semper (non enim K) imperator Romanorum ante Karolum fiebat per successionem *b*.
129–30 vel per electionem factam (tunc *add.* K*b*[3]) per imperatorem *b*.
130 generis *om.* *b*[1].   132 alios: aliquos WV.
132 alii *om.* *a*.   134 iste: ille *b*.
134 *post* modus: alius quam per imperatores et successionem generis *add.* *b*.
135 Romanorum vel *om.* *b*[2].   137 Et *om.* *b*[1].
140–1 illius electionis ... exercitu: successionis generis *b*[2](−M); *om.* M.
143 subrogari potest K*b*[2].   147 Karolo Magno: romano imperio *b*[2].

---

144 praedictum est: *supra*, viii.4.76–81.

repraesentant principes et populos aliarum provinciarum, quae non erant
subiectae Karolo Magno ante coronationem imperialem, sed erant
150 subiectae Romano imperio. Nam principes, qui modo sunt electores,
quamvis non immediate, tamen mediate in eligendo succedunt populo
Romano vel exercitui; ergo in eligendo retinent ius et naturam illorum,
scilicet populi Romani vel exercitus. Sed illi in eligendo et secundum
potestatem eligendi *repraesentabant totum populum Romano imperio subiectum,*
155 ut etiam dicit iste doctor; ergo et principes electores nunc repraesentant
totum populum Romano subiectum imperio. Ex quo sequitur quod,
sicut antiquitus imperator electus per populum Romanum vel exercitum
habuit eandem potestatem omnino et simpliciter inquantum rex Romanorum et inquantum imperator, ita et nunc electus per principes electores
160 habet omnino eandem potestatem inquantum rex Romanorum et
inquantum imperator.

Tertio, per fundamentum motivi, quo probat iste doctor quod electus
per principes ex ipsa electione statim potest licite assumere nomen regis
in Germania ac iura et bona regni Germaniae administrare, probatur
165 quod quoad omnem aliam provinciam electus per principes electores
statim habet eandem potestatem omnino inquantum rex et inquantum
imperator, et quod statim potest iura ac bona eiusdem provinciae modo
competenti, scilicet mediate vel immediate, administrare. Nam nulla
est provincia sive regnum, quae vel quod, antequam esset Romanum
170 imperium, non habuit regem vel dominum, qui statim postquam esset rex
constitutus, sive per electionem sive per successionem generis, haberet
potestatem administrandi modo competenti sibi iura et bona eiusdem
provinciae sive regni. Ex hoc autem, quod eadem provincia aut regnum
subdebatur Romano imperio, non debuit esse deterioris conditionis,
175 sicut nec conditio regni et imperii in Germania secundum istum doctorem
est deterior ex hoc, quod reges ipsius assecuti fuerunt Italiam et imperium.
Sed si electus per principes electores ad Romanum imperium non posset
statim modo sibi competenti, scilicet nec mediate nec immediate, administrare iura ac bona huiusmodi provinciae sive regni, sed oporteret
180 expectare coronationem imperialem, quae ex casu longo tempore differri
valeret, conditio eiusdem provinciae esset deterior ex hoc, quod esset

152 illorum: illius b^2.
155 iste: idem L; ille A.
162–250 Tertio . . . tali modo imperio om. O.
165 quod: quia $b^2(-O)$.
167 ac: et b^2.
168 vel mediate add. L.
170 postquam esset: quod posset esse KAM; quod possit esse BPT; vel postquam
add. V.
173 Ex hoc autem: autem om. L; sed ex hoc b.
173 aut regnum om. b^2.
178 nec mediate nec: mediate vel b^2.
181 eiusdem: huiusmodi K; om. b^2.

154 representant LW; representabunt O.
157 Romanorum LW.

166 statim om. b^2.
168 scilicet om. b^2.

171 generis om. b^2.

177 possit b^2.
179 huiusmodi: ipsius $b(-M)$.

154 Lupoldus, c. 5, p. 353; *supra,* viii.3.90.
162 quo probat iste doctor: Lupoldus, c. 5, pp. 354–5; *supra,* viii.3.120–56.
175–6 *cf. supra,* viii.3.141–3.

subiecta Romano imperio, quia propter huiusmodi expectationem per guerras et discordias possent mala quamplurima provenire, quae per administrationem electi cessare valerent. Relinquitur igitur quod electus
185 in imperatorem, ne conditio alicuius provinciae vel regni fiat deterior propter hoc, quod est subiecta Romano imperio, statim de iure habet in ipsa vel ipso administrationem sibi competentem, scilicet mediatam vel immediatam.

Videtur igitur quod pronuntiatio principum Germaniae, quod scilicet
190 rex Romanorum post electionem habet eandem potestatem omnino, quam habet imperator, a veritate non discrepat, quia statim virtute electionis habet in omnibus provinciis subiectis Romano imperio administrationem competentem sibi, scilicet mediatam vel immediatam.

Quod adhuc tali probatur modo: Una et eadem res non debet diverso
195 iure censeri, licet eiusdem rei diversae partes possint diverso iure censeri; sed Romanum imperium est unum et idem, licet habeat diversas partes; ergo, licet diversae partes imperii Romani possint diverso iure censeri, ut scilicet electus in imperatorem in una parte imperii habeat administrationem immediatem et in alia mediatam, tamen totum imperium non
200 debet diverso iure censeri, ut idem homo primo habeat super ipsum potestatem regalem et postea potestatem imperialem. Quare rex Romanorum habet eandem potestatem omnino super totum imperium, quam habet imperator, licet non habeat eandem potestatem omnino super unam partem, quam habet super aliam.

205 Dicitur itaque secundum istam opinionem—ne oporteat concedere quod Karolus Magnus fuit factus imperator super novum imperium, et quod antiquum imperium Romanum a primis imperatoribus et successoribus eorum possessum non fuit translatum in ipsum, et quod Karolus Magnus non habuit omnem potestatem imperialem, quam habuerunt
210 ante ipsum imperatores Romani—quod Romanum imperium ab illo tempore, quo mundus fuit sibi subiectus, quod fuit tempore nativitatis Christi, pro eo quod tunc tota universitas mortalium uni regi seu imperatori subdebatur (quod est unum de potissimis, quae ad principatum optimum requiruntur), non potuit de iure destrui nec diminui, nec per
215 praescriptionem nec per consuetudinem nec per divisionem nec per translationem nec per aliquam ordinationem humanam, nisi forte singuli mortales huiusmodi destructioni vel diminutioni praeberent assensum. Nec imperio de imperatore aliter quam per electionem debuit provideri, quia modus providendi per electionem potior est et melior quam per

185 alicuius *om. a.*
192 omnibus *om. b².*
195 possunt KB; possent M.
199 et: vel W.
208 possessum: successum b²; *corr.* M²; *om.* K.
210 etiam quod W; et quod V b³; quia B.
213 potentissimis K b³; *corr.* M².
214 destrui L: constitui WV; destitui K; disci A; distrahi b²(−P); abstrahi P.
217 consensum b².

194 Una et *om. b².*
197 possent BMPT.

205-17 *cf.* IIusIIIae *Dial.* i, 31.

220 generis successionem, et ideo princeps cunctorum mortalium per electionem, non per generis successionem, debet supremum principatum
adipisci. Ius autem et potestas eligendi supremum principem universorum mortalium principaliter est apud imperatorem, quia populus
huiusmodi ius et potestatem eligendi, sicut et potestatem condendi leges,
225 transtulit in imperatorem; unde et in principio Romani imperii et per
multa tempora postea imperatorem elegit consortem imperii vel successorem. Sicut autem imperator habuit ius eligendi imperatorem, ita potuit
salvo iure suo dare aliis ius eligendi, quando ipsemet non eligeret. Si
tamen, imperatore mortuo et nullo substituto per ipsum, imperator prius
230 nulli vel nullis commisisset in speciali ius eligendi imperatorem, populus
Romanus vel exercitus Romanus tanquam caput totius imperii haberet
ius eligendi imperatorem: qui non solum tunc posset eligere imperatorem,
sed etiam aliis vices suas committere; quam commissionem Romanorum
potest imperator electus tunc vel alias approbare et confirmare, ut illi
235 tunc tanquam repraesentantes universitatem mortalium habeant ius
eligendi imperatorem, quando imperator nullum eligit.

Imperator insuper hanc habet potestatem, ut possit dividere imperium:
non quidem separando aliquam partem ab imperio, ut non subsit imperio
vel imperatori; sed potest dividere imperium, id est illam partem imperii,
240 quae immediate subiecta est imperatori et quae deputata est imperatori
ad onera imperii sufferenda, ut aliqua pars illius partis non imperatori,
sed alicui inferiori imperatore sit immediate subiecta et imperatori
solummodo mediate, ita tamen quod talis divisio non redundet in detrimentum enorme imperii. Et sicut potest tali modo dividere imperium,
245 ita potest regna, terras et provincias, quae ex casu desinunt habere alium
iustum regem vel dominum, applicare et adiungere imperio, hoc est illi
parti imperii, quae deputata est imperatori ad onera communia imperii
perferenda; qui etiam terras, regna et provincias, quas et quae habuit
iuste antequam esset imperator, potest adiungere et applicare tali modo
250 imperio. Pro istis omnibus et singulis posset multipliciter allegari, sed
causa brevitatis pertranseo.

Iuxta ista dicitur quod illa, quae narrant chronicae et historiae, quas
saepedictus doctor allegat, vera sunt; sed dicitur quod quaedam eorum
possunt male intelligi. Verum enim est quod Karolus Magnus reliquit
255 regnum et imperium Ludovico, filio suo; sed non virtute consuetudinis
regnorum occidentalium, quae per generis successionem debentur, sed

---

222 Ius: autoritas L.
224 eligendi . . . potestatem *om. b*[1].
226 post *b*[2].
230 vel: et *aK*.
234 ut: et *b*[2].
235 habent *b*[2]; habuit B.
241 sufferenda: sustinenda *b*[1].
250 taliter allegari multipliciter *b*[2]; tripliciter allegari K.
251 transeo *b*.

225 et[1] *om. a*.
229 nullo: non *b*.
234 alias *scripsi:* alius *aKb*[3]; per alios B.
235 tunc *om. b*.
236 elegit *b*[2].
241–3 ut . . . mediate *om. a*.
254 possent WV.

254–5 *cf.* Lupoldus, c. 2, p. 337; *ibid.* c. 5, p. 354; *supra*, viii.3.132–6.

virtute potestatis imperialis, qua potuit sibi successorem suum eligere vel
consortem imperii; qua potestate Italiam separavit ab aliis partibus, quas
deputavit imperatori pro oneribus imperii perferendis, ita tamen ut
260 imperatori non immediate sed mediate esset subiecta. Unde tunc, quia
Karolus Magnus volens ex iusta causa habere pacem cum Graecis, qui
occupabant terras plures, et fere omnes, quae erant immediate subiectae
imperatoribus praedecessoribus suis, terras omnes praeter Italiam, quas
habuit antequam esset imperator, subiecit immediate imperatori pro
265 oneribus imperii perferendis, ideo tunc istae terrae et provinciae non
erant de regno Francorum, sed de regno sive imperio Romanorum, licet
quaedam pars istarum terrarum postea per imperatorem habentem
imperialem potestatem eandem, quam habuit Karolus Magnus, facta
fuerit regnum per se et vocatum regnum Francorum, sicut quaedam alia
270 pars facta fuit per se regnum vocatum Lothariense, et quaedam pars alia
vocata fuit regnum Germaniae, quemadmodum Bohemia, quam tenuit
Karolus Magnus, quae tunc non erat regnum per se, modo est regnum
per se. Et sicut illa facta fuerunt de terris immediate subiectis imperatori,
ita et nunc consimilia fieri possent ex causa de terris immediate subiectis
275 imperatori et de hiis, quae desinunt habere dominos proprios immediatos,
dummodo non esset in detrimentum enorme imperii. Sed de terris
mediate et non immediate subiectis imperatori, quae habent dominos
alios immediatos, non posset hoc facere imperator, nisi pro culpa vel ex
causa rationabili et patenti propter bonum commune posset privare
280 dominos huiusmodi terris suis. Quia quamvis omnia sint imperatoris
tanquam supremi domini, non tamen omnia sunt imperatoris illo modo,
quo bona servi sunt domini; quia subiecti imperatori non sunt servi
imperatoris, sed sunt liberi, propter quorum utilitatem et commodum est
principatus imperialis, si est vere regalis, principaliter institutus.
285   Sicut autem filius Karoli Magni successit Karolo Magno in imperio non
virtute consuetudinis regnorum occidentalium, quae iure successionis
debentur, sed per electionem Karoli Magni, qua specialiter filium elegit
in imperatorem et constituit eum imperatorem, ita etiam filius illius
eodem modo successit illi. Et omnes filii imperatorum, sive primogeniti
290 sive alii, qui patribus suis in imperio successerunt, non successerunt iure
primogeniturae vel iure successionis, unde et aliquando non habuerunt
omnes terras, quas habuerunt patres; sed successerunt tanquam electi a
patribus suis vel aliis, qui non eligentibus patribus imperatoribus habebant
ius et potestatem eligendi.

257 suum *om.* LKB.   259 imperatoribus *b²*.
260 quia tunc *trs.* K; tunc Magnus *trs.* A; tunc volens *trs.* *b²*.
261 pacem cum: potestatem K.   265 istae: ille *b²*.
267 illarum L*b*.   268 habuerit L.
269 fuit *b¹*(−OT).   270 fuerat L.
273 de: in L.   276 essent *a*.
277 mediate et non *om.* *b¹*(−OT).
281 illo: isto *b*(−O); illo scilicet *add.* LO.
283 quorum *om.* *b²*.   292 omnes *om.* *b²*.
293 patribus²: principibus AMR; patribus (principibus) et imperatoribus *add.* *b³*;
patribus imperialibus B.

295   Et propter idem verum est, quod dicunt historiae et chronicae, quod, licet aliquando Italia fuerit separata a Germania, tamen postea fuit sibi unita: non tamen sic, quod Italia accederet tanquam regnum accessorium ipsi Germaniae tanquam regno principali, nec econverso, quia neutrum regnum fuit accessorium vel principale respectu alterius; sed uniebantur, 300 quia utrumque accedebat imperatori, et sic utrumque aliquo modo accedebat urbi Romanae tanquam capiti, quia ipsa erat caput mundi; in cuius signum imperator non vocatur communiter imperator Germanorum vel Italicorum, sed Romanorum.

Si igitur aliquando inveniretur quod filius successit in imperio patri 305 iure hereditario, non debet sic intelligi, ut filius habuit ius vendicandi imperium absque speciali electione patris, qua specialiter constitueretur imperator, quemadmodum in regnis et principatibus pluribus ac dominiis filius patri etiam nichil de bonis suis specialiter ordinanti succedit. Sed propter hoc diceretur filius iure hereditario succedere patri, quia pater 310 eligendo filium ad imperium et constituendo eum in imperatorem et successorem suum quodam modo ipsum specialiter heredem suum instituit, dando scilicet sibi in imperio ius, quod habet. Quod enim sic institutus imperator ab imperatore possit vocari heres imperatoris, quamvis nichil iuris penitus haberet in imperio nisi specialiter eligeretur 315 et constitueretur imperator per imperatorem, probatur per hoc, quod *hereditas nichil aliud est, quam successio in universum ius, quod defunctus habuit, ff. de regulis iuris, Nichil*; unde isto modo quilibet imperator a quocunque vel quibuscunque eligatur, potest dici heres imperatoris defuncti, cum succedit in universum ius, quod defunctus habuit. Et isto modo legitur 320 in chronica Ottonis Frisingensis quod Iulius Caesar Octavianum, nepotem suum, adoptavit in filium et testamento heredem reliquit nomenque suum ferre iussit.

CAPITULUM 5

Viso quomodo opinio, quae est recitata superius capitulo praecedenti, propter motiva antedicti doctoris sicut et propter quaedam alia, quorum aliqua hic reticentur, non solum tenet quod electus in regem seu imperatorem Romanum a principibus electoribus potest statim ex ipsa electione

301 ipsum WV.
302–3 Germanicorum AMR.   305 habuerit LKO; habent B.
310 in *om.* K*b*².   312 enim: scilicet L.
316 hereditas nichil aliud est: heres (hereditas B) nichil penitus iuris haberet in (*om.* B) imperio aliunde *b*¹.   316 quam: nisi L.
318 posset *b*³; *om.* B.   319 Et *om. a.*

1 quae est *om. b*¹.   3 recitantur BV².

295–303 *cf.* Lupoldus, c. 5, pp. 355–6; *supra*, viii.3.164–83; iv.4.126 n.
316–17 *Dig.* 50, 17, 62.
320–2 Otto episc. Frisingensis, *Chron.* iii, 1, ed. A. Hofmeister, MGH *SS rer. Germ. in us. schol.*, 1912, p. 135.

1 superius: viii.4.1.

licite nomen regis assumere ac iura et bona regni et imperii in Italia et aliis provinciis eiusdem regni, quae erant subiectae Karolo Magno ante coronationem imperialem, administrare; sed etiam tenet quod potest statim sibi nomen imperatoris assumere, nisi forte sit solummodo propter aliquod scandalum dimittendum, ac iura et bona totius imperii in Italia, Francia, Graecia, India, aliisque provinciis subiectis Romano imperio modo competenti imperiali potestati, scilicet mediate vel immediate, de iure administrare, propter quod pronuntiationem praescriptam principum Germaniae arbitratur consonam veritati: videndum est quomodo ista opinio respondet ad formam propositae quaestionis.

Dicitur itaque quod canonica electio principum electorum ex natura rei, hoc est ex natura electionis, quae ordinata est (quamvis minus rationabiliter posset alia ordinari), dat electo in regem Romanorum in terris et provinciis, quae tempore electionis immediate sunt subiectae imperio, quaecunque sint illae, quantum dat legitima successio regi hereditarie succedenti, praesertim si regnum regis hereditarie succedentis non plus suo modo deficiat ab optimo modo monarchiae regalis quam imperium. Si enim imperium sit simile optimo modo monarchiae regalis vel ei plus appropinquet quam regnum regis hereditarie succedentis,—puta si subiecti huiusmodi regi hereditarie succedenti sint servi eius vel magis appropinquent conditioni servili quam subiecti imperio, et subiecti imperio illo modo sint liberi, quo subiecti optimo modo monarchiae regalis sunt liberi, vel minus appropinquent conditioni servili quam subiecti huiusmodi regi—canonica electio principum electorum quantum ad aliquid minus daret electo in regem Romanorum quam legitima successio daret regi hereditarie succedenti, immo quantum ad aliquid daret sibi minus quam dat legitima successio militi vel civi habenti servos puros hereditario iure. Quia plus potest in multis despotes seu dominus super servos suos, qui quicquid acquirunt, domino suo acquirunt, et quos dominus pro libitu suo potest de iure dare, vendere et legare et modis aliis alienare, quam possit imperator super sibi subiectos, si imperium continetur sub optimo modo monarchiae regalis. Quia natura optimi modi monarchiae regalis et optimi principatus in hoc consistit, quod est institutus propter bonum commune subiectorum et non propter utilitatem, honorem et gloriam principantis, nisi forte ex consequenti et secundario; et ideo quanto subiecti gaudent maiori libertate, quae non

---

5 licite *om.* b^2.
8 sibi *om.* b^2.
11 potestate aB.
16 quamvis minus: quam nec minus B.
22 simile: sub KA.
24 sint: sicut WV.
30 aliquid: illud WV.
32 multos b^1.
34 libito b^3; libero B.

6 in aliis *add.* b^3.
8 imperatoris: regis b^2.
13 arbitrantur bV^2.
19 sunt L.
24 subiecti fiunt *add.* WV.
29 aliquid: illud WV; *om.* K.
31 civi: alicui b^2.
33 dominos b^3.
40 et^1 *om.* WV; *add.* V^2.

---

14 ad formam: *cf. supra*, viii.1.1–3.   20–49 *cf. supra*, q. iii, cc. 4–6.
33 qui quicquid acquirunt, *etc.*: *cf. Dig.* 41, 1, 10, 1; *Dig.* 41, 2, 49, 1: both cited by Michael de Cesena, *App.* II, 252.

est corruptiva tranquillitatis et pacis, nec repugnat bono communi subiectorum, tanto principatus est melior et nobilior.   Unde imperator vel rex optimo praeeminens principatu, qui sit omni alii principatui impermixtus, habet subiectos tam liberos, ut ipsos de iure absque culpa
45 eorum, nisi causa subfuerit manifesta, non possit privare rebus, libertatibus suis vel iuribus; nec quicquid acquirunt regi vel imperatori acquirunt, ut pro libitu suo de iure possit taliter acquisitum sibi accipere et retinere vel dare cui sibi placuerit: quae tamen et alia multa potest dominus super eos, qui sibi sunt conditione servili subiecti.
50   Verumtamen, hoc non obstante, canonica electio principum electorum plus quantum ad aliquid dat electo in regem Romanorum quam det legitima successio regi hereditarie succedenti, etiam si regnum Romanorum et non aliud regnum contineatur sub optimo modo monarchiae regalis; et hoc supposito quod aliud regnum sit subiectum regno seu im-
55 perio Romanorum.   Multae enim causae in regno regis hereditarie succedentis per appellationem vel alio modo possent deferri ad imperatorem, in quibus imperator seu electus in regem Romanorum haberet potestatem iudicandi, et non rex hereditarie succedens.   Sed tales causae in terris immediate subiectis imperio oriri non possent; et ita quantum
60 ad potestatem huiusmodi canonica electio principum electorum plus dat electo in regem Romanorum quam legitima successio regi hereditarie succedenti, propter hoc, quod rex Romanorum non habet superiorem, et rex hereditarie succedens habet superiorem supra se.
    Quantum ad terras, quae non sunt immediate subiectae imperatori,
65 electio canonica principum electorum quantum ad aliquid minus dat electo in regem Romanorum quam dat legitima successio regi hereditarie succedenti, et quantum ad aliquid dat sibi plus.   Minus enim dat sibi quantum ad administrationem bonorum et iurium istarum terrarum, quae consistit in recipiendis fructibus et redditibus earum, in instituendis
70 iudicibus et aliis officialibus in eisdem, in conferendis feudis et aliis pluribus ad iurisdictionem et principatum regalem et inferiorem spectantibus.
    Quantum ad aliquid plus dat canonica electio principum electorum electo in regem Romanorum quam dat legitima successio regi hereditarie succedenti: cum dictum sit quod imperator seu electus in regem Romano-
75 rum habet potestatem diffiniendi causas in ipso regno regis hereditarie succedentis, quas non potest diffinire ipse rex hereditarie succedens.

---

41 corrupte A; corruptio b^2.
45 possint Kb^2(—OR) V^2; possunt AOR.
45 privari b^1(—PT).
51 aliqua b^2.
53 et non: sed non A; (sed add. M^2) non sic M; non sicut b^2(—M) V^2.
54 aliud: aliquod WVb^2.
59 et om. b^1.
64 Quantum vero add. V.
68 ministrationem aK.
69 et redditibus om. b^1.
70 in^2 om. Lb^1; igitur WV; del. V^2.
73 det aK.

44 ipsi WVb^1(—M).

47 libito Lb.

55 Multae enim: quia multe b^2(—O).
62 hoc scilicet add. L.
65 electio in regem add. b^1.
69 consistunt KBR; assistunt b^3(—R).
70 et aliis om. b^1.
72 Quantum vero add. L.

44–5 cf. Sext. v, 12 ad fin., reg. 23, col. 1122.

Potest etiam electus in regem Romanorum quosdam actus reservatos imperatori exercere in terris non sibi immediate subiectis, quos non potest exercere rex hereditarie succedens, nisi ex concessione imperatoris 80 vel ex consuetudine tolerata ab imperatore; quare quantum ad huiusmodi actus reservatos imperatori plus dat electio electo in regem Romanorum quam legitima successio regi hereditarie succedenti.

CAPITULUM 6

Hiis opinionibus recitatis, secundum eas respondendum est ad allegationes, quae contra eas militare videntur.   Primo autem videndum est quomodo secundum ultimam opinionem respondetur ad ea, quibus supra in primo capitulo probatur quod non electio, sed confirmatio vel approbatio 5 seu nominatio aut coronatio adhibenda a papa dat administrationem electo in regem Romanorum.

Ad primum enim, cum dicitur quod electus in regem Romanorum est vasallus papae et ei iuramentum fidelitatis et homagii praestare tenetur, respondetur negando, sicut dictum est q. ii.   Quia imperator non est 10 vasallus papae, et si faceret se vasallum papae seu praestaret sibi fidelitatis et homagii iuramentum, eo ipso faceret se non imperatorem Romanum; quia non posset uti eodem iure, quo potuerunt uti antiquitus imperatores Romani, et per consequens ex tunc non deberet reputari successor eorum.

Ad secundum, cum dicitur quod imperium est a papa, negatur.   Quia, 15 sicut ab initio imperium non fuit a papa, ita nec nunc est a papa, quia idem est nunc, quod fuit ab initio.

Ad tertium, cum dicitur quod aliter electus in regem Romanorum nichil petere teneretur a papa, respondetur quod electus nichil petere tenetur a papa de necessitate, sed tantum tenetur sequi informationes eius 20 consonas fidei Christianae et ministrare sibi carnalia necessaria sibi.

Ad quartum, cum dicitur quod papa potest deponere imperatorem, respondetur quod papa non potest regulariter deponere imperatorem; sed si imperator deponendus est, debet deponi per illos, qui repraesentant populos Romano subiectos imperio, sive sint Romani sive principes 25 electores sive quicunque.   Casualiter autem posset papa deponere imperatorem, deficientibus aliis omnibus, ad quos prius depositio imperatoris spectaret; sicut, si imperator esset deponendus et illi, ad quos

---

80 ex *om.* b^2.

3 ultimam: primam b^2.
4 probantur b^3.
12 poterant L.
15 a papa¹ *om.* b.
18 tenetur b^2.
23 debet deponi: deponendus est WV; *om.* Kb^3; hoc esset B.
25 papa *om.* a; *add.* V^2.

80 tolerata: collata L*b*.

3 quibus: que *b*.
11 eo ipso: ipso facto L.
15 imperium *om.* b^2.
15 ita et nunc non est b^2V^2.
20 administrare L.
26 prius *om.* a.

---

77 actus reservatos: *cf.* Lupoldus, c. 7, pp. 359, 361.

7 Ad primum: *supra*, viii.1.17–19.
14 Ad secundum: *supra*, viii.1.19.
21 Ad quartum: *supra*, viii.1.21–4.

9 dictum est: *cf. supra*, ii.12.1–38.
17 Ad tertium: *supra*, viii.1.20–1.

spectaret depositio eius, deficerent sive per impotentiam sive per malitiam
sive per negligentiam dampnabilem, rex quicunque vel alius habens
30 potentiam temporalem sufficientem in aliquo casu posset imperatorem
deponere, cum in aliquo casu liceret etiam nulla praedito dignitate
imperatorem occidere. Non est autem universaliter sine omni exceptione
verum quod qui potest aliquem deponere de aliqua dignitate, potest
ipsum in eadem dignitate instituere. Nam imperator, et similiter papa,
35 potest seipsum deponere, cedendo scilicet dignitati imperiali vel papali,
et tamen non potest seipsum instituere; similiter archiepiscopus aliquando
in causa appellationis potest alicui praelato inferiori episcopo auferre
praelaturam, quam tamen sibi non potest conferre.

Ad quintum, cum accipitur quod papa habet plenitudinem potestatis
40 tam in temporalibus quam in spiritualibus, respondetur negando, sicut
dicunt plures opiniones in praecedentibus quaestionibus recitatae.

Ad sextum, cum dicitur quod in universo mundo debet esse unum
caput, quod debet esse papa, respondetur quod expediret quod in universo
mundo esset unum caput habens potestatem regulariter et rationabiliter
45 ac iuste coercendi omnes malefactores. Illud tamen caput non debet
esse papa; quia ipse per ordinationem divinam est exclusus, qua sancitum
est ne regulariter se de temporalibus negotiis intromittat, sicut superius
multipliciter est probatum, licet casualiter, aliis deficientibus, se possit
huiusmodi negotiis implicare, quando urgens necessitas vel evidens
50 utilitas, quae necessitati valeat comparari, hoc exposcit. Quia sicut in
corpore naturali, uno membro deficiente, aliud membrum, si aliquo
modo potest, supplet defectum eiusdem—qui enim non potest pedibus
ambulare, aliter repit vel volvit se, ut potest, et mancus ore accipit de terra
vel alio loco, ut potest, cibum necessarium sibi, et quia non potest cultello
55 scindere panem suum, lacerat dentibus, si potest—sic in corpore mystico
et in collegio vel in universitate, uno deficiente, alius, si habet posse
naturale, supplet defectum eius. Ubi enim non sunt milites, rustici

29 vel om. b².
30 potentiam: rationem W; potestatem b¹V².
31 etiam alicui add. b¹(−T, add. T²) V².
31 praedito M²V²: preditum L; predita WP; predicta KBM.
34 ipsum: sibi b².
34 in . . . instituere: eandem restituere BR.
36 similiter etiam add. AMFO.   36 aliquando om. b¹.
37 episcopo praelato inferiori trs. b².   41 in: ex b².
43 dicitur quod expediens esset B.   44 unum om. b².
46 ordinationem: potentiam b².   46 qua: quia VB.
50 proposuit b²(−M).   51 membrum om. b².
52 eiusdem: eius b(−BRO); ipsius BR.
53 aliter: aliqualiter L.   53 repit: reptat V²; se portat B.
53 ut potest, et mancus: et (similiter V²; sed MF) qui non potest manu ore b³V².
53 mancus: meatus BR.   54 quia: qui Lb²V².
55 in corpore mystico: mystice L.   56 vel: seu b².
56 in² om. b.   57 enim: autem b².

39 Ad quintum: supra, viii.1.24–6.
42 Ad sextum: supra, viii.1.26–8.   45–7 cf. supra, iii.12.108–13.
47 superius: e.g. i.4.12–148.
50 utilitas: cf. supra, 1.7.56–7 n.
50–7 cf. CB vii, 9, p. 315; Dial. 1, vi, 37, with reference to 1 Cor. 12, 26.

pugnant pro patria, si possunt, et deficientibus viris, mulieres, si valent, patriam et seipsas defendunt. Sic papa et clerici, deficientibus laicis,
60 se debent negotiis saecularibus necessariis reipublicae immiscere; a quibus tamen, quando possunt sicut decet a laicis expediri, abstinere tenentur.

Ad septimum, cum dicitur quod papa habet utrumque gladium, respondetur quod papa non habet regulariter utrumque gladium, sed
65 tantummodo habet a Christo gladium spiritualem, salvis rebus, iuribus et libertatibus omnium aliorum, quae et quas sine culpa et absque causa tollere minime potest. Casualiter autem, urgente necessitate vel evidenti utilitate cogente, potest papa aliquo modo per se vel per alios uti utroque gladio. Nec mirum, quia etiam casualiter posset rusticus uti gladio
70 materiali contra imperatorem. Regulariter igitur ex ordinatione Christi papa gladium materialem non habet, sed oportet eum a negotiis saecularibus elongari, ita ut etiam ex ordinatione Christi iura et libertates quorumcunque non debeat minuere vel turbare, nec etiam de rebus eorum ultra necessitates suas pro victu et vestitu et exercendo suo officio vendicare,
75 et hoc de illis rebus, quas laici ad praedicta voluerint deputare, dummodo ipsius papae necessitatibus satisfiat. Omnia autem, quae ultra ista, quae sibi necessaria sunt pro praedictis, scilicet civitates, castra, amplas possessiones et superabundantes, iurisdictionem temporalem quamcunque, sicut et omnem gloriam mundanam, qua papa nunc rutilat, vel habet ex
80 largitate imperatorum, regum et aliorum fidelium, vel sibi tyrannice et dampnabiliter contra Deum et rationem ac bonos mores usurpat. Unde in huiusmodi, quae licite possidet, non Petro, sed Constantino et aliis imperatoribus ac regibus et aliis fidelibus, qui papae huiusmodi contulerunt, succedit. Non tamen succedit eis, ut tam pingue ius in rebus
85 et iuribus sibi datis possideat, sicut illi, qui dederunt; quia res superabundantes ex pura largitate fidelium sibi concessas tenetur de necessitate salutis secundum intentionem dantium dispensare, et si dispensaverit aliter, committendo furtum, immo peculatum, si habet unde, ad restitutionem tenetur.
90 Haec et quamplura alia ad materiam istam spectantia videntur aperte posse probari per beatum Bernardum, qui in libro de Consideratione ad

60 necessariis *om.* b².
61 sicut ... expediri: sicut decet *om.* b¹; sicut de laicis expedire *a*; a laicis expedire V².   64 regulariter *om.* b¹.
64 gladium scilicet materialem et spiritualem *add.* L.
65 rebus *om.* b².   67 *post* tollere *desinit* A.
67 urgente: cogente L.   68 cogente: urgente L.
72 elongari: abstinere b²V²; *om.* K.   72 ut *om.* b².
73 debet diminuere b².   74 et² *om.* WVM.
76 satisfiat M: satisficiat L²W; sacrificiat V; sacrifiat K; satisfaciat seu satisfiat F; satisfacit OP; satisfecit B; satisfaciet R.   80 et¹: vel Kb².
80 et²: ac L.   84 tamquam WVKb².
87 secundum: ad Vb²; *om.* K.   90 aperte WVK: manifeste b²; *om.* L.
91 posse *om.* b².   91 in *om.* b².

63 Ad septimum: *supra*, viii.1.29–30.   73–89 *cf. AP* 7.35–8; *IPP* c. 24.
82 non Petro sed Constantino: *cf.* Bernardus Claraevall., *De consid.* iv, 3, PL 182, 776; cited *OND* 93.1095–9.

Eugenium papam ait: *In criminibus, non in possessionibus potestas vestra; propter illa siquidem, et non propter has, accepistis claves regni caelorum, praevaricatores utique exclusuri, non possessores.* Et in eodem ait: *Quid tibi aliud* 95 *dimisit sanctus Apostolus? ' Quod habeo, hoc tibi do '. Quid illud? Unum scio: non est aurum neque argentum, cum ipse dicat: ' Aurum et argentum non est michi '. Esto, ut alia quacunque ratione haec tibi vendices; sed non apostolico iure. Nec enim ille tibi dare potuit, quod non habuit; sed quod habuit, hoc dedit, sollicitudinem, ut dixi, super ecclesias. Numquid dominationem? Audi ipsum:* 100 *' Non dominantes ', ait, ' in clero, sed forma facti gregis '. Et ne putes dictum sola humilitate, non etiam veritate, vox est Domini in Evangelio: ' Reges gentium dominantur eorum, et qui potestatem habent super eos, benefici vocantur '; et infert: ' Vos autem non sic '. Planum est: Apostolis interdicitur dominatus. Igitur tu et tibi usurpare audes aut dominans apostolatum, aut* apostolatus *dominatum?* 105 *Plane ab utroque prohiberis. Si utrumque simul habere voles, perdutres umque. Alioquin non te exceptum illorum numero putes, de quibus queritur Deus: ' Ipsi regnaverunt, et non ex me; principes exstiterunt, et ego non cognovi eos '. At si interdictum habemus, audiamus edictum: ' Qui maior est vestrum, fiat sicut minor, et qui praecessor est, sicut qui ministrat '. Forma apostolica haec est: dominatio* 110 *interdicitur, indicitur ministratio.* Item, in eodem ait: *Erras, si, ut summam, ita et solam institutam a Deo vestram apostolicam potestatem existimas. Si hoc sentis, dissentis ab eo, qui ait: ' Non est potestas nisi a Deo '. Proinde quod sequitur: ' Qui potestati resistit, Dei ordinationi resistit ', etsi principaliter pro te facit, non tamen singulariter. Denique idem ait: ' Omnis anima potestatibus* 115 *sublimioribus subdita sit '. Non ait, ' sublimiori ', tanquam in uno, sed ' sublimioribus ', tanquam in multis.* Item, in eodem ait: *Non monstrabunt, puto, qui hoc dicerent, ubi aliquando quispiam Apostolorum iudex sederit hominum;* et parum post: *Stetisse denique lego Apostolos iudicandos, sedisse iudicantes non lego.*

93 propter illa siquidem: quoniam propter illa *PL.*
95 Quod: quid *b*².   98 sed *om. PL.*
99 Numquid: nunquam LB.   101 etiam: et LVK; in B.
101 vox: testis L; lex K*b*²V².   101 Domini: dominus L; divina B.
103–4 Igitur . . . audes: I ergo tu et tibi usurpare aude *PL.*
104 dominans *scripsi sec. auct. laud.*: dominatus *codd.*
104 apostolatus *codd.*: apostolicus *PL.*   106 conqueritur BV².
107 At *om. ab*; *add.* L²; aut M².
108 habeamus KOP; tenemus *PL, ex corr.* M.
108 minor: junior *PL.*   109 predecessor *b*²; *corr.* M².
110 summam: supremam K*b*².
112 Proinde: Proverb. iii *b*²; per id quod inde sequitur V².
115 subreligioribus W; sublimibus BM.   117 aliquando: apostoli K*b*².
117 sedit K*b*²(−O).   118 post *om.* K*b*².

92–139 Precisely the same catena from St Bernard in *AP* 3.53–105; in an expanded form in *Brev.* ii, 12, pp. 76–9.
92–4 Bernardus, *De consid.* 1, 6, PL 182, 736; *Opera,* ed. J. Leclercq and H. M. Rochais, III, Rome, 1963, p. 402.
94–110 *ibid.* ii, 6, col. 748; *Opp.* III, 417–18; cited at rather greater length *IPP* c. 7.
95 Act. 3, 6.   100 1 Petr. 5, 3.
101–2 Luc. 22, 25.   103 *ibid.* 22, 26.
106–7 *cf.* Osee 8, 4.   108–9 *cf.* Luc. 22, 26.
110–16 Bernardus, iii, 4, col. 768; *Opp.* III, 444.
112 Rom. 13, 1.   113 Rom. 13, 2.   114–15 Rom. 13, 1.
116–19 Bernardus, i, 6, col. 735; *Opp.* III, 401–2.
118 *cf.* Act. 5, 27; Matth. 19, 28.

Erit illud, non fuit. Item, in eodem ait: *Quis michi det, ut videam ecclesiam*
20 *Dei sicut in diebus antiquis, quando Apostoli laxabant retia sua in capturam non*
auri, sed in capturam animarum? Quis michi det, ut audiam vocem tuam, vocem
illam virtutis: ' Pecunia tua tecum sit in perditionem '. Item, in eodem ait:
Loquere tibi: ' Abiectus eram in domo Dei mei '. Quale est hoc de paupere et
abiecto: ' Levor super gentes et regna '? Et infra: Nam et propheta, cum similiter
25 *levaretur, audivit: ' Ut evellas et destruas, et disperdas et dissipes, et aedifices et*
plantes.' Quid horum fastum sonat? Rusticani magis sudoris schemate quodam
labor spiritualis expressus est. Et nos igitur, ut multum sentiamus de nobis,
impositum sentiamus ministerium, non dominium datum. Et infra: *Disce*
sarculo tibi opus esse, non sceptro, ut opus facias prophetae. Item, in eodem
30 ait: *Non tu ille, de quo propheta: ' Et erit omnis terra possessio eius '. Christus*
hic est, qui possessiones sibi vendicat et iure creationis et merito redemptionis et
dono Patris. Cui enim alteri dictum est: ' Postula a me, et dabo tibi gentes ', etc?
Possessionem et dominium cede huic: tu curam illius habe. Pars tua haec; ultra
ne extendas manum. Tu praesis, ut consulas, ut procures, ut servias, ut provideas.
35 *Praesis, ut prosis, ut ' fidelis servus et prudens, quem constituit dominus super*
familiam suam '. Ad quid? 'Ut des illis escam in tempore', hoc est, ut dispenses,
non imperes. Hoc fac et dominari ne affectes hominibus homo, ut non dominetur
tui omnis iniustitia. Ergo si te agnoscis sapientibus et insipientibus, sed debitorem,
non dominatorem, curandum summopere est, etc.

40   Ex hiis verbis beati Bernardi aliisque quampluribus eiusdem, sicut
ex auctoritatibus Novi Testamenti dictisque sanctorum, colligunt quidam
quod omnino erroneum est dicere quod papa ex ordinatione Christi
regulariter habet utrumque gladium et quod habet plenitudinem potestatis
tam in temporalibus quam in spiritualibus, ut omnia possit, quae nec sunt

---

119 sed non *add.* KM.   119 ut videam: videre *PL.*
121–2 Quis . . . virtutis: Quam cupio illius te haereditare vocem, cujus adeptus es
sedem *PL.*
123 Loquere tibi: cum loqueretur b^2; cum loquerem V^2.
123 de domo $b^2(-B)V^2$; in domo de domo B.
124 Levor: Levari *PL.*   125 et^1 *om. a.*
125 et disperdas *om.* Kb^2.
126 Rusticani: rustica vel L; iusticiam $b^2(-B)$.
128 senserimus ministerium *PL.*   128 infra: ita b^2; ite B^2.
131 possessiones: possessionem *PL.*   131 et hoc iure *add.* b^2.
133 cui possessionem *add.* KMPT.   134 manum tuam *add.* L.
134 ut^4: et WV.   134 providias WVK.
137 hominum homo *PL.*   138 tui omnis: cum omni b^2.
138 cognoscis KBR; cognoscit MPT.   138–9 non dominatorem sed debitorem *PL.*
139 supremo opere K$b^2(-M)$; opere *om.* M.
140 hiis: quibus L.

119–22 in eodem: *potius* Bernardus Claraevall., *Ep.* ccxxxviii, 6 (ad Eugenium papam),
PL 182, 430; *cf. AP* 3.83; *Brev.* ii, 12, p. 78.
120–1 *cf.* Luc. 5, 4–10.   122 *cf.* Act. 8, 20.
123–4 Bernardus, *De consid.* ii, 5, col. 746; *Opp* iii, 416; *cf.* Ps. 83, 11.
124–8 *ibid.* ii. 6, col. 747.   125–6 Ier. 1, 10.
128–9 Bernardus, *loc. cit.*
130–9 Bernardus, iii, 1, coll. 758–9; *Opp.* iii, 431–2; cited in part *IPP* c. 7.
130 *cf.* Ps. 2, 8.   132 Ps. 2, 8.
135–6 *cf.* Matth. 24, 45.   136 Ps. 103, 27.
137–8 *cf.* Ps. 118, 133.   138 *cf.* Rom. 1, 14.

145 contra legem naturalem nec contra ius divinum, quod omnes obligat
orthodoxos.

Quorum quidam ex eisdem conantur concludere quod papa ex ordinatione Christi nullam habet potestatem coactivam omnino. Alii autem
hoc non concedunt, sed ex scripturis divinis et originalibus sanctorum ac
150 sacris canonibus credunt se demonstrative colligere quod papa ex ordinatione Christi habet principatum principaliter institutum propter utilitatem
et commodum subiectorum, salvis iuribus et libertatibus aliorum, quae
fidei et moribus bonis non obviant nec insunt in dispendium boni communis; et ideo potestatem obtinet coactivam, salvis iuribus et libertatibus
155 aliorum: ut sic apostolicus principatus institutus a Christo principatus
mundanos praecellat in duobus: primo, quia spiritualia administrat, non
temporalia, nisi casualiter et ex necessitate; secundo, quia apostolicus
principatus institutus a Christo, qui ad hoc institutus est propter utilitatem
et conferens subditorum, omni principatui despotico et qui non est optimus
160 est penitus impermixtus, ut sic de illo principatu dominativo, qui vocabulo
sumpto ex idiomate Graeco vocatur ' despoticus ', nichil penitus habeat. Et
hoc voluit dicere secundum illos Bernardus, quando dixit, ut est superius
recitatum: *Forma apostolica haec est: dominatio interdicitur, indicitur ministratio,*
et quando dixit: *Nobis impositum sentiamus ministerium, non dominium datum,*
165 et quando dixit: *Dominari ne affectes hominibus homo*; sicut etiam intelligendum sunt secundum istos verba beati Petri: Non *dominantes in clero.*

Verumtamen, ne istos dampnare oporteat omnes summos pontifices,
qui multum de principatu despotico habuerunt nec omnem principatum
despoticum abdicaverunt, quia in hoc beatum Petrum et quosdam alios
170 summos pontifices nequaquam imitati fuerunt, dicunt quod verba beati
Bernardi praedicta et similia, tam ipsius quam aliorum patrum, sicut et
verba scripturae divinae, in quibus fundantur, sane debent intelligi: ut
scilicet Christus instituerit sic praedictum apostolicum principatum, quod
summi pontifices, qui ipso in sua puritate absque omni permixtione
175 cuiuslibet alterius principatus vellent esse contenti, laudem et gloriam
acquirerent singularem, remunerandi in vita beata praemio speciali;
qui autem nollent, ad hoc non essent astricti, ut sic quantum ad illos, qui
se ad ipsum nequaquam voto astringerent, magis esset res consilii quam

145 legem naturalem nec contra *om. b*².
149 auctoritatibus sanctorum BV².
156 et non *add.* L.
159 conferens: commodum L*b*²(−BM)V²; profectum B; *om.* M.
159 subiectorum *b*²V².
159 subditorum et eminentior *add.* L; subiectorum excluso *b*²V².
159 principatu *b*²V².
160 qui: que LKM.
164 dixit *om.* LW; dicit B.
174 puritate: potestate K*b*²V².
178 res: lex *b*²V².

153 insunt: sunt L.
158 qui WV: quantum K*b*²V²; *om.* L.

160 est: nec est B; et L.
162 istos K*b*².
173 instituit *b*²(−BT); institueret B.
177 sic: scilicet V; *om.* BM.

147 Quorum quidam: e.g. Marsilius Patav., *Def. pacis* II, iv, 13, ed. Scholz, pp. 174–7;
ibid. II, v, 2–3, pp. 178–82.   148 Alii: e.g. Ockham.
157–61 *cf. IPP* c. 7.   162 superius: viii.6.109–10, 127–8, 137.
166 *cf.* 1 Petr. 5, 3.

praecepti. Quia quamvis Christus nullum principatum despoticum
80 imposuerit vicario suo, non tamen sibi per praeceptum penitus interdixit,
nisi sub conditione, si scilicet in hoc eius vellet servare consilium. Et sic
potest intelligi illud verbum beati Bernardi, *Dominatio interdicitur*, scilicet
volentibus servando consilium Christi Apostolos, qui se sponte obligaver-
unt ad idem consilium, imitari.

CAPITULUM 7

Iuxta istam opinionem respondetur etiam ad motiva adducta superius
c. ii, quibus probatur quod electio principum electorum dat electo in
regem Romanorum tantam potestatem quantam papa vult per eam sibi
dari, et non maiorem.
5 Ad primum, quod consistit in hoc, quod papa super omnia regna
occidentalia habet eandem potestatem, quam habuit Constantinus
Magnus super monarchiam totius imperii, respondetur quod Constantinus
non dedit talem potestatem papae super regna occidentalia, sicut dictum
est supra, q. i, c. xii, nec etiam dare potuit sibi talem potestatem super
10 occidentalia regna. Quamvis enim imperator posset dare papae, sicut
alteri personae, potestatem eligendi imperatorem super totum imperium,
tamen non posset sibi dare potestatem eligendi imperatorem super partem
imperii. Quamvis etiam imperator posset facere imperatorem deputando
sibi certam partem imperii administrandam quamdiu imperaret cum alio,
15 tamen non posset alicui cum successione sua absque omni nova electione
dare aliquam partem imperii, ita ut obtinens eam sit verus imperator.
Quamvis enim imperator, quando non redundaret in enorme detrimentum
imperii, sed forte esset ad utilitatem imperii,—quia, sicut, prout habetur
in Authentica, *Ut iudices sine quoquo suffragio*, § *Cogitatio*, coll. ii, *imperium*
20 *abund*at *utens subiectis locupletibus*, sic per consimilem rationem imperium
est potens utens subiectis potentibus—posset dare alicui personae pro
se et filiis suis aliquod regnum etiam immediate subiectum imperio, non
tamen posset ordinare imperio quod talis rex cum successione generis
sui esset imperator, quia hoc optimo modo providendi imperio, scilicet
25 per electionem, repugnaret.
Ad secundum motivum ibidem adductum respondetur quod papa non
deposuit regem Francorum nec alium eidem substituit auctoritate concessa sibi a Christo, sed vel hoc non fecit, vel fecit potestate sibi concessa

180 imposuit WK*b*².
183 servando: in servando *add.* K; sequi scilicet in sequendo BR; sequi *add.* V²; si
inserendo MPTO.
Novum capitulum non exhibent WV*b*.   7 imperator Magnus *add.* L.
14 certam partem *om. b*².   15 non tamen *trs.* K*b*².
19 Cogitatio *sec. legem scripsi*: congregacio *a*; congeneracio K; *om. b*².
23 imperio LW: imperium V²; *om.* K*b*².
27 auctoritate: potestate *b*².

182 *cf. supra*, viii.6.109–10.
5 Ad primum: *supra*, viii.2.5–12.   9 supra: i.12.134–71.
19–20 *Nov.* 8 pr. (coll. ii, tit. 2, 3), cited by Lupoldus, *De iuribus*, c. 14, pp. 396–7.
26 Ad secundum: *supra*, viii.2.13–28.

a Francis. Papa etiam non absolvit Francos a iuramento fidelitatis
30 praestito Hilderico regi, sed declaravit et indicavit eis, quia forte de hoc
dubitabant, quod illi iuramento post depositionem regis non erant astricti.
Ad tertium respondetur quod papa proprie loquendo non dedit nec
concessit Ottoni potestatem eligendi sibi successorem in Italia, sed tantum
concessit quod non intendebat eum super electione huiusmodi perturbare.
35 Ad quartum respondetur quod electio alicuius in regem Romanorum
non indiget aliqua confirmatione, sicut est supra in diversis locis probatum.
Ad quintum dupliciter respondetur. Uno modo, quod Ioannes XXII
intelligit de electo in regem Romanorum in discordia, sicut verba eius
videntur praetendere. Aliter respondent quidam dicentes quod processus
40 ille Ioannis XXII contra dominum Ludovicum de Bavaria non est
recipiendus nec aliqualiter allegandus, principaliter propter tria: primo,
quia factus est ab haeretico manifesto; secundo, quia continet intolerabilem
errorem; tertio, quia est a non suo iudice factus, quia, ut dicunt, etiam
si Ioannes XXII fuisset catholicus et verus papa, ipse non fuisset in illa
45 causa iudex praedicti domini Ludovici, licet in quibusdam aliis fuisset
iudex eius. Ad praesens autem tantummodo dicendum vel potius
tangendum est breviter, quare praedicti dicunt Ioannem XXII fuisse
haereticum manifestum.
Circa quod sciendum quod dicunt eum fuisse haereticum tum propter
50 errores, quos in decretalibus suis sub bulla redegit, tum propter errores,
quos solummodo publice asseruit et dogmatizavit. Primi, ut dicunt, ad
minus sunt circiter nonaginta, de quibus dicunt aliquos esse tam ridiculosos
et fantasticos, ut mirentur quomodo unquam aliquis homo eos potuit
opinari; quos tamen dicunt haereticales propter hoc, quod sacris litteris
55 contradicunt. De assertionibus autem Ioannis praedicti, quas isti dicunt
esse erroneas et quas, ut asserunt, introduxit ad destruendam et dampnan-
dam regulam Fratrum Minorum cum declaratione Nicholai tertii super
eam, cuius verba quasi improbanda ponit in principio decretalis primae
suae de hac materia, quae incipit *Ad conditorem*, paucas absque omni
60 improbatione causa brevitatis duxi praesentibus inserendas.

32 papa *om. b²*.
33 sed tantum: sic tamen K*b²*.
38 intellexit *b²*.
38 discordiam WV.
41 aliqualiter L: aliter W; argumentaliter K; taliter BRMF; etiam V²; *om.* OP.
43 non est a suo iudice *trs. b²*.
45 esset *b²*(−B).
49 tum: tam LWK.
51 Primi *om. b²*.

37 papa Ioannes *add.* L.
38 electione *b²*.

43 etiam dicunt *trs. b²*.
49 sciendum est *add. b²*.
50 tum: tam LK; et tam W; tamen B.
59 omni *om. b²*.

32 Ad tertium: *supra*, viii.2.29–37.
35 Ad quartum: *supra*, viii.2.38–43.
36 supra: q. iv, cc. 2–4; q. iv, cc. 9–10; q. viii, cc. 4–5.
37 Ad quintum: *supra*, viii.2.44–63.
39 quidam: Ockham; *cf. CB* vi, 7–13, pp. 285–97; *IPP* c. 14.
57 cum declaratione Nicholai tertii: *Exiit qui seminat* (15 August 1279), BF III, 404–16 =
Sext. v, 12, 3, coll. 1109–21.
58–9 *cf. Ad conditorem canonum* (8 December 1322), BF v, 233 = *Extrav. Ioann. XXII* 14,
3, col. 1225.

Prima itaque assertio eius hic ponenda, quam praefati putant erroneam, est quod usus facti in rebus usu consumptibilibus non potest a proprietate et dominio separari. Hanc ponit in decretali, quae incipit *Ad Conditorem,* sub hiis verbis: *Dicere siquidem, quod in talibus rebus usus iuris vel facti*
65 *separatus a proprietate rei seu dominio possit constitui, repugnat iuri et obviat rationi.*
Secunda est quod *nec simplex usus facti, qui nec est servitus nec pro illo competit ius utendi, in talibus rebus potest constitui vel haberi.* Hanc ponit sub eisdem verbis in decretali praedicta.
Tertia est quod uti re aliqua nichil est aliud quam percipere fructum
70 rei, qui potest ex ipsa salva eius substantia provenire. Quam ponit sub hiis verbis: *Cum enim uti re aliqua nichil aliud sit proprie, quam fructum rei seu utilitatem aliquam in solidum vel pro parte recipere, qui ex ea potest salva rei substantia provenire, restat, quod illa re uti quis nequeat, ex qua (eius salva substantia) nulla sibi provenire potest utilitas, quales res usu consumptibiles esse*
75 *constat.*
Quarta est quod ius utendi non potest in rebus usu consumptibilibus constitui vel haberi. Quam in eadem decretali ponit sub hiis verbis: *Patet quod nec usus, qui est servitus personalis, nec ius utendi, quod non est servitus sed mere ius personale, nec actus ipse utendi sine iure aliquo possunt in rebus usu*
80 *consumptibilibus constitui vel haberi.*
Quinta est quod usus facti in rebus usu consumptibilibus haberi non potest, quia nullus talis actus potest haberi. Hanc ponit in eadem decretali sub hiis verbis: *Praeterea, quod simplex usus, id est sine iure utendi, a proprietate seu dominio separatus, in re usu consumptibili haberi nequeat, sic probatur:*
85 *Si enim haberi possit usus talis, aut ante ipsum actum, aut in ipso actu, aut post completum actum huiusmodi haberetur. Quod autem hoc nequeat fieri, ex hoc patet, quia quod non est, haberi nequaquam potest. Patet autem quod actus ipse, antequam exerceatur, aut etiam dum exercetur, aut postquam perfectus est, in rerum natura non est; ex quo sequitur quod haberi minime potest. Licet enim ante*
90 *actum ipsum quis facultatem habeat ipsum exercendi, per hoc tamen actus ipse in rerum natura, nisi in potentia, non exsistit. Cum enim actus est in fieri, nec adhuc est in rerum natura, cum 'esse' rem perfectam significet; quod, quamdiu est in fieri, non potest actui convenire. Quod enim de actu, qui est in fieri, praeteriit, iam non est. Quod autem fit, instantaneum seu momentaneum est, et tale quod magis*
95 *intellectu quam sensu percipi potest. Adhuc, post actum completum, licet, si ex facto ipso producta res aliqua fuerit, res ipsa facta haberi valeat, factum tamen ipsum, quod iam transiit, non habetur.*

61 praefati: isti L; predicti M; *om.* BR.
70 potest: possit W.   74 quales: quare b^2.
76 non: nec WV.   92 esse *om.* b^2.
94 tale quod haberi non potest nisi pro momento *add.* BR*ed. pr.*
96 aliqua: alia Kb^2V^2.   96 fuit b^2.

61–295 Probably the immediate model for this list of 'errors' from John XXII's constitutions was *CB* i, cc. 2–17, pp. 175–212. But *cf. CI* cc. 23–4, pp. 90–103 and the list in *IPP* c. 27: Deventer, Athenaeum–Bibliothek, ms. 100 (not foliated), transcribed by W. Mulder, *AFH*, xvii (1924), pp. 72–97; Tübingen, Universitätsbibliothek, ms. Mc. 194, ff. 265^r–75^r.   64–5 *BF* v, 237.   66–7 *BF* v, 239.
71–5 *BF* v, 239.   78–80 *BF* v, 239–40.
83–97 *BF* v, 241–2, but the text follows that quoted in *Quia vir reprobus, BF* v, 434–5.

Sexta est quod haereticum est dicere et scripturae divinae contrarium Christum et Apostolos non habuisse in rebus, quas habebant, ius utendi, 100 vendendi, donandi et ex ipsis alia acquirendi. Septima est quod actus utendi rebus est iniustus, nisi utens habeat ius utendi, vendendi, donandi et ex ipsis alia acquirendi. Has duas ponit in decretali sua *Cum inter nonnullos*, sub hiis verbis: *Pertinaciter affirmare quod Redemptori nostro praedicto eiusque Apostolis in hiis, quae eos habuisse scriptura sacra testatur, nequaquam ius* 105 *utendi competierit, nec illa vendendi seu donandi ius habuerint aut ex ipsis alia acquirendi, quae tamen ipsos de praemissis fecisse sacra scriptura testatur seu ipsos potuisse facere supponit expresse, cum talis assertio ipsorum usum et gesta evidenter includat in praemissis non iusta (quod utique de usu, gestis seu factis Redemptoris nostri Dei et hominis sentire nefas est, scripturae sacrae contrarium et doctrinae* 110 *catholicae inimicum): assertionem ipsam pertinacem de fratrum eorundem consilio deinceps erroneam fore censendam merito ac haereticam declaramus.*

Octava est quod ordo Fratrum Minorum, et ratione consimili, ut isti dicunt, orthodoxa ecclesia, tam universalis quam particularis, ac quae-cunque communitas, universitas, multitudo aut collegium non potest 115 aliquem actum realem habere vel etiam exercere. Nona est quod persona imaginaria et repraesentata potest habere ius utendi, sed non usum facti. Decima est quod ordo Fratrum Minorum, et ratione consimili orthodoxa ecclesia et omnis congregatio, est persona imaginaria et repraesentata.

Has assertiones ponit in decretali sua *Quia quorundam*, edita contra 120 appellationem domini Ludovici de Bavaria supradicti, dicens sic: *Cum enim dicatur in declarationibus supradictis, quod ordo usum rerum habeat prae-missarum, ad usum iuris necesse est hoc referri. Facta quidem, quae singulorum sunt, personam veram exigunt et requirunt; ordo autem vera persona non est, sed repraesentata et imaginaria potius est censenda; quare quae facti sunt, sibi convenire* 125 *nequeunt, licet ei possint congruere quae sunt iuris.*

Undecima est quod habere iure proprietatis et dominii aliqua in com-muni, quomodo habet aliqua communitas specialis, quae est solummodo pars totius congregationis fidelium, non diminuit de altissima paupertate.

Duodecima est quod non bene dixit Innocentius V dicendo altissimam 130 paupertatem esse, quae nichil habet in hoc mundo, nec in proprio nec in communi. Tredecima est quod hoc dixerunt aliqui summi pontifices.

98 Sexta: quinta KMFPT.
101 rebus *om.* LK*b²*.
108 quod: que *b²*.
112 Octava: septima LK*b²*(−OB).
114 aut: ac WV; et *ex corr.* L.
115 Nona: octava LK*b²*(−OB).
123 vera: una KBRPT; vera et realis *add.* WV.
126 Undecima: decima LK*b²*.
131 Tredecima . . . pontifices *om.* K*b²*.
131 hoc dixerunt LW: huic contradixerunt W²V.

100 Septima: sexta K*b²*(−OB).
102 Et has *add. b²*.
110 eorundem: nostrorum V².
112 et *om. b²*.
115 etiam *om. b²*.
117 Decima: nona LK*b²*(−B); *om.* B.

129 Duodecima: undecima LK*b²*.

103–11 *Cum inter nonnullos* (12 November 1323), *BF* v, 257–9 = *Extrav. Ioann. XXII* 14, 4, col. 1230.
119 *Quia quorundam* (10 November 1324), *BF* v, 271–80 = *Extrav. Ioann. XXII* 14, 5, coll. 1230–6.
120 appellationem: the Sachsenhausen Appeal of 22 May 1324, with its inserted *Tractatus super altissima paupertate* of Franciscan provenance, MGH *Const.* v, No. 909, pp. 723–44.   120–5 *BF* v, 274.

Has tres assertiones ponit in decretali praedicta *Quia quorundam*, in haec
verba: *Nec hoc, scilicet habere in communi (etiam quoad proprietatem) aliqua,
derogat iuxta dictum Gregorii IX praedicti altissimae paupertati. Qui in quadam*
35 *sua decretali dicit expresse, Extra, de excessibus praelatorum, ' Nimis prava ',
fratres Praedicatores et Minores in altissima paupertate Christo pauperi famulari;
et tamen constat ipsos Praedicatores habere in communi etiam quoad proprietatem
aliqua, quod eorum regulae et statui non repugnat.* Et infra: *Nec obstat, quod
dicunt Innocentium V, praedecessorem nostrum, dixisse altam paupertatem esse*
40 *habere pauca propria propter Deum; altiorem, quae nulla habet propria, tamen habet
in communi; altissimam, quae nichil habet in hoc mundo, nec in proprio nec in
communi.* Dicimus quidem quod hoc dixerit non ut papa, sed ut frater Petrus de
Tarentasia, in quadam postilla sua; quare dicta praemissorum summorum pontificum
sunt ei merito praeferenda.

45 Quarta decima est quod domus, agri et quaecunque immobilia, quae
credentes, de quibus Actuum ii et iv fit mentio in speciali, vendebant pro
fidelibus sustentandis, priusquam venderentur, fuerunt effecta totius
communitatis credentium iure proprietatis et dominii, quale ius proprietatis seu dominii possessores eorum in eis habuerant. Hanc ponit in
50 decretali sua, quae incipit *Quia vir*, sub hiis verbis: *Illis, scilicet credentibus,
omnia, quae possidebant, erant communia inter eos; et quod illa communio quoad
dominium seu proprietatem intelligi debeat, ex eo patet, quia illud, quod prius ante
conversionem Iudaeorum ipsis fuerat proprium, postquam credentes effecti fuerunt,
fuit inter eos communicatum. Constat autem, quod illa, quae possidebant ante
55 conversionem, erant illis quantum ad dominium propria; aliter enim illa com-
municare non poterant. Quare sequitur quod fuerunt quoad proprietatem seu
dominium inter eos communicata.* Quod de rebus non consumptibilibus usu scriptura
praedicta, Actuum iv, aperte dicit, nisi violentia sibi fiat. Cum enim dixisset:
' *Nec quisquam eorum, quae possidebat, aliquid suum esse dicebat, sed erant illis
60 omnia communia* ', parum post sequitur: ' *Nec quisquam egens erat inter eos* ';
et huius volens reddere rationem, subdit: ' *Quotquot enim erant possessores agrorum
et domorum, vendentes afferebant pretia eorum, quae vendebant, et ponebant ante
pedes Apostolorum* ', etc. Cum ergo prius dicat quod inter credentes erant omnia
communia, et post subiungat quod agri vendebantur et domus, evidenter apparet

133 aliqua: aliquam K*b*².
134 predicte *a*B; predictum M.
138 Nec: non K*b*².
142 frater: supra KMPT; *om.* BRF.
145 Quarta decima: tercia decima LK*b*²(−B); xii^a B. *Dehinc usque ad* viii.7.269 (vicesima sexta L*b*²(−B); xxvii K; 25^a B) *discrepat inter codices ordo numeralis assertionum
Iohannis papae.*
148-9 quale... dominii *om. b*².
157 Quod: sed LW; quia BV².
160 parum post sequitur: per quod sequitur quod *b*².

134 dictum Gregorii: Gregorium *a*.
138 infra: ita *b*².
140 habet² *om. a*; *add.* V².
144 ei merito *om. b*².

158 Actuum iv: ac ius K*b*²V².

133-8 BF v, 275.
135 v, 31, 17, col. 842.
138-44 BF v, 276; *cf.* Petrus de Tarantasia (papa Innocentius V), *Post. super* II Cor. 8,
2, *in Post. in ep. Pauli reverendi patris, fratris Nicolai de Gorran*, Hagenau, 1503 (no foliation).
146 Act. 2, 44-7; *ibid.* 4, 32-7.
150 *Quia vir reprobus* (16 November 1329), BF v, 408-49.
150-69 BF v, 411.
159-60 Act. 4, 32.
160 Act. 4, 34.
161-3 Act. 4, 34-5.

165 *quod illa communia, antequam venderentur, erant effecta; aliter enim sequeretur quod remansissent illorum, quorum prius fuerant propria, et per consequens quod ipsi post illorum venditionem remansissent proprietarii: cuius tamen contrarium dicit scriptura praedicta, cum dicit:* ' *Nec quisquam eorum, quae possidebat, aliquid suum esse dicebat* '.

170 Quinta decima est quod Apostoli post missionem Spiritus sancti pro aliquo tempore habuerunt praedia in Iudaea quoad dominium seu proprietatem in communi, et quod licuit eis postea habere et retinere dominium seu proprietatem agrorum seu praediorum. Hanc ponit in decretali praefata sub hiis verbis: *Si quaeratur, quare Apostoli agros et domos* 175 *non tenebant in Iudaea, sed potius illis venditis habebant pretia in communi, respondet Melchiades papa, dicens:* ' *Futuram* ', *id est transituram,* ' *ecclesiam in gentibus* ', *id est ad gentes,* ' *Apostoli praevidebant; idcirco praedia in Iudaea minime sunt adepti* '. *Et si dicatur quod Melchiades videtur supponere quod credentes etiam ante venditionem praediorum illa nequaquam habuerunt in communi,* 180 *cum dicat quod illa in Iudaea minime sunt adepti, dicimus quod Melchiades pro tanto dicit Apostolos in Iudaea non fuisse adeptos praedia, quia non sic adepti fuerunt ea, ut illa sibi intenderent retinere; et ideo non videbantur ea fuisse adepti, cum is, qui sic rem adipiscitur, ut eam incontinenti abdicare debeat, adeptus proprie non dicatur. Ex praedictis patet quod Apostolis fuit licitum in Iudaea, si voluissent,* 185 *praedia retinere; nec voto compulsi sunt, quod illa non retinuerunt, sed voluntate propria, quia se non contracturos moram inibi, sed transituros praevidebant ad gentes.*

Sexta decima est quod beatus Petrus et alii Apostoli post missionem Spiritus sancti fuerunt proprietarii, habentes in speciali proprietatem seu dominium pecuniarum et aliarum rerum. Hanc ponit in decretali 190 praedicta sub hiis verbis: *Videtur etiam quod probabiliter possit dici quod post distributionem bonorum usu consumptibilium, quae fiebat inter Apostolos et credentes, ut dicitur Actuum ii et iv capitulis, quilibet portionis sibi assignatae proprietarius et dominus posset dici. Et hoc scriptura praedicta, Actuum iv, videtur expresse supponere, cum dicit:* ' *Nec quisquam egens erat inter ipsos* ', *et quare hoc, reddit* 195 *rationem, subiungens:* ' *Quotquot enim possessores agrorum aut domorum erant, vendentes afferebant pretia eorum, et ponebant ante pedes Apostolorum. Dividebant autem singulis, prout cuique opus erat* '. *Cum igitur dicitur quod nullus egens erat, pro eo, quod unicuique dividebatur prout opus erat, supponit aperte quod illud, quod unicuique dabatur divisim, cuilibet erat proprium; dividere enim est divisim* 200 *aliquibus diversas partes rei alicuius dare. Cum ergo daretur ab illis, qui dare poterant, scilicet Apostolis, et illis, qui recipere poterant ea, quae ad vitae humanae sustentationem pertinebant, videtur quod dominus quilibet fuerit eius portionis, quae sibi fuerat assignata; aliter non videretur verum, quod dicitur, quod egentes non essent, nisi plus post divisionem haberent in assignata sibi portione quam ante.*

180 illa: ista LW.
193 hec WV.
203 videtur KM.
204 haberent proprietatem *add.* $b^2(-T)$ V^2; *del.* M^2.

190 posset b^2.
199 cuilibet: cuiuslibet WVK.
204 plus *om.* b^2; *add.* M^2.

174–86 *BF* v, 412.
176–8 c. 15, C. 12, q. 1, col. 682 = [Melchiades papa], *Ep.* ii, 9, *Decretal. ps.-Isid.*, ed. Hinschius, p. 247.   190–211 *BF* v, 414–15.   192 Act. 2, 45; *ibid.* 4, 35.
194 Act. 4, 34.   195–7 Act. 4, 34–5.

05 *Praeterea, constat quod vestimenta cottidiana inter res usu consumptibiles computantur.*
Post communionem autem praedictam, de qua fit mentio praeallegato capitulo
Actuum iv, in Actibus legitur quod angelus Petro dixit: ' *Praecinge, et calcia te*
caligas tuas'; *item, dixit ei:* ' *Circumda tibi vestimentum tuum*', *etc.*, *ubi clare*
supponit angelus quod caligae et vestimentum assignata Petro propria quoad
10 *dominium erant Petri.   Quare videtur quod pecunia, panis, vinum et res aliae usu*
consumptibiles sibi divisim pro vitae sustentatione assignatae similiter eius essent.

Septima decima est quod *votum vivendi sine proprio* non *se extendit ad illa,*
quibus necessario eget vita humana.   Hanc ponit sub eisdem verbis in decretali
praefata.

15 Decima octava est quod Christus, inquantum homo viator, passibilis
et mortalis, non solum paucarum et parvarum ac vilium rerum habuit
in speciali dominium seu proprietatem, sed etiam habuit dominium et
proprietatem in speciali regni temporalis et universaliter omnium temporalium rerum.   Decima nona est quod Christus fuit dominus omnium rerum
20 temporalium inquantum crucifixus.   Vicesima est quod regnum et
universale dominium habuit dominus Ihesus inquantum Deus ab aeterno
eo ipso, quod Deus Pater genuit eum; et inquantum homo ex tempore,
scilicet ab instanti conceptionis suae, ex Dei dono.   Vicesima prima est
quod Christus nichilominus habuit dominium aliquarum rerum non ab
25 instanti suae conceptionis, sed postea successive modis aliis, utpote ex
collatione fidelium et emptione acquisitarum.   Vicesima secunda est quod
Christus non potuit renuntiare regno et dominio temporalium, quia, si
fecisset, contra ordinationem Patris fecisset.   Vicesima tertia est quod non
carentia dominii fecit Christum pauperem et egenum, sed potius carentia
30 fructus et obventionis rerum, quarum dominus erat.   Vicesima quarta est
quod nudum dominium separatum in perpetuum ab omni perceptione
commodi rerum habentem non facit divitem.   Vicesima quinta est quod
dominium rerum temporalium ab omni perceptione commodi temporalis
in perpetuum separatum est inutile reputandum.   Vicesima sexta est
35 quod Christus quoad perceptionem fructuum regni et temporalium rerum
in quibusdam paucis gessit se pro rege et domino.

Has assertiones, quarum aliquas dicunt praedicti inter se repugnare,
ponit Ioannes XXII in decretali praedicta *Quia vir*, in haec verba:
Secundo quaeritur, utrum Christus alicuius rei temporalis dominium habuerit, et
40 *quale.   Quod autem dominium rerum temporalium habuerit, sacra scriptura tam in*
Testamento Veteri quam in Novo in multis locis testatur.   Multi quidem prophetae
eum regem futurum populi Israelitici, et per consequens habere regni dominium,
prophetaverunt.   Isaias quidem de eo prophetavit, xxxiii c. sic dicens: Ecce

206 de qua: in qua K*b*². 207 Praecingere *Vulg.*
210 videtur quod *om. b*². 212 ista WV.
217–8 habuit . . . proprietatem *om. b*². 222 Deus: est WV; *del.* V²; *om.* LM.
225 et ex *add.* WV. 226 acquisitarum rerum *add.* WV.
227 rerum temporalium *add. b*²V². 229 egenum et pauperem *trs. b*².
241 prophetae *om. b*². 242 regni: regium L; regis B.
243 prophetizaverunt K. 243 prophetizavit K.
243 xxxiii *scripsi*: xxxiv *a*K; *om. b*².

207–8 Act. 12, 8 (Praecingere *Vulg.*). 212–13 *BF* v, 415.
239–57 *BF* v, 441–2.

'Dominus iudex noster, Dominus legifer noster, Dominus rex noster; ipse veniet
245 et salvabit nos.' Et infra: Et cum Pilatus interrogaret eum, utrum esset rex
Iudaeorum, respondit ei: 'Regnum meum non est hinc.' Non dixit: 'Non est
hic', sed dixit: 'Non est hinc', quasi diceret: 'Regnum meum a mundo non
habeo', sicut nec habebat: immo a Deo, sicut angelus eius genetrici praedixerat,
dicens Lucae i: 'Dabit ei Dominus Deus sedem David, patris eius'. Et infra:
250 Cum rex et dominus fuerit factus inquantum crucifixus, et crucifixus fuerit inquantum
homo, sequitur quod regnum et dominium tanquam homini Deus sibi concessit.
Et infra: Praemissa, scilicet regnum et universale dominium, habuit Ihesus
inquantum Deus ab aeterno eo ipso, quod Deus Pater genuit eum; et inquantum
homo ex tempore, scilicet ab instanti conceptionis suae, ex Dei dono. Et nichilo-
255 minus habuit dominium aliquarum rerum temporalium non ab instanti conceptionis
suae, sed postea successive modis aliis, utpote ex oblatione fidelium vel emptione
acquisitarum. Et infra: Ex quibus evidenter apparet, ipsum regno et dominio
non renuntiasse praedictis: immo videtur quod nec potuit renuntiare, et si fecisset,
contra ordinationem Patris fecisset. Et infra: Dicendum, quod non carentia
260 dominii fecit eum pauperem et egenum, sed potius carentia perceptionis fructus et
obventionis rerum, quarum dominus erat. Nudum enim dominium, separatum in
perpetuum ab omni perceptione commodi rerum, habentem non facit divitem, cum
sit inutile reputandum; unde habens tale dominium potest egenus et pauper merito
reputari. Et infra: Christus, 'Rex regum et Dominus dominantium', quoad
265 perceptionem fructuum regni et rerum temporalium, nisi in valde paucis, pro rege vel
domino se non gessit: propter quod merito pauper dici potuit voluntarius et egenus:
non propter dominii carentiam sive regni, sed propterea, quia se eorum fructibus
et proventibus non iuvabat.'

Vicesima septima assertio est quod Christus non aliam legem vivendi
270 dedit Apostolis quam quibuscunque aliis discipulis suis, sive viris sive
mulieribus. Hanc ponit in decretali praedicta, in haec verba: De
discipulis autem constat, quod habuerunt aliqui multa. De Ioseph ab Arimathia
legitur Ioannis xix quod erat discipulus Ihesu; Matthaei autem xxvii dicitur
quod erat dives homo et discipulus Ihesu. Item, constat quod Simon leprosus erat
275 de discipulis Ihesu; et tamen legitur Matthaei xxvi quod Ihesus in Bethania erat
in domo eius. Item, Lazarus, Martha et Maria Magdalene, qui erant discipuli
eius, erant multa bona habentes; unde legitur de eis, Ioannis xi, quod castrum
dictum Bethania erat Mariae Magdalene et Marthae, et quod in Bethania fecerunt

---

244 iudex ... Dominus³ om. L.
244 Dominus² ... noster³ om. b².
249 Deus om. b².
252 infra: ita iuxta BR.
256 suae om. Kb².
258 nec potuit: non potuisset b².
259 Dicendum est add. b²(—B) V².
265 vel: seu KM; et B.

245 infra: ita b².
249 infra: ita b².
254 dono codd.; datione BF v, 442.
256 oblatione codd.; collatione BF v, 442.
259 Et infra om. Kb².
264 infra: ita b².
276 Magdalena LKb².

244–5 Is. 33, 22; cf. ibid. 35, 4.
246 Ioann. 18, 36. Ockham here truncates the text of Quia vir, as in CB i, 15, p. 205;
cf. OND 93.31–2.   249 Luc. 1, 32.   257–9 BF v, 442.
259–64 BF v, 443.   264–8 ibid.   264 1 Tim. 6, 15; Apoc. 19, 16.
271–95 BF v, 444.   272–3 Ioann. 19, 38.
273–4 Matth. 27, 57.   275–6 Matth. 26, 6.
277–8 Ioann. 11, 1.   278–81 Ioann. 12, 2–3.

ei cenam magnam, in qua ' *Martha ministrabat, Lazarus* autem *erat unus ex discum-*
80 *bentibus cum eo.   Maria vero, accep*ta *libra unguenti nardi pistici pretiosi, unxit*
pedes Ihesu, et extersit capellis suis pedes eius.' De Tabitha quoque, quae inter-
pretatur Dorcas, quam Petrus suscitavit a mortuis, legitur Actuum ix, quod erat
discipula et ' *plena operibus bonis, et eleemosynis, quas faciebat* ', *et quod* ' *omnes*
viduae flentes ostenderunt Petro tunicas et vestes, quas faciebat eis Dorcas ' ; *ex*
85 *quibus patet, quod et ista, non obstante discipulatu, temporalia habebat, de quibus*
faciebat eleemosynas praedictas.   Nec reperimus quod Ihesus Dominus noster aliam
legem vivendi discipulis dederit, et aliam Apostolis suis; immo beatus Clemens in
quadam epistola sua, cuius pars recitatur xii, q. i. c. ' *Dilectissimis* ', *expresse*
supponit quod eadem erat Apostolorum et discipulorum vita, dicens: ' *Communis*
90 *vita omnibus est necessaria, et maxime hiis, qui vitam Apostolorum et eorum*
discipulorum imitari volunt '.   *Item, nec, cum ipsos Apostolos ex discipulis fecit,*
videtur eis indixisse vitam aliam quam prius habuerant, sed potestatem aliquam eis
tribuisse.   Unde, cum eos Apostolos ordinavit, legitur Matthaei x sic dixisse:
' *Et convocatis duodecim discipulis suis, dedit illis potestatem spirituum immundorum,*
95 *ut eicerent eos, et curarent omnem languorem, et omnem infirmitatem* '.

Praeter has assertiones, quas praedicti erroneas arbitrantur, in eisdem
decretalibus continentur plurimae aliae, quas non minus erroneas atque
stultas existimant; unde dicunt quod nunquam viderunt aliquam scripturam assertive prolatam, neque paganorum neque haereticorum, in qua
300 ita paucae veritates falsitatibus essent admixtae.   Reputant enim quod in
omnibus decretalibus supradictis paucissima verba dicentis sunt consona
veritati; propter quod mirantur quod multitudo Christianorum, et
maxime virorum litteratorum, praecipue in philosophia et theologia,
ipsas approbat et confirmat, cum sint tam fantastica et absurda, quod esto
305 quod non essent contra fidem et bonos mores, vilipendi et conspui omnino
deberent.   Sed ex praedictis apparet quod iam impleta sit prophetia
beati Pauli dicentis: *Erit tempus, cum sanam doctrinam non sustinebunt, sed*
ad desideria sua coacervabunt sibi magistros, prurientes auribus, et a veritate quidem
auditum avertent, ad fabulas autem convertentur.   Quia, ubi de potestate vel
310 etiam de voluntate papae sermo est, non curant Christiani scire hiis diebus

281 terxit b^2(−B); tersit BV^2; *om.* K.
284 eis: illis V, *Vulg.*
288 recitatur: recreatur W.
289 supponit: dicit BMF; innuit P; inquit OV^2.
291 ipsos: ipse L.
292 aliquam *scripsi sec. BF* v, 444: aliam *codd.*
295 *post* infirmitatem *novum capitulum exhibet* b^2.
296 Praeter *om.* b^2.   297 non *om.* BM.
298 unde: ut b^2.   304 ipsos L.
306-18 Sed . . . ut *om. a; ima pagina add.* V^2.
306 adimpleta V^2.   307 beati *om.* V^2.
308 sibi *om.* MV^2; *add.* M^2.   309 persona potestate *add.* K.

281-4 Act. 9, 36; *ibid.* 9, 39.
289-91 c. 2, C. 12, q. 1, col. 676 = [Clemens papa I], *Ep.* iv, 82, *Decretal. ps.-Isid.*, ed.
Hinschius, p. 65.
294-5 Matth. 10, 1.
296-302 *cf. Epist.* p. 10, lines 4-8; *CI* c. 24, p. 103; *CB* i, 17, p. 213.
307-9 II Tim. 4, 3-4; *cf. Comp. err.* pr.

quid Christus docuerit, quid Apostoli senserint et sancti patres, quid ratio
manifesta dictet; sed quod placet papae timore vel amore aut cupiditate
carnis amplectuntur et ad fabulas, quas sompniaverit papa, scripturas
student trahere repugnantes; et sic ad papam transferre videntur honori-
315 ficentiam Creatoris, fidem Christianam contra Apostolum in sapientia vel
potius in voluntate papae, non in veritate sacrae scripturae, ponentes. Cum
tamen dicant isti se legisse in chronicis et historiis fidedignis circiter xxviii
a tempore beati Sylvestri sedem apostolicam occupasse, qui ut*. Non
solum autem dicunt Ioannem XXII in praedictis errasse contra fidem et
320 bonos mores, sed etiam dicunt ipsum inter haereticos computandum, licet
aliquis alius posset ea erronee opinari absque hoc quod esset haereticus
iudicandus, pro eo quod ea sub bulla redigendo et per totam Christiani-
tatem divulgando conatus est cogere praeceptis et minis universos
Christianos ad ipsa pertinaciter defendenda, sic errori pertinaciam adiun-
325 gendo, et per consequens non errorem tantummodo, sed etiam pravitatem
haereticam incurrendo.

Praeter assertiones, quas Ioannes XXII in suis decretalibus affirmavit,
quas isti censent erroneas, dicunt isti ipsum alios praedicasse errores,
propter quos etiam est haereticus iudicandus. Quorum primus est, ut
330 dicunt, quod animae sanctorum in coelo non vident nec videbunt divinam
essentiam usque ad diem iudicii generalis. Secundus est quod animae
dampnatorum nec sunt nec erunt in inferno, nec cruciabuntur poena
aeterna ante diem generalis iudicii. Tertius est quod daemones non
puniuntur nec punientur ante diem iudicii. Quartus est quod Deus de
335 potentia absoluta non potest aliud nec aliter facere quam facit. Quintus
est quod Christus non regnabit post ultimum iudicium. Propter ista
et alia dicunt saepedicti dicentem esse inter haereticos numerandum.
Nec, ut dicunt, potest excusari de haeretica pravitate, quia illa dixit
solummodo conferendo et recitando; quia, ut affirmant, si fieret debita
340 inquisitio, inveniretur per testes legitimos et legitima documenta quod
illa dixit asserendo. Nec iterum, ut dicunt, de illis et aliis, quae in
decretalibus suis inseruit, excusari potest, quia in fine vitae suae revocavit

---

311 quid¹: quod BM.   311 quid³: quod B; qua M.
311 ratione B.   312 dictet: detur KMF; hic docetur BR.
314 repugnantes KB: reputantes $b^2(-B)V^2$.
316 veritate sacrae: voluntate BV².   317 tamen *om.* b^2V^2.
318 *post* ut: *aliqua deesse videntur; cf. OND* 124. 339–45.
319 autem *om.* b^2V.   321 alius aliquis *trs. a.*
321 errore KM; *corr.* M²; erronea B.   321 hoc: eo L.
325 per consequens: cum eis BR; communis PT; *om.* MFO; et eis *add.* M².
331 usque ad: usque in B; ante L².   333 ante *ex corr.* L; usque ad b^2.
333 generalis *om.* b^2.   338 illa: ista LKb^2.
341 illa: ista Kb^2.   341 illis: istis Kb^2.

315–16 *cf.* 1 Cor. 2, 5.
318 qui ut: clearly something is missing after these words. That the twenty-eight are
peccant popes appears from comparison with *OND* 124.339–45; *cf.* Introduction, p. 7.
318–26 *cf. OND* 124.146–89.
327–36 For these five 'errors' in John XXII's sermons, *cf. Epist.* pp. 14–15; *CI* c. 1,
pp. 30–4; *ibid.* c. 22, pp. 84–8; *CB* iii, 3–7, pp. 230–8; *Comp. err.* c. 6.
338–41 *cf. CI* cc. 2–4, pp. 34–43.   341–9 *cf. CI* cc. 37–42, pp. 134–53.

quicquid male dixit: tum quia illa revocatio fuit solummodo conditionalis, qualem faceret quilibet haereticus quantumcunque pertinax; tum quia,
345 quamvis fuisset sufficiens revocatio et per consequens excusasset eum de pravitate haeretica post factam revocationem, ut extunc non fuisset reputandus haereticus, tamen pro tempore praecedenti dictam revocationem ipsum nullatenus excusasset, quin esset dicendum quod fuisset haereticus ante dictam revocationem.
350 Haec de Ioanne XXII et eius assertionibus sunt dicta, ut litterati lecturi praesens opusculum diligenter advertant an impugnantes ipsum propter decretales suas praedictas sint haereticis aggregandi, et an processus ipsius Ioannis XXII a tempore, quo primam edidit decretalem de praedicta materia, quae incipit *Ad conditorem*, contra dominum
355 Ludovicum de Bavaria et alios impugnantes ipsum, sint censendi de iure tenere et sint recipiendi vel allegandi tanquam a catholico et vero papa compositi atque facti.

CAPITULUM 8

Tenentes opinionem praedictam non aestimant quod eos oporteat ad motiva secundae opinionis adducta supra c. iii respondere. Nam secundum ipsos motiva pro prima parte eiusdem opinionis secundae verum concludunt, quod scilicet electus in regem Romanorum potest
5 statim ex ipsa electione licite nomen regis assumere ac iura et bona regni et imperii in Italia et in aliis terris, quae erant subiectae Karolo Magno ante coronationem imperialem, administrare; tamen secundum istam ultimam opinionem ex fundamentis motivorum illorum vere possit concludi quod virtute electionis praedictae possit electus in regem Romano-
10 rum in omnibus terris et provinciis, quae ante et post coronationem imperialem subiectae erant Karolo Magno et praedecessoribus suis, [administrare].

Ad motiva vero pro secunda parte eiusdem opinionis, quod scilicet electus in regem Romanorum virtute electionis non possit ista statim in
15 aliis terris, quae non erant subiectae Karolo Magno ante coronationem imperialem, responsum est supra, q. iv, c. viii.

343 dixit: dixisset K*b*². 343 solummodo *om.* K*b*².
345 et *om.* LK. 345 eum *om. a*; *add.* V².
346 factam: prefatam *b*². 348 quin: quando W; quam K; cum B.
350 Haec *om. b*².
351 lecturi: literature K; solempniter legentes BR.
355 impugnantes: principantes *b*². 355 sint: sunt *b*².

2 c. ii K*b*². 5 ipsa electione facta BM²F.
6 terris: provinciis *b*². 7 tamen: cum LW.
8 ut ex V*b*²(−B); ut patet ex B. 8 potest BR; posset O.
9 possit *om.* WV; posset *add.* V². 11 suis: eius *b*².
12 administrare *coniecit Sikes*: *om. codd. ed. pr.*
13 opinionis *om. b*².

353 a tempore: *Ad conditorem* was dated 8 December 1322; John XXII's first process against Lewis, 8 October 1323, MGH *Const.* v, No. 792, pp. 616–19.

2 supra: viii.3.5–217. 13 secunda parte: *supra*, viii.3.218–26.
16 supra: *potius* iv.9.38–186.

Responsiones autem pro secunda opinione ad illa, quae adducta sunt
pro opinione prima et tertia, quae contra ipsam militare videntur, ipsius
auctori, quia superstes est et homo non mediocris scientiae, decrevi
20 relinquere; sufficiens enim est ad suam opinionem contra contrarios
defendendam.

CAPITULUM 9

Porro tenentes opinionem primam sunt multi, nec inveni aliquem, qui
ipsam exquisite declarare et fulcire allegationibus in aliquo speciali opere
niteretur; et forsitan diversi ad illa, quae adducta sunt pro opinione
secunda et tertia, diversimode responderent, et forte nullatenus concor-
5 darent. Proinde aliquas responsiones ad ipsa, quas ipsi aut aliqui
ipsorum vel alii cogitare possent, breviter recitabo, quid de ipsis sentiam
ad praesens minime exprimendo.

Ad primum enim motivum pro opinione secunda inductum c. iii, cum
dicitur quod *quilibet populus carens rege potest sibi regem eligere de iure gentium,*
10 *ex quo iure regna condita sunt,* forte aliqui responderent quod hoc veritatem
habet de populo non habente superiorem, ad quem spectat constituere
regem super populum, sicut fuit de multis populis antequam mundus
haberet unum dominum, ad quem pertineret super populos constituere
reges. Sed postquam papa factus est dominus totius mundi habens
15 plenitudinem potestatis tam in temporalibus quam in spiritualibus,
non est verum; quia extunc non ad populum carentem rege, sed ad papam
pertinuit constituere regem super ipsum. Ad legem inductam dicerent
aliqui quod nulla lex potest derogare plenitudini potestatis papalis.

Ad secundum, cum dicitur quod *tempore successionis generis in regno*
20 *et imperio filius statim mortuo patre ex ipsa generis successione assumpsit nomen*
regis et administravit iura et bona regni et imperii, posset aliquis respondere
quod hoc non fuit nisi ex permissione papae, et quia placuit papae.
Et ideo, quia electio regis et imperatoris, quae fit per principes electores,
succedit et subrogata est in locum praedictae successionis generis, si
25 placet papae, dabit electo administrationem praedictam et potestatem
assumendi nomen regis; et si non placet papae, non dabit. Habet enim
ius et naturam illius successionis; cuius natura fuit quod dabat praedicta,
quia placuit papae, et si non placuisset, non dedisset. Et cum innuitur
quod successio praedicta dabat illa iuxta consuetudinem regnorum
30 occidentalium, posset dici quod ista consuetudo regnorum occidentalium
non habet vim, nisi quia scienter toleratur a papa, quia nichil iuris

17 illa: ea *b*².

2–3 declarare ... diversi *om.* K*b*².
6 vel: aut K*b*²(—B); et B.
10–11 veritatem habet: non intelligitur *b*²(—B); intelligatur B.
21 regni et *om. b*².
22 et *om.* WV.
28 placuisset pape *add.* VK.
31 quia²: que K*b*².

5 aut: vel K*b*².
8 adductum *b*².
22 non fuit nisi: fit *b*²(—B); fuit B.
27 fuit: fit WV.
29 illa: illi K*b*².

8 Ad primum: *cf. supra,* viii.3.74–5.
19 Ad secundum: *cf. supra,* viii.3.108–10.

17 legem inductam: *Dig.* 1, 1, 5.

daret, si ipsam papa habens plenitudinem potestatis in temporalibus et spiritualibus revocaret.   Per praedicta patet quomodo responderi potest ad tertium.

35 Ex hiis patet quomodo responderi potest ad illa, quae c. iv pro opinione ultima inducuntur; quia inquantum sunt contra opinionem primam non aliam difficultatem habere videntur quam illa, quae allegata sunt pro opinione secunda, ad quae responsum est in capitulo praecedenti.

Haec breviter pro exigentia materiae conferendo, allegando et dis-
40 putando de praedictis sint dicta, non ut aliqua certa veritas in dubium revocetur, sed propter exercitium, ut aliqua habeatur occasio qualiter valeat veritas confirmari et falsitas confutari.   Quid autem sentiam de praedictis non expressi, quia hoc, ut puto, nequaquam veritati prodesset; et si crederem quod veritati, quam reputo, non noceret, hoc promere
45 utique non differrem.   Illum autem dominum michi quamplurimum venerandum, qui hoc opus componere suis precibus me induxit, rogo et obsecro, ut michi indulgeat, si praescriptas quaestiones ad intentionem suam sum minime prosecutus, quia ipsas nullatenus exprimendo quare eas discutere voluit, michi tradidit et porrexit.   Et si qua invenerit, ex
50 quibus valuerit occasionem indagandi vel intelligendi veritatem accipere, Deo gratias agat; quae autem obscure, confuse vel aliter inordinate prolata comperierit, non malitiae, sed imperitiae meae aut, si dignabitur benignius excusare, distractioni mentis vel festinantiae aut inadvertentiae deputet et ascribat.

33 patet quomodo *om. b².*
38 secunda: prima *a.*   40 sint: sunt LVBR.
43 non *om.* WVO; hic PT.   49 discuti VK; destituere B.
49–50 quid invenerit ex quo B.
54 Explicit tractatus 8 questionum L; Et sic est finis K; Explicit tractatus venerabilis philosophi Guillelmi Okam de potestate pape. Deo gratias B; Explicit tractatus vener-abilis Ockan M; Explicit tractatus venerabilis magistri Guilhelmi Okam super octo questionibus de potestate pape F; Finis tractatus venerabilis Guillelmi Occham. Deo gratias O; Explicit tractatus venerabilis theologi Guillelmi Okam de potestate pape P; Et sic finis. Explicit tractatus venerabilis inceptoris Ockham de potestate pape. Deo laus R; Explicit tractatus venerabilis philosophi Ockham de potestate pape T. *Colophonem non exhibent* WV.

---

34 ad tertium: *cf. supra,* viii.3.120–2.   35 c. iv: viii.4.25–322.
38 in capitulo praecedenti: i.e. viii.9.1–34.
45 Illum autem dominum: *cf. supra,* i.1.1–2; Introduction, p. 2.

AN PRINCEPS
PRO SUO SUCCURSU, SCILICET GUERRAE, POSSIT RECIPERE BONA ECCLESIARUM ETIAM INVITO PAPA

INTRODUCTION

Ockham never returned to England after being cited to Avignon *c.* 1324; for the last quarter of a century of his life he was an *emigré* author. Only one of his polemical works is addressed to a primarily English problem. This treatise, to which it is convenient to give the abbreviated title *An princeps*,[1] was identified as Ockham's by Richard Scholz in cod. vat. lat. 4115 in 1911; three years later he published a considerable part of the text from this ms.[2] Though the mss. do not directly ascribe the work to Ockham, a pro-papal commentator to vat. lat. 4115 showed in a marginal note that he had no doubt with what author he was dealing,[3] and his attribution is abundantly confirmed by the evidence of style and argument. Similarities to known works of Ockham have already been pointed out by Scholz and are illustrated further by the notes to the present edition. They leave no doubt that Ockham was the author of *An princeps*.

He declares a fourfold intention in the prologue. First he wishes to show that King Edward III of England is to be helped by the subsidies both of his lay subjects and of the English clergy; in his just war against those who are invading his rights the clergy are to pay from the goods of their churches as well as from their personal possessions—and this despite any prohibition or sentence to the contrary, even if it should emanate from a rightful pope. Second, that if a legitimate pope passes sentence on Edward for pursuing his just claims, such a sentence is not to be observed or feared. Third, that Edward may call upon the emperor and his supporters for aid. Last, that the *viri religiosi* who adhere to the emperor in defence of the cause of faith are in no way bound by any sentences passed against them for doing so.

Only the first of these four points is discussed fully in what now remains of *An princeps*.[4] The first six chapters are taken up by an important discussion of principle. Ockham sees clearly that it is only the pope acting in virtue of his fullness of power who might be able to prevent

[1] Neither ms. shows a title which can be safely attributed to Ockham. For that supplied by the rubricator of V, see below.
[2] R. Scholz, *Unbekannte kirchenpolitische Streitschriften aus der Zeit Ludwigs des Bayern*, I, Rome, 1911, pp. 167–76 (analysis); II, 1914, pp. 432–53 (text).
[3] Folio 149ʳ: quod tamen iste dominus guilermus oquam nititur affirmare in viiᵒ istius capitulo in primo notabili (a fifteenth-century hand).
[4] On the evidence available it is impossible to decide whether a considerable portion of *An princeps* has been lost or whether Ockham failed to complete it. Even if he did, it is not likely that he laid down his pen in mid-sentence.

Edward taxing the English clergy; accordingly he asks: in what sense may the pope be said to have *plenitudo potestatis*? Whatever may have been lost of *An princeps*, a substantial part of the treatise seems to lie here, in this treatment of one of Ockham's favourite themes. In chapters 7 and 8, having examined the right by which the clergy hold their possessions, he proceeds to argue that they are obliged to aid the king with the goods of their churches, while in the next three chapters he contends that no papal prohibition has force to relieve them of this obligation. With chapter 12 he passes to his second main intention, and begins to urge that a papal sentence against Edward for pursuing his just claims would have no binding effect. Shortly after the beginning of chapter 13 what we have of *An princeps* breaks off in the middle of a sentence.

The subject matter of the treatise gives clues to its date. Edward III first raised an overt claim to the crown of France on 7 October 1337,[1] and *An princeps* belongs to the period of close relationships between Edward and the excommunicated emperor Lewis the Bavarian in hostility against Philip VI of Valois. Lewis and Edward struck their alliance in June–August 1337; in September 1338 Edward received from Lewis the title of vicar of the Empire; by the middle of 1340 there were plain signs that the Anglo-German agreement was breaking down.[2] Nowhere does *An princeps* refer to Edward, who formally assumed the title of king of France in January 1340, as other than *rex Anglorum*. October 1337 and early 1340 are thus the extreme limits for the composition of the work.

It may be possible to be rather more precise than this. Ockham wrote *An princeps* when there was some fear of the pope proceeding against Edward for prosecuting his claim to the French throne. From the moment he allied himself to Lewis, Edward was liable to the canonical penalties for *fautoria* of a condemned heretic, and from July 1337 onwards Pope Benedict XII was warning him of the spiritual dangers inherent in the German connexion.[3] But it was not until after Edward's assumption of the imperial vicariate that the pope's language became really threatening or that Edward showed signs of alarm. Fear of papal processes may well have been the reason why in November 1338 Edward ordered the authorities in London to prevent letters prejudicial to the Crown being brought into England;[4] in January 1339 Benedict threatened to excommunicate Edward and his allies if they attacked the possessions of the bishop of Cambrai.[5] Edward disregarded the threat, for his strategy at this time was to attack France through the Cambrésis; in October 1339 Benedict was provoked to the statement that unless Edward raised his siege of Cambrai and renounced his title of vicar of the empire

---

[1] T. Rymer, *Foedera*, II, ii, London, 1816, p. 1000. That too much importance should not be assigned to this gesture is argued by F. Trautz, *Die Könige von England und das Reich 1272–1377*, Heidelberg, 1961, p. 252.

[2] H. S. Offler, ' England and Germany at the beginning of the Hundred Years War ', *English Historical Review*, LIV (1939), pp. 610–11, 622–3; Trautz, pp. 231–47, 271–6, 305.

[3] G. Daumet, *Benoît XII. Lettres closes, patentes et curiales se rapportant à la France*, Paris, 1920, No. 375.

[4] Rymer, II, ii, 1066.

[5] Daumet, No. 553.

he would be declared to have incurred the penalties pronounced by Pope John XXII against those favouring and supporting Lewis the Bavarian.[1] It is to these strained circumstances of late 1338 and 1339 that Ockham's defence of Edward against a possible papal sentence 'propter hoc, quod iustitiam suam prosequitur' (*AP* prol. 18–19) seems most apposite.

Ockham's expressed intention (in fact unfulfilled in that part of *AP* known to us) of showing that the *viri religiosi* who supported Lewis and defended the cause of true religion—he means primarily himself and his fellow Michaelists, of course—were not bound by any papal sentences (*AP* prol. 21–3), points to the same period.   On 8 August 1338, a late source tells us, papal commissaries fastened to the door of St Bartholomew's at Frankfurt 'anathemata et processus contra Ludovicum cum severissimis comminationibus in omnes qui illi communicarent'.[2] On 23 August Michael of Cesena issued on behalf of himself and his fellow Minorities in exile an appeal against all the sentences of John XXII and Benedict XII; to this appeal Ockham was a party.[3] Just possibly we may infer a connexion between the writing of *An princeps* and this recrudescence both of papal activity against Lewis's supporters and of their counter-measures in August 1338.

On the other hand, little if any help for the question of date is given by *AP*'s discussion of Edward III's right to tax the possessions of the English churches for his war needs.   *AP* refers to no specific action in this matter on Edward's part.   It is known that in the autumn of 1336 he sequestrated some of the monies collected by the English clergy for the crusade [4]; in July 1337 he seized the estates of the alien priories in England [5]; in May and June 1338 he pressed the English clergy for loans of sacramental plate, jewels and vestments in order to help to pay for his passage to the continent [6]; and in January 1341 Archbishop John Stratford was complaining bitterly about royal exactions from the English churchmen.[7] But it cannot be shown that when writing *An princeps* Ockham had any of these instances, or others like them, in mind.   His concern was expressed in general terms; he wished to defend in principle the right of the king to tax church possessions when national needs so demanded.[8]   The grant of subsidies to the king by the English clergy in their convocations was by now an almost annual occurrence and had become a regular part of

---

[1] Daumet, Nos. 649, 652–3.

[2] Johannes Latomus, in J. F. Böhmer, *Fontes rerum Germanicarum*, IV, Stuttgart, 1864, p. 408.

[3] Printed by A. Carlini, *Fra Michelino e la sua eresia*, Bologna, 1912, pp. 289–308.

[4] *Cf.* Adam Murimuth, *Cont. Chronicarum*, ed. E. M. Thompson, Rolls Series, 1889, p. 78; these were the proceeds from the mandatory crusading tenth for six years imposed by John XXII in July 1333.

[5] Rymer, II, ii, 982.   [6] *Ibid.*, pp. 1039–41.

[7] *Cf.* his letters of 28 January 1341 in W. de Hemingburgh, *Chronicon*, ed. H. C. Hamilton, II, London, 1849, pp. 367–9, 371–5.

[8] *Cf.* the language of *AP* 12.30–3: 'si contra regem Anglorum propter hoc, quod prosequitur ius regium vel requireret iustum subsidium a clericis Angliae, etiam a vero summo pontifice sententia emanaret', where the difference in tense and mood between *prosequitur* and *requireret* suggests that Ockham at the date of writing regarded such a demand as hypothetical rather than actual.

English State economy. From 1336 onwards, it has been pointed out, Edward ' was able to persuade the clergy to make such frequent grants of income taxes that they were paying a tenth in every year except two until 1360 '.[1] From the viewpoint of the canon law, however, the grant of these tenths was hedged with ambiguities. The current law of the Church about the payment of subsidies from ecclesiastical possessions to the lay power was to be found in c. un. *Clem.* 3, 17 (*de immunitate ecclesiarum*), a canon which, resiling from the extreme position of *Clericis laicos*, had reverted to the rules laid down by the Fourth Lateran Council. There it had been decreed that the clergy might make voluntary grants from their churches to assist lay rulers in cases of necessity, though to avoid imprudent action they should first consult the pope. Since the canonists agreed that this consultation was obligatory rather than facultative, it could be argued that papal permission was necessary for all clerical grants to the lay power. Convocations made their grants to the English king without reference to the pope. This was the point at which the canon law could offer an opportunity for the pope to intervene, if he wished to deprive Edward of the financial support of the English clergy. The possibility of papal measures of this kind was perhaps in Ockham's mind when he set about composing *An princeps*.

Complete precision in dating *An princeps* is thus beyond us; within the extreme limits October 1337–early 1340 the months between August 1338 and the end of 1339 seem the most likely.[2] *An princeps* is accordingly to be regarded as one of the earliest of Ockham's writings in the second phase of his activity as anti-papal pamphleteer, in which he moved on from the essentially doctrinal attack on John XXII and Benedict XII in order to apply his ideas about the limits of papal power to wider purposes. We are not entitled to assume that he never had more than one piece of work in progress at any particular time. But in date, as in the development of its arguments, *An princeps* comes later than *Contra Benedictum* and is for the most part anterior to *Breviloquium, Octo Quaestiones* and IIusIIIae *Dial.*

The manuscript tradition of *An princeps* is as follows:

V VATICAN, cod. vat. lat. 4115, paper, *saec.* XV, 295 × 220, ff. 1–26, double column, ff. 27–306, single column, 35–8 lines each. Binding modern. On the recto of the guard page: de preeminentia spiritualis imperii. The writing changes at f. 27, where a new gathering begins; two manuscripts appear to have been bound together, the second (f. 27–306) consisting of twenty-three gatherings of twelve plus one of four. The scribe of the second portion has added his name on ff. 266ᵛ and 300ᵛ: quidam Alfonsus Petri Compostellanus presbyter pro tempore Auriensis ecclesie (Oreste, dioc. Compostella), portionarius Barchinonensis, adding that item (*j*) on ff. 231–266ᵛ was written: pontificatus domini nostri

---

[1] W. E. Lunt, *Financial Relations of the Papacy with England, 1327–1534*, Cambridge, Mass., 1962, p. 88.
[2] So also Jürgen Miethke, *Ockhams Weg zur Sozialphilosophie*, Berlin, 1969, p. 113. L. Baudry, *Guillaume d'Occam*, Paris, 1950, pp. 207–9, thought 1339; R. Scholz's original suggestion, *op. cit.*, I, p. 170, was probably between 1338 and 1340. The faint possibility of a much later date (1345–6), mentioned in the first edn. of *Opera politica*, I, 1940, p. 227, n. 3, no longer seems to me worth canvassing.

Benedicti pape anno xvi.   Only the Avignonese pope Benedict XIII can be meant, so this portion was produced in Spain in 1411.

Contents: (a) ff. 1–22ᵛ Oppicius de Canistris, *Tractatus de preheminentia spiritualis imperii*. *Inc.*: Cum in antiquis libris et codicibus. *Expl.*: Christo favente per omnia cui est honor et gloria.[1]   (b) ff. 23–25ᵛ Additions to (a) *Inc.*: Que superius scripta sunt verba fuerunt Opicinii de Canistris. *Expl.*: satis potest apparere solucio questionis, licet quamplurima super hec adduci (possent?).   (c) f. 26 *vacat*.   (d) ff. 27–133 Ockham, IIusIIIae *Dialogus*, i–iii, 23. *Expl.*: imperator non privabitur invitus.[2]   (e) ff. 133ᵛ–134ᵛ *vacant*.   (f) ff. 135–156ᵛ Ockham, *An princeps*.   (g) ff. 157–8 *vacant*.   (h) ff. 159–227 *Sermones pro defunctis in quadragesima*. *Inc.*: Factum est ut moreretur mendicus. *Expl.*: et vere in morte cuiuslibet quantumcunque potentis congregantur tres questiones.   (i) ff. 227ᵛ–230 *vacant*.   (j) ff. 231–266ᵛ Ptolemy (Bartholomew) of Lucca, *Determinatio compendiosa de iurisdictione imperii*, with eight additional chapters supplied in August 1342. *Inc.*: novus libellus contra Michaelitas hereticos et bausinos. *Expl.*: brevis libellus de iurisdictione imperii et auctoritate summi pontificis qui in principio bene placebit legentibus.[3]   (k) ff. 267–300 John XXII's bull, *Quia vir reprobus* (16 November 1329).   (l) f. 301 Boniface VIII, *Unam sanctam* (18 November 1302).   (m) f. 302 *vacat*.   (n) ff. 303–305ᵛ John XXII, *Quorundam exigit* (7 October 1317).   (o) f. 306 John XXII, *Cum inter nonnullos* (12 November 1323).   (p) 306ᵛ *vacat*.

In V *An princeps* begins a new gathering of twelve folios, fills it (catchword at f. 146ᵛ) and most of the next gathering, breaking off two-thirds along line 28 of the verso of the tenth folio and leaving ff. 157 and 158 blank.   Its scribe had a tolerably good version before him, but there seems little to be said for Scholz's conjecture that he used an original manuscript of Ockham's.[4]   Occasionally the scribe of V has corrected his own readings, and they have been systematically amended, presumably in the light of the exemplar, by a corrector, V². A few other alterations in the text, for which neither V nor V² is clearly responsible, may be due to the rubricator, V³.   Though he has left unfinished the initials at the beginnings of the chapters, V³ repeats in the margin the chapter numbers given by V; he has also made marginal notes of Ockham's authorities and numbered his arguments.   To V³ is due (f. 135ʳ) the title adopted for the work: *An princeps pro suo succursu, scilicet guerre, possit recipere bona ecclesiarum etiam invicto [sic] papa*.   At least three pro-papal commentators have made extensive use of the margins of V for their adversaria.   One of them has written a title on the recto of each folio, ingeniously contriving a number of variations of the wording of V³'s title without at all altering the sense.

To V, the sole basis for Scholz's edition in 1911–14 and mine in 1940, can now be added:

B   OXFORD, Balliol College, ms. 165B.[5]   This paper volume, which presumably came to Balliol from William Gray, bishop of Ely, 1454–78, contains a large

---

[1] Printed by Scholz, II, 89–104.

[2] Printed for the most part in Goldast, *Monarchia*, II, 889–957, but with a continuation of iii, 23 (printed by Scholz, II, 392–5) which does not appear in the other mss. or the edns.

[3] The additional chapters are printed by Scholz, II, 540–51.

[4] *Cf.* Scholz, I, 148.

[5] Described by R. A. B. Mynors, *Catalogue of the Manuscripts of Balliol College, Oxford*, Oxford, 1963, pp. 164–70.

collection of treatises concerned with the Great Schism, in numerous hands, ' most if not all French '. Possibly ' someone had a hand in it who was not far from the entourage of Benedict XIII ':[1] its contents all belong to the very end of the fourteenth century or the early decades of the fifteenth. Item 26 of this miscellany (pp. 333–54, occupying the first eleven folios of a gathering of which the last leaf is missing) is described as: Allegaciones quod papa non habet plenitudinem potestatis, or: Item quod rex pro bello iusto potest exigere subsidia a personis ecclesiasticis sine auctoritate pape. Mr J. P. van Leeuwen's identification of it as an abbreviation of *An princeps* was made known in 1963.[2]

The true nature of B's handling of *An princeps* can hardly be adequately described in a single word. B omits the prologue and begins the work at 1.17; from there to the end of chapter 2 it offers a paraphrase rather than a transcription of the text. It reproduces the whole of chapter 3 faithfully, but with chapter 4 returns to a mixture of abbreviation, paraphrase and transcription which never strays from the text very far. From 6.15 onwards the balance shifts towards straightforward transcription; long passages (9.37–58, all of chapters 11, 12 and 13) reproduce *An princeps* quite literally; and at 13.20 B breaks off, precisely as V does, in the middle of a sentence with the same words: non esset . . . B is a copy of a rehandling of Ockham's work by someone who had little interest in Edward III of England and his problems but a good deal in the question of papal *plenitudo potestatis*. The text used for the rehandling ultimately derives from the truncated exemplar of *An princeps* which lies behind V. Often, when V^2 corrects V, B is in agreement with V^2. There are indications that B's source was superior to that of V/V^2, and must therefore be assumed to have stood closer to the common ancestor than did V's. B's limitations as a witness are inherent in the fact that it represents a reworking rather than a wholly literal transcription of *An princeps*. Nevertheless, in a number of instances (e.g. 6.38–9; 6.203–4; 7.33–4; 7.48–9; 7.54–5; 11.96) it helps us to recover Ockham's text.

With B's aid, then, it is possible to make some improvements on Scholz's incomplete edition (while printing the prologue in full, and most of the last seven chapters, he severely compressed the intervening part of the text) and on what was offered in the first edition of *Opera politica* in 1940. Now as then the basis of the edition must be V's immediate source, as revealed by V and V^2, but confidence in V^2 against V is strengthened by the frequency with which it agrees with B, and at times B can lead us further back towards Ockham's intentions. The siglum B^2 has been used to denote the hand which supplied the titles in the Balliol manuscript[3]; where Scholz's reading on any point of importance differs from that accepted here it has been noted by the siglum *Sch*.

As usual, Ockham's main sources for *An princeps* are the Bible and the canon law, with their ordinary glosses. *An princeps* shows that he had already collected much material of this kind to serve for discussion of the pope's fullness of power; it was to be used again extensively in later

---

[1] Mynors, pp. 164, 170. [2] Mynors, p. 169, [3] *Cf.* Mynors, p. 170.

works. It is clear from *AP* 2.188–97 that he had made an exhaustive
collection of scriptural references to support the view that many pagans
had exercised legitimate temporal dominion and jurisdiction; these
references are quoted in full in IIusIIIae *Dial.* i, 25. He had available
a long catena of quotations from St Bernard of Clairvaux (*AP* 3.52–105)
which recurs in precisely the same form in *OQ* viii.6.92–139 and at rather
greater length in *Brev.* ii, 12; the other patristic authorities used in *AP*
c. 3 reappear in *Brev.* ii, 11, 12 and 19. While it is difficult to believe
that *OQ* i.2.8–20, 27–40 is not a rewriting of *AP* 1.18–55, or *Brev.* ii, 14
a rewriting of *AP* 5.2–49, *AP* itself at 13.14–18 repeats *Contra Benedictum*
vi, 10.

Ockham seems to have strayed very little outside these conventional
areas of ecclesiastical learning in the search for sources for *An princeps*.
He refers once to Cicero, *de invent.* (*AP* 8.76–7); there is a single reference
to Aristotle, *N. Eth.* (*AP* 8.78–9). In contrast to the polemical writings
of the next few years, the use made of Aristotle in *An princeps* is notably
slight; possibly this reflects Ockham's intention not to overburden with
scholastic learning a piece presumably designed as a political pamphlet.
When, after the long preliminary excursus on the limits of papal plenitude
of power, he comes at last in chapters 7–11 to the heart of his argument—
the right of the king of England to tax his clergy even against the pope's
will—he probably depends on commonplaces of English experience
rather than on any particular literary source.

As early as 1247 we meet the theory that the king, by whose ancestors
the churches of the realm had been founded and endowed, enjoyed the
right to take back as his own all ecclesiastical treasures and temporalities
in order to provide for the urgent needs of himself and his kingdom.
This is indeed in a document which purports to be a complaint by the
French king, Louis IX; but, significantly, it survives only in an English
source, the *Liber Additamentorum* of Matthew Paris.[1] There is plenty of
completely unambiguously English evidence for the same line of thought
during the half-century before *An princeps* was written. It was implied
or expressed in Archbishop Romeyn's protest during the pontificate of
Nicholas IV;[2] in the reasoned case for submission to the Crown put to
Archbishop Winchelsey and his provincial clergy at St Paul's in March
1297;[3] in the preamble to the Statute of Carlisle in 1307;[4] and in the
reply of the prelates to the community of the clergy in the Canterbury
convocation in October 1316.[5] Ockham had no need to learn about
royal pretensions and practices in regard to the English Church from a
book. There seems no evidence that he did so.

[1] Printed in Matthew Paris, *Chron. maiora*, VI, ed. H. R. Luard, Rolls Series, 1882,
pp. 99–112; *cf.* especially pp. 110–11. G. J. Campbell, ' The protest of St Louis ',
Traditio, xv (1959), p. 418, while maintaining that the document is ' substantially
accurate ', does not accept that it really reflects St Louis's own convictions.
[2] Quoted by A. Hamilton Thompson, *The English Clergy and their Organization in the
later Middle Ages*, Oxford, 1947, p. 10, n. 2.
[3] *Flores Historiarum*, III, ed. H. R. Luard, Rolls Series, 1890, p. 100.
[4] *Statutes of the Realm*, I, 150.
[5] *Vita Edwardi Secundi*, ed. N. Denholm-Young, Edinburgh, 1957, pp. 76–7.

SIGLA

V	Vatican, cod. vat. lat. 4115
V²	Corrector of V
V³	Rubricator of V
B	Oxford, Balliol College, ms. 165B
B²	Rubricator of B
Sch.	*editio Scholzii*

AN PRINCEPS PRO SUO SUCCURSU, SCILICET GUERRAE, POSSIT RECIPERE BONA ECCLESIARUM, ETIAM INVITO PAPA

INCIPIT PROLOGUS IN SEQUENTEM TRACTATUM

Quamvis abbreviata de quaestionibus truncatis et praecipue minus exquisite discussis eloquia veritatis interdum obscuris vallata invalidis[que] et interdum indefensa sophisticis impugnationibus videantur, et ideo nonnunquam faciem retinent falsitatis, ita ut resistentes veritati nequa-
5 quam cohibeant—et potissime affectatos vel qui falsis doctrinis et erroribus fuerunt assueti—sed aliquando risu digna a minus profunde intuentibus iudicentur, quinimmo interdum simplicibus occasionem errandi mini-strent, et, dum ansam occulte solvunt, nodum manifeste ligare putentur: tamen, quia gaudent brevitate moderni super prolixis operibus nauseantes,
10 abbreviatum faciendo sermonem conabor ostendere quod serenissimus ac gloriosissimus princeps et dominus, dominus Eduardus Dei gratia rex Anglorum, non solum per laicos, sed etiam per praelatos saeculares et religiosos ac ceteros clericos sui dominii de bonis ecclesiae contra inimicos ipsum hostiliter invadentes iuraque eius usurpantes iniuste, non obstante
15 quocunque humano statuto, sententia vel processu, prohibitione vel praecepto, etiam si a vero summo pontifice emanaret, licite et de iure, immo meritorie, si pura assit intentio, est iuvandus; et quod si contra ipsum etiam a vero summo pontifice aliqua de facto ferretur sententia propter hoc, quod iustitiam suam prosequitur, nulla esset et minime
20 formidanda vel servanda; quodque sibi licet imperatorem Romanorum et obedientes ac faventes eidem in suum adiutorium advocare; et quod viri religiosi imperatoriae iustitiae adhaerentes et causas fidei prosequentes sententiis prolatis in ipsos minime sunt ligati.

Si quid autem dixero contrarium veritati, illius vel illorum, cuius vel
25 quorum interest, correctioni subicio, et ego, si per me vel alium cognovero, loco et tempore opportunis non differam retractare.

Explicit prologus.   Incipit tractatus

De titulis videas praefationem: Invicto papa V[3]; Allegationes quod papa non habet plenitudinem potestatis.   Item quod rex pro bello iusto potest exigere subsidia a personis ecclesiasticis sine auctoritate pape B[2]; Incipit prologus in sequentem tractatum V[3].
  1 trunquatis V: intricatis *Sch.*   2 invalidisque *scripsi*: invalidis V.
  18 ferretur V[2]: ferreretur V.   27 Explicit . . . tractatus V[3].

  8 cf. Gregorius Magnus, *Moral. in Iob* ii, 3, PL 75, 556: ' dum ansam solvere nitimur, nodum ligamus '.

228

CAPITULUM PRIMUM

Magnanimum hactenus et invictum ac per gratiam Dei perpetuis temporibus non vincendum Anglorum regem Eduardum, generis claritate florentem, fama celebrem, corporali venustate decorum, potestate sublimem, affluentem moribus, gratiosum et strenuum probitate ac ardua
5 aggredientem intrepide, iusta gerere bella hii, qui de hiis, quae facti sunt, veritatem plene noverunt, nequaquam dubitant, ut opinor; et ideo hoc supponere tanquam certum, non discutere vel in dubium revocare propono. Sed allegationibus intendo monstrare patentibus quod praelati et clerici sibi subiecti ei in guerra sua iusta de bonis ecclesiae, et non solum
10 de propriis, subventionis tenentur auxilium impertiri, et quod etiam verus summus pontifex de plenitudine potestatis eos prohibere minime posset, et si de facto prohiberet, prohibitio sua ipso facto et iure nulla esset nec alicuius esset omnino vigoris.

Porro, ut haec et alia plura dicenda magis appareant aperiaturque via
15 evidentius respondendi ad obiectiones, quae in contrarium adduci valerent, ante omnia quendam erroneum intellectum de plenitudine potestatis papalis reputo excludendum.

Est itaque opinio aliquorum quod papa a Christo talem habet plenitudinem potestatis tam in temporalibus quam in spiritualibus, ut omnia
20 possit universaque sint suae potestati subiecta, quae non inveniuntur nec legi divinae nec iuri naturali contraria: ut sola illa de plenitudine potestatis non possit, a quibus universitas mortalium directe per legem divinam vel ius naturale immutabile et indispensabile prohiberetur, et quae de se, non per aliquam ordinationem, prohibitionem, promissionem,
25 votum vel iuramentum aut pactum seu obligationem quamcunque humanam sunt illicita et minime licita vel indifferentia reputanda; ita quod secundum quosdam eorum, quamvis papa peccare possit quaedam talia de se indifferentia praecipiendo vel prohibendo aut impediendo, tamen quicquid circa huiusmodi fecerit, factum tenet, licet non fieri
30 deberet. Multa enim non debent fieri et tamen facta tenent, ut testantur canonicae sanctiones.

Isti autem se principaliter fundant in verbis Christi, qui, ut legitur Matthaei xvi, dixit beato Petro et in ipso universis successoribus eius: *Tibi dabo claves regni caelorum. Et quodcunque ligaveris super terram, erit*
35 *ligatum et in caelis; et quodcunque solveris super terram, erit solutum et in caelis.* Ex quibus verbis colligunt isti quod Christus promisit beato Petro et in ipso successoribus eius summis pontificibus absque omni exceptione talem plenitudinem potestatis, ut omnia possit; quia verbo generali omnia

---

1 Dei V²: de V.
20 potestati V²: potestatis V.
30 tenet V.

6 veritatis plenum *Sch.*
29 tenent V.

18–31 *cf. Brev.* ii, 1, p. 54; *OQ* i.2.7–17; *ibid.,* i.6.5–10.
30–1 *cf. Decretal. Greg. IX,* III, 31, 16, col. 575.
32–55 *cf. Brev.* ii, 2, pp. 54–5; *OQ* i.2.28–40; IusIIIae *Dial.* i, 2.
34–5 Matth. 16, 19.

debent comprehendi, di. xix, *Si Romanorum*, i, q. i, *Sunt nonnulli*, xiv, q. iii,
40 *Putant*. Istum intellectum, ut dicunt, de plenitudine potestatis papalis
exprimit manifeste Innocentius III, qui, ut habetur Extra, *de maioritate et
obedientia*, c. *Solitae*, ait: *Dominus dixit ad Petrum, et in Petro dixit ad successores*, ' *Quodcunque ligaveris super terram, erit ligatum et in caelis* ', *etc.*, *nichil
excipiens, qui dixit*, ' *Quodcunque ligaveris* ', etc. Quibus verbis, ut videtur,
45 patenter asseritur quod Christus a potestate Petri et successorum eius
nichil excepit; ergo nec nos aliquid debemus excipere. Si enim, ut habetur
xxxi, q. i, *Quod si dormierit*, ii, q. v, *Consuluisti*, di. lv, *Si evangelica*, ubi
canon non excipit aut diffinit aut determinat, nec nos excipere, diffinire
vel determinare debemus, multo fortius ubi Christus non excepit, diffinivit
50 vel determinavit, nec nos excipere, diffinire vel determinare debemus.
Christus autem, promittendo beato Petro et successoribus eius potestatem
super reliquos, nichil excepit nec determinavit nec diffinivit, sed indistincte
et generaliter dixit: *Quodcunque ligaveris*, etc.; ergo nec nobis aliquid
omnino licet excipere; papa ergo a Christo talem habet plenitudinem
55 potestatis, ut modo praesupposito omnia possit.

CAPITULUM SECUNDUM

Sed licet sub uno intellectu concedi debeat quod papa verus habet aliquo
modo plenitudinem potestatis, quemadmodum, ut habetur Extra, *de
auctoritate et usu pallii*, c. *Nisi*, quando traditur archiepiscopo pallium
confertur eidem *plenitudo pontificalis officii*—licet hoc falso et in praeiudicium
5 auctoritatis papalis possit intelligi—tamen papa non habet in temporalibus
et spiritualibus plenissimam potestatem nec illam plenitudinem potestatis,
quam sibi assertores attribuunt; immo, nonnulli illam opinionem haereti-
calem et toti Christianitati periculosissimam arbitrantur.

Quod igitur papa in temporalibus et spiritualibus talem non habeat
10 plenitudinem potestatis, multis modis probatur. Lex enim Christiana ex
institutione Christi est lex libertatis, ita quod per ordinationem Christi
non est maioris nec tantae servitutis quantae fuit lex vetus. Hoc namque
ex auctoritatibus scripturae divinae colligitur evidenter. Beatus enim
Iacobus in canonica sua c. i vocat eam legem perfectae libertatis, dicens:
15 *Qui autem prospexerit in lege perfectae libertatis, et permanserit in ea*, etc.; et
Apostolus ad Galatas dicit: *Neque Titus, qui mecum erat, cum esset gentilis*,

46 excepit *scripsi*: excipit V.
47 dormierit: domini erit VB.   47 Consuluistis VB.
47 evangelica B: evangelista V.

5 auctoritatis: potestatis B.   5 posset B.
8 periculosam B.   16 dicit: et dicunt V.

39 c. 1, di. 19, col. 60.
39 c. 114, C. 1, q. 1, col. 402.
42–4 I, 33, 6, col. 198.   39–40 c. 2, C. 14, q. 3, col. 735.
47 c. 13, C. 31, q. 1, col. 1112.   46–50 *cf. CI* c. 25, p. 107.
47 c. 13, di. 55, col. 219.   47 c. 20, C. 2, q. 5, col. 462.
2–4 I, 8, 3, col. 101.
10–92 *cf. CB* iv, 12, p. 262; *ibid.* vi, 4, p. 275; *Brev.* ii, 3–4, pp. 56–9; *OQ* i.6.13–45;
Consult. 241–5, 269–73; IusIIIae *Dial.* i, 5–8; *IPP* cc. 1–3.
15 Iac. 1, 25.   16–20 Gal. 2, 3–5.

compulsus est circumcidi; sed propter introductos falsos fratres, qui introierunt explorare libertatem nostram, quam habemus in Christo Ihesu, ut nos in servitutem redigerent; quibus nec ad horam cessimus subiectione, ut veritas Evangelii per-
20 maneat apud vos. Et c. v ait: Utinam et abscindantur qui vos conturbant. Vos enim in libertatem vocati estis fratres: tantum ne libertatem detis in occasionem carnis. Et c. iv: Non sumus ancillae filii, sed liberae, qua libertate Christus nos liberavit. Et ii Cor. iii ait: Ubi Spiritus Domini, libertas ibi. Et beatus Petrus, ut habetur Actuum xv, ait: Quid temptatis [Deum] imponere iugum
25 super cervices discipulorum, quod neque patres nostri nec nos portare potuimus? Et beatus Iacobus ibidem post praedicta verba beati Petri dixit: Ego iudico non inquietari eos, qui ex gentibus convertuntur ad Deum, sed scribere ad eos ut abstineant se a contaminationibus simulacrorum, et fornicatione, et suffocatis, et sanguine. Et haec sententia Iacobi, sicut et sententia Petri, a Spiritu
30 sancto in universis Apostolis totoque generali consilio seu universali ecclesia tunc congregata exstitit approbata, cum subiungatur ibidem: Tunc placuit Apostolis et senioribus, cum omni ecclesia, eligere viros ex eis, et mittere Antiochiam cum Paulo et Barnaba, Iudam, qui cognominabatur Barsabas, et Silam, viros primos in fratribus; scribentes per manus eorum epistolam
35 continentem haec: Apostoli et seniores fratres, et post: Visum est enim Spiritui sancto, et nobis, nichil ultra imponere vobis oneris quam haec necessaria: ut abstineatis vos ab immolatis simulacorum, et sanguine, et suffocato, et fornicatione, a quibus vos custodientes, bene agetis. Ex quibus aliisque quampluribus colligitur quod Christiani per legem evangelicam et instructionem Christi
40 sunt a servitute multiplici liberati, et quod non sunt per legem evangelicam tanta servitute oppressi quanta Iudaei per legem veterem premebantur. Quod Augustinus ad inquisitiones Ianuarii, et habetur di. xii, c. Omnia, insinuat manifeste; qui, reprehendendo quosdam, qui Christianos observantiis, etiam non illicitis, nimis gravabant, dicit: Quamvis enim
45 neque hoc inveniri possit quomodo contra fidem sint, ipsam tamen religionem, quam paucissimis et manifestissimis celebrationum sacramentis misericordia Dei voluit esse liberam, servilibus oneribus premunt adeo, ut tolerabilior sit conditio Iudaeorum qui, etsi tempus liberationis non agnoverint, legalibus tamen sacramentis, non humanis praesumptionibus subiciuntur. Ex quibus verbis habetur quod
50 misericordia Dei voluit religionem Christianam esse liberiorem quoad onera, etiam non de se illicita, quam fuerint existentes sub veteri lege; et per consequens lex evangelica non solum dicitur lex libertatis quia liberat Christianos a servitute peccati et legis Mosaicae, sed etiam quia Christiani per legem evangelicam nec maiori nec tanta servitute pre-
55 muntur quanta fuit servitus veteris legis.

24 Petrus in marg. add. V².   24 Deum om. VB.
27 Deum: eum V.   34 Silam: solam V.
40 post evangelicam: et instructionem Christi sunt add. V; del. V².
43 insinuant V.   48 agnoverunt V.

20–2 Gal. 5, 12–13.   22–3 Gal. 4, 31.
23 ii Cor. 3, 17.   24–5 Act. 15, 10.
26–9 Act. 15, 19–20.   32–5 Act. 15, 22–3.
35–8 Act. 15, 28–9.
44–9 c. 12, di. 12, col. 30 = Augustinus, Ep. lv, 19, PL 33, 221.

Quod aperte probatur per hoc, quod Christiani conversi ex gentibus, de quibus agitur Actuum xv, recepta epistola Apostolorum et seniorum, *super consolatione gavisi* fuerunt, ut habetur ibidem.   Sed si fuissent liberati a servitute legis Mosaicae et alia maiori vel tanta prostrati fuissent, de 60 inquietatione tanta vel maiori non immerito doluissent.   Qui enim ab una servitute, praesertim divina, eruitur et alii tantae vel maiori, praecipue humanae, adicitur, sibi non consolationis, sed desolationis praebetur materia et doloris.

Nequaquam igitur Christiani per legem evangelicam tanta servitute, 65 quanta fuit veteris legis, nec quoad temporalia nec quoad spiritualia detinentur, licet si sponte voluerint possint se maiori subicere, et nonnulli iure humano maiori sint subiecti, ita quod plures auctoritates de libertate Christianae legis intelligi debeant negative.   Sed si papa haberet ex ordinatione Christi in temporalibus et spiritualibus huiusmodi plenitudi-70 nem potestatis, nec affirmative nec negative auctoritates scripturae sacrae dicentes legem evangelicam esse legem libertatis valerent intelligi, quia esset lex horrendissimae servitutis et incomparabiliter maioris servitutis, tam in temporalibus quam in spiritualibus, quam fuerit lex vetus.   Omnes enim Christiani reges et principes ac praelati et clerici 75 atque laici universi per legem evangelicam essent servi summi pontificis secundum strictissimam significationem vocabuli ' servi', secundum quam in scientiis legalibus vel vulgari locutione cuiuscunque gentis accipitur.   Non enim potest quicunque dominus temporalis habere maius dominium vel potestatem super servum suum quam ut possit 80 omnia praecipere ei, quaecunque non sunt contra legem divinam nec contra ius naturale.   Ad illa enim, quae sunt contraria legi divinae et iuri naturali indispensabili, nulla potestas imperatoris, regis vel cuiuscunque alterius respectu cuiuscunque servi se extendit.

Posset ergo papa, si haberet talem plenitudinem potestatis, sine culpa 85 et absque causa reges et principes ac alios clericos et laicos universos de dignitatibus suis deponere ipsosque privare omnibus rebus suis et iuribus, ac etiam reges potestati rusticorum et vilium personarum subicere ac ipsos constituere aratores agrorum, et quibuscunque vilibus operibus et artibus deputare; quae absurdissima sunt et libertati evangelicae legis, 90 quae ex divinis scripturis habetur, derogantia manifeste.   Quare non solum est falsum papam habere huiusmodi plenitudinem potestatis, sed etiam est haereticum, perniciosum et periculosum mortalibus universis.

Nec valet aliquis dicere quod ista opinio non est periculosa, quia papa de facto non exercet huiusmodi potestatem, quamvis si talem potestatem 95 super reges et alios Christianos inciperet exercere, satis esset timendum de horribilibus et periculosissimis seditionibus, dissentionibus, guerris et

---

67 ita quod *conieci*: nisi V²; *om.* V.
77 in scientiis VB: aliter institutis V²;   institutis *Sch.*
85 de: a B.   93 aliquis B: *om.* V.

56–8 *cf.* Act. 15, 31.   67–8 *cf. Brev.* ii, 4, p. 58.
84–5 sine culpa et absque causa: *cf. OQ* i.7.56 n.

proeliis orituris. Sed etsi dicatur: ' Papa tale quid non attemptat ', hoc, inquam, non valet, quia in talibus non solum est attendendum quid de facto fit, sed etiam quid de iure fieri potest. Et ideo non solum

100 expedit ut papa talia non attemptet, sed etiam expedit ut papa de iure talia attemptare non possit, propter horribilia pericula, quae acciderent si potestatem huiusmodi vel ex cupiditate, ambitione, timore, odio vel amore aut ex malitia vel ex simplicitate aut ex ignorantia praesumeret exercere. Praedicta ergo opinio perniciosa, periculosa et haeretica est censenda.

105 Adhuc, quod papa non habeat in temporalibus et in spiritualibus huiusmodi plenitudinem potestatis a Christo, probatur. Nam si papa haberet talem plenitudinem potestatis, papa haberet in omnibus terris, regnis et provinciis ac universis regionibus aequalem potestatem, quia eo ipso quod haberet maiorem potestatem in una terra quam in alia, non

110 posset in omni terra omnia, quae non sunt contra legem divinam nec contra ius naturale. Sed papa habet maiorem potestatem in una terra quam in alia, teste Innocentio III qui, ut habetur Extra, *de haereticis*, c. *Vergentis*, terras summi pontificis temporali iurisdictioni subiectas aperte distinguit ab aliis, dicens: *In terris vero temporali nostrae iurisdictioni subiectis*,

115 *bona haereticorum statuimus publicari, et in aliis idem praecipimus fieri per potestates et principes saeculares.* Ergo papa non habet in omnibus terris huiusmodi plenitudinem potestatis.

Amplius, Christus constituens beatum Petrum caput et praelatum cunctorum fidelium non intendebat principaliter providere utilitati,

120 commodo et honori beati Petri et successorum eius, praecipue temporali, sed principaliter intendebat providere utilitati ecclesiae suae, quam proprio sanguine acquisivit; et per consequens non dedit ei pro se et successoribus suis potestatem et auctoritatem in periculum totius ecclesiae. Quod beatus Apostolus ii Cor. ultimo satis aperte insinuare videtur,

125 dicens pro se et Apostolis, immo cunctis praelatis: *Non enim possumus aliquid adversus veritatem, sed pro veritate;* et post: *Haec absens scribo, ut non praesens durius agam secundum potestatem, quam Dominus dedit michi in aedificationem, non in destructionem vestram.* Ex quibus verbis datur intelligi quod Apostoli pro se et successoribus non in periculum, sed ad utilitatem

130 fidelium receperunt a Domino potestatem; quare per summum pontificium provisum est principaliter utilitati ecclesiae, et non honori, commodo vel utilitati personae assumptae. Quod etiam ratione probatur. Nam propter idem instituuntur leges iustae tam canonicae quam civiles, et principes ac praelati subditis praeferuntur, sicut per rationes et auctori-

135 tates posset copiose probari. Sed, ut habetur di. iv, c. *Erit autem lex*, leges pro *nullo privato commodo, sed pro communi utilitate* debent institui;

---

97 etsi dicatur *in marg. add.* V²: *om.* V.   99 fit: sit V.
99 posset B.   113 iurisdictioni V²: iurisdictione V.
127–8 edificationem B: edifficatione V.   130–1 pontificium *scripsi*: pontificem V.

106–17 *cf. CB* vi, 4, p. 276; *Brev.* ii, 10, p. 71; *OQ* i.6.85–90; IusIIIae *Dial.* i, 9
114–16 v, 7, 10, col. 783.
118–44 *cf. Brev.* ii, 5, pp. 59–60; *OQ* i.6.110–27.
124–32 *cf.* IusIIIae *Dial.* i, 7.   125–6 ii Cor. 13, 8.
126–8 ii Cor. 13, 10.   135–6 c. 2, di. 4, col. 5.

et qui aliis praeficiuntur, et praecipue summi pontifices, non pro suo privato commodo vel honore a Deo recipiunt potestatem. Si autem huiusmodi plenitudo potestatis tam in temporalibus quam in spiritualibus
140 collata fuisset a Christo beato Petro pro se et suis successoribus, principaliter fuisset provisum temporali commodo vel honori beati Petri et successorum eius, et non utilitati ecclesiae, cum talis potestas leviter posset in periculum et dispendium totius ecclesiae redundare. Ergo papa non habet in temporalibus et spiritualibus talem plenitudinem potestatis.

145 Rursus, qui non debet se saecularibus negotiis implicare, sed ab huiusmodi negotiis se abstinere tenetur, non habet regulariter, praecipue in temporalibus, huiusmodi plenitudinem potestatis. Frustra enim daretur alicui potestas pro utilitate communi, quam non deberet studiose et viriliter exercere. Sed episcopis et successoribus Apostolorum, inter quos summus
150 pontifex obtinet primum locum, interdicitur et suadetur ab Apostolis et sanctis patribus ne se immisceant saecularibus negotiis, sed ut a talibus se abstineant quantum possunt. Unde Apostolus, scribens Timotheo episcopo, ait: *Nemo militans Deo implicat se negotiis saecularibus.* Et etiam in canone Apostolorum, ut legitur di. lxxxviii, *Episcopus,* sic habetur:
155 *Episcopus aut sacerdos aut diaconus nequaquam saeculares curas assumant; sin aliter, deiciantur.* Quod etiam in sacris canonibus innumeris, qui ponuntur xxi, q. iii, c. i; di. lxxxviii, c. *Episcopus nullam*; xvi, q. i, *Sunt nonnulli*; Extra, *Ne clerici vel monachi se immisceant saecularibus negotiis,* per totum; xxi, q. iii, c. *Placuit* et c. *Cyprianus,* et c. *Mollitiis,* et c. *Hii, qui,* et c. *Sacer-*
160 *dotum,* et in aliis locis quampluribus invenitur. Ergo papa non habet regulariter, potissime in temporalibus, talem plenitudinem potestatis.

Item, ad potestatem regalem, non pontificalem, spectat regulariter de causis saecularibus iudicare et ea, quae ad iurisdictionem temporalem pertinent, exercere; ergo papa non habet, potissime in temporalibus, talem
165 plenitudinem potestatis. Antecedens posset ostendi per canones sacros innumeros et glossas super ipsos, qui et quae habentur xcvi di. c. *Duo sunt,* et c. *Cum ad verum,* et c. *Si imperator,* et Extra, *de iudiciis, Novit,* et di. x, c. *Quoniam,* et Extra, *Qui filii sint legitimi,* c. *Causam,* et xxiii, q. v, c. *Sunt quaedam,* et Extra, *Qui filii sint legitimi, Per venerabilem,* et Extra, *de foro*

145 debent B.   146 habent B.
167 *post* Novit: Extra de appell. si duobus. 97 di. ecclesie mee *add.* B.
168–9 Sunt . . . legitimi *om.* B.

145–61 *cf. Brev.* ii, 7, pp. 65–6; *OQ* i.4.12–32; IusIIIae *Dial.* i, 9.
153–60 *cf.* IIusIIIae *Dial.* ii, 12.   153 II Tim. 2, 4.
155–6 c. 3, di. 88, col. 307 = *Canon Apostol.* vii, *Eccl. Occid. Mon. Iuris Antiquiss.,* ed. C. H. Turner, I, 11.   157 c. 1, C. 21, q. 3, col. 855.
157 c. 6, di. 88, col. 307.   157 c. 25, C. 16, q. 1, col. 767.
158 III, 50, coll. 657–60.   159 c. 3, C. 21, q. 3, col. 856.
159 *ibid.* c. 4, col. 856.   159 *ibid.* c. 5, col. 857.
159 *ibid.* c. 6, col. 857.   159–60 *ibid.* c. 7, col. 857.
166–71 *cf.* IIusIIIae *Dial.* ii, 1–2.   166 c. 10, di. 96, col. 340.
167 *ibid.* c. 6, col. 339.   167 *ibid.* c. 11, col. 341.
167 II, 1, 13, col. 243.
167–8 c. 8, di. 10, col. 21; *Gl. ord. ad loc. cit., s.v.* ' discrevit '.
168 IV, 17, 7, col. 712.   168–9 c. 39, C. 23, q. 5, col. 941.
169 IV, 17, 13, col. 715.   169–70 I, 2, 6, col. 249.

170 *competenti*, c. *Ex transmissa*, et c. *Ex tenore*, et Extra, *de maioritate et obedientia*, *Solitae*, et in aliis locis quampluribus.

Praeterea, imperatores Christiani, reges et principes ac alii laici et clerici multi habent veram iurisdictionem temporalem ac verum dominium temporalium rerum, et non a papa; ergo papa non habet in temporal-175 ibus huiusmodi plenitudinem potestatis. Antecedens probatur: Quia non veriorem iurisdictionem temporalem nec verius dominium temporalium rerum habuerunt imperatores pagani et alii infideles, nec ante incarnationem Christi nec post, quam habent nunc fideles. Sed sanctarum serie scripturarum et testimoniis sanctorum patrum aperte colligitur quod multi 180 infideles et ante et post incarnationem Christi habuerunt veram iurisdictionem temporalem et verum dominium temporalium rerum, et non a papa nec ab alio sacerdote fideli, licet saepe abuterentur huiusmodi iurisdictione et dominio. Sed abusus verae potestatis aut iurisdictionis vel dominii veram potestatem minime tollit, ut Augustinus asserit mani-185 feste, prout habetur xiv, q. v, c. *Neque*. Ergo fideles habent vel habere possunt veram iurisdictionem temporalem [et] verum dominium temporalium rerum, et non a papa.

Quod autem in scripturis divinis reperiatur expresse quod plerique infideles habuerunt veram iurisdictionem temporalem et verum dominium 190 temporalium rerum, ita ut opinio contraria haereticalis debeat reputari, monstrari et probari possit aperte ex auctoritatibus Novi et Veteris Testamenti, quae ponuntur Genesis c. xxiii, et c. xxxi, et xxxix et xli, et Deuteronomii ii, et iii Regum c. ix, et c. xix, et ii Paralipomenon capitulo ultimo, et i Esdrae c. i, et Isaiae xlv, et Tobiae ii, et Danielis c. ii [et] v, et 195 Matthaei ii et xvii, et Lucae i, ii et iii, et Ioannis xix, et ad Romanos xiii, et i Cor. vii, et i Tim. vi, et Actuum c. xvi et xxii et xxiv [et] xxv, et i Petri c. ii.

178 habent *scripsi*: habeant V.
178 Sed V²: Sex V.
186 et *supplevi*.
194 thobie 1 et 2 danielis V; thobie 1.2.3 danielis B.
194 et⁵ *supplevi*.
196 xxiv: 24 B; *om.* V.

183 iurisdictioni V.
193 iii et regum *trs.* V.

195 xiii: 13 B; 9 V.
196 et⁶ *supplevi*.

170 *ibid.* c. 11, col. 251.
172–97 cf. *CB* vi, 5, p. 278; *Brev.* iii, 2–3, pp. 110–14; *OQ* i.10.55–129; *ibid.* iv.3.41–63; IIusIIIae *Dial.* i, 25.
185 c. 9, C. 14, q. 5, col. 740 = Augustinus, *de bono coniug.* 14, PL 40, 384.
192–7 The verse references to the chapters cited here have been identified from IIusIIIae *Dial.* i, 25.

170–1 I, 33, 6, col. 197.

192 Gen. 23, 17–20.

192 Gen. 31, 32; *ibid.* 37–8.
192 Gen. 41, 35.
193 iii Reg. 9, 11.
193–4 ii Paralip. 36, 22–3.
194 Is. 45, 1.
194 Dan. 2, 37–8.
195 Matth. 2, 1.
195 Luc. 1, 5.
195 Luc. 3, 12–14.
195 Rom. 13, 1; *ibid.* 7.
196 i Tim. 6, 1–2.
196 Act. 22, 25–8.
196 Act. 25, 10–11.

192 Gen. 39, 5.
193 Deut. 2, 4–6; *ibid.* 9; *ibid.* 18–19.
193 iii Reg. 19, 15.
194 i Esdras 1, 1–2.
194 Tob. 2, 20–1.
194 Dan. 5, 18.
195 Matth. 17, 24–5.
195 Luc. 2, 1.
195 Ioann. 19, 11.
196 i Cor. 7, 20–1.
196 Act. 16, 37.
196 Act. 24, 10.
196–7 i Petr. 2, 13–14; *ibid.* 18.

Amplius, papa non habet universale dominium et proprietatem in speciali atque ius disponendi prout voluerit de omnibus temporalibus; 200 ergo non habet in temporalibus talem plenitudinem potestatis. Antecedens probatur: tum quia, si papa tale dominium et ius haberet, nullus alius haberet in quacunque re temporali ius quodcunque, nisi quod esset sibi datum a papa, quod papa posset revocare quandocunque vellet; quod iuri divino obviat pariter et humano: tum quia Christus, inquantum 205 homo passibilis et mortalis, cuius vicarius est papa, tale dominium in speciali omnium rerum et ius renuit habere, sicut per innumeras auctoritates scripturae divinae et sanctorum plures in quam multis prolixis operibus nituntur ostendere; ergo multo fortius papa, qui est vicarius Christi, tale dominium universale et ius in omnibus temporalibus rebus 210 minime habet.

CAPITULUM TERTIUM

De multis rationes paucae, quae copiosius auctoritatibus scripturae divinae et sanctorum patrum vallari valerent, sunt adductae ad probandum quod papa non habet in temporalibus et spiritualibus talem plenitudinem potestatis; nunc restat idem assertionibus maiorum 5 ostendere.

Ait itaque beatus Petrus canonica sua prima, c. v: *Neque ut dominaris in cleris;* et idem in ordinatione Clementis, ut habetur xi, q. i, c. *Te quidem,* ait: *Te quidem oportet irreprehensibiliter vivere, et summo studio niti, ut omnes vitae huius occupationes abicias; ne fideiussor existas, ne advocatus litium* 10 *fias, neve in aliqua occupatione inveniaris mund*ani *occasione perplexus. Nec enim iudicem nec cognitorem saecularium negotiorum hodie te ordinare vult Christus.*

Item, Ambrosius super Lucam: *Imaginem Caesaris non habet Christus, quia imago Dei est. Imaginem Caesaris non habet Petrus, quia dixit: 'Reliquimus omnia, et secuti sumus te'. Imago Caesaris non reperitur in Iacobo* 15 *et Ioanne, quia filii tonitrui sunt. Sed reperitur in mari, ubi dracones illi contritis capitibus super aquam, et ipse draco maior, comminutus caput, datus est in escam populis Aethiopum. Si ergo non habuit imaginem Caesaris Christus, cur dedit censum? Non dedit de suo, sed reddidit mundo quod erat mundi. Et si tu non vis esse obnoxius Caesari, noli habere quae mundi sunt. Si habes divitias, obnoxius* 20 *Caesari es. Si vis nichil debere regi terreno, relinque omnia tua, et sequere Christum.*

208 operibus: oppibus V; opinionibus V².

6 Neque B: nec V.   6 dominantes *Vulg.*
9 vitae: vie VB.
10 occupatione prorsus inveniaris mundialis negotii occasione *ps.-Isid. et canon.*
17 habuit V²B: habent V.

204–10 *cf. OND* 93.790–946; *Brev.* ii, 9, p. 70; *OQ* i.13.5–32.

6–7 *cf.* 1 Petr. 5, 3.
8–11 c. 29, C. 11, q. 1, col. 634 = [Clemens papa I], *Ep.* 1, 4, *Decretal. ps.-Isid.,* ed. Hinschius, p. 32; *OQ* i.4.18–22 n.
12–20 Ambrosius, *Expos. Ev. sec. Lucam* ix, PL 15, 1802; cited *Brev.* ii, 11, p. 74.
13–14 *cf.* Matth. 19, 27.   15 *cf.* Mc. 3, 17.
15–17 *cf.* Ps. 73, 13–14.

Item, Ieronymus ad Nepotianum ait: *Episcopi sciant se sacerdotes esse, non dominos.*

Item, Gregorius, tractans in Moralibus illa verba Apostoli: *Saecularia igitur iudicia si habueritis,* ait: *Hii terrenas causas examinent, qui exteriorum* 25 *rerum sapientiam perceperunt; qui autem spiritualibus dotati sunt, terrenis non debent negotiis implicari ut, dum non coguntur bona inferiora disponere, valeant bonis superioribus deservire.*

Et glossa super eadem verba Apostoli ait: ' *Contemptibiles*', *id est aliquos sapientes, qui tamen sunt minoris meriti,* ' *constituite ad iudicandum*'. 30 *Apostoli enim circueuntes talibus non vacabant. Sapientes ergo, qui in locis consistebant, fideles et sancti, non qui hac atque illac propter Evangelium discurrebant, talium negotiorum examinatores esse voluit.*

Item, beatus Ioannes Chrysostomus in libro suo dialogorum, qui intitulatur *de dignitate sacerdotali,* libro secundo, c. iii, ait: *Hii qui foris* 35 *sunt iudices, malignos quoque cum subdiderint, ostendunt in eis plurimam potestatem, et invitos eos a priorum morum pravitate compescunt. In ecclesia vero non coactum, sed acquiescentem oportet ad meliora converti, quia nec nobis a legibus data est talis potestas, ut auctoritate sententiae cohibeamus homines a delictis.*

Et sexto libro ait: *Nec nobis de gubernatione militum neque pro regno terreno* 40 *deliberandum, sed pro officio, quod virtutem exigit angelorum.*

Et idem super illud Matthaei xx: *Reges gentium,* etc., ait: *Principes mundi ideo sunt, ut dominentur minoribus suis et eos servituti subiciant et exspolient et usque ad mortem eis utantur, ad suam utilitatem et gloriam. Principes autem ecclesiae fiunt, ut serviant minoribus et ministrent eis quaecunque acceperunt a* 45 *Christo, ut suas utilitates negligant et illorum procurent.*

Item, Origenes super eadem verba ait: ' *Scitis quia principes gentium dominantur eorum*', *id est non contenti tantum regere suos subditos, violenter eis dominari nituntur. Inter vos autem, qui estis mei, non erunt haec. Quoniam, sicut omnia carnalia in necessitate sunt posita, spiritualia autem in voluntate, sic* 50 *et qui principes sunt spirituales, id est praelati, principatus eorum in dilectione debet esse positus, non in timore.*

Item, Bernardus libro primo de Consideratione ad Eugenium papam

---

24 examinent B: examinant V.
29 constituite *sec. Vulg.*: constituti V; constituuntur B.
32 voluit B: noluerint V.   34 Hii V²B: Hiis V.
41 xx *scripsi*: xxi VB.   46 eadem verba B: eodem verbo V.
49 sicut V²B: sunt V.

21–2 Hieronymus, *Ep.* lii, PL 22, 533; cited *Brev.* ii, 11, p. 75.

23–4 1 Cor. 6, 4.

24–7 Gregorius Magnus, *Moral.* xix, 25, PL 76, 125; cited *OND* 115.297–301; *Dial.* I, vi, 3; *Brev.* ii, 11, p. 74.

28–30 *Gl. ord. ad* 1 Cor. 6, 4, *s.v.* ' Saecularia igitur iudicia '; cited *Dial.* I, vi, 3.

30–2 *Gl. ord. ad* 1 Cor. 6, 4, *s.v.* ' contemptibiles ' = Augustinus, *de op. monach.* xxix, PL 40, 577; cited *Dial. loc. cit.*

34–8 Ioannes Chrysostomus, *de sacerdotio* ii, 3, PG 48, 634; cited *Dial.* I, vi, 3; *Brev.* ii, 11, pp. 74–5.   39–40 *ibid.* vi, 1, PG 48, 678–9.

41 *cf.* Matth. 20, 25.

41–5 ps. [Chrysostomus], *Op. imperfectum in Matth.* homil. xxxv, PG 56, 830; cited *Dial.* I, vi, 3; *IPP* c. 7; (as from Origenes) *Brev.* ii, 19, p. 97.

46–51 Origenes, *Comment. in Matth.* xvi, 8, PG 13, 1391; cited *Dial.* I, vi, 3; *Brev.* ii, 11, p. 73; *IPP* c. 7.

ait: *Ergo in criminibus, non in possessionibus potestas vestra; propter illa siquidem, et non propter has, accepistis claves regni caelorum, praevaricatores utique* 55 *exclusuri, non possessores.* Et libro secundo ait: *Quid tibi aliud dimisit sanctus Apostolus?* ' *Quod habeo* ', *inquit,* ' *hoc tibi do.*' *Quid est illud?* *Unum scio: non est aurum nec argentum, cum ipse dicat:* ' *Aurum et argentum non est michi* '. *Esto, ut alia quacunque ratione haec tibi vendices; sed non apostolico iure.* *Nec enim* 60 *ille dare tibi potuit, quod non habuit; sed quod habuit, hoc dedit, sollicitudinem, ut dixi, super ecclesias.* *Numquid dominationem?* *Audi ipsum:* ' *Non dominantes* ', *ait,* ' *in clero, sed forma facti gregis* '. *Et ne dictum sola humilitate putes, et non veritate, vox est Domini in Evangelio:* ' *Reges gentium dominantur eorum, et qui potestatem habent super eos, benefici vocantur* '; *et infert:* ' *Vos* 65 *autem non sic* '. *Planum est: Apostolis interdicitur dominatus.* *Igitur tu et tibi usurpare audes aut dominans apostolatum aut* apostolatus *dominatum?* *Plane ab utroque prohiberis.* *Si utrumque simul habere voles, perdes utrumque.* *Alioquin non te illorum numero putes exceptum, de quibus quaeritur Deus:* ' *Ipsi regnaverunt, et non per me; principes exstiterunt, et ego non cognovi eos* '. *At si* 70 *interdictum habemus, audiamus edictum:* ' *Qui maior est vestrum, fiat sicut minor, et qui praecessor est, sicut qui ministrat* '. *Forma apostolica haec est: dominatio interdicitur, indicitur ministratio.*

Et libro tertio ait: *Erras si, ut summam, ita et solam institutam a Deo vestram apostolicam potestatem existimas.* *Si hoc sentis, dissentis ab eo, qui ait:* ' *Non* 75 *est potestas nisi a Deo* '. *Proinde quod sequitur:* ' *Qui potestati resistit, Dei ordinationi resistit* ', *etsi principaliter pro te facit, non tamen singulariter.* *Denique idem ait:* ' *Omnis anima sublimioribus potestatibus subdita sit* '. *Non ait* ' *sublimiori* ', *tanquam in uno, sed* ' *sublimioribus* ', *tanquam in multis.*

Item, idem in eodem libro ad Eugenium ait: *Non monstrabunt, puto,* 80 *qui hoc dicerent, ubi aliquando quispiam Apostolorum iudex sederit hominum;* et parum post: *Stetisse denique lego Apostolos iudicandos, sedisse iudicantes non lego.* *Erit illud, non fuit.*

Item, idem ad eundem: *Quis michi det, ut videam ecclesiam Dei sicut in*

53–4 propter illa siquidem: quoniam propter illa *PL.*
57 Quid: quod B.
60 sed *om. PL.*
65–6 I ergo tu et tibi usurpare aude *PL.*
66 apostolatus: apostolicus *PL.*
70 habemus: tenemus *PL.*
74 Si B: et V.
83 ut videam: videre *PL.*

59 enim V²B: est V.
64 qui V²B: quia V.

69 per VB: ex *sec. Vulg.*
70 minor: junior *PL.*
83 det B: dederit V.

53–105 Precisely the same catena in *OQ* viii.6.92–139; at somewhat greater length in *Brev.* ii, 12, pp. 76–9.
53–5 Bernardus Claraevall., *De consid.* i, 6, PL 182, 736; *Opera*, ed. J. Leclercq and H. M. Rochais, III, Rome, 1963, p. 402.
56–72 *ibid.* ii, 6, col. 748; *Opp.* III, 417–8. 56–8 Act. 3, 6.
61–2 1 Petr. 5, 3. 63–5 Luc. 22, 25–6.
68–9 *cf.* Osee 8, 4. 70–1 *cf.* Luc. 22, 26.
73–8 Bernardus, iii, 4, col. 768; *Opp.* III, 444.
74–5 Rom. 13, 1. 75–6 Rom. 13, 2. 77 Rom. 13, 1.
79–82 Bernardus, i, 6, col. 735; *Opp.* III, 401–2; *cf.* Act. 5, 27; Matth. 19, 28.
83–6 idem ad eundem: Bernardus Claraevall., *Ep.* ccxxxviii, 6 (ad Eugenium papam), PL 182, 430.

diebus antiquis, quando Apostoli laxabant retia sua in capturam non auri, sed in
85 *capturam animarum.? Quis michi det, ut audiam vocem tuam, vocem illam virtutis:*
' *Pecunia tua tecum sit in perditionem* ' *?*
   Item, idem ad eundem: *Loquere tibi:* ' *Abiectus eram in domo Dei mei* '.
Quale est hoc de paupere et abiecto: ' *Levor super gentes et regna* ' *?* Et infra:
Nam et propheta, cum similiter levaretur, audivit: ' *Ut evellas et destruas, et*
90 *disperdas et dissipes, et aedifices et plantes* '. *Quid horum fastum sonat?* *Rusticani*
magis sudoris schemate quodam labor spiritualis expressus est. Et nos igitur, ut
multum sentiamus de nobis, nobis impositum sentiamus ministerium, non dominium
datum. Et infra: Disce sarculo tibi opus esse, non sceptro, ut opus facias pro-
phetae.
95   Item, idem in eodem: *Non tu ille, de quo propheta:* ' *Et erit omnis terra*
possessio eius '. *Christus hic est, qui possessionem sibi vendicat et iure creationis et*
merito redemptionis et dono Patris. Cui enim alteri dictum est: ' *Postula a me,*
et dabo tibi gentes ', *etc.? Possessionem et dominium cede huic; tu curam illius*
habe. Pars tua haec; ultra ne extendas manum. Tu praesis, ut consulas, ut
100 *procures, ut servias, ut provideas. Praesis, ut prosis; praesis ut* ' *fidelis servus et*
prudens, quem constituit dominus super familiam suam '. *Ad quid?* ' *Ut des illis*
escam in tempore ', *hoc est, ut dispenses, non imperes. Hoc fac, et dominari hominibus*
ne affectes homo, ut non dominetur tui omnis iniustitia. Ergo si te agnoscis
sapientibus et insipientibus, sed debitorem, non dominatorem, curandum summopere,
105 etc.

CAPITULUM QUARTUM

Ex praedictis aliisque innumeris non solum patenter infertur quod papa
non habet illam plenitudinem potestatis, quam sibi praefati assertores
attribuunt, sed etiam plura alia notabilia circa potestatem ipsius, quae
Christianis non expedit esse incognita, concluduntur; per quae ulterius
5 principale intentum evidenti ratione probatur, quod scilicet papa non
habeat talem plenitudinem potestatis.
   Ex scripturis namque habetur aperte quod papa non habet in speciali
universale dominium et proprietatem vel possessionem omnium temporalium rerum, cum in ultima auctoritate praescripta, quae est beati Bernardi,
10 dicatur expresse quod non papa, sed Christus universale dominium et

85 Quis ... virtutis: Quam cupio illius te haereditare vocem, cujus adeptus es sedem
PL.
  88 et[1] B: *om*. V.
  89 et[1] B: in V.
  92 senserimus ministerium *PL*.
  95 Item *scripsi*: idem B; *om*. V.
  103 iniustitia V[2]B: iustitia V.

86 perditionem B: perditione V.
88 Levor V: levat B; levari *PL*.
89 similiter B: aliquando V.
93 sarculo ibi tibi *add*. V; ibi *om*. B.
102 hominibus: hominum *PL*.
104 summopere B: sive in opere V.

84–5 *cf.* Luc. 5, 4–10.
86 *cf.* Act. 8, 20.
87–94 Bernardus, *De consid*. ii, 5–6, coll. 746–7; *Opp*. III, 416; *cf*. Ps. 83, 11.
89–90 Ier. 1, 10.   95–105 Bernardus, iii, 1, coll. 758–9; *Opp*. III, 431–2.
95–6 *cf.* Ps. 2, 8.   97–8 Ps. 2, 8.
100–101 *cf.* Matth. 24, 45.   101–2 Ps. 103, 27.
103 *cf.* Ps. 118, 133.   104 *cf.* Rom. 1, 14.

9 in ultima auctoritate: *supra*, 3.95–105.

possessionem habeat omnium temporalium rerum; quod verum est de Christo tam secundum divinitatem quam secundum humanitatem post resurrectionem et glorificationem; quod de papa nullatenus continet veritatem, quia Christus Petro, qui reliquit omnia propter Christum,
15 omnium rerum dominium in generali non dedit: quod etiam ex auctoritate duodecima et quinta decima colligitur manifeste.

Secundo, ex praescriptis habetur quod papa per institutionem et ordinationem Christi non solum non habet universale dominium omnium rerum, sed nec etiam est dominus aliorum, sicut in prima auctoritate,
20 quae est beati Petri, et in quarta, quae est beati Ieronymi, et in duodecima, quae est beati Bernardi, et in decima sexta et decima septima, quae sunt eiusdem, non solum sententialiter, sed etiam vocaliter affirmatur. Proinde papa nequaquam dominus est vocandus propter dominium aliquod temporale, quod super personas hominum vel res ipsorum a
25 Christo accepit, licet dominus valeat appellari propter praerogativam ordinis et officii, quo ceteros antecellit: quemadmodum nonnunquam divites et potentes sacerdotes et pauperes religiosos propter praerogativam sanctitatis vel religionis aut ordinis ' dominos ' vocant, quos tamen super se nullum habere dominium temporale non ambigunt.
30 Tertium notabile, quod ex praedictis habetur, est quod a Deo non solum instituta est potestas papalis, sed etiam plures aliae, videlicet saeculares, institutae sunt ab ipso, sicut in auctoritate decima tertia, quae est beati Bernardi, asseritur manifeste. Quamvis enim potestates plures ecclesiae institutae sunt a Deo mediante auctoritate papali, potestates tamen
35 saeculares, imperialis scilicet et regalis et aliae principales, sunt a Deo non per auctoritatem papalem, sed per auctoritatem hominum, quam non a papa acceperunt, sed a Deo. Unde regalis potestas non est a papa, sed est a Deo mediante populo, qui accepit potestatem a Deo praeficiendi sibi regem propter bonum commune.
40 Quartum notabile est quod papa in beato Petro non habet a Christo potestatem regulariter temporalia disponendi vel se implicandi saecularibus negotiis aut de huiusmodi iudicandi; quod ex secunda auctoritate, quae est beati Petri, et quinta, quae est beati Gregorii, et sexta, quae est glossae super i ad Corinthios, et octava, quae est Ioannis Chrysostomi, et
45 undecima, quae est beati Bernardi, et decima quarta, quae est eiusdem, elicitur evidenter. Christus enim tantummodo instituit rectores suorum fidelium in spiritualibus propter adipiscendam aeternam vitam circa spiritualia occupari, quamdiu temporalia et saecularia negotia rite per

---

40 habet: aliter recepit *in marg.* V².   43 quae² *add.* V².

---

14 *cf.* Matth. 19, 27.
16 quinta decima: 3.83–6.
20 quarta: 3.21–2.
21 decima sexta et decima septima: 3.87–105.
32 decima tertia: 3.73–8.
42 secunda auctoritate: 3.8–11.
43 sexta: 3.28–32.
45 undecima: 3.53–5.
46–60 *cf. CB* vi, 13, p. 297.

15–16 auctoritate duodecima: 3.56–72.
19 prima auctoritate: 3.6–7.
20 duodecima: 3.56–72.
26 quo V: qua *Sch.*
34–9 *cf. OQ* ii.6.1–4.
43 quinta: 3.24–7.
44 octava: 3.39–40.
45 decima quarta: 3.79–82.

laicos disponuntur nullam eis regulariter tribuens potestatem super
50 temporalia praeter potestatem et ius petendi a laicis ea de temporalibus,
quae pro sua sustentatione et suorum officiorum spiritualium executione
necessario requiruntur, licet eis non interdixerit sub praecepto potestatem
temporalia aliter acquirendi et ipsa licite possidendi vel de eis etiam
iudicandi; quos etiam voluit casualiter tempore necessitatis propter
55 excessivam malitiam laicorum vel aliquid aliud consimile potestatem
habere temporalia disponendi et se huiusmodi immiscendi, ne societas
fidelium vel etiam ministrorum ecclesiae, tanquam grex non habens
pastorem nec valens sibi constituere gubernatorem idoneum, periculo
importabili aut exterminio spirituali vel corporali propter carentiam
60 huiusmodi potestatis valeret exponi.

Quintum notabile est quod papa non habet potestatem tantam,
quantam habuit Christus; quod ex ultima auctoritate, quae est Bernardi,
datur intelligi. Nec mirum. Cum enim papa sit vicarius solummodo
Christi, licet sit successor Petri, et vicarius alicuius ratione vicariatus non
65 sit potestatis aequalis, sequitur quod papa non habet potestatem tantam,
quantam habuit Christus. Quare, esto quod Christus, etiam inquantum
homo passibilis et mortalis, habuerit in speciali proprietatem et dominium
universale omnium temporalium rerum plenissimaque temporali potestate
super omnes homines praeditus exstitisset, ex hoc inferri non posset quod
70 papa, vicarius Christi, huiusmodi potestatem et dominium obtineret.

Sextum notabile est quod potestas papalis ex ordinatione Christi
regulariter ad illa solummodo se extendit, quae sunt utilia et necessaria
populo Christiano et quae in praeiudicium vel detrimentum notabile et
enorme sive fidelium sive infidelium non redundant; ut merito non
75 utilitati, gloriae, commodo vel honori personae assumptae ad summum
pontificium, sed ecclesiae gubernandae videatur esse provisum, ut ex
auctoritate nona, quae est Ioannis Chrysostomi, et decima, quae est
Origenis, et decima sexta, quae est beati Bernardi, colligitur evidenter.

Septimum notabile est quod claves regni caelorum datae papae regulari-
80 ter ad crimina et peccata, non ad possessiones, se extendunt, sicut in
undecima auctoritate, quae est beati Bernardi, asseritur manifeste.
Quia, ratione auctoritatis huius, claves non se extendunt ad possessiones;
eadem ratione nec iura temporalia laicorum respiciunt.

Octavum notabile est quod potestas clavium regni caelorum data papae
85 a Christo, ad peccata et crimina se extendens, non est regulariter coactiva,
ut in auctoritate septima et octava, quae sunt Chrysostomi, et decima,
quae est Origenis, asseritur. Sanctus enim Petrus recipiens claves regni

---

52 interdixerit *scripsi*: indixerit V; interdicatur B.
59 exterminio *corr. Sch.*: extermino VB.
67 habuerit B: habuit V.
78 decima sexta: 17 B.   77 decima B: 18 V.
                                          86 decima B: 18 V.

61–70 *cf.* *OQ* i.13.21–32 n.; *infra*, 6.144–81.
62 ultima auctoritate: 3.95–105.   77 nona: *supra*, 3.41–5.
77 decima: 3.46–51.   78 decima sexta: 3.87–94.
81 undecima: 3.53–5.   86 septima et octava: 3.34–40.
86 decima: 3.46–51.

caelorum a Christo generalem potestatem super omnia peccata, nullo excepto, recepit. Sed super peccata et crimina mere saecularia, quae
90 iudices saeculares iuste et sufficienter punire parati fuerunt, non recepit beatus Petrus in foro contentioso potestatem coactivam, ne per potestatem datam beato Petro potestas saecularium iudicum totaliter esset absorpta, contra illud Apostoli loquentis de potestate saeculari ad Romanos xiii: *Si autem malefeceris, time; non enim sine causa gladium portat,* et contra illud
95 beati Petri: *Subiecti estote omni humanae creaturae propter Deum; sive regi, quasi praecellenti; sive ducibus, tanquam ab eo missis ad vindictam malefactorum.* Ergo potestas clavium data beato Petro non fuit in foro contentioso regulariter coactiva, licet in foro poenitentiali super omnia peccata et crimina Petrus receperit potestatem, quia etiam a Christo habuit potesta-
100 tem sanis documentis et exhortationibus salubribus etiam publice, non obstante contradictione vel prohibitione cuiuscunque, quandocunque esset expediens, inducendi ad dignos fructus poenitentiae peccatores et criminosos, etiam a saecularibus iudicibus sufficienter et iuste punitos; qui etiam super crimina mere spiritualia potestatem habuit coactivam.
105 Qualem etiam potestatem coactivam habuit beatus Petrus et habent successores ipsius casualiter super crimina saecularia; in quibus autem casibus huiusmodi potestatem habeant coactivam, non est exprimendum ad praesens.

Ex quolibet notabilium praedictorum, saltem aliis assertionibus catholicis
110 coassumptis, posset necessario argumento concludi quod papa non habet illam plenitudinem potestatis, quam ei praedicti assertores attribuunt in praeiudicium non solum laicorum, sed etiam clericorum. Sed hoc ex notabilibus inferre praescriptis causa brevitatis omitto.

CAPITULUM QUINTUM

Hiis visis, requiritur respondere ad illa, quibus ostenditur quod papa talem habeat plenitudinem potestatis. Ad primum igitur, cum accipitur quod Christus promisit Petro et successoribus eius talem plenitudinem potestatis, cum dixit: *Tibi dabo claves,* etc., quia verbo generali omnia
5 debent comprehendi, respondetur quod verba Christi, quamvis generaliter sint prolata, tamen non debent generalissime absque omni exceptione omnino intelligi. Ex hoc enim absurditates haereticales apertissime sequerentur. Quarum prima est quod Christus promisisset beato Petro et successoribus eius potestatem aequalem potestati Christi, quia Christus
10 nec habuit nec habere potuit maiorem potestatem quam ut omnia absque exceptione posset.

---

92 absorta VB; absorbita *Sch.* 96 missis B: commissis V.
96 malefactorum B: maleficiorum V.
106 casualiter *corr. Sch.*: causaliter V.

---

94 Rom. 13, 4. 95–6 1 Petr. 2, 13–14.

2–49 *cf. Brev.* ii, 14, pp. 81–3 (at times verbally identical); *OQ* i.7.88–124; *Consult.* 223–41.
4 Matth. 16, 19.

Secunda absurditas est quod papa de plenitudine potestatis posset contra legem divinam et ius naturae, praesertim in hiis, in quibus potest Deus contra huiusmodi; et ita, quemadmodum Deus praecepit Abrahae,
15 ut filium suum innocentem occideret—nec contra fas praecepit, quia Deus est dominus vitae et mortis, cum tamen ad legem divinam et ius naturae pertineat non occidere innocentem—posset papa de plenitudine potestatis praecipere fidelibus occidere innocentes et fideles Christi obedirent; quod sapit haeresim manifestam.

20 Tertia est quod papa, sicut deductum est prius, posset de plenitudine potestatis absque culpa et sine causa privare reges regnis suis et dare ea rusticis quibuscunque obedire.

Quarta est quod papa de plenitudine potestatis posset separare virum invitum etiam absque culpa et sine causa ab uxore post matrimonium
25 consummatum, et vir sibi in hoc parere deberet.

Aliae absurditates stultae, periculosae et haereticales innumerae sequerentur, si verba Christi praescripta absque omni exceptione omnino debent intelligi. Nequaquam igitur generalissime, sed cum exceptionibus suis verba illa, licet generaliter sint prolata, debent intelligi. Quare
30 saepe verbum generale non est generaliter intelligendum, Extra, *de iureiurando, Ad* [*nostram noveris*] *audientiam*, et i, q. i, *Iudices*; immo, ut notat glossa, Extra, *de appellationibus, Sua nobis: Verbum generale saepe restringitur.* Cuius exempla innumera etiam in scripturis divinis habentur; sed pauca, quae de potestate et subiectione loquuntur, adducam.

35 Ait itaque beatus Petrus in canonica sua prima, c. ii: *Subiecti estote omni humanae creaturae propter Deum*; et post: *Servi, subiecti estote in omni timore dominis.* Et Apostolus Rom. xiii ait: *Omnis anima potestatibus sublimioribus sit subdita;* et ad Colossenses iii ait: *Filii, obedite parentibus per omnia;* et ad Ephesios vi ait: *Servi, obedite dominis carnalibus cum omni*
40 *timore et tremore;* et ad Colossenses iii ait: *Servi, obedite per omnia dominis carnalibus;* et i Tim. vi ait: *Quicunque sunt sub iugo servi, dominos suos omni honore dignos arbitrentur;* et ad Ephesios v: *Ut ecclesia subiecta est Christo, ita mulieres viris suis in omnibus.* Quae omnia generaliter proferuntur, et tamen non generalissime, sed cum exceptionibus suis debent intelligi,
45 ne ex Apostolorum doctrina haereses stultae, perniciosae et irrationabiles inferantur. Sic etiam promissio Christi praescripta, licet prolata fuerit

---

15 nec contra fas praecepit *ante* Abrahae *trs*. V.
31 nostram noveris *supplevi: om.* VB; *cf. Brev.* ii, 14, ed. Scholz, p. 82.
32 saepe V²B: semper V.
38 Colossenses iii *scripsi:* Coloss. iv VB; *cf. Brev.* ii, 14, p. 82.

14–15 *cf.* Gen. 22, 2.
16 *cf.* Sap. 16, 13.
21 absque culpa et sine causa: *cf.* supra, 2.84–5; *OQ* i.7.56 n.
28–49 *cf. OQ* iii.12.224–9 n.
31 c. 23, C. i, q. i, col. 367.
32 *Gl. ord. ad* ii, 28, 65, *s.v.* 'tertio appellare'.
35–6 i Petr. 2, 13.
37–8 Rom. 13, 1.
39–40 Ephes. 6, 5.
41–2 i Tim. 6, 1.

20 prius: 2.84–9.
30–1 ii, 24, 21, col. 367.
36–7 i Petr. 2, 18.
38–9 Coloss. 3, 20.
40–1 Coloss. 3, 22.
42–3 Ephes. 5, 24.

sub generalibus verbis, tamen sane et sub expositionibus congruis atque cum exceptionibus suis, quae ex aliis locis scripturae divinae et ratione patenti colligi possunt, debet intelligi.

50   Quemadmodum igitur a praedicta generalitate, qua dicitur: *Quodcunque ligaveris,* etc. excipi debent illa, secundum omnes catholicas sententias, quae sunt contra legem divinam et ius naturae, ita etiam excipi debent illa, quae essent in notabile et enorme detrimentum et dispendium libertatum et iurium temporalium imperatorum, regum, principum et 55 aliorum laicorum et etiam clericorum, quae eis iure naturali, gentium vel civili ante vel post institutionem legis evangelicae competebant. Ad illa enim potestas papalis regulariter minime se extendit, cum absque causa et sine culpa iura turbare non debeat aliorum, Extra, *de iudiciis, Novit.* Ad quae tamen casualiter, puta in casu summae utilitatis vel 60 vicinae aut extremae necessitatis vel propinquae, rationabile sit ut se possit extendere, quatenus communitati fidelium in omnibus necessariis per Christum provisum erat, ne extremo exponatur periculo propter ignorantiam, ignaviam, impotentiam, pusillanimitatem, quamcunque libidinem vel malitiam quorumcunque. Non enim Christus voluit 65 omnes homines servituti summi pontificis subiugare nec vult ipsum praeesse aliis propter propriam, sed propter communem utilitatem. Et ideo non habet pontifex summus a Christo potestatem pro suae arbitrio voluntatis spoliandi alios libertatibus, iuribus et rebus; nec aliquam potestatem, ex qua leviter possent periclitari fideles temporaliter 70 vel spiritualiter, concessit Christus summo pontifici, sed ut prodesset ipsum praetulit universis, nullam ei tribuens potestatem, per quam ad placitum [posset turbare] aliorum iura, quae ante promulgationem evangelicae legis in se vel in suis parentibus aut praedecessoribus habuerunt, vel etiam post tali iure et modo legitimo adepti fuerunt, quali 75 antea priores acquirere potuerunt.

Claves igitur regni caelorum et potestas ligandi et solvendi datae summo pontifici primo et principaliter se extendunt ad peccata in foro poenitentiali; quibus commissis, quasi quibusdam vectibus regnum caelorum clauditur, et ipsis per virtutes amoris fidelibus aperitur, teste 80 beato Augustino, qui in sermone de Dedicatione Templi ait: *Sicut malis operibus, quasi quibusdam seris ac vectibus, vitae nobis ianua clauditur, ita absque dubio bonis operibus aperitur.* Hinc Salvator potestatem ligandi et solvendi explicans et declarans Ioannis xx, de peccatis mentionem fecit expressam, dicens omnibus Apostolis: *Accipite Spiritum sanctum; quorum remiseritis* 85 *peccata, remittuntur eis; et quorum retinueritis, retenta sunt.* Potestas ergo ligandi

62 erat ut ne V
72 posset turbare *conieci*: *om.* VB.
78 commissis V²: admissis V.
78 rectibus vel vectibus B; legibus V.

57–8 absque culpa et sine causa: *cf. supra,* 5.21.
58–9 II, I, 13, col. 243.
80–2 Augustinus, *Sermo* ccxxix, PL 39, 2166; cited *Brev.* vi, I, p. 196.
84–5 Ioann. 20, 22–3.

et solvendi respicit peccata in foro poenitentiali, ne tota potestas saecularium iudicum puniendi criminosos per potestatem summi pontificis exsuffletur.

Potestas tamen summi pontificis, quam sibi Christus in beato Petro
90 promisit, cum dixit, ut habetur Matthaei xvi: *Tu es Petrus, et super hanc petram*, etc., non ad sola peccata in foro poenitentiali, sed etiam ad omnia spiritualia, non quae sunt supererogationis, sed quae sunt de necessitate facienda, iuxta modum loquendi et quandam distinctionem glossae, Extra, *de constitutionibus*, c. *Cum omnes*, et super quae expedit caput Christianorum
95 potestatem habere, regulariter se extendit. Ad peccata nichilominus in foro contentioso et ad temporalia casualiter se extendit, in casu scilicet summae utilitatis vel vicinae et extremae necessitatis vel propinquae, quando non esset alius, ad quem primo talia pertinerent, qui potestatem vellet et posset circa huiusmodi utiliter exercere. Et haec potestas
100 regularis super spiritualia de necessitate facienda, quam expedit caput Christianorum habere, et potestas casualis in foro contentioso vel publico super temporalia, magis fuit promissa beato Petro per illa verba Christi: *Tu es Petrus, et super hanc petram aedificabo ecclesiam meam,* quam per illa: *Quodcunque ligaveris super terram,* etc.
105 Unde ut sancti patres, ut habetur in decretis, di. xxii, c. *Sacrosancta*, et di. xxi, *Quamvis,* et xxiv, q. i, c. *Rogamus* et c. *Loquitur*, insinuant evidenter, per illa verba Christi: *Tu es Petrus, et super hanc petram aedificabo ecclesiam meam,* datus fuit vel promissus beato Petro primatus super ecclesias universas. Per illa igitur verba: *Quodcunque ligaveris*, etc., vel solummodo
110 promissa fuit beato Petro potestas super peccata in foro poenitentiali, vel cum huiusmodi potestate fuit etiam secundario promissa sibi potestas tam regularis super spiritualia quam casualis super peccata in foro contentioso et etiam super temporalia; de quarum utraque dictum est ante. Nullo autem modo promissa fuit sibi illa plenitudo potestatis in
115 spiritualibus et temporalibus, quam opinio prius improbata sibi attribuit; quia solummodo regulariter data fuit sibi a Christo potestas in hiis, quae bono communi proficiunt, salvo in temporalibus iure aliorum, quae magis per laicos quam per summum pontificem, qui spiritualibus debet intendere et a saecularibus negotiis regulariter separari, disponi expedit et tractari.
120 Ad auctoritatem autem Innocentii III, quae allegata est superius, respondetur quod Innocentius intelligit Christum nichil excepisse a regulari et casuali potestate summi pontificis, super quo pro utilitate communi necessario expedit ipsum potestatem habere. Non autem intelligit quod Christus nichil exceperit nec excipi voluerit a regulari

---

102 super: et V.

89–99 *cf.* IusIIIae *Dial.* i, 17.   90–1 Matth. 16, 18.
93–4 *cf. Gl. ord. ad* 1, 2, 6, *s.v.* ' constitutum '.
103 Matth. 16, 18.   104 Matth. 16, 19.
105 c. 2, di. 22, col. 73.   106 c. 3, di. 21, col. 70.
106 c. 15, C. 24, q. 1, col. 970.   106 *ibid.* c. 18, col. 971.
114 ante: 5.89–104.
120 superius: 1.42–4; from *Decretal. Greg. IX*, 1, 33, 6, col. 198.

125 potestate Petri et successorum eius, ne non solum veritati catholicae
adversetur, sed etiam sibi ipsi contrarius convincatur, cum, ut habetur
Extra, *Qui filii sint legitimi*, [*Per venerabilem*], dicat in haec verba: *Non
solum in ecclesiae patrimonio, super quo plenam in temporalibus gerimus potestatem,
verum etiam in aliis regionibus, certis causis inspectis, temporalem iurisdictionem*
130 *casualiter exercemus.* Ex quibus verbis colligitur quod secundum
Innocentium III papa non habet a Christo regulariter iurisdictionem
temporalem in universis regionibus; quare non habet a Christo plenam
in temporalibus potestatem, cum patrimonium ecclesiae non a Christo
immediate, sed ex imperatoris habeat largitate; quare etiam secundum
135 Innocentium III Christus noluit quod nichil omnino a potestate summi
pontificis esset exceptum; quare omnia verba Christi de potestate summi
pontificis, quantumcunque indistincte vel generaliter praeferantur, sane
et sub expositionibus congruis et cum exceptionibus suis debent intelligi.

Cum vero accipitur quod si, ubi canon non excipit, nec nos debemus
140 excipere, multo fortius, ubi Dominus nichil excipit, nec nos debemus
excipere; Dominus autem nichil excepit, cum dixit: *Quodcunque ligaveris*,
etc.: respondetur quod sicut, quando canon in uno loco non excipit et in
alio loco excipit vel auctoritate scripturae divinae aut ratione irrefragabili
demonstratur quod est excipiendum, et nos debemus excipere, sic,
145 quando Dominus in uno loco explicite et vocaliter nichil excipit et in alio
loco explicite excipit vel ex gestis aut verbis eius vel aliis locis scripturae
divinae patenter habetur quod ipse voluit aliquid excipi, et nos debemus
excipere. Ipse enim, ut habetur Marci x, nichil explicite et vocaliter
excipiendo loquens de coniunctione viri et feminae, dixit: *Quod Deus
150 coniunxit, homo non separet;* et tamen alibi excepit, cum dixit Matthaei v:
Omnis, qui dimiserit uxorem suam, excepta fornicationis causa, faciet eam moechari;
et ideo nos etiam debemus excipere. De quo etiam multa alia adduci
possent exempla, sed causa brevitatis pertranseo. Licet igitur nichil
explicite et vocaliter excipiendo dixerit: *Quodcunque ligaveris*, etc., tamen,
155 quia ex aliis locis scripturae et necessaria ratione concluditur quod
Christus multa voluit excipi a regulari potestate Petri et successorum eius,
sicut per praecedentia patet, et nos debemus excipere.

CAPITULUM SEXTUM

Adhuc, expedit quibusdam allegationibus aliis breviter respondere,
quibus nonnulli probare nituntur quod papa habeat huiusmodi plenitudinem potestatis.

Qui enim habet utrumque gladium, scilicet materialem et spiritualem,
5 videtur huiusmodi plenitudinem potestatis habere. Papa autem habet

---

125 ne V²: nec V.   127 sint *correxi*: sunt VB.
127 Per venerabilem *supplevi*.   147 nos V²: non V.
149 excipiendo *scripsi*: excipiendam V.   149 Quod B: quos V.
151 facit *Vulg.*

126 sibi ipsi contrarius: *cf. Brev.* ii, 15, pp. 83–6; *OQ* i.9.44–52.
127–30 iv, 17, 13, col. 716.   142–4 *cf. CI* c. 25, p. 108.
149–50 Mc. 10, 9.   151 Matth. 5, 32.

utrumque gladium, scilicet materialem et spiritualem, teste beato
Bernardo, qui libro quarto ad Eugenium papam loquens de gladio
materiali ait: *Si nullo modo ad te pertineret et is*, scilicet gladius materialis,
dicentibus Apostolis: ' *Ecce gladii duo hic* ', *non respondisset Dominus:* ' *Satis est* ',
10 *sed:* ' *Nimis est* '. *Uterque ergo ecclesiae, et spiritualis scilicet gladius et*
materialis. Ergo papa non solum in spiritualibus, sed etiam in temporalibus habet huiusmodi plenitudinem potestatis.

Ad quod respondetur quod uterque gladius aliquo modo spectat ad
papam, absque tamen tali plenitudine potestatis, praecipue in temporali-
15 bus. Gladius enim materialis dupliciter ad papalem pertinet potestatem.
Uno modo, ut eius informatione et exhortatione, immo si necesse fuerit
iussione, saecularis potestas, cuius est, et ad quem exercitium eius de iure
spectat, si ex ignorantia vel desidia aut alia causa ipsum evaginare,
quando potest et debet, omiserit, teneatur extrahere et rite per se vel per
20 alium iustitiam exercere. Quod beatus Bernardus, ubi prius, aperte
videtur innuere, cum dicit: *Tuus ergo et ipse, forsitan*, scilicet gladius
materialis, *tuo nutu, etsi non tua manu evaginandus;* et post: *Uterque ergo*
ecclesiae, et spiritualis scilicet gladius et materialis; sed is quidem pro ecclesia,
ille vero et ab ecclesia, exercendus; ille sacerdotis, iste militis manu, sed sane ad
25 *nutum sacerdotis et ad iussum imperatoris.* Non enim miles in terris, quae
non sunt subiectae temporali iurisdictioni papae, ad nutum, id est
informationem, exhortationem vel praeceptum, papae gladium regulariter
debet extrahere, nisi imperator aut rex vel alia potestas saecularis, cui
subest, hoc iusserit. Gladius autem materialis isto modo ad regularem
30 potestatem papae quodammodo spectat; ex quo patenter infertur quod,
eo ipso quod gladius materialis sic in ecclesia reperitur, papa non habet
illam plenitudinem potestatis, praesertim in temporalibus, quam opinio
saepius recitata asserit ipsum habere.

Alio modo gladius materialis ad casualem papae pertinet potestatem,
35 ut in casu videlicet summae utilitatis vel vicinae et extremae necessitatis
vel propinquae, si imperator vel alius, cuius est gladius, non possit aut
nolit nec ad exhortationem nec ad iussionem papae eum extrahere,
valeat papa exercitium gladii materialis alii committere et mandare, qui
eum sciat, velit et valeat evaginare iuste, viriliter et potenter. Et ita
40 evidenter apparet quod, quamvis gladius materialis sit aliquo modo
papae, tamen non habet, maxime in temporalibus, talem plenitudinem
potestatis.

Ad quod apertius designandum iussit Christus Petro, dicens: *Converte*
gladium tuum in vaginam, quasi diceret: ' Licet gladius materialis sit tuus,
45 non dominio, sed auctoritate exhortandi et, si necesse fuerit, praecipiendi

---

17 quem: *sic* VB.   25 ad B: *om.* V.
34 casualem B: causalem V.   36-7 posset aut vellet B.
38-9 valeat papa. . . velit B: *om.* V.   39 viriliter V: utiliter B.

8-11 Bernardus Claraevall., *De consid.* iv, 7, PL 182, 776; *Opp.* III, 454.
9 *cf.* Luc. 22, 38.
13-60 *cf. Brev.* v, 5, pp. 176-8; *OQ* ii.13.1-29; *ibid.* viii.6.63-146; IIusIIIae *Dial.* i, 22.
21-5 Bernardus Claraevall., *De consid.* iv, 7, PL 182, 776; *Opp.* III, 454.
43-4 Conflating Matth. 26, 52 and Ioann. 18, 11; *cf. OQ* ii.1.37-43 n.

exercitium eius quando fuerit opportunum, tamen habebis eum taliter
reconditum in vagina, ut eum non extrahas per temetipsum, nec in praeiudicium et iniuriam potestatis saecularis, cuius est quoad dominium et
usum ac iussum, quando paratus est ordinate uti eo, ipsum extrahi facias
50 per quemcunque; et ideo noveris quod mea sola auctoritate tibi non
debes gladium huiusmodi usurpare.' Hinc etiam dicit beatus Bernardus,
scribens Eugenio papae: *Quid tu denuo usurpare gladium temptes, quem
semel iussus es reponere in vaginam?* Ex quibus concluditur manifeste quod
papa non habet in temporalibus talem plenitudinem potestatis, quia si sic,
55 non solum nutu, sed propria manu de iure divino evaginare posset
eundem; nec solum haberet gladium reconditum in vagina, sed plenam
et pleniorem potestatem quam unquam quaecunque potestas saecularis
habuerit educendi eum per se ipsum haberet; nec solum executionem
eius posset imperatori committere, sed etiam executionem gladii de iure
60 posset omni mortali auferre et sibi tantummodo reservare.

Esto etiam quod nullus haberet executionem gladii materialis nisi a
papa, ex hoc tamen inferri non posset quod papa haberet talem plenitudinem potestatis. Quia, cum libertas naturalis, qua homines naturaliter sunt liberi et non servi, non sit ab universis ablata mortalibus per
65 potestatem gladii materialis, quae in sublimitate constitutis ad utilitatem
conceditur subiectorum, *laudem* scilicet et tuitionem *bonorum et vindictam
malefactorum,* potestas gladii materialis ad illa, quae derogarent libertati
et utilitati bonorum, nullatenus se extendit. Unde nec talem plenitudinem potestatis in temporalibus unquam habuit aliquis imperator, nec
70 ante papatum nec post; quia nunquam omnes homines fuerunt servilis
conditionis respectu cuiuscunque puri hominis, licet omnes homines servi
sint Christi, quamvis multi se servos ipsius minime recognoscant.

Aliter adhuc ostenditur quod papa talem habeat plenitudinem potestatis.
Quia non minoris, sed longe maioris potestatis est pontificium Christi
75 datum Petro, quam fuerit pontificium Veteris Testamenti. Sed dictum
est a Deo in veteri lege pontificatu fungenti: *Ecce constitui te super gentes et
regna, ut evellas et destruas et disperdas et dissipes, et aedifices et plantes.* Ergo
et papa in lege gratiae habet talem plenitudinem potestatis.

Sed ista allegatio multipliciter deficit. Primo, quia multo plura
80 carnalia sola ordinatione divina deputata erant pontificio veteris legis
quam pontificio novae legis; et ideo pontificium novae legis non est
regulariter maioris potestatis in carnalibus, sed in spiritualibus quam
fuerit pontificium veteris legis, licet casualiter etiam in carnalibus sive

46 habebis V: habeas B.
51 Hinc etiam B: hic V.
55 alias nec solum *add.* V².
63-4 naturaliter B: natura V.
64-5 per potestatem V²: potestate V.
67 derogant B.
69 unquam habuit aliquis B: nunquam aliquis habuit V.
72 sint V²B: fuerint V.

50 mea B: in ea V.
54 quia si sic B: ut V²; *om.* V.
57 potestatem B: *om.* V.
64 non² V²B: *om.* V.
66 conceditur B: concedere V.
68 utilitate V²; vilitati V.

83 etiam B: et V.

52-3 Bernardus, *loc. cit.*
76-7 Ier. 1, 10.
79-103 *cf. Brev.* v, 10, pp. 191-3; *OQ* i.10.1-28; IIusIIIae *Dial.* i, 24.

66-7 *cf.* 1 Petr. 2, 14.

temporalibus non sit minoris potestatis. Secundo, quia per illa verba
85 dicta Ieremiae, ut testatur beatus Bernardus, non dominium, sed ministerium et rusticanus labor imponebatur, et ideo summo pontifici, ut dicit
idem Bernardus: *Sarculo opus est, non sceptro.* Non enim fuit Ieremias
propheta constitutus super gentes et super regna, ut dominaretur temporaliter regnis et gentibus, et suae arbitrio voluntatis tollere posset res et
90 iura temporalia quorumcunque et ea quibus placeret conferre; sed
constitutus fuit super gentes et super regna, ut sarculo praedicationis et
exhortationis vitia et peccata evelleret, destrueret, disperderet et dissiparet,
et ut virtutes plantaret et aedificaret. Tertio, quia illa verba non fuerunt
dicta pontificatu saltem fungenti, quamvis dicta fuerint sacerdoti; quia,
95 licet Ieremias sacerdos exstiterit, tamen non memini me legisse quod fuerit
summus sacerdos vel pontifex; quare ex illis verbis non concluderetur
quod papa haberet talem plenitudinem potestatis. Quarto, quia illa
verba non fuerunt dicta Ieremiae tanquam sacerdoti, sed tanquam
prophetae, inquantum sibi fuit legatio specialis iniuncta. Ex hiis patet
100 quod ex verbis illis non potest concludi quod papa habeat, praesertim in
temporalibus, huiusmodi plenitudinem potestatis, licet non sit negandum
quin magnam regulariter in spiritualibus et casualiter in temporalibus
habeat potestatem.

Alia adhuc allegatio pro opinione praefata adducitur. Quia illi
105 debent subesse minora, cui subiecta sunt maiora, iuxta illud Apostoli,
i Cor. vi: Nonne *angelos iudicabimus? Quanto magis saecularia?* ubi Apostolus
ex hoc, quod angeli, qui sunt maiores, nostro sunt subiecti iudicio, probat
quod saecularia iudicanda sunt a nobis. Sed papa habet in spiritualibus
plenitudinem potestatis; ergo multo magis in temporalibus, quae sunt
110 minora, habet huiusmodi plenitudinem potestatis.

Huic respondetur quod non semper illi personae debent subesse
minora, cui subdita sunt maiora; quia saepe expedit ut maiora maioribus
et minora minoribus committantur, ne officia confundantur. Omni
tamen communitati seu congregationi, quae in nullo vel in nullis ab alio
115 vel ab aliis dependet seu regitur, cui subsunt maiora, etiam debent subesse
minora, quae necessaria sunt pro congregationis seu communitatis
regimine [et] in quibus alii vel aliis minime est subiecta. Et in hoc casu
loquebatur Apostolus; qui non loquebatur in persona papae, sed in
persona totius congregationis seu communitatis fidelium, volens quod,
120 si fideles poterant iudicare angelos, multo magis saecularia quantum ad
illa, quae necessaria erant fidelibus et in quibus principibus infidelibus
nullatenus subdebantur. Quia enim fideles tempore Apostoli non erant
servi imperatorum vel aliorum infidelium principum, quoad multa etiam

---

86 rusticalis B.
89 suae: suo V.
92 exhortationis B: ordinationis V.
96 non V²: *om.* V.
106 Nonne: Nescitis quoniam *Vulg.*

86 magis imponebatur *add.* B.
91 ut B: et V.
94 fuerint *scripsi*: fuerunt V.
104 praefata *scripsi*: prefata V.
113 committantur B: convertantur V.

85–7 Bernardus Claraevall., *De consid.* ii, 6, PL 182, 747; *cf. supra*, 3.93.
104–10 *cf. OQ* i.2.61–71.   106 i Cor. 6, 3.
111–47 *cf. Brev.* v, 9, pp. 186–90; *OQ* i.11.1–70; IIusIIIae *Dial.* ii, 18.

saecularia naturali libertate uti valebant; et ideo quoad multa, quae
125 saecularia contingebant, super quibus inter ipsos poterat oriri litigium,
non tenebantur ad iudices infideles recurrere, sed poterant, absque hoc
quod *nomen et doctrina Domini blasphem*aretur et sine omni praeiudicio
temporalium iurium imperatorum et aliorum infidelium, huiusmodi
dissentiones per concordiam vel iudicium terminare; et ideo in illis
130 habebant potestatem saecularia iudicandi, licet ille, qui in spiritualibus
praefuit eis, regulariter talem non habuerit potestatem. Quare, licet
papa habeat regulariter quandam—non illam, quam sibi tribuit praescripta opinio—plenitudinem potestatis, non tamen habet illam regulariter
in temporalibus, quae sunt minora; quia, sicut tactum est, saepe expedit
135 quod ille, cui commissa sunt maiora, circa minora minime occupetur
et quod super illa regularem non habeat potestatem. Tamen communitati fidelium, cui in papa subsunt maiora, scilicet spiritualia,
saecularia necessaria, quae sunt minora, eidem communitati in inferioribus
membris, scilicet in laicis, sunt subiecta, ne communitati fidelium aliquod
140 necessarium desit; quae tamen in temporalibus talem non habet plenitudinem potestatis, cum multi fideles respectu cuiuscunque pure humanae
potestatis servilis conditionis nullatenus sint putandi, sed naturali gaudent
et praeeminent libertate. Et ideo nullatenus est dicendum quod papa
in temporalibus talem habeat plenitudinem potestatis, cum etiam in
145 spiritualibus huiusmodi non habeat potestatem, ne potestas eius etiam in
spiritualibus potestati divinae vel potestati Christi, cuius solummodo est
vicarius et ideo ipso potestate inferior, coaequetur.

Sed forte dicet aliquis quod papa generali legatione Christi fungitur
in terris; ergo omnia absque omni exceptione ei intelliguntur concessa.
150 Huic faciliter respondetur quod saepe in generali legatione multa intelli-
gunter excepta, nisi specialiter exprimantur; et ideo, quia papa legatione
fungitur generali non pro utilitate propria et honore nec ut iura legitima
temporalia aliorum notabiliter minuat, turbet et confundat, sed pro bono
communi cunctorum fidelium absque laesione iurium alienorum enormi,
155 omnis potestas, quae utilitati communi, quam Christus praetulit atque
praefert utilitati papae privatae, vel libertatibus et iuribus alienis enormiter derogaret, in generali legatione, qua papa fungitur, intelligitur esse
excepta; cum constet totam scripturam divinam diligentius perlegenti
nullam talem potestatem specialiter esse in ipsa expressam. Illa
160 ergo legatio et est generalis et est toti communitati fidelium expediens,
necessaria et salubris. Quia generalis est, omnis potestas necessaria, quam
expedit caput Christianorum habere respectu eorum, quae necessario
facienda sunt, salvis iuribus temporalibus subditorum et libertatibus, est

---

126 seculares infideles *add.* B.
130 saecularia V²B: singularia V.
134 quae V²B: *om.* V.
138 et saecularia *add.* B.

129 dissentiones B: dissentionem V.
130 ille B: *om.* V.
136 super illa scilicet minora *add.* V².
155 ideo omnis *add.* V².

127 1 Tim. 6, 1.
145–7 *cf. Brev.* ii, 22, p. 103; *ibid.* v, 2, p. 170; *ibid.* v, 8, p. 186; *OQ* i.13.10–29;
IIusIIIae *Dial.* iii, 23, ed. Scholz, p. 393.

132–3 praescripta opinio: *supra*, 1.18–31.

papae concessa. Quia vero est expediens, necessaria et salubris, omnis
165 potestas, quae praeiudicium generaret enorme iuribus temporalibus ac
libertatibus concessis a Deo et natura fidelibus, de quibus specialiter et
expresse nulla fit mentio, sive in spiritualibus sive in temporalibus,
intelligitur esse excepta, licet non quaelibet talis potestas reputari debeat
interdicta: ut per legationem generalem papa non habeat potestatem
170 restringendi vel tollendi libertates fidelium concessas a Deo et natura,
nisi de aliquibus in legatione sua fiat mentio specialis, et quando ratio
recta fundata in scripturis authenticis in casu utilitatis vel necessitatis
ipsas iudicat restringendas. Et si aliter fecerit, factum suum non tenet
ipso iure, nisi propter negligentiam vel delictum illius, cuius libertati
175 derogatum est, vel alio modo robur acquirat. Sciat ergo papa quod
nullatenus per generalem legationem est sibi concessum, ut per austerita-
tem et potentiam valeat imperare; sciat sibi non dominium, sed ministerium esse datum; sciat se non pro se, sed pro aliorum utilitate universis
esse praelatum, quia non sibi principaliter sed aliis est provisum; sciat
180 se ad aedificationem, non ad destitutionem, turbationem et diminutionem
iurium aliorum potestatem a Domino recepisse.

Sed quaeret aliquis, si non est specialiter et in particulari expressum
in quibus casibus habeat potestatem, si solummodo sibi generalis legatio
est iniuncta, in qua multa intelliguntur excepta, quamvis specialiter
185 minime sint expressa, quemadmodum in votis, iuramentis, pactis,
promissionibus et mandatis multa subintelliguntur, quamvis specialiter
minime exprimantur: ad quem pertinet explicare et determinare in
quibus casibus papa habeat potestatem, et in quibus non habeat potestatem? Huic respondetur quod prima regula et infallibilis in huiusmodi
190 est scriptura sacra et ratio recta; et ideo ad illum spectat per assertionem
veridicam explicare et determinare huiusmodi casus, qui quoad huiusmodi
scripturam sacram sane et recte intelligit et infallibili innititur rationi.
Ad concilium tamen generale, et etiam ad papam, si intellexerit veritatem
in huiusmodi, pertinet per diffinitionem authenticam habentem vim
195 obligandi cunctos fideles ne contrarium doceant, explicare et determinare
in huiusmodi veritatem. Si tamen papa contra veritatem in huiusmodi
determinare praesumpserit, sibi nullatenus est credendum; sed illi, qui
per scripturas sacras et rationem necessariam sciunt ipsum errare, loco
et tempore opportunis, aliis circumstantiis debitis observatis, eum reprobare
200 tenentur, ne erroribus eius dampnabiliter consentire probentur, *quia error,*
cui non resistitur, approbatur, di. lxxxiii, c. *Error.*

---

164 vero non est V².   177 sibi B: igitur V.
180 destitutionem V: corrupcionem B.   181 aliorum B: alienorum V.
181 a B: in V.   184 iniuncta prout est *add.* V².   191 et B: *om.* V.
192 recte V: rite B.   192 infallibili B: ineffabili V.   196 huiusmodi² casu *add.* V².

180 *cf.* II Cor. 13, 10.
190 scriptura sacra et ratio recta: *cf. Dial.* I, ii, 1; *Epist.* p. 6; *CB* iv, 11, p. 261; *Brev.*
prol., p. 40; *IPP* prol.   193–6 *cf. CB* iv, 3, p. 246.
196–200 *cf. Dial.* I, vii, 1; *CI* c. 25, p. 108; *CB* iv, 3, pp. 246–7.
200–1 c. 3, di. 83, col. 293; cited *OND* 32.272–3; *Epist.* p. 10; *Dial.* I, iv, 31; *ibid.* vii,
30; *CI* c. 14, pp. 65, 67; *CB* i, 1, p. 169; *ibid.* iii, 1, p. 229; *ibid.* iii, 15, p. 242; *ibid.* v, 4,
p. 269; *Comp. err.* c. 7; *Brev.* vi, 1, p. 195.

Adhuc, alia inducitur allegatio ad probandum quod papa habet talem in temporalibus et spiritualibus plenitudinem potestatis. Quia Genesis i dicitur quod *fecit Deus duo luminaria magna*, [per quae utraque potestas], 205 saecularis scilicet et ecclesiastica, intelligitur: ut per luminare maius, scilicet solem, intelligatur potestas ecclesiastica, et per luminare minus, scilicet per lunam, intelligatur potestas saecularis. Sicut ergo sol est nobilior et [dignior] luna, quae lumen habet a sole, sic potestas saecularis est inferior ecclesiastica et virtutem ab ipsa recipiens; et per consequens 210 potestas ecclesiastica, quae in papa plenissime invenitur, habet super potestatem saecularem plenitudinem potestatis.

Huic respondetur quod per istam allegationem magis oppositum quam propositum potest ostendi. Quia etsi sol aliquam influentiam habeat super lunam, non tamen luna quoad substantiam, motum et alia multa 215 dependet a sole; et ideo, licet potestas papae, quae spiritualia respicit, sit nobilior et dignior potestate saeculari, quemadmodum spiritualia sunt temporalibus digniora, et papa quoad quaedam spiritualia habeat potestatem etiam super illos, qui sunt in sublimitate saeculari constituti, tamen non habet super ipsos talem plenitudinem potestatis, licet sub bono 220 intellectu posset concedi quod, quemadmodum asserunt sancti patres, papa habet plenitudinem potestatis; quia quoad omnia spiritualia, quae sunt de necessitate facienda et super quae expedit caput fidelium potestatem habere, ipse regulariter plenitudinem obtinet potestatis. Qui etiam casualiter tam in spiritualibus aliis, quae scilicet regulariter 225 supererogationis sunt et in quibus fideles regulariter licite possunt quod volunt facere, quam in temporalibus, quandam habet plenitudinem potestatis: ut scilicet in casu, quo necesse est talia fieri et nemo est, ad quem talia spectent, qui de ipsis diligentiam habeat congruentem, ipse habeat potestatem de talibus disponendi; cuius dispositioni, si iusta et 230 utilis fuerit, alii obedire tenentur; si autem iniusta fuerit et inutilis, alii sibi resistere obligantur.

CAPITULUM SEPTIMUM

Ostenso quod papa non habet talem plenitudinem potestatis, qualem plures sibi attribuunt, monstrandum est primo quod non obstante quocunque statuto papali, prohibitione vel praecepto, sententia vel processu, praelati et clerici regi Anglorum subiecti ei etiam de bonis ecclesiae in

---

203-4 Quia ... magna B: *om.* V.
204 per ... potestas *conieci*: *om.* V; maius scilicet solem per quem potestas ecclesiastica et minus scilicet lunam per quam secularis potestas intelliguntur B.
208 dignior *supplevi*; *cf. infra*, 6.216.   213 Quia etsi sol B: eo quod sol licet V.
215 dependet: dependent V.   226 volunt B: voluerunt V.
228 spectent B: spectant V.

2 primo B: *om.* V.

203-11 *cf. Decretal. Greg. IX*, i, 33, 6, col. 198; Hostiensis, *Summa aurea, ad* iv, 7 (*Qui filii sint legitimi*), ed. Cologne, 1612, col. 1229.
203-4 Gen. i, 16.
212-31 *cf. Brev.* v, 6, p. 179; IIusIIIae *Dial.* i, 24.

5 guerra sua iusta auxiliari tenentur; secundo, quod ab hoc eos papa per
nullum statutum, prohibitionem, praeceptum, sententiam vel processum
potest prohibere.

Ante omnia tamen ad evidentiam dicendorum sunt aliqua notabilia
praemittenda. Quorum primum est quod praelati et clerici regi Anglo-
10 rum subiecti res non possident temporales, praesertim superabundantes,
iure divino, sed iure humano ab ipso rege manante. Quod Augustinus
testatur expresse, qui super Ioannem, parte prima, sermone sexto circa
finem, et habetur in decretis, di. viii, c. *Quo iure*, ait, loquens de villis et
aliis rebus ecclesiae: *Quo iure defendis villas ecclesiae, divino aut humano?*
15 *Respondeant:* ' *Divinum ius in scripturis divinis habemus, humanum ius in legibus*
regum'. *Unde unusquisque possidet quod possidet? Nonne iure humano?*
Nam iure divino: ' *Domini est terra, et plenitudo eius*'. *Pauperes et divites*
Deus de uno limo fecit, et divites et pauperes una terra supportat. Iure ergo
humano dicitur: ' *Haec villa mea est, haec domus mea est, hic servus meus est*'.
20 *Iura autem humana iura imperatoris sunt. Quare? Quia ipsa iura humana per*
imperatores et reges saeculi Deus distribuit generi humano. Sed quid michi et
imperatori? Secundum ius ipsius possides terram. Tolle iura imperatoris, et
quis audet dicere: ' *Mea est ista villa*', *aut:* ' *Meus est iste servus*', *aut:* ' *Mea*
est haec domus'*? Si autem, ut teneantur ista ab hominibus, regum iura fecerunt,*
25 *vultis ut reticeamus leges, ut gaudeatis? Item: Relegantur leges, ubi manifeste*
praeceperunt imperatores eos, qui praeter ecclesiae catholicae communionem usurpant
sibi nomen Christianum, nec volunt in pace colere pacis auctorem, ut nichil nomine
ecclesiae audeant possidere. Sed dicitis: ' *Quid nobis et imperatori?* ' *Sed, ut*
iam dixi, de iure humano agitur. Apostolus voluit serviri regibus, voluit honorari
30 *reges, et dixit:* ' *Regem reveremini*'. *Noli dicere:* ' *Quid michi et regi?*'
Quid igitur tibi et possessioni? Per iura regum possidentur possessiones. Dixisti:
' *Quid michi et regi?* ' *Noli ergo dicere possessiones tuas, quia ipsa iura humana*
renunciasti, quibus possidentur possessiones. Ex quibus patenter ostenditur
quod iure humano, scilicet regis, possessiones a clericis de dominio regis
35 Angliae possidentur. Quod etiam ex scripturis divinis posset aperte
probari pro eo, quod Deus ministris novae legis nullam specialem possessionem dedit, sed solummodo ordinavit ut laici eis in suis necessitatibus
providerent. Ergo omnes possessiones, maxime superabundantes, quas
habent, a regibus et subiectis regibus eisdem sunt collatae; quare iure
40 regum possident illa, quae habent.

Secundum notabile est quod unusquisque in traditione seu collatione

---

12–13 circa finem *add.* V².   15 scripturis V²: scriptis V.
21 imperatores et reges saeculi *sec. auct. laud.*: reges imperatores seculi V.
32 ipsa iura humana V: ipso iuri humano V².
33–4 Ex quibus . . . possessiones B: *om.* V.
35 etiam B: *om.* V.

14–33 Augustinus, *in Ioann. Evang.* tr. vi, 25 *ad* Ioann. 1, 25, PL 35, 1436 = *Decretum*
Gratiani c. 1, di. 8, coll. 12–13; cited *CB* vi, 4, p. 276; *ibid.* vi, 6, p. 280; *Brev.* ii, 11,
p. 75; *OQ* iv.9.77–9; IusIIIae *Dial.* i, 9.
17 Ps. 23, 1.   30 *cf.* 1 Petr. 2, 17.
35–8 *cf.* Matth. 10, 10; Luc. 10, 7–8; 1 Cor. 9, 7; *ibid.* 13–14; *OND* 88.188–214;
IPP c. 24.
41–52 *cf. OND* 77.124–5; *CB* vi, 4, p. 276; *OQ* i.15.18–23; *ibid.* v.6.56–7; *IPP* c. 24.

sive donatione rei suae potest legem, quam vult, imponere, dummodo
nichil imponat, quod sit lege superiori prohibitum. Hoc ex legibus tam
civilibus quam canonicis patenter habetur, Extra, *de conditionibus in*
45 *matrimonio appositis*, c. *Verum*. Ex quo evidenter infertur quod reges
Anglorum et eisdem subiecti possessiones et quascunque res temporales,
praecipue superabundantes, assignando ecclesiis poterant ordinare
qualiter debuerint dispensari et in quos usus clerici eas teneantur expendere; quorum ordinationem, voluntatem et intentionem clerici de
50 necessitate salutis servare tenentur, non obstante prohibitione, praecepto
vel statuto cuiuscunque, qui regibus in temporalibus non est superior
reputandus.

Tertium notabile est quod res temporales, maxime superabundantes,
datae sunt a regibus, principibus et aliis laicis expendendae in pias causas,
55 sicut in quampluribus canonibus asseritur manifeste.

Quartum notabile est quod, cum per instrumenta et alia legitima documenta non constat expresse et in particulari ad quas causas pias data sunt
ecclesiis bona temporalia, maxime superabundantia, est interpretatio
benignior, humanior, rationabilior et verisimilior amplectenda: tum quia,
60 sicut in hiis, quae ad cultum divinum spectant, *benigna* est *interpretatio*
facienda, Extra, *de privilegiis*, c. *In hiis*, ita etiam in hiis, quae ad pietatem
pertinent, benignior et rationabilior interpretatio fieri debet, ut nulli sit
captiosa, ff. *de regulis iuris, Quotiens*, sic in obscuris est interpretatio facienda,
ut res magis prosit, praesertim bono communi, et ut in nullius dampnum
65 redundet iniustum; tum quia sicut *in dubiis benigniora praeferenda sunt*, ff.
de regulis iuris, l. *Semper*, sic in indiffinite prolatis sunt benigniora et
rationabiliora praeferenda; tum quia *beneficia principum*, praecipue quae
iuribus non derogant aliorum, latissime *interpretanda sunt*, Extra, *de*
simonia, capitulo ultimo; tum quia, sicut in oratione ambigua quod
70 proferenti utilius est, accipi debet, ff. *de iudiciis, Si quis intentione*, ita etiam
per generalia verba et indiffinite prolata illud, quod est benignius et
utilius, accipiendum est: ergo in omnibus talibus est interpretatio
rationabilior et verisimilior amplectenda.

43 Hoc B: hec V.   45 appositis B: oppositis V.
48–9 expendere . . . intentionem B: distribuere quam ordinationem *in marg. add.* V²;
om. V.
54–5 expendendae . . . canonibus B: *om.* V.
65 redundet B: redundent V.   66 in *add.* V²B *ex corr.*: *om.* VB.
66 indistincte B.   70 utilius V²: ulterius V.
70 accipi *scripsi*: accipere VB.   71 indistincte B.
73 amplectanda B.

44–5 IV, 5, 4, col. 683; *cf. Dig.* 2, 14, 48; *Cod.* 4, 38, 3.
56–73 *cf. OQ* iv.10.43–8.   58–9 *cf. IPP* c. 11 *ad fin.*
60–1 V, 33, 30, col. 868.   63 *Dig.* 50, 17, 200.
65–6 *Dig.* 50, 17, 56.
67–9 This is from v, 40, 16 (col. 916); the mistaken reference to v, 3, 46 is repeated
infra, 10.20–1.   70 *Dig.* 5, 1, 66.

CAPITULUM OCTAVUM

Hiis visis, probandum est quod praelati et clerici regi Anglorum subiecti ei in guerra sua iusta etiam de bonis ecclesiae subvenire tenentur. Nam circa res, praecipue superabundantes, collatas ecclesiae a regibus Anglorum et aliis eisdem regibus subiectis, voluntas dantium et intentio est
5 servanda, cum quilibet in donatione rei suae possit pactum et legem, quod vel quam vult, imponere; quod vel quam donatarius sive recipiens servare tenetur, per secundum notabile suprascriptum. Sed voluntas et intentio regum Angliae et aliorum subiectorum eisdem conferentium temporalia bona ecclesiis fuit, ut bona temporalia eadem expenderentur
10 in causas pias, praesertim quae in utilitatem communem omnium de eorundem regum dominio redundarent, sicut per cartas et privilegia, quas et quae super hiis receperunt et habent ecclesiae, posset ostendi. Quae si forte non in speciali, sed solummodo in generali causas pias, propter quas eadem bona ecclesiis data fuerunt, expresserint, in eis est
15 interpretatio latissima atque benignior et humanior, rationabilior et verisimilior amplectenda, per quartum notabile supradictum. Sed inter causas pias defensio patriae et iurium regiorum non est minima reputanda. Ergo huiusmodi cartae et privilegia sic interpretari debent, ut ad defensionem patriae et publicorum iurium extendantur. Quare praelati et
20 clerici, quibus dispensatio ecclesiasticarum rerum, non dominium est commissa, regi pro defensione patriae et publicorum iurium, quae ad utilitatem omnium eiusdem regni spectare dignoscitur, subvenire tenentur.

Amplius, non solum *res*, quae ad personas saeculares, sed etiam quae ad personas ecclesiasticas transferuntur, praecipue superabundantes,
25 *trans*eunt *cum onere suo*, nisi ab illo, qui habet in huiusmodi potestatem, expresse fuerint liberatae. Sed rebus collatis ecclesiae, antequam darentur, tale fuit onus annexum, ut de eis subveniretur regi pro defensione patriae et iurium publicorum, a quo onere res collatae ecclesiis per reges Angliae sunt minime liberatae; ergo de eisdem clerici regi pro defensione
30 patriae et iurium publicorum subvenire tenentur.

Nec valet dicere quod res ecclesiasticae immunitatem habent a regibus Angliae generalem, et per consequens clerici de rebus ecclesiae subvenire regi minime obligantur. Quia [quemadmodum] in generali promissione omnia illicita et quae promittens specialiter non dedisset, intelliguntur
35 excepta, secundum leges sacras tam canonicas quam civiles, ita etiam in generali concessione immunitatis omnia illicita et quae concedens

---

1 angelorum V.
7 suprascriptum *correxi*: subscriptum V.
8 conferentium V: dantium B.
16 amplectanda B.
29 liberatae *scripsi*: libertate V.
33 quemadmodum *supplevi*.

4 dantium V: conferentium B.

13 speciali V²: spirituali V.
26 liberatae *scripsi*: libertate V.
30 subvenire V²: subvire V.

7 secundum notabile: 7.41–52.
16 quartum notabile: 7.56–73.
23–5 *cf. Decretal. Greg. IX*, iii, 30, 33, col. 568.
35 *cf. Dig.* 20, 1, 6; *Cod.* 8, 16, 1; *Sext.* v, 12 *ad fin.*, reg. 81, col. 1124.

specialiter nullatenus concessisset, habenda sunt pro exceptis. Sed non subvenire regi in tam ardua necessitate est illicitum, et reges talem immunitatem specialem viris ecclesiasticis non dedissent; ergo hoc in
40 generali concessione immunitatis pro excepto debet haberi. Confirmatur: Quia quemadmodum, sicut probatum est prius, in generali donatione seu concessione ad pias causas est interpretatio benignior et rationabilior facienda, ita etiam in concessione immunitatis est interpretatio benignior et rationabilior amplectenda; sed rationabile est et benignum, ut clerici
45 regi in necessitate subveniant; ergo taliter est illa generalis concessio interpretanda.

Item, in necessitate omne privilegium cessat, sicut dicunt canonicae sanctiones. Si enim leges non solum humanae, sed etiam divinae in necessitate cessant et in eis excipitur necessitas, Extra, *de regulis iuris,*
50 *Quod non est licitum, de consecratione* di. v, *Discipulos,* quod ex verbis Christi accipitur, Matthaei xii, multo fortius privilegia humana in necessitate cessant et in eis necessitas excipi debet. Ergo si rex nunc sit vel postea fuerit in necessitatis articulo constitutus, privilegia immunitatis concessa a regibus ecclesiasticis viris in hoc casu cessant.

55 Adhuc, quod clerici in hoc casu debeant regi de bonis ecclesiae subvenire, probatur. Quia non magis sunt exempti ecclesiastici viri quoad res ecclesiae quam quoad proprias personas vel saltem quoad personas servorum suorum; sed tempore necessitatis saltem servi clericorum a defensione regni liberi esse non debent, quemadmodum secundum
60 beatum Gregorium, ut habetur Extra, *de immunitate ecclesiarum,* c. *Pervenit,* cum necessitas imminet, nullus de hominibus ecclesiae debet a custodia civitatis seu vigiliis excusari, ut omnibus vigilantibus civitas valeat melius custodiri; ergo clerici etiam de rebus ecclesiae regi subvenire tenentur.

Rursus, licet clericis de bonis ecclesiae dare militibus stipendia pro
65 defensione sua rerumque suarum, sicut ex pluribus canonibus sacris colligitur evidenter; ergo multo magis et domino suo in temporalibus pro defensione regni iuriumque suorum, per quam etiam ipsi et res ecclesiae defenduntur, debent auxilium defensionis impendere. Confirmatur: Quia, sicut *quod omnes tangit, ab omnibus approbari debet,* Extra, *de temporibus*
70 *ordinationum, Si archiepiscopus,* ita quod omnes tangit ab omnibus praecaveri debet. Sed impugnatio regni et iurium regiorum omnes de regno, clericos et laicos, tangit; ergo omnes ad defendendum regnum et iura regis manus debent porrigere adiutrices.

Praeterea, cum bona ecclesiastica sint collata ecclesiis ad pias causas,
75 quia magis pium est defendere patriam quam pascere pauperes: tum quia,

---

50 v *correxi*: iiii VB.
61 nullus V²: nullius V.   75 pascere V²B: parcere V.

---

41 prius: 7.56–73.   49–50 v, 41, 4, col. 927.
50 c. 26, *de consecr.* di. 5, col. 1419; *cf.* Matth. 12, 3–8.
60–3 *cf.* Gregorius Magnus, *Reg.* viii, 18, PL 77, 921–2 = *Decretal. Greg. IX,* III, 49, 2, col. 654.
64–6 *cf.* Gratianus *post* c. 18, C. 23, q. 8, col. 958.
69–70 I, 11, 6, col. 119. But the wording is from *Sext.* v, 12 *ad fin.,* reg. 29, col. 1124; *cf. Cod.* 5, 59, 5, 2.

secundum Tullium in sua Rhetorica, per pietatem *patriae benevolum officium et diligens tribuitur cultus*, et per consequens pietas directe ad patriam se extendit; tum quia bonum commune est *melius et divinius* quam bonum unius, primo Ethicorum; ex quo infertur quod bonum totius patriae est
80 melius et divinius quam bonum pauperum illius patriae; ex quo concluditur quod magis pium est subvenire toti patriae quam pauperibus patriae. Constat autem quod clerici de bonis ecclesiae subvenire tenentur pauperibus; ergo multo magis, cum facultates laicorum non suppetunt, regi debent pro defensione patriae et publicorum iurium subvenire.

85 Item, magis tenentur clerici regi ratione curae, quam habet de patria et omnibus, qui degunt in patria, quam ratione personae suae. Sed si rex ratione personae suae indigeret subventione clericorum, ipsi eidem non sicut cuicunque alii indigenti, sed specialius quam aliis indigentibus, tum propter curam personae suae annexam, quae etiam ad ipsos clericos
90 se extendit, tum propter liberalitatem regum antecessorum suorum, qui bona ecclesiae contulerunt, subvenire deberent; quemadmodum ecclesiae patronis ipsarum, cum ad necessitatem perveniunt, specialius quam aliis indigentibus subvenire tenentur, Extra, *de iure patronatus*, *Nobis*, et xvi, q. vii, *Quicunque*. Ergo multo magis, si rex pro defensione patriae et
95 iurium publicorum auxilio indiget clericorum, sibi debent de bonis ecclesiae auxilium impendere opportunum.

CAPITULUM NONUM

Monstratum est quod clerici etiam de bonis ecclesiae regi in guerra sua iusta tenentur subventionis auxilium impertiri. Nunc probandum est quod ad hoc obligantur, non obstante quocunque statuto papali, prohibitione vel praecepto, sententia vel processu, etiam si a vero summo
5 pontifici emanaret.

Ad cuius evidentiam est sciendum quod papa non habet regulariter potestatem super temporalibus, praecipue superabundantibus, collatis a regibus et aliis fidelibus ecclesiis a iure divino, sed solummodo a iure humano, si dantes super datis ei potestatem aliquam concesserunt;
10 et per consequens quantam potestatem reges Angliae vel superiores aut superior eis dederunt vel dedit papae super bona ecclesiastica, quae contulerunt ecclesiis, tantam habet et non maiorem.

Hoc multipliciter posset ostendi. Nam, sicut ostensum est prius, c. vii, clerici res non possident temporales, maxime superabundantes, iure divino,
15 sed solummodo iure humano, quod est ius imperatoris et regum; ergo

---

76 benevolum *sec. auct. laud.*: benivolis VB.
89 suae B: *om.* V.   90 liberalitatem B: libertatem V.
15 imperatoris V²: imperatorum V.

76-7 Cicero, *de invent.* ii, 53, ed. E. Stroebel, p. 148.
78-9 Aristoteles, *N. Eth.* i, 1, 1094b 8-11; Thomas, *In libr. Eth.* i, lect. 2, n. 30.
93 III, 38, 25, col. 617.   93-4 c. 30, C. 16, q. 7, col. 808.
13 prius: 7.9-40.

papa non habet regulariter super temporalibus datis ecclesiis Anglicanis
potestatem, nisi iure regum; ergo quantam sibi reges dederunt, tantam
habet et non maiorem.

Amplius, sicut patet ex hiis, quae ostensa sunt prius, papa non habet
20 regulariter a sola ordinatione Christi aliquam in temporalibus potestatem
praeter potestatem et ius petendi a laicis necessaria pro sustentatione sua
et executione officii sui; et si aliquam aliam habet potestatem, illam habet
ab hominibus. Temporalia autem data ecclesiis Anglicanis a regibus
Angliae non sunt pro sustentatione papae vel executione sui officii
25 assignata; ergo, si super huiusmodi temporalibus habet regulariter
aliquam potestatem, illam non habet ex sola ordinatione Christi, sed ab
hominibus, et non ab aliis quam a regibus Angliae; ergo quantam sibi
dederint reges Angliae et non maiorem habet papa super huiusmodi
temporalibus potestatem.

30   Rursus, sicut per praecedentia patet, quilibet in donatione seu traditione
rei suae potest pactum et legem, quam vult, imponere; et per consequens
potest ordinare quantam recipiens vel alius in ea habere debeat potestatem.
Res autem concessae ecclesiis Anglicanis prius erant regum Angliae, et
non papae; ergo, quando dederunt eas ecclesiis Anglicanis, poterant
35 ordinare qualiter deberent expendi et quantam potestatem clerici et
papa haberent in eis, nec aliquis super eis aliquam habuit potestatem,
nisi quam sibi reges Angliae contulerunt. Quare si reges Angliae nec
tacite nec expresse super ipsis aliquam potestatem papae dederunt, papa
super ipsis nullam habet regulariter potestatem. Dico autem ' tacite vel
40 expresse ', quia si primo, consentientibus regibus Anglorum vel illis,
quibus reges Angliae de iure et in tali casu resistere non valebant, exstitit
ordinatum quod papa super rebus concessis et concedendis aliis ecclesiis
quam Romanae determinatam potestatem haberet, eo ipso, quod reges
Angliae temporalia contulerunt ecclesiis Anglicanis et non expresse
45 ordinaverunt quod papa super huiusmodi temporalibus potestatem
nequaquam haberet, quodammodo tacite ordinaverunt quod papa super
ipsis potestatem haberet, illam scilicet, quam super rebus concessis aliis
ecclesiis habere dignoscitur. Poterant autem ordinare quod papa non
maiorem potestatem haberet super illis, quae dederunt ecclesiis Anglicanis,
50 quam super aliis temporalibus bonis eiusdem regni, si ecclesiae Anglicanae
sub tali pacto potuerunt et voluerunt ipsa bona recipere. Si autem
ecclesiae sub tali pacto vel nequiverunt vel noluerunt ipsa temporalia bona
recipere, et tamen reges sub pactis licitis ipsa ecclesiis contulerunt,
concedendum est quod papa super huiusmodi temporalibus habet aliquam
55 potestatem, quamvis non nisi quantam reges sibi dederunt: ut papa super
huiusmodi temporalibus concessis a regibus Angliae ecclesiis in dominio

17 nisi B: ibi V; aliter nisi V².
18 habet B: habent V; habuit Sch.   40 angelorum V.
44 Angliae V: Anglorum B.   45 super V²B: sicut V.

19 prius: 4.40–60.
30 praecedentia: 7.41–5.

eorundem regum solummodo iure regum habeat potestatem, et non nisi quantam per privilegia regum sibi est concessa.

Hoc ostenso, probandum est quod, non obstante quocunque statuto 60 papali, prohibitione vel praecepto, sententia vel processu, clerici regi in guerra sua iusta de bonis ecclesiae, maxime superabundantibus, auxiliari tenentur. Nam, sicut ostensum est, papa non habet super temporalibus concessis ecclesiis Anglicanis aliquam potestatem, nisi iure humano et quam sibi reges Angliae concesserunt. Reges autem Angliae non de-65 derunt summo pontifici potestatem, ut quocunque statuto, prohibitione vel praecepto, sententia vel processu inhibere valeret clericis regi subiectis, ne eidem in guerra sua iusta subventionis subsidium exhiberent. Quia, si reges Angliae per privilegium speciale vel etiam generale talem potesta-tem papae dederunt, aut hoc in quocunque privilegio generali vel speciali, 70 regio non papali, distincte, in particulari et explicite continetur, aut solummodo implicite et sub generalibus verbis hoc habetur.

Primum dici non potest: primo quia inveniri non potest quod in aliquo privilegio de tali potestate fiat mentio specialis; secundo quia, si in aliquo privilegio de tali potestate fieret mentio specialis, tale privilegium pro 75 non privilegio esset habendum, quia iniquitatem contineret apertam. Iniquum est enim et iniustum ac iuri obvians naturali pariter et divino, totam sarcinam defensionis patriae et iurium publicorum ab illis, qui cum aliis sufficiunt, transferre ad illos, qui insufficientes absque aliis dignos-cuntur. Cum ergo pro defensione regni et iurium regni laici cum clericis, 80 et non absque eis, sufficiant, sequitur quod privilegium huiusmodi cuiuscunque potestatis humanae in tali casu concessum papae iniquum censeri deberet, et per consequens privilegium esset minime reputandum; quia privilegium est privata lex, di. iii, c. *Privilegia*; lex autem non est lex, nisi sit iusta, sicut nec ius est ius, nisi sit iustum, di. i, c. *Ius autem*. In 85 nullo igitur privilegio speciali vel generali, quod est privilegium iudican-dum, in particulari et explicite continetur quod reges Angliae talem dederunt papae super rebus temporalibus, quas contulerunt ecclesiis, potestatem.

Nec potest dici secundum, quod scilicet reges Angliae per privilegium 90 generale vel speciale implicite et sub verbis generalibus talem papae dederint potestatem. Quia verba generalia posita in huiusmodi privilegio non essent amplianda, sed magis essent restringenda, ne per verba generalia intelligeretur talis potestas esse papae concessa. Quia, sicut patet ex quarto notabili supraposito, c. vii, in talibus est interpretatio rationabilior 95 et benignior facienda. Rationabilius autem est et benignius, ut regi in tanta necessitate de bonis, quae liberaliter praedecessores sui contulerunt ecclesiis, subventionis auxilium praebeatur quam quod sibi tale auxilium denegetur; ergo verba generalia praedecessorum suorum sunt taliter restringenda, ut potestas impediendi tale auxilium papae minime 100 concedatur.

Amplius, sicut tactum est prius, c. viii, in generali concessione illa intelliguntur excepta, licet specialiter minime exprimantur, quae sunt illicita et quae concedens minime specialiter concessisset. Sed non est licitum impedire clericos, ne regi in tanta necessitate subveniant, cum sit
105 impium et crudele et ingratitudinem contineat manifestam. Hoc etiam reges praedecessores regis, qui modo regni gerit gubernacula gloriose, nullatenus specialiter concessissent, quia, cum non constet contrarium, praesumendum est quod nichil iniquum, periculosum et praeiudiciale utilitati communi regni concessissent; ergo per verba generalia reges
110 Angliae talem potestatem papae non dederunt.

Rursus, privilegia odiosa et quae potestatem et iura diminuunt aliorum, non sunt amplianda, sed restringenda, Extra, *de decimis*, c. *Dilecti*; quod praecipue continet veritatem quando, non obstante tali restrictione, aliquid confertur per ea et, si ampliarentur, bono communi derogare
115 valerent. Sed privilegia concessa papae a regibus Angliae de potestate habenda super rebus temporalibus, praesertim superabundantibus, quas reges Angliae ecclesiis Anglicanis contulerunt, sunt odiosa, quia iura diminuunt aliena. Per ipsa enim diminuitur ius regis, et etiam ius clericorum de dominio eiusdem regis; quia per privilegia huiusmodi
120 clerici efficerentur subiecti papae quoad multa, in quibus aliter sibi non essent subiecti, sed liberiorem administrationem haberent in huiusmodi rebus, si talem potestatem reges papae minime concessissent; tunc enim multa possent absque licentia papae, immo contra praeceptum eius, quae modo non possunt. Ergo talia privilegia concessa papae non sunt
125 amplianda, sed restringenda.

Qualiter autem sunt restringenda, ex praescriptis patere potest: taliter scilicet, ne propter ipsa papa bonum commune regni et illorum, qui sunt regi subiecti, valeat per quodcunque statutum, prohibitionem vel praeceptum, processum vel sententiam impedire.

CAPITULUM DECIMUM

Sane, ut veritas clarius pateat praedictorum, respondendum duxi aliquibus obiectionibus, quae contra ipsa possent adduci.

Videtur enim quod clerici et praelati de bonis ecclesiasticis regi absque licentia papae subvenire minime debent; hoc enim Extra, *de immunitate*
5 *ecclesiarum*, c. *Adversus*, habetur. Ex quo infertur quod multo magis, si papa inhibet ne regi subveniant, papae obediendo nulli debent praestare auxilium.

104 ne V²: nec V.
105 manifestam B: manifesta V.
107 quia, cum non V: quia nisi V²; quare non B.
107–9 quia ... concessissent *rep.* V; *del.* V².
114 bono V²B: ligio V.   120 efficerentur B: efficiuntur V.
122 si *conieci*: quia V.   127 papa *om.* B.
129 impediri B.

101 prius: 8.33–7.   112 III, 30, 8, col. 558.
4–5 III, 49, 7, col. 656.

Amplius, papa nec potestatem nec privilegia aliqua unquam habuit a regibus Angliae; ergo frustra et inaniter omnia, quae dicta sunt in capitulo o praecedenti de potestate vel privilegiis concessa vel concessis a regibus Angliae summo pontifici, praesentibus sunt inserta.

Rursus, privilegia summi pontificis ipse solus interpretari potest et debet; ergo, si aliqua privilegia essent a regibus Angliae concessa summo pontifici super rebus datis ecclesiis et aliis quibuscunque, ipse et non alius 5 super ipsis interpretandis requiri deberet; et per consequens eius esset interpretatio conservanda. Si ergo ipse diffiniret quod clerici de bonis ecclesiae non debeant absque eius licentia laicis subvenire, sequitur quod clerici Angliae contra praeceptum vel prohibitionem papae non debent regi de bonis ecclesiae subvenire.

20 Adhuc, *beneficia princip*is *sunt* latissime *interpretanda*, Extra, *de simonia*, c. ultimo; ergo, si aliqua sint privilegia, per quae sub verbis generalibus reges Angliae dederunt summo pontifici potestatem super rebus, quas dederunt ecclesiis, ipsa debent interpretari latissime, ut per ipsa potestas inhibendi clericis, ne de eisdem rebus regi subveniant in casu quocunque, 25 de quo in privilegiis ipsis specialis et expressa mentio non habetur, a summo pontifice minime auferatur, sed intelligatur esse concessa. Quare, si in privilegiis talibus nequaquam exprimitur quod clerici in guerris regis sibi subveniant, papa potest inhibere eisdem, ne sibi in hoc casu subveniant.

30 Praeterea, bona ecclesiae sunt bona pauperum, xii, q. ii, c. *Gloria*; ergo in proeliis expendi non debent.

Item, de bonis ecclesiae debent tantummodo quattuor fieri portiones, xii, q. ii, c. *Quattuor*, inter quas de aliquibus temporalibus expendendis in proeliis nulla fit mentio; ergo in proeliis bona ecclesiastica non debent 35 expendi.

Amplius, *sententia pastoris sive iusta sive iniusta timenda est*; ergo sive a canone sive a papa feratur sententia in omnes subvenientes regi de bonis ecclesiae, sententia tenet; et per consequens sibi subvenire non debent contra papae praeceptum expressum, sicut nec contra sententiam ipsius.

CAPITULUM UNDECIMUM

Ad ista faciliter respondetur. Dicitur enim ad primum quod clerici de bonis ecclesiae regi subvenire non debent absque licentia papae et nisi prius Romanus pontifex consulatur in casibus, in quibus papa obtinet potestatem inhibendi clericis, ne conferant subsidia ad relevandas

---

16 interpretatio B: interpretantio V.   30 sunt V²: super V.
30 Gloria: bona B.

12–13 *cf. Decretal. Greg. IX*, ɪɪ, 1, 12, col. 242.
20–1 *cf. supra*, 7.67–9 n.   30 c. 71, C. 12, q. 2, col. 710.
33 *ibid.* c. 27, col. 696.
36 *cf.* Gregorius Magnus, *in Evang.* homil. xxvi, PL 76, 1201 = c. 1, C. 11, q. 3, col. 642; cited *CB* vi, 9, p. 290.

1 ad primum: 10.3–7.

5 indigentias aliorum.   In casibus autem, in quibus papa non habet potestatem inhibendi clericis, ne indigentias relevent alienas, possunt clerici de
bonis ecclesiae regi et aliis absque licentia, immo contra praeceptum
Romani pontificis subvenire.   Constat enim quod, si rex ex aliquo
eventu esset in extrema necessitate constitutus et vita eius, nisi ei clerici
10 etiam largiter de bonis ecclesiae subvenirent, salvari non posset, clerici
antequam pontificem Romanum consulerent, ei deberent succurrere, ne,
si pontificem Romanum requirerent, antequam responsum haberent,
de hac vita migraret.   Si etiam rex esset captivus, pro cuius redemptione
bona non sufficerent laicorum, clerici tenerentur pro redemptione ipsius
15 dare bona ecclesiae antequam summum pontificem consulerent, si habens
regem in captivitate ipsum statim vellet tradere morti, si sibi confestim
ipsius redemptio minime praeberetur.   Iterum, si reges Anglorum
conferendo bona ecclesiis ordinassent quod de bonis eisdem superabundantibus redimerentur captivi vel construerentur pontes et relevaren-
20 tur quaecunque aliae utilitates et necessitates communes, absque licentia
Romani pontificis in huiusmodi clerici tenerentur expendere bona eis a
regia liberalitate concessa nec Romanum pontificem astringerentur
consulere; quia pacta et leges, quae in donatione rerum a donatoribus
imponuntur, debent inviolabiliter observari.
25   Cum igitur papa potestatem non habeat inhibendi clericis, ne regi in
tanta necessitate subveniant, Romanum pontificem in hoc casu consulere
nullatenus obligantur; et, si ipsum consulerent et ipse inhiberet eis, ne
regi praeberent auxilium, sibi obedire non deberent: tum quia talis
inhibitio esset iniqua; tum quia ad hoc se non extenderet potestas papae.
30 In casibus autem, in quibus papa habet potestatem inhibendi clericis,
ne indigentias relevent alienas vel communes, non debent clerici conferre
subsidia ad relevandas utilitates vel necessitates communes, nisi prius
Romanus pontifex consulatur.   In quibus autem casibus talem papa
regulariter habeat potestatem, sciri potest ex iure humano, quod est ius
35 regum vel quod absque consensu regum expresso vel tacito institui
minime potest, sicut in responsione ad secundam obiectionem patebit.
    Ad quam dicitur quod, si reges Angliae vel etiam incolae eiusdem regni
soli per se absque aliis fidelibus separatim nunquam aliquam potestatem
vel privilegium dedissent papae super rebus temporalibus superabundanti-
40 bus, quas dederunt ecclesiis, papa nullam potestatem regulariter haberet
super eisdem, nisi reges Angliae vel incolae regni una cum aliis fidelibus
in concilio generali vel alia congregatione seu alio quovis modo tacite vel
expresse dedissent papae huiusmodi potestatem, vel papa, regibus et
incolis Angliae minime reclamantibus, talem potestatem acquisivisset
45 ex consuetudine rationabili et praescripta.   Et propter hoc tactum est

---

8 ex V: in B.
12 requirerent *coniecit Sch.*: acquirerent V.
14 tenerentur B: tenentur V.
22 liberalitate *e* libertate *corr.* B: libertate V.
27 et¹ B: set V.   35 quod V²B: *om.* V.

---

36 secundam obiectionem: 10.8–11.

prius quod omne ius, quod regulariter habet papa super rebus superabundantibus datis a regibus Anglorum ecclesiis, est ius regum vel
absque consensu regum expresso vel tacito fuit minime institutum:
quia tale ius vel reges instituerunt expresse per se et divisi vel cum aliis
50 communiter in regionibus aliis constitutis, quia una cum regibus Angliae
in concilio generali vel congregatione alia voluerunt quod papa super
rebus, quas dederunt et essent forte daturi ecclesiis, haberet huiusmodi
potestatem; vel reges Angliae expresse vel tacite consenserunt ordinationi,
qua in concilio generali vel alia congregatione aut ab alio vel aliis exstitit
55 ordinatum, ut papa haberet super rebus ecclesiasticis huiusmodi potestatem; vel papa, non reclamantibus regibus Angliae, potestatem super
huiusmodi rebus ex consuetudine rationabili et praescripta legitime
acquisivit.

Falsum igitur accipit obiectio illa, cum dicit quod papa nec potestatem
60 nec privilegia aliqua unquam habuit a regibus Angliae. Quia omnem
potestatem, quam papa regulariter habet super rebus ecclesiarum superabundantibus, quas reges Angliae dederunt ecclesiis, habet a regibus Angliae
aliquo modorum praescriptorum. Si enim in conciliis generalibus aliqua
fiebant statuta, quibus tribueretur potestas papae super huiusmodi rebus,
65 quas reges Angliae dederunt ecclesiis, illa statuta possunt quodam modo
dici privilegia data papae a regibus Angliae per consensum expressum vel
tacitum; et omnia ideo statuta generaliorum conciliorum et alia quaecunque, quibus verbis generalibus statuitur, ut papa super rebus datis
ecclesiis a regibus Angliae habeat potestatem, eodem modo interpretanda
70 sunt et restringenda, sicut essent interpretanda et restringenda privilegia,
quae reges Angliae soli sub sigillis suis vel aliter dedissent papae de habenda
potestate super rebus superabundantibus, quas ecclesiis concesserunt.
Et ideo non inaniter dicta sunt illa, quae in praecedenti capitulo inseruntur
de potestate vel privilegiis concessa vel concessis a regibus Angliae summo
75 pontifici; quia per illa potest sciri quomodo interpretanda sunt et
restringenda quaecunque statuta vel dicta, quibus asseritur quod papa
habet potestatem super rebus datis ecclesiis ab imperatoribus, regibus,
principibus et aliis fidelibus quibuscunque; quia sic interpretanda sunt,
ut nequaquam pietatem excludant et nullam ingratitudinem vel iniquita-
80 tem includant.

Ad tertiam obiectionem breviter respondetur quod solus papa habet
interpretari privilegia, quae ipse concedit aliis legitime et rite, quando
necessaria est interpretatio ex hoc solummodo, quod mens concedentis
privilegia ignoratur. Sed privilegia, quae ab aliis conceduntur ipsi
85 papae, non ipse, sed concedentes interpretari debent et possunt, quando
necessaria est interpretatio ex hoc, quod intentio concedentium privilegia
est ignota. Si vero alicui vel aliquibus est necessaria interpretatio

67 generaliorum: *sic* V.   68 statuitur *scripsi*: statutis V.
79 pietatem B: potestatem V.

46 prius: 9.13–18.
67 For ' generalius concilium ', *cf. CI* c. 20, pp. 81, 82.
81 Ad tertiam obiectionem: 10.12–19.
87–101 *cf. Dial.* i, i, 8–10; *Brev.* i, 10, p. 51; *OQ* i.16.5–17; *IPP* c. 13.

huiusmodi privilegiorum ex ignorantia potestatis, quam habet papa ex iure divino vel humano, ad illos huiusmodi interpretatio spectat, qui
90 verius, acutius, subtilius et profundius iura humana et divina intelligunt, etiam si iurium divinorum et humanorum minori vigeant memoria. Ad quos potissime pertinet iudicare—non quidem authentice et iudicialiter diffiniendo, sed veridico dogmate et assertione simplici affirmando— quantam potestatem super rebus datis a fidelibus ecclesiis acquirat papa
95 ex consuetudine rationabili et praescripta, non irrationabili vel non prae- scripta, quam scilicet non reclamantibus, sed scienter permittentibus fidelibus, qui res huiusmodi dederunt ecclesiis, papa consueverit exercere potestatem super huiusmodi rebus datis ecclesiis. Quos alii minus profunde intelligentes iura divina et humana, cum per ipsos intellexerint
100 veritatem, sequi tenentur, qualicunque floruerint iurium divinorum et humanorum seu consuetudinum humanarum memoria.

Ad quartam dicitur quod privilegia et beneficia principum, inquantum tangunt iura specialia principum, sunt latissime interpretanda, ita tamen quod nullam iniquitatem contineant et illa excipiantur, quae principes in
105 speciali nullatenus concessissent; inquantum vero tangunt iura com- munia et aliorum, sunt interpretanda strictissime. Et sicut est de privilegiis, ita est etiam de potestate, quam quis obtinet vel per conces- sionem principum expressam vel tacitam, vel per consuetudinem rationa- bilem et praescriptam: quod strictissime debet intelligi inquantum tangit
110 iura aliorum, eis praeiudicium enorme praecipue generando. Et ideo, si papa potestatem habeat super rebus datis ecclesiis a regibus Angliae sive per concessionem expressam vel tacitam eorundem regum, sive per consuetudinem rationabilem et praescriptam, sic intelligendus est potestatem habere, ut in casu speciali, in quo non est usus legitime huius-
115 modi potestate et qui non est expressus in concessione seu commissione sibi facta, qui utilitati communi vel iuribus clericorum subiectorum regi praeiudicium generaret enorme, nullam habeat potestatem. Et ideo, quia absque enormi praeiudicio, immo periculo utilitatis communis et etiam ipsorum clericorum subiectorum regi, non possent clerici prohiberi
120 subvenire in tanta necessitate regi, papa hoc prohibere non potest et, si prohiberet, prohibitio sua nulla esset, et clerici sibi aperte deberent resistere et quantum ad hoc in nullo penitus sibi obedire, et peccarent mortaliter, si praesumerent obedire.

Ad quintam respondetur quod bona ecclesiae Anglicanae non tantum
125 sunt pauperum, sed etiam sunt totius communitatis comprehendentis pauperes simul et divites et etiam omnium aliorum de eodem regno

90 et[2] V[2]B: est V.
91 vigeant B: vigerent V.
95 et scripsi: etiam V.
104 excipiant B.
104 princeps B.
111 haberet B.
116 utilitati V[2]: utilitate V.
121 sibi V: ei B.
124 anglie B.

93 dogmate B: domate V.
96 quam scilicet B: om. V.
104 quae B: quod V.
105 concessisset B.
112 sive per[2] V[2]B: super V.
119 possunt B.
121 deberent B: debent V.
126 etiam B: in V.

102 Ad quartam: 10.20–9.

124 Ad quintam: 10.30–1.

constitutorum in extrema necessitate vel propinqua, quando eis aliter quam per bona ecclesiae subveniri non potest. Unde et secundum assertiones sanctorum patrum, pro redemptione captivorum non solum
130 pauperum, sed etiam divitum possunt et debent etiam vasa et paramenta ecclesiastica vendi, quando aliter redimi minime possunt. Et ideo bona ecclesiae non tantum debentur pauperibus, sed etiam pro utilitate communi, puta pro defensione patriae et iurium publicorum, possunt et debent in casu expendi. Et sicut papa non posset statuere quod bona
135 ecclesiae non communicarentur pauperibus, tum quia hoc esset contra intentionem illorum, qui eadem bona dederunt ecclesiae, tum quia hoc esset contra caritatem et amorem fraternum: ita non posset statuere, ne eadem bona expenderentur pro defensione patriae et iurium publicorum, tum quia hoc esset contra intentionem et voluntatem dantium,
140 tum quia hoc esset contra zelum et amorem boni communis et salvationis non tantum laicorum, sed etiam clericorum et rerum ad ipsos spectantium.

Ad sextam dicitur quod antiquitus in quibusdam ecclesiis regulariter solummodo debebant fieri de bonis ecclesiasticis illae quattuor portiones; in casu tamen aliter expendi debebant; nam secundum assertionem
145 veridicam patrum pro redemptione captivorum expendenda erant. Et ideo, licet bona ecclesiae non sint regi regulariter offerenda, in casu tamen necessitatis pro defensione patriae et omnium tam laicorum quam clericorum degentium in patria ac rerum ipsorum et iurium regni et regis sunt dispositioni regiae exponenda, quae licite, immo meritorie, si
150 sola iustitia moveatur, potest ea in proeliis iustis expendere.

Ad septimam, quae est ultima, respondetur quod sententia veri pastoris (non tantum secundum opinionem hominum), quae non est nulla ipso iure et facto, ut transire in rem iudicatam non valeat, timenda est; sententia autem falsi pastoris, quantumcunque sit pastor secundum
155 opinionem hominum, etiam multitudinis Christianorum, timenda non est. Sententia etiam veri pastoris, quae est nulla ipso iure et facto, ut in rem iudicatam, quantumcunque non fuerit per appellationem suspensa, transire non valeat, minime est timenda. Talis autem est sententia etiam veri pastoris, quae contra ius continet intolerabilem errorem et
160 quando infertur in casu, in quo etiam verus pastor habet nullatenus potestatem. Talis autem esset sententia etiam veri papae, quae ferretur contra praelatos Angliae propter hoc, quod subvenirent regi in casu praedicto; quia errorem intolerabilem contineret, et ferretur in casu, in quo etiam verus papa potestatem minime haberet, sicut ex praecedenti-
165 bus potest colligi evidenter et ex quibusdam dicendis posterius amplius apparebit.

131 ecclesie B.   131 possent B.
144 expendi B: om. V.   160 infertur V: fertur B.
160 etiam B: om. V.   162 Angliae om. B.
164 etiam V²: ecclesia V; om. B.   164 haberet B: habet V.

128-31 cf. Ambrosius, de officiis ii, 28, PL 16, 139-40 = Decretum Gratiani c. 70, C. 12, q. 2, col. 710; ibid. c. 18, di. 86, col. 302; OND 76.473-8.
142 Ad sextam: 10.32-5.   144-5 cf. supra, 11.128-31 n.
151 Ad septimam: 10.36-9.   151-66 cf. CB vi, 7-11, pp. 285-94; IPP c. 14.

CAPITULUM DUODECIMUM

Non solum autem sententia talis veri summi pontificis in casu praedicto
clericos Angliae nequaquam constringeret, sed, etiam si sententia contra
regem ipsum propter hoc, quod prosequitur ius regium, etiam a vero
summo pontifice ferretur, nullius esset omnino vigoris nec regem quo-
5 quomodo ligaret nec etiam adhaerentes eidem, nisi forte propter conscientiam erroneam, qua aliqui laborarent.   Sicut enim tactum est prius et
hic amplius ostendetur, sententia etiam veri pastoris contra ius lata in casu,
in quo potestatem non habet, tanquam iniquitatem manifestam vel
errorem intolerabilem continens nulla est et nullas vires penitus habens,
10 etiam quamvis non fuerit per appellationem suspensa.   Hoc ex diversis
canonibus sacris et glossis super ipsis patenter colligitur; de quibus
paucos et paucas adducam.   Extra, enim, *de sententia et re iudicata,* c. i, sic
habetur: *Sententia contra leges canonesve prolata, licet non sit appellatione
suspensa, non potest tamen subsistere ipso iure;* ubi dicit glossa: *Sententia lata*
15 *contra leges, id est contra ius constitutionis, ita quod hoc in sententia exprimatur,*
nulla est ipso iure, et citra appellationem rescinditur.   Ut hic, et infra, eodem,
' *Cum inter* ', *in fine, et infra, eodem,* ' *Inter ceteras* ', *et ii, q. vi,* ' *Diffinitiva* '.
Unde in decretali illa *Inter ceteras* sic habetur: *Cum sententia fertur iniqua,*
eam evacuari oportet, nec ei debet stari, si iniquitatem contineat manifestam;
20 ubi dicit glossa super vocabulo ' iniqua ': *Puta, quia est contra ius scriptum,*
scilicet contra leges vel canones, supra, eodem, c. i, ita quod in ipsa sententia
contineatur error, ii, q. vi, § ' *Diffinitiva* ', *vers.* ' *Item, si sententia contra ius*
scriptum '; ubi sic legitur: *Si sententia contra ius scriptum feratur, veluti dum*
defunctus et minor xiiii annis fuisse et testamentum iure dicitur fecisse, nullas vires
25 *obtinet, nec contra eam necessarium est provocationis auxilium;* ubi dicit glossa:
Error iudicis non debet excusare sententiam.

Ex hiis aliisque quam multis colligitur quod sententia etiam veri
pastoris contra ius lata in casu, in quo idem pastor etiam verus non habet
potestatem, tanquam iniquitatem manifestam vel errorem intolerabilem
30 continens ipso iure nulla est et nullas vires habens omnino.   Sed si contra
regem Anglorum propter hoc, quod prosequitur ius regium vel requireret
iustum subsidium a clericis Angliae, etiam a vero summo pontifice
sententia emanaret, esset contra ius et in casu, in quo papa etiam verus
super regem potestatem non habet, ac iniquitatem manifestam et errorem
35 intolerabilem contineret, secundum quod ex praecedentibus liquere

---

1 in veri *add.* V.   2 Angliae *om.* B.
14 Sententia B: omnia V.   31 Anglorum *om.* B.
31 regium: suum B.   31 requirit B.
32 Angliae *om.* B.

6 prius: 11.156–61.   12–23 *cf. CB* vi, 7, p. 286.
13–14 II, 27, 1, col. 393.
14–17 *Gl. ord. ad* II, 27, 1, *s.v.* ' contra leges '.
18–19 II, 27, 9, col. 395.   20–3 *Gl. ord. ad* II, 27, 9, *s.v.* ' manifestam '.
23–5 Gratianus *post* c. 41, C. 2, q. 6, col. 482;   cited *CB* vi, 10, p. 292.
26 *Gl. ord. ad loc. cit., s.v.* ' contra ius '.

potest intelligentibus evidenter; ergo talis sententia nec regem nec aliquem alium aliquo modo ligaret, sed ipso iure esset nulla, vires nullas penitus habens.

CAPITULUM TERTIUM DECIMUM

Sane, ut ratio ista manifestius pateat, ad aliquas obiectiones contra ipsam respondere curabo.   Videtur itaque quod ratio ista multipliciter deficit.   Nam quamvis sententia lata contra ius scriptum ipso facto sit nulla, ut in rem iudicatam transire non valeat, sententia tamen lata
5 contra ius litigatoris transit in rem iudicatam, nisi fuerit appellatione suspensa.   Nam ii, q. vi, *Diffinitiva*, post verba superius allegata sic legitur: *Si vero contra ius litigatoris sententia dicatur, veluti dum minor xiiii annis quartum decimum annum implevisse ac per hoc testamentum iure fecisse pronunciatur, ad provocationis remedium oportet confugere.*   Sed si sententia emanaret a papa
10 contra regem Angliae, in hoc casu talis sententia esset solummodo contra ius regis; ergo non esset nulla ipso iure.   Item, *sententia veri pastoris*, quae non est contra ius scriptum seu constitutionis, *est timenda*, per praedicta; quod etiam Extra, *de sententia et re iudicata*, c. *Cum inter*, patenter innuitur, ubi sic legitur: *Attendentes tamen quod quantum ad litigantes ipsos ius*
15 *ex sententia factum fuerit, etiam si contra ius litigatoris lata fuisset, cum contra ius constitutionis expresse lata non fuerit*, etc.; ubi dicit glossa super vocabulo ' constitutionis ': *Illa enim nec transit in rem iudicatam nec est necesse appellare ab ea.*   Ex quibus colligitur quod sola illa sententia, quae est contra ius scriptum sive constitutionis, est nulla ipso iure.   Sed si talis sententia
20 ferretur a papa contra regem vel faventes eidem, non esset . . .

---

8 implevisse: implesse V; impleverit B.
10 Angliae *om.* B.   10 solummodo: tantummodo B.
15 fuerit VB; fuit, postquam in rem transiit iudicatam, etiam, *etc.*, *decretalis*.
20 *post* esset: *desinunt* VB.

7–9 Gratianus *post* c. 41, C. 2, q. 6, col. 482.
14–18 Verbally in *CB* vi, 10, p. 292.   14–16 ii, 27, 13, col. 399.
17–18 *Gl. ord. ad loc. cit., s.v.* ' contra ius constitutionis '.

CONSULTATIO DE CAUSA MATRIMONIALI

INTRODUCTION

Among German dynasts of the late thirteenth century few had proved more successful builders of a territorial community than Meinhard II of Goerz–Tirol (1258–95). His position in Tirol was nominally that of vassal of the bishops of Trent and Brixen, but in 1286 he had received the duchy of Carinthia as an imperial fief from Rudolf of Habsburg and from that time on could be reckoned a prince of the Empire.[1] His successor, Duke Henry, though thrice married, failed to breed a male heir; inevitably the rich, strategically placed inheritance of Carinthia–Tirol stimulated the ambitions of the major ruling families in the south-east of the Empire—Wittelsbach, Habsburg and Luxemburg. Though in January 1330 the emperor Lewis of Bavaria had expressly guaranteed to Henry that his daughters should succeed, before the year was out Lewis was envisaging that on Henry's death Carinthia and south Tirol should pass to Habsburg while the Tirolese Oberland should fall to himself.[2] Meanwhile the Luxemburgers had not been inactive; in September 1330 John of Bohemia had arranged a marriage between the twelve-year-old Margaret of Carinthia–Tirol and his second son, John Henry, who was three or four years younger than Margaret. When Duke Henry died in April 1335 Lewis enfeoffed the Habsburgers with Carinthia and south Tirol; his plan was that the rest of the county north of Finstermünz, the Jaufen and the Franzensfesten should go to his own sons. For the time being, however, the Luxemburgers managed to preserve the position of Margaret and John Henry in Tirol, though by the peace of Enns in October 1336 John of Bohemia was obliged to recognise the Habsburg claim to Carinthia. Lewis's acceptance of Luxemburg's title to Tirol in March 1339 was patently insincere: by 1341, as a result of the decay of the ruling branch of the Wittelsbachers in lower Bavaria, he at last enjoyed control over the whole Wittelsbach inheritance; he was determined to gain complete possession of Tirol. John Henry was a poor creature and unpopular with the Tirolese; already in 1340 there had been a conspiracy against him and his elder brother, Charles of Moravia, the mainstay of the Luxemburg regime in Tirol.[3] Charles left Tirol early in 1341, and in November a rising of the nobles, prepared with Lewis's active help, drove John Henry out of the county. Lewis designed

[1] Cf. H. Wiesflecker, *Meinhard der Zweite*, Innsbruck, 1955, pp. 125–7, 173–82.
[2] MGH *Const.* VI, No. 677, p. 575; No. 886, p. 737.
[3] Cf. *Vita Karoli IV imp.*, ed. J. F. Böhmer, *Fontes rerum Germanicarum*, I, Stuttgart, 1843, pp. 261–2.

to substitute for him as Margaret's husband his own eldest son, Lewis, margrave of Brandenburg; in this way the Wittelsbachers' power would be projected far south of Bavaria and mastery of the Alpine routes to Italy secured.[1]

This scheme, political in its motivation, was faced by difficulties of another kind. Margaret already had a husband, and though it could be argued with some plausibility that her marriage with John Henry had not been consummated,[2] the long-standing hostility between the emperor and the papacy left no hope of securing from the pope a declaration of annulment which would set Margaret free to marry Lewis of Brandenburg. No more promising was the prospect for papal dispensation from the obstacle arising from the fact that Lewis of Brandenburg and Margaret were related in the third degree—for Margaret's grandmother Elizabeth, wife of Meinhard II, was sister to Lewis the Harsh of Bavaria, grandfather of the Brandenburger.[3] What formal steps, if any, the emperor took to resolve these difficulties is uncertain. We are told that celebrations for Margaret's wedding with Lewis were held at Schloss Tirol on 10 February 1342; the abbot of Viktring relates not without complacency that the emperor's partisan, Lewis of Chamerstein, bishop of Freising, who accompanied the imperial party into Tirol ' ut divorcium celebraret ', perished on the way in a mountain accident.[4] But while still at Munich on 28 January Lewis the Brandenburger was already referring to Margaret as his wife.[5] Somehow or other, at a date which cannot be stated precisely, the solution which the Wittelsbachers intended, and from which Margaret herself does not seem to have been averse, was achieved, maybe by no more than *verba de praesenti*.

Naturally enough, the two major polemicists at the emperor's command had been set to work to discuss and remove the theoretical difficulties. Marsilius of Padua's chief contribution was to compose, or at any rate to revise, his *Defensor minor*.[6] This treatise, while resuming some of the arguments of *Defensor pacis*, turns its attention specifically to the question as to who is the competent authority to decide a matter of divorce arising from the impotence of one of the parties to a marriage.[7] It declares that the power of giving a sentence in such a case rests 'ad principantem

[1] *Cf.* A. Huber, *Gesch. d. Vereinigung Tirols mit Oesterreich*, Innsbruck, 1864, pp. 32–42; O. Stolz, *Gesch. des Landes Tirol*, I, Innsbruck, 1955, pp. 464–6; A. Lhotsky, *Gesch. Österreichs 1281–1358*, Vienna, 1967, pp. 321–8, 340–5; F. Seibt, in *Handbuch der Gesch. d. Böhmischen Länder*, ed. K. Bosl, I, Stuttgart, 1967, pp. 380–1.

[2] In 1349 John Henry himself successfully pleaded *impotentia coeundi relativa* as grounds for the annulment of his marriage with Margaret: *cf.* E. Werunsky, *Gesch. Kaiser Karls IV*, II, Innsbruck, 1882, pp. 451–4. *Relativa* seems apt; John Henry had five children by his second marriage with Margaret of Troppau.

[3] Not until 1359 was the dispensation granted and the marriage between Lewis and Margaret legitimated by Pope Innocent VI; *cf.* Gerhard Pfeiffer, ' Um die Lösung Ludwigs des Bayern aus dem Kirchenbann ', *Zeitschrift für bayerische Kirchengeschichte*, XXXII (1963), pp. 18–19.

[4] Johannes von Viktring, *Lib. cert. historiarum*, ed. Fedor Schneider, MGH *SS in us. schol.*, 1910, II, pp. 223–4.

[5] ' unser liebi Wirtinn . . . unser lieb Husfrawen: *cf.* N. Grass, ' Geschichte der Landstände Tirols ', Anh. I, in *Album Helen Maud Cam*, II, Louvain and Paris, 1961, pp. 321–2.

[6] Ed. C. K. Brampton, Birmingham, 1922. Possibly cc. xiii–xvi were added to a preexisting work at this time. [7] *Def. min.* xv, 1–4, ed. Brampton, pp. 46–9.

auctoritate legislatoris humani ', as it does too when the question is of
dispensing from an impediment of consanguinity, since this is not a matter
of divine law or precept.[1] Ockham's advisory memorandum, the
Consultatio, confines itself exclusively to the question of the emperor's
right to dispense from an impediment of consanguinity. It regards
the marriage between Lewis and Margaret as a future possibility rather
than as an accomplished fact,[2] and so is certainly to be dated before
10 February 1342; though it was probably composed in the late months
of 1341 or in January 1342, it may be earlier, since the Wittelsbachers'
scheme had been hatched some time before the expulsion of John Henry
from Tirol in early November 1341.[3]

The *Consultatio* survives as the fourth and last item of a small collection
of documents concerning the Tirolese marriage business. The first item
purports to be the form of a judgement in which the emperor declares
Margaret and John Henry divorced and separated; in the second Lewis
dispenses his son and Margaret from the impediment of consanguinity;
the third—still in the emperor's name—brings to support these decisions
a *consultatio* by Marsilius to the effect that authority to pronounce divorce
in such a case lies with the emperor, not the pope.[4] Items 1 and 2 may
be drafts or mere stylistic exercises; they are not dated and there is no
evidence that they were ever promulgated or used officially. Item 2
borrows extensively from *Defensor minor* c. xvi, while the Marsilian
consultatio is taken from cc. xiii–xv of the same work.[5] It has generally
been assumed that these three items are all the work of Marsilius, though
I regard that attribution as by no means certain: there is no convincing
reason why they should not have been confected by someone else who
had access to *Defensor minor*.[6] However that may be, there is no doubt
that the last item in the collection is, as it claims, Ockham's opinion
concerning the matter of the dispensation. The title was obviously due
to the collector of the four items, but the text of the *Consultatio* is Ockhamist
through and through in language and ideas. So much so that it has
been found possible to maintain (perhaps not without exaggeration) that
agreement between the *Consultatio* and *An princeps* is at times so close as to
suggest an immediate dependence of the former from the latter.[7]

[1] *Def. min.* xvi, pp. 53–5.

[2] *Consult.* 128–30: licite *poterunt* supradicti Ludovicus et Margareta foedus contrahere
copulae carnalis seu maritalis; *cf.* P. Scheffer-Boichorst, *Gesammelte Schriften*, II, Berlin,
1905, p. 315.   [3] *cf.* Huber, *Gesch. d. Vereinigung Tirols*, p. 35.

[4] Most recently printed by Carlo Pincin, *Marsilio*, Turin, 1967, pp. 262–83.

[5] That *Def. min.* was written before the second form of judgement and the *consultatio*
attributed to Marsilius is rightly maintained by Pincin, p. 206, and before him by J.
Sullivan, ' The manuscripts and date of Marsiglio of Padua's *Defensor pacis* ', *English
Historical Review*, xx (1905), p. 305, against Brampton, *ed. cit.*, pp. vi–x, who is followed
by M. Grignaschi, ' Il matrimonio di Margarete Maultasch e il *Tractatus de Matrimonio* di
Marsilio da Padova,' *Rivista di storia del diritto italiano*, xxv (1952), pp. 199–200, in reversing
the relationship.

[6] Scheffer–Boichorst, *loc. cit.*, had concluded for Marsilius's authorship as early as
1874; still in the same sense in 1967 Pincin, p. 228. It is worth noting how the rubrics
of the first form of judgement and of the *consultatio* imputed to Marsilius (Pincin, pp. 262,
268) echo the phrase *vocati coniuges* of *Def. min.* xiii, 1, p. 38.

[7] O. Bornhak, *Staatskirchliche Anschauungen und Handlungen am Hofe Kaiser Ludwigs des
Bayern*, Weimar, 1933, pp. 142–5.

The only copy of the collection known to survive is found (items *h*, *i*, *j* and *k*) in a single manuscript, which was written after 1356:

B BREMEN, Stadtbibliothek, cod. lat. b. 35,[1] parchment, *saec.* XIV, 260 × 160, f. 186, single columns, written throughout in one hand. Binding modern. Contents: (*a*) ff. 9–60[r] Lupold of Bebenburg, *Tractatus de iuribus regni Francorum et imperii*. (*b*) ff. 60[v]–94[r] Lupold, *Epistola libelli de zelo christiane religionis veterum principum Germanorum*. (*c*) ff. 94[v]–129[v] Excerpts from Marsilius of Padua, *Defensor pacis*.[2] (*d*) ff. 130[r]–152[v] Ptolemy (Bartholomew) of Lucca, *Determinatio compendiosa de iurisdictione imperii*.[3] (*e*) ff. 152[v]–156[r] *Questiones circa eandem materiam. De iurisdictione inperii*.[4] (*f*) ff. 156[r]–159[v] *Responsiones ad illa que contra inperium opponuntur*.[5] (*g*) ff. 159[v]–163[v] *De nullitate processuum pape Johannis contra Ludewicum bavarum*.[6] (*h*) ff. 163[v]–165[r] *Forma divorcii matrimonialis inter illustres vocatos coniuges Johannem videlicet filium Regis Bohemie et Marg(aretam) ducissam Karinthie celebrati per dominum Lud(ewicum) quartum*, etc.[7] (*i*) ff. 165[r]–166[r] *Forma dispensacionis super affinitate consanguinitatis inter illustros* [sic] *Lud(ewicum) Marchionem Brandenburg. et Marg(aretam) ducissam Karinthie necnon legitimacionis liberorum eorundem procreandorum facte per dominum Lud(ewicum) quartum*, etc.[8] (*j*) ff. 166[r]–171[v] *Incipit tractatus consultacionis per Marcilium de Padua editi* [sic] *super divorcio*, etc.[9] (*k*) ff. 171[v]–176[r] *Incipit tractatus consultacionis per fratrem Gwylh. Ockam*, etc. (*l*) ff. 176[r–v] Summary of contents of Ockham's *Dialogus*, taken from prol. to *Dial.* 1 and prol. to IusIIIae *Dial.* (*m*) ff. 177–186[v] *Incipit liber qui dicitur vademecum in tribulacione fratris Johannis de Rupescissa ord. fratr. min.*[10]

This manuscript belonged successively to Flacius Illyricus, Marquard Friedrich Freher and Melchior Goldast, passing from the last named to

---

[1] *Cf.* H. Theobald, *Beiträge zur Gesch. Ludwigs des Bayern: Beilage zum Jahresberichtes des Grossherzogl. Gymnasiums Mannheim für das Schuljahr 1896–7*, p. 5; Hermann Meyer, *Lupold von Bebenburg*, Freiburg-im-Breisgau, 1909, p. 24. The final item in the manuscript, the *Vademecum in tribulacione* of Johannes de Rupescissa O.F.M., was not composed until 1356: *cf.* J. Bignami-Odier, *Études sur Jean de Roquetaillade*, Paris, 1952, p. 158.

[2] *Cf.* R. Scholz, *Marsilii de Padua Defensor pacis*, MGH *Fontes iuris Germanici antiqui in us. schol.*, 1932, p. xliv.

[3] *Cf.* edn. by Mario Krammer, MGH *Fontes iuris Germanici in us. schol.*, 1909, p. xxxi.

[4] On this piece, *cf.* H. S. Offler, 'The origin of Ockham's *Octo Quaestiones*', *English Historical Review*, LXXXII (1967), pp. 325–8.

[5] This treatise, substantially the same as paras. 2–10 of the imperial manifesto *Fidem catholicam* of 1338, occurs also in the Oxford ms., Bodley, Canonici misc. 188, ff. 70[v]–71[v]. C. K. Brampton, *Def. min.*, p. xi, denies (I think with good reason) the authorship of Marsilius.

[6] Printed from this ms. by Marquard Freher, *Scriptores rerum Germanicarum*, I, Frankfort, 1600, pp. 661–4 and by M. Goldast, *Monarchia*, I, Hanau, 1611, pp. 18–21, where it is erroneously ascribed to John of Jandun and to the year 1338; in the *Dissertatio de Autoribus* prefixed to vol. I of *Monarchia* Goldast revised his opinion in favour of Heinrich von Talheim. Found also in cod. lat. Treverensis 844, ff. 67[r]–72[r], whence it was printed by W. Felten in *Trierisches Archiv*, I (1898), pp. 69–77. The attribution on f. 72[r] of the Trier ms. to Bonagracia of Bergamo has been doubted on solid grounds by L. Oliger, *AFH*, XXII (1929), p. 313, and by C. Schmitt, *Un Pape réformateur et un défenseur de l'unité de l'Église. Benoît XII et l'Ordre des Frères Mineurs 1332–42*, Quaracchi, 1959, pp. 232–4.

[7] Printed by Freher, 1598 (see below); Goldast, *Monarchia*, III, Frankfort, 1613, pp. 1383–4; id., *Constitutiones imperiales*, II, Frankfort, 1643, pp. 87–8; Pincin, *Marsilio*, pp. 262–4.

[8] Printed by Freher, 1598; Goldast, *Monarchia*, III, pp. 1385–6; id., *Const. imp.* II, 88–90; Pincin, pp. 264–8.

[9] Printed by Freher, 1598; Goldast, *Monarchia*, III, 1386–91; id., *Const. imp.* I, Frankfort, 1615, pp. 337–42; Pincin, pp. 268–83.

[10] Printed by Edward Brown, *Appendix ad fasciculum rerum expetendarum et fugiendarum . . . ab Orthwino Gratio*, London, 1690, pp. 496–508. The Bremen ms. is not noticed by Bignami-Odier, *Études sur Jean de Roquetaillade*.

the town library of Bremen. It is the work of a careless and ignorant scribe,[1] and Ockham's *Consultatio* shows only the slightest traces of correction (B²).

In 1598 Freher published Ockham's *Consultatio* from this source, together with items (*h*), (*i*) and (*j*) under the title *Imperatoris Ludovici IIII Bavariae Ducis Sententia separationis inter Margaretam Ducissam Carinthiae et Johannem regis Bohemiae F(ilium). Eiusdem dispensatio inter eandem Margaretam et Ludovicum Marchionem Brandeburgicum. Cum consultationibus et responsis doctissimorum eius aevi virorum, Marsilii de Padua et Guilhelmi Occami. Omnia ante CCL annos scripta. Nunc primum edita ex MS. Cum praefatione eiusdem argumenti: Utrum Principi an Pontifici super re coniugali legislatio et iurisdictio competat. Heidelbergae. Ex officina Comeliana, anno MDXCIIX.* Ockham's *Consultatio* appears on pp. 33–44. In 1611 Goldast printed in *Monarchia*, I, 21–4 what looks like a rather inaccurate copy of Freher's version; it is not certain that he consulted the ms. The present revision of the edition offered in 1940 (*Opera politica*, I, 278–86) is based on a further collation of the Bremen ms.

Except perhaps for the reference to the conversion of the emperor Philip (*Consult.* 25), which he could have taken from almost any universal history, Ockham used in the *Consultatio* no source or line of argument which cannot be found in his longer political treatises. The claim that the Christian emperors have succeeded in full to the powers of their pagan predecessors, since the law of perfect liberty in the New Dispensation has not been instituted to deprive any man of his rights (12–31), is a commonplace in Ockham's polemical works at this period. So too is the treatment (223–61) of the text from Matth. 16, 19, *Quodcunque ligaveris*: like *An princeps, Breviloquium* and *Octo Quaestiones*, the *Consultatio* maintains that this is to be understood not absolutely, but patient of exception to secure the rights of others. Perhaps a slight advance on the positions reached in *An princeps* is represented by the appeal (*Consult.* 134) to the doctrine of *epieikeia*, but instances of almost complete verbal identity between the *Consultatio* and this work, as well as with *Breviloquium* and *Octo Quaestiones*, are numerous. They are indicated in the notes to the text and need not be laboured further here.

What sets the *Consultatio* rather apart among the writings of a very wordy man is its brevity. The consequent close texture of its argument and the unsatisfactory nature of some of the readings of the only manuscript possibly justify an attempt to analyse the whole piece. It begins from two assumptions: that there had never been a true marriage between Margaret and John Henry; and that the canonical rules about impediments to marriage arising from affinity between the parties lacked any basis in divine law. The *Consultatio* proceeds thus: The present emperor (Lewis) inherits all the powers exercised by former emperors, whether pagan or Christian (7–31). But jurisdiction over matrimonial cases, except in so far as precepts or prohibitions of divine law were involved, pertained to the pagan emperors. For according to Scripture,

---

[1] *Cf.* Meyer, *Lupold von Bebenburg*, p. 27.

natural reason, human law and the teaching of the Fathers mixed marriages between pagans and Christians were licit, and, as even papal decretals affirm, pagans are not bound by Christian ecclesiastical law. From these positions, Ockham contends, it can be shown that even pagan emperors were entitled to jurisdiction over such aspects of matrimonial cases as were not the subject of biblical doctrine. If during the time of the pagan emperors a question had emerged *inter fides* about marriage, to which Scripture offered no answer, or a case had arisen between a Christian and a pagan party, who would have been the proper judge? Not an ecclesiastic or a Christian, since St Paul (1 Corinth. 5, 12) had disclaimed the burden of judging those outside the Christian communion, and, as papal decretals declare, pagans are not bound by Christian canon law. Inevitably, then, the question would have fallen to the decision of the pagan emperor or his delegate. From this (here Ockham seems to argue *a fortiori*) it is to be inferred that a case of this kind emerging between pagan subjects of a pagan emperor, and also a case which began when the parties were pagan, though before it ended they had become converts to Christianity, fell lawfully to the judgement of the pagan emperor or his delegate. Otherwise there would be scandal: the Christian religion, by depriving the emperor of what was justly his, would have caused ' the name of God and the teaching ' to be defamed (*cf.* 1 Tim. 6, 1). Ockham concludes that the present emperor (Lewis), who has succeeded fully to all the rights enjoyed by his pagan and Christian predecessors in the office, is competent to exercise the same powers of jurisdiction in matrimonial cases as they have done (32–68).

In characteristic fashion he then opens an alternative line of argument. Even supposing, without prejudice, that jurisdiction of this kind does not pertain to the emperor *regulariter*, it will do so in cases of necessity. Ecclesiastical law is not to be understood to prejudice anyone's legitimate interests. Even allowing that the emperor is normally bound by papal law on the subject of marriage, if the result of his abiding by that law would be to damage or hinder the interests of the State (*respublica*), the emperor's duty would be to resort to the principle of *epieikeia* and to interpret the law (or interpret the law away) in the light of equity, even without consulting the pope, if the latter was not accessible (69–117).[1]

It is now time for Ockham to make explicit his major assumptions. There is nothing in divine law to prevent marriage between Lewis of Brandenburg and Margaret of Carinthia–Tirol, since there had never been a marriage in the proper sense between Margaret and John Henry: this Ockham posits as a matter of fact, which has been sufficiently demonstrated in the emperor's presence. Therefore at the emperor's will and by his authority marriage between Lewis of Brandenburg and Margaret, which will greatly serve the weal of the Empire, may lawfully be celebrated, notwithstanding imperial or papal laws about the impediment of consanguinity, etc. So far as nothing concerning these laws

---

[1] *Cf.* the judicious remarks of C. C. Bayley, ' Pivotal concepts in the political philosophy of William of Ockham ', *Jnl. of the History of Ideas*, x (1949), pp. 203–4.

is to be found in Scripture, they cannot bind the emperor; even if they could, in the present case he would be entitled to have recourse to *epieikeia* and contravene them, without resorting to the false occupant of the Apostolic See, before whom, as a notoriously hostile judge, he has no need to litigate (118–49).

Ockham then turns to face the objection of principle which he is certain will be raised: that as a sacrament marriage is so essentially a matter for the Church that, as the canons show, the emperor is wholly incompetent to meddle in it (150–8). He fastens at once on the ambiguity of the word *ecclesia*, which his opponents wish wrongly to equate with the body of clerics. Even on that restrictive interpretation, he points out, clerics do not monopolize the sacraments: baptism can be conferred by laymen (159–63). Those aspects of marriage about which Scripture brings specific prohibitions or precepts beyond the ordinary rules of natural or civil law do not fall within the cognisance of the emperor, for many emperors have been pagans. All other aspects do (163–76). The same is true of spiritual cases in general; only those aspects of them concerning which there is express instruction in divine law lie outside the emperor's official competence. Though cases concerning good morals and political virtues may be ranked as spiritual, Ockham implies (though he does not state) that they naturally fall within the emperor's jurisdiction. So too questions arising from engagements on oath (*sacramenta* at *Consult.* 188 may perhaps be taken in this sense) and the ornaments and materials of churches can be and often are considered by clerics as spiritual. Yet (again the implication is not expressed) they fall to the jurisdiction of the lay ruler (177–91).

Hence the canons reserving cognisance of spiritual cases to the Church can be interpreted as referring to the Church in its wider sense, as *congregatio fidelium*, and to matters warranted exclusively by divine law. Though churchmen in the limited, professional sense of *clerici* may judge other spiritual cases which fall outside that definition, they do so not as of right, by authority specially granted to them by Christ, but because they are enabled to act either by custom or by the authority of the lay ruler or the people. Alternatively, the canons can be understood as binding on the emperor, other lay rulers and all human kind when they are profitable and not harmful to the State (*respublica*) and when the pope can be resorted to (for their interpretation). The emperor, the repository of the people's power, can for due cause recall jurisdiction over cases of this kind from the *clerici*, who enjoy it, like other ecclesiastical liberties, only as the result of grants by former emperors or their subjects (192–210).

In dealing with the objections which might be urged against his thesis— the superiority of canon to secular law, the pope's plenitude of power and St Paul's rebuke to the Corinthians for going to law before unbelievers— Ockham was on thoroughly familiar ground and no comment is necessary (211–300). Knotty and elliptic as his argumentation is in some parts of the *Consultatio*, it is not incoherent.

SIGLA

B   Bremen, Stadtbibliothek, cod. lat. b. 35
B²   Corrector of B
Freher   *editio Freheri*, Heidelberg, 1598

CONSULTATIO DE CAUSA MATRIMONIALI

Incipit tractatus consultationis per fratrem Gwylhelmum Ockam editus, super dispensatione in gradu consanguinitatis sive affinitatis inter personas illustres, Ludovicum videlicet marchionem Brandenburgensem et Margaritam ducissam Karinthiae, matrimonialiter copulare volentes, 5 necnon legitimatione liberorum eorundem procreandorum, facta per dominum Ludovicum quartum Dei gratia Romanorum imperatorem.

Divina providentia disponente, in ius imperatorum, qui Christi Apostolorumque eius temporibus Romano praesidebant imperio, serenissimus princeps et dominus, dominus Ludovicus Romanorum imperator, 10 succedens, nullatenus est putandus succedere ad eversionem iurium a Christo Romanae ecclesiae concessorum qualitercunque conari, quamvis eodem iure quo illi uti tentaverit. Neque enim minus iuris seu iurisdictionis legitimae quam praedecessores sui infideles credendus est habere propter hoc, quod legi perfectae libertatis, cuius, ut institutor 15 testatur ipsius, *iugum suave est, et onus leve,* collum fidelissima devotione subiecit; cum secundum beatum Ambrosium super epistolam ad Titum: *Religio christiana neminem privet iure suo;* cui beatus Augustinus super Ioannem alludit, dicens in persona Christi: *Audite Iudaei et gentes, [audi circumcisio,] audi praeputium, audite omnia regna terrae. Non impedio dominationem vestram* 20 *in hoc mundo, quia 'regnum meum non [est] de hoc mundo'. Nolite metuere metu vanissimo, quo Herodes iste maior, cum Christus natus nuntiaretur, expavit:* hinc etiam de Christo eiusdem legislatore canit ecclesia: *Non arripit mortalia, qui regna dat caelestia.* Hanc sententiam isti non de suis cordibus temere

---

1–6 *Rubrica, eadem manu quae textum scripsit, non est auctoris nostri.*
1 editi B.   6 Romanorum imperatorum: et infra B.
7 Erit divina B.   8 apostolorum eius B.
9 Ludowicus B.
18–19 audi circumcisio, audi praeputium *sec. auct. laud.*: audite preputium B.
20 est *om.* B.

12–31 The argument here rests implicitly on the maxim 'Is, qui in ius succedit alterius, eo iure, quo ille, uti debebit': *Sext.* v, 12 *ad fin.*, reg. 46, col. 1123; *cf. OQ* ii.6.78–80 n.   14 *cf.* Jac. 1, 25.
15 *cf.* Matth. 11, 30.
16–23 *cf. OND* 95.89–100; *Brev.* iv, 8, pp. 154–7; *OQ* ii.6.84–96; IIusIIIae *Dial.* iii, 23, ed. Scholz, pp. 393–4; *IPP* c. 4.
16–17 Ambrosius: *cf.* Petrus Lombardus, *Collect. in Epp. Pauli (ad Tit.* 3, 1), PL 192, 392; *OQ* ii.6.93–6 n.
18–21 Augustinus, *in Ioann. Evang.* tr. cxv, 2, PL 35, 1939; *cf. Gl. ord. ad* Ioann. 18, 36, *s.v.* 'Regnum'.   20 Ioann. 18, 36.
22–3 Sedulius, *Hymnus* ii *(ad vesperas in Epiph. Dom.),* ed. J. Hümer, Vienna, 1885, pp. 164–5; *cf. OND* 95.96–9 n.

ᶜconfinxerunt, sed ex scripturis acceperunt divinis, cum i Corinth. vii dicat
25 Apostolus: *Unusquisque in qua vocatione vocatus est, in ea permaneat.* Philippus
itaque, primus imperator conversus ad fidem, sicut et Constantinus
Magnus, plenum ius imperii retinebat. Quare et nunc imperator omnem
iurisdictionem et potestatem, qua praedecessores sui infideles vel fideles
praediti exstiterunt de iure, absque diminutione qualibet noscitur
30 possidere; aliter enim verus successor imperatorum Romanorum censeri
non deberet.

Causa autem matrimonialis, saltem quantum ad ea, quae in lege divina
nec praecepta nec prohibita reperiuntur expresse et de quibus in ipsa
mentio non habetur, ad iurisdictionem et potestatem imperatorum
35 infidelium, quos Christus et Apostoli praeeminere potestate legitima
censuerunt, spectabat. Cum enim [secundum] scripturas sacras atque
rationem naturalem legesque humanas catholicas, canonicas et civiles,
necnon et secundum doctrinam sanctorum patrum, inter fides verum,
licitum et legitimum reperiatur coniugium, et, prout etiam Romanorum
40 pontificum decretales testantur, infideles *constitutionibus* ecclesiasticis *non
artantur,* Extra, *de divortiis, Gaudemus,* evidenti concluditur argumento
quod causa matrimonialis, praesertim quantum ad illa, de quibus in
scripturis divinis mentio non habetur, ad imperatores legitimos etiam
infideles, quibus tamen fideles fuerunt subditi, permanabat. Emergente
45 enim tempore imperatorum infidelium inter fides circa matrimonium
quaestione quantum ad ea, quae in sacris litteris minime diffiniuntur, aut
inter fidelem et infidelem, quaeritur an coram imperatore aut iudice eius
aut coram iudice ecclesiastico seu fideli debuit huiusmodi quaestio
pertractari? Non coram iudice ecclesiastico seu fideli: tum quia
50 secundum Apostolum ad ipsum, et ratione consimili ad fideles alios, *de
hiis, qui foris* erant, qui videlicet fidelibus subiecti non erant, non pertinuit
iudicare; tum quia, sicut dictum est, etiam secundum decretales Romanorum pontificum infideles constitutionibus canonicis minime artabantur,
nec etiam nunc artantur. Quaestio itaque huiusmodi erat per impera-
55 torem infidelem vel per iudicem constitutum ab ipso sententialiter
sopienda. Ex quo patenter infertur quod huiusmodi quaestio inter
fideles imperatori subiectos exorta, et etiam inter infideles incepta sed
ante finem conversos ad fidem, per imperatorem infidelem vel per

24 accipere B. 24 i: ii B. 26 et sicut *trs.* B.
32 qui B. 36 censuere B.
36 secundum *supplevi.* 44 tamen: tam B.
44 permanabat *conieci:* permanebat B; pertinebat *Freher (cf. infra,* 65).
45 fides *scripsi:* fideles B. 46 aut: ut B.
56 inter *supra lineam add.* B².

25 1 Cor. 7, 20.
25 Philippus: M. Iulius Philippus, emperor 244–249. For the story about Philip's
conversion, *cf.* Frutolf-Ekkehard, *Chron. univers.*, MGH *SS* vi, 108; Otto episc. Frisingensis,
Chron. iii, 33, ed. A. Hofmeister, MGH *SS rer. Germ. in us. schol.*, 1912, p. 170. Ockham
probably took it from some such source rather than from Eusebius–Hieronymus.
27–31 *cf. OQ* ii.6.78–80 n.
36–9 *cf.* 1 Cor. 7, 12–14; Gratianus *ante* c. 1, C. 28, q. 1, col. 1079; Augustinus, *de
coniugiis adulter.* i, 18–21, PL 40, 462–7.
40–1 IV, 19, 8, col. 723. 50–2 *cf.* 1 Cor. 5, 12.

iudicem constitutum ab ipso potuit legitime terminari, ne religio Christiana
60 privando imperatorem iure suo et impediendo dominationem eiusdem
blasphemabile redderet nomen Domini et doctrinam. Absque dubita-
toris itaque scrupulo, ad imperatorem, qui tam fidelibus quam infidelibus
Romanis Augustis in pleno iure imperii Romani succedit, videtur causa
matrimonialis, maxime quantum ad illa, de quibus sacrae litterae non
65 loquuntur (quas sincera devotione amplectitur), pertinere. Unde et de
matrimonio et de contingentibus ipsum antequam leges ecclesiasticae
aliquae apparerent, imperatores tam fideles quam infideles leges ediderunt
non paucas, sicuti ex libris legalibus liquide constat.

Esto autem absque praeiudicio quod causa matrimonialis, etiam
70 quantum ad illa, de quibus in sacrarum scripturarum serie nichil reperitur
expressum, ad imperatorem regulariter minime pertineret, ambigere
tamen non deberet quin ad causam huiusmodi in multis casibus suam
licite valeret extendere potestatem, etiam quantum ad gradus consanguinitatis; nec leges ecclesiasticae, etiam si ipsis esset artatus, ipsum
75 prohibere valerent quin pro urgenti necessitate ac etiam evidenti utilitate
venire posset casualiter contra ipsas, Romano episcopo, etiam si in
temporalibus inferior esset eodem, minime requisito. Leges enim
humanae, et potissime ecclesiasticae, quae non minori inniti debent
aequitate quam leges aliae, sic institui debent et intelligi quod illis, quos
80 tangunt, prosint et nemini praesertim notabile afferant nocumentum:
tum quia secundum Apostolum, ii Corinth. ultimo, Deus dedit ecclesiae
potestatem in aedificationem, non in destructionem; tum quia secundum eundem,
i Timoth. i, *lex iusto non est posita, sed impiis et non subditis*; tum quia canonum
conditores non quae sua sunt, sed quae aliorum considerare tenentur,
85 ut imitentur Apostolum, qui, ut testatur i Corinth. x, non quaesivit quod
sibi *utile* erat, *sed quod multis*; unde et, ut alibi ait, *cum liber* esset *ex omnibus*,
omnium se *servum* fecit, *ut plures lucrifacer*et; qui etiam, ut alibi dicit, utilitatem
quaesivit aliorum non ut laqueum eis iniceret; tum quia Christus beato
Petro [et] successoribus eius pascendi solummodo dedit officium, non
90 potestatem mactandi oves Christi vel quomodolibet nocendi eisdem;
tum quia leges debent esse iustae, di. iv, *Erit autem*; lex [autem] iusta,
quae ius suum unicuique tribuit, cuiquam praesertim immerito obesse
non debet; tum quia lex esse debet *pro communi utilitate conscripta*, ibidem;
tum quia leges sic sunt interpretandae, ut nulli sint onerosae vel captiosae,
95 ff. *de regulis iuris, Quotiens,* Extra, *de consuetudine, Cum olim,* et c. *Cum dilectus*;

79 illis: illud B.
81 etiam quia B.
83 non nisi subditos B.
89 et *supplevi.*
94 sic: si B.

82 etiam quia B.
83 tum: tamen B.
91 autem² *supplevi.*
95 regulis iuris: re iudic. B.

59–61 *cf.* i Tim. 6, 1.
67–8 *cf. Cod.* 5, 4–24 *passim; Inst.* 1, 10.
82 ii Cor. 13, 10.
85–6 *cf.* i Cor. 10, 33.
87–8 *cf.* i Cor. 7, 35.
91–3 c. 2, di. 4, col. 5; *cf. Dig.* 1, 1, 10.
95 *Dig.* 50, 17, 200.

83 i Tim. 1, 9.
86–7 *cf.* i Cor. 9, 19.
88–90 *cf.* Ioann. 21, 17; *IPP* c. 7.

95 i, 4, 6, col. 38; *ibid.* c. 8, col. 39.

si enim sic est interpretatio facienda, *ut res, de qua agitur,* magis *val*eat *quam pereat,* Extra, *de verborum significatione, Abbate,* multo fortius sic sunt leges interpretandae, ut potius prosint quam noceant; tum quia ille intellectus legum accipiendus est, qui vitio caret, argumentum ad hoc [ff.] *de legibus,*

5 *In ambigua*; tum quia inde non debent *iniuriae* et per consequens nec nocumenta nasci, *unde iura nascuntur,* Extra, *de accusationibus, Qualiter et quando*; tum quia secundum Leonem papam, ut habetur di. xlv, *Licet, quod provisum est ad concordiam tend*ere non debet *ad noxam*; sic leges, praecipue ecclesiasticae, quae ad utilitatem et laudem bonorum, ut inter

15 malos quiete vivant, fieri debent, non debent etiam postquam factae sunt in eorum dampnum et dispendium torqueri; tum quia specialiter papa, ut habetur viii, q. i, *Clemens,* singulos iuvare, singulos prout poterit relevare debet, quare leges suae in eo casu nullatenus sunt servandae, in quo non prodessent, sed in detrimentum praesertim reipublicae redundarent.

10 Quamvis igitur legibus summorum pontificum de matrimonio esset astrictus, tamen quia ipsas cognosceret aperte, si servarentur, in dampnum vel impedimentum reipublicae redundare, utendo epieikeia iuxta sententiam sapientis, contra ipsas licite venire valeret, etiam summo pontifice irrequisito, quando ad ipsum pro interpretatione legum suarum

15 seu dispensatione habenda aut non posset aut non deberet habere recursum, ne leges suae in tali casu servatae periculosae aut perniciosae aut iniquae aut impiae patientibus probarentur.

Cum igitur lex divina nequaquam prohibeat illustrissimum principem dominum Ludovicum marchionem Brandenburgensem et Magaritam

20 ducissam Karinthiae matrimonialiter copulari, eo quod inter praedictam Margaritam et filium regis Bohemiae, cuius putabatur uxor, nunquam verum matrimonium intervenit—quod solum per legem divinam, ne praefata Margarita cum memorato Ludovico contraheret, poterat impedire, si fuisset—sicut coram imperatore legitimis documentis luce

25 clarioribus est probatum: de auctoritate et voluntate domini imperatoris, cui per matrimonium inter praedictos Ludovicum et Margaritam ad reparationem reipublicae et Romani imperii atque ad compressionem infinitorum malorum maximum ministrari poterit iuvamentum, licite poterunt supradicti Ludovicus et Margarita foedus contrahere copulae

30 carnalis seu maritalis, non obstantibus quibuscunque legibus seu constitutionibus imperialibus vel papalibus de consanguinitate vel aliis quibuscunque impedimentis, de quibus nichil in sacris litteris reperitur,

97 pertat B.   99 ff. *supplevi.*
100 iniure B.   109 redundaretur B.
112 epykeia B.   125 domini *supra lineam add.* B².
129 supradicte B.   131 imperialibus vel papalibus *om.* B.
132 reperitur imperialibus vel papalibus *add.* B.

96–7 v, 40, 25, col. 923.   99–100 *Dig.* 1, 3, 19.
100–2 v, 1, 17, col. 739.
102–3 Leo Magnus, *Ep.* xiv, 1, PL 54, 699 = *Decretum Gratiani* c. 6, di. 45, col. 162.
104 *cf.* 1 Petr. 2, 14.   107 c. 13, C. 8, q. 1, col. 594.
112–13 Aristoteles, *N. Eth.* v, 14, 1137a 31–1138a 2; Thomas, *In libr. Eth.* v, lect. 16, nn. 1078–90; *cf. OQ* i.17.64 n.

etiam imperatorem nequaquam artare valentibus. Contra quas, etiam si astringeretur eisdem, utendo epieikeia venire valet in hoc casu, absque
135 recursu ad eum, qui noscitur sedem apostolicam occupare, quantumcunque esset verius apostaticus reputandus, cum sit inimicus ipsius liberorumque eius et sacri imperii manifestus, ita ut nulla possit tergiversatione celari. Sicut enim coram inimico, quinimmo et coram suspecto iudice nemo debet compelli litigare, prout etiam decreta et decretales
140 Romanorum episcoporum testantur, Extra, de rescriptis, Ad hoc, iii, q.v, *Quia suspecti*, Extra, *de exceptionibus, Cum inter*, unde et iudex potest etiam propter leves inimicitias recusari: sic ad inimicum, praecipue obstinatum, impium et crudelem, nemo tenetur in causis arduis, praesertim respicientibus bonum commune, habere recursum, et hoc maxime quando non
145 solum personae, sed etiam reipublicae se ostendit apertis indiciis inimicum. Nichil potest enim esse gratius et desiderabilius inimico quam potestatem habere laedendi et impediendi ac necessaria et utilia denegandi ei, cuius est inimicus, et ut iste, quem mortaliter odit, in arduis causis ipso indigeat et ad ipsum oporteat habere recursum.
150   Porro, quia assertiones praescriptae coram multis faciem mendacii et iniquitatis videntur ostendere, ut *veritas exagitata magis splend*eat *in lucem* et ut opposita iuxta se posita magis appareant, ad illa, quae hiis adversari videntur, propono respondere et ipsa penitus exsufflare. Quidam enim sacri imperii inimici audent asserere quod causa matrimonialis sic ad
155 ecclesiam spectet quod ad imperatorem nullo modo valeat pertinere, eo quod sacramenta et causae spirituales per ecclesiam solummodo ministrari debeant et tractari, sicut canones in genere, et in specie de matrimonio, testari videntur.

   Quibus quantum ad sacramenta primo respondetur quod asserere
160 omnia sacramenta in omni casu per clericos (quos per ecclesiam intelligunt supradicti) esse solummodo ministranda, erroneum est censendum, cum sacramentum baptismi, quod specialiter est Novi Testamenti, laici etiam in pluribus casibus secundum eos possint conferre. In specie autem de sacramento matrimonii, quod etiam decretales Romanorum
165 pontificum dicunt apud fideles et infideles existere, Extra, *de divortiis*, *Gaudemus*, dicitur quod ad imperatorem inquantum solummodo imperator, eo quod pluries imperator exstitit infidelis, causa matrimonialis quantum ad illa, quae specialiter ultra legem naturae et ius gentium et

---

136 apostaticus *coniecit Freher*: apostolicus B.
137 ut licet nulla B.   152 apparant B.
152 que in hiis B.

---

135 ad eum: Benedict XII.
138–9 coram suspecto iudice: *cf. CB* v, 3, p. 267.
140 I, 3, 10, col. 20.   140–1 c. 15, C. 3, q. 5, col. 518.
141 II, 25, 5, col. 376.   151 *cf.* c. 8, C. 35, q. 9, col. 1286.
   157–8 *cf.* c. 10, C. 35, q. 6, col. 1280; c. 23, *de consecr.* di. 2, col. 1321; IV, 9, 1, col. 691;
IV, 17, 7, col. 712; IV, 19, 3, col. 721; V, 31, 12, col. 840; *Gl. ord. ad* II, 2, 11, *s.v.* ' ecclesiasticum iudicem ', citing I, 29, 16 (col. 163) and IV, 14, 1 (coll. 700–1), as in IIusIIIae *Dial.* ii, 16.
   160 per ecclesiam: *cf. Dial.* I, ii, 4; IIusIIIae *Dial.* ii, 17.
   162–3 *cf.* c. 21, *de consecr.* di. 4, col. 1368; *ibid.* c. 36, col. 1374.
   165–6 IV, 19, 8, col. 723.

leges civiles sunt in scripturis sacris prohibita vel praecepta, minime
70 spectat. Si enim tempore imperatorum infidelium inter fideles fuisset
quaestio mota de coniugio sacerdotum, de quo habetur i Timoth.
iii et
ad Titum i, vel de coniugio alicuius conversi ad fidem, altero coniuge
in infidelitate remanente, de quo habetur i Corinth. vii, aut de aliquo
simili, non per imperatorem, sed per fideles sopienda fuisset. Quantum
75 ad alia autem, quaestio de causa matrimonii ad imperatorem spectat,
sicut prius probatum exstitit.

Quantum autem ad illud, quod de causis spiritualibus accipitur,
respondetur quod causae spirituales quantum ad illa, quae ultra legem
naturae et ius gentium legesque civiles ac consuetudines approbatas in
80 lege Dei sunt prohibita vel expressa, ad imperatorem, inquantum solummodo imperator, minime spectant, eo quod, sicut tactum est, plures
imperatores infideles et legi Dei contrarii exstiterunt. Dicere autem
quod causae spirituales nullo modo etiam ad imperatorem fidelem
pertineant, a nonnullis erroneum iudicatur. Constat enim quod causae
85 de bonis moribus et virtutibus etiam politicis, necnon et de vitiis et
peccatis eis contrariis, debent causis spiritualibus aggregari, cum virtutes
et peccata inter spiritualia debeant computari. Unde et magis reputan-
tur spiritualia quam corporalia sacramenta et quaecunque ecclesiastica
ornamenta et materiales ecclesiae qualescunque; quae cum clerici
90 nonnunquam inter spiritualia reputent numeranda, quaestiones motas de
eis inter quaestiones spirituales aestimant computandas.

Canones igitur asserentes causam matrimonialem aliasque causas
spirituales ad ecclesiam (id est congregationem fidelium) pertinere,
quantum ad ea, quae in lege Dei singulariter et solummodo exprimuntur,
95 iuxta praedicta possunt intelligi. Qui nichilominus intelligi possunt
quantum ad alia: non quidem ut causa matrimonialis et aliae plures,
quantum ad illa, de quibus in lege Dei mentio non habetur, sic ad
ecclesias (id est ad clericos) spectent quod ipsi auctoritate eis specialiter
a Christo concessa valeant eas, praesertim iudice saeculari ac populo
200 reclamante seu prohibente, tractare; sed quod auctoritate principis aut
populi vel virtute consuetudinis de scientia et consensu principis seu
populi introductae ipsas valeant diffinire. Vel possunt intelligi, si
imperator et alii principes et cuncti mortales essent eisdem artati quando
prodessent et in detrimentum praecipue reipublicae minime redundarent
205 et quando ad summum pontificem posset et deberet haberi recursus.

181 spectat B.   182 et qui legi B.
188 sacramenta B: *legas fortasse* sacramentalia; *cf.* G. de Lagarde, *Guillaume d'Ockham*:
Critique des structures ecclésiales, Louvain and Paris, 1963, p. 210.
189 cum: tamen B.   190 reputant B.
202 si B: sic quod *Freher*.

---

171 i Tim. 3, 2; *ibid.* 12.
172 Tit. 1, 6.   173 i Cor. 7, 12.
176 prius: lines 32–68.   181 tactum est: lines 34–6.
182–7 *cf.* IIusIIIae *Dial.* ii, 4.
188 sacramenta: perhaps to be understood as proceedings on oath.

Quare imperator, in quem populus suam transtulit potestatem, causas
huiusmodi ad se revocare potest, praesertim propter culpam clericorum
et ex causa, cum huiusmodi potestatem, quemadmodum et ecclesiasticas
libertates, a predecessoribus imperatoribus vel subditis eisdem habuisse
210 noscantur.

Nec istis obsistit quod, ut legitur in decretis, *constitutionibus ecclesiasticis
constitutiones principum non praeeminent, sed obsequuntur*, et quod sacrae *leges
non dedignantur sacros canones imitari*, et quod pontificalis dignitas est
dignior, maior et superior imperatoria dignitate. Ista enim et consimilia
215 veritatem habent quantum ad spiritualia, quae in solis divinis scripturis
sunt tradita et quae nequaquam fidelibus et infidelibus noscuntur esse
communia; quantum ad huiusmodi enim, pontificalis auctoritas est
superior imperiali potestate, cui nulla alia potestas est annexa; et quantum
ad huiusmodi constitutiones principum fidelium constitutionibus ecclesi-
220 asticis obsequuntur et ipsas imitari minime dedignantur. Quantum ad
alia autem, constitutiones ecclesiasticae legibus civilibus praeiudicare non
possunt, ut etiam nonnullae decretales Romanorum pontificum affirmant.

Nec obstant verba Christi, quae Petro dixit: *Quodcunque ligaveris super
terram*, etc., per quae verba Christus videtur dedisse vel promisisse Petro
225 et successoribus suis plenitudinem potestatis tam in temporalibus quam
in spiritualibus ac iura terreni imperii, ut omnis potestas terrena a papa
tanquam a Christi vicario censeri debeat dependere; cum ille, qui dicit
'omne', nichil intelligatur excipere. Nam licet illa verba Christi
generaliter sint prolata, tamen non debent generalissime absque omni
230 exceptione intelligi, ne ex eis absurditates erroneae quamplurimae
inferantur. Si enim generalissime absque omni exceptione deberent
intelligi, sequeretur quod potestas Petri et successorum eius in terris esset
aequalis potestati Christi, ex quo sequeretur quod papa posset de plenitudine potestatis sacramenta a Christo instituta immutare et instituere
235 nova, praecepta legis evangelicae abrogare et contra ipsa venire, quemadmodum Christus evacuavit omnia caerimonialia legis Mosaicae, et
omnia, quae supererogationis sunt, scilicet virginitatem, continentiam,
abdicationem cuiuslibet proprietatis omnium temporalium seu universalem et summam obedientiam et alia supererogatoria, et etiam quae-
240 cunque indifferentia, absque culpa et sine causa pro suae arbitrio voluntatis cuilibet Christiano de iure iniungere. Quare imperatorem et reges
aliosque principes et generaliter omnes mortales posset de iure sine culpa

207 propter: populi B.
224 permisisse B.   229 probata B.
231 absque: ab B.   236–7 et omnia: communia B.

206–7 *cf.* IIusIIIae *Dial.* i, 27, with reference to *Gl. ord. ad* c. 1, di. 2, *s.v.* 'populi';
ibid. i, 29; *Brev.* vi, 2, p. 198.
211–12 *cf.* Gratianus *ante* c. 1, di. 10, col. 19.
212–13 II, 1, 8, col. 241; *cf. Nov.* 83, 1 (coll. vi, tit. 11).
213–14 *cf.* I, 33, 6, col. 198.
222 *cf.* cc. 8–9, 11–12, di. 10, coll. 21–2; II, 1, 13, col. 243; v, 33, 2, col. 849.
223–61 *cf. AP* 5.2–59; *Brev.* ii, 14, pp. 81–3; *OQ* i.7.88–127.
223–4 Matth. 16, 19.
240 absque culpa et sine causa: *cf. OQ* i.7.56 n.

et absque causa imperio, regnis et principatibus suis aliisque rebus et
iuribus quibuscunque privare et sibi ad libitum retinere vel quibus vellet
245 conferre.

Dico igitur quod, cum ratio dictet et iurisperiti dicant quod *verbum
generale saepe restringitur* et regula cum suis exceptionibus accipi debet,
verba Christi praescripta, quemadmodum alia multa in sacra scriptura
reperta, sicut Apostolus ad Coloss. iii: *Servi obedite per omnia dominis*
250 *carnalibus*, et illud eiusdem ibidem: *Filii obedite per omnia parentibus*, et
illud i Timoth. ii: *Mulier in silentio discat cum omni subiectione*, et illud
eiusdem ad Ephesios v: *Ut ecclesia subiecta est Christo, ita et mulieres viris
suis in omnibus*, et plurima alia, cum suis exceptionibus debent intelligi.
Inter cetera autem excipiuntur iura et libertates imperii et principum et
255 aliorum mortalium, qui [nec] iuribus et libertatibus suis a Deo et aliis sibi
concessis sine culpa et absque causa, sicut nec rebus suis possunt de iure
per summum pontificem spoliari.   Colligitur autem ista exceptio evidenter
ex doctrina et gestis Christi et Apostolorum ac sanctorum patrum, sicut
per scripturas sacras et assertiones generalium conciliorum et summorum
260 pontificum ac doctorum ecclesiae copiosissime et patentissime potest
ostendi.

Dicitur itaque quod quamvis Romanus episcopus sit vicarius Christi,
non successor proprie, et ideo Christo in potestate est inaequalis, cum
potestas vicarii potestati illius, cuius vices gerit, non debeat adaequari.
265 Unde et limitatam habet a Christo [potestatem et non illam plenitudinem
potestatis, quam] sedem apostolicam occupantes sibi dampnabiliter
usurparunt et quamplures adulatorie et erronee sibi tribuere moliuntur,
ut omnia possit de iure, quae nec legi divinae nec legi naturae reperiuntur
adversa.   Si enim talem haberet plenitudinem potestatis, omnes mortales
270 essent servi summorum pontificum secundum distributissimam accep-
tionem vocabuli ' servi ': quod libertati evangelicae legis, quae in scripturis
divinis legitur sive scribitur, apertius adversatur; et ideo talis assertio est
inter haereses merito computanda.   Omnes igitur auctoritates sacrarum
scripturarum, generalium conciliorum, summorum pontificum, quae
275 recipiendae sunt, et aliorum sanctorum patrum potestatem extollentes
papalem, sic intelligendae sunt, ut non praeiudicent iuribus et libertatibus
aliorum sibi a Deo et aliis concessis.

247 restringatur B.   247 exceptionis B.
249 iii *scripsi*: iv B.   255 nec *supplevi.*
255 alia B.   259 consiliorum B.
263 est: sit B.
265–6 potestatem . . . quam *conieci*; *nullam lacunam exhibet* B.
268 reperiunt B.   274 consiliorum B.
277 aliis: antea B.

246–53 *cf. OQ* iii.12.224–9 n.
246–7 *cf. Gl. ord. ad* II, 28, 65, *s.v.* ' tertio appellare '.
249–50 Coloss. 3, 22.   250 Coloss. 3, 20.
251 I Tim. 2, 11.   252–3 Ephes. 5, 24.
254–61 *cf. OQ* i.7.52–63.   262–4 *cf. OQ* i.13.21–32 n.
269–73 *cf. CB* iv, 12, p. 262; *ibid.* vi, 4, p. 275; *AP* 2.68–83; *Brev.* ii, 3, pp. 57–8; *OQ*
i.6.24–34; IusIIIae *Dial.* i, 5–8; *IPP* c. 1.

Quemadmodum verba Apostoli reprehendentis Corinthios quod
litigabant apud infideles sane intelligi debent. Ideo enim reprehendebat
280 eos, quia causas, quas inter se per compositionem amicabilem vel per
iudices constitutos ab ipsis, salvo iure imperatorum, quibus subiecti erant,
potuerunt sopire, ad iudicium infidelium cum eorum scandalo deduce-
bant; quemadmodum reprehensibilia essent monasteria, si causas, quas
possent altero praedictorum modorum inter se sopire, ad iudicium
285 episcoporum, quibus subduntur, cum scandalo eorundem perducerent.
Unde et iudex saepe debet, si potest, concordare partes antequam veniant
ad iudicium, ut etiam Romanorum pontificum decretales testantur,
Extra, *de transactionibus, Ex parte*, xxiii, q. ultima, *Si quis membrorum*, v. q.
ii, *Si primates*, di. xc, *Studendum*, xxiii, q. iv, *Si illic*. Voluit igitur Apostolus,
290 ut Corinthii quandocunque possent, salvo iure infidelium, quibus fuerunt
subiecti, caverent, ne apud eos praesertim cum eorum scandalo litigarent,
ne *blasphemaretur verbum Dei*; non autem monuit eos declinare infidelium
iudicium, quando non possent hoc facere nisi minuendo iura eorum vel
turbando. Et sic debent omnia verba Apostoli intelligi de hac materia,
295 ne magistro suo Christo aliisque Apostolis ac sibimet ipsi inveniatur
contrarius, cum ipse dixerit Roman. xiii: *Omnis anima potestatibus sublimioribus subdita sit*; et infra: *Ideo subditi estote non solum propter iram, sed
etiam propter conscientiam*; et infra: *Reddite igitur omnibus debita*; *cui tributum,*
etc.; et ipsemet de seipso dixit: *Ad tribunal Caesaris sto, ibi me oportet*
300 *iudicari.*

278 reprehendentes B.   282 potuere B.
286 si potest *scripsi (cf. OQ* i.11.48; *Brev.* v, 9, ed. Scholz, p. 187)): simpliciter B.
289 ii *correxi:* 3 B.   289 xxiii *correxi:* xxiiii B.
291 cavent B.   292 blasphemia tetur B.

278–300 *cf. OND* 115.242–51; *AP* 6.118–31; *Brev.* v, 9, p. 187; *OQ* i.11.1–70; IIusIIIae
Dial. ii, 18.
278–9 1 Cor. 6, 1–6.   288 1, 36, 11, col. 210.
288 c. 31, C. 23, q. 8, col. 964.   288–9 c. 4, C. 5, q. 2, coll. 546–7.
289 c. 7, di. 90, col. 314.   289 c. 29, C. 23, q. 4, col. 912.
292 *cf.* Tit. 2, 5.   296–7 Rom. 13, 1.
297–8 Rom. 13, 5.   298 Rom. 13, 7.
299–300 Act. 25, 10.

OPUS NONAGINTA DIERUM
CAPITULA 1–6

INTRODUCTION

The revision of the text of *OND* chapters 1–6 which follows has been made according to the principles adopted for editing chapters 7–124 in 1963. Little is needed beyond a reference to the introduction to *Opera Politica*, II.

But that *OND* represents Ockham's earliest independent effort as a 'political' controversialist is perhaps a shade less certain now than it seemed to J. G. Sikes in 1940.[1] Though the absolute *terminus ante* for *OND* is the death of Pope John XXII (4 December 1334), it touches only the fringes of the dispute about the Beatific Vision, which had begun to rage fiercely from the beginning of 1333.[2] We shall probably not be far wrong if we set the writing of it in a three-month period not long after February 1332.[3] Since 1963 my conviction has grown stronger that the passages in *OND* 1. 34–7, 51–78 and 124. 314–53, 362–440 which are verbally identical with the letter ' Quoniam omnis humana sententia ' preserved in the so-called ' Chronicle of Nicholas the Minorite' are borrowings by *OND* from the letter, rather than the other way round; consequently I have italicized the passages in *OND* 1. The possibility that Ockham himself was the author of ' Quoniam omnis ' remains open, though I do not think it probable.[4]

A further question has been raised by Dr Anneliese Maier's discovery and discussion of another Michaelist pamphlet, ' Quia sepe iuris ignari ', which is to be dated between September 1328 and November 1329. She points out the similarities between this pamphlet and the treatise *De electione Caroli quarti* ascribed to Ockham by Conrad of Megenberg and accepted and printed as Ockham's by Richard Scholz.[5] Both, she argues, are by the same author: if Ockham wrote the *De electione* he was also responsible for ' Quia sepe ' (the incipits of the two pieces are identical), so that ' Quia sepe ' becomes ' die früheste seiner kirchenpolitischen Streitschriften '.[6] The weakness in this construction—as

---

[1] *Opera politica*, I (first edn.), p. 288.

[2] *cf.* A. Maier, ' Zu einigen Disputationen aus dem Visio-Streit unter Johann XXII ', *Archivum Fratrum Praedicatorum*, XXXIX (1969), pp. 97–103.

[3] *Opera politica*, II, p. xvii, n. 1; *cf.* Jürgen Miethke, *Ockhams Weg zur Sozialphilosophie*, Berlin, 1969, p. 83.   [4] *Opera politica*, II, pp. xviii–xix; Miethke, p. 81.

[5] *Unbekannte kirchenpolitische Streitschriften aus der Zeit Ludwigs des Bayern (1327–1354)*, II, Rome, 1914, pp. 347–63.

[6] A. Maier, ' Zwei unbekannte Streitschriften gegen Johann XXII aus dem Kreis der Münchener Minoriten ', *Archivum Historiae Pontificiae*, V (1967), pp. 41–57. She found the text of ' Quia sepe ' in the Vatican ms. Ottoboni 2520, ff. 115–17. Part of it appears as a separate *quaestio* in cod. vat. lat. 4009, f. 203ʳ⁻ᵛ, whence it was printed by H. J. Becker, ' Zwei unbekannte kanonistische Schriften des Bonagratia von Bergamo in cod. vat. lat. 4009 ', *Quellen und Forschungen aus italienischen Archiven und Bibliotheken*, XLVI (1966), pp. 263–71.

Dr Maier frankly indicates[1]—arises from the doubt whether we can safely suppose that the *De electione* is Ockham's work rather than a confection made by some compilator after his death. There seem to me to be good reasons for following those who would deny that *De electione* is an authentic work of Ockham's, though not all their arguments are equally convincing.[2] If the right place for *De electione* is among the *dubia et spuria*, then the case for fathering ' Quia sepe ' on Ockham falls to the ground. In any case, whatever may be concluded about Ockham's part in the authorship of ' Quoniam omnis ' and ' Quia sepe ', *OND* remains indisputably his first major entry into the field of ecclesiastico-political controversy, and Dr Miethke's book has at last stressed adequately its seminal significance for Ockham's later literary activity.

The witnesses to the text remain as before: two manuscripts, one of which is incomplete, and the *editio princeps* printed at Lyons in 1495. The Paris manuscript, Bibliothèque nationale, cod. lat. 3387 (P) and the Basle manuscript, Universitätsbibliothek, cod. B. II. 24 (B), have now been fully described in printed catalogues.[3] The relations between the witnesses and the justification for following P when it is possible to do so were discussed in detail in *Opera politica*, II, pp. xii–xiv. The text of the first six chapters of *OND* corroborates the conclusions there set out. For all its weaknesses, P demonstrates its superiority as early as *OND* prol. 29–30. The deficiencies of the archtype (*x*) of P and B are emphasized by some three dozen common errors in chapters 1–6; that *ed. pr.* shares these errors in less than a dozen instances is largely due to the editor's willingness to amend his ms. exemplar by the light of grammar and sense, though the possibility that he also had available something additional by way of ms. authority cannot be entirely discounted. At 2.346–421 he clearly went back to the canon in order to improve his text; at times he overshot the mark, as with the transposition at 4. 254. But the major transposition from 6.124–38 to 4.334 is common to *ed. pr.* and B, and agreement between them against P in word order and readings throughout these early chapters amply confirms their derivation from a common source (*y*), which was later than and inferior to the archtype *x*.

As to Ockham's sources, there is little to add to what was said in *Opera politica*, II, pp. xv–xix. His recourse to Michael of Cesena's appeal of 26 March 1330 and to Francis of Ascoli's ' Improbacio . . . contra libellum domini Johannis qui incipit Quia vir reprobus ' may perhaps be seen as early as 2.442–4; it becomes abundantly clear at 3.215–370, where with their help Ockham refutes at length John XXII's attempt to apply the authority of (ps.)-Chrysostom concerning usury to the problem of the existence of a *ius utendi* in consumables. Echoes of Francis of Ascoli

---

[1] Maier, p. 56.

[2] *cf.* C. K. Brampton, ' Ockham and his alleged authorship of the tract *Quia saepe iuris* ', *AFH*, LIII (1960), pp. 30–8. Baudry, *Guillaume d'Occam*, Paris, 1950, pp. 237–9, argued cautiously for the attribution to Ockham; even more cautious is Miethke, pp. 133–6.

[3] *Paris. Bibliothèque nationale: Catalogue générale des manuscrits latins*, v, Paris, 1966, pp. 331–2; G. Meyer and M. Burckhardt, *Die mittelalterlichen Handschriften der Universitätsbibliothek Basel, Abt. B* I, Basle, 1960, pp. 194–5.

are particularly frequent in chapters 4 and 5, while, commonplace as the figure is, the example at *OND* 6.444 of the hauling of a ship as an act requiring the efforts of many persons in almost certainly borrowed from Francis.[1] Not every one of the numerous references which Ockham makes to his associates or opponents has been traced successfully. His indefinite allusion to *Anselmus* when he is stressing the usefulness of the *sermocinales scientiae* for the understanding of Scripture at 6.385–7 may just possibly be to Anselm of Laon rather than St Anselm of Canterbury; but I have not found a wholly satisfactory place in either.

[1] I have continued to use the version of Francis's ' Improbacio ' in Florence, Biblioteca Laurenziana, S. Crucis, Plut. xxxi sin. cod. 3. For further mss. of this work, see A. Maier, ' Eine unbeachtete Quaestio aus dem Visio-Streit unter Johann XXII ', *AFH*, LXIII (1970), p. 287, n. 3.

SIGLA

B   Basle, Universitätsbibliothek, cod. B. ɪɪ. 24

B²   Second hand in B

P   Paris, Bibliothèque nationale, cod. lat. 3387

ed.   *editio princeps*, Lyons, 1495

Sikes edition by J. G. Sikes and R. F. Bennett, in Ockham, *Opera politica*, ɪ, Manchester, 1940

c   Text of *Quia vir reprobus*, printed by C. Eubel, *Bullarium Franciscanum*, v, pp. 408–50, from cod. vat. lat. 4010

m   Text of Michael of Cesena, *App.* III, printed *Bullarium*, v, pp. 410–24 (footnotes) from cod. vat. lat. 4010

OPUS NONAGINTA DIERUM

Doctoris gentium et magistri beati Pauli irrefragabili auctoritate decernitur omnia esse probanda, id est *ratione discuti*enda, secundum glossam. Quinimmo iuxta sententiam sapientis: *Dubitare de singulis non est inutile*, quia, sicut dicit quidam sapientium non minimus: *Non omne, quod* 5 *verisimile est, statim verum est, sicut et saepius quod primum incredibile est, vide*mus *non continuo falsum. Crebro siquidem faciem mendacii veritas retinet; crebro mendacium specie veritatis occul*tatur. Diligenter itaque examinanda sunt omnia et probanda, ne praecipitanter falsa pro veris a nimis credulis approbentur. Tunc autem efficacius examinantur omnia et probantur 10 *exagitata*que *veritas magis splendescit in lucem*, cum pro utraque parte contradictionis ac fortius et acutius allegatur. Proinde, cum multa asserta in constitutione *Quia vir reprobus*, pro quibus in eadem constitutione multiplicius allegatum existit, nonnulli satagant impugnare, ipsorum motiva duxi praesentibus inserenda, ut, utriusque partis allegationibus 15 intellectis, ipsa veritas clarius elucescat. Ut autem apertius dictae constitutionis sciatur intentio qualiterque contra ipsam obiectiones adversariorum procedunt magis appareat, ne quis dicat quod verba, non mentem, impugnant, tota constitutio per particulas cum reprobationibus est ponenda; deinde obiectiones et responsiones impugnantium an- 20 nectentur. Ad subiciendas vero obiectiones, cum nesciam, minime respondebo; sed quod constitutionis conditor antedictae respondeat, ardenter affecto.

Oportet autem in primis materiam, intentionem et modum procedendi istius constitutionis exprimere. Est autem materia istius constitutionis 25 appellatio fratris Michaelis de Cesena, quam reprobare et dampnare molitur; intentio vero est Christianos a doctrina eiusdem fratris Michaelis

---

Opus nonaginta dierum *in marg. manu Stephani Baluzii* P.
3 sententiam sapientis: illud philosophi *ed.*
5 est³ *om.* B.   7 veritatis specie *trs.* P.
23 autem: igitur *ed.*; *om.* B.   25 Cezena B*ed.*
26 Michaelis: Martini *ut saepius* P; *om. ed.*

1–2 *cf.* 1 Thess. 5, 21.
2 *Gl. ord. ad* 1 Thess. 5, 19, *s.v.* ' Spiritum nolite '.
3 Aristoteles, *Categ.* 7, 8b 23–4.
4–7 Martinus episc. Bracarensis, *Form. vitae honestae* ii, 4, in *Senecae opera*, ed. F. Haase, III, Leipzig, 1853, p. 469; PL 72, 23–4.
10 *Decretum Gratiani* c. 8, C. 35, q. 9, col. 1286 = Innocentius papa I, *Ep.* xviii, 1, PL 20, 538.   21 conditor: Ioannes XXII.
25 Michael de Cesena, *App. in forma maiori* (Pisa, 18 September 1328), Baluze–Mansi, *Misc.* III, 246–303 [= *App.* II]; *id.*, *App. in forma minori*, BF v, 410–25 nn. [= *App.* III].

penitus revocare; modus autem procedendi ex divisione patebit.
Dividitur autem haec constitutio in tres partes, videlicet in prooemium
seu prologum, tractatum, et conclusionem. Secunda pars incipit ibi:
30 *In primis itaque*; tertia versus finem, ibi: *Praemissa quoque.*

CAPITULUM I

Praemittit ergo prologum seu prooemium dicens:

Ioannes episcopus, servus servorum Dei, ad perpetuam rei memoriam. Quia
vir reprobus, Michael de Cesena, dudum minister generalis ordinis Fratrum
Minorum, qui suis excessibus exigentibus dicti ministeriatus officio per nos de
5 fratrum nostrorum consilio privatus et inhabilis redditus ad quaecunque dignitates
et officia obtinenda fuerat, iustitia exigente, *conversus in vaniloquium non intelligens
quae loquitur neque de quibus affirmat*, in illam prorupit insaniam quod tres constitutiones nostras, videlicet *Ad conditorem canonum*, *Cum inter*, et *Quia quorundam*,
nisus est multipliciter impugnare, asserendo inter alia haereticum, quod dicta
10 constitutio *Cum inter* catholicum asserit, et catholicum, quod constitutio eadem
haereticum declaravit; et ut sua insania pluribus esset nota, libellos suos con-
tinentes impugnationes praedictas ad diversas mundi partes et studia destinare ac
ipsos affigi in portis ecclesiarum vel locis aliis publicis temeritate plectibili attemptavit; propter quae et plures ipsius excessus alios fuit de eorundem fratrum
15 consilio fautor haereticorum et haereticus, exigente iustitia, declaratus, prout
huiusmodi in nostris sententiis latius continentur: licet impugnationes praedictae
adeo sint invalidae notorie, quod sint responsione indignae, quia tamen in ipsis
impugnationibus arma sumit contra legem ex lege ac Evangelium impugnat ex
Evangelio et de veris fingens mendacia provocat ad mendacium veritatem,
20 ne simplicium corda possint inficere erronea ac haeretica sua dicta, succincte
duximus suis oppositionibus, ut sequitur, respondendum.

Haec verba dicti domini Ioannis in dicta constitutione contenta.

Ista verba quoad quattuor, quae continent, ab adversariis impugnantur.
Primo enim ostendunt quod depositio fratris Michaelis, de qua fit hic men-
25 tio, nulla fuit, et quod de facto processit et nullo modo de iure. Secundo
ostendunt quod propter missionem libellorum seu appellationum suarum

---

27 autem: vero B*ed*.
29 *ante* Secunda: Prima pars incipit: Ioannes episcopus, servus servorum Dei. Ad
perpetuam rei memoriam. Quia vir reprobus *add. ed*.
29 Secunda . . . ibi *om.* B.   29–30 pars . . . ibi *om. ed*.

16 huiusmodi: haec *c*; *om.* P.
21 oppositionibus *ed. c*: oppinionibus P; opinionibus B.
22 Haec . . . contenta *om.* B*ed*.

---

29 Secunda pars: *BF* v, 408; *infra*, 2.1.
30 tertia: *BF* v, 450: *infra*, 124.1.

2–21 *BF* v, 408.   5 privatus: 6 June 1328, *BF* v, 346.
6–7 1 Tim. 1, 6.
8 *Ad conditorem canonum: BF* v, 233–46 = *Extrav. Ioann. XXII*, xiv, 3, coll. 1225–9.
8 *Cum inter nonnullos: BF* v, 256–9 = *Extrav. Ioann. XXII*, xiv, 4, coll. 1229–30.
8 *Quia quorundam: BF* v, 271–80 = *Extrav. Ioann. XXII*, xiv, 5, coll. 1230–6.
11–14 For Michael's letters burnt by the authorities at Paris on 11 June 1329, *cf.*
H. Denifle and E. Chatelain, *Chart. Univ. Parisiens.* ii, No. 891, p. 326; No. 895, p. 330.
16 nostris sententiis: 20 April 1329, *BF* v, 383.

per mundum debet nullatenus reprobari. Tertio, quod propter talem
missionem libellorum seu appellationum, de quibus fit hic mentio,
minime debuit haereticus iudicari. Quarto, quod impugnationes
30 dictarum trium constitutionum *Ad conditorem, Cum inter* et *Quia quorundam*
validae sunt censendae.

Primum, scilicet quod depositio fratris Michaelis nulla fuit et quod de
facto processit et nullo modo de iure, multis modis conantur probare.
Ad cuius evidentiam dicunt esse sciendum quod saepedictus *frater*
35 *Michael ante omnem depositionem et sententiam latam contra ipsum,* a praesidente,
qui postea ipsum deposuit, *tanquam ab haeretico et pro causa haeresis legitime*
appellavit, licet occulte: quod secundum iura licet, quando alicui ex
appellatione mortis periculum immineret, in quo casu fuit frater Michael
antedictus, vel hoc saltem potuit probabiliter suspicari.   Hoc viso, duabus
40 viis probare conantur quod dicta depositio nulla fuit et quod adhuc
dictus frater Michael est verus generalis minister.

Prima via sic arguitur: Post appellationem vel provocationem legitime
interpositam non est aliquid innovandum, et per consequens ille, a quo
appellatur vel provocatur, non potest deponere appellantem vel pro-
45 vocantem; et, si de facto deponit, depositio nulla est censenda.   Frater
autem Michael a praesidente praedicto legitime appellavit seu provocavit.
Hanc probant: Quia pro causa haeresis appellavit seu provocavit; pro
causa autem haeresis licet a papa etiam catholico appellare seu provocare,
quamvis talis appellans seu provocans, si causam quam opponit non
50 probaverit, poena debita sit plectendus; ergo frater Michael memoratus
legitime appellavit, et per consequens *ab omni iurisdictione* praesidentis
praefati, *appellatione pendente, fuit exemptus, et per consequens dicta depositio*
nulla fuit.

Quod autem a papa pro causa haeresis appellare vel provocare cuilibet liceat
55 *Christiano,* multis modis probare contendunt.   *Primo, quia ab omni habente*
superiorem in aliqua causa licet pro eadem causa ad eundem superiorem iudicem
appellare, ii, q. vi, c. ' *Placuit* '.   *Sed papa in causa haeresis habet* iudicem
superiorem.   Nam papa potest pro haeresi iudicari, di. xl, c. ' Si papa '; *immo,*
sicut notatur ibidem in glossa, ' papa non posset statuere quod non posset de haeresi
60 *accusari, quia ex hoc periclitaretur tota ecclesia'.   Qui autem potest de haeresi*
accusari et etiam iudicari, habet superiorem, a quo poterit iudicari; ergo papa

33 probare conantur *trs. Bed.*
39 saltem hoc *trs. Bed.*
45 deponit: deposuit B.   40 adhuc: ad hoc P.
61 et etiam iudicari *om. ed.*; etiam *om.* B.

34–7 ' Nicholaus Minorita ', *tr.* ' Quoniam omnis humana sententia ', Paris, BN cod.
lat. 5154, f. 274; *cf.* Introduction, p. 288.
36–7 legitime appellavit: Michael, *App.* I, Avignon, 13 April 1328, Baluze–Mansi,
Misc. III, 238–40.
37 secundum iura: the argument in *App.* I, p. 239 is from ' iustus metus qui possit
cadere in constantem virum '.
42–3 *cf. Dig.* 49, 7, 1; §1, c. 31, C. 2, q. 6, col. 477.
51–78 ' Quoniam omnis humana sententia ', f. 274ʳ–v.
57 c. 9, C. 2, q. 6, col. 468.   58 c. 6, di. 40, col. 146.
59–60 *cf. Gl. ord. ad loc. cit., s.v.* ' a fide devius '.

habet in causa haeresis superiorem: quod *glossa di. xix, c. 'Anastasius', asserit manifeste, dicens quod ' ubi de fide agitur, synodus est maior papa'.* Ergo a papa pro causa haeresis est licitum appellare.

65 *Secundo probatur idem sic: A cuius communione et obedientia licet* in aliquo *casu recedere, ab eodem in eodem casu est licitum provocare, quia maius est ab obedientia alicuius et communione recedere quam ab* eodem *appellare vel provocare. Sed pro causa haeresis licet a communione et obedientia papae recedere. Hoc exemplo et ratione probatur. Exemplo quidem, quia, sicut habetur di. xix, multi* 70 *clerici* Romani *a communione et obedientia Anastasii papae secundi, qui communicavit haereticis, se laudabiliter abegerunt. Idem etiam ratione probatur: Quia non solum licet, sed etiam necessarium est ad salutem, ab obedientia et communione excommunicatorum recedere, quando scilicet sciuntur excommunicationis sententiam* incurrisse; *sed papa, si fiat haereticus, excommunicationis vinculo est* 75 *ligatus,* Extra, *de haereticis, 'Excommunicamus'; ergo si sciunt eum talem, ipsum vitare tenentur. Patet igitur quod licet pro causa haeresis ab obedientia et communione papae haeretici recedere. Ergo licitum est pro causa haeresis ab eodem appellare vel provocare.*

Multis aliis viis ostendunt quod pro causa haeresis licitum est a papa 80 appellare vel provocare. Ex quo concludunt quod frater Michael propter appellationem interpositam ante decisionem causae deponi non potuit, etiam posito quod ille, a quo appellavit, in nullo in rei veritate a fide catholica deviasset.

Secunda via sic arguitur: Qui est omni potestate, auctoritate et 85 ecclesiastica dignitate privatus, nullum praelatum potest deponere, immo et neminem potest solvere vel ligare. Sed omnis haereticus est omni potestate, auctoritate et ecclesiastica dignitate privatus, etiam si papali videatur praeditus dignitate. Nam omnes haeretici, *quibuscunque nominibus censeantur,* iudicio et sententiae generalis concilii sunt subiecti; immo 90 etiam papa, si efficiatur haereticus, non solum sacris canonibus conciliorum generalium sed etiam canonibus summorum pontificum est subiectus, secundum quod notat glossa xxiv, q. i, c. i, dicens: *Hic est casus,* quando scilicet aliquis in haeresim labitur, *in quo papa in canonem latae sententiae incidit. Nec obviat illa regula, ' quia par parem solvere vel ligare non potest ',* 95 *quia si papa est haereticus, minor est quolibet catholico.* Haec ibi. Papa ergo, si efficiatur haereticus, sententiae generalis concilii est subiectus. Sed per generale concilium sub Innocentio III celebratum omnes haeretici, *quibuscunque nominibus censeantur,* sunt excommunicati et dampnati. Ergo omnes haeretici, quibuscunque nominibus censeantur, sunt omni potestate,

68 ab obedientia *add.* P.   75 ligatus: nodatus P.
75 si: qui B*ed.*   78 vel: et B; seu *ed.*
95 haereticus est *trs.* B*ed.*   95 Haec ibi *ut passim om.* B*ed.*

63 *Gl. ord. ad* c. 9, di. 19, *s.v.* ' concilio '.
69–71 c. 9, di. 19, col. 64.   75 v, 7, 13, col. 788.
84–104 *cf. Allegationes religiosorum virorum* (7a ratio), Baluze–Mansi, *Misc.* III, 321;
BF v, 395 n.
92–5 *Gl. ord. ad* c. I, C. 24, q. I, *s.v.* ' in haeresim '.
94 regula: *cf. Dig.* 4, 8, 4; *ibid.* 36, 1, 13, 4; *Decretal. Greg. IX,* I, 6, 20, col. 62.
97–8 Conc. Lateran. IV, c. 3 = *Decretal. Greg. IX,* v, 7, 13, col. 787.

100 auctoritate et ecclesiastica dignitate privati; ergo nullum possunt praelatum deponere. Sed qui deposuit praedictum fratrem Michaelem, ut
isti impugnatores affirmant et multis modis ostendunt, sicut in eorum
patet libris quampluribus, tunc fuit haereticus manifestus; ergo ipsum
deponere nullo modo valebat.

105   Et ex isto concludunt quod etiam congregatio celebrata Parisius ipsum
nequivit deponere: tum quia illa congregatio de mandato et in favorem
haeretici exstitit celebrata; tum quia multi veri ministri, ad quos destitutio
generalis ministri spectare dignoscitur, exclusi fuerunt; tum quia multi,
qui non fuerunt veri ministri, admissi fuerant; tum quia dicta congregatio
110 Parisiensis non fuit secundum formam in regula traditam legitime
convocata: et ita destitutio praedicti fratris Michaelis nulla fuit. Ex
quo sequitur quod alterius institutio nulla fuit, et ita secundum istos
saepedictus frater Michael verus generalis minister ordinis Fratrum
Minorum est censendus.

115   De ista materia et contingentibus eam plures libri prolixi sunt editi,
in quibus praedicti impugnatores motiva adducunt quamplurima,
obiectiones refellunt et quae possunt oriri dubia declarare nituntur
Quare quae hic ex industria omittuntur, in operibus aliis requirantur.

Secundo, ex praedictis praefati impugnatores moliuntur ostendere
120 quod praedicta missio libellorum per mundum est nullatenus reprobanda.
Nam quod fit modo debito ad declarationem catholicae veritatis est
minime reprobandum. Praedicti autem libelli fuerunt appellationes
praedicti fratris Michaelis pro fide catholica interiectae; ergo licite
fuerunt publicatae, quia licitum est cuilibet appellationem seu provo-
125 cationem legitimam publicare. Ergo praedicta missio debet nullatenus
reprobari.

Tertio, nituntur isti probare quod propter talem missionem appellationum suarum non debuit saepefatus frater Michael haereticus iudicari:
tum quia pro facto legitimo non debet aliquis haereticus iudicari; dicta
130 autem divulgatio appellationum fuit legitima, quia pro fide defendenda
catholica attemptata;—tum quia, qui, quamvis erret etiam contra
catholicam veritatem, paratus est corrigi, non debet haereticus iudicari,
xxiv, q. iii, c. *Dixit Apostolus* in textu et glossa; sed praedictus frater

---

104 non valebat *add.* P.   106 illa: dicta B*ed.*
108 expectare *ut saepius* P.   109 fuerant: fuerunt B*ed.*
110 Parisius *ed.*   123 praedicti *om.* B*ed.*
128 saepefatus: prefatus B; sepetactus *ed.*
132–4 paratus est ... unde et: paratus tamen est corrigi si errasset non est censendus
hereticus cum non sit pertinax sic autem est hic. Quia prefatus frater Michael *ed.*

---

105 congregatio celebrata Parisius: the Franciscan General Chapter at Whitsun 1329;
cf. Nicholas Glassberger, *Chronica*, in *Analecta Franciscana*, II, 146.
110 formam in regula: *cf. Reg. secunda s. Francisci* c. 8, ed. L. Lemmens, *Opusc. S.
Patris Francisci*, in *Bibliotheca Franciscana Ascetica*, I, Quaracchi, 1904, 70–1.
112 alterius: Guiral Ot O.F.M.
115 plures libri prolixi: *cf. Allegationes religiosorum virorum*, Baluze–Mansi, *Misc.* III,
318–22; *BF* v, 388–96 n.; Michael de Cesena, *Literas plurium magistrorum*, *BF* v, 497–
500 n.
133 c. 29, C. 24, q. 3, col. 998; *Gl. ord. ad loc. cit.*, *s.v.* ' pertinaci '; *cf. infra*, 124.17–27;
Dial. I, iii, 6; *CI* c. 8, p. 51.

Michael paratus est corrigi, si errasset, unde et in omni appellatione sua
135 se et omnia dicta sua correctioni sanctae matris ecclesiae et concilii
generalis subicit et exponit; ergo quamvis erraret in fide, non esset
haereticus aliqualiter iudicandus.   Et si dicatur quod non est paratus
corrigi, ex quo iudicium papae recusat, immo determinationem ipsius
impugnat, ad hoc respondent defensores fratris Michaelis dicentes quod
140 ex quo legitime appellavit, non debet se iudicio illius, a quo appellavit,
submittere, immo ipsum debet publice recusare.   Addunt autem quod
praedictus frater Michael debet apud omnes catholicos excusari, immo
fidelis et catholicus reputari, pro eo quod in iudicio comparere legitime
toto posse laborat.   Ille autem, a quo appellavit, tanquam suspectus
145 est ab omnibus reputandus, quia tanquam conscius suorum errorum, ut
dicunt isti impugnatores, ad iudicium generalis concilii, a cuius iurisdictione in causa haeresis nullus noscitur Christianus exemptus, venire recusat,
immo quod generale concilium ad veritatem declarandam catholicam
congregetur non permittit, in hoc reddens se suspectum, ut de ipso videatur
150 impletum illud Salvatoris: *Qui male agit, odit lucem, et non venit ad lucem,*
ut non arguantur opera eius.   Haec a me perstricta sunt breviter, eo quod de
praedictis disserere est extra intentionem meam in hoc opere principalem.

De quarto vero, an scilicet impugnationes dictarum trium constitutionum, scilicet *Ad conditorem, Cum inter* et *Quia quorundam*, sint validae, ex
155 sequentibus apparebit.

Hiis visis, est ad litteram accedendum.   *Ioannes episcopus:* Dicunt isti
impugnatores quod dampnabiliter retinet sibi hoc nomen.   *Dudum minister*
generalis: Dicunt isti quod adhuc est verus generalis minister.   *Privatus et*
inhabilis redditus: Dicunt quod ista privatio et inhabilitatio nulla est de
160 iure, quia per appellationem legitimam ab omni iurisdictione privantis
fuit exemptus; immo dicunt quod etiam sine omni appellatione fuisset
exemptus a iurisdictione eiusdem, quia ex quo lapsus fuit in haeresim,
omni fuit potestate et auctoritate privatus.

Impugnare: Dicunt quod impugnare quascunque scripturas contra
165 fidem orthodoxam est licitum.   *Declaravit:* Dicunt quod erronee determinavit, et ideo licitum est quod est determinatum in ipsa constitutione
catholice reprobare.   *Attemptavit:* Dicunt quod hoc fuit licitum, ex quo
illae appellationes nichil erroneum continebant.   *Haereticus:* Dicunt quod
non fuit haereticus, etiam si errasset, quia paratus fuit corrigi.   Qualiter
170 cetera, quae sequuntur, impugnant, in sequentibus apparebit.

---

136 subiecit et exposuit *ed.*   153 impugnatores BP.
166 constitutione *om.* Bed.

134–6 *cf.* Michael de Cesena, *App.* I, p. 239b; *App.* II, p. 303b; *App.* III, p. 424;
App. IV, f. 253ᵛ. In all these appeals Michael submits himself and his teachings to the
correction of the Roman Church; in none to that of the general council.
150–1 Ioann. 3, 20.

CAPITULUM 2

Sequitur: In primis itaque haereticus iste constitutionem *Ad conditorem canonum in eo nititur impugnare,* quod dicta constitutio, *probare intendens quod Fratres Minores sine proprio vivere profitentes in rebus, quae usu consumuntur, non sunt censendi simplices usuarii,* asserit quae sequuntur: ' *Dicere siquidem quod in talibus rebus,* 5 *quae usu consumuntur, usus iuris vel facti separatus a proprietate rei seu dominio possit constitui, repugnat iuri et obviat rationi*'; et infra: ' *In rebus usu consumptibilibus nec ius utendi nec usus facti separata a rei proprietate seu dominio possunt constituti vel haberi.*' *Haec verba* constitutionis praedictae, quae, ut dicit iste haereticus, *sacrae scripturae et sacris canonibus et diffinitionibus sanctorum doctorum ac etiam determinationi sanctae* 10 *Romanae ecclesiae obviant manifeste. Quod autem sacrae scripturae repugnent, per illud quod legitur Actuum Apostolorum ii et iv capitulis* aperte *probatur.* In secundo enim capitulo *dicitur sic*: ' *Omnes, qui credebant, erant pariter, et habebant omnia communia. Possessiones et substantias vendebant, et dividebant illa singulis, prout cuique opus erat.*' *Quarto* vero *capitulo* scribitur *sic*: '*Multitudinis credentium erat cor unum, et anima una;* 15 *nec quisquam eorum, quae possidebat, aliquid suum esse dicebat*'; et paulo post sequitur: ' *Nec quisquam egens erat inter eos; quotquot enim erant possessores agrorum et domorum, vendentes afferebant pretia eorum, quae vendebant, et ponebant ante pedes Apostolorum. Dividebant autem singulis prout cuique opus erat*'; ' *et panes frangebant circa domos, sumentes cibum cum exultatione*'. *Haec ibi.* Hoc autem vocabulum ' *suum* ' *sancti ex-* 20 *ponunt sic*: ' *suum, id est proprium*', ut patet xii, q. i. c. ' Scimus', et c. ' Nolo ', et c. ' Non dicatis ', et § ' Sic ergo ', et per Augustinum circa principium regulae suae, et glossa ordinaria super verba ' Habebant omnia communia ' dicit: ' Indicium fraterni amoris est omnia possidere et nichil proprium habere '. Ex quibus verbis, ut dicit iste haereticus, insinuatur aperte quod nullius rei temporalis, nec usu consumptibilis nec non consumptibilis 25 usu, habebant credentes proprietatem, quia res non consumptibiles usu, scilicet possessiones, agros, domos et substantias (glossa: ' id est pecora ') vendebant, et ipsa nec in speciali nec in eorum communitate retinebant: illas autem res, quas lex in Instit. de usufructu, § ' Constituitur ', usu consumptibiles esse testatur, scilicet pecunias pro pretio rerum venditarum acceptas et panes, de quibus ibi habetur mentio specialis, in communi habebant et dividebant ' singulis 30 prout cuique opus erat ', et nullus ex eis ' aliquid suum, id est proprium, esse dicebat, sed erant illis omnia communia '. Et sic quilibet eorum habebat usum rerum usu consumptibilium

---

1 iste Pc: ille B; istam *ed.*
7 separati *m.*
8 quae *om.* Bed.
20 Nolo *sec. m*: Nobis BP*ed. c.*
22 verba B*m*: verbum *ed.*; verbo P.
26 ipsas *m.*

5 scilicet quae *add.* Bed.
7 rei *om.* Bc.
9 etiam *om. m.*
21 et² *om.* Bed. *c.*
23 ut *sec. c*: *om.* BP*ed.*

1–37 *BF* v, 408–9, citing Michael, *App.* III, 411–12; *cf. id., App.* II, 247.
4–6 *Ad conditorem, BF* v, 237.   6–7 *ibid.* p. 238.
12–13 Act. 2, 44–5.   14–15 Act. 4, 32.
16–18 Act. 4, 34–5.   18–19 *cf.* Act. 2, 46.
20 c. 9, C. 12, q. 1, col. 679.   20 *ibid.* c. 10, col. 680.
20–1 *ibid.* c. 11, col. 680.
21 Gratianus *post* c. 27, C. 12, q. 1, col. 686.
21 *Reg. tertia s. Augustini* i, PL 32, 1378; ed. de Bruyne, *Rev. bénédict.*, XLII (1930), p. 320.
22–3 *Gl. interlin. ad* Act. 2, 44, *s.v.* ' habebant omnia communia '.
26 *Gl. interlin. ad* Act. 2, 45, *s.v.* ' substantias '.
27–8 *Inst.* 2, 4, 2.   29–30 Act. 4, 34.
30–1 Act 4, 32.

absque proprietate et dominio, id est a proprietate seu dominio, *separatum*. Ex quibus concludit quod *dicta assertio et doctrina in dicta constitutione contenta obviat divinae scripturae, et omnem religionem habentem votum abdicationis proprietatis rerum temporalium*
35 *destruit et confundit, quia secundum hoc quilibet religiosus, quando uteretur rebus usu consumptibilibus, proprietarius censeretur.* Haec sunt verba istius haeretici, in quibus includit proculdubio multa falsa, ad quae, ut sequitur, respondemus.

Haec verba dictae constitutionis.

In ista parte incipit tractatus istius constitutionis, qui in tres partes
40 dividitur principales. Primo namque respondetur ad obiectiones contra constitutionem *Ad conditorem*; secundo respondetur ad obiectiones contra constitutionem *Cum inter*; tertio, ad obiectiones contra constitutionem *Quia quorundam*. Secunda pars incipit ibi: *Rursus, iste haereticus constitutionem ' Cum inter nonnullos ' satagit impugnare*, etc. Tertia pars incipit
45 versus finem, ibi: *Adhuc, iste haereticus constitutionem ' Quia quorundam '*, etc. Prima pars dividitur in quinque partes iuxta quinque contenta in dicta constitutione *Ad conditorem*, quae saepedictus frater Michael conatur tanquam erronea reprobare. Secunda pars incipit ibi: *Adhuc, dicit iste haereticus constitutionem praedictam*, etc. Tertia, ibi: *Rursus, dictus haereticus*
50 *dicit dictam constitutionem*, etc. Quarta, ibi: *Adhuc, iste haereticus dictam constitutionem*, etc. Quinta, ibi: *Rursus, dictus haereticus dictam constitutionem impugnare nititur*, etc.

Prima pars adhuc dividitur in septem partes secundum quod ad septem obiectiones contra primam assertionem istius acceptam de con-
55 stitutione *Ad conditorem canonum* respondetur. Secunda pars incipit ibi: *Item, ad probandum quod asserere*. Tertia, ibi: *Adhuc, iste veritatis*. Quarta, ibi: *Rursus, nititur*. Quinta, ibi: *Praeterea, dicit iste*. Sexta, ibi: *Adhuc, ad ostendendum*. Septima, ibi: *Rursus, dicit quod praedicta assertio*. Prima pars adhuc dividitur in duas partes: primo enim ipsa impugnatio
60 recitatur; secundo respondetur ad ipsam in parte immediate sequenti: *Dicimus enim*.

In prima igitur parte ostenditur quod nec usus facti nec usus iuris in rebus usu consumptibilibus possit a rei proprietate seu dominio separari: quod in constitutione *Ad conditorem* asseritur; frater [autem] Michael in
65 sua appellatione impugnat per illud Actuum ii et iv: *Erant illis omnia*

---

34 omnium rerum *add. m.*   38 Haec ... constitutionis *om.* Bed.
54 assertionem: allegationem B; constitutionem *ed.*
57–8 Adhuc ad *om.* P; ad *om.* B.   62 quod: quomodo quod B; quomodo *ed.*
64 autem *conieci: om.* BPed.

43 Rursus, iste: *BF* v, 439; *infra*, 82.1.   45 Adhuc, iste: *BF* v, 448; *infra*, 120.1.
48 Adhuc, dicit: *BF* v, 425; *infra*, 33.1.   49 Rursus, dictus: *BF* v, 432; *infra*, 59.1.
50 Adhuc, iste: *BF* v, 434; *infra*, 67.1.   51 Rursus, dictus: *BF* v, 436; *infra*, 74.1.
56 Item, ad probandum: *BF* v, 415; *infra*, 10.1.
56 Adhuc, iste: *BF* v, 420; *infra*, 19.1.
57 Rursus, nititur: *BF* v, 421; *infra*, 21.1.
57 Praeterea, dicit: *BF* v, 422; *infra*, 25.1.
57–8 Adhuc, ad ostendendum: *BF* v, 424; *infra*, 29.1.
58 Rursus, dicit: *BF* v, 424; *infra*, 31.1.
61 Dicimus enim: *BF* v, 409; *infra*, 3.1.
65–6 Act. 4, 32; *cf. ibid.* 2, 44.

communia. Quia dicit ipse quod ex quo secundum veritatem scripturae *erant illis omnia communia,* nullius rei usu consumptibilis proprietatem habebant, et tamen constat quod habebant usum facti rerum usu consumptibilium; ergo in rebus consumptibilibus usu potest usus facti a
70 proprietate et dominio separari. Haec est virtus impugnationis superius recitatae, quam impugnatores praedicti defensare nituntur.

Dicunt autem quod, quia impugnatus sub multiplicitate vocabulorum errores conatur inducere et molitur prosternere veritatem, ad evidentiam dicendorum quosdam terminos in hac constitutione saepius usitatos volunt
75 exponere, considerando videlicet quid sit usus, quid usus facti, quid usus iuris, quid ius utendi, qui sunt simplices usuarii, quae sunt res usu consumptibiles et quae non sunt usu consumptibiles, quid dominium, quid proprietas, quomodo accipiantur talia vocabula, ' meum ', ' tuum ', ' suum ', et huiusmodi.

80 Circa primum, scilicet quid sit usus, dicunt quod hoc nomen ' usus ' variis modis in scripturis accipitur. Quadrupliciter enim accipi potest. Uno modo accipitur ' usus ' secundum quod distinguitur a fruitione, secundum quod usus et fruitio sunt actus voluntatis, secundum quos aliquid assumitur in facultate voluntatis; et sic raro vel nunquam accipitur ' usus '
85 in scientia legali. Aliter accipitur ' usus ' pro actu utendi re aliqua exteriori, et sic accipitur ' usus ' in omni facultate, quae utitur hoc nomine ' usus '; et isto modo accipitur ' usus ' Iudicum xix, cum dicitur: *Habentes panem et vinum in meos et ancillae tuae usus.* Tertio modo accipitur ' usus ' pro consuetudine aliquid faciendi. Sic accipitur i Regum xvii, cum dixit
90 David armatus: *Non possum sic incedere, quia nec usum habeo*; sic etiam accipitur di. xi, c. *Consuetudinis,* et Extra, *de consuetudine,* c. *Cum consuetudinis.* Quarto modo accipitur ' usus ' pro quodam iure speciali, quo *quis valet uti rebus alienis, salva rerum substantia*; et isto modo dicunt quod accipitur ' usus ' in scientiis legalibus, et in scripturis, quae modos loquendi
95 scientiarum legalium imitantur; nec recolunt, ut asserunt, quod ' usus ' hoc modo in theologia vel philosophia unquam accipiatur. Sic ergo dicunt hoc nomen ' usus ' hiis modis posse accipi, nec tamen negant quin alio modo inveniatur acceptum.

De usu facti dicunt quod usus facti est actus utendi re aliqua exteriori,
100 sicut inhabitare, comedere, bibere, equitare, vestem induere et huiusmodi. Hoc per scripturam divinam et per scientiam legalem ac etiam per dicta istius impugnati declarant. Dicitur enim, sicut allegatum est superius, Iu-

---

67 omnia erant illis communia *trs.* P.
69 usu consumptibilibus *trs.* B*ed.*
78–9 suum tuum *trs.* P.
91 Consuetudinis: *sic* BP*ed.*

76 usurarii BP.
82 Uno enim *add.* B.

---

66 ipse: Michael.
82–4 *cf.* Ockham, 1 *Sent.* di. 1, q. 1C, referring to Augustinus, *de Trin.* x, 11, 17, PL 42, 982–3, who is cited by Michael, *App.* II, 255 and Franc. de Esc., f. 59rb; *cf. infra*, 45.41–3.
87–8 Iudic. 19, 19; cited by Michael, *App.* II, 253.
90 1 Reg. 17, 39.
91 1, 4, 9, col. 41.
92–3 Azo, *Gl. ord. ad Dig.* 7, 8, 1, *s.v.* ' etiam nudus usus '; *cf. infra*, 2.130–1; Michael, *App.* II, 254.

70 superius: 2.2–36.

91 c. 4, di. 11, coll. 23–4.

102 superius: 2.87–8.

dicum xix: *Habentes panem et vinum in meos et ancillae tuae usus.* Constat autem quod isti usus erant comedere panem et bibere vinum; ergo usus pro
105 actu comedendi vel bibendi nonnunquam accipitur. Item, *Instit. de
usu et habitatione,* § i sic habetur: *Qui fundi usum nudum habet, nichil ulterius
habere intelligitur, quam ut oleribus, pomis, floribus, feno, stramentis, lignis ad
usum cottidianum utatur.* Haec ibi. In quibus verbis, cum dicitur ' ad usum
cottidianum utatur ', usus non accipitur pro iure, cum inconvenienter
110 diceretur ' ad ius cottidianum utatur '. Accipitur ergo usus ibidem pro
actu utendi, quo quis ius tale habet, quod vocatur usus nudus, quo valet
oleribus, pomis et huiusmodi uti. Sed actus, quo quis utitur oleribus et
pomis, est actus comedendi; ergo actus comedendi vocatur usus etiam in
iure civili; et eadem ratione actus bibendi et vestiendi ac consimiles
115 possunt vocari usus.

Item, quod actus comedendi vocetur usus facti, etiam per dicta istius
impugnati ostenditur. In hac enim constitutione *Quia vir reprobus* dicit
in haec verba: *Usus facti sic est utentis proprius, quod non potest dici alterius
nec communicabilis sibi; patet enim quod actus comedendi Petri sic erat sibi
120 proprius, quod non poterat dici aliis esse communis.* Ex quibus verbis patenter
habetur quod hic actus comedendi vocatur usus facti, et eadem ratione
actus bibendi et vestiendi ac consimiles possunt vocari usus facti. Sic ergo
omnis actus, quem exercet aliquis circa rem extrinsecam, sicut comedendo,
bibendo, vestiendo, scribendo, legendo in libro, equitando et huiusmodi,
125 vocatur usus facti, et additur ' facti ' ad distinguendum talem usum ab
usu iuris. Isti tamen non negant usum facti posse accipi alio modo.

De usu vero iuris dicunt quod usus iuris est quoddam ius positivum
determinatum, institutum ex ordinatione humana, quo quis habet licitam
potestatem et auctoritatem uti rebus alienis, salva rerum substantia.
130 Unde et sic diffinitur in iure: *Usus est ius utendi rebus alienis, salva rerum
substantia.* Usus autem sic dictus dividi potest in nudum usum et in
usumfructum. Nudus usus est cum quis habet ius utendi re aliena, salva
rei substantia, sed hoc ius non potest alteri vendere nec locare nec gratis
concedere; sic, cum quis conducit domum, habet ius habitandi in domo
135 cum sua familia, sed hoc alteri vendere non potest nec concedere nec
locare. Similiter qui habet nudum usum fundi, habet ius morandi in
fundo, si voluerit; habet etiam ius percipiendi quosdam fructus crescentes
in fundo, secundum determinationem iuris civilis; sed tale ius alteri vendere, concedere vel locare non potest. Ususfructus est pinguius ius in rebus

107 olerius *ut passim* P.
111 quo² *om.* BP.
119 Petri *om. c.*
130 Unde *om.* P.
136 Similiter: sic P.

116 vocatur B*ed.*
129 uti: utendi *ed.*
134 sic: similiter P; sed *ed.*
139 vel: et *ed.; om.* B.

106–8 *Inst.* 2, 5, 1; cited by Michael, *App.* II, 254; *id., App.* IV, f. 243.
118–20 *BF* v, 413; *infra,* 6.20–3.
130–1 Azo, *Gl. ord. ad Dig.* 7, 8, 1, *s.v.* ' etiam nudus usus ', cited by John XXII in
Ad conditorem canonum, BF v, 238 = *Extrav. Ioann. XXII,* xiv, 3, col. 1226, and in *Quia vir
reprobus, BF* v, 410; *cf. infra,* 3.7–9.
136–9 *cf. Dig.* 7, 8, 8; *ibid.* 7, 8, 12; *Inst.* 2, 5, 1.
139–42 *cf. Dig.* 7, 1, 1; *ibid.* 7, 1, 12, 2; *Inst.* 2, 4 pr.; *ibid.* 2, 5, 1.

140 alienis, salva rerum substantia; quia qui usumfructum habet, non solum
ipsa re uti potest, sed omne ius suum potest alteri vendere, concedere et
locare. Sic ergo, cum dicitur usus nudus, ' nudus ' additur ad differentiam ususfructus. Unde et ' usus iuris ' quandoque accipitur communiter,
et sic est commune ad usum nudum et usumfructum; quandoque vero
145 accipitur magis specialiter, et sic accipitur pro usu nudo, qui ab usufructu
distinguitur: quemadmodum hoc nomen ' consuetudo ' quandoque
accipitur communiter pro iure humano scripto et non scripto, quandoque
specialiter pro iure humano non scripto, secundum quod ex decretis di. i
colligitur evidenter. Qualitercunque ergo accipiatur usus iuris, semper
150 est ius quoddam, et non est actus utendi. Unde qui conducit domum ad
inhabitandum, habet usum iuris in domo, licet sit extra domum et
actualiter non inhabitet eam; additur autem ' iuris ' ad differentiam
usus facti, qui est actus quidam exercitus circa rem extrinsecam, secundum
quod in iure accipitur; qualiter etiam in theologia saepe accipi invenitur.
155 Quarto exponunt quid est ius utendi, dicentes quod ius utendi est
potestas licita utendi re extrinseca, qua quis sine culpa sua et absque
causa rationabili privari non debet invitus; et si privatus fuerit, privantem
poterit in iudicio convenire. ' Potestas licita ' ponitur ad differentiam
potestatis illicitae, qua fur saepe utitur rebus alienis; multi etiam alii
160 frequenter per potestatem illicitam propriis rebus utuntur. ' Qua quis
sine culpa sua ', etc., ponitur ad differentiam gratiae, qua saepe alicui
conceditur potestas licita utendi re aliqua, qua tamen ad libitum concedentis absque omni culpa sua et causa licite privari potest solummodo
quia concedens concessam revocat potestatem. Sic invitati pauperes a
165 divite habent licitam potestatem utendi cibis et potibus positis ante se;
quos tamen invitans ad placitum suum poterit amovere, et si amoverit, non
poterunt invitati propter hoc invitantem in iudicio convenire, nec
aliquam actionem habent contra ipsum. Et talis potestas saepe vocatur
' gratia ' in iure; unde notat glossa ordinaria, x, q. iii, *Cavendum*, quod *si*
170 episcopus *habet sumptus unde possit expendere, non debet alios gravare, nam*
potius videntur haec peti ex gratia quam ex iure; glossa etiam Extra, *de postula-*
tione praelatorum, Bonae memoriae, notat quod si aliqui vocantur ad aliquam
electionem de gratia, nec ius nec commodum sibi acquirunt. Et ita inter
ius et gratiam est distinctio facienda. Ius ergo utendi competit habenti
175 usum nudum et etiam habenti usumfructum, et non solum illis, sed saepe
competit habenti dominium et proprietatem rei; unde et in diffinitione
' usus ' ponitur ius utendi tanquam genus, cum dicitur: *Usus est ius*
utendi rebus alienis, salva rerum substantia. Ex quo patet aperte quod non
omne ius utendi est usus, quia si omne ius utendi esset usus, prima
180 particula diffinitionis usus, quae ponitur loco generis, esset convertibilis
cum diffinito, et reliquae particulae essent superfluae. Quamvis ergo

159 qua: quasi P. 164–5 a divite: et divites B; et dicentes P.
176 rei *om.* Bed. 181 suo diffinito *add.* B.

146–9 cc. 3–5, di. 1, coll. 1–2.
169–71 *Gl. ord. ad* c. 7, C. 10, q. 3, *s.v.* ' sumptus '.
171–3 *Gl. ord. ad* 1, 5, 4, *s.v.* ' de gratia '. 177–8 *cf. supra*, 2.130–1.

omnis usus iuris sit ius utendi, non tamen omne ius utendi est usus iuris, qui distinguitur a proprietate et dominio; sed omne ius utendi rebus alienis, salva rerum substantia, est usus.

185 Et si dicatur quod ius utendi est servitus; nullus autem habet in re propria servitutem; ergo qui habet dominium rei, non habet ius utendi re illa, cuius habet dominium: item, nonnunquam habet aliquis rei alicuius dominium et proprietatem, qua tamen licite uti non potest, sicut qui rem propriam alteri locavit, ipsa re uti non potest nisi illicite;
190 ergo dominium rei seu proprietas non est ius utendi:

Ad primum istorum dicunt isti impugnatores quod, licet inveniatur in iure quod omnis usus est servitus et quod omnis servitus est ius utendi, forte tamen non invenitur quod omne ius utendi est servitus. Et si hoc inveniretur, dicerent quod ibi ius utendi acciperetur magis stricte, et non
195 communiter pro omni iure utendi qualicunque; nec esset hoc inconveniens, quia, sicut beatus Augustinus multis exemplis ostendit xv de Trinitate, idem vocabulum aliquando generaliter, aliquando specialiter seu particulariter accipitur. Dicunt ergo isti quod, licet nullus in re propria habeat servitutem, tamen aliquis habet ius utendi re propria. Non enim omnes,
200 qui propriis rebus utuntur, rebus illis utuntur iniuste, nec etiam utuntur eis semper de gratia aliorum; ergo de iure utuntur eis, cum omnis, qui re utitur aliqua, aut utitur eadem iniuste et illicite aut de gratia alterius aut de iure, quod habet in re. Sic ergo dominus rei, in qua alius nullum ius habet, cum non utatur ipsa re iniuste et illicite nec de gratia alterius,
205 utitur ipsa de iure, quod habet in re; ergo habet in illa re ius utendi, licet in illa re non habeat servitutem, quia non omne ius utendi est servitus, licet econverso sit.

Ad secundum dicunt quod, licet dominium rei non sit ius utendi re ipsa quandocunque voluerit, saepe tamen habens dominium rei habet
210 simul cum dominio ius utendi re quando sibi placuerit; quandoque tamen retinet dominium, et ius utendi concedit alteri vel gratis vel pro pretio. Et ita, concesso quod dominium rei seu proprietas non sit ius utendi, non oportet concedere quod qui habet dominium rei, non habet ius utendi, licet quandoque habens dominium rei non habeat ius utendi
215 re pro tunc, licet forte habeat ius utendi pro alio tempore, puta cum alius desierit habere ius utendi eadem re.

Quinto declarant quid intelligunt per simplices usuarios, dicentes quod hoc nomen ' usuarius ' fictum est ab hoc nomine ' usus ', et ideo, sicut hoc nomen ' usus ' dupliciter accipitur, scilicet pro usu iuris et pro usu
220 facti, licet etiam aliis modis accipiatur, ita hoc nomen ' usuarius ' dupliciter accipi potest. Uno modo, ut conveniat in significatione cum hoc nomine ' usus ' secundum quod accipitur pro usu iuris, ut ille dicatur usuarius,

205 illa: ipsa B; ista *ed.*   206 illa: ipsa *ed.*
217 Quinto: Item B.   217 intelligant *ed.*

191-2 in iure: *cf. Gl. ord. ad Dig.* 7, 1, 1, *s.v.* ' ususfructus est ius '.
196-8 Augustinus, *de Trin.* xv, 17, PL 42, 1081; *cf. infra*, 106.393-5.

qui habet usum iuris, sicut ille dicitur proprietarius, qui habet proprietatem rei. Et tunc simplex usuarius vocatur ille, qui habet usum
225 nudum, vel saltem qui nullum ius habet praeter usum iuris; et isto modo
dicunt isti impugnatores quod Fratres Minores non sunt simplices
usuarii, quia nec isto modo sunt usuarii, cum usum iuris, de quo est
sermo in scientiis legalibus et nunquam in theologia, non habeant.
Aliter potest accipi hoc nomen ' usuarius ', ut in significatione conveniat
230 cum hoc nomine ' usus ' secundum quod accipitur pro usu facti. Et sic
dicitur usuarius, qui habet usum facti rei; simplex autem usuarius dicitur
ille, qui habet vel habere potest usum facti rei per carentiam omnis
iuris, quo pro re vel usu facti rei valeat in iudicio vel nomine proprio vel
nomine sui collegii litigare; et isto modo dicunt isti quod Fratres Minores
235 sunt simplices usuarii.

Sexto explanant quae sunt res usu consumptibiles et quae non sunt
usu consumptibiles, dicentes quod res usu consumptibiles sunt illae, quae
ipso usu, id est actu utendi, vel penitus consumuntur quantum ad
utentem vel ut communiter deteriorantur et tandem consumuntur;
240 huiusmodi sunt cibus et potus, medicinae, unguenta, pecuniae, vestimenta
et similia. Pecunia enim, quamvis quando de ea res emitur, quantum
ad suam substantiam minime consumatur, immo nec etiam deterioratur,
tamen quantum ad ementem consumitur, hoc est totaliter cessat esse
sua acsi in sua consumeretur substantia. Vestes etiam, licet primo usu
245 facti nullatenus consumantur, tamen ut communiter deteriorari incipiunt
et tandem consumuntur. Aliae autem res, quibus uti contingit, vocantur
res non consumptibiles usu, sicut domus, quae ex inhabitatione non
deterioratur, nisi forte per accidens, et aliae consimiles dicuntur non
consumptibiles usu.

250 Et quia posset aliquis dicere quod iste impugnatus accipit res usu consumptibiles magis stricte, et ideo secundum ipsum pecuniae et vestimenta
non debent inter res usu consumptibiles computari ac per hoc multae
instantiae de vestibus et pecuniis apparentes contra ipsum essent exclusae,
ideo ostendunt isti impugnatores quod iste impugnatus pecuniam atque
255 vestes inter res usu consumptibiles reputat computandas. Et de vestimentis quidem exprimit manifeste; nam in constitutione *Quia vir reprobus*
dicit in haec verba: *Constat quod vestimenta cottidiana inter res usu consumptibiles*
computantur. Haec ibi. De pecunia hoc idem insinuat in responsione
ad sextam obiectionem, sicut patebit ibidem. Vestes igitur et pecuniae
260 etiam secundum istum impugnatum sunt inter res usu consumptibiles
computandae.

Septimo isti impugnatores quid per dominium intelligi debeat, mani-
festant, dicentes quod huiusmodi nomina, ' dominium ', ' dominus ',
' dominator ', ' dominari ' et huiusmodi in diversis facultatibus aequivoce

223 sicut: sic P; sed *ed.*
242 etiam nec *trs. Ped.*
256 ista constitutione *add. Bed.*

233 vel[2]: et B; *om.* P.
242 deterioratur: *sic* BP*ed.*
258 etiam hoc *add.* B*ed.*

257–8 *BF* v, 415; *infra*, 9.16–17.
259 patebit: *infra*, 30.115–28; *cf. BF* v, 424.

265 et variis modis accipiuntur. Aliter enim accipiuntur in philosophia morali, aliter in philosophia naturali, et aliter quandoque in modo loquendi vulgari, et aliter in scientia legali. Et ideo, cum secundum beatum Augustinum theologia quodam modo omnes scientias comprehendat, talia nomina in diversis locis scripturae divinae accipiuntur aequivoce.

270 Hoc itaque nomen ' dominium ' saepe in philosophia morali accipitur pro potestate, qua quis libere potest in actus contrarios; et sic dicunt quod homo est dominus et habet dominium actuum suorum; bruta autem non habent dominium actuum suorum. Sic etiam accipitur ' dominari ' secundum unam expositionem Genesis iv, cum dixit Dominus ad Cain:

275 *Sub te erit appetitus tuus, et tu dominaberis illius.* Aliter accipiuntur talia vocabula pro habitu virtutis, quo quis secundum rationem rectam regit passiones suas; et sic ' dominari ' accipitur Proverbiorum xvi, cum dicitur: *Melior est patiens viro forti; et qui dominatur animo suo, expugnatore urbium.* Aliter accipiuntur talia vocabula pro violento et usurpato

280 regimine super aliquos, qui tali regimini non possunt vel non audent resistere. Et tale dominium Petrus in epistola sua prima, c. v, senioribus interdicit, dicens: *Pascite qui est in vobis gregem Domini, providentes non coacte, sed spontanee secundum Deum; neque turpis lucri gratia, sed voluntarie; neque ut dominantes in clero, sed forma facti gregis ex animo.* Sic etiam quando-

285 que vulgariter dicitur quod mulier dominatur viro suo et servus domino et socius socio. Aliter accipiuntur huiusmodi vocabula pro potestate rem aliquam debito modo regendi, et sic nonnunquam dicitur puer dominari equo domini sui.

Aliter accipiuntur aliqua talia vocabula in philosophia naturali pro

290 potestate rem aliam corrumpendi; et sic dicitur quod in omni mixto est aliquod elementum praedominans; tamen dicunt quod non recolunt se legisse quod hoc nomen ' dominus ' in tali significatione inveniatur.

Aliter accipiuntur talia vocabula in scientia legali, scilicet pro potestate quadam speciali vendicandi rem aliquam temporalem et defendendi ac

295 tenendi et disponendi. Et dicunt ' potestate quadam speciali ', quia licet aliqua potestas vendicandi rem temporalem etc. dominium appelletur in iure, non tamen omnis talis potestas vendicandi rem etc. dominium appellatur. Qui enim domum conduxit, habet quodam modo potestatem vendicandi domum, si expellatur illicite, et etiam defendendi, si aliquis

300 eum domo spoliare temptaverit; habet etiam potestatem inhabitandi domum et de domo aliter disponendi, nec tamen propter hoc dominium habere dignoscitur. Non ergo omnis potestas vendicandi rem temporalem etc., dominium nuncupatur. Et tamen constat quod dominium est potestas vendicandi rem temporalem etc.; oportet ergo diffinitionem seu

---

267 et ... legali *om.* P.   274 Cahim P; Caym B*ed.*
275 tuus BP*ed.*; eius *Vulg.*   287 aliquam: aliam P.
298 appellatur: notatur B; nominantur *ed.*
301 tamen *om.* P.

---

268 *cf.* Augustinus, *de Trin.* xiv, 1, 3, PL 42, 1037.
275 Gen. 4, 7.   278–9 Prov. 16, 32.
282–4 1 Petr. 5, 2–3.   295–7 *cf. Dig.* 6, 1, 49; *Cod.* 3, 32, 2.

305 descriptionem propriam dominii, de quo in iure saepe fit mentio, indagare. Dicunt autem isti impugnatores quod diffinitionem seu descriptionem propriam dominii non legerunt in aliqua scriptura authentica. Et ideo, volentes diffinitionem dominii assignare, de dominio secundum quod accipitur in iure distinguunt, dicentes quod dominiorum rerum temporal-
310 ium quoddam est divinum, de quo ad praesens non intendunt; aliud est dominium humanum, et istud est duplex. Quoddam enim competebat hominibus in statu innocentiae ex iure naturali vel divino; de quo dicitur primis parentibus Genesis primo: *Dominamini piscibus maris, et volatilibus caeli, et universis animantibus, quae moventur super terram.* Aliud
315 competit hominibus ex iure positivo vel ex institutione humana, et de isto dominio in iure civili et canonico saepe fit mentio. Et dominium sic acceptum dupliciter accipi potest, communiter scilicet sive large et specialiter sive stricte.

Dominium communiter sive large sumptum isti impugnatores tali modo
320 diffiniunt vel describunt: ' Dominium est potestas humana principalis vendicandi et defendendi in humano iudicio rem aliquam temporalem '. ' Potestas humana ' separat hoc dominium a divino dominio; 'principalis' separat dominium ab usu nudo et usufructu et ab omni alio iure, quod aliquis habet a domino principali, et etiam a potestate procuratoris,
325 qui habet potestatem rem aliquam nomine alterius vendicandi. Unde licet habens usum nudum et usumfructum habeat potestatem vendicandi rem et etiam defendendi illam, tamen potestatem habuit ab alio, qui sibi concessit usum vel usumfructum, iure primo sibi retento, absque acquisi-tione novi iuris. Sic etiam, licet creditor habeat potestatem vendicandi
330 rem impignoratam, immo etiam nonnunquam habeat potestatem vendendi rem et dominium transferendi, non tamen habet eiusdem rei dominium, quia illam habuit ab alio, qui, iure primo sibi retento, ius aliud minime acquisivit. Haec particula ' in humano iudicio ' separat hoc dominium a dominio, quod competit homini ex iure naturali vel ex
335 iure divino primario; separat etiam hoc dominium ab omni gratia et licentia utendi re aliqua, licet etiam, stricte accepto vocabulo, gratiae et licentiae excludantur, cum dicitur ' vendicandi '.

Sic communiter accepto dominio, dicunt isti impugnatores quod praelati et viri ecclesiastici habent dominium rerum ecclesiasticarum:
340 quod sacris canonibus declarare nituntur. Nam beatus Gregorius, ut recitatur xii, q. ii, c. *Ecclesiasticis*, ait: *Quia igitur Theodorum, virum eloquen-tissimum, consiliarium nostrum, mancipiorum cognovimus ministerio destitutum, ideo puerum nomine Acosimum, natione Siculum, iuri dominioque suo dari tradique praecipimus, quem quoniam traditum ex nostra voluntate iam possidet, huius necesse*
345 *fuit pro futuri testimonio temporis ac robore largitatis auctoritate fulciri, quatenus*

---

308 assignare de dominio *om.* P.   309 dominium P.
315 vel: scilicet B.   322 Et potestas *add.* Bed.
331 vendendi: vendicandi P*ed.*   343 Acosinum BP.
343 Siciliensem B.

313–14 Gen. 1, 28.   338–88 *cf. infra*, 4.545–63; 77.407–38.
341–7 c. 67, C. 12, q. 2, coll. 708–9 = Gregorius Magnus, *Reg.* iii, 18, PL 77, 618.

Domino protegente secure eum semper et sine ullius retractationis suspicione, ut dominus valeat possidere. Haec ibi. Ex hiis verbis apparet quod iste Theodorus ius habuit et dominium servi, quem possedit ut dominus, et eadem ratione clerici aliarum rerum ecclesiasticarum habent dominium.
350 Hoc etiam idem Gregorius, prout legitur xvi, q. iv, capitulo penultimo, insinuare videtur, qui scribens Petro subdiacono ait: *Volumus accedente te ad Panormitanam civitatem quaestionem ipsam tali ratione discutere, dominio rei apud possessorem, sicut hactenus possessum est, videlicet remanente.* Haec ibi. Ex quibus verbis datur intelligi quod ecclesia rei, de qua agebatur,
355 dominium possidebat.

Amplius, dicunt isti impugnatores quod qui habet proprietatem rei, habet dominium rei. Praelati autem et viri ecclesiastici habent proprietatem rerum ecclesiasticarum, teste beato Gregorio, qui, ut recitatur xii, q. ii, capitulo ultimo, quandam domum, hortum et hospitia cuidam
360 religiosae tradi praecepit iure proprietatis possidenda; ergo illa religiosa res temporales iure proprietatis disponere valebat. Episcopi etiam proprias ecclesias habere noscuntur, sicut patet iii, q. i, c. i, et q. ii, c. *Audivimus*, et in multis locis habetur quod episcopi et monachi res proprias habent. Ergo praelati et viri ecclesiastici habent dominium rerum
365 ecclesiasticarum. Hoc etiam in decretali *Exiit qui seminat* Nicholai III habetur expresse, quod res omnes, quibus Fratres Minores utuntur, in dominium et proprietatem Romanae ecclesiae recepit.

Hoc etiam ratione probatur. Nam constat per sacros canones quod praelati et viri ecclesiastici ius habent in temporalibus rebus. Sed
370 discurrendo per singula iura, quibus temporalia possidentur, in multis rebus nullum ius habent praeter dominium. Licet enim in aliquibus rebus habeant usumfructum et in aliquibus usum, sicut ex verbis Augustini, quae ponuntur xvii, quaestione ultima, capitulo ultimo, elici potest, tamen tale ius in multis aliis, quae ab omni iure laicorum alienatae
375 noscuntur, nullatenus habent. Videtur igitur quod in eis habent aliquale dominium.

Dicunt ergo isti impugnatores quod multarum rerum ecclesiasticarum habent praelati ecclesiae et ecclesiastici viri dominium. Unde illarum rerum ecclesiasticarum, quae libere et absque conditione a fidelibus sunt
380 donatae ecclesiae, ecclesia habet in eis aliquo modo dominium: quia, licet in talibus rebus non habeat ecclesia ita plenam potestatem dispensandi sicut laici habent in suis, tamen ecclesiastici habent ita plenam potestatem nomine ecclesiae in iudicio vendicandi; nec ipsis ecclesia debet absque

346 secure *sec. canonem ed.*: *om.* BP.
346 ullius *sec. canonem ed.*: ulla BP.
353 permanente *ed. et canon.*
362 et *om.* BP.
367 recipit P; receperunt *ed.*
382 ecclesiastici *om.* BP.

350 ultimo BP.
361 disponere: possidere B*ed.*
366 quod: *sic* BP*ed.*
379 contradictione P.

350–3 c. 2, C. 16, q. 4, col. 796 = Gregorius Magnus, *Reg.* i, 9, PL 77, 456.
358–60 c. 75, C. 12, q. 2, col. 712 = Gregorius Magnus, *Reg.* iii, 17, PL 77, 617.
362–3 c. 1, C. 3, q. 1, col. 505; c. 4, C. 3, q. 2, col. 508.
365–7 *Sext.* v, 12, 3, col. 1114.
371–3 c. 43, C. 17, q. 4, col. 827 = Augustinus, *Sermo* ccclv, 4, PL 39, 1572.

causa privari sicut nec laici rebus suis, licet aliquae personae ecclesiasticae
385 valeant facilius rebus deputatis eis ex causa privari; et ita, cum habeant
potestatem vendicandi et defendendi in iudicio res ecclesiae, et talis
potestas ad nullum spectat principalius quam ad ipsos, relinquitur quod
habent aliquo modo dominium.

Aliter accipitur humanum dominium magis stricte, ut isti impugnatores
390 affirmant, et dominium strictissime sumptum tali modo diffiniunt:
'Dominium est potestas humana principalis rem temporalem in iudicio
vendicandi, et omni modo, qui non est a iure naturali prohibitus, per-
tractandi '. Et per istam ultimam particulam excluditur ius, quod clerici
in rebus temporalibus noscuntur habere: quia, licet habeant potestatem
395 principalem vendicandi etc., non tamen possunt res ecclesiasticas ad
suum libitum pertractare, multisque modis laici possunt de suis temporalibus ordinare, qui clericis sunt penitus interdicti.

Ista ergo est diffinitio dominii strictissime sumpti secundum istos, et
quanto aliquod ius in rebus temporalibus magis ab ista diffinitione recedit,
400 tanto magis recedit a dominii plenitudine. Unde quanto aliqui magis vel
minus artantur ad certos modos dispensandi et tractandi res suas, tanto
magis vel minus dominium in rebus constat eos habere. Propter hoc
idem homo saepe pinguius dominium habet in quibusdam rebus suis et
in aliis habet minus pingue: sicut in multis locis nonnulli pinguius
405 dominium habent in rebus mobilibus, quas libere absque calumpnia dare
possunt, vendere et legare, et in rebus suis immobilibus habent minus
dominium, quia res illas non possunt vendere, dare vel legare, cum
heredes suos de rebus immobilibus exheredare non valeant. Forte
autem ex ordinatione humana est rationabiliter institutum quod tale
410 dominium plenum nullus habeat in re sua quacunque, quin videlicet ex
causa aliqui modi tractandi rem suam sibi valeant interdici. Ut communiter tamen dominium praecipue rerum mobilium (secundum quod
frequentius et forte semper accipitur in iure civili, et ut communius
accipitur in iure canonico) potestatem vendendi, dandi et legandi
415 includit. De potestate vendendi testatur Tharasius Constantinopolitanus
episcopus, qui, ut habetur i, q. i, c. Eos, ait: Omnis enim dominus quod
habet, si vult, vendit, sive servum sive aliud eorum, quae possidet. De potestate
etiam legandi satis aperte canones Apostolorum insinuant, in quibus, ut
habetur xii, q. i, c. Sint manifestae, sic dicitur: Sint manifestae res propriae
420 episcopi (si tamen habet proprias), et manifestae dominicae, ut potestatem habeat
de propriis episcopus moriens, sicut voluerit et quibus voluerit derelinquere. De
potestate etiam dandi iura civilia et canonica manifeste loquuntur.

Tale autem dominium non habent viri ecclesiastici in quibuscunque

---

384 ecclesiasticae: ecclesiasticorum ed.; om. P.
402 hoc: quod Bed.   408 exhereditare ex corr. B.
415 Tharasus BP.
421 episcopus moriens ed. et canon: om. BP.
421 relinquere P.

416–17 c. 21, C. 1, q. 1, col. 365.
419–21 c. 21, C. 12, q. 1, col. 684 = Can. Apostol. xl, Eccles. Occid. Mon. Iur. Antiquiss. ed.
C. H. Turner, I, pp. 26–7.

temporalibus, quae Deo a fidelibus sunt oblata. Quia omnes clerici ad
425 certos modos dispensandi res ecclesiasticas sunt astricti in tantum, quod
aliter dispensando vel tractando peccant mortaliter, nisi forte per ignorantiam vel modum alium valeant excusari; si etiam res ecclesiae aliter
dederint, legaverint vel alienaverint quoquo modo quam est eis concessum,
res illae poterunt per iudicem revocari.   Et de tali dominio saepe loquun-
430 tur iura canonica, quae affirmant quod clerici rerum ecclesiasticarum
nequaquam sunt domini, sed procuratores vel dispensatores, secundum
quod per plures sacros canones posset copiose probari, sicut alias apparebit.

Octavo isti impugnatores ostendunt quid per proprietatem intelligant.
Dicunt enim quod haec nomina ' proprium ' et ' proprietas ' aliter
435 accipiuntur in logica et aliter in scientia legali; sed qualiter accipiantur
in logica non oportet in hoc opusculo pertractare.   In legalibus autem
scientiis, scilicet in iure civili et iure canonico, saepius proprietas accipitur
pro dominio rei, ut idem sit dominium et proprietas, quamvis etiam forte
aliter nonnunquam accipiatur; et ideo sicut dominium accipitur dupli-
440 citer, ita etiam proprietas accipitur dupliciter iuxta ultimos duos modos
dominii.

Nono dicunt quod talia vocabula, ' meum ', ' tuum ', ' suum ', ' habere ',
et huiusmodi in significatione convenientia cum eisdem, in diversis locis
accipiuntur aequivoce.   Aliquando enim important dominium et pro-
445 prietatem, secundum etiam quod iste impugnatus affirmat, et ideo hoc per
exempla probare videtur superfluum.   Aliquando talia vocabula important licitam potestatem utendi re aliqua vel usum rei vel deputationem
alicuius rei ad usum alicuius; sic dicitur vulgariter quod invitatus ad
hospitium habet hospitium, et saepe dicit: ' Hoc est meum hospitium ',
450 cuius tamen non habet dominium et proprietatem; et de isto modo
accipiendi huiusmodi vocabula inferius, cum agetur de dominio et regno
Christi, multa ponentur exempla; ideo ad praesens pertranseo.   Aliis
autem modis, de quibus dicetur inferius, accipi possunt et accipiuntur
ista vocabula.

455 Istas distinctiones ponunt isti impugnatores, quia, ut dicunt, per eas
patebit tam impugnati quam fratris Michaelis impugnantis intentio, et
qualiter sub multiplicitate vocum iste impugnatus errores conatur inducere, qualiterque impugnati responsiones faciliter improbantur et
impugnantis rationes insolubiles evidenter apparent.   Dicunt etiam quod
460 aliqua praedictorum vocabulorum aliter accipi possunt, sed ista ad
praesens eis sufficiunt.

427 ecclesiae: ecclesiasticas B.   428 quoquo: quocunque ed.
432 plurimos Bed.   433 intelligunt Bed.
438 etiam om. P.   440 duos ultimos trs. Bed.
445 secundum etiam quod: quod om. P; etiam prout ed.
446 Aliquando: aliter Bed.   448 sicut P.
450 cuius tamen: tamen eius B; cum tamen ed.
453 autem: etiam Bed.   460 isti BP.

432 alias apparebit: cf. infra, 4.545–63; 77.407–38, with reference to Decretal. Greg. IX,
III, 24, 2 (col. 533) and Decretum Gratiani c. 28, C. 12, q. 1 (col. 686).
442–4 cf. Michael, App. IV, f. 204; Franc. de Esc., f. 36va.
451 inferius: 9.876–907, rather than in c. 93; but cf. 94.280–7.

Hiis visis, dicunt isti impugnatores quod ex praemissis evidenter concluditur quod in verbis praedictis, quae impugnant, duo errores continentur aperte. Quorum primus est quod usus facti separatus a rei
465 proprietate seu dominio in rebus usu consumptibilibus haberi non potest; secundus est quod in talibus rebus usu consumptibilibus ius utendi separatum a rei proprietate seu dominio haberi non potest. Verum, quia haec duo, quae isti impugnatores putant erronea, iste impugnatus in responsione ad obiectionem superius recitatam asserit et confirmat, ideo
470 impugnationes ipsorum usque ad partem sequentem, in qua ponitur istius impugnati responsio, differentur.

Tertium autem, quod in verbis praemissis habetur, videlicet quod in quibusdam rebus usu consumptibilibus non potest haberi usus iuris a proprietate seu dominio separatus, isti impugnatores concedunt, proprie
475 sumpto usu iuris. Quia dicunt quod illa negativa habet unam causam veritatis veram, quae est ista: In talibus rebus usu consumptibilibus non potest haberi usus iuris, quia usus iuris est ius utendi rebus alienis, salva rerum substantia; et ideo proprie usus iuris in multis rebus consumptibilibus usu non potest constitui vel haberi; et per consequens usus iuris
480 separatus a dominio seu proprietate non potest in talibus rebus haberi, quia nullus usus iuris talis potest in illis haberi.

Ex isto dicunt quod istam: *Fratres Minores in rebus, quae usu consumuntur, non sunt censendi simplices usuarii,* non intendunt in omni sensu negare, nec eius oppositam in omni sensu concedere. Quia, sicut dictum est, si
485 istud nomen ' usuarii ' conveniat in significatione cum hoc nomine ' usus ' prout sumitur pro usu iuris, sic concedunt quod Fratres Minores nec in rebus, quae consumuntur usu, nec in rebus, quae non consumuntur usu, sunt simplices usuarii; quia nec in istis nec in illis sunt usuarii, eo quod in nullis rebus habent usum iuris. Si autem hoc nomen ' usuarii '
490 conveniat in significatione cum hoc nomine ' usus ' ut accipitur pro usu facti, sic concedunt quod Fratres Minores sunt simplices usuarii, hoc est, utuntur rebus nullum habentes ius, per quod valeant in iudicio litigare.

Post hoc videndum est de littera. *Usus iuris vel facti:* Ex hoc habetur aperte quod etiam iste impugnatus distinguit inter usum iuris et usum
495 facti. Explanet ergo quis est usus facti et quis non est usus iuris; et non poterit, nisi dicendo quod actus utendi, sicut actus comedendi, bibendi, inhabitandi, equitandi et huiusmodi, sunt usus facti. *Nec ius utendi:* Hic deberet ostendere quid est ius utendi, quod ponitur in diffinitione usus iuris. *Suum esse dicebat:* Hic hoc vocabulum ' suum ' accipitur
500 secundum quod importat dominium seu proprietatem rei, licet alio modo accipi possit. *Sancti exponunt sic:* ' suum, id est proprium ': Verum est quod

---

463 praedictis: dictis *ed.*; eorum B.
482 istam propositionem *add. ed.*
485 istud: hoc B*ed.*
495 quis²: qui P*ed.*
498 quid: qui P; quod *ed.*

474 seu: et B.
484 oppositum B*ed.*
493 Postea *ed.*
495 est²: sit *ed.*

469 superius recitatam: 2.2–36.
482–3 *BF* v, 408; *cf. supra,* 2.2–4.

470 partem sequentem: *infra,* c. 3.
484 dictum est: *supra,* 2.217–35.

in illo loco ita exponunt; in quibusdam autem aliis locis aliter exponunt hoc vocabulum 'suum'. *Absque proprietate et dominio:* Verum est de dominio, quod potestatem dandi, vendendi et legandi includit.

CAPITULUM 3

Sequitur: Dicimus enim quod verum est, quod dicta constitutio docet et asserit, quod in rebus usu consumptibilibus nec ius utendi nec ipsum uti potest constitui vel haberi; sed licet nec ius utendi nec ipsum uti in rebus illis haberi possit vel constitui, ipsis tamen potest, sicut dicit dicta constitutio, quis abuti. *Abuti autem*
5 *secundum eandem* constitutionem, *dum tractatur de rebus usu consumptibilibus, sumitur pro consumptione rei.* Et quod ius utendi in talibus rebus non possit constitui, probat dicta constitutio ex diffinitione usus, quae talis est: ' *Usus est ius utendi alienis rebus, salva rerum substantia* ', id est *ius percipiendi fructus seu utilitatem aliam in totum vel pro parte suo nomine, quae possunt ex re, in qua usus constituitur, provenire.*
10 Constat autem quod in rebus usu consumptibilibus, quamdiu earum substantia salva et integra permanet, nulla potest utilitas provenire, utpote in pane et vino, ex quibus nullus fructus vel utilitas potest colligi vel haberi, substantia salva rei; quare evidenter relinquitur quod in rebus talibus usu consumptibilibus ius utendi separatum a proprietate rei seu dominio nequeat constitui seu haberi. Et per
15 hoc beatus Ioannes Chrysostomus rationem reddit quare pro pecunia mutuata usura, sicut merces pro domo vel re alia usu non consumptibili locata, licite recipi nequaquam possit, dicens quod in re usu non consumptibili, ut in domo vel agro, habens illam non solum habet proprietatem seu dominium, sed ex illis, salva rei substantia ac proprietate rei et dominio, fructus seu utilitatem aliam percipit,
20 ut patet in domo, in qua inhabitat, et sic ex ea commodum inhabitationis habet, sibi domus salvo dominio remanente; ex agro quoque fructus recipit agri, salva rei substantia et dominio remanente. Et ideo, quia locans fructus rei seu utilitatem aliam provenientem ex ea, retento sibi dominio, conductori concedit, nec illa, scilicet fructus seu utilitatem domus vel agri, finita locatione repetit, non est
25 mirum si pro hiis pretium recipere possit. Mutuans autem pecuniam in eum, cui mutuat, pecuniae transfert dominium, nec fructum aliquem nec utilitatem aliam, quae ex ea, salva rei substantia, valeat provenire, et tantumdem ab eo cui mutuavit, postea repetit; quare ultra illud, quod mutuavit, a recipiente mutuum licite recipere nequit, ut legitur lxxxviii di., c. *Eiciens.* Quod autem
30 ipsum uti ab aliquo haberi nequeat, dicta constitutio sequens Augustini sententiam

---

3–4 sed licet . . . potest: ipsis tamen potest quis *c.*
9 quae: qui B*ed.*
11 utpote: ut patet *c.*
14 rei *om. ed. c.*
23 aliam: aliquam *c.*

10 in: ex *c.*
12 vel²: seu B*ed.*
18 illam: istam *ed.*; ita B.

1–34 BF v, 409–10.
5 eandem constitutionem: *Ad conditorem canonum,* BF v, 240 = *Extrav. Ioann. XXII,* XIV, 3, col. 1227.
7–9 *ibid.* p. 238 = col. 1226. The definition is by Azo, *Gl. ord. ad Dig.* 7, 8, 1, *s.v.* ' etiam nudus usus '.
29 c. 11, di. 88, col. 309 = ps. [Chrysostomus], *Op. imperfect. in Matth.* homil. xxxviii, PG 56, 839–40.
30–2 *cf. Ad conditorem,* p. 241 = coll. 1227–8.
30 Augustini sententiam: *Conf.* xi, 21, PL 32, 819–20: Quid autem metimur nisi tempus in aliquo spatio . . . Sed quod iam non est, non metimur; *cf. Quia quorundam,* BF v, 277. For Ockham's objection that John XXII was misrepresenting Augustine, *cf. infra,* 3.672–6.

21

positam in libro Confessionum clare probat: quia *quod non est, haberi nequaquam potest*; actus autem utendi in rerum natura non est, nec antequam quis utatur nec postquam usus est nec dum est in actu utendi, prout latius dicta constitutio prosequitur; quare relinquitur quod haberi non possit.

35 Haec verba dictae constitutionis.

In prima parte ista iste impugnatus ad praecedentem impugnationem incipit respondere. Et dividitur ista pars in duas partes; quia primo circa illa, quae impugnantur, suam intentionem explicat, et eandem probare conatur; secundo ad illa, quae tanguntur in impugnatione 40 praedicta, respondet in parte immediate sequenti, cum dicit: *Ad illud autem, quod dicit*, etc.

In prima igitur parte primo ponit tria: quorum primum est quod in rebus usu consumptibilibus non potest ius utendi constitui vel haberi; secundum est quod in rebus usu consumptibilibus non potest ipsum uti, 45 id est actus utendi, constitui vel haberi; tertium est quod, licet rebus usu consumptibilibus non contingat uti, ipsis tamen contingit abuti, hoc est consumere, quia abuti re usu consumptibili accipitur pro consumptione rei. Deinde, ibi: *Et quod ius utendi*, etc., probat dupliciter quod ius utendi in rebus usu consumptibilibus non possit constitui vel haberi. 50 Prima probatio accipitur ex diffinitione usus, quae talis est: *Usus est ius utendi rebus alienis, salva rerum substantia*, id est ius percipiendi aliquam utilitatem, salva rei substantia: quod in rebus usu consumptibilibus reperiri non potest, quia salva substantia rerum usu consumptibilium nulla potest ex eis utilitas provenire. Secundo idem probatur per 55 Ioannem Chrysostomum, qui per hoc reddit rationem quare pro pecunia mutuata usuram licite non contingit accipere. Demum, ibi: *Quod autem ipsum uti*, ostendit quod ipsum uti, id est actus utendi, in rebus usu consumptibilibus haberi non potest per hoc, quod actus utendi non potest esse in rerum natura; ergo haberi non potest.

60 Istum processum quoad quattuor principaliter isti impugnatores satagunt reprobare. Primo, quoad hoc, quod dicit, quod ius utendi in rebus usu consumptibilibus haberi non potest. Secundo, quoad hoc, quod in prosecutione dicit, quod in talibus rebus usu consumptibilibus ius utendi separatum a proprietate seu dominio haberi non potest. 65 Tertio, quoad hoc, quod dicit, quod in rebus usu consumptibilibus actus utendi haberi non potest. Quarto quoad hoc, quod dicit, quod rebus usu consumptibilibus non contingit uti, sed abuti.

---

33 dum est (nempe integer) in actu utendi, id est successivo, prout *c*.
33–4 prosequitur dicta constitutio *trs. Bed.*
35 Haec . . . constitutionis *om. Bed.*   36 prima *om. Bed.*
36 parte igitur *add.* B.   38 explicat intentionem *trs. Bed.*
42 proponit *Bed.*   54 probat *ed.*
56 contingit: convenit *ut saepius ed.*

---

40 Ad illud: *infra*, 4.1.
48 Et quod ius utendi: *supra*, 3.6.   50–1 *cf. supra*, 2.130–1.
56–7 Quod autem ipsum uti: *supra*, 3.29–30.
62 Secundo: *infra*, 3.371.   65 Tertio: *infra*, 3.481.
66 Quarto: *infra*, 3.493.

Circa primum, primo improbant ipsum dictum in se; secundo improbant utramque rationem, per quam ipsum dictum ostenditur.

70   Ad evidentiam primi dicunt duo esse notanda. Quorum primum est
quod principalis intentio istius impugnati in hac materia est dampnare
assertionem Fratrum Minorum, qui dicunt se habere in rebus usu consumptibilibus simplicem facti usum absque omni iure utendi, quam a
decretali Nicholai III, quae incipit *Exiit qui seminat*, acceperunt. In
75 dicta enim decretali *Exiit* continetur expresse quod Fratres Minores in
omnibus rebus, quibus utuntur, habent simplicem facti usum, nichil
iuris: quod Fratres Minores dicunt sic debere intelligi, quod videlicet
rebus consumptibilibus usu et non consumptibilibus usu de licentia seu
gratia concedentis utuntur absque omni iure humano, quo pro re vel
80 usu rei valeant in iudicio litigare. Ex quo inferunt isti impugnatores
quod, cum praesumendum sit quod iste impugnatus assertionem praedictam Fratrum Minorum ad rem, et non ad nomen, satagat improbare,
ipse eodem modo et in eadem significatione utitur huiusmodi terminis,
'ius utendi', 'usus facti', 'simplex facti usus' et similibus, quo modo
85 et in qua significatione utuntur praedicti Fratres Minores, praesertim
cum huiusmodi terminis non utantur in significatione extranea, sed modum
suum loquendi ex authenticis scripturis accipiant. Si enim iste in alia
significatione terminos tales acciperet quam Fratres Minores, ipsos ad
rem nullatenus impugnaret, sed per aequivocationem et sophistice ipsos
90 velle apud non intelligentes et simplices diffamare convinceretur aperte.
Quod vero in significatione extranea non utantur huiusmodi terminis,
probant ex hoc, quod modum suum loquendi a decretali *Exiit* in corpore
iuris inserta accipiunt. De hoc etiam postea plenius disseretur.

Secundo dicunt esse notandum quod ius utendi accipitur hic com-
95 munius quam pro usu iuris, et ita, licet aliquando ius utendi inveniretur
accipi specialiter pro usu iuris, tamen hic non ita specialiter accipi potest,
sed accipitur magis communiter. Quia, ut patet hic ex processu impugnati, ipse accipit 'ius utendi' ut ponitur in diffinitione 'usus'. Ut
autem ponitur in diffinitione 'usus', accipitur communius quam pro usu
100 tantum; ergo, ut hic est sermo de iure utendi, ius utendi est communius
quam usus, cum ponatur in diffinitione 'usus' tanquam genus.

Hiis visis, dicunt isti impugnatores quod erroneum est dicere ius utendi
in rebus usu consumptibilibus non posse constitui vel haberi. Quod
probant sic: Habens proprietatem et dominium rerum usu consumpti-
105 bilium, puta panis et vini, in quibus alius nullum ius habet, potest uti eis;
quia potest manducare panem et bibere vinum; manducare enim
panem et bibere vinum est uti pane et vino. Quod non solum ex
scripturis divinis et sanctorum, sed etiam ex iure civili et ex dictis istius

81–2 supradictam B.   82 satagit *ed.*
87 authenticis scripturis: auctoritate scripture *ed.*
93 diceretur B.   101 ponitur *ed.*
106 enim: autem B*ed.*

68 secundo: *infra*, 3.171.   74–7 *Sext.* v, 12, 3, col. 1113.
93 postea plenius disseretur: *cf.* 37.7–124.

impugnati colligitur evidenter. Ait enim Apostolus i ad Timotheum v:
110 *Utere modico vino*, et Iosue v sic legitur: *Defecit manna postquam comederunt de
frugibus terrae, nec usi sunt ultra cibo illo filii Israel*, et Augustinus, prout
recitatur di. xli, loquens de cibis et aliis ait: *Quisquis rebus praetereuntibus
restrictius utitur quam sese habent mores eorum, cum quibus vivit, aut intemperans
aut superstitiosus est. Fieri enim potest, ut sine aliquo vitio cupidinis vel voracitatis*
115 *sapientes pretioso cibo utantur.* Et, sicut adductum est prius, lex civilis ait:
*Qui fundi usum nudum habet, nichil ulterius habere intelligitur, quam ut oleribus,
pomis, floribus, feno, stramentis, lignis ad usum cottidianum utatur.* Et iste
impugnatus, sicut est superius recitatum, in ista constitutione *Quia vir
reprobus* ait: *Usus facti sic est utentis proprius, quod non potest dici alterius nec
120 communicabilis sibi; patet enim quod actus comedendi Petri sic erat sibi proprius,
quod non poterat dici aliis esse communis.* Haec ibi. Ex hiis aliisque quampluribus patenter apparet quod contingit uti pane et vino et aliis comesti-
bilibus, et quod actus comedendi est actus utendi. Negari ergo non
potest, quin habens dominium et proprietatem panis et vini potest uti
125 pane et vino. Quaeritur ergo, si utitur, aut utitur iniuste, aut de gratia
vel licentia alterius, aut de iure? Non potest dici quod iniuste, quia
tunc quandocunque aliquis comederet proprium panem et vinum
proprium biberet, iniuste uteretur pane et vino; ex quo sequitur manifeste
quod peccaret: quod erroneum est censendum. Nec potest dici quod
130 talis utitur pane et vino de gratia vel licentia alterius, quia positum est,
sicut saepe accidit, quod nullus alius habeat ius in tali pane et vino,
cuius licentia requiratur ad hoc, quod dominus utatur pane suo et vino.
Si autem detur tertium, quod utitur pane suo et vino de iure, ergo habet
ius utendi pane et vino; ergo in rebus usu consumptibilibus potest ius
135 utendi constitui vel haberi. Et hoc ex dictis istius impugnati probatur
aperte. Nam secundum ipsum omnis usus sine iure utendi est iniustus;
sed non est necesse quod omnis utens pane et vino habeat usum iniustum;
ergo utens pane et vino potest habere ius utendi.

Sed dicet aliquis quod iste impugnatus non accipit uti pro actu
140 comedendi vel bibendi aut consimili, quia actus comedendi secundum
eum non est actus utendi, sed est actus abutendi. Sed istud non valet.
Tum quia ostensum est prius quod actum comedendi vocat usum facti,
et usum facti vocat actum utendi; ergo actus comedendi est actus utendi.
Tum quia, si non vocaret actum comedendi actum utendi, in nullo

---

111 fructibus P.
112 xli: xi B; xli ca. quisquis *add. ed.*
113–14 quam . . . superstitiosus est *om.* P.
114–15 Fieri . . . utantur *om. ed.*
115 utatur *auctor laud. et canon.*
125 Quaeritur: quero B; quare *ed.*
138 utendi *om.* P; utendi uti *add.* B.

113 utitur etc. *add.* BP.
113–15 quam . . . utantur *om.* B.
115 sapiens *auctor laud. et canon.*
120 Petri *om. c.*
136 sine iure: siue ius P; facti iure *ed.*
141 istud: illud B*ed.*

---

110 i Tim. 5, 23.
112–15 c. 1, di. 41, col. 148 = Augustinus, *de doctr. Christ.* iii, 12, PL 34, 73.
115 prius: 2.106–8.
118 superius: 2.118–20.
136 secundum ipsum: Ioannes XXII, *Ad conditorem*, BF v, 242; *Quia vir reprobus*, BF v, 432; *cf. infra*, 59.2–4.

110–11 Ios. 5, 12.
116–17 *Inst.* 2, 5, 1.
119–21 *BF* v, 413; *infra*, 6.20–3.

145 improbaret illos, quos redarguit, nisi sophistice, et solummodo vocaliter,
non ad mentem, contradiceret eis: quia illi loquentes de actu utendi
loquuntur de actu comedendi, bibendi et huiusmodi, quem modum
loquendi servant iura divina et humana, sicut ex praecedentibus patenter
habetur; ergo, si actum comedendi et bibendi non vocat actum utendi,
150 aequivoce et per novas impositiones vocum procedit contra ipsos (per
aequivocationes autem et novas impositiones vocum facile est omnia
improbare). Tum quia, si actus comedendi potest vocari actus abutendi,
multo fortius potest vocari actus utendi, cum saepe scripturae loquentes de
comestione utantur verbo ' utendi ', et neque scripturae divinae neque
155 leges canonicae vel civiles intendentes specialiter loqui de actu comedendi
unquam utantur verbo ' abutendi ', secundum quod inferius patebit.
Tum quia vocando actus comedendi, bibendi, vestiendi et huiusmodi
actus abutendi, remanet tota controversia inter istum impugnatum et
Fratres Minores; quia dicerent Fratres Minores quod vocando actus
160 comedendi, bibendi, unguendi, vestiendi et consimiles actus abutendi,
ipsi habent simplicem facti abusum absque omni iure humano abutendi,
et quod abusus facti potest in rebus usu consumptibilibus a proprietate rei
et dominio separari, et quod ecclesia Romana habet dominium et proprietatem in omnibus rebus usu consumptibilibus, quibus utuntur Fratres
165 Minores, ipsis Fratribus Minoribus simplici abusu retento; et ita nichil
ageret contra Fratres Minores, nisi quod deberent uti verbo ' abutendi '
loquendo de rebus usu consumptibilibus, quando utuntur verbo ' utendi '.
Patet ergo secundum istos quod ius utendi potest in rebus usu consumptibilibus reperiri; hoc est, potest quis habere ius comedendi, bibendi,
170 vestiendi et huiusmodi.

Secundo, isti impugnatores reprobant utramque rationem, per quam
iste impugnatus conatur ostendere quod ius utendi non potest in rebus usu
consumptibilibus constitui vel haberi. Ad cuius evidentiam differentia
tacta superius inter usum et ius utendi est ad memoriam revocanda.
175 Cum enim ius utendi ponatur in diffinitione usus tanquam genus, constat
quod aliqua differentia est inter usum et ius utendi, et quod ius utendi
est communius et generalius quam usus, cum sit genus usus vel positum
loco generis. Ex quo patenter apparet quod per diffinitionem usus
inferri non potest quod ius utendi non potest in rebus usu consumptibilibus
180 constitui vel haberi; quia per diffinitionem inferioris non potest concludi
aliquid a superiori negandum, sicut per diffinitionem hominis non potest
inferri aliquid ab animali debere negari. Sicut igitur per diffinitionem
hominis nullo modo contingit probare quod nullum animal est irrationale,
ita per diffinitionem usus iuris, qui proprie sumptus non in omnibus rebus
185 usu consumptibilibus haberi potest, nullo modo probare contingit quod

145 reprobaret P.   154 utuntur BP.
156 nunquam utuntur B.   167 usu: abusu ed.
182 igitur om. ed.; igitur enim add. P.   183 irrationabile B.
184 ergo ita add. B.

156 inferius: 30.113–15; 32.64–84; 49.40–66.
174 superius: 2.178–84.

nullum ius utendi potest in rebus usu consumptibilibus constitui vel haberi.

Forte autem aliquis pueriliter cavillabit, dicens quod per diffinitionem inferioris contingit aliquid negare a superiori particulariter sumpto, licet 190 non universaliter sumpto; ergo per diffinitionem usus potest ostendi quod aliquod ius utendi non potest in rebus usu consumptibilibus constitui vel haberi.

Ad hoc impugnatores isti respondent, dicentes quod verum est quod per diffinitionem usus potest ostendi quod aliquod ius utendi non potest in 195 omnibus rebus usu consumptibilibus constitui vel haberi, quia illud ius utendi, quod est usus iuris proprie sumptus, non potest in omnibus rebus usu consumptibilibus constitui vel haberi; et ideo concedunt quod aliquod ius utendi non potest aliquis habere in pane et vino, quia non illud ius, quod est usus iuris proprie sumptus; aliquod tamen aliud ius utendi 200 potest quis habere in pane et vino. Utrum autem illud ius sit proprio nomine nominatum vel sit innominatum, non est curandum ad praesens. Sicut enim secundum iura plures sunt contractus innominati, ita forte sunt vel possunt esse plura iura innominata, hoc est, non habentia nomina propria et univoca, sed communia tantum. Ius enim non scriptum non 205 videtur proprio nomine nominatum, cum videatur solummodo nomine consuetudinis appellari. Consuetudo autem, sicut habetur in decretis, di. i, nomen commune est ad ius scriptum et non scriptum, licet, ut ibidem dicitur § Cum itaque, ius non scriptum generali nomine consuetudinis appelletur. Sic igitur concedunt isti impugnatores quod usus iuris 210 proprie sumptus et illud ius utendi, quod est usus iuris, non potest in omnibus rebus usu consumptibilibus reperiri. Nec unquam Fratres Minores dixerunt se habere talem usum; immo constanter negant se talem usum habere. Aliud tamen ius utendi potest in rebus huiusmodi constitui vel haberi.

215 Secundo, isti impugnatores secundam rationem istius impugnati reprobare conantur, asserentes ipsum falsum assumere, cum dicit beatum Ioannem Chrysostomum per hoc, quod ius utendi non potest in rebus usu consumptibilibus constitui vel haberi, reddere rationem quare pro pecunia mutuata non licet usuram recipere; quod ut evidenter ostendant, 220 verba beati Ioannis Chrysostomi, in quibus se fundat iste impugnatus, adducunt in medium. Quae sunt haec, ut habetur di. lxxxviii, c. *Eiciens: Super omnes mercatores maledictus est plus usurarius; ipse namque rem datam a Deo vendit, non comparatam, ut mercator; post faenus rem suam repetit, tollens aliena cum suis; mercator autem non repetit rem venditam. Dicit aliquis:* 225 *Qui agrum locat, ut agrariam accipiat, aut domum, ut pensionem accipiat, nonne*

---

198 aliquis: quis B*ed.*
202 innominandi P.

225 nonne *sec. auct. laud.*: non BP*ed.*

---

202 secundum iura: *cf. Inst.* 1, 2, 2.
206–7 c. 5, di. i, col. 2.   208–9 Gratianus *post* c. 5, di. i, col. 2.
215–370 *cf. infra*, 40.74–101; Michael, *App.* IV, ff. 242–3; Franc. de Esc., ff. 25[ra–b], 54[rb].
222–32 c. 11, di. 88, col. 309 = ps. [Chrysostomus], *Op. imperfect. in Matth.* homil. xxxviii, PG 56, 839–40.

*est similis ei, qui pecuniam dat ad usuram? Absit. Primo quidem, quoniam
pecunia non est disposita, nisi ad emendum.* Secundo, quoniam agrum habens,
arando accipit ex eo fructum, et habens domum, usum pensionis capit ex ea; et
ideo qui locat domum vel agrum, usum suum dare videtur, et quodam modo videtur
230 mutare cum lucro lucrum; ex pecunia reposita nullum usum capis. *Tertio, ager
vel domus veterascit.* [*Pecunia autem cum fuerit mutuata, nec minuitur, nec
veterascit.*] *Pecunia spiritualiter homines intelliguntur.* Haec verba beati
Ioannis Chrysostomi, in quibus iste impugnatus se fundat. Ex quibus
evidenter apparet quod de iure utendi pecunia non loquitur, nisi per
235 dominium pecuniae intelligatur ius utendi pecunia. Et ita constat aperte
quod per hoc, quod ius utendi in rebus usu consumptibilibus non potest
constitui vel haberi, non reddit rationem quare pro pecunia mutuata
non licet usuram recipere, cum de hoc, scilicet an ius utendi in rebus usu
consumptibilibus possit constitui vel haberi, nullam faciat penitus
240 mentionem.

Per aliud ergo reddit rationem Ioannes Chrysostomus ibidem quare
peior est usurarius mercatore. Unde in illo capitulo *Eiciens* Ioannes
Chrysostomus primo ostendit quod omnis mercator tanquam malus est
de ecclesia abiciendus. Secundo dicit quod usurarius est peior mercatore.
245 Tertio assignat rationem quare peior est usurarius mercatore. Quarto
quaerit an locans domum vel agrum debeat similis usurario reputari.
Quinto assignat rationes quare locans domum vel agrum non est similis
usurario. Haec quattuor ultima facit Ioannes Chrysostomus in verbis
superius recitatis.

250 Porro, quia ex ratione, quam assignat Ioannes Chrysostomus quare
usurarius est peior mercatore, habetur quasi fundamentum quare locans
domum vel agrum non debet usurario similis reputari, ideo illa ratio est
videnda. Est autem ratio ista: Ille, qui transferens dominium alicuius
rei in alterum postea eandem rem quantum ad valorem repetit et aliquid
255 ultra, peior est illo, qui transferens dominium alicuius rei in alterum
non repetit postea eandem quantum ad valorem et aliquid aliud ultra.
Sed mercator transferens dominium rei, quam vendit, accepto iusto
pretio rei venditae, nichil petit ultra; usurarius autem transfert dominium
pecuniae mutuatae, et postea petit eandem pecuniam quantum ad
260 valorem et aliquid ultra; ergo usurarius peior est mercatore. Et hoc
intendit Ioannes Chrysostomus, cum dicit *post faenus rem suam* (quantum
ad valorem) *repetit, tollens aliena,* hoc est aliquid ultra valorem rei suae.

226 pecuniam suam dedit P.
228 pensionis BP: mansionis *sec. meliorem lectionem canonis ed.*
231–2 Pecunia . . . veterascit *sec. auct. laud. et canonem supplevi* (*cf. infra,* 3.345–6): *om.*
BP*ed.*   232 beati *om.* P.
238 usuram *e* pecuniam *corr.* B.   239 facit B.
241 Ioannes *om.* B*ed.*   244 obiciendus P.
250 beatus Ioannes *add.* B*ed.*   253 qui est transferens *add.* P*ed.*
254 et postea *add. ed.*
256 aliquid aliud ultra: aliud *om.* B; aliquam utilitatem *ed.*
262 aliena cum suis *add. ed.*

243 primo: *ibid.* col. 308.

Ex ista ratione patenter elicitur ista propositio, quod transferens dominium
alicuius rei non debet petere pro eadem aliquid ultra valorem eiusdem
265 rei, cuius transfert dominium. Et ista est ratio quare pro pecunia
mutuata non licet usuram recipere. Quia mutuans pecuniam alteri
transfert a se dominium pecuniae; qui autem transfert dominium rei,
non debet pro eadem re petere aliquid ultra valorem eiusdem rei (hoc
accipi potest ex auctoritate Augustini, quae ponitur xiv, q. iii, c. *Si*
270 *faeneraveris*); ergo mutuans pecuniam non debet aliquid petere ultra
valorem pecuniae, et per consequens pro pecunia mutuata non licet
usuram recipere. Et ista est una ratio quare pro pecunia mutuata non
licet usuram recipere, quae ex verbis Ioannis Chrysostomi colligi potest;
licet idem Chrysostomus ipsam non assignet quare pro pecunia mutuata
275 non licet usuram recipere. Quia, sicut clare patet intuenti, Chrysostomus
in toto illo capitulo non intendit rationem istius veritatis assignare, sed
intendit assignare rationem quare peior est usurarius mercatore, et quare
locans domum vel agrum non est similis usurario aestimandus.

Visa ergo ratione quare pro pecunia mutuata non licet usuram accipere,
280 quamvis ad eandem veritatem dictam rationem Chrysostomus ibidem
nequaquam assignet, considerandae sunt rationes Chrysostomi quare
locans domum vel agrum non est similis usurario iudicandus. Tres
autem rationes assignare videtur quare locans domum vel agrum non
est similis usurario, quia mercator differt ab usurario in tribus.
285   Primo differt in hoc, quod pecunia non est ad aliud ordinata quam ad
emendum, hoc est ad contractus humanos exercendos; domus autem et
ager sunt ad aliud ordinati; et ideo qui locat domum vel agrum non est
similis ei, qui dat pecuniam suam ad usuram. Et ita per istam rationem
non assignatur ratio quare non licet pro pecunia mutuata usuram recipere,
290 sed assignatur differentia inter usurarium et locantem domum vel agrum
suum. Ex ista tamen differentia potest elici ratio quare non licet pro
pecunia mutuata usuram recipere, et tamen licet pro agro locato vel
domo aliquid recipere. Nam ex quo *pecunia non est disposita, nisi ad
emendum*, qui dat pecuniam ad usuram transfert a se dominium pecuniae;
295 quare ultra valorem pecuniae non licet sibi recipere, quia transferens
dominium non debet exigere ultra valorem rei, cuius transfert a se
dominium. Locans autem domum vel agrum non transfert a se dominium
domus vel agri; quare domum vel agrum post tempus, pro quo locavit,
potest repetere tanquam rem propriam; et quia a se transtulit potestatem
300 utendi domo vel agro pro toto tempore illo et eandem potestatem utendi
domo vel agro non gratuito concessit illi, cui locavit, pro translatione
illius potestatis utendi domo potest aliquid petere. Et ex isto posset
declarari quod, quemadmodum multi sunt contractus, qui ex forma non

264 pro eadem *om*. B.
264 ultra pro eadem quam *add*. B.   278 stimandus P; existimandus *ed*.
280 ad: in P.   287 ideo: ita B*ed*.
298 quare: quia B.   300 toto *om*. B*ed*.

269–70 c. 1, C. 14, q. 3, col. 735 = Augustinus, *Enarr. in* Ps. 36, 26, sermo iii, 6, PL 36, 386.

possunt censeri nomine usurarum, possunt tamen fieri in fraudem
305 usurarum, sicut patet de venditione fundi ea lege, ut quandocunque
solvitur pretium, fundus ad vendentem revertatur: ita locatio domus vel
agri, licet ex forma non sit contractus usurarius, posset tamen fieri in
fraudem usurarum, puta si maius pretium quam valeat domus vel ager
pro locatione reciperetur.

310   Secunda differentia, quam assignat Chrysostomus inter usurarium et
locantem domum vel agrum, est talis: Habens domum vel agrum aliquam
utilitatem habere potest ex domo vel agro; et ita qui locat alteri domum
vel agrum, sibi retento dominio, concedit conductori potestatem recipiendi
utilitatem ex domo vel agro, et ideo non transfert in eum dominium
315 domus vel agri, sed transfert in eum talem potestatem recipiendi utilitatem
ex domo et privat seipsum pro illo tempore tali potestate; ergo quodam
modo mutat lucrum cum lucro, quare licite aliquid recipit pro translatione
talis potestatis.   Sed ex pecunia reposita non recipit aliquam utilitatem,
nisi forte per accidens.   Et ita non est simile de locante domum vel agrum
320 et de dante pecuniam ad usuram.   Quia locans non transfert dominium
rei locatae, sed potestatem recipiendi aliquam utilitatem ex re locata;
dans autem ad usuram transfert dominium pecuniae et non transfert
potestatem recipiendi utilitatem ex pecunia, retento sibi dominio pecuniae.
Ergo locans domum vel agrum non est similis usurario; et tamen ex hoc
325 patet quare mutuans pecuniam non debet aliquid ultra valorem pecuniae
exigere.   Non enim potest pecuniam exigere tanquam rem propriam,
quia translata fuit per mutuum proprietas pecuniae; ergo tantum exiget
valorem pecuniae; ergo non potest usuram exigere, quia usura est
aliquid ultra valorem pecuniae mutuatae.   Et ex isto patet quare tradens
330 pecuniam alteri ad pompam, secundum leges potest aliquid recipere ultra
pecuniam.   Quia tradens alteri non gratuito pecuniam ad pompam, non
transfert dominium pecuniae, sed retinet sibi dominium pecuniae;
quare pecuniam illam tanquam rem propriam licet repetere.   Et quia
tradens pecuniam ad pompam non gratuito transtulit in alium potestatem
335 recipiendi aliquam utilitatem ex pecunia, iudicio recipientis pecuniam
ad pompam pro translatione illius potestatis potest aliquid recipere.
Et ex isto patet ulterius quod licet talis traditio pecuniae ad pompam
non sit ex forma contractus usurarius, posset tamen fieri in fraudem
usurarum, et tunc non liceret ultra pecuniam traditam aliquid recipere.
340 Nec obstat hoc, quod scilicet contingit transferre potestatem recipiendi
utilitatem ex illa pecunia tradita ad pompam, dicto Chrysostomi, cum
dicit: *Ex pecunia reposita nullum usum capis*; quia Chrysostomus loquitur
de usu, ad quem pecunia, inquantum pecunia, est principaliter ordinata.

305 venditore P.   309 repeteretur B.
337 ulterius: ultimum B.   340 Nec: non B.
341 illa *om. Bed.*

---

330 ad pompam: *cf.* Michael, *App.* IV, ff. 242^v–243^r, citing *Dig.* 13, 6, 3, 6 and 13, 6, 4;
Gl. ord. ad Decretal. Greg. IX, v, 19, 8, *s.v.* ' de feudo '; Hostiensis, *Summa aurea, ad* v, 19
(*de usuris*), ed. Cologne, 1612, col. 1441.
342 *cf. supra*, 3.230.

Tertia differentia, quam assignat Chrysostomus inter locantem domum
345 vel agrum et dantem ad usuram, talis est: *Ager vel domus veterascit;*
pecunia autem non *veterascit*; quare locans domum vel agrum non est similis
danti pecuniam ad usuram, quia unus concedit rem, quae veterascit,
et alius concedit rem, quae non veterascit. Est autem advertendum
quod domus vel ager, si non saepius reparatur vel colitur, veterascit,
350 quare ut non veterascat, oportet locantem expensas apponere; circa
pecuniam autem, ut non veterascat, non oportet expensas apponere.
Quare, cum locans domum vel agrum non transferat dominium domus
vel agri, et conductor non teneatur domum vel agrum conservare ad
expensas suas, rationabiliter potest locans ad conservandum domum vel
355 agrum a conductore pro domo vel agro aliquid recipere, non solum pro
utilitate, quam habet conductor ex re locantis, sed etiam ad conservandum
seipsum indempnem. Sed mutuans pecuniam, cum pecunia tales
sumptus ne veterascat non requirat, non debet mutuans pro tali con-
servatione indempnitatis suae aliquid recipere. Et ita differentia est
360 inter locantem domum vel agrum et dantem pecuniam ad usuram.

Ex hiis omnibus patet quod in toto processu Chrysostomi nulla fit
mentio de iure utendi, an possit in rebus usu consumptibilibus constitui
vel haberi, an non possit; et quod principalis ratio quare non licet pro
pecunia mutuata usuram recipere est quia pro re, cuius transfertur
365 dominium, non licet ultra valorem rei aliquid recipere. Qualiter autem
debeat intelligi quod dicunt leges, quod licet contrahentibus se ad
invicem decipere, ad praesens pro prolixitate vitanda est minime disseren-
dum. Ex praedictis inferunt etiam isti impugnatores quod per neutram
rationem superius positam inferri potest quod ius utendi non potest in
370 rebus usu consumptibilibus constitui vel haberi.

Secundo, isti impugnatores reprobant praedicta principaliter quoad
hoc, quod dicitur, quod ius utendi in rebus usu consumptibilibus separatum
a proprietate seu dominio non potest constitui vel haberi. Hoc enim,
ut dicunt, iuri divino et iuri naturali et humano aperte repugnat. Quod
375 autem repugnat iuri divino, ostendunt per illud Deuteronomii xxiii:
Ingressus vineam proximi tui, comede uvas quantum tibi placuerit; foras autem ne
efferas tecum. Si intraveris segetem amici tui, franges spicas, et manu conteres;
falce autem non metes. Haec ibi. Ex quibus verbis habetur aperte quod
Iudaei ex ordinatione divina et per consequens ex lege divina habebant
380 ius comedendi uvas et grana spicarum, quorum tamen non habebant

---

353 teneatur *scripsi*: tenetur BP*ed.*
356 conservandam P.   358 ipse mutuans *add. ed.*
365 aliquid *om.* BP.   371 Deinde secundo *ed.*; Tercio P.
375 autem: enim B*ed.*   375 repugnet *ed.*
377 in segetem *Vulg.*   377 conteres *ed.*, *Vulg.*: conteras BP.
378 quibus: hiis B*ed.*

345–6 *cf. supra*, 3.230–2.
366–7 licet contrahentibus se ad invicem decipere: *cf. Dig.* 4, 4, 16, 4; Accursius,
Gl. ord. ad Cod. 4, 44, 2, *s.v.* ' humanum est '; *Gl. ord. ad Decretal. Greg. IX*, III, 17, 3, *s.v.*
' deceptione'; *ad* v, 19, 6, *s.v.* ' comparant '; *infra*, 40.82–5.
371–416 *cf.* Bonagratia de Bergamo, *De paupertate Christi*, ed. L. Oliger, *AFH*, XXII
(1929), pp. 504–5.   376–8 Deut. 23, 24–5, cited by Michael, *App.* II, 257.

dominium et proprietatem. Quia dominium uvarum et spicarum pertinebat ad dominos agrorum et vinearum: quod patet ex hoc, quod domini agrorum et vinearum uvas et spicas colligere poterant et collectas vendere et gratis dare valebant, quod alii non poterant; ergo domini 385 agrorum et vinearum etiam uvarum et spicarum habuerunt dominium et proprietatem, licet etiam alii, antequam uvae colligerentur et spicae, haberent ius utendi, hoc est ius comedendi uvas et grana spicarum.

Sed forte dicet aliquis quod alii non habebant ius comedendi uvas et grana spicarum, sed habebant tantum licentiam comedendi: quod per 390 hoc posse probari videtur, quod Apostoli, sicut legitur Matthaei xii, transeuntes per sata et *esurientes coeperunt vellere spicas, et manducare*, et ita utebantur licentia sibi a lege divina concessa, et tamen non habebant in spicis ius utendi, cum omni iuri renuntiaverint; ergo illa licentia utendi seu comedendi non erat ius utendi seu comedendi.

395 Ad hoc isti impugnatores respondent quod illa licentia erat ius quoad illos, qui illi iuri renuntiare nolebant. Et quod illa licentia erat ius, patet. Quia nullus per inferiorem Deo sine culpa et absque causa legitima tali licentia debuit privari invitus, immo, si aliquis sine culpa sua et absque causa rationabili privatus fuisset invitus, habuisset actionem contra 400 privantem; et ideo illa licentia erat ius quoddam, et differebat a licentia, qua quis dat alicui licentiam utendi veste sua cum potestate revocandi quandocunque sibi placuerit. Quia illa licentia assimulabatur privilegiis, quae concedens, quandocunque sibi placuerit, poterit revocare, et tamen privilegiati contra alios eos privare volentes habent actionem; et ideo, 405 sicut privilegia leges sunt censenda, di. iii, c. *Privilegia*, ita illa licentia legis et iuris nomine poterat appellari. Cum vero accipitur quod Apostoli utebantur illa licentia et tamen non habebant ius utendi, dicunt isti impugnatores quod Apostoli renuntiaverant illi licentiae, et ideo tunc non utebantur illa licentia seu ordinatione divina, sed utebantur licentia 410 iuris naturalis seu iure naturali, cui renuntiare non poterant. Tempore enim necessitatis saltem extremae habet quilibet ex iure naturae potestatem utendi illis, sine quibus sustentari non potest. Unde et Christus ibidem probat exemplo David, qui tempore necessitatis auctoritate iuris naturae comedit panes propositionis, quod discipuli licite et in sabbato

---

385 etiam: et P.
385 habent P.   388 diceret Bed.
404 actionem: accusationem B; actorem P.
405 censenda *scripsi*: censende BP*ed*.   406 vero: ergo B.
408 renuntiaverunt *ed*.

388-9 The distinction between *ius utendi* and *licentia utendi* made by Michael, *App*. III, 415, was criticized by John XXII in *Quia vir*, *BF* v, 433; *infra*, 64.1-5. For the distinction between revocable and irrevocable licence, *cf. infra*, 61.89-94; 64.21-37; Franc. de Esc., f. 62ʳ.
391 Matth. 12, 1, cited by Michael, *App*. II, 257.
397 sine culpa et absque causa: *cf. OQ* i.7.56 n.; *infra*, 61.55-8.
399 habuisset actionem: *cf. Dig.* 47, 10, 13, 1; *ibid.* 50, 17, 155, 1; *infra*, 61.60-9.
405 c. 3, di. 3, col. 5 = Isidorus, *Etymol*. v, 18, PL 82, 202.
410-11 Tempore enim necessitatis saltem extremae: *cf. Sext.* v, 12, 3, col. 1113; *Decretal. Greg. IX*, v, 41, 4, col. 927.
412-16 *cf.* Matth. 12, 3-5; I Reg. 21, 6.

415 etiam spicas, quae ad alienum pertinebant dominium, vellebant et
manducabant, *quia necessitas non habet legem.*

Secundo, isti impugnatores moliuntur ostendere quod praedicta
assertio destruit ius naturale. Nam quilibet in extrema necessitate
constitutus habet ius utendi re usu consumptibili, sine qua de hac vita
420 migraret; et tamen dominium talis rei propter hoc non acquirit, quia nec
dominus rei ante consumptionem ipsius perdit dominium nec indigens
ea ipsius rei acquirit dominium. Quod patet ex hoc, quod cessante
necessitate extrema ante consumptionem rei, nec illi licet retinere rem
talem nec peccat dominus eandem rem tanquam propriam repetendo.
425 Hoc aperto declaratur exemplo. Nam si aliquis fuerit in tali articulo
constitutus quod nisi veste sibi praesente se cooperuerit, morietur, iste
tunc habet ius cooperiendi se veste illa, nec quis licite absque peccato
mortali ipsum poterit prohibere, nisi per alium modum eius necessitati
succurreret. Si autem ista necessitas ante consumptionem vestis cessa-
430 verit, ipse eam non potest invito domino retinere, et dominus sicut prius
potest de ea ad suum libitum ordinare; ergo stante necessitate, iste habuit
ius utendi veste absque dominio et proprietate. Et ita, esto quod ius
utendi in rebus usu consumptibilibus, quae statim actu unico consumuntur, non posset a proprietate et dominio separari, sicut in cibo, potu,
435 unguentis et huiusmodi, tamen in rebus, quae non statim consumuntur,
sed multis durant temporibus, potest ius utendi a proprietate et dominio
separari. Constat enim quod potest quis vestem conducere ad utendum,
qua conducta habet ius saltem ad tempus ipsa utendi. Hoc etiam patet
exemplo. Quia hospites locant lectisternia sua hospitibus et multa alia,
440 quae tandem usu consumuntur, quamvis non consumantur primo actu
utendi, et ita hospites habent in eis ius utendi: in quibus tamen non
habent dominium et proprietatem.

Tertio, isti impugnatores ostendunt quod praedicta assertio repugnat
iuri civili. Nam, sicut est saepe superius allegatum, lex dicit quod *qui*
445 *fundi usum nudum habet, nichil ulterius habere intelligitur, quam ut oleribus,*
pomis, floribus, feno, stramentis, lignis ad usum cottidianum utatur. Ex quibus
verbis habetur aperte quod qui fundi usum nudum habet, habet potestatem utendi oleribus, pomis, floribus et huiusmodi, quae inter res usu
consumptibiles computantur. Aut ergo ista potestas utendi huiusmodi
450 rebus usu consumptibilibus est licita, aut illicita. Non potest dici quod
illicita, quia tunc utendo huiusmodi rebus peccaret, quod est omnino
contrarium veritati. Si ista potestas utendi est licita, ergo competit
habenti usum nudum solummodo de gratia, aut de iure. Non solum-

415 pertinebant: expectabant P.
425 aperte B.
427 aliquis B*ed*.
441 tamen *om*. P.
452 aut ergo *add*. B² *ed*.

426 moreretur *ed*.
428 eius: ipsius B.
452 Si ista: sed ista P; si vero illa *ed*.

416 necessitas: *cf*. e.g. Gratianus *ante* c. 40, C. 1, q. 1, col. 374; *Decretal. Greg. IX,*
I, 4, 4, col. 37; *ibid*. III, 46, 2, col. 651; *ibid*. V, 41, 4, col. 927. Bonagratia, *De paupertate*
Christi, p. 505, shows the last three references.
444 superius: 2.106–8; 3.116–17.

modo de gratia, constat; quia saepe emitur nudus usus fundi, et per
55 consequens emitur potestas annexa utendi huiusmodi rebus, quae crescunt
in fundo.   Posset etiam habens nudum usum, si tali potestate utendi
oleribus, pomis, etc. privaretur invitus, privantem in iudicio convenire;
ergo non habet talem potestatem de gratia tantummodo.   Competit ergo
talis potestas sibi de iure; et per consequens talis potestas utendi rebus usu
60 consumptibilibus est ius utendi vel saltem tali potestati est ius utendi
annexum.   Sed habens usum nudum fundi non habet olerum, pomorum,
florum et huiusmodi rerum dominium et proprietatem, quia tales res non
potest vendere, dare nec legare, sed solummodo ipse potest uti eis cum
sua familia; ergo in huiusmodi rebus ius utendi est a proprietate et
65 dominio separatum.

Sed dicet aliquis quod ex hoc sequeretur quod rerum usu consumptibilium esset proprie usus iuris: quod isti impugnatores negant.   Ad hoc
dicunt isti impugnatores quod rerum usu consumptibilium, saltem quae
unico usu consumuntur, non est proprie usus iuris.   Dicunt tamen quod
70 usui iuris nonnunquam est ius utendi rebus usu consumptibilibus annexum.
Unde dicunt quod quandoque usui iuris non est annexum aliquod ius
utendi quacunque re usu consumptibili, sicut cum quis habet nudum
usum domus, tali usui iuris nullum ius utendi rebus consumptibilibus usu
est annexum, quia habet solum potestatem inhabitandi domum, et non
75 plus; quandoque autem usui iuris ex ordinatione humana vel ex pacto est
annexum ius utendi rebus consumptibilibus usu aliquibus vel omnibus,
quae nascuntur in re, cuius habet usum iuris, sicut est de usu fundi.
Et ita ius utendi huiusmodi rebus usu consumptibilibus non est usus iuris
proprie, sed est usui iuris annexum, et est forte ius innominatum nomine
80 proprio; habet tamen hoc nomen commune ' ius utendi '.

Tertio principaliter isti impugnatores hoc, quod dicitur in verbis istius
constitutionis superius recitatis, scilicet quod actus utendi in rebus usu
consumptibilibus haberi non potest, multipliciter improbare conantur.
Sed quia de hoc erit tractatus in sequentibus specialis, ideo hic unica
85 impugnatio breviter adducetur, quae talis est: Si actus utendi in rebus
usu consumptibilibus haberi non potest, hoc non est nisi quia actus utendi
est successivus, et non totus simul; unde et hanc rationem istius assertionis
hic impugnatus assignat.   Sed hoc non potest impedire quin actus
habeatur; quia sicut actus est successivus, ita etiam annus est successivus,
90 et tamen anni habentur, teste scriptura divina, quae iii Regum, c. i ait:
Rex David senuerat, habebatque aetatis plurimos annos; ergo non obstante
quod actus utendi sit successivus, nichilominus haberi potest.

456 usum nudum *trs. Bed.*
466 diceret *Bed.*   468 usu: usus B; usum P.
470 consumptibilibus usu *trs. Bed.*   474 solam B.
483 impugnare B.   484 erit: est B.
486 posset *ed.*   489 etiam: et P.
490 ait: dicit B.   491 annos: dies *Vulg.*
491 hoc non obstante *add.* P.

482 superius: 3.29–34.   484 in sequentibus: 67.40–119.
491 III Reg. 1, 1 (plurimos dies *Vulg.*); *cf. CB* i, 4, p. 181.

Quarto principaliter impugnant isti praedicta quoad hoc, quod dicitur,
quod rebus usu consumptibilibus non contingit uti, sed abuti. Sed de
495 isto fiet postea mentio specialis; ideo hic pertranseo.

Hiis visis, aliqua notabilia circa litteram sunt videnda. *Docet et
asserit:* Ex hoc notant isti impugnatores quod iste impugnatus non est
paratus corrigi, sed est errorum suorum defensor pertinax et assertor.
Nec ipsum uti: Ex hoc patet quod ipsum uti vocat usum facti, quia in
500 impugnatione, ad quam iste impugnatus hic incipit respondere, non fit
mentio de aliquo uti nisi de usu facti. *Potest constitui vel haberi:* De hoc
in ipsa impugnatione nulla fit mentio, sed supponitur tanquam per
sacram scripturam clarum et evidens quod contingit uti rebus usu consumptibilibus, et probatur quod talis usus facti potest a proprietate et
505 dominio separari. Et ideo dicunt isti impugnatores quod istud hic non
est ad propositum, sed totaliter est impertinens reputandum. *Abuti:*
Dicunt isti impugnatores quod iste modus loquendi de rebus usu consumptibilibus in scripturis divinis reperiri non potest, sed scriptura sacra
loquendo de rebus usu consumptibilibus utitur verbo ' utendi '; quare et
510 nos debemus uti verbo ' utendi ' et non verbo ' abutendi ', vel saltem non
debemus utentes verbo ' utendi ' aliquatenus reprobare.

Ex diffinitione usus: Dicunt isti impugnatores quod iste procedit sophistice, dum conatur aliquid a superiori negare per diffinitionem inferioris,
cum ius utendi sit communius quam usus. ' *Usus est ius utendi alienis rebus,*
515 *salva rerum substantia* ': Ex istis verbis primo concludunt isti impugnatores
quod ius utendi est communius quam usus, sicut dictum est prius.
Secundo notant isti impugnatores quod haec non est diffinitio usus
universaliter sumpti vel non est diffinitio usus in omni significatione huius
nominis ' usus ': tum quia usus rerum propriarum est usus ita proprie
520 dictus, sicut usus rerum alienarum; tum quia usus rerum usu consumptibilium est proprius usus, sicut usus rerum, quae non consumuntur usu:
ita enim proprie dicitur ' iste habet usum cibi et potus ' sicut ' iste habet
usum fundi '. Ergo hic non diffinitur usus in omni significatione sua, sed
diffinitur usus in quadam significatione speciali, quae non est magis
525 propria significatio quam alia.

Nulla potest utilitas provenire: Dicunt isti impugnatores quod hoc est
falsum de multis rebus consumptibilibus usu, quia ex vestibus potest magna
utilitas provenire, salva earum substantia. *Utpote in pane et vino:* Dicunt
quod exemplificat insufficienter; quia licet non proveniat utilitas ex
530 pane et vino, dum integra manet eorum substantia, aliter tamen est de
vestibus: et causa differentiae est quia panis et vinum actu unico consumuntur, multae autem vestes post plures actus integrae manent.

*Quare evidenter relinquitur quod in rebus talibus usu consumptibilibus ius
utendi separatum a proprietate* [*rei*] *seu dominio nequeat constitui seu haberi:* In
535 ista illatione dicunt quod deficit, quia ex quo arguit per diffinitionem usus,

514 communius: communis *ut saepius* P.
534 rei *supplevi* (*cf. supra*, 3.14): *om.* BPed.

---

495 postea: 49.36–122.   516 prius: 2.178–84; 3.173–8.
517–25 *cf.* Michael, *App.* IV, f. 241v; Franc. de Esc., f. 24v.

deberet istam conclusionem inferre: ' Usus in talibus rebus non potest constitui seu haberi '. Et istam conclusionem in uno sensu concedunt isti impugnatores; quia, si accipiatur usus pro usu iuris stricte et propriissime sumpto, concedunt quod usus non potest in omnibus rebus usu con-
540 sumptibilibus constitui vel haberi; sed ex hoc non sequitur quod ius utendi non potest in talibus rebus constitui vel haberi, nec etiam sequitur quod talibus rebus non contingit uti. Et si dicatur quod ex hoc sequitur quod haec est etiam concedenda in aliquo sensu: ' Non contingit uti rebus consumptibilibus usu ', quia hoc nomen ' usus ' et hoc verbum ' uti ' in
545 significatione conveniunt: et ad hoc respondent isti impugnatores quod, quamvis haec sit concedenda in uno sensu: ' Nullus habet usum rerum usu consumptibilium ', haec tamen in nullo sensu debet concedi: ' Nullus potest uti rebus consumptibilibus usu '. Unde dicunt quod talis argumentatio peccat: ' Nullus potest habere usum rerum usu consumptibilium,
550 ergo nullus potest uti rebus usu consumptibilibus '; quia antecedens potest habere sensum verum, et consequens nullum sensum habet verum. Causa autem quare peccat talis consequentia est quia fundatur in una regula, quae multas habet instantias, et specialiter habet instantiam in proposito. Haec enim regula fallit: ' Nomen et verbum, quorum unum
555 derivatur ab alio, conveniunt in omni significatione ', sicut et haec fallit: ' Duo nomina, quorum unum derivatur ab alio, conveniunt in omni significatione '.

Exemplum primi accipitur ab Anselmo de Similitudinibus, c. i, quia secundum ipsum hoc nomen ' voluntas ' dicitur tripliciter, scilicet
560 *instrumentum* volendi, *et affectio eiusdem instrumenti*, et *velle vel usus ipsius instrumenti*; et tamen hoc verbum ' velle ' non accipitur unquam nisi pro actu aut usu instrumenti, saltem in creaturis. Non ergo hoc verbum ' velle ' habet tot significationes quot habet hoc nomen ' voluntas ', et ita non conveniunt in omni significatione.

565 Exemplum secundi accipitur ex beato Ieronymo et epistola Tharasii Constantinopolitani episcopi. Nam ' divinus ' et ' divinatio ' sunt duo nomina, quorum unum derivatur ab alio, et tamen plures significationes habet hoc nomen ' divinus ' quam hoc nomen ' divinatio '. Nam secundum Tharasium Constantinopolitanum episcopum, ut habetur i, q.
570 i, c. *Eos, qui*, beatus Petrus potest dici *divinus Apostolus*, et ita hoc nomen ' divinus ' accipitur in bona significatione; et constat quod accipitur saepe in mala significatione; ergo potest accipi in bona significatione et in mala. Hoc autem nomen ' divinatio ' semper accipitur in mala significatione et nunquam in bona, teste Ieronymo qui, ut habetur i, q.
575 i, c. *Nunquam*, ait: *Nunquam divinatio in bonam partem accipitur.* Ergo haec

536 debet *ed.*
547 haec: hoc BP.
559 hoc nomen *om.* P.
565 Tharasi B*ed.*

545 isti *om.* P.
558 Anshelmo B; Ancelmo P.
563 quot: quod BP.
569 Tharasium *scripsi*: Tharasum BP*ed.*

558–61 *Lib. de s. Anselmi similitudinibus* i, PL 159, 605.
569–70 c. 21, C. i, q. i, col. 365.
575 *ibid.* c. 24, col. 368 = Hieronymus, *Comment. in Michaeam proph.* i, 3 (*ad* 3, 9), PL 25, 1240.

duo nomina ' divinus ' et ' divinatio ' non in omni significatione conveniunt, et ideo non sequitur: ' Beatus Petrus fuit divinus, ergo utebatur divinatione ', sicut nec sequitur: ' Voluntas hominis viatoris est immutabilis et immortalis, ergo velle hominis viatoris est immutabile et
580 immortale '.

Sic etiam, quia hoc nomen ' usus ' et hoc verbum ' uti ' non conveniunt in omni significatione, eo quod hoc nomen ' usus ' habet plures significationes quam hoc verbum ' uti ' (nam hoc nomen ' usus ' quandoque significat actum utendi, quandoque quoddam ius determinatum; hoc
585 autem verbum ' uti ' semper significat actum utendi et nunquam nisi forte nominaliter sumptum significat tale ius), ideo non sequitur: ' Nullus potest habere usum rerum usu consumptibilium, ergo nullus potest uti rebus usu consumptibilibus ', sicut non sequitur: ' Nullus viator potest mutare voluntatem suam, ergo nullus viator potest mutare velle suum ',
590 nec sequitur: ' Nullus bonus utitur divinatione, ergo nullus bonus est divinus '. Causa autem quare nulla consequentiarum praedictarum valet, est quia in qualibet consequentiarum illarum accipiuntur duo vocabula, quorum unum derivatur ab alio, et tamen unum habet plures significationes quam aliud. Et istius ignorantia, ut dicunt isti impugna-
595 tores, fecit istum impugnatum saepe ex antecedentibus habentibus aliquem sensum verum inferre sophistice consequentia nullum habentia sensum verum, et ita per aequivocationes et multiplicitates terminorum conatus est saepe errores inducere.

Et per hoc beatus Ioannes Chrysostomus rationem reddit, etc.: Dicunt isti
600 impugnatores quod falsum assumit, quia an ius utendi possit in rebus usu consumptibilibus constitui vel haberi, immo etiam an ius utendi separatum a dominio seu proprietate possit in talibus rebus constitui vel haberi, Ioannes Chrysostomus nullam facit penitus mentionem, sicut patet textum allegati capituli intuenti. *In re usu non consumptibili, ut in*
605 *domo vel agro*, usque ibi, *Mutuans autem pecuniam:* Hoc totum verum est, sed non est ad propositum, ut dicunt isti impugnatores. *Pecuniae transfert dominium:* Ista est ratio quare pro pecunia mutuata non licet usuram recipere, quia scilicet mutuans transfert a se dominium pecuniae, et ideo non debet recipere ultra valorem pecuniae, quam mutuavit. Quod
610 autem ius utendi pecunia possit haberi vel non possit haberi, quod etiam ius utendi pecunia separatum a dominio seu proprietate possit haberi vel non possit haberi, hoc accidit; quia sive possit haberi sive non possit haberi, ex quo mutuans transfert dominium pecuniae, non potest iuste petere postea nisi valorem pecuniae. Non enim potest petere illam
615 pecuniam tanquam propriam, quia transtulit a se dominium; ergo tantum repetet valorem pecuniae; ergo nichil ultra potest recipere. Unde sicut vendens domum, propter hoc quod transfert a se dominium domus, non debet petere nisi valorem domus, licet emens domum non solum habeat dominium domus, sed etiam ius utendi domo et etiam

578 sicut: vel B; *om.* P.
587 nullus: non B*ed*.
618 repetere B.

587 consumptibilium usu *trs.* B*ed*.
605 agro etc. *add.* P.

20 utilitatem ex domo: ita qui transfert a se dominium pecuniae, licet
recipiens praeter dominium et proprietatem pecuniae haberet ius utendi
pecunia et etiam utilitatem ex pecunia, non debet transferens a se dominium pecuniae recipere aliquid ultra valorem pecuniae, et ita, si pecunia
sibi reddatur, non debet aliquid ultra exigere.

25   *Non fructum aliquem nec utilitatem aliam,* etc.: Istud nichil facit ad propositum.   Quia sive ille, qui recipit pecuniam mutuo, habeat aliquem
fructum seu utilitatem aliam ex pecunia sive non habeat, mutuans
pecuniam non debet exigere nisi valorem pecuniae, in eadem specie, si
vult, cuius transtulit dominium, maxime cum contractus mutui debeat
30 esse contractus gratuitus.   Unde, sicut qui commodat alicui equum
gratuito, non debet exigere nisi equum, quantumcunque alius habuisset
utilitatem ex equo, ita mutuans pecuniam non debet exigere nisi pecuniam, quantumcunque alius habuisset utilitatem ex pecunia.   Et ita,
quod recipiens pecuniam habeat utilitatem ex pecunia vel non habeat,
35 non facit ad hoc, quod mutuans pecuniam non debeat usuram recipere,
licet si ex pecunia non proveniat aliqua utilitas (sicut ut communiter
nulla utilitas provenit ex pecunia reposita) in hoc differat usurarius a
mercatore, secundum Chrysostomum.   Ratio ergo quare mutuans
pecuniam non debet usuram exigere est quia mutuans pecuniam transfert
40 a se dominium pecuniae; sed quod ex pecunia proveniat utilitas vel non
proveniat, nichil facit ad hoc.   Quod etiam alio probatur exemplo:
Vendens alteri equum non debet nisi iustum pretium equi exigere, et
tamen ex equo potest utilitas provenire, salva substantia equi; unde
vendens alteri equum non potest equum exigere et aliquid ultra propter
45 utilitatem, quam potuit habere ex equo, sed potest exigere iustum pretium
equi, et hoc quia transtulit a se dominium equi, et ideo non potest exigere
equum tanquam rem propriam.   Sed locans domum vel agrum non
transfert a se dominium domus vel agri, sed transfert a se potestatem
recipiendi utilitatem ex domo vel agro pro tempore locationis; et ideo
50 domum vel agrum repetet tanquam rem propriam et exiget aliquid
propter potestatem recipiendi utilitatem translatam in alium.   Et ita,
sicut non est simile de locante rem et de vendente rem, quia vendens
transfert a se dominium, locans non transfert dominium: ita etiam
propter idem non est simile de locante rem et de mutuante pecuniam,
55 quia unus transfert dominium rei, alius non.   Et ista est causa, sicut
dictum est, quare concedens pecuniam ad pompam potest repetere
pecuniam et aliquid ultra; potest enim repetere pecuniam tanquam rem

---

625 Illud *ed.*; *om.* B.
626 recepit P.
630 accomodat B.
637 differt B*ed.*
652 et: vel P.

627 seu: vel B.
631 gratuite B*ed.*
651 ita: ideo B.
653 a se *om. P*ed.

629–30 cum contractus mutui debeat esse contractus gratuitus: *cf. Gl. ord. ad Decretal.*
Greg. IX, v, 19, 8, *s.v.* ' de feudo '.
638 secundum Chrysostomum: *cf. supra,* 3.222–30.
656 dictum est: *supra,* 3.329–36.

22

propriam, et potest recipere aliquid propter hoc, quod transtulit a se potestatem utendi pecuniam.

660 Dicunt insuper isti impugnatores quod, esto quod ex pecunia non posset aliqua utilitas, salva rei substantia, provenire, et quod propter hoc mutuans pecuniam non debet pro pecunia mutuata usuram recipere, ex hoc tamen non sequitur quod nullus potest habere ius utendi pecunia, sicut nec ex hoc sequitur quod nullus potest habere etiam ius abutendi 665 pecunia. Similiter etiam, sicut non sequitur: ' Nulla potest utilitas ex pecunia, salva substantia pecuniae, provenire, ergo nullus potest habere ius utendi pecunia separatum a dominio seu proprietate ', ita non sequitur quod nullus potest habere ius abutendi pecunia a proprietate seu dominio separatum, ut totus processus istius impugnati ita concluderet de iure 670 abutendi, sicut de iure utendi, praesertim cum ius utendi sit communius quam usus iuris.

Augustini sententiam: Hic falsum imponit Augustino, ut dicunt isti impugnatores. Quia dicunt quod Augustinus in libro Confessionum nunquam hoc dicit; et ideo dicunt quod iste impugnatus verba Augustini 675 non adduxit in medium, quia, si adduxisset, ut dicunt, apparuisset omnibus quod falso allegasset Augustinum. *Actus autem utendi in rerum natura non est:* Dicunt isti impugnatores quod ista ratio est similis rationi quorundam philosophorum antiquorum, propter quam negabant tempus et motum et omnia successiva, quae in quarto libro Physicorum habet 680 dissolvi, et non hic.

CAPITULUM 4

Sequitur: Ad illud autem, quod dicit, quod ex praedictis scripturis sacris *insinuatur aperte quod nullius rei temporalis, nec usu consumptibilis nec non consumptibilibis usu, proprietatem credentes habebant,* dicimus: Si intelligat quod in speciali proprietatem nullus credentium habebat, verum est quod dicit pro tempore illo, quo dicta 5 scriptura loquitur, quia hoc dicit expresse scriptura praedicta Actuum iv c., ibi, cum dicit: *Nec quisquam eorum, quae possidebat, aliquid suum esse dicebat.* Si autem intelligat (sicut et intelligit, ut per ea, quae proponit inferius, clare patet) quod credentes nullius rei proprietatem habebant etiam in communi, scripturis praedictis contradicit expresse, cum dicat quod *illis,* scilicet credentibus, *omnia* quae 10 possidebant, *erant communia* inter eos. Et quod illa communio quoad dominium

658 potest etiam *add. ed.*
661 substantia rei *trs. Bed.*
668 abutendi: utendi BP.

658 recipere: repetere P.
667 utendi: abutendi B²*ed.*
669 ut: unde B*ed.*

4 nullus credentium habebat *sec. c:* nullis credentium P; non habebat aliquis credentium B; non habebant credentes *ed.*
7 et *om. c.*
9 dicat: *sic* BP*ed.* c.

9 etiam contradicit *add. c.*
9 illis: ipsis B; istis *ed.*

672 falsum imponit Augustino: *cf. supra,* 3.30–1.
678 *cf.* Aristoteles, *Physica* iv, 10, 217b 29–218a 8; Thomas, *In libr. Physic.* iv, lect. 15, text 88; *cf.* Michael, *App.* II, 258; *id., App.* III, 416; *infra,* 67.246–76.

1–27 *BF* v, 410–11.
6 Act. 4, 32.
9–10 *cf.* Act. 4, 32.

1–3 Michael, *App.* III, 412.
7 inferius: Michael, *loc. cit.*

seu proprietatem intelligi debeat, ex eo patet, quia illud, quod prius ante conversionem Iudaeorum ipsis fuerat proprium, postquam credentes effecti fuerunt,
fuit inter eos communicatum. Constat autem quod illa, quae possidebant ante
conversionem, erant illis quantum ad dominium propria; alias enim illa com-
15 municare non poterant. Quare sequitur quod fuerunt quoad proprietatem seu
dominium inter eos communicata. Quod de rebus non consumptibilibus usu
scriptura praedicta Actuum iv aperte dicit, nisi violentia sibi fiat. Cum enim
dixisset: *Nec quisquam eorum, quae possidebat, aliquid suum esse dicebat, sed erant illis
omnia communia*, parum post sequitur: *Nec quisquam egens erat inter eos*, et causam
20 huiusmodi volens reddere, subdit: *Quotquot enim erant possessores agrorum et domorum
vendentes pretia portabant ante pedes Apostolorum*, etc. Cum ergo prius dicat quod
inter credentes omnia erant communia, et post subiungat quod agri vendebantur
et domus, evidenter apparet quod illa communia, antequam venderentur, erant
effecta; alias enim sequeretur quod remansissent illorum, quorum prius fuerant,
25 propria, et per consequens quod ipsi ante illorum venditionem remansissent
proprietarii, cuius tamen contrarium dicit scriptura praedicta, cum dicit: *Nec
quisquam eorum, quae possidebat, aliquid suum esse dicebat.*

Haec ibi.

Postquam in parte praecedenti iste impugnatus circa illa, quae im-
30 pugnabantur, suam intentionem expressit, hic ad illa, quae impugnans
proposuit, nititur respondere. Et dividitur ista pars in quinque partes,
secundum quod ad quinque tacta in illa impugnatione respondetur.
Secunda pars incipit in parte immediate sequenti, ibi: *Ad illud autem,
quod volens;* tertia, ibi: *Ad illud autem, quod subsequenter;* quarta, ibi:
35 *Quantum autem ad illud;* quinta, ibi: *Ad illud vero, quod dicit iste haereticus.*

In prima igitur parte respondet ad hanc propositionem acceptam in
appellatione impugnantis et probatam ex scripturis: ' Credentes, de
quibus fit mentio Actuum ii et iv, nullius rei temporalis, nec usu consumptibilis nec rei non consumptibilis usu, proprietatem habebant ',
40 distinguens ipsam, quod potest habere duplicem intellectum: quia aut
potest intelligi de proprietate in speciali, et sic concedit eam pro aliquo
tempore; vel potest intelligi de proprietate in communi, quem intellectum
appellanti imponit, et istum intellectum negat, quia dicit quod scripturae
praedictae repugnat, cum dicit quod credentibus omnia, quae possidebant,
45 erant communia. Et quod erant communia quoad dominium et proprietatem, probat. Et primo quidem ostendit in genere quod omnia

---

12 fuerunt: sunt *c.*   14 aliter B.
15 fuerint P.   18 illis: eis B*ed.*
21 vendentes afferebant pretia eorum, quae vendebant, et ponebant ante *Vulg.*
21 igitur *c.*   24 aliter B.
24 fuerant P*c*: fuerunt B; erant *ed.*   26 praedicta *om.* P.
31 partes *om.* B*ed.*
34 Ad . . . subsequenter: adest autem B; ad id quod sequitur *ed.*
41 eum P.

18–19 *ibid.*
19–21 Act. 4, 34.   26–7 Act. 4, 32.
33–4 Ad illud autem, quod volens: *BF* v, 411; *infra,* 5.1.
34 Ad illud autem, quod subsequenter: *BF* v, 412; *infra,* 6.1.
35 Quantum autem: *BF* v, 413; *infra,* 7.1.
35 Ad illud vero: *BF* v, 413; *infra,* 8.1.   37–9 *cf.* Michael, *App.* III, 412.
44–5 *cf.* Act. 4, 32.

erant illis communia quoad dominium et proprietatem. Secundo
ostendit specialiter quod res non consumptibiles usu, puta domus, agri et
huiusmodi, erant omnibus communes quoad dominium et proprietatem,
50 ibi: *Quod de rebus non consumptibilibus usu,* etc.

Primum ostendit tali ratione: Illa, quae ante conversionem Iudaeorum,
de quibus ibi fit mentio, erant eis propria, post conversionem fuerunt
facta eis communia; sed ante conversionem omnia erant eis propria
quoad dominium et proprietatem; ergo post conversionem fuerunt
55 communia quoad dominium et proprietatem. Maior videtur sibi
manifesta; minorem probat per hoc, quia si ante conversionem non
fuissent bona eorum eis propria, non habuissent post conversionem
potestatem communicandi illa bona communitati credentium.

Secundum, scilicet quod res non consumptibiles usu, sicut domus, agri
60 et huiusmodi, erant toti communitati credentium communes quoad
dominium et proprietatem, probat sic: Agri et domus vendebantur
postquam omnia, quae credentes habebant, erant facta communia toti
communitati credentium. Hanc probat dupliciter. Primo ex ordine
textus Actuum Apostolorum, quia primo dicitur quod *omnia erant illis*
65 *communia,* et postea dicitur quod nullus *erat egens inter eos;* cuius causa
assignatur, quia *quotquot erant possessores agrorum,* etc.; ergo ante venditionem agrorum omnia erant communia. Secundo, probat eandem
ducens ad inconveniens. Quia si agri et domus non fuissent effecti
communes antequam venderentur, ante venditionem remansissent proprii
70 illorum, quorum fuerunt ante conversionem; ex quo sequitur quod post
conversionem et ante venditionem domorum et agrorum ipsi fuissent
proprietarii, quod repugnat scripturae, cum dicit: *Nec quisquam eorum,*
quae possidebat, aliquid suum esse dicebat. Videtur ergo quod domus, agri et
huiusmodi res non consumptibiles usu efficiebantur communes toti
75 communitati credentium antequam venderentur. Sed res huiusmodi
prius erant propriae quoad dominium et proprietatem; ergo postea
fuerunt communes quoad dominium et proprietatem. Iste igitur
impugnatus illud, quod dicitur in Actibus Apostolorum de communitate
bonorum credentium et de venditione agrorum et domorum et rerum
80 non consumptibilium usu, sic intelligit: quod videlicet illi Iudaei conversi, de quibus hic fit mentio, statim facta conversione omnia, quae
habebant, mobilia et immobilia dederunt toti illi communitati credentium,
transferendo in totam illam communitatem idem dominium, quod prius
ipsi habuerant. Postea omnes possessiones vendebantur nomine totius
85 communitatis, et non nomine alicuius in speciali; quibus venditis,
pretium illarum rerum inter omnes dividebantur et unusquisque habuit
dominium et proprietatem portionis sibi assignatae.

---

53 facta eis: eis effecta B*ed.*
55 sibi *om.* B.
70 fuerunt B²P: fuerant B*ed.*
79 domorum et agrorum *trs.* B*ed.*

61 Ager *ut saepius* P*ed.*
71 ipsi: ipsorum P.
81 hic: ibi B*ed.*

---

50 *cf. supra,* 4.16.
64-5 Act. 4, 32.
66 *ibid.*

65 Act. 4, 34.
72-3 Act. 4, 32.

Circa illa, quae hic dicuntur, isti impugnatores sic procedunt: Primo enim eliciunt quaedam notabilia, quae etiam iste impugnatus habet
90 concedere; secundo, explicant intentionem appellantis circa illam propositionem, quam iste hic impugnat; tertio, plura, quae hic asserit iste impugnatus, reprobare conantur.

Circa primum dicunt isti impugnatores quod ex dictis istius impugnati patet aperte quod etiam secundum eum duplex est proprietas, scilicet in
95 speciali et in communi sive specialis et communis. Ex quo sequitur ulterius secundum notabile, quod dominium est duplex, scilicet in speciali et in communi; ex quo sequitur tertium notabile, scilicet quod usus facti, sicut actus comedendi et bibendi, potest a dominio in speciali separari. Quartum notabile, quod elicitur ex dictis istius impugnati,
100 est quod dominium, de quo loquitur iste impugnatus in hoc casu, est dominium mundanum et civile, quod est potestas vel habens annexam potestatem libere vendendi, donandi et sicut sibi placuerit disponendi res, quarum habetur dominium. Nam ipse vult quod illi conversi de Iudaeis, quale dominium speciale habuerant ante conversionem, tale
105 dominium toti communitati credentium conversorum dederunt. Sed Iudaei conversi ante conversionem suam habuerunt in rebus suis praedictum dominium, scilicet civile et mundanum, quod est potestas vel habens annexam potestatem vendendi, etc. Nam Iudaei legibus Romanorum quantum ad res temporales subiecti fuerunt, et ita dominium rerum civile
110 et mundanum habebant; unde res suas ad placitum vendere poterant et dare, et de eis libere ordinare. Ergo tale dominium mundanum et civile communitati dederunt.

Secundo, isti impugnatores intentionem explicant appellantis, dicentes quod appellans ibidem solummodo intendebat probare quod primi
115 credentes nullius rei proprietatem habebant in speciali, reputans certum ex hoc posse probari quod usus facti rerum usu consumptibilium potest a proprietate et dominio etiam in communi separari. Unde ad evidentiam intentionis appellantis faciunt duo. Primo enim probant quod, si usus facti rerum consumptibilium usu, scilicet actus comedendi, bibendi et
120 induendi et huiusmodi, potest separari a proprietate et dominio in speciali, quod etiam potest separari a proprietate et dominio in communi. Secundo exponunt qualem proprietatem habuerunt primi credentes in rebus, quas habebant, et qualem non, ex hoc concludentes quod iste impugnatus solummodo sophistice reprobat appellantem.

125 Ad evidentiam primi dicunt isti impugnatores esse sciendum quod, prout ex diversis assertionibus impugnati et appellantis evidenter apparet, ex hoc controversia orta est inter ipsos, quod appellans dicebat ordinem Fratrum Minorum seu Fratres Minores habere usum rerum consumptibilium usu absque proprietate et dominio earundem, tam in speciali
130 quam etiam in communi, ita quod nec Frater aliquis in speciali nec totus

---

89 quadam P.
108 vendendi: utendi P.

102 et donandi *add.* B.
119 et *om.* P.

---

90 secundo: *infra,* 4.113.

91 tertio: *infra,* 4.335.

ordo in communi habet dominium vel proprietatem cuiuscunque rei usu
consumptibilis, nolens per hoc excludere Fratres ab illo dominio, quod
competit toti generi humano, si aliquod est tale, nec volens excludere
Fratres a dominio totius communitatis fidelium, si dominium commune
135 alicuius rei temporalis habet communitas tota fidelium; sed volebat
excludere Fratres ab omni dominio, per quod possent in iudicio litigare,
proprio Fratri vel toti ordini Fratrum Minorum.   Iste autem impugnatus
volebat probare per multas rationes quod in rebus usu consumptibilibus
usus facti non potest a tali dominio speciali et communi separari.   Et
140 contra istam assertionem iste appellans provocavit, ostendens multis
rationibus quod usus facti in huiusmodi rebus potest a proprietate seu
dominio civili et mundano separari, tam in speciali quam etiam in communi.   Non omnes tamen rationes probant istam conclusionem aeque
directe et aeque immediate, quamvis ex qualibet ratione appellantis
145 quibusdam veris coassumptis possit conclusio ista deduci.

   Unde prima ratio appellantis primo et immediate concludit quod usus
facti in rebus usu consumptibilibus potest a proprietate et dominio
speciali separari, ex quo potest inferri ulterius quod usus facti potest a
proprietate et dominio communi separari.   Quod isti impugnatores
150 ostendunt sic: Usus facti non magis nec essentialius requirit dominium
commune quam speciale; sed usus facti potest in rebus huiusmodi
separari a dominio speciali, sicut probat prima ratio appellantis; ergo
potest separari a dominio communi.   Et quidem quod usus facti possit
separari a dominio communi est tam manifestum quod negari non
155 potest.   Nam constat quod proprietarii habentes proprietatem et
dominium in speciali rerum usu consumptibilium habent usum facti
earundem rerum separatum a dominio communi, quia illae res non sunt
communes, sed propriae sibi.

   Sed quia forte dicet iste impugnatus quod, licet usus facti in rebus usu
160 consumptibilibus possit separari a dominio speciali, sicut in religiosis
habentibus usum huiusmodi rerum absque dominio speciali, et etiam a
dominio communi, sicut patet in laicis habentibus speciale dominium
huiusmodi rerum, et ita usus facti potest separari ab utroque dominio
divisim, non tamen ab utroque coniunctim, scilicet simul tam a dominio
165 speciali quam communi (unde in laico usus facti separatur a dominio
communi, sed non a dominio speciali; in religioso vero separatur a
dominio speciali, sed non a dominio communi): et propter hoc diceret
forte quod non potest separari ab utroque dominio simul et coniunctim:
ideo isti impugnatores ostendunt quod usus facti in huiusmodi rebus
170 potest separari ab utroque dominio simul, quemadmodum dicunt
Fratres Minores quod habent usum facti huiusmodi rerum usu consumptibilium, et tamen non habent dominium earundem nec in speciali nec in

---

133 si ... tale: sed quod est tale P; om. B.
137 Fratrum Minorum: fraterno B*ed.*   148 speciali *om.* P.
149 communi *om.* P.   150 essentialius: essentialibus B; minus *ed.*
155 proprietatis P.   165 a communi *add.* B.
171–2 consumptibilium usu *trs.* B*ed.*

146 prima ratio appellantis: Michael, *App.* III, 411–12.

communi.   Ex quo orta est tota discordia quantum ad separationem usus
facti in huiusmodi rebus a dominio et proprietate inter istum impugnatum
75 et appellantem.

Porro, quia usus facti in huiusmodi rebus est duplex, scilicet licitus et
illicitus, ideo de utroque usu facti probatur quod potest simul ab utroque
dominio separari.   De illicito quidem videtur omnino certum.   Nam fur,
qui furatus est panem et vinum, si utatur ipsis, non propter hoc acquirit
80 dominium neque speciale neque commune ipsorum; ergo ille usus facti
ab utroque dominio separatur.

Quod etiam usus licitus ab utroque dominio possit separari, ostendunt
rationibus et exemplis.   Prima ratio talis est: Ad hoc quod usus facti
alicuius rei sit licitus, duo communiter videntur sufficere.   Primum est
185 quod talis usus facti non sit volenti uti inhibitus; secundum est quod
habeat licentiam utendi ab illo, qui potest licentiam talem concedere.
Sed ista duo possunt haberi absque dominio speciali et communi: sicut
aliquis, cui non est inhibitum certam vestem induere, potest habere
licentiam induendi talem vestem a domino absque concessione dominii
190 specialis vel communis.   Ergo usus licitus vestis potest ab utroque
dominio separari.

Secunda ratio talis est: Sicut dominium commune non est magis
inefficax ad faciendum usum facti esse licitum quam dominium speciale,
quia ita licite utitur aliquis re communi, si aliquid aliud speciale non
195 obstat, sicut re propria: ita licita potestas utendi communissima non
est magis inefficax ad faciendum usum facti esse licitum quam dominium
commune; ergo ad hoc, quod usus facti sit licitus, sufficit licita potestas
utendi communissima, ita quod dominium non requiritur, licet saepe
aliquid aliud requiratur.   Sed licita potestas utendi communissima est
200 potestas utendi, quam Deus in primis parentibus post peccatum vel ante
toti humano generi dedit; ergo omni dominio amoto et nullo alio
obstante, stante tali potestate utendi, potest usus facti esse licitus.   Si
igitur est aliqua res usu consumptibilis, quae sub nullius est dominio,
illa potestas utendi communissima sufficit ad hoc, quod aliquis eadem re
205 licite utatur, si aliud non obstat; ergo talis rei usus facti potest esse
licitus absque omni dominio, et per consequens usus facti licitus rei usu
consumptibilis potest ab omni dominio speciali et communi separari.

Ista ratio magis patebit si declarata fuerit per exemplum.   Ponatur
igitur quod sit aliqua res, puta vestis, habita pro derelicta, quae in nullius
210 bonis sit nec ad alicuius spectet dominium neque speciale neque commune: ista veste potest aliquis licite uti, saltem in necessitate extrema,

177 probant ed.
178 quidem: quod B; om. ed.   185 prohibitus B.
188 inhibitum seu prohibitum ed.
194 aliquid aliud: aliquid aliquod P; aliquod B.
195 communissima om. Bed.   200 utendi om. B.
205 aliud: aliquid P.   209 igitur: autem B; om. P.
210 bonis ex hominis corr. P; hominis B.   211 quis Bed.

209 pro derelicta: cf. Inst. 2, 1, 47; Dig. 41, 7, 1; ibid. 45, 3, 36.
209–10 in nullius bonis: cf. Inst. 2, 1, 12; Dig. 41, 1, 3 pr.; infra, 14.191–2.

licet nolit acquirere dominium quodcunque eiusdem vestis. Non enim
ad hoc, quod licite utatur ipsa, est necesse quod acquirat dominium eius
commune nec etiam dominium eius speciale; ergo ad hoc, quod licite
215 utatur veste, sufficit potestas utendi data a Deo; et ita licitus usus facti
vestis potest separari a dominio speciali et communi, licet non a potestate
utendi, cui nemo potest renuntiare.

Sed forte obiciet aliquis contra hanc rationem dupliciter. Primo, quia
talis potestas utendi data toti generi humano est quoddam dominium, et
220 ita, cum actus utendi licitus non possit separari a tali potestate utendi,
non poterit separari ab omni dominio. Secundo, quia non videtur quod
sit talis licita potestas utendi data toti humano generi, cui renuntiari non
possit; quia tunc fur haberet licitam potestatem utendi re, quam furatus
est: quod videtur absurdum.

225 Ad primum istorum dicunt quod talis potestas utendi non debet vocari
dominium, sicut nec licita potestas utendi domo, quam habet conducens
domum, debet vocari dominium domus; quia semper dominium, de quo
in iure civili et canonico fit mentio, est aliquid aliud a potestate utendi,
ita quod sola potestas utendi non est dominium. Si autem omnino
230 contendas quod talis potestas utendi data toti generi humano debet
vocari dominium, dicunt quod de vocibus non intendunt contendere.
Dicunt tamen quod, esto quod talis potestas utendi vocetur dominium,
adhuc stat argumentum quod licitus usus facti potest separari in rebus
consumptibilibus usu ab omni dominio speciali et communi, quod sit
235 proprium alicui collegio speciali, quale est collegium Fratrum Minorum
vel consimile; quod appellans solummodo probare volebat. Unde
loco istius termini ' licita potestas utendi communissima ' ponatur iste
terminus ' dominium communissimum ', et arguatur sic: Sicut dominium
commune non est magis inefficax ad faciendum usum facti esse licitum
240 quam dominium speciale, ita dominium communissimum, quod datum
fuit toti generi humano, non est magis inefficax ad faciendum usum facti
esse licitum quam dominium minus commune; et fiat ulterius argumentum
de dominio communissimo sicut prius argutum est de licita potestate utendi
communissima, et concludatur quod usus facti huiusmodi rerum potest
245 esse licitus absque dominio speciali et communi, quod sit proprium alicui
collegio speciali.

Ad secundum dicunt quod fur habet licitam potestatem utendi com-
munissimam respectu rei, quam furatus est; sed aliquid aliud obstat quare
tunc non potest licite uti, quia scilicet res est appropriata alteri, qui non
250 dedit specialem potestatem utendi furi. Et ideo ista potestas communissima quasi ligata est ne possit in actum, nisi tempore necessitatis

218 rationem: responsionem P.
220 possit: potest sic B.
230 humano generi trs. Bed.
239 efficax ed.
242 dominium speciale add. ed.

230 contendas: concedas B; concedens P.
233 stabit B.
241 efficax ed.

217 cui nemo potest renuntiare: cf. Nicolaus III, Exiit qui seminat, Sext. v, 12, 3, col.
1113; Michael, App. II, 247–8, referring to Gratianus ante c. 1, di. 5, col. 7; id. post c. 3,
di. 6, col. 11.

extremae. Sic ergo patet secundum istos quod licitus usus facti potest esse in rebus usu consumptibilibus absque omni dominio speciali et communi, quod sit proprium alicui collegio speciali.

255 Istam conclusionem eandem probant isti impugnatores per exempla quamplurima. Primum exemplum accipitur ex dictis istius impugnati. Nam secundum ipsum (sicut patet in verbis superius recitatis) pro aliquo tempore omnia erant Apostolis et primis credentibus communia; sed constat quod Apostoli pro illo tempore non erant omnino nudi; ergo pro 260 illo tempore utebantur vestibus, quae pertinebant ad dominium totius communitatis; ergo usus illarum vestium separatus fuit a dominio speciali cuiuscunque Apostoli et a dominio communi totius collegii Apostolorum; et ita eadem ratione usus facti huiusmodi rerum, quibus Fratres Minores utuntur, potest separari a dominio speciali cuiuscunque Fratris Minoris et 265 a dominio communi totius ordinis eorundem Fratrum.

Secundum exemplum est de habente usum fundi, qui habet licitum usum pomorum, olerum, florum et huiusmodi, quorum tamen non habet dominium et proprietatem neque in speciali neque in communi.

Tertium exemplum est de Iudaeis tempore veteris legis, qui licitum 270 usum facti uvarum et spicarum habere poterant in agris et vineis alienis, ut patet Deuteronomii xxiii; quarum tamen non habebant proprietatem et dominium neque in speciali neque in communi.

Quartum exemplum est de hospitibus, qui licite utuntur cibis et potibus, mappis, lectisterniis et multis aliis usu consumptibilibus absque dominio 275 communi et speciali.

Quintum exemplum est de servis, qui licite utuntur rebus usu consumptibilibus dominorum suorum, quorum non habent dominium neque speciale neque commune.

Sextum exemplum est de filiofamilias, qui utitur rebus, quarum non 280 habet dominium neque speciale neque commune.

Septimum exemplum est de sacerdotibus, qui saepe utuntur vestimentis divino cultui deputatis, quorum non habent dominium neque in speciali neque in communi.

Octavum exemplum est de celebrante, qui utitur speciebus panis et 285 vini, quae tamen ad eius non spectant dominium neque speciale neque commune.

Sic igitur patet quod ex hoc, quod per primam rationem appellantis ostenditur quod usus facti fuit separatus in primis credentibus quoad res usu consumptibiles a dominio speciali, potest probari, quibusdam veris 290 coassumptis, quod usus facti in huiusmodi rebus potest a dominio speciali et communi separari.

Secundo circa explicationem intentionis appellantis, impugnatores isti

---

254 *post* speciali: Ex praedictis dicunt . . . reprobare (*infra*, 4.326–34) *trs. ed.*
276 est exemplum *trs.* P.   279 quarum *scripsi:* quorum B*Ped.*
280 nec speciale nec commune B*ed.*   292 isti impugnatores *trs.* B*ed.*

257 superius: 4.9–21.
269–80 For *exempla* 3–6, *cf.* Michael, *App.* II, 252, 257; for *servus* and *filiusfamilias, cf.* Bonagratia, *App. contra constit. Ad conditorem,* Baluze–Mansi, *Misc.* III, 217; *id., De paupertate Christi, ed. cit.,* pp. 502–3.
284–6 *cf.* Michael, *App.* IV, f. 246; Franc. de Esc., f. 44[vb].

exponunt qualem proprietatem habuerunt primi credentes in rebus, quas
habebant, postquam omnia facta fuerunt communia, dicentes quod, sicut
295 tactum est prius, proprietas est duplex quemadmodum dominium est
duplex.   Quoddam enim est dominium civile et mundanum, quod est
potestas rem in iudicio vendicandi et de re ad libitum disponendi, et hoc
vocatur dominium liberum et absolutum a nonnullis; ab aliis vocatur
plenum dominium.   Aliud est dominium, quod est potestas principalis
300 vendicandi rem in iudicio, quale dominium, sicut ostensum est prius,
habent nunc de facto clerici in rebus ecclesiae.   Tamen pro cavillationibus
amovendis dicunt isti impugnatores quod potestatum principalium
vendicandi rem in iudicio quaedam est principalis, quaedam principalior,
quaedam principalissima.   De membris istius distinctionis non duxi
305 exemplificandum ad praesens; per ipsam tamen multae obiectiones
possibiles fieri possunt excludi.

Dicunt igitur isti impugnatores quod primum dominium vel proprietatem non habebant primi credentes in rebus, quas habebant; quia ex
ordinatione ipsorum, quam forte mutare non poterant, ita fuit constitutum
310 inter eos, ut de rebus, quas habebant, omnes de communitate illa sustentarentur, unusquisque secundum quod indigeret, nec poterant res illas
in alios usus convertere nec per modum alium alienare; et ita non habebant
dominium liberum sive plenum in illis rebus.   Dominium secundo modo
dictum, quod fuit dominium simile dominio, quod habent nunc clerici
315 in rebus ecclesiae, habuerunt secundum aliquos primi credentes: et hoc
vel tota communitas omnium ibidem fidelium, vel communitas illorum,
qui non erant Apostoli.   Non enim videtur verisimile, si infideles res
illas abstulissent, quin aliqui fideles habuissent potestatem easdem res
in iudicio repetendi, nec videtur fuisse utile et expediens, quod tota
320 communitas fidelium tali potestate se privasset inter tot infideles et
cupidos constituta.   Videtur igitur quod in rebus illis talem proprietatem
in communi habuerunt primi credentes; et hoc vel tota communitas vel
aliqua pars communitatis.   Apostoli tamen, ut dicunt, non habuerunt
talem proprietatem nec in speciali nec in communi sic quod talis proprietas
325 competisset soli collegio Apostolorum.

Ex praedictis dicunt isti patere quod iste impugnatus solum sophistice
reprobat appellantem.   Nam intentio appellantis est loqui de dominio
humanitus invento, per quod possit quis in iudicio pro rebus temporalibus
litigare.   Loquendo autem de tali dominio, constat quod qua ratione
330 usus facti in rebus usu consumptibilibus potest separari ab uno dominio,
eadem ratione potest separari ab omni dominio humanitus invento; et ita
ostendere quod usus facti non fuit separatus in primis credentibus a

---

299 plenum dominium[2] *add.* P.   325 Apostolorum ut postea patebit *add. ed.*
326-34 Ex praedictis . . . reprobare *post* speciali (*supra*, 4.254) *trs. ed.*
328 invento humanitus *trs. Bed.*   328 potest *Bed.*
331 invento humanitus *trs. Bed.*

---

dominio communi, sed a dominio speciali, non est ad rem appellantem, sed sophistice reprobare.

335   Circa tertium principale istius totius partis dicunt isti impugnatores quod in responsione istius impugnati superius recitata duo errores principaliter continentur. Primus est quod omnia, quae erant communia primis credentibus, erant ipsis communia quoad dominium tale, quale dominium in ipsis bonis ante suam conversionem habuerant;
340 secundus est quod domus, agri et huiusmodi immobilia erant communia toti communitati quoad dominium et proprietatem.

Primum errorem impugnant per hoc, quod scripturae sacrae repugnat. Ad cuius evidentiam dicunt esse sciendum quod Iudaei conversi ante conversionem suam tale dominium habuerunt in bonis suis quod de eis
345 poterant libere ordinare, vendendo, donando ac etiam uni dare plus, alteri minus, ad suae beneplacitum voluntatis; unde dominium liberum habuerunt in ipsis bonis suis. Sed postquam conversi fuerunt ad fidem et bona sua communitati credentium dederunt, communitas illa non habuit tale dominium in bonis ipsis, quia illa communitas non habuit
350 potestatem vendendi aliquam rem datam, nisi pro aliquo sustentando de communitate. Iterum, illa communitas non habebat potestatem donandi plus minus indigenti et minus magis indigenti, quemadmodum quilibet eorum ante conversionem suam habebat potestatem non solum dandi plus minus indigenti et minus magis indigenti, immo etiam habebat potestatem
355 dandi multum minus indigenti et nichil penitus magis indigenti. Ergo communitas illa non habuit tale dominium in bonis illis, quale habuerunt Iudaei ante conversionem suam. Iterum, quilibet Iudaeus ante conversionem habuit potestatem transferendi dominium rei suae in liberum dominium alterius, ita quod poterat sic rem suam dare alteri quod alter
360 haberet potestatem dandi, vendendi et legandi eandem rem ad suae libitum voluntatis. Sed talem potestatem non habuit illa communitas in rebus communibus sibi a Iudaeis conversis collatis; et ita illa communitas non habebat tale dominium seu proprietatem, quale habuerant Iudaei ante conversionem suam.

365   Quod enim tale dominium non habuit illa communitas, expresse probatur per illud Actuum ii° c.: *Dividebant illa omnibus, prout cuique opus erat*, et per illud iv° c.: *Dividebatur singulis, prout cuique opus erat*, ubi dicit glossa ordinaria: *Non secundum personas et munera, sed secundum indigentiam.* Ex quibus verbis evidenter colligitur quod illa communitas non poterat

333–4 rem nec appellantem vere sed *add. ed.*
334 *post* reprobare: Et ex isto . . . separatum (*infra*, 6.124–38) *trs. Bed.*
340 et agri *add.* B.   343 conversi *om.* B.
346 suum B.   346 placitum *Bed.*
348 credentium communitati *trs. Bed.*   357–8 conversionem suam *add. ed.*
360 suum P.   362 communibus: temporalibus *Bed.*
363 habuerunt *Bed.*   367 Dividebant P*ed.*

336 superius: 4.3–27.   366–7 Act. 2, 45.
367 Act. 4, 35.
368 *Gl. interlin. ad loc. cit., s.v.* ' Dividebatur autem singulis '; cited by Franc. de Esc., f. 29rb.

370 licite ad suae placitum voluntatis res illas collatas dispensare, nec poterat
plus dare minus indigenti et minus magis indigenti, nec poterat illa bona
dividere secundum dignitatem personarum nec secundum munera oblata,
ut plus daret illi, qui plura et maiora dedit, et minus illi, qui nichil vel
minora communitati dedit; sed tenebatur distribuere illa bona secundum
375 indigentiam personarum, ut magis indigenti plus daret et minus indigenti
minus daret.   Et ideo quantum ad hoc communitas illa magis potestatem
dispensandi modo limitato, quem transgredi non licebat, quam dominium
in illis bonis videbatur habere: tamen quantum ad potestatem vendicandi,
si iniuste ablata fuissent, videtur in illis bonis aliquale dominium habuisse,
380 sed non tale, quale habuerunt Iudaei, qui bona sua communitati dederunt,
antequam converterentur ad fidem.   Et ideo dicunt isti impugnatores
quod scripturae divinae repugnat dicere communitatem credentium
habuisse tale dominium in rebus datis sibi a fidelibus, quale habuerunt
dantes antequam converterentur ad fidem.
385   Sed quia forte diceret aliquis quod iste impugnatus non intendit quod
omnino tale dominium habuit communitas illa, quale habuerunt Iudaei
ante conversionem, ideo probant isti impugnatores quod ratio sua, per
quam probat quod communitas illa habuit dominium illorum bonorum,
aeque concludit de tali dominio, quale habuerunt Iudaei ante conversio-
390 nem suam, sicut de alio qualicunque.   Nam eadem facilitate, qua dicis
quod illud, quod primo erat proprium ante conversionem, postea fuit
communicatum inter eos, et tamen non habuerunt post divisionem tale
dominium, quale prius habuerant, eadem facilitate dicetur quod illud,
quod primo erat proprium, postea fuit communicatum absque omni
395 proprietate et dominio; quia aliquid potest esse commune multis, quamvis
non sit commune eis quantum ad dominium seu proprietatem, sicut per
leges imperiales et diversorum regum ac consuetudines diversarum
regionum et per iura canonica posset copiose probari.   Potest enim
aliquid esse commune multis per licitam potestatem utendi (vel abutendi
400 secundum istum) absque omni dominio et proprietate, sicut in veteri
lege uvae et grana spicarum erant communes quantum ad licitam potestatem comedendi in agro et vinea aliena, quae tamen non erant communes
quantum ad dominium et proprietatem.   Et ita ex hoc, quod aliquid
primo est proprium et postea commune, aeque potest probari quod
405 communitas habet dominium tale, quale habuit ille, cuius fuit res propria,
sicut potest probari quod habet qualecunque dominium.
     Secundus error contentus in verbis praedictis, ut dicunt isti impug-
natores, est quod domus, agri, pecora et omnia immobilia erant communia toti communitati credentium quoad dominium et proprietatem,
410 ita quod nullus post conversionem suam de illa multitudine habebat

370 ad suae placitum licite *trs.* P.   386 habuerit B*ed.*
392 divisionem: dominium B*ed.*   394 primo: primum B.
400 secundum istum *om.* B*ed.*   405 habuit: habuerit *ed.*
406 habet: habuerit *ed.*   408 pecora: pecunia *ed.*

400–2 *cf.* Deut. 23, 24–5.   407 verbis praedictis: 4.3–27.

alicuius rei talis dominium et proprietatem in speciali. Sed iste error, ut dicunt isti impugnatores, sacrae scripturae repugnat. Nam sicut legitur Actuum v, Petrus dixit Ananiae, uni de numero credentium, post venditionem agri: *Nonne manens tibi manebat, et venundatum in tua erat* 415 *potestate?* Ex quibus verbis colligitur evidenter quod ager ante venditionem erat ipsius Ananiae quoad dominium et proprietatem; aliter enim falsum dixisset beatus Petrus: *Manens tibi manebat,* hoc est: ' Poteras tibi libere agrum retinere, nec tenebaris eum vendere, sed libere poteras eum vendere vel tenere '; ergo ager ille nunquam fuit totius communitatis 420 quantum ad dominium et proprietatem.

Amplius, Actuum iv sic legitur: *Quotquot enim erant possessores agrorum aut domorum, vendentes afferebant pretia eorum, et ponebant ante pedes Apostolorum,* et postea subdit: *Ioseph autem, qui cognominatus est Barsabas ab Apostolis (quod est interpretatum Filius consolationis), levites, Cyprius genere, cum haberet* 425 *agrum, vendidit illum, et attulit pretium, et posuit ante pedes Apostolorum.* Ex quibus verbis datur intelligi quod possessores agrorum et domorum nomine proprio et ex propria voluntate huiusmodi agros et domos vendebant, nec unquam legitur quod ex ordinatione vel mandato communitatis vendebant huiusmodi res; ergo semper ante venditionem fuerunt vendent- 430 ium quoad dominium et proprietatem in speciali.

Rursus, hoc auctoritate Gregorii probatur aperte. Gregorius enim, ut habetur xvii, q. i, c. *Ananias,* ait: *Ananias Deo pecunias voverat, quas post diaboli victus persuasione subtraxit.* Ex quibus verbis habetur expresse quod Ananias vovit Deo pecunias, quas pro vendito agro recepit. Sed 435 nullus vovet Deo rem alienam neque rem communitatis, sed rem propriam; ergo istae pecuniae, antequam Ananias ipsas voveret Deo, fuerunt ipsius Ananiae; aliter enim ipse non habuisset potestatem vovendi illas pecunias Deo plus quam quicunque alius de communitate; ergo illae pecuniae fuerunt ipsius Ananiae post venditionem agri; ergo 440 sequitur quod ager ante venditionem fuit ipsius Ananiae et non communitatis. Erroneum ergo est dicere, ut asserunt isti impugnatores, quod domus, agri et huiusmodi erant totius communitatis quoad dominium et proprietatem.

Ad rationem vero, per quam probatur, respondent faciliter, dicentes 445 quod saepe scriptura divina non servat ordinem rei gestae. Nam temptator semel tantum Christum assumpsit in sanctam civitatem et semel tantum in montem excelsum; et tamen Matthaeus Evangelista

411 talis rei *trs. Bed.*
422 eorum, quae vendebant *add. Vulg.*
423 Barrabas B; Barnabas *Vulg.*
429 venditionem earum *add. ed.*
437 vovendi: vovere P.

417–18 libere tibi *trs. Bed.*
423 subditur *ed.*
425 illum: eum *Vulg.*
431 beati Gregorii B.
439 ergo: ex quo B*ed.*

414–15 Act. 5, 4; cited by Franc. de Esc., f. 29ʳᵃ.
421–2 Act. 4, 34; cited by Franc. de Esc., f. 29ʳᵇ.
423–5 Act. 4, 36–7.
432–3 c. 3, C. 17, q. i, coll. 812–13 = Gregorius Magnus, *Reg.* i, 34, PL 77, 487–8.
445 scriptura divina non servat ordinem rei gestae: *cf.* Franc. de Esc., f. 29ʳᵇ; *infra,* 27.141–2, 195–217; 98.223; 110.36–65.

primo narrat quod *diabolus assumpsit eum in sanctam civitatem* et postea
narrat quod *assumpsit eum in montem excelsum,* sicut patet Matthaei iv;
450 Lucas vero iv° c. istas duas assumptiones recitat ordine contrario; ergo
alter istorum in scribendo non servavit ordinem rei gestae.

Alia exempla innumera in scriptura ad idem possent adduci, sed
istud unum tam apertum sufficiat. Non igitur ordo rei gestae ex ordine
scribendi potest semper sufficienter probari; unde et saepe factum
455 posterius praemittitur, et postmodum facta priora ad declarationem facti
posterioris, de quo sermo praecesserat, subnectuntur. Sic enim beatus
Matthaeus primo dicit Christum natum de virgine, et postea volens
declarare qualiter natus est, narravit quomodo antequam Christus
nasceretur de utero eius, *inventa est* a Ioseph *habens in utero de Spiritu sancto;*
460 et tamen habuit in utero de Spiritu sancto antequam Christus ex eius
utero nasceretur, et ita factum posterius prius narratur. Ordo igitur rei
gestae non semper ex ordine scribendi, sed saepe ex diversis locis scripturae,
saepe ex ratione, colligi debet. Unde et iii Regum xi° c. narratur quod
Roboam, filius Salomonis, regnavit, et postea xiv° c. narratur quae fuit
465 mater eius, et tamen per rationem colligi debet quod priusquam regnaret
habuit matrem. Sic igitur in proposito, quamvis primo dicatur Actuum
iv: *Nec quisquam eorum, quae possidebat, aliquid suum esse dicebat, sed erant
illis omnia communia,* et postea dicatur: *Neque enim quisquam egens erat inter
illos. Quotquot enim possessores agrorum aut domorum erant, vendentes afferebant*
470 *pretia eorum,* etc., tamen iste non fuit ordo rei gestae; sed primo vendebantur possessiones et substantiae, quibus venditis, ponebant vendentes
pretia ante pedes Apostolorum, voventes et offerentes Deo pretia illorum,
quae vendiderant, ad sustentandum credentes, ut unicuique divideretur
prout opus erat, et extunc fuerunt illis omnia communia. Unde primo
475 praemittitur quod omnia erant communia, sed postea narratur modus,
per quem facta fuerunt communia; quia per venditionem possessionum
et substantiarum et oblationem pretii rerum venditarum factam sponte
Deo. Et quod iste fuerit ordo rei gestae, ex diversis locis textus et ex
auctoritate beati Gregorii testantis quod Ananias vovit Deo pecunias,
480 quas pro agro suo receperat, colligitur evidenter, sicut ostensum est prius.

Et cum in ratione accipitur quod nisi illa vendita fuissent communitatis
quoad dominium et proprietatem, illi, quorum fuerunt ante conversionem,
remansissent proprietarii: dicunt isti impugnatores quod proprietarii
fuerunt ante venditionem et etiam ante oblationem pecuniarum Deo.
485 Et cum dicitur quod hic repugnant scripturae dicenti: *Nec quisquam*

448 prius B.
453 istud: illud B*ed.*
468 illis: eis B*ed.*
471 vendentes ponebant *trs.* B*ed.*
474 fuerant B.

452 possunt B.
456 subnectuntur *ex corr.* P; subduntur *ed.*
468 eorum enim *add.* P; enim eorum *ed.*
472 illorum: eorum B.

485 hic: hoc *ed.*

485 repugnat B*ed.*

448–9 Matth. 4, 5; *ibid.* 4, 8.
454–6 *cf.* Franc. de Esc., f. 76rb.
457–9 *cf.* Matth. 1, 16; *ibid.* 1, 18; Franc. de Esc., f. 29va.
463–5 *cf.* III Reg. 11, 43; *ibid.* 14, 31.
467–8 Act. 4, 32.
480 prius: 4.412–20.

450 Luc. 4, 5; *ibid.* 4, 9.

466–78 *cf.* Franc. de Esc., f. 29va.
468–70 Act. 4, 34.
485–6 Act. 4, 32.

eorum, quae possidebat, aliquid suum esse dicebat, dicunt quod si iste impugnatus sciret distinguere tempora, posset concordare scripturas; quia pro
alio tempore dicitur: *Nec quisquam eorum, quae possidebat, aliquid suum esse
dicebat,* et pro alio tempore dicitur quod *possessores agrorum et domorum,*
490 *vendentes afferebant,* etc. Nec est verum quod tempus, pro quo dicitur:
Nec quisquam eorum, etc., praecessit tempus, pro quo dicitur quod *possessores
agrorum,* etc., sicut dicit iste impugnatus.

Ex cuius verbis colligi potest quod secundum ipsum primi credentes
maiorem sollicitudinem habuerunt de suis temporalibus ordinandis quam
495 de fide discenda et vita sua quoad spiritualia ordinanda. Quia, si fidem
addiscendam et vitam suam quoad spiritualia ordinandam—puta quomodo deberent Deum diligere servireque eidem et placere—praeposuissent
ordinationi temporalium suorum, in illo tempore priori ipsis temporalium
suorum proprietas et dominium remansissent, et ita pro illo tempore
500 fuissent proprietarii: quod iste negat. Et tamen quod hoc fuerit verum,
declaratur. Quia cum Apostoli, qui doctores erant et patres primorum
credentium, nequaquam doctrinam Magistri sui oblivioni tradiderint,
qui ait: *Primum quaerite regnum Dei, et iustitiam eius, et haec omnia adicientur
vobis,* nec est credendum quod Apostoli primo credentes informaverint ad
505 dandum temporalia sua communitati credentium, antequam eos in-
duxerint ad fidem veram addiscendam et quomodo deberent vitam suam
quoad spiritualia ordinare; immo, si hoc fecissent, credentibus occasionem
suspicandi dedissent quod eorum temporalia desiderassent et propter hoc
eis fidem praedicassent: quod minime est credendum. Primo ergo
510 beatus Petrus compunctos corde ex verbis eiusdem de fide et sacramento
baptismi suscipiendo et aliis spiritualibus cum diligentia informavit, et
postmodum ipsi credentes bona sua vendebant et pretium ad communem
sustentationem omnium spontanee offerebant; et ita toto tempore,
quo ante venditionem rerum circa spiritualia occupati fuerunt, rerum
515 suarum proprietarii remanserunt. Quod autem primo circa spiritualia
fuerint occupati, ex serie textus Actuum Apostolorum patenter elicitur,
ubi post sermonem beati Petri de credentibus sic legitur: *Hiis* (scilicet
verbis beati Petri) *auditis, compuncti sunt corde, et dixerunt ad Petrum et ad
reliquos Apostolos: Quid faciemus, viri fratres?* Ex quibus verbis datur
520 intelligi quod isti prompti erant informationem Petri et aliorum Apostolorum tenere et sequi. Qualem autem informationem beatus Petrus eisdem
tradiderit, ibidem subiungitur, cum dicitur: *Petrus vero ad illos: ' Poenitentiam ', inquit, ' agite, et baptizetur unusquisque vestrum in nomine Ihesu Christi,
in remissionem peccatorum vestrorum; et accipietis donum Spiritus sancti. Vobis*
525 *enim* haec *est repromissio, et filiis vestris, et omnibus, qui longe sunt, quoscunque*

493 cuius: eius P.
501 Quia cum Apostoli: per quod hoc quia apostoli B.
502 tradiderunt BP.   504 nec: non B.
504 informaverunt B.   509 ergo: enim B.
517 legitur: habetur B.   522 tradidit B*ed.*
522 vero ait *add.* BP*ed.*   525 haec *deest Vulg.*   525 promissio B²; remissio P.

489–90 Act. 4, 34.   503–4 Matth. 6, 33; Luc. 12, 31.
517–19 Act. 2, 37.   522–7 Act. 2, 38–40.

*advocaverit Dominus Deus noster'.   Aliis etiam verbis pluribus testificatus est, et
exhortabatur eos, dicens: 'Salvamini a generatione ista prava'.*   In ista informatione patet aperte quod de ordinatione bonorum suorum nulla fit mentio;
sed beatus Petrus, memor doctrinae sui Magistri dicentis Marci ultimo:

530 *Euntes in mundum universum, praedicate Evangelium omni creaturae; qui crediderit,
et baptizatus fuerit, salvus erit; qui vero non crediderit, condempnabitur,* in qua
de temporalibus disponendis mentio non habetur, postquam Iudaeos
de fide Christi instruxerat, quaerentes quid eos facere oporteret, de agenda
poenitentia, suscipiendo baptismo, dono Spiritus sancti recipiendo atque
535 de dimittenda infidelitate, non de temporalibus, informavit; cuius
doctrinam recipientes a spiritualibus inceperunt.   Unde ibidem immediate subiungitur: *Qui ergo receperunt sermones eius, baptizati sunt; et appositae
sunt illa die animae circiter tria millia.   Erant autem perseverantes in doctrina
Apostolorum, et communicatione et fractione panis et orationibus.*   Ex hiis verbis
540 datur intelligi quod hii credentes non ab ordinatione bonorum suorum
temporalium, sed a baptismo et aliis spiritualibus inceperunt; ergo illo
tempore proprietarii remanserunt.   Quomodo enim est credibile quod
postquam crediderunt, antequam baptizarentur, sua temporalia communitati dederunt?   Proprietarii igitur remanserunt.

545   Post haec circa litteram aliqua sunt notanda.   *Proprietatem:* Istud
est verbum appellantis, quod isti impugnatores dicunt principaliter debere
sumi hic pro proprietate speciali, civili et mundana, qualem secundum
doctrinam sanctorum et sacros canones clerici et religiosi non habent in
rebus ecclesiae.   Unde dicunt quod proprietas est duplex: una com-
550 munis, alia specialis.   Communis adhuc est duplex, et similiter specialis:
una, qua potest proprietarius, sive sit persona singularis sive communitas,
de re libere ordinare vendendo, donando, legando, alienando et utendo
ac consumendo, si est res usu consumptibilis, ad suae libitum voluntatis;
et isto modo ut communius accipitur proprietas in iure canonico et in
555 iure civili.   Et talem proprietatem nec communem nec specialem
habent religiosi in quibuscunque rebus temporalibus, nec clerici in rebus
ecclesiae, quia temporalia ad certos usus et certum modum disponendi
sunt eis concessa.   Et propter hoc saepe absolute sine distinctione dicitur
quod non habent proprietatem in huiusmodi rebus et quod non sunt
560 domini huiusmodi rerum, teste Alexandro III, qui, ut habetur Extra,
de donationibus, c. *Fraternitatem,* ait: *Cum episcopus et quilibet praelatus ecclesiasticarum rerum sit procurator, non dominus*; et Augustinus, ut habetur
xii, q. i, c. ultimo, idem dicit.   Talem proprietatem non habuerunt primi

---

538 in die illa *Vulg.*
539 et fractione: fractionis *Vulg.*   539 hiis: istis B.
549 ecclesiae proprietatem *add.* B.   553 consummando BP.
562 dominus etc. *add.* Bed.

530–1 Mc. 16, 15–16.   537–9 Act. 2, 41–2.
545 Proprietatem: *cf. supra,* 2.433–41.
546 verbum appellantis: Michael, *App.* III, 412.
547–9 *cf. supra,* 2.389–432.
561–2 III, 24, 2, col. 533; cited by Michael, *App.* II, 277.
562–3 c. 28, C. 12, q. 1, col. 686 = Augustinus, *Ep.* clxxxv, 9, PL 33, 809.

credentes in rebus communibus. Ideo absolute dicit appellans quod
565 primi credentes nullius rei neque usu consumptibilis neque non consumptibilis usu, postquam scilicet omnia facta fuerunt communia, proprietatem habebant, quia proprietatem praedictam nec specialem nec
communem habebant. Alia est proprietas, tam specialis quam communis, quae est potestas vendicandi rem in iudicio, licet non sit potestas
570 de re libere disponendi vendendo, donando, legando, alienando et
utendo ad libitum. Et talem proprietatem non specialem, sed communem, habebant primi credentes: et hoc vel tota communitas secundum
aliquos, vel aliqua pars totius communitatis, scilicet illa, a qua erat
communitas specialis Apostolorum distincta.

575 *Pro tempore illo:* Istud tempus non incepit ab initio conversionis
primorum credentium, sed incepit postquam baptizati et in fide instructi
inceperunt considerare necessitatem multorum credentium, qui non
habebant unde poterant ex propriis sustentari. *Nullius rei proprietatem
habebant:* Istud verum est, accipiendo proprietatem primo modo dictam.
580 *Omnia quae possidebant, erant communia inter eos:* Verum est quod erant
communia quantum ad potestatem utendi et sustentandi se, sed non erant
communia quantum ad proprietatem primo modo dictam, secundum
quod intendit iste impugnatus.

Et quod illa communio, etc.: Hic incipit prima ratio ad probandum quod
585 omnia erant communia quantum ad proprietatem primo modo dictam.
*Illud, quod prius ante conversionem Iudaeorum ipsis fuerat proprium, postquam
credentes effecti fuerunt, fuit inter eos communicatum:* Ista est maior rationis
suae, in qua, sicut patet, non ponitur 'dominium' vel 'proprietas',
nec aliqua talis determinatio: 'quoad dominium et proprietatem'; et
590 ideo secundum rectam formam arguendi non deberet poni in conclusione.
Et ideo ex ista maiori conclusio sua non deberet inferri, sed solummodo
deberet istam conclusionem inferre: 'Omnia fuerunt inter eos communicata', et non illam, quam infert. Quia semper ex illa forma est
fallacia secundum quid et simpliciter, quando in tali modo arguendi aliqua
595 determinatio ponitur in minori et in conclusione, quae non ponitur in
maiori, sicut hic: 'Omne currens est animal, homo nunc primo est
currens, ergo homo nunc primo est animal', quia haec determinatio
'nunc primo' ponitur in minori et in conclusione, sed non ponitur in
maiori, immo maior accipitur sine determinatione tali. Consimiliter,
600 est hic talis fallacia: '*Illud, quod prius ante conversionem ipsis fuerat proprium,
postquam credentes effecti fuerunt, fuit inter eos communicatum*; sed illa, quae
possederant ante conversionem, fuerunt eis propria quoad potestatem
dandi plus minus indigenti et minus vel nichil magis indigenti; ergo
postquam fuerunt conversi, illa, quae possederant, fuerunt inter eos
605 communicata quoad potestatem dandi plus minus indigenti et minus vel
nichil magis indigenti'. Et consimilis fallacia ex forma est in argumento

---

574 scilicet Apostolorum *add. ed.*
588 prius patet *add.* B.
589 determinatio: declaratio B*ed.*
594 aliqua: altera *ed.*
597 nunc primo currens *add.* P.

589 aliqua: alia P.
592 deberet: debet B; dicitur P.
595 determinatio: declaratio B.
602 possiderant P; possederunt *ed.*

23

suo, quia haec determinatio ' quoad dominium et proprietatem ' accipitur in minori et in conclusione, et non in maiori.

Sed forte dicet aliquis quod iste impugnatus accipit maiorem suam sub
610 hoc sensu: ' Illud, quod prius ante conversionem Iudaeorum ipsis fuerat proprium, postquam credentes effecti fuerunt, fuit eodem modo, quo prius fuerat proprium, inter eos communicatum '; et tunc bene sequitur conclusio, quia eadem determinatio, quae ponitur in minori et in conclusione, subintelligitur virtualiter in maiori. Ad hoc dicerent isti
615 impugnatores quod maior sub isto sensu est falsa; immo dicunt quod sic intellecta est erronea reputanda. Quia bona Iudaeorum ante conversionem isto modo fuerunt eis propria, quod poterant ea libere dare suis consanguineis, nichil vel parum dando extraneis; isto autem modo non erant communia communitati credentium, sicut nec isto modo bona
620 ecclesiae sunt modo communia. Multis etiam modis aliis erant illa bona propria Iudaeis ante conversionem, quibus modis non erant communicata postea inter eos: quod ex praecedentibus colligitur evidenter. Et ita patet clare quod iste sophistice arguit, ut dicunt isti impugnatores, dicentes quod si modos arguendi scivisset, nunquam per istud sophisma
625 nec per consimilia, quae frequenter adducit, veritatem catholicam impugnasset.

Constat autem quod illa, quae possidebant ante conversionem, erant illis quantum ad dominium propria: Ista est minor rationis suae, in qua ponitur haec determinatio ' quantum ad dominium ', quae in maiori minime posita
630 fuit; et ita sophistice arguit. *Quare sequitur quod fuerunt quoad proprietatem seu dominium inter eos communicata:* Haec est conclusio rationis suae, circa quam isti impugnatores duo notant. Primum est quod in hac conclusione ponitur haec determinatio ' quoad proprietatem seu dominium ', quae nequaquam fuit posita in maiori, et ideo sophistice infertur ista
635 conclusio. Sicut—posito quod aliquis volens intrare religionem conferat alicui monasterio monachorum omnia bona sua, quorum prius habuit dominium liberum, sic quod potuit illa dare, vendere et legare ac etiam alienare ad libitum, et arguatur sic: Illa, quae erant isti propria, postmodum omnibus de monasterio quod intravit sunt communicata; sed
640 prius erant propria quoad potestatem dandi, vendendi, legandi et quomodolibet alienandi; ergo postea sunt communicata quoad potestatem dandi, vendendi, legandi et quomodolibet alienandi—certum est quod arguitur sophistice, quia constat quod conclusio secundum sacros canones falsa est, et tamen praemissae sunt verae: ita dicunt quod argumentatio
645 istius est sophistica reputanda. Secundo, notant isti impugnatores quod, cum idem terminus non debeat accipi aequivoce in praemissa et in conclusione, ' dominium ', quod ponitur hic tam in minori quam in conclusione, non accipitur aequivoce. Sed in minori accipitur ' dominium ' pro dominio civili et mundano, quod est potestas alienandi, vendendi,
650 donandi, legandi et utendi re ad placitum, quia secundum iura civilia *re-*

608 conclusione: consequentia *ed.* 609 diceret B.
612 proprium etiam *add.* B. 620 etiam: et P; *om.* B.
623 iste: ille *ed.*; *om.* P. 644 ita: igitur *ed.*; *om.* B.

650–1 secundum iura civilia: *cf. Cod.* 4, 35, 21, cited by Michael, *App.* II, 260, 264.

rum *sua*rum unus*quisque* est legitimus *moderator* et *arbiter*; ergo eodem modo accipitur ' dominium ' hic in conclusione, cum dicitur quod illa bona Iudaeorum fuerunt communicata quoad dominium. Et ita secundum istum impugnatum communitas credentium habebat dominium civile et 655 mundanum, quod est potestas dandi, vendendi, legandi, etc., in rebus illis communibus: quod est omnino falsum et erroneum, quia tenebantur credentes credentes de illis temporalibus sustentare, et non poterant ea alienare ad libitum.

Quod de rebus non consumptibilibus usu, etc.: Istud dicunt isti impugnatores 660 esse omnino falsum, sicut ex praecedentibus patet aperte. *Nisi violentia sibi fiat:* Dicunt isti impugnatores quod violentia fieret scripturae, si diceretur quod immobilia erant communicata credentibus quoad dominium et proprietatem, quia, sicut ex scriptura patet, ipsi spontanee vendebant huiusmodi res, et ita illae semper ante venditionem erant 665 suae propriae, et non communes. *Cum ergo prius dicat quod inter credentes erant omnia communia,* etc.: Male arguit: ' Prius scribitur, ergo prius fuit factum ', quia, sicut ostensum est, ordo scripturae non semper sequitur ordinem rei gestae. *Ipsi ante illorum venditionem remansissent proprietarii:* Istud, quod iste impugnatus habet pro ultimo inconvenienti, habent isti 670 impugnatores pro vero. *Cum dicit: ' Nec quisquam eorum, quae possidebat '* etc.: Istud dicit scriptura pro tempore post venditionem omnium et alienationem praediorum, et ita illi, quod dicitur, quod ante venditionem proprietarii remanserunt, nullatenus adversatur.

CAPITULUM 5

Ad illud autem, quod (volens probare quod rerum usu non consumptibilium credentes non habuerunt dominium etiam in communi) subiungit, scilicet: *Quia res non consumptibiles usu vendebant, et ipsas nec in speciali nec in eorum communitate retinebant,* dicimus quod ex hoc non sequitur quod ante venditionem illarum rerum non hab- 5 uerunt dominium; sed bene sequitur quod post venditionem illud non retinuerint. Et hoc est verum; per venditionem enim perfectam in ementes transtulerunt dominium, quare illud sibi non retinuerunt. Et si quaeratur quare Apostoli agros et domos non retinebant in Iudaea, sed potius illis venditis habebant eorum pretia in communi, respondet Melchiades papa, dicens: *Futuram,* id est transituram, 10 *ecclesiam in gentibus,* id est ad gentes, *Apostoli praevidebant: idcirco praedia in Iudaea minime sunt adepti.* Et si dicatur quod Melchiades videtur supponere quod credentes etiam ante venditionem praediorum illa nequaquam habuerunt in com-

651 legitimus *om. Bed.*
664 illae *om.* BP.
671 etc. *om.* BP.
672 praediorum: posteriorum B; preciorum *ed.*
673 non remanserunt *add.* P.

657 credentes[2] *om. Bed.*
669 iste: est P; ille *ed.*
671 dicit: ostendit B.

5 retinuerunt *c.*
8 habuerunt *ed.*

8 retinuerunt *ed.*

667 ostensum est: *supra,* 4.444–80.

1–20 *BF* v, 411–12.   2–3 Michael, *App.* III, 412.
9–11 c. 15, C. 12, q. 1, col. 682 = *Decret. de primitiva eccles.* ix, *Decretal. ps.-Isid.,* ed. Hinschius, p. 247.

muni, cum dicat quod illa in Iudaea minime sunt adepti, dicimus quod Melchiades
pro tanto dixit Apostolos in Iudaea non fuisse adeptos praedia, quia non sic
15 adepti fuerant ea, ut illa sibi intenderent retinere; et ideo non videbantur ea
fuisse adepti, cum qui sic rem adipiscitur, ut eam incontinenti a se abdicare
debeat, adeptus proprie non dicatur. Ex praedictis patet quod Apostolis fuit
licitum in Iudaea, si voluissent, retinere praedia, nec voto compulsi sunt quod illa
non retinuerint, sed voluntate propria, quia se non contracturos moram inibi,
20 sed transituros praevidebant ad gentes.

Haec ibi.

In ista parte respondet ad secundum, quod accepit appellans, quod
videlicet primi credentes non retinuerunt res non consumptibiles usu, nec
in speciali nec in communi. Et circa hoc duo facit. Primo enim
25 respondet per distinctionem distinguens duo tempora, scilicet tempus ante
venditionem et post venditionem; unde dicit quod post venditionem non
retinuerunt dominium, sed ante venditionem bene habuerunt dominium
huiusmodi rerum in communi. Secundo, ibi: *Et si quaeratur*, movet
quaestionem quare Apostoli domos et agros in Iudaea non retinuerunt;
30 ad quam respondet, ut dicit, secundum Melchiadem papam, quia scilicet
sciverunt ecclesiam transituram ad gentes. Tertio, ibi: *Et si dicatur*,
obicit contra dictam responsionem et respondet, ut plane habetur in
littera. Ultimo, ibi: *Ex praedictis patet*, concludit ex praedictis quod
licitum fuit Apostolis habere praedia in Iudaea.
35   Sed isti impugnatores dicunt in hiis verbis quattuor contineri errores.
Quorum primus est quod communitas 'credentium habuit domos et agros
quoad dominium et proprietatem. Secundus est quod Apostoli habuerunt
praedia in Iudaea. Tertius est quod Apostoli ideo non retinuerunt
praedia, quae habebant in Iudaea, quia transituri fuerunt ad gentes.
40 Quartus est quod Apostolis licuit in Iudaea et inter gentes praedia
possidere.

De primo errore dictum est in parte praecedenti, ubi ostensum est quod
Iudaei conversi domos et agros non dederunt communitati, sed tanquam
res proprias vendiderunt, et postea pretium sponte communitati
45 obtulerunt.

Secundus error hic contentus, ut dicunt isti impugnatores, est quod
Apostoli habuerunt praedia in Iudaea. Quod hoc dicat iste impugnatus,
patet aperte. Ait enim: *Dicimus quod Melchiades pro tanto dicit Apostolos in
Iudaea non fuisse adeptos praedia, quia non sic adepti fuerant ea, quod illa sibi*
50 *intenderent retinere*. Ex quibus verbis clare colligitur quod Apostoli in
Iudaea praedia habuerunt, quamvis illa intenderent minime retinere.
Sed hoc isti impugnatores reprobare nituntur.

Primo sic: Constat quod Apostoli non habuerunt aliqua praedia in

15 ut: quod *c*.
16 rem sic *trs*. P.
30 scilicet *om*. B.
32 responsionem: rationem B.
53-4 in Iudaea aliqua predia *trs*. B*ed*.

22 accipit P.
32 obiiciendo *ed*.
48 dicit: sic BP*ed*.; *cf. supra*, 5.14.

42 in parte praecedenti: *supra*, 4.407-43.
48-50 *BF* v, 412; *supra*, 5.13-15.

Iudaea praeter praedia conversorum ad fidem, unde et de illis praediis
55 videtur iste impugnatus intendere. Sed ostensum est prius quod illa
praedia semper ante venditionem ipsorum remanserunt propria illis,
quorum primo fuerunt; ergo illa praedia ante venditionem ipsorum ad
proprietatem et dominium Apostolorum minime pertinebant. Nec
pertinebant ad eorum dominium post venditionem; ergo Apostoli post
60 passionem Christi in Iudaea praedia minime habuerunt.

Secundo sic: Apostoli quantum ad consilium paupertatis imitatores
Christi fuerunt; sed Christus, non obstante quod non erat de Iudaea
regulariter transiturus ante mortem suam, in Iudaea praedia non recepit,
cum ipse dicat Matthaei viii: *Vulpes foveas habent, et volucres coeli nidos;*
65 *Filius autem hominis non habet ubi caput suum reclinet*; ergo nec Apostoli in
Iudaea praedia receperunt. Ex hoc patet quod praedia Iudaeorum
conversorum nequaquam in totius communitatis dominium transierunt.
Cum sit igitur verisimile quod Apostoli sequerentur vitam Christi et
modum vivendi eiusdem, sicut Christus nullum praedium pro se vel suo
70 collegio speciali recepit, sed tamen sustinuit quod mulieres sibi et discipulis
suis de suis facultatibus ministrarent, sicut patet Lucae viii, et quod loculi
pro pauperum indigentiis portarentur, ita Apostoli pro se praedia minime
receperunt, sed permiserunt quod fideles de pretio bonorum suorum
Apostolorum et aliorum indigentias sublevarent.

75 Tertio ostenditur idem sic: Summi sacerdotes sequentes Apostolos non
fuerunt pauperiores ipsis Apostolis; sed plures summi sacerdotes post
Apostolos praedia a fidelibus minime receperunt, licet pretia praediorum
reciperent; ergo multo magis Apostoli praedia conversorum in Iudaea
minime receperunt. Maior est manifesta, et inferius probabitur multis
80 modis. Minor probatur auctoritate Urbani papae, qui, ut habetur xii,
q. i, c. *Videntes*, ait: *Videntes autem summi sacerdotes, et alii, atque levitae, et
reliqui fideles, plus utilitatis posse conferre, si hereditates et agros, quos vendebant,
ecclesiis, quibus praesidebant episcopi, traderent, eo quod ex sumptibus eorum tam
praesentibus quam futuris temporibus plura et elegantiora possent ministrare*
85 *fidelibus communem vitam ducentibus, quam ex pretio ipsorum, coeperunt praedia et
agros, quos vendere solebant, matricibus ecclesiis tradere, et ex sumptibus eorum
vivere.* Haec ibi. Ex quibus verbis colligitur evidenter quod in primitiva
ecclesia et diu post talis fuit consuetudo quod fideles, qui alios fideles
vitam communem ducere cupientes de bonis suis sustentare volebant,
90 ipsis praedia non dederunt, sed praedia vendiderunt et ex pretio vitam
communem ducentibus necessaria ministrarunt; postea autem *coeperunt,*
sicut Urbanus papa dicit, *praedia et agros matricibus ecclesiis tradere;* nequaquam ergo Iudaei conversi sua praedia dederunt Apostolis, sed, sicut

---

56 illis: illorum *ed.*
63 regulariter: corporaliter P.   75 idem *add.* B²; illud sic ostenditur *ed.*
79–80 multis modis probabitur *trs.* B*ed.*

55 prius: 4.493–544.
64–5 Matth. 8, 20.   70–1 *cf.* Luc. 8, 3.
71–2 *cf.* Ioann. 12, 6; *ibid.* 13, 29.   79 inferius: uncertain.
81–7 c. 16, C. 12, q. i, col. 682 = [Urbanus papa I], *Ep. unic.* c. 2, *Decretal. ps.-Isid.*, ed.
Hinschius, p. 144.

textus Actuum Apostolorum eloquitur manifeste, ipsi sua praedia vendi-
95 derunt et pretium ante pedes Apostolorum pro sustentandis fidelibus
posuerunt.

Sed contra ista dupliciter obici potest. Primo per capitulum allegatum
Melchiadis papae, qui insinuare videtur quod ecclesia inter gentes praedia
magna obtinuit; ergo fideles non vendiderunt praedia, sed ecclesiae
100 tradiderunt. Secundo, quia posteriores Apostolis non erant sapientiores
nec maiorem curam habentes de fidelibus sustentandis quam Apostoli;
si ergo, sicut dicit Urbanus papa, episcopi posteriores ordinaverunt pro
utilitate communem vitam ducentium quod non pretia, sed praedia
ecclesiis traderentur, videtur quod multo magis hoc ordinaverunt
105 Apostoli.

Ad primum istorum isti impugnatores respondent, dicentes quod
Melchiades nequaquam dicit quod ecclesia, hoc est collegium communem
vitam ducentium, praedia tempore Apostolorum obtinuit, sed explicat
manifeste quod tempore Constantini imperatoris praedia est adepta.
110 Aliter dicunt, et responsioni praedictae non obviat, quod in Iudaea pro
tempore Apostolorum nec ecclesia, quae est congregatio illorum, qui
divino cultui sunt specialiter deputati, nec tota congregatio fidelium nec
aliqua pars illius congregationis praedia sibi retinuit. Inter gentes
autem tempore Apostolorum, licet congregatio illorum, qui erant divino
115 cultui specialiter deputati, et etiam congregatio communem vitam
ducentium in communi praedia non haberent, sed de pretio praediorum
et eleemosynis fidelium sustentarentur, multi tamen erant fideles inter
gentes, qui praedia habuerunt et retinuerunt; et ita inter fideles in
Iudaea et inter fideles inter gentes tempore Apostolorum fuit differentia
120 manifesta quoad retentionem praediorum.

Ad secundum dicunt isti impugnatores quod aliquid est expediens pro
uno tempore, quod pro alio minus expediens, immo aliquando nocivum
dignoscitur. Et ideo, quamvis Apostoli fuerint sapientiores et maiorem
sollicitudinem de communi utilitate gerentes quam sequentes eos episcopi,
125 tamen sequentes vitam Christi nec praedia habere volebant nec quod
congregatio communem vitam ducentium haberet praedia ordinaverunt,
quia tunc non erat ita necessarium sicut postea fuit. Christiani etiam,
qui fuerunt vicini Apostolis, hoc non servabant, et tamen non fuerunt
minoris sapientiae nec minoris fervoris ad commune bonum quam
130 posteriores; et hoc quia tunc non ita expediebat.

Quarto probatur quod Apostoli in Iudaea praedia minime habuerunt
per hoc, quod Apostoli omnia temporalia abdicaverunt quoad dominium
et proprietatem, sicut per scripturam sacram, doctrinam sanctorum et

97 ista: predia ista B; illa *ed.*
101 neque B*ed.*
112 spiritualiter P.
117 sustentaretur *ed.*
126 haberent BP.

110 responsioni: rationi P.
116 haberet *ed.*
123 fuerunt B*ed.*
132 Apostoli: ipsi B.

97–8 capitulum allegatum Melchiadis: c. 15, C. 12, q. 1, col. 682; *supra*, 5.9–11.

determinationem ecclesiae constat aperte; sed de ista materia erit postea
135 sermo prolixus, ideo ad praesens pertranseo.
Tertius error, ut dicunt isti impugnatores, hic contentus est quod
Apostoli ideo non retinuerunt praedia, quae habebant in Iudaea, quia
transituri fuerunt ad gentes. Hoc dicunt isti impugnatores esse erroneum
pro eo, quod in hiis verbis insinuat impugnatus Apostolos inter gentes
140 praedia habuisse et retinuisse. Si enim propter hoc tantummodo Apostoli
praedia, quae in Iudaea habebant, non retinuerunt, quia transituri erant
ad gentes, ergo quando venturi erant ad gentes, si gentes eis praedia
offerre volebant, ipsi retinere oblata praedia intendebant. Constat
autem quod multi fideles inter gentes Apostolis praedia obtulerunt;
145 ergo Apostoli oblata praedia receperunt et retinuerunt. Sed hoc constat
esse falsum, quia nusquam legitur quod Apostoli inter gentes praedia
receperunt. Unde et Apostolus Paulus, qui erat doctor gentium et
magister etiam, saepe sumptus a gentibus recipere recusavit, quia pro
victu suo manibus propriis laboravit, et i ad Thimotheum vi ait: *Habentes*
150 *autem alimenta, et quibus tegamur, hiis contenti simus.* Ex quibus patet quod
Paulus inter gentes praedia non recepit, et idem constat de Apostolis aliis.
Quartus error est, ut dicunt isti impugnatores, quod Apostolis licuit in
Iudaea et inter gentes praedia possidere. Sed istud, ut dicunt isti
impugnatores, scripturae divinae repugnat. Nam quibus interdicitur
155 congregare thesauros, eisdem interdicitur praedia possidere; nam de
praediis thesauri congregantur, et saepe expedit et est rectae consonum
rationi praedia possidentes congregare thesauros, eo quod saepe absque
thesauro rite coli, conservari et defendi non possunt. Christus autem
congregare thesauros Apostolis interdixit, dicens Matthaei vi: *Nolite*
160 *thesaurizare vobis thesauros in terra, ubi aerugo et tinea demolitur, et ubi fures*
effodiunt, et furantur; ergo Christus Apostolis interdixit praedia possidere,
vel saltem ne possiderent consuluit. Apostolis igitur doctrinam et consilia
sui Magistri sequentibus praedia minime licuit possidere.
Amplius, quibus interdicitur sollicitudo de crastino, ipsis interdicitur
165 praediorum possessio; quia praedia possidentes per se vel per alios de
praediis pro futuris temporibus disponendis sollicitudinem magnam
oportet habere. Christus autem sollicitudinem de crastino interdixit,
dicens Matthaei vi: *Nolite solliciti esse in crastinum*; ergo eis interdicta fuit
praediorum possessio, et per consequens eis non licuit praedia possidere.
170 Rursus, ea, quae ad pericula spiritualia et peccata inclinant, sine quibus
contingit vitam convenienter transigere, Apostoli reliquerunt; aliter enim
de placendo Deo fuissent minus solliciti. Sed praedia, sicut et divitiae,
ad spiritualia pericula et peccata inclinant, teste Apostolo, qui i ad
Thimotheum vi ait: *Qui volunt divites fieri, incidunt in temptationem, et*

---

134 erit: est B.   144 praedia multa *add*. B.
146 nunquam P.   157 agregare P.
158 possunt: potest B; *om*. P.

---

134 postea: 97.71–107.61.   136–51 *cf*. Franc. de Esc., ff. 29ᵛᵇ–30ʳᵃ.
149–50 1 Tim. 6, 8.   152–76 *cf*. Franc. de Esc., f. 30ʳᵃ.
159–61 Matth. 6, 19.   168 Matth. 6, 34.
174–6 1 Tim. 6, 9, cited by Franc. de Esc., f. 30ʳᵃ.

175 *laqueum diaboli, et desideria multa et inutilia et nociva, quae mergunt homines in*
perditionem et in interitum; ergo Apostoli praedia reliquerunt.

Sed forte dicet iste impugnatus quod Christus noluit Apostolos, dum
esset cum eis, praedia possidere; quin tamen post eius abscessum praedia
possiderent, minime interdixit.

180 Sed hoc dicunt isti impugnatores stare non posse. Nam non est
perfectorum de maiori perfectione ad imperfectionem vel minorem
perfectionem transire. Apostoli autem, saltem post adventum Spiritus
sancti, perfecti fuerunt; ergo nullam perfectionem, quam a Christo
acceperant et secum servaverant, relinquere debuerunt. Sed dum erant
185 cum Christo, praedia minime habuerunt nec habere voluerunt, ut Christo
perfectius adhaererent; ergo post adventum Spiritus sancti multo magis
habere praedia non debebant. Unde, si Apostoli, quando non erant
omnino perfecti, immo infirmi secundum beatum Gregorium, et quando
ad eos non principaliter pertinebat in terris gubernatio fidelium, praedia
190 perfectionis amore minime habuerunt, multo magis post adventum
Spiritus sancti, quando erant in omni perfectione magis quam antea
radicati, et ad quos tunc principaliter in terris gubernatio spectabat
fidelium, perfectionis amore et ut exemplum darent fidelibus, omnia
debuerunt propter Deum relinquere, et ut suspicionem tollerent quod
195 propter temporalia praedicarent, nequaquam habere praedia debuerunt.

Adhuc, nulla religio est perfectior in paupertate apostolica paupertate.
Multi autem sunt religiosi, qui praedia non solum in speciali sed etiam
in communi habere recusant; patet de Fratribus Praedicatoribus et
aliis mendicantibus. Ergo multo magis Apostoli nequaquam habere
200 praedia debuerunt.

Porro, quia iste impugnatus quantum ad istas quattuor assertiones de
praediis Apostolorum, ut dicunt isti impugnatores, doctrinae Fratrum
Praedicatorum obviat et repugnat, immo ordinem eorum destruit et
confundit manifeste, insinuans quod paupertatem apostolicam nullatenus
205 imitantur proprietatem praediorum a se penitus abdicando, ideo pro ipsis
et eorum doctrinam sequentibus quid de ista materia sentiat Thomas,
doctor eorum, adducunt. In libro itaque contra doctrinam retrahentium
a religione, c. xv, ait: *Manifestum est igitur secundum expositiones praemissas*
Apostolis interdictum fuisse ne agros vel vineas vel alia huiusmodi bona immobilia
210 *possiderent. Quis autem dicat, nisi haereticus, primam* divinissimam *instructionem*

---

175 hominem B*ed.*
177 dum: cum B.
184 debuerant P.
187 quando: qui B*ed.*
195 praedia debuerunt habere *trs.* B*ed.*
199–200 praedia debuerunt habere *trs.* B*ed.*
200 debuerant P.
206 Thomas de Alquino *add.* B.
210 divinissimam BP*ed.*: discipulorum *auctor laud.*

179 possidere P.
187 praedia habere *trs.* B*ed.*
192 tunc *om.* P.
197 speciali: spirituali P.

204 paupertatem: perfectionem B.

---

188 secundum beatum Gregorium: *cf.* Gregorius Magnus, *Moral. in Iob* xvii, 31, PL 76,
33–4.
208–11 Thomas, *Contra retrahentes a cultu relig.* c. 15, in *Opera omn.* xv, Parma, 1864,
p. 122.

a Christo perfectioni evangelicae derogare? Haec ibi. Ex quibus verbis
evidenter habetur quod interdictum fuit a Christo Apostolis ne praedia
possiderent, et quod sapit haeresim secundum istum dicere quod possessionum carentia derogat evangelicae perfectioni; et ita, cum Apostoli
215 evangelicam perfectionem nequaquam reliquerint, constat eos praedia
minime possedisse.

Item, idem in eodem capitulo dicit: *Est autem ulterius considerandum
qualiter praemissa Domini praecepta* (scilicet, *Nolite possidere aurum*, etc.)
fuerunt ab Apostolis observata. Et infra: *Quod autem nichil temporalium*
220 *possiderent aut etiam in via deferrent ante tempus passionis, aperte ostenditur ex hoc,*
quod legitur Lucae xxii, ubi Dominus discipulis suis dixit: ' " Quando misi vos
sine sacculo, et pera, et calciamentis, numquid aliquid defuit vobis? "   At illi
dixerunt: " Nichil ".'   Sed quia ibi subditur: ' Dixit ergo eis: " Sed nunc
qui habet sacculum, tollat similiter et peram " ', posset alicui videri quod Dominus
225 *totaliter priora praecepta relaxaverit.   Sed hanc relaxationem quantum ad personas*
Apostolorum, imminentis persecutionis tempore, referendam apparet ex verbis Bedae,
qui dicit: ' Non eadem vivendi regula persecutionis et pacis tempore discipulos
informat.   Missis quidem discipulis ad praedicandum, ne quid tollerent in via
praecepit; mortis vero instante periculo et tota simul gente pastorem gregemque
230 *persequente, regulam congruam ipsis decernit, permittens ut tollant victui necessaria,*
donec sopita insania persecutorum, tempus evangelizandi redeat '.   Et subdit:
' Ubi nobis quoque dat exemplum, ex iusta nonnunquam causa instante, quaedam
de nostri proposito rigore posse sine culpa intermitti '. Haec verba Bedae.
Ex quibus concludit Thomas, dicens: *Ex quo etiam apparet ad rigorem*
235 *evangelicae disciplinae pertinere, quod aliquis careat omni possessione terrena.*
Quid autem super hoc Apostoli post passionem servaverunt et servandum tradiderunt,
aperte in Actibus Apostolorum docetur.   Legitur enim Actuum iv quod ' multi-
tudinis credentium erat cor unum, et anima una, nec quisquam eorum, quae possidebat,
aliquid suum esse dicebat, sed erant illis omnia communia '; et ne aliquis dicat
240 *eos habuisse possessiones communes, puta agros aut vineas aut aliquid huiusmodi,*
hoc per sequentia excluditur.   Sequitur enim: ' Quotquot possessores agrorum
aut domorum erant, vendentes afferebant pretia eorum, quae vendebant, et ponebant
ante pedes Apostolorum '.   Ex quo patet hanc esse evangelicae vitae observantiam
ab Apostolis observatam, *ut ea, quae ad necessitatem vitae pertinent, possideantur*
245 *communiter, possessionibus omnino abdicatis.* Haec ibi.

Ex hiis verbis colligitur evidenter quod Thomas in quattuor obviat
manifeste isti impugnato.   Quorum primum est quod omnia praecepta

212 evidenter: potenter B.   218 Deo B; Dei P.
219 fuerint P.   221 suis *om.* BP.
229 *post* praecepit: ordinans scilicet ut qui Evangelium nuntiant, de Evangelio vivant
add. auctor laud.
230 ipsis B*Ped.*: temporis *auct. laud.*   230 discernit B; decrevit P.
233 ex rigore P.   237 in: ex P.
240 aut¹: et B*ed.*

217–33 *ibid.* p. 122.
218 Matth. 10, 9.   221–4 Luc. 22, 35–6.
227–33 Beda, *in Luc. Evang. Expositio* vi, 22, PL 92, 601.
234–45 Thomas, *loc. cit.*   237–9 Act. 4, 32.
241–3 Act. 4, 34–5.

Christi data Apostolis et discipulis de observantia paupertatis, sicut quod
non possiderent aurum, etc., et consimilia, nunquam nisi dispensative ad
250 tempus relaxata fuerunt: cuius oppositum tenet iste impugnatus, sicut
postea apparebit.   Secundum est quod ad evangelicae vitae observantiam
spectat possessionibus etiam in communi carere.   Tertium est quod
Apostoli nec in Iudaea nec inter gentes possessiones nec in communi nec
in speciali habuerunt, nec licuit eis habere; ex quo sequitur, sicut postea
255 ostendetur, quod Apostoli voverant omnibus possessionibus in speciali et
in communi carere.   Quartum est quod possessiones, de quibus fit
mentio Actuum iv° c., quae vendebantur, non erant communes, sed
erant propriae ante venditionem, et pretia earum fuerunt communicata.
In istis et in hiis, quae sequuntur ex eis, iste impugnatus doctrinae
260 Thomae contradicit aperte.

Unde idem Thomas in libro suo, quem edidit contra magistros Paris-
ienses destruentes evangelicam paupertatem, vi° c., multis modis conatur
ostendere quod actualis paupertas, quae est per abdicationem proprietatis
omnium temporalium, ad evangelicam pertinet paupertatem, quam et
265 Apostoli servaverunt.   Unde sic arguit: *Evangelica perfectio maxime in
Apostolis claruit; sed ipsi actualem paupertatem habuerunt, sua omnia relinquentes.*
Et infra sic ait: *Ulterius ostendamus quod ista perfectio, qua aliquis propria
relinquit, non requirat possessionem divitiarum in communi. Primordium enim
huius perfectionis in Christo et in Apostolis fuit; sed ipsi non leguntur sua*
270 *relinquentes aliquas possessiones habuisse in communi, immo potius legitur quod nec
etiam domos habebant ad manendum, ut supra probatum est. Et infra: Item,
Augustinus dicit in iii libro de Doctrina Christiana, quod illi qui conversi ex
Iudaeis fuerunt ad Christum in primitiva ecclesia, ' quia proximi spiritualibus
fuerunt, tam capaces exstiterunt Spiritus sancti, ut omnia sua venderent, eorumque*
275 *pretium indigentibus distribuendum ante pedes Apostolorum ponerent'; et infra:
' Non enim hoc ullas ecclesias gentium fecisse scriptum est, quia non tam prope
inventi erant, qui simulacra manu facta deos habebant.'* Haec Augustinus.
Ex quibus infert Thomas: *Ex quo patet quod Augustinus praefert perfectionem
ecclesiae primitivae Iudaeorum perfectioni ecclesiae ex gentibus, in hoc quod omnia*
280 *sua vendiderunt pauperibus distribuendo; sed ipsi ita vendiderunt propria, quod
nullas possessiones in communi sibi reservaverunt.* Haec ibi.   Ex hiis colligitur
evidenter quod secundum istum Apostoli nullas possessiones habuerunt,
nec habere licite potuerunt, et quod illi, de quibus hic fit mentio in Actibus,
possessiones suas non tanquam communes, sed tanquam proprias vendi-
285 derunt.   Dicit enim quod *vendiderunt propria,* et ita illae possessiones

258 eorum BP.
258 communicata fuerunt *trs. ed.*; communicata fuerant B.
267 ostendamus BP*ed.*: ostendemus *auct. laud.*
268 requirat BP*ed.*: requirit *auct. laud.*   283 hic *om. Bed.*

---

251 postea: 102.238–91; 103.150–7; *cf. BF* v, 444.
254 postea: 17.52–215.
265–71 Thomas, *Contra impugn. Dei cultum et relig.* c. 6, in *Opera omn.* xv, 32.
271 supra: *ibid.* c. 6, p. 31.   271–81 Thomas, *op. cit.*, p. 32.
273–7 Augustinus, *de doctr. Christ.* iii, 6, PL 34, 69.

nunquam fuerunt communes, et hoc dicit infra expresse in haec verba: *Apostoli reservabant pecunias, et etiam colligebant, ut sanctis pauperibus, qui praedia sua vendiderant propter Christum, necessaria ministrarent; nec tamen illas pecunias habebant de aliquibus possessionibus, sed ex eleemosynis fidelium.* Haec
290 ibi. Apostoli igitur nullas possessiones habuerunt. Et si dicas quod saltem habebant pecunias et servabant, secundum Thomam: dicendum quod vel Thomas sibi ipsi contradicit in hoc, cum prius dixerit quod praeceptum de pecunia non portanda non fuerat relaxatum nisi forte dispensative ad tempus, vel loquitur illo modo loquendi, quo dicitur:
295 ' Qui per alium facit, per seipsum facere videtur ', ut dicatur quod Apostoli reservabant pecunias, quia ordinaverunt quod alii reservarent.

Hiis visis, per litteram est transcurrendum. ' *Vendebant* ': scilicet illi, quorum erant. ' *Nec in eorum communitate retinebant* ': Quia res, quas vendebant, ad communitatis dominium minime pertinebant. *Ex hoc*
300 *non sequitur quod ante venditionem illarum rerum non habuerunt dominium:* Dicunt isti impugnatores quod ex hoc quod illi, quorum erant ante conversionem, vendebant illas res tanquam proprias, sicut ex textu Actuum Apostolorum colligitur, bene sequitur quod communitas illa rerum illarum non habuit dominium. *Quare Apostoli agros et domos non*
305 *retinebant in Iudaea:* Causa est, quia non retinebant illa, quae non habebant. Praedia autem non habebant in Iudaea illo tempore nec unquam; ideo non retinebant.

Respondet Melchiades papa: Dicunt isti impugnatores quod ille Melchiades non respondet ad istam quaestionem, quare Apostoli agros et domos non
310 retinebant in Iudaea; sed potest dici quod respondet ad istam quaestionem, quare nulli fideles illo tempore agros et domos retinebant in Iudaea, sicut postquam gentes conversae fuerunt multi fideles inter ipsos praedia retinebant. Unde ista videtur fuisse intentio Melchiadis papae, quod, quia Apostoli praevidebant quod fideles de Iudaeis conversis,
315 qui praedia habuerunt, vel omnes vel plures ex eis, transituri erant ad gentes, consuluerunt eis Apostoli quod omnia praedia sua distraherent et pro salute animarum suarum de pretio debite ordinarent, et quod nulli communitati communem vitam ducentium aliqua praedia darent. Causa autem quare consuluerunt omnibus quod praedia sua distraherent,
320 cum tamen forte non omnes praedia possidentes ad gentes fuerunt transituri, potuit esse ista, quia Apostoli ignorabant vel, si per revelationem Spiritus sancti sciverunt, dicere noluerunt, qui erant transituri ad gentes et qui non, et ideo voluerunt omnes esse paratos. Et ita secundum istam

286 communes fuerunt *trs. Bed.*
287 sanctis: saltem B.
292 dixerat *ed.*; predixit P.
297 est ad literam transeundum *ed.*
308 ille *om. Bed.*
314 conversis *Bed.*: *om.* P.
323 Et ita: ita *om. ed.*; sed B.

287 et etiam: atque B.
290 dicatis P.
297 Sed hiis visis *add.* B.
303 bene: unde *Bed.*
312 eos B.
317 debito P.

287–9 Thomas, *op. cit.*, p. 35.
295 *cf. Sext.* v, 12 *ad fin.*, reg. 72, col. 1124.
302–3 Act. 4, 34; *ibid.* 4, 36–7; *cf. supra,* 4.421–30.
292 prius: *cf. supra,* 5.223–33.

explanationem textus Melchiadis sic debet legi: *Apostoli praevidebant*
325 *futuram ecclesiam in gentibus,* hoc est, multos de ecclesia transituros ad gentes;
idcirco communem vitam ducentes *in Iudaea praedia minime sunt adepti,* etiam
pro brevissimo tempore; et tunc est littera plana et sensus apertus.

Est tamen advertendum quod unius rei possunt esse multae causae,
quarum quaelibet aliquando est causa sufficiens, aliquando vero nulla est
330 causa sufficiens; et ideo, quamvis haec fuerit una causa, quam assignat
Melchiades quare communem vitam ducentes in Iudaea praedia minime
sunt adepti, haec tamen forte non fuit praecisa causa, quamvis forte
fuerit causa sufficiens; et ideo propter aliam causam poterant etiam inter
gentes esse aliqui communem vitam ducentes, qui praedia minime sunt
335 adepti. Aliter potest dici quod Melchiades non intendit assignare
causam quare Apostoli non retinebant praedia in Iudaea pro se ipsis, sed
quare non recipiebant neque retinebant praedia pro aliis, puta pro
subditis suis.

Quia non sic adepti fuerunt ea, etc.: Hoc dicunt isti impugnatores nullo
340 modo continere veritatem, quia Melchiades absolute dicit sine omni
determinatione: *minime sunt adepti. Cum qui sic rem adipiscitur, ut eam
incontinenti a se abdicare debeat, adeptus proprie non dicatur:* Istud dicunt
a veritate penitus alienum; quia constat quod mercator emens rem, ut
eam statim vendat, adipiscitur ipsam, quia qui acquirit liberum dominium
345 alicuius rei, proprie eam adipiscitur, maxime si obtinet liberam possessionem eius. *Apostolis licitum fuit in Iudaea, si voluissent, retinere praedia:*
Hic dicunt isti impugnatores duos errores obviantes perfectioni apostolicae
contineri. Quorum primus est quod Apostoli in Iudaea praedia habuerunt; secundus est quod licuit eis habita praedia retinere. *Nec voto*
350 *compulsi sunt:* Hic est, ut dicunt, alius error, scilicet quod votum dimittendi
vel non habendi praedia minime emiserunt. *Sed voluntate propria:* Istud
posset habere unum sensum verum, scilicet quod spontanee praedia
dimiserunt; sed intendit ibi iste impugnatus omnem obligationem
spontaneam praecedentem excludere, et ideo dicunt isti impugnatores
355 secundum mentem istius hic errorem includi. *Quia se non contracturos*
moram, etc.: Haec non est causa, ut dicunt isti impugnatores, sed quia
proprietatem omnium temporalium prius per votum reliquerant.

CAPITULUM 6

Ad illud autem, quod subsequenter dicit, quod *res usu consumptibiles in communi*
credentes *habebant, et sic quilibet eorum habebat rerum usu consumptibilium usum* facti,
dicimus quod, si intelligat quod erant eis communia quoad proprietatem seu

327 est littera: bene P; littera est *trs. ed.*
332 praecisa: precipua B.
337 nec *Bed.*
357 votum: totum B.

335-6 causam assignare *trs. Bed.*
356 ut *om.* BP.

1 Ad illud ... dicit: Quod autem subsequenter dicit ad illud B.

dominium, verum dicit; si vero intelligat quod non fuerint communia quoad
5 proprietatem seu dominium, sed tantum quoad simplicem facti usum, eum errare
dicimus et scripturae sacrae contradicere supradictae. Et quod scriptura illa
demonstrative supponat res usu consumptibiles quoad proprietatem seu dominium
credentibus fuisse communia, patet. Dicit enim *omnia illis*, scilicet credentibus,
fuisse *communia*, et quia qui ' omne ' dicit, nichil excludit, sequitur quod dictum
10 illud etiam res usu consumptibiles comprehendit. Quaero ergo, quoad quid
erant illis communia bona illa? Aut dicet iste haereticus quod erant communia
quoad usum facti, aut quoad ius utendi seu usumfructum seu possessionem,
aut quoad dominium seu proprietatem. Haec enim secundum decretalem illam
Exiit in rebus temporalibus reperiri consueverunt: quod tamen verum est in
15 rebus non consumptibilibus usu. Quantum autem ad simplicem facti usum, quod
res illae, scilicet usu consumptibiles, communes fuerint, dici nequaquam potest.
Primo quidem, quia in rebus talibus, scilicet usu consumptibilibus, usus facti,
sumendo ' usum ' proprie, locum habere non potest; ' usus ' enim sumptus
proprie requirit quod cum ipso usu substantia remaneat salva rei, ut ex praedictis
20 patet: quod in rebus usu consumptibilibus nequit esse. Item, quia usus facti
sic est utentis proprius, quod non potest dici alterius nec communicabilis sibi;
patet enim quod actus comedendi Petri sic erat sibi proprius, quod non poterat
dici aliis esse communis; quare communio praedicta non potest intelligi quoad
simplicem usum facti. Rursus, quia usus facti communitati non convenit, cum
25 talis usus personam veram exigat, quam non gerit communitas, sed potius
imaginariam seu etiam repraesentatam. Adhuc, non potest dici quod respectu
iuris utendi seu ususfructus dicta communio possit dici, cum in rebus talibus,
scilicet usu consumptibilibus, iura praedicta, scilicet ius utendi seu ususfructus,
constitui nequeant, ut ex eorum diffinitionibus, quas ponit dicta constitutio
30 *Ad conditorem canonum*, patet. Item, nec quoad possessionem dicta communio
potest dici; quia si loquamur de possessione, quae ius est, illa communio inter
credentes secundum eum esse non potuit, cum ipse asserat Apostolos nullum ius
habuisse in istis temporalibus, sed tantum simplicem usum facti. Si autem
loquamur de possessione, quae facti est, illa sic est cuiuslibet possidentis propria,
35 quod non est communis alicui nec etiam communicabilis, sicut de usu facti
dictum est supra. Quare sequitur quod res illae usu consumptibiles, quae inter
ipsos erant effectae communes, quoad proprietatem et dominium sint communes
inter ipsos effectae.

Haec ibi.

40   In ista parte respondetur ad tertium, quod in impugnatione tangitur

4 fuerint B*c*: fuerant P; fuerunt *ed.*   14 tamen: tantum *c.*
15 usum facti *trs.* Bed. *c.*
19 rei remaneat salva *trs. ed.*; rei salva remaneat *c*; remanet P.
20 usu *om.* Bed.   22 Petri *om. c.*
23 et communio *add. c.*   25 requirat et exigat *add. c.*
26 Et adhuc *add.* B; Ad hoc P.   31 ius: iuris *c.*

8–9 Act. 4, 32.
9 qui ' omne ' dicit: from Michael, *loc. cit.*; *cf.* Bonagratia de Bergamo, *De paupertate
Christi, ed. cit.*, p. 495, and *App. contra constit.* Ad conditorem, Baluze–Mansi, *Misc.* iii, 217,
citing *Decretal. Greg. IX*, i, 33, 6 (col. 198) and *Dig.* 34, 2, 8. Michael, *App.* II, 248 cites
Decretum Gratiani c. i, di. 19 (col. 60); *ibid.* p. 297 he cites to the same effect I, 33, 6 and
Dig. 28, 5, 29.   14 *Sext.* v, 12, 3, col. 1113.
19 praedictis: *supra*, 3.7–8.
29–30 *Ad conditorem canonum*, BF v, 238–9 = *Extrav. Ioann. XXII*, xiv, 3, col. 1226.
32 ipse: Michael, *App.* III, 412–13.

appellantis. Accepit enim appellans quod credentes res usu consumptibiles habebant in communi. Ad istud respondet iste impugnatus, dicens
quod ista propositio potest habere duplicem intellectum. Unus intellectus
est quod credentes illi habebant res usu consumptibiles quoad dominium
45 et proprietatem, et illum intellectum dicit esse verum, sed est contra
appellantem; alius intellectus potest esse ille: ' Credentes habebant res
usu consumptibiles in communi quoad simplicem facti usum ', et istum
intellectum dicit esse falsum, quem attribuit appellanti.

Secundo, ibi: *Et quod scriptura illa*, etc., probat quod credentes habebant
50 in communi res usu consumptibiles quoad dominium et proprietatem
per locum a divisione, sic: Quia constat quod primi credentes habuerunt
res usu consumptibiles in communi, ita quod res illae erant omnibus
communes: aut ergo fuerunt communes quoad usum facti, aut quoad
ius utendi seu usumfructum, vel quoad possessionem, vel quoad dominium
55 et proprietatem. Istam divisionem esse sufficientem probat per decretalem *Exiit*, quae ponit praedicta in rebus temporalibus reperiri.

Sed illae res usu consumptibiles non fuerunt communes credentibus
quantum ad simplicem facti usum: quod tribus rationibus probare
conatur. Primo sic: In rebus usu consumptibilibus simplex usus facti
60 proprie sumendo reperiri non potest; ergo illae res usu consumptibiles
non fuerunt communes credentibus quantum ad simplicem facti usum.
Secundo sic: Usus facti sic est proprius utentis quod alteri communicari
non potest; patet de actu comedendi; ergo illae res usu consumptibiles
non fuerunt communes quantum ad simplicem facti usum. Tertio sic:
65 Usus facti communitati convenire non potest, quia usus facti exigit veram
personam, qualis non est communitas. Ergo illae res non fuerunt
communes quantum ad simplicem facti usum.

Secundo probat secundam partem divisionis praedictae, scilicet quod
illae res usu consumptibiles non fuerunt communes credentibus quantum
70 ad ius utendi seu usumfructum; quia in talibus rebus praedicta iura,
scilicet ius utendi et ususfructus, nequeunt reperiri.

Tertio probat tertiam partem, scilicet quod illae res usu consumptibiles
non fuerunt communes quantum ad possessionem: quia si fuerunt
communes quantum ad possessionem, aut ergo quantum ad possessionem,
75 quae est ius, aut quantum ad possessionem, quae est facti. Primum non
potest dici, secundum appellantem: quia secundum eum, ut dicit iste
impugnatus, primi credentes non habuerunt in temporalibus aliquod ius,
sed tantum simplicem facti usum. Secundum etiam dari non potest,
quia possessio, quae est facti, non potest esse communis, sicut nec usus
80 facti. Relinquitur igitur, sicut dicit iste impugnatus, quod illae res
erant communes quantum ad dominium et proprietatem.

Circa istam partem isti impugnatores sic procedunt: Primo enim

41 Accipit P.   65 veram: unam B.
73 communes credentibus *add.* B.
73–4 quia ... possessionem²: quia si sic *ed.*; *om.* P.
78 dari B*Ped.*: dici *coniecit Sikes.*

_____

49 Et quod scriptura illa: *supra*, 6.6.

explicant intentionem appellantis; secundo ostendunt quod ratio istius
impugnati, per quam probat quod illae res erant communes quantum ad
85 dominium et proprietatem, non concludit.

Circa primum dicunt quod intentio appellantis est dicere quod res
usu consumptibiles fuerunt communes primis credentibus quantum ad
potestatem relevandi suas indigentias mediate vel immediate per ipsas.

Ad cuius evidentiam est sciendum quod illarum rerum consumptibilium
90 usu quaedam erant pecuniae et quaedam erant aliae res, quae in cibo
et potu consistebant, et forte adhuc fuerunt aliae aliquae. Aliis rebus a
pecunia licebat forte omnibus uti, sed pecunia uti fuit quibusdam licitum
et quibusdam non fuit licitum: sicut Apostolis non fuit licitum, sed tamen
per istas pecunias poterant Apostoli aliquo modo suas indigentias sub-
95 levare, inquantum alii poterant necessaria ad victum de pecuniis emere
et Apostolis assignare; et ita Apostoli, licet non reciperent pecuniam per
se vel per interpositam personam, tamen quodam modo mediate per
pecuniam suas indigentias sublevabant, inquantum alii emebant illa,
quae necessaria erant Apostolis ad suas indigentias sublevandas; et ita
100 omnia illo modo erant communia omnibus, quantum ad potestatem
scilicet supradictam. Secundo, erant communia omnia omnibus,
quantum ad potestatem petendi suas indigentias sublevari per res
illas. Tertio erant communes vel omnibus vel aliis omnibus praeterquam
Apostolis, quantum ad ius vendicandi, si iniuste ablatae fuissent, et
105 quantum ad ius defendendi etiam in iudicio, si aliquis eas a fidelibus
indebite petivisset. Et ita, accipiendo dominium et proprietatem
communiter, sicut distinctum est prius, illae res fuerunt communes vel
simpliciter omnibus vel omnibus exceptis Apostolis quantum ad tale
dominium et proprietatem in communi; sed non erant communes
110 quibuscunque credentibus quantum ad dominium civile et mundanum,
quo possent res illas ad placitum dispensare ac etiam libere vendere et
donare; et de tali dominio et proprietate loquitur iste impugnatus. Et
ideo dicunt quod hic errat aperte, dogmatizando quod res usu consumptibiles erant communes illis credentibus quantum ad tale dominium et
115 proprietatem, sicut ostensum est prius. Et ex isto concludunt isti
impugnatores quod Apostoli non habuerunt dominium et proprietatem
in speciali nec etiam in communi, quantum ad speciale ipsorum collegium,
illarum rerum usu consumptibilium. Quia res communes non sunt
propriae alicui nec aliquibus de illa communitate; sed res illae usu
120 consumptibiles fuerunt communes omnibus credentibus; ergo non
fuerunt propriae alicui Apostolo nec toti collegio Apostolorum. Et

---

84 illae: iste B.
91 fuerunt adhuc *trs. Bed.*   91 fuerant P.
93 sed: et B*ed.*   101 omnia communia *trs. Bed.*
104 vendicandi *coniecit Sikes*: vendendi B; utendi P; vendendi et repetendi *ed.*
105 etiam: et P.   111 ac: aut *ed.*
119 alicui *coniecit Sikes*: alicuius B*ed.*; *om.* P.

---

107 prius: 2.316–18.   115 prius: 4.292–325.
115–21 *cf.* Michael, *App.* II, 278–9.

tamen habuerunt usum facti illarum rerum; ergo habuerunt usum facti a proprietate et dominio separatum.

Et ex isto patet quod, licet impugnatio appellantis non concludat quod
125 quilibet illorum habuit usum facti rerum usu consumptibilium ab omni dominio humanitus invento speciali et communi separatum, tamen concludit directe quod Apostoli habuerunt usum facti rerum usu consumptibilium a dominio speciali et communi, quod esset proprium collegio Apostolorum, separatum.   Et ex hoc et praedictis patet quod tres con-
130 clusiones ex ratione appellantis sequuntur. Prima est quod quilibet illorum, scilicet conversorum et Apostolorum ac discipulorum, habuit usum facti rerum consumptibilium usu ab omni dominio speciali et communi, pleno et libero, quod vocatur dominium civile et mundanum, separatum. Secunda est quod quilibet illorum habuit usum facti
135 rerum consumptibilium usu ab omni dominio speciali separatum. Tertia est quod quilibet Apostolorum habuit usum facti rerum usu consumptibilium ab omni dominio, speciali et communi, quod est proprium collegio Apostolorum, separatum.

Secundo ostendunt isti impugnatores quod ratio, per quam iste im-
140 pugnatus probare conatur quod res illae usu consumptibiles fuerunt communes quantum ad dominium et proprietatem, accipiendo dominium sicut iste accipit, scilicet pro dominio quod est potestas libere disponendi et ordinandi de re ad illius placitum voluntatis, cuius est dominium, non concludit, immo etiam de nullo dominio concludit.

145 Ad cuius evidentiam dicunt esse sciendum quod iste impugnatus utitur hic istis terminis, ' usus facti ', ' ius utendi ', ' ususfructus ', ' possessio ', ' proprietas ' eodem modo, quo utitur ipsis Nicholaus III in decretali *Exiit*, unde et hic iste impugnatus per dictam decretalem *Exiit* suam divisionem esse sufficientem probare molitur, cum dicit: *Haec enim*
150 *secundum decretalem illam ' Exiit ' in rebus temporalibus reperiri consueverunt.* In dicta autem particula illius decretalis *Exiit* ius utendi non accipitur communissime pro quocunque iure utendi, sed accipitur pro iure utendi, quo valet aliquis pro usu rei in iudicio litigare et usum a iudice petere, si negatur. Quod enim ibidem ius utendi non accipiatur communissime,
155 patet aperte. Nam secundum ipsum Fratres Minores in rebus, quibus utuntur, nichil iuris habent. Alibi tamen dicit quod Fratres *in extremae necessitatis articulo* constituti possunt *iure poli sustentationi naturae provid*ere, et ita aliquod ius utendi rebus, quibus sustentetur natura, possunt habere Fratres; non ergo Fratres Minores carent omni iure, nomine ' iuris '

123 *post* separatum: et de hoc superius patuit et infra patebit *add. ed.*
124–38 Et ex isto . . . separatum *post* reprobare (*supra*, 4.334) *trs. Bed.*
131 istorum Bed.
131 discipulorum apostolorum *add.* B; discipulorum suorum apostolorum *add. ed.*
136 est *om.* Bed.   142 disponendi: dispensandi Bed.
149 esse sufficientem *om.* P.   155 Minores *om.* Bed.
158 aliquod *om.* P.   158 in rebus *add.* B.

149–50 *BF* v, 412; *supra*, 6.13–14.
151 particula: *Sext.* v, 12, 3 § *Porro*, col. 1113.
155 ipsum: Nicholas III.   155–6 *loc. cit.*
156–7 *loc. cit.*

160 communissime sumpto. Oportet igitur, cum Nicholaus dicit Fratres in rebus, quibus utuntur, nichil iuris habere, et per consequens non habent ius utendi, quod ius utendi ibidem strictius accipiatur. Accipitur ergo ius utendi pro iure, quo habens ius potest in iudicio pro usu rei litigare. Hoc etiam patet ex alio. Quia secundum eundem Nicholaum in eadem

165 decretali *Exiit*, usus facti, quo Fratres Minores rebus utuntur, *facti tantummodo nomen habens, quod facti est in utendo tantum praebet utentibus, nichil iuris;* et postea subdit: *Rebus Fratres licite uti possunt, durante concedentis licentia.* Ex hiis verbis evidenter colligitur quod Nicholaus III inter ius et licentiam manifeste distinguit, et quod negat licentiam esse

170 ius; et tamen communissime accipiendo ius pro omni licita potestate, licentia posset vocari ius. Sed licentia talis, de qua loquitur Nicholaus III, quae nullam dat actionem, non potest vocari ius, quo potest quis pro re vel usu rei in iudicio litigare, et in hoc secutus fuit Isidorum qui, ut habetur di. i, c. *Omnes,* ait: *Transire per agrum alienum fas est, ius non est,*

175 ubi dicit glossa: *Licet sit aequum iure divino, tamen non est ius, id est non dat civilem actionem.* Haec glossa. Ex hiis manifeste colligitur quod nonnunquam accipitur ius pro iure, quo valet quis in iudicio litigare, et ita accipit Nicholaus III ius utendi pro iure, quo valet aliquis pro usu rei in iudicio litigare. Cum ergo iste impugnatus hic alleget Nicholaum,

180 debet eodem modo accipere ius utendi, quo modo accipit Nicholaus III.

Secundo dicunt isti impugnatores quod usus facti potest dupliciter accipi: scilicet pro actu utendi, ut pro actu comedendi, bibendi, vestiendi, etc.; aliter potest accipi pro potestate licita talem actum eliciendi.

Hiis visis, dicunt quod ratio non concludit, immo ex ipsa sequeretur

185 quod Fratres Minores res multas haberent quoad dominium et proprietatem. Nam constat quod res multae concessae sunt Fratribus in communi et nulli Fratri in speciali, etiam res usu consumptibiles, et per consequens tales res, etiam usu consumptibiles, sunt communes Fratribus Minoribus. Aut ergo sunt communes Fratribus quantum ad usum facti

190 (et hoc non, secundum istum, quia usus facti est cuilibet proprius secundum ipsum), aut quoad ius utendi seu usumfructum (quod non potest dici, quia Fratres talia iura habere non possunt, secundum Nicholaum III), aut quoad possessionem; et tunc aut quoad possessionem, quae est ius (et hoc dici non potest, quia Fratres non habent tale ius, secundum

195 Nicholaum III), aut quoad possessionem, quae est facti (et hoc dici non potest, quia possessio facti est cuilibet propria et nulli communicabilis). Relinquitur ergo quod sunt communes quantum ad proprietatem et dominium. Et ita clare patet quod ratio istius impugnati aequaliter probat de Fratribus Minoribus quod habent res communes non solum

162 Accipit *ed.*
176 Haec glossa *om. Bed.*
187 etiam: et P.
192 quia: quia quod B; quod P.

172-3 pro ... rei *om.* B.
180 debet hic *add.* B.
189 communes sunt *trs. Bed.*
196 communitati communicabilis *add.* B.

165-8 *loc. cit.*
174 c. i, di. i, col. i = Isidorus, *Etymol.* v, 2, PL 82, 198.
175-6 *Gl. ord. ad loc. cit., s.v.* ' fas est '.
190 istum: John XXII; *cf. supra,* 6.20-1.

200 usu consumptibiles, sed etiam non consumptibiles usu quantum ad
dominium et proprietatem, sicut probat de primis credentibus quod res
non consumptibiles usu erant eis communes quantum ad dominium et
proprietatem. Quare, cum hoc non sit concedendum de Fratribus
Minoribus, etiam secundum istum impugnatum, qui dicit solos Fratres
205 Minores profiteri vivere sine proprio, et per consequens Fratres Minores
nullas res habent communes quantum ad dominium et proprietatem,
sicut habent alii religiosi, evidenter concluditur quod ratio praedicta de
primis credentibus non concludit, sicut nec de Fratribus Minoribus:
licet secundum rei veritatem non sit omnino simile de primis credentibus
210 et de Fratribus, sicut nec est simile de tota communitate fidelium et de
una communitate particulari et speciali. Nam, sicut non est expediens
quod tota communitas fidelium quantum ad omnem sui partem voto
castitatis se astringat et tamen est expediens quod aliqua communitas
particularis fidelium voveat castitatem, ita, licet sit conveniens quod una
215 religio particularis abdicet a se omne ius utendi, quo valeat pro temporalibus in iudicio litigare, tamen non est conveniens quod tota congregatio
fidelium omne tale ius a se abiciat, quia expedit quod aliqui fideles
potestatem habeant bona fidelium defendendi. Illo autem tempore,
quo credentes omnia sua fecerunt communia, ipsi erant vel tota com-
220 munitas fidelium vel fere tota, ita quod pauci vel nulli praeter ipsos erant
tunc fideles, et ideo non videtur fuisse conveniens quod a se abdicaverint
omne ius in temporalibus, quae habebant.

Per hoc patet responsio ad rationem istius impugnati. Quia, si
intelligat per usum facti, sicut intelligit, solummodo actum utendi, sicut
225 actum comedendi, bibendi et huiusmodi, sic est divisio sua insufficiens, si
ius utendi accipiatur sicut accipitur in decretali *Exiit*, quam allegat;
quia sic aliquid potest esse commune multis, quod non est commune nec
quoad usum facti, qui est actus utendi, nec quoad ius utendi, quo valet
quis pro usu rei in iudicio litigare, nec quoad usumfructum nec quoad
230 possessionem nec quoad dominium seu proprietatem.

Hoc multis probatur exemplis. Primum est de Fratribus Minoribus,
qui saepe multas res habent communes, et tamen nullo modo praedictorum
modorum, sed sunt eis communes quantum ad licitam potestatem utendi
quamdiu durat licentia concedentis. Secundum exemplum est de invitatis
235 ad mensam alicuius, quibus illa, quae ponuntur coram omnibus simul et
coram nullo determinate, sunt eis communia antequam incipiant actualiter
uti ipsis; et tamen nullo praedictorum modorum sunt eis communia, sed
sunt eis communia quoad licitam potestatem utendi. Diceret tamen
aliquis forte ad istud exemplum quod illa sunt eis communia quoad

200 usu² *om*. P.
204 Minoribus *om. Bed.*
207 et evidenter *add*. B; evidenter ergo *add. ed.*
211 partiali *ed.*
215 partialis *ed.*
232 modo *om. ed.*

200 quantum: quo P; *om. ed.*
214 partialis *ed.*
221 abdicaverunt B.
235 apponuntur *Bed.*

204-5 *cf. BF* v, 408; *supra*, 2.3.

240 possessionem facti. Sed hoc non concludit exemplum. Quia etiam
vocando talem praesentiam rerum possessionem facti, possunt aliqua fieri
eis communia absque omni possessione tali: puta si aliquis dives daret
aliquibus pauperibus licentiam intrandi domum suam et utendi omnibus,
quae invenirent in mensa apposita, illa tunc per talem licentiam effecta
245 essent eis communia quantum ad licitam potestatem utendi ante omnem
actum utendi et absque omni iure utendi, quo valerent usum in iudicio
vendicare, si concedens suam licentiam revocaret, et sine omni usufructu
et sine dominio et proprietate et sine possessione etiam tali, quae esset
rerum praesentia; et ita aliquid est commune et tamen nullo praedictorum
250 modorum. Tertium exemplum est de servis et famulis, qui habent
communem licentiam utendi ad necessitatem aliquibus rebus domini sui,
quibus nulla est certa portio assignata in illis. Illa enim sunt communia,
et tamen nullo praedictorum modorum; patet per membra singula
discurrendo. Sunt igitur communia alio modo, quia quantum ad licitam
255 potestatem utendi pro suis necessitatibus sublevandis quousque dominus
ordinaret; posset enim eis per modum alium providere.

Multa alia exempla possent adduci, sed ista ad praesens sufficiant, quia
per ista, ut dicunt isti impugnatores, patet expresse quod divisio sua, sicut
ipse eam intelligit, est insufficiens reputanda.

260 Cum vero allegatur Nicholaus, dicunt quod Nicholaus III magis
communiter accipit usum facti quam iste; quia Nicholaus III non solum
accipit usum facti pro actu utendi, sicut pro actu comedendi, bibendi,
inhabitandi et huiusmodi, sed etiam accipit usum facti pro licita potestate
utendi, quo modo accipit usum beatus Clemens, prout recitatur xii, q. i,
265 c. *Dilectissimis*, cum dicit: *Communis enim usus omnium, quae sunt in hoc
mundo, omnibus hominibus esse debuit*, ubi non accipitur usus pro actu utendi
nec pro usu, qui est usus iuris nudus, nec pro usufructu, sed accipitur pro
licita potestate utendi, et sic accipit usum facti Nicholaus III. Unde
simplicem usum facti vocat licitam potestatem utendi, cui non est neces-
270 sario annexum ius, quo usum valeat in iudicio vendicare; nonnunquam
tamen usum facti vocat actum utendi.

Sed forte dubitabit aliquis circa praedicta, an licentia debeat ius vocari.
Ad hoc potest dici ad praesens quod an licentia possit vocari ius, communissime accepto nomine ' iuris ', est inferius indagandum; ad
275 praesens autem sufficiat quod non debet vocari ius, quo valeat aliquis rem
vel usum rei in iudicio vendicare vel defendere quoquo modo.

Sed adhuc quaeret aliquis quo modo accipit Nicholaus III ius utendi.

240 hoc: hic B; *om. ed.*
241–2 eis fieri *trs.* B; eis *om. ed.*
256 aliter ordinaret *add.* B.
262 accipit: accepit B*ed.*
266 esse hominibus *trs.* B*ed.*
272 dubitaret *ed.*

240 excludit *ed.*
254 igitur: ergo *ed.*; illi B.
261 accipit: accepit B*ed.*
263 accepit B*ed.*
268 III *om.* B*ed.*
273 possit: posset B.

265–6 c. 2, C. 12, q. i, col. 676 = [Clemens papa I], *Ep.* v, 82, *Decretal. ps.-Isid.*, ed.
Hinschius, p. 65.
268–71 *cf. Exiit qui seminat, Sext.* v, 12, 3, col. 1113.
274 inferius: 61.89–157.

Ad hoc potest dici, salvo meliori iudicio, quod licet ius utendi communiter et tamen proprie sumptum communius sit quam ususfructus et nudus
280 usus, tamen stricte sumptum est idem quod nudus usus, et sic Nicholaus III in decretali *Exiit* videtur accipere ius utendi. Et sic accepto iure utendi, an Nicholaus III, cum dicit: *Cum in rebus temporalibus sit considerare praecipuum proprietatem, possessionem, usumfructum, ius utendi et simplicem facti usum, et ultimo*, etc., sufficienter enumeret omnia, quae possunt in rebus
285 temporalibus reperiri, vel non, ad praesens est nullatenus inquirendum, praesertim cum Nicholaus III enumeraverit illa, quae ad suum intentum sufficiunt.

Viso quomodo divisio istius impugnati, ut eam intelligit, est insufficiens, et ita quantum ad formam arguendi ratio sua est soluta, tamen ut ista
290 solutio ad primos credentes, de quibus facta est ratio, applicetur, et ut videatur quomodo *erant illis omnia communia*, est per membra singula discurrendum.

Cum igitur primo accipitur quod illae res non erant communes omnibus credentibus quantum ad simplicem facti usum, dicunt isti impugnatores
295 quod ista potest concedi, si simplex facti usus excludit omne ius. Quia dicunt quod inter illos credentes erant aliqui, qui vel gerentes vicem totius communitatis vel alicuius congregationis particularis, poterant res illas, si ablatae fuissent ab infidelibus, in iudicio vendicare; et ita vel tota communitas vel aliqua pars communitatis ius habebat in rebus com-
300 munibus, quo valebant in iudicio litigare. Communitas tamen Apostolorum specialis nullo modo tale ius habebat, et ita Apostoli utendo aliquibus rebus communibus habebant actum utendi separatum ab omni dominio speciali et communi proprio collegio Apostolorum. Sic ergo, accepto simplici usu facti non solum pro actu utendi, sed etiam pro licita potestate
305 utendi separata ab omni iure, quo quis valeat in iudicio litigare, concedi potest quod res illae non erant communes omnibus quantum ad simplicem facti usum; nec appellans unquam dixit quod erant communes omnibus quantum ad simplicem facti usum, sic accepto simplici usu facti. Si autem simplex usus facti accipiatur pro licita potestate utendi, cui non
310 necessario est annexum ius, quo quis valeat in iudicio litigare, sic fuerunt omnia communia quantum ad simplicem facti usum. Hoc tamen propter Apostolos intelligendum est sane, quibus non erat licitum uti pecunia, sed tantum licitum erat eis uti illis, quae de pecunia emebantur. Et licet hoc sit verum secundum istos impugnatores, tamen rationes suae,
315 ut dicunt, non concludunt.

---

284 et ultimo *om.* B; et ulterius *ed.*
295 excludat *ed.*
297 particularis *scripsit Sikes* (*cf. supra*, 6.211, 214, 215): partialis BP*ed.*
300–1 specialis Apostolorum *trs. Bed.*
309 accipitur *ed.*
312–13 uti . . . emebantur *om.* B.
313 eis *om.* P.
315 dicunt isti impugnatores *add.* B.

289 ut *om. Bed.*
307 usum facti *trs. Bed.*
310 fuerant B.
313 licitum *om.* P.
313 quae: quod P.

282–4 *Sext.* v, 12, 3, col. 1113.

291 Act. 4, 32.

Unde dicunt quod prima ratio sua accipit errorem apertum, cum dicitur quod *in rebus usu consumptibilibus usus facti, sumendo ' usus ' proprie, locum habere non potest.* Haec enim, ut dicunt, erronea est censenda.

Ad cuius evidentiam dicunt esse sciendum quod aliquod nomen vel
320 vocabulum habet saepe plures significationes, quarum quaelibet est propria. Unde dicunt quod semper in primo modo aequivocationis quaelibet significatio est propria, licet in secundo modo una, scilicet principalis et communior, sit propria, et secundaria ac minus communis sit impropria. Nunc autem ita est quod hoc nomen ' usus ' habet plures
325 significationes, quia aliquando accipitur pro actu utendi, aliquando pro quodam iure determinato, quo quis determinato modo valet uti rebus alienis. Prima autem significatio huius nominis ' usus ' est principalior et communior, tum quia prius inventa, tum quia in pluribus scientiis et modo loquendi vulgari saepius usitata. Nam hoc nomine ' usus ' in
330 prima significatione utuntur omnes scientiae, quae utuntur hoc nomine ' usus '. Sic enim theologia, philosophia moralis, medicina et legales scientiae utuntur hoc nomine ' usus '; et modus etiam loquendi vulgaris in eadem significatione utitur hoc nomine ' usus '. Sed alia significatione eius non utuntur nec theologia nec moralis philosophia nec medicina
335 nec vulgaris modus loquendi; sed solummodo legales scientiae et scripturae, quae modum loquendi scientiarum legalium imitantur, utuntur hoc nomine ' usus ' in secunda significatione. Haec auctoritatibus innumeris possent manifeste probari, sed pro prolixitate vitanda minime adducuntur.
340 Prima ergo significatio ' usus ', secundum quod accipitur pro actu utendi, est principalis et communior significatio huius nominis ' usus ', nec est a significatione alia derivata vel accepta; ergo ista est propria significatio eius, licet etiam forte alia sit propria. Cum igitur actus comedendi, bibendi et huiusmodi in theologia, morali philosophia,
345 medicina, vulgari modo loquendi et in scientiis legalibus vocentur actus utendi et usus, sicut per innumeras auctoritates posset ostendi, constat quod actus comedendi et bibendi et huiusmodi est proprie usus. Ex quo patenter infertur quod usus facti, qui proprie vocatur actus utendi, proprie in rebus usu consumptibilibus reperitur; et quamvis usus facti
350 proprie reperiatur in rebus usu consumptibilibus, tamen usus iuris non reperitur proprie in omnibus rebus usu consumptibilibus. Unde iste terminus ' usus iuris ' habet duas significationes: unam propriam, et secundum illam concedendum est quod usus iuris reperitur in rebus non consumptibilibus usu; aliam habet significationem impropriam, et
355 secundum illam conceditur quod usus iuris reperitur in quibusdam rebus usu consumptibilibus. Nullo tamen modo debet negari usum facti in rebus usu consumptibilibus reperiri, proprie sumpto usu.

323 ac: aut *ed.*
331 usus *om.* B.
338 posset *ed.*

337 Haec: hoc P*ed.*
344 philosophia morali *trs.* B*ed.*

317–18 *BF* v, 412; *supra,* 6.17–18.

Sed forte dicet aliquis quod tales distinctiones multiplicitatum vocabulorum et declarationes vocabulorum ad scientias spectant sermocinales,
360 non ad scientias reales nec ad scripturas de rebus; et ita cum tractatur de
rebus, sicut in proposito tractatur de rebus, et non de sermonibus, talia
sunt minime adducenda.

Ad hoc isti impugnatores respondent dicentes quod in omnibus scripturis et argumentationibus impugnantibus veritatem, defectus, qui
365 admittuntur in ipsis, debet veritatis amator patentius explicare, ne in
errorem simplices inducantur. Iste autem impugnatus, ut dicunt isti
impugnatores, per multiplicitates terminorum et nominum et abusiones
ac extraneos modos loquendi et *profanas vocum novitates* et modorum
loquendi communium reprobationem molitur errores inducere, pro-
370 sternere veritatem, scripturas sacras ad falsum trahere intellectum,
doctrinam sanctorum subvertere, determinationem ecclesiae reprobare,
decretales summorum pontificum annullare, haereticare catholicos,
innocentes dampnare et religiones confundere ac fidem destruere orthodoxam. Ideo dicunt quod huiusmodi multiplicitates et modos loquendi
375 oportet evidentius explanare, quia, ipsis expressius declaratis, omni
intelligenti patebit quod doctrina istius impugnati ab omni veritate est
vacua, plena erroribus, nullam habens apparentiam vel colorem; immo
existimant quod, si illa, quae ad sermocinales spectant scientias, didicisset
et intellexisset, etsi non veritatis amore, tamen ex timore verecundiae
380 scripturas suas nullatenus publicasset.

Quantae autem utilitatis pro intelligendis scripturis, immo quantae
necessitatis sint sermocinales scientiae, sancti scripturae canonicae
tractatores evidenter exponunt. Augustinus enim in libro secundo de
Ordine asserit manifeste quod ad quaestiones difficiles theologiae trac-
385 tandas nullus debet sine scientia disputandi accedere. Anselmus etiam
docet unumquemque theologiam volentem addiscere prius in rudimentis
grammaticae et logicae fundari debere. Et Ieronymus, ut recitatur di.
xxxvii, c. *Si quis,* ait: *Si quis grammaticam artem noverit vel dialecticam, ut*
recte loquendi rationem habeat, et inter vera et falsa diiudicet, non improbamus.
390 Quia igitur iste impugnatus, ut dicunt isti impugnatores, propter ignorantiam multiplicitatum vocum et modorum arguendi per diversa sophisma-
tum diverticula in multas incidit falsitates, ad suas falsitates clarius
manifestandas multiplicitates vocum et fallacias, per quas sua peccant
sophismata, patenter oportet detegere, quia aliter manebunt sua sophis-
395 mata insoluta.

---

358 multiplicium B.   363 Adhuc B.
367 abusiones: abusivos *ed.*   373 religiosos P.
381 intelligendis: intelligentiis B; allegandis P.
382 sancte B.   385 Anhelmus B; Ancelmus P.
391 arguendi: arguendo B; *om. ed.*
394–5 sua sophismata insoluta manebunt *trs. Bed.*

---

368 *cf.* 1 Tim. 6, 20.
383–5 Augustinus, *de ordine* ii, 13, PL 32, 1013.
385–7 Anselmus: *locus incertus.*
388–9 c. 10, di. 37, col. 138 = Hieronymus, *Comment. in ep. ad Titum* 1, PL 26, 558.

Prima itaque ratio sua falsum assumit, cum dicit quod *in rebus usu consumptibilibus usus facti, proprie sumendo, locum habere non potest;* quia usus facti, sicut dictum est, proprie significat actum comedendi, bibendi et huiusmodi. Cum vero probat quod *usus proprie sumptus requirit quod*
400 *cum ipso usu remaneat rei substantia salva,* ista, si habet veritatem, debet intelligi de usu iuris, non de usu facti; et ita per eam probatur quod usus iuris in omnibus rebus usu consumptibilibus proprie locum habere non potest; sed ex hoc non sequitur quod usus facti in ipsis proprie locum habere non potest. Et ita prima ratio accipit errorem apertum, ut dicunt
405 isti impugnatores. Hoc tamen non obstante, ista debet concedi, quod illae res erant communes omnibus quantum ad usum facti: et hoc accipiendo usum facti quantum ad licitam potestatem utendi ipsis rebus communibus vel aliis emptis de aliis rebus communibus: quod dicunt propter Apostolos, quibus non licebat uti pecunia, quae tamen debet
410 inter res illas usu consumptibiles computari.

Secunda etiam ratio non concludit, quia procedit de usu facti, qui est actus utendi, et non de potestate utendi modo praedicto.

Tertia ratio, ut dicunt isti impugnatores, assumit quaedam erronea, quae ita sunt ridiculosa, ut nequaquam improbatione sed derisu indigeant.
415 Primum est quod usus facti communitati non convenit. Illud dicunt isti impugnatores esse erroneum, quia scripturae divinae repugnat. Populus enim est quaedam communitas, et tamen populo convenit usus facti. Ait enim Apostolus i Cor. x: *Sedit populus manducare, et bibere,* et idem habetur Exodi xxxii. In aliis etiam locis scripturae patenter usus facti
420 populo, plebi, turbae et communitatibus multis attribuitur. Secundum erroneum in ratione praedicta contentum, ut dicunt, est quod communitas gerit personam imaginariam seu repraesentatam. Hoc enim videtur contrarium veritati, et dictis istius impugnati repugnat. Quod obviet veritati, patet. Quia illud, quod potest habere actum realem, non est
425 persona imaginaria et repraesentata. Sed ecclesia est quaedam communitas, quae multos potest actus reales exercere; habet enim ecclesia iurisdictionem magnam, per quam potest iudicare inter litigantes, res ecclesiae defensare et multa alia facere, quae personae imaginariae et repraesentatae convenire non possunt. Hoc per multas auctoritates
430 scripturae divinae et per sacros canones multipliciter posset ostendi; sed dicunt isti impugnatores quod est tam derisorium quod non oportet rationibus et auctoritatibus reprobare. Hoc etiam, ut dicunt, dictis

---

401 probat P.
415 isti: illi P.
420 tribuitur B*ed.*
429 possunt: potest P; *om. ed.*
432 improbare B*ed.*

415 Illud: istud B.
419 xxxi B*ed.*
428 nequeunt personae *add. ed.*
432 et: vel B*ed.*

396–7 *BF* v, 412; *supra,* 6.17–18.
399–400 *BF* v, 413; *supra,* 6.18–19.
411 Secunda etiam ratio: *BF* v, 413; *supra,* 6.20–4.
413 Tertia ratio: *BF* v, 413; *supra,* 6.24–6.
418 1 Cor. 10, 7; cited by Michael, *App.* II, 291.
419 Exod. 32, 6.

398 dictum est: 6.343–7.

istius impugnati repugnat. Nam in constitutione sua *Quia quorundam* asserit manifeste quod ordo Minorum in rebus, quibus utitur, habet ius
435 utendi. Sed ius utendi non potest personae repraesentatae et imaginariae convenire; ergo ordo Minorum non est persona imaginaria et repraesentata, et eadem ratione alia communitas non est persona imaginaria et repraesentata.

Ad rationem igitur dicunt isti impugnatores quod communitati potest
440 usus facti convenire, quia potest manducare et bibere et vestiri. Et cum dicitur: *talis usus veram personam exigit*, dicunt quod interdum unicus usus facti, sicut unus actus comedendi vel bibendi, requirit unicam personam, licet aliquis sit alius actus, qui non requirit unicam personam, sed plures personas: sicut de tractu navis, qui non unicam personam,
445 sed multas personas veras requirit; et ita omnis actus requirit veram personam, et hoc vel unam vel plures. Cum vero dicit quod communitas non gerit veram personam, dicunt quod communitas non est una vera persona, sed est plures verae personae. Unde populus est multi homines congregati in unum, sicut communitas fidelium est multi fideles unam
450 fidem profitentes. Et ideo, cum dicit quod communitas gerit personam imaginariam seu repraesentatam, dicunt quod istud est ridiculosum; quia communitas non est aliquid fantasticum nec imaginarium, sed est verae personae, sicut grex porcorum non est aliquid fantasticum, nec civitas est aliquid fantasticum aut fictum, sed est verae res plures, non
455 unica.

Deinde isti impugnatores respondent ad illud membrum, quod res usu consumptibiles non fuerunt communes credentibus quantum ad ius utendi seu usumfructum, dicentes quod accipiendo ius utendi stricte, sicut in decretali *Exiit*, illae res non fuerunt communes credentibus neque
460 quoad ius utendi neque quoad usumfructum, quia illae res non fuerunt alicuius alterius quam illorum credentium; et ideo non habebant in eis tale ius utendi, id est usum nudum iuris, neque usumfructum. Accipiendo tamen ius utendi communius, sic fuerunt illae res communes vel omnibus credentibus vel aliquibus quoad ius utendi.

465 Et quia dicitur quod fuerunt communes omnibus credentibus vel aliquibus quoad ius utendi sumptum communiter, propter Apostolos, ideo intentio istorum quantum ad Apostolos est hic aliqualiter declaranda. Dicunt igitur isti impugnatores quod nec est intentio appellantis nec ipsorum in suis traditionibus indagare, an Apostoli habuerint in temporali-

441 unam et veram personam *add. ed.*
441 unicus: unius cuius B; *om. ed.*
446 vel[1] *om.* B.
462 nudum usum *trs.* B*ed.*
469 habuerunt B*ed.*

442 vel: et *ed.*; *om.* B.
449 sicut: sic BP.
463 fuerant B.

433-5 *Quia quorundam,* BF v, 274 = *Extrav. Ioann. XXII,* xiv, 5, col. 1232; *cf. CI* c. 24, p. 103; *OQ* viii.7.120-5.
439-55 *cf.* Michael, *App.* II, 290; Franc. de Esc., f. 31va-b.
441 *supra,* 6.25.
444 de tractu navis: *cf.* Franc. de Esc., f. 31vb.
448 populus: *cf.* Ockham, *Summulae in libr. Physic.* i, 25, Rome, 1637, pp. 30-1.
456 illud membrum: *supra,* 6.26-30.

470 bus aliquod ius utendi, immo etiam dominium aliquale et proprietatem
communem collegio suo speciali et toti residuo communitatis fidelium vel
illorum, qui bona communia ecclesiae dispensanda receperunt; sed
intentio eorum est quod Apostoli in rebus temporalibus non habuerunt
dominium vel proprietatem nec aliquod ius utendi, etiam communiter
475 accepto iure utendi pro iure, quod actionem dat civilem, proprium
collegio Apostolorum. Quemadmodum nolunt discutere an Fratres
Minores nunc habeant ius vel dominium, communiter accepto dominio,
in rebus communibus totius ecclesiae, in quibus, sicut ostensum est prius,
vel tota communitas omnium fidelium vel communitas aliquorum fidelium,
480 non omnium, habet aliquale dominium; sed intendunt asserere quod
nec totus ordo Fratrum Minorum nec aliqua pars ordinis habet aliquod
dominium vel ius, quo possit quis in iudicio litigare, quod sit proprium
toti ordini vel alicui parti eius. Et propter hoc saepe utuntur tali modo
loquendi: ' Tota communitas credentium vel aliqua pars habuit ius
485 aliquod in rebus communibus '. Quia, si Apostoli habuerunt ius commune collegio suo et aliis, tunc debet dici quod tota communitas habebat
ius in huiusmodi rebus. Si autem Apostoli non habebant ius commune
sibi et aliis, cum certum sit quod non habuerunt proprium neque aliquibus
Apostolis neque alicui Apostolo neque toti collegio Apostolorum, tunc
490 debet dici quod aliqua pars communitatis omnium fidelium, qui tunc
erant, habuit aliquod ius in huiusmodi rebus. Apostoli autem secundum
istum modum habebant tantummodo licitam potestatem utendi rebus
emptis de pecunia, quae erat communis, et etiam habebant licitam
potestatem utendi alienis rebus post distributionem factam per illos,
495 ad quos distribuere pertinebat.
Et ad illud, quod dicit de possessione, dicunt quod illae res communes
fuerunt vel omnibus credentibus vel aliquibus quantum ad possessionem,
quae est ius possidendi seu detinendi; nec hoc negat appellans, licet dicat
Apostolos nullum ius proprium Apostolis vel eorum collegio in illis tem-
500 poralibus habuisse, sed tantum simplicem facti usum, per exclusionem
omnis iuris proprii collegio Apostolorum vel cuilibet Apostolo.
Ad conclusionem autem, quam ultimo infert, quod illae res erant
effectae communes quoad dominium et proprietatem, dicunt quod erant
communes vel toti communitati vel alicui parti communitatis quoad
505 aliquale dominium seu proprietatem, sed non quoad tale dominium,
quale iste impugnatus ipsos asserit habuisse.
Circa litteram aliqua sunt notanda. *Si vero intelligat quod non* erant
eis *communia quoad proprietatem seu dominium:* Hic recitat verba appellantis.

---

489 neque *bis*: nec B*ed.*
490 aliqua: altera *ed.*
494 alienis: aliis B*ed.*
501 vel: et B*ed.*

492 rebus aliis *add.* B.
500 tantummodo B.
507–8 erant eis: *sic* BP*ed.*; *cf. supra*, 6.4.

---

478 prius: *supra*, 4.313–25.
496 de possessione: *supra*, 6.30–6.
502 ultimo: *supra*, 6.36–8.
508 verba appellantis: not a verbal quotation from Michael; *cf. App.* III, 412.

498 dicat: *cf.* Michael, *App.* III, 419.

Qui, licet intelligat quod non erant eis communia quoad proprietatem
510 seu dominium illo modo, quo accipit iste impugnatus proprietatem seu
dominium, puta accipiendo dominium pro dominio, quod nonnulli
vocant dominium liberum, quo modo res ecclesiae non sunt communes
quoad proprietatem seu dominium, diceret tamen appellans quod erant
communes omnibus vel aliquibus quoad dominium, alio modo accipiendo
515 dominium, sicut tactum est prius.

Sed tantum quoad simplicem facti usum: Hic falsum imponit appellanti,
ut dicunt, quia, sicut patet in tota illa impugnatione, de simplici facti usu,
praecipue cum dictione exclusiva, nullam facit penitus mentionem. *Aut
quoad ius utendi seu usumfructum:* Hic innuit quod pro eodem accipiatur
520 ius utendi et ususfructus: quod non est verum. Cetera patent per ea,
quae dicta sunt prius.

509 Qui: quod B.   519 Hic innuit: sed hoc wlt B.

515 prius: 2.316–88; 4.299–301.

Printed in Great Britain at The University Press, Aberdeen